U0873817

阅读成就思想……

Read to Achieve

再读经典系列

SOCIAL PSYCHOLOGY

Goals in Interaction SIXTH EDITION

社会心理学经典入门

[美] 道格拉斯·T. 肯里克（Douglas T. Kenrick）
史蒂文·L. 纽伯格（Steven L. Neuberg） ◎著 谢晓非 等◎译
罗伯特·B. 西奥迪尼（Robert B. Cialdini）

第6版

中国人民大学出版社
·北京·

图书在版编目（CIP）数据

社会心理学经典入门 ：第6版 / （美）道格拉斯·T.肯里克（Douglas T. Kenrick），（美）史蒂文·L.纽伯格（Steven L. Neuberg），（美）罗伯特·B.西奥迪尼（Robert B. Cialdini）著 ；谢晓非等译. -- 北京 ：中国人民大学出版社，2020.1

书名原文：Social Psychology: Goals in Interaction (Sixth Edition)

ISBN 978-7-300-24843-1

Ⅰ. ①社… Ⅱ. ①道… ②史… ③罗… ④谢… Ⅲ. ①社会心理学－研究 Ⅳ. ①C912.6-0

中国版本图书馆CIP数据核字(2017)第200597号

社会心理学经典入门（第6版）

道格拉斯·T.肯里克（Douglas T. Kenrick）
［美］史蒂文·L.纽伯格（Steven L. Neuberg） 著
罗伯特·B.西奥迪尼（Robert B. Cialdini）
谢晓非 等译
Shehui Xinlixue Jingdian Rumen（Di 6 Ban）

出版发行	中国人民大学出版社		
社　　址	北京中关村大街31号	**邮政编码**	100080
电　　话	010-62511242（总编室）		010-62511770（质管部）
	010-82501766（邮购部）		010-62514148（门市部）
	010-62515195（发行公司）		010-62515275（盗版举报）
网　　址	http://www.crup.com.cn		
经　　销	新华书店		
印　　刷	天津中印联印务有限公司		
规　　格	185mm×260mm 16开本	**版　次**	2020年1月第1版
印　　张	26.5 插页1	**印　次**	2022年8月第3次印刷
字　　数	700 000	**定　价**	138.00元

Translator's Preface
译者序

社会心理学作为通识课程一直是心理学专业学生最受欢迎的课程之一，不仅因为它贴近生活令人着迷，更由于社会心理学的理论广泛覆盖心理学其他领域。在我国，已有七十余所学校开设了心理学专业和社会心理学课程，而国外教材在多样性、趣味性、学术性等多方面值得我们借鉴。记得当年我第一次去美国密歇根大学进修时，看到社会心理学的任课教师收到出版社赠送的一本非常精致的第 12 版大厚本教材，被其震撼的感觉现在还记忆犹新。

《社会心理学经典入门（第 6 版）》的独到之处在于：

- ◎ **每一章的开篇都是一个引人入胜的故事或悬案，作者再通过对故事的分析和研究，阐明了其中的理论精髓；**
- ◎ **全书没有单独设置方法论的章节，而是直接在实例中演示方法的重要性；**
- ◎ **本书也未设置社会心理学应用的单独章节，而是把商业、健康、法律等这些重要领域的事例与社会心理学中的关键理论结合在一起；**
- ◎ **与传统教材的叙事风格相比，本书作者通过深入浅出地理论阐述，更易于读者理解和记忆，但同时又能够将专业的经典理论贯穿始终，保持了教材忠实学术的原则；**
- ◎ **值得一提的是，该书对于非专业的心理学爱好者，作为自学的教材也是十分适合的。**

好的心理学研究是要讲好一个故事，在社会心理学中尤其如此。本书的作者西奥迪尼、肯里克和纽伯格正是三位会讲故事的叙述者。西奥迪尼教授所著的《影响力》一书在全世界已被翻译成 41 种语言出版，达几百万册的销售量级。作为一位研究影响和说服的大师，他在本书中采取的策略是情景浸入式的，先给你讲一个真实的人物故事，将你的注意力引入群体与社会中，并根据不同的情境做出各式各样的反应。然后再引出经科学方式验证的社会心理学研究话题，按照个体 – 群体 – 社会的结构娓娓道来。

西奥迪尼教授被誉为“影响力教父”，近年一直在各地做演讲，他喜欢这样总结影响力：“影响的本质不在于我告诉你什么，而是在你被告知之前，已经想到了我想要告诉你的内容。”肯里克教授在亚利桑那州立大学读博士时正是西奥迪尼教授的学生，他们从 1976 年开始合作，至今已持续了四十多年。肯里克教授兼具进化心理学和认知科学背景，在利他、从众、择偶、刻板印象等多个社会心理学领域大放光彩。另一位作者纽伯格教授现任亚利桑那州立大学心理学院院长。他与肯里克教授共同指导进化社会认知心理学实验室，对偏见、社会动机、社会行为等众多领域有深入研究。三位作者都是令人尊敬且至今仍然十分活跃的学者，他们在社会心理学领域的重要研究成果具有深远的影响力。

在 2010 年，本人曾带领“风险认知与决策实验室”的一些同学翻译过这本西奥迪尼社会心理学教材的第 5 版，当中国人民大学出版社的张亚捷编辑再次找到我，希望我们能够重新翻译该书第 6 版时，虽然 2019 年的忙碌已经到了我无法承受的程度，但思忖再三后还是允诺了这一任务。此时，我们实验室的一群同学已经非彼时的那些同学了。好在北京大学的学生们一代代接力成长，现在的同学们具备更良好的资源条件，有更完备的专业课程设置。因此，他们接受的专业训练也越来越系统，对社会心理学的理解也更完整和准确。这一点的确在后续的翻译中有充分的体现。

本人对全部章节进行了审校，对部分内容进行了调整。从翻译稿的质量来看，我的学生们对原文的准确把握反映出他们的专业素养，及其对社会心理学的深刻理解。其中，李慕轼、张泓昊、伏紫冰三位同学的表现尤为突出，在此我一并对他们的付出表示由衷的感谢。

参与本书第 6 版各章节翻译的人员，以及他们参与翻译时的身份如下：

引言，李慕轼、张泓昊（北京大学心理与认知科学学院博士生）；

第 1 章，邹雅雯（北京大学心理与认知科学学院硕士生）；

第 2 章，顾思义（北京大学心理与认知科学学院硕士生）；

第 3 章，朱敏帆（北京大学心理与认知科学学院博士生）；

第 4 章，何欣（北京大学心理与认知科学学院硕士生）；

第 5 章，李慕轼（北京大学心理与认知科学学院博士生）；

第 6 章，申劭婧（北京大学心理与认知科学学院硕士生）；

第 7 章、第 8 章，伏紫冰（北京大学心理与认知科学学院硕士生）；

第 9 章，王逸璐（北京大学心理与认知科学学院博士生）；

第 10 章，张春琳（北京大学心理与认知科学学院硕士生）；

第 11 章，王芸（北京大学心理与认知科学学院硕士生）；

第 12 章，邓州（北京大学心理与认知科学学院硕士生）；

第 13 章，张泓昊（北京大学心理与认知科学学院博士生）；

第 14 章，万英琦（北京大学心理与认知科学学院硕士生）。

译稿中如有错误或疏漏之处，敬请读者批评指正。

谢晓非

2019 年 11 月于北京大学

Preface

作者序

社会心理学真心好玩！对读者来说，一本具有代表性的社会心理学入门书，犹如一场五光十色的马戏团演出，可谓好戏连连，颇有些让人目不暇接。瞧，不同的花样轮番上阵——惊人的利他行为、骇人的攻击行为、不可思议的说服把戏、人类合作行为的金字塔架构，以及令人迷惑的自欺行为，而在所有这些的中央，是气定神闲的马戏团总指挥一样的知识传授者，他将读者的视线交替引向各种奇妙景观："现在，女士们、先生们，请你们将视线从滑稽的自欺行为转向奋不顾身跃入湍急爱河的男男女女，再转向攻击行为的血盆大口中！"

为什么以整合的途径探讨社会心理学

这场社会心理学的马戏狂欢秀可能会掩藏着这样一层重要的含义：人类的社会行为是以相关、互联的方式交织在一起的。如果单独、孤立地呈现各章节的主题——这里摆点攻击、说服、偏见，那里摆点人际关系——只能提供一些支离破碎的见解。隐匿在这一切令人目眩神迷的行为背后，应有一套核心的共同概念、维度以及原则作为这些社会行为的基础。我们相信，知晓它们会让读者获益匪浅。毕竟，学习和记忆的一个重要原则便是，当材料的不同部分有机地组合在一起时，人们能够更轻易地掌握、记忆更多的材料。

观看马戏演出会让人眼花缭乱，因此这不是个非常好的学习方式。相比之下，在剧院、电影院或是文艺作品中，我们则能够获取同样精彩且更具有组织性的内容。社会心理学这门学科应该像一部生动、有序的编年史，而不是一场混乱的马戏表演。它是一部错综复杂的编年史，波澜起伏，柳暗花明，又不失连贯一致性：循环的人物、场景以及主题会将其各个部分串联起来。我们撰写这本书的主要目的是，为读者提供一个凝聚的框架：在保留社会心理学丰富趣味性的同时，融入更多有益的理论整合。

我们如何达成整合

在决定写这本书前的一整年，我们这些作者每周都会抽一个下午碰面，试图勾勒出一个真正整合的写作框架。我们都知道彼此的交流存在着一种基本的"优势"，那就是从根本而言我们并不互相赞同。每一个人从任务本身出发的思考都享有不同的社会心理学研究视角（社会认知、社会学习、进化心理学），有时这些视角会发生冲突。我们意识到，如果我们能够找到一个重要的理论框架，将所有这些不同的途径联结起来，它将为整合所有材料提供极为广阔的基础——容纳并涵盖一系列的理论出发点。

我们的这些会面充满了善意的争论、令人大开眼界的洞察、错误的启程、盲目的摸索和满意的突破，伴随这些的是我们的共同体会：我们对社会心理学的了解正在逐步加深。即使不写这本书，这些努力与付出也是值得的。通过一年的讨论与争辩，我们不仅拥有了一笔宝贵的中年学习经历，也就整合的写作框架达成了一致的见解，而这个框架正是我们的热情所衷。

这本书的英文副书名《互动中的目标》（*Goals in Interaction*），恰好反映了我们联系写作材料（章节内以及章节间）的两条主要线索。

1. **社会行为的目标导向特性**。首先，我们会强调，社会反应是目标导向的。目标本身可能难以用言语表达，甚至难以被觉察到，但是当人们服从权威人物、开始一段新恋情，或是彼此间拳脚相加时，都是基于对某种目标的寻求——或是获得某人的认同，或是确认自我形象，或是获取社会地位。在第1章中，我们会描述日常目标是如何基于基本的社会动机而发生的，比如建立社会纽带、吸引配偶、理解自己和他人。在第2章中，我们会检视目标是如何运作的。在接下来的每一章节中，我们会通过询问“我们在本章中考察的行为（攻击、从众或是偏见）服务于何种特定的目标？”以反复强调目标的重要性。

2. **个人–情境交互作用**。其次，为了完全理解人们社会行为的原因，我们需要考虑个人的不同方面是如何与其所处的情境产生交互作用的。个体内部的一些特征（如态度、特质、期望、归因、心境、目标、刻板印象和情绪）是如何与情境特征产生交互作用以共同影响社会行为的？从库尔特·勒温（Kurt Lewin）开始，这种交互作用的主题就在这一领域突显起来。不幸的是，社会心理学的启蒙书籍往往低估了交互作用的解释效力。与之相比，在这本书中，我们会持续邀请读者考虑个体内部力量与外部力量的相互影响。

联结视角：认知、文化和进化

在过去的20年中，社会心理学家们热衷于采用认知视角探讨人们加工社会情境信息的方式，并取得了丰硕的成果。这些成果也进一步充实了社会学习视角下的研究发现。而近年来，研究者们在不同的人类文化和不同的动物种系间发现了许多令人振奋的社会行为，因此社会文化与进化论的视角正日益受到关注。

社会文化视角强调社会思想和行为是如何被囊括进我们所居住的庞大社会情境中的，文化的力量可能会改变以下问题的答案。

- 哪种说服的技术是有效的？
- 一个人如何定义自己，以群体中一员的身份还是独立个体的身份？
- 一个女人可以嫁给一个人，还是多个人？

文化研究是令人着迷的，因为它经常强调差异性，会提醒我们，“我们的方式”并不是唯一的方式。

但是，跨文化研究同样告诉我们，全世界的人们拥有一些共同的思维和行为方式。进化论视角能够帮助我们理解，为什么不只是不同的人类文化，甚至不同的物种之间也存在共性。乍一看，进化心理学似乎强调人类本性的黑暗面——“自私基因”会驱动攻击行为、性侵犯和两性间的斗争。但进化论的分析也显示，我们的祖先之所以能够存活，不仅取决于自私的竞争，也取决于一些积极的行为，如形成友谊、与群体内的其他成员合作、铸造坚固的家族纽带等。

显然，这些不同的视角并非彼此的“替代品”。它们协同工作，帮助我们更加全面地理解社会世界。我们这些作者都受到认知、文化和进化论视角的长期浸润，我们也努力将它们的精华交织编入这本书中。在这一版中，我们会强调社会心理学是如何发挥桥梁的功用，联结心理学的不同领域（如认知神经心理学、发展心理学和临床心理学）以及其他行为科学（如人类学、经济学、政治科学和动物学）的。

每章的架构

在介绍完社会心理学（第1章），并近距离考察个人与情境（第2章）后，我们会采用共同的结构来组织其余章节。

令人不解的案例

每一章的开头，我们都会抛出一个令人困惑的案例——一些似乎无法理解的现象。例如：

- 为什么年轻美貌、才华横溢的艺术家弗里达·卡罗（Frida Kahlo），会倾心于比自己年长很多、也不那么英俊的迭戈·里维拉（Diego Rivera），并且容忍他的不断出轨？
- 是什么力量使得一个年轻人承认自己杀死了母亲，而之后的证据显示他根本不可能这么做？
- 是什么力量使得一名黑人民权运动的工作者与一位三K党成员化敌为友？

接下来，随着内容的展开，我们会引入人类行为的一些基本原则，这些原则若是能合理地衔接在一起，便能揭开谜底。这些不解之处所起的作用不仅仅是吸引读者的兴趣，也传递了我们处理所有材料的基本途径：我们的途径是牢牢基于研究成果的，而研究类似于出色的侦探工作。研究者如同侦探，总是带着有趣或迷惑的问题展开搜索，然后检视线索，收集证据，检验假设，排除其他可能性。如果工作到位了，问题便迎刃而解，真是有异曲同工之妙。在这本书中，我们会经常提及“研究者如同侦探”这一概念。

目标

接下来，我们会向读者介绍每章所探讨行为背后的潜在目标，我们的方式是询问以下问题：“这种行为（如攻击行为、助人行为或从众行为）服务于何种目的？”以及“何种因素使得个体采用这种行为来达成这些目标？”周旋于各种目标间，我们会考虑个人因素、情境因素，以及个体–情境的交互作用。

个人 **个人**。在这里，我们会列举出一些研究，以显示个体内部的哪些因素会引发每一种特定的目标。例如，哪种特质会鼓励人们通过从众行为寻求社会认同？哪种心境有利于人们深入思考，以更加准确地理解自己和他人？

情境 **情境**。在这里，我们会考察引发每一目标的情境因素。例如，个人威胁是如何导致自我保护式偏见的？文化规范是如何影响人们通过随意关系寻求性满足的渴望的？时间压力是如何影响人们对陌生人人格的深入思考倾向的？

交互作用 **个人–情境交互作用**。在这个部分，我们会陈列一些资料以显示个人与情境因素是如何交互作用的。社会心理学家习惯于按照如下模式思考：持不同态度、期望、特质的人们对同一情境会做出的不同反应。但是交互作用的涵义更为丰富：人们会选择自己的生活情境，改变他们不喜欢的情境，被某些情境排除在外，又受某些人物的影响而进行了改变。比如，孤独的人有时会表现得过于渴求社交，显得与他人格格不入。相应地，他人便可能会回避与他们交往，不再邀请他们参加社交聚会，这又进一步强化了他们的内在社会孤立感。通过系统地向读者展示个人–情境交互作用的重要性，我们希望得以阐明常见的单因素解释的局限性。例如，将攻击倾向与盲目服从归结于个体本身，抑或反之，仅将人们看作一张巨大人际棋盘上微不足道的小卒。

特殊专栏

在每一章的特殊专栏中，我们将会突出强调社会心理学的若干信息与主线。

小调查。社会心理学家也是侦探，在这个比喻的基础上，我们邀请读者将自己与“小调查”专栏中的概念联系起来。这些看似微不足道的小问题，却能鼓励读者投入一个调查，或是通过组合书里的概念、发现和他们对己对人的认识，或是通过运用他们自己的逻辑分析力量去批判性地分析刚刚揭示的证据。小调查中所设计的问题不仅强调社会心理学与我们的生活的密切相关性，也能够帮助读者更加高效地学习。关于学习和记忆的相关研究显示，如果我们能将学习材料与自身建立联系，对其加以批判性地思考并积极地练习，那么我们就能够更加轻松地掌握它们。

小调查

思考两个你认识的人，他们的文化背景与你不同（来自另一个国家、不同的社会阶层、种族或是教派）。在哪些方面，不同的文化规范使得你们在彼此的互动中表现出不同的行为？

联结：理论与应用。在这个专栏中，我们将会探讨某一特定的实验发现或系列发现是如何与现实世界中的问题建立联系的，如研究中所获得的洞察如何用来减少课堂歧视、帮助已婚夫妇巩固婚姻或减少暴力等。

联结：适应与障碍。研究心理的读者常常对紊乱的行为兴趣浓厚。在这个专栏中，我们通过深入挖掘紊乱行为以彰显一些更广阔的原则。我们会考察，通常情况下，一些健康的社会行为是如何走向极端，从而产生不良的后果的。例如，恋人之间发展紧密纽带的适应性倾向，是如何导致迷恋关系的。

案例回顾

在每章的最后一部分，我们将回顾章节开头抛出的那个令人困惑的案例，以帮助读者融会贯通本章中所讨论的各种研究发现。比如，探讨完毕说服领域和亲密关系领域的研究发现（我们会将章节中所揭示的新线索衔接起来），我们会回顾，为什么男孩会违心认领自己犯下的“滔天大罪”，以及弗里达·卡罗和迭戈·里维拉有着怎样的亲密关系。通过这种方式，我们希望不仅能够激发读者的好奇心，也得以实践另一种学习和记忆的常规原则，即当事实与生动的案例相联系时，学生们能够回忆起更多的事实。

将方法和应用融入故事

粗略浏览一下目录中的内容，我们可以看到，本书并没有设置单独的阐述“应用”的章节，如健康、商业或是法律等话题，这并不是因为它们在社会心理学中的地位不重要；恰恰相反，比起在书中为这些话题开辟专门的空间，我们更想强调它们与该领域主流话题的频繁联系。因此，当它们在书中的讨论部分或是章节中的联结：理论与应用专栏中（此时特别的阐述是适宜的）自然出现时，我们会指出这些联系。通过这种方式，我们希望能够向读者传达社会心理学的原则与人们在工作场所、课堂以及其他应用性环境中所呈现出的行为之间的固有联系。

出于相似的原因，我们也没有设置单独的章节或者附录专门来阐述研究的方法论这一部分。尽管在第1章中，我们向读者展示了社会心理学研究的主要方法脉络，但我们认为，更有价值的方法可用以指导来自随后章节中的“联结：方法与证据”专栏，并将方法与令人费解的问题的讨论融合在一起，从而使读者能够学习到解决问题的方法的细节（比如说，我们在介绍媒体对攻击行为的相关影响的诸多研究的同时，传达了元分析方法的理念）。此外，读者还会逐渐认识到，无法理解结果是如何得到的，就不能对研究的结果抱有百分百的信心。

最后，再次强调一下我们对整合的重视：各章节并不是归结、分割成独立的部分，如社会认识、社会影响及社会关系；反之，各章节的话题是一个流动的连续体，即从个体内部发生的现象自然过渡到外部发生的现象。但是，这种次序并不是强制性的，除了第1章和最后一章以外，读者可以按照自己的偏好自主选读章节，这不会损害读者对章节内容的理解。

本书具有这种通融性的一个原因在于，我们所提出的整合，并不来源于内容材料的丝丝入扣；反之，这种整合来自一对概念、目标和个人－情境交互作用，这对概念通常适用于各种话题。尽管各章节的目标不尽相同，但是目标起作用的方式——它们发展、运作的机制——是相似的，不论是关于攻击、吸引，还是自我呈现或者其他社会行为。此外，尽管特定的因素因所研究的行为而异，理解个体因素是如何与情境因素交互作用的，却提供了关于日常社会行为原因的最真切的洞察——不论行为是什么，不管我们以何种次序考察它们。我们的两个核心概念，使得本书的组织架构既整合又灵活。

在接下来的部分，读者将会发现，紧密交织、互相关联的日常社会行为比马戏团的演出更让人目不暇接。社会心理学不仅可以是“地球上最炫目的演出”，也可以是最宏伟的故事——激动人心，有条理，又饱含深义，希望我们能够产生共鸣。

Contents

目 录

第5章 态度和说服 // 115

第6章 社会影响：从众、顺从和服从 // 145

第7章 归属与友谊 // 175

第8章 爱情与浪漫关系 // 199

第9章 亲社会行为 // 227

第 1 章

社会心理学概论

通过本章学习，我们能够：

- ◎ 准确定义社会心理学，并了解社会心理学为何依赖科学性的描述及解释；
- ◎ 理解为什么说社会心理学是一门跨领域的学科；
- ◎ 总结出社会心理学四种主要理论视角的核心观点；
- ◎ 了解四种理论视角是如何共同解释人类的社会行为的；
- ◎ 认清在目标导向的社会行为中的五种主要动机；
- ◎ 理解个人、情境、个人与情境之间交互作用的含义；
- ◎ 明晰描述法、实验法（如自然观察、案例研究）的优缺点，以及为什么研究者常常将这两者结合起来使用；
- ◎ 了解为何相关研究难以得出因果关系；
- ◎ 了解社会心理学家在研究中都面临哪些伦理问题；
- ◎ 了解社会心理学与心理学其他领域都有哪些联系；
- ◎ 认识到心理学对于心理学领域之外的其他学科为什么有所助益。

案例

神秘的社会生活

刚从大学毕业的那几年里，乔伊斯 · R.（Joyce R.）的日子过得并不如意。正如她自己所描述的那样：

> 我几乎一败涂地。离婚、失业，是一名单亲母亲，穷困潦倒，除了尚未无家可归之外，几乎以任何标准看来我都是我所知道的最大的失败者。

面对这种境况，很多人都会选择放弃努力，然而乔伊斯并没有被动地接受命运的安排。照顾孩子之余，她每天工作到深夜，计划用她在古典文学方面的知识来编撰一部儿童故事书。

写小说往往并不能和经济上的成功挂钩。每年大约有 493 000 本英语书出版，而更多的书则永远没有出版机会。乔伊斯的书看起来似乎要成为她人生中的另一次失败了：它遭到了 12 家出版商的拒绝。

然而，第 13 家出版商终于接纳了这本书，并给了乔伊斯 1500 英镑的预付款及一些实用性的建议：写儿童书是永远赚不了钱的，不如去找一份全日制的工作。但是，乔伊斯的书挑战了这种歧视——书的销量很好。乔伊斯并没有去寻找全日制的工作，而是写出了这本书的一系列续集，并且本本都热销。事实上，在接下来的短短几年中，这个曾经穷困不堪的单亲母亲成了《财富》（*Fortune*）杂志榜上有名的亿万富翁。

乔伊斯正是《哈利 · 波特》（*Harry Potter*）系列的作者 J. K. 罗琳（J. K. Rowling）。

如果经历了贫困的罗琳女士此时不懈地聚积她辛苦赚来的财富，那人们一点也不会感到惊奇。许多赚到大钱的人都会震惊于自己需纳税款之多，并开始寻找避税手段或考虑移居到税赋较低的地方，但罗琳女士并没有这么做。她积极缴纳税款，并将她所得财富中的一大部分都捐赠了出去。在单笔捐赠中，她就曾开出过 1500 万美元的支票，像这样大额的捐赠还有很多笔。事实上，她捐赠了太多以至于不再排在《财富》杂志的亿万富翁排行榜中了。

在经济上获得巨大成功之后，罗琳女士被邀请在哈佛大学的毕业典礼上发表演讲。她呼吁这些未来的百万富翁或世界领袖们不要仅仅为了个人利益而工作，更要利用他们的智慧、勤奋和学识来帮助全世界数以万计的弱势群体摆脱困境。

J. K. 罗琳的故事有很多有趣之处。许多社会科学对于人类天性的一种基本假设是：人生来就是自私的，即人们做出的决策都是服务于自我利益的。但如果真是那样的话，为什么会有像 J. K. 罗琳这样的人，对于自己的财富如此慷慨大方而对于他人的福祉如此关心呢？

在这本书中，我们不仅会探讨关于人类天性的许多问题，也会探讨爱与仇恨、慷慨与侵犯、英勇和背叛等行为背后的奥秘。为何我们会对某些人（在某些情境下）表现得如此慷慨大方、充满爱意，对另一些人却充满抵触或攻击性？爱情与亲情的根源是什么？是什么导致了有些人的婚姻以失败告终，而有些人却能白头偕老？我们如何让同事与我们合作？为什么有些人能成为更好的领导者？不同的文化背景、早期经历、性别以及我们大脑中的神经活动如何影响我们对他人的反应？

大多数人通过看新闻报道、阅读书籍、同朋友交流自己的想法或感受来解决我们头脑中的这些迷思，而社会心理学家更进一步，他们通过使用系统的科学方法来探讨这些问题。

什么是社会心理学

社会心理学（social psychology）是以科学方法研究人们的思想、情感和行为是如何受到他人影响的一门学科。那么，从何种意义上来说，社会心理学是“科学的”呢？

描述和解释社会行为

我们可以把科学的社会心理学需要完成的任务归为描述和解释两类。首先是对任何现象进行科学的描述——无论是鸟类迁徙、地震，还是种族战争，我们需要的是客观的、可信的描述。科学家的一部分工作就是发展出一套可信、有效的方式来帮助他们避免粗心、有偏颇的描述。

细致的描述仅仅是第一步，它本身还不足以满足科学家的好奇之心。社会心理学家还致力于解释为什么人们会以这样或那样的方式影响彼此。一个科学合理的解释能够将许多看似毫无关联的观察结果汇聚成一个互联的、条理清晰的、有意义的模式。正如哲学家朱尔·亨利·庞加莱（Jules Henri Poincaré）所指出的，科学是建立在事实之上的，但是事实的集合并不能称之为科学，这如同房屋是由砖块砌成的，但一堆砖块并不能称之为房屋一样。能够对已有观察的资料进行联结与组织，并进行科学化的阐述才可称之为**理论**（theories）。

除了组织我们已经知道的事实外，科学理论还能够指导我们今后的方向。是什么因素导致像 J. K. 罗琳这样的一些人十分乐于帮助他人，而另一些人则更加自私？没有一个坚实的理论，我们在寻求答案时会无从下手。或许这种助人倾向是源于我们这颗星球的安排，天生的利他主义者抑或是在孩提时代所饮用的水中含有某种特殊物质。社会心理学理论则倾向于另辟蹊径寻求社会行为的原因——个体是如何描述其周围的社会环境的？其家庭背景是什么？其所处的更广泛的文化氛围是什么？个体是否与狒狒以及其他动物拥有一些共同的基本倾向？正如我们即将看到的，社会心理学家发展出了一套引人入胜的研究方法来对这些不同的影响源进行分类。

最后，科学的理论能够帮助我们预测未来的事件，从而控制之前无法掌控的现象。在科学理论的指导下，人们发明了电灯泡、个人电脑、航天飞机，控制了天花病的传染。正如我们即将看到的，社会心理学理论能够解释许多让人困惑的现象，如偏见、善意、爱情产生的根源是什么，以及为什么人们会加入骚乱暴徒队伍或邪教组织，等等。

名词解释

社会心理学 以科学方法研究人们的思想、情感和行为是如何受到他人影响的一门学科。

理论 联结、组织已有的观察资料并为未来研究指明方向的科学化的解释。

社会心理学是一座跨学科的桥梁

心理学家并不是思考社会行为的奥秘的唯一群体。人类学家也会对这样的现象感到困惑：为何某一个社会群体中的风俗对其他群体来说可能是彻底不合时宜的（如在第 8 章中，我们会探讨一妻多夫制的社会群体）。进化生物学家关注人类社会行为与黑猩猩、鬣狗、靛蓝彩鹀的行为之间有何相同的模式（如在第 10 章中，我们会了解到，对于很多物种来说，睾酮都与攻击行为和性别角色有关）。政治学家和历史学家寻找战争和内群体冲突的决定性因素，这个话题我们将在第 11 章和第 13 章中进行探讨。经济学家则关注人们为群体利益做出贡献或者保存个人资源等行为背后的根源，这个话题我们将在第 9 章和第 13 章中予以探讨。

我们如何把这些视角拼出一幅完整的图画呢？更宽泛地说，如何把你在生物学课上学到的知识与你在人类学课上学到的知识联系起来呢？又如何将史实与神经学建立联系？宗教哲学与地理的联结纽带又是什么？所有这些看起来都紧密关联着，它们不仅会影响我们个人生活的轨迹，还会影响历史的道路。进化生物学、神经化学、历史、文化、地理会深刻影响人们的社会交往方式，而这些社会交往又会决定道德和宗教情感是如何获得强制实行而成为法律的，决定孩子们是如何接受教育的，甚至决定医生是如何对待自己的病人的。

因为这些力量常常汇聚在一起影响社会行为，所以社会心理学家往往在多层水平上考察社会行为。例如，对世界范围内社群的最新系列研究就发现，在友好性与社交性上的文化差异与疾病分布的地理差异密切相关——疾病横行之处的人们拥有一些特质，使得自己避免与他人接触。另外一些我们即将讨论的研究则关注我们与他人的关系是如何受到历史因素、荷尔蒙水平、月经周期、脑活动的影响的，并且这些力量又如何反作用于我们的身心健康以及经济行为、政治信仰的。因此，社会心理学在很大程度上是联结各门学科的终极桥梁。在本书中，我们会遇见许多这样的跨学科桥梁，它们所涉及的研究发现反映了文化、进化生物学、神经科学的方方面面，并且与应用性学科（商科、法律、医学等）密切关联。

社会心理学的主要理论视角

从DNA的发现到人工智能的兴起，前行的科技浪潮莫不对社会心理学的理论施加了广泛的影响。研究者们在社会心理学领域的开拓工作，主要围绕社会文化、进化论、社会学习及社会认知四个视角予以展开。

社会文化视角

1908年，最早的两本《社会心理学》教科书问世了。其中的一本是由社会学家爱德华·阿尔斯沃思·罗斯（Edward Alsworth Ross）所撰写的。罗斯认为，社会行为并非来源于单独的个体，而是来源于社会群体。他提出，人们会受到“社会潮流”的影响，这一点在“群体中私刑风气的传播以及宗教情感的爆发”中得到了体现。罗斯剖析了诸如1634年荷兰的郁金香球茎收购热等事件。在那次郁金香投机狂潮中，人们不惜倾家荡产去抢购一株名贵球茎，而贵比黄金的郁金香在抢购狂潮戛然而止时便立刻一文不值了。为了解释这些狂热现象，罗斯着力于审视作为一个整体的群体心理，而不单是群体中个体成员的心理。他认为，狂热源自“暴民心理……一群沟通中的个体在兴趣、情感、意见或行为上存在非理性的一致，而这种非理性的一致源于暗示和模仿”。

名词解释

社会文化视角 从更广阔的社会群体中寻找个体社会行为原因的一种理论取向。

社会规范 对恰当的社会行为的规定或者期望。

和罗斯一样，其他以社会学为基础的理论研究者强调的也是更广阔的社会团体，从街区团伙到种族群体，再到政党派别。这一传统在现代的**社会文化视角**（sociocultural perspective）中得到了延续。社会文化视角认为，个体的偏见、喜好以及政治信仰会受到群体水平上诸多因素的影响，这些因素包括国籍、社会阶层和现今的历史趋势等。例如，与其身为工薪阶层的爱尔兰祖母相比，一名时尚摩登的曼哈顿女高管对婚前性行为以及妇女在商界所扮演的角色会持有不同的态度。社会文化理论家聚焦于**社会规范**（social norms）或是关于恰当行为的规则的核心作用，诸如“不要直接用手吃饭”“不要穿短裤去参加婚礼”，等等。这一视角的中心是**文化**（culture）这一概念。我们可以将文化定义为生活在特定的时间和空间内的人们所共享的一套信念、风俗、习惯以及语言。意大利人和法国人认为，在公共场合中遇到熟人时亲吻双脸颊是合适的，然而这却会让美国客人觉得很尴尬，因为他们更习惯于在这种情况下用击掌表示亲密。

文化囊括了环境中所有的人类可以调控的特征，从主观的特征如礼节规定，到客观的特征如房屋和服饰等。我们文化中的技术性特征能对我们的社会行为产生强大的影响，如近年来苹果手机、社交网站等无不深刻地影响着人们彼此沟通的方式与时间。

我们每个人都会置身于不同的社会规范中，取决于我们的种族、社会经济地位、成长的地域和信仰宗教。如果你在美国南部的贫困地区长大，你可能会比较喜欢听乡村音乐和西部音乐；如果你在美国西海岸的富人区长大，你可能会比较喜欢听摇滚乐。你能在这两种音乐中的歌词中聆听出不同的文化价值观：摇滚乐的歌词强调特立独行、不拘小节以及改变世界；乡村音乐的歌词则强调顺应世事、坚忍不拔、正直不阿。再举一个例子，亚裔美国人和欧裔美国人在一些方面也有所不同，亚裔美国人对自我表达、个人选择、“说出你的想法”并不那么看重。正如你即将看到的，关于群体、文化以及社会规则的研究仍在持续发展中，且有望成为社会心理学研究的一个主要推动力量。我们在本书的每一章中都会提及社会文化因素的影响。

社会文化取向的研究者会注意到，当J. K.

罗琳还是一名大学生时，她常常和咖啡馆中的左派知识分子在一起，在这个亚文化中，社会行为得到赞赏而个人贪婪则遭到嘲笑。大学毕业后罗琳服务的组织致力于社会行为且它的主要成员也都是为救助穷人和受压迫的弱势群体而奋斗的持自由主义思想的知识分子。对于罗琳来说，聚积她的个人财富违背了她所处的社会网络的规范，而捐赠给需要帮助的人则是非常合适的。

小调查

在脑海中搜索两名你的熟人，他们的文化背景与你不同（不同的国家、不同的社会阶层、不同的种族，或不同的宗教信仰）。你们之间不同的文化规范是如何使得你在与他们互动的过程中“因人制宜”的？

进化论视角

1908年出版的另一部《社会心理学》教科书出自一位有着生物学背景的英国心理学家威廉·麦独孤（William McDougall）之手。这位学者持**进化论视角**（evolutionary perspective），他认为人类的社会行为根源于生理、心理上的先天倾向，这种倾向曾经帮助我们的祖先存活以及繁衍。麦独孤继承了查尔斯·达尔文（Charles Darwin，1873）的观点，认为人类的社会行为（如微笑、轻蔑以及其他情绪表达）和生理特征（如直立姿势以及紧握大拇指）一样，也在不断进化着。

进化的核心驱动力是**自然选择**（natural selection），即动物将有利于其生存和繁衍的特征传递给后代的过程。适应特定环境的进化精良的新特质，又称作**适应特质**（adaptations），这些特质将替代那些进化不够精良的旧有特质。例如，海豚和奶牛相似，同属哺乳类动物，但是海豚的腿进化成了鳍，因为鳍的形状更适合于水下生活。达尔文假设，动物的大脑与它的身体机能一样，会受到自然选择过程的塑造。

心理学家曾经假设，进化仅会使物种产生一些不灵活的“本能”，这些本能在物种出生之时就被赋予了，且不太可能受到环境的影响。许多进化学及行为学专家现在则倾向于，生物学力量对人类以及其他动物的影响会因为环境的改变而灵活变动。以恐惧为例，已有充分的证据显示，恐惧是一种进化而来的心理反应，它能够帮助我们的祖先对潜在的威胁（如毒虫、毒蛇、敌人等）迅速做出反应。但是恐惧使得我们的身体持续保持在高度唤醒的状态，久而久之会耗竭我们的身心资源，所以我们发展出了战斗－逃跑反应模式（在惊恐的情境中是逃跑还是防卫），使得自己保持对环境中危险线索的敏感度。

名词解释

文化 生活在特定的时间和空间内的人们所共享的一套信念、风俗、习惯以及语言。

进化论视角 该理论取向认为，人类社会行为的原因存在于帮助我们祖先存活以及繁衍的先天生理、心理倾向中。

自然选择 动物将有利于其生存和繁衍的特征传递给后代的过程。

一些研究者试图从恐惧产生的进化论视角向我们解释，为何不同群体之间常会抱有潜在、多变的偏见。研究者让白人和亚裔的加拿大大学生对一幅黑人的照片进行评定。一些被试在光线明亮的房间内进行评定，一些被试在漆黑的屋子里进行评定。在黑屋子里评定照片时，那些认为世界充满危险的被试更倾向于认为照片上的黑人是“具有威胁性的”。并且，这种效应在男被试中更为突出。研究者们从进化论的视角以及群际关系的层面上对这一现象给出了解释。按照这种视角，在一定情形下（黑暗中），我们的祖先对陌生人尤其感到害怕是具有进化适应意义的。黑夜降临后，两个相遇的不同族群间发生危险冲突的可能性骤增，所以人们有必要保持高度的警惕。然而研究者也提及，在如今多元文化的社会中，原始的自我保护反应可能会导致一些负面的后果，如恃强凌弱、帮派争斗、族群冲突，等等。

正如前面所提到的那样，一方面，具有社会文化观点的学者对于不同文化下的行为入迷；另一方面，持进化论观点的学者则对于物种的整体特征饶有兴致，所以他们在全世界范围内寻找人类社会行为的一般模式。在每一种人类社会中，男人和女人都会建立长期的婚姻关系，在这种关系中，男人帮助女人抚养家庭（Geary，2000；Hrdy，1999）。但是我们会发现，大多数和我们有亲缘关系的物种并不如此。在其他哺乳类动物中，95% 到 97% 的雌性会独立抚养自己的子女。为何这些雄性哺乳类动物的家庭观念相对淡薄呢？或许是因为，对这些物种而言，父亲的作用在受精之后便微乎其微了。然而，父亲的养育作用对草原狼以及人类等物种来说却是至关重要的，因为这些物种的婴幼儿在出生之时非常弱小无助。

名词解释

适应特质 一种有利于个体在特定环境中生存、繁衍的优良特质。

◎ **亲代投资**。与 95% 的其他雄性哺乳类物种不同，人类的父亲对后代投入了大量的时间、经历以及资源。

除了探寻人性的广泛共通之处外，进化心理学家也对个体间的差异兴致勃勃。任何物种都会采取多种策略为生存和繁衍而奋争。例如，大个头的雄性太阳鱼能够保卫自己的领地，搭筑巢窝，以吸引雌性的太阳鱼。而小个头的雄性太阳鱼则会伪装成雌性同类，趁雌性太阳鱼与大个头雄性太阳鱼交配时，猛冲进来，使卵子受精。尽管在所有的社会中，人们都会形成某种形式的长期的双亲抚育纽带，但是不同社会所倡导的交配策略也是迥异的：有些社会遵循一夫一妻制，有些则采取一夫多妻或者一妻多夫制。我们将会在以后的章节中了解到，社会心理学家才刚刚开始探索生物学倾向是如何与文化因素一起相互作用、共同塑造人类复杂的社会行为的，包括从暴力、偏见到利他主义、爱和宗教狂热。

社会学习视角

1908 年之后的几十年中，罗斯的社会文化取向和麦独孤的进化论视角日渐式微。许多心理学家采取了**社会学习视角**（social learning

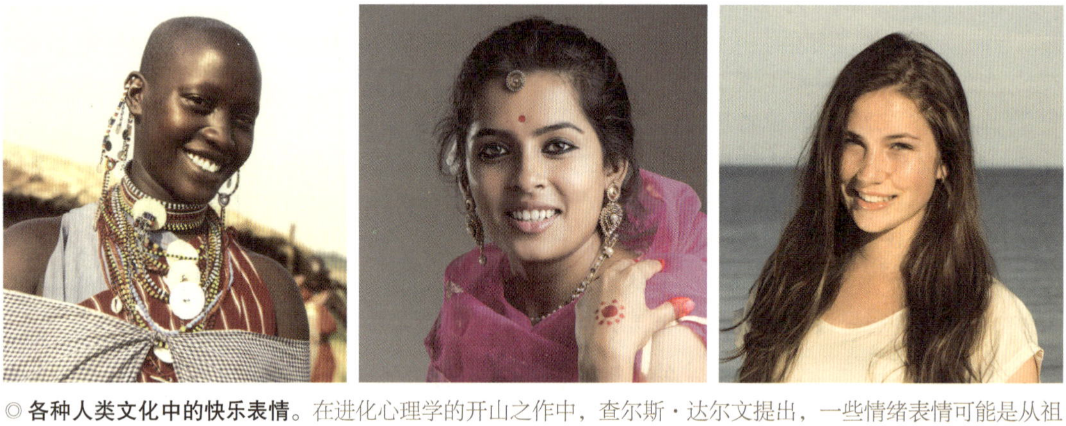

◎ **各种人类文化中的快乐表情**。在进化心理学的开山之作中，查尔斯·达尔文提出，一些情绪表情可能是从祖先处继承的普遍的沟通模式。

perspective)，认为个体的社会行为是受其过去的奖惩学习经历所驱动的。

在这种观点看来，我们是爱还是恨另一个人或另一个群体，我们是爱交际的还是矜持保守的，我们渴望成为领导者还是跟随者，这些全都取决于我们从父母、老师和同辈中得到的奖赏或惩罚。其实我们也并不需要从个人经历中获得一切知识，而是可以通过观察周围的人、阅读书刊和观看影视作品中的角色的经历来学习。在一个经典的系列实验中，阿尔伯特·班杜拉（Albert Bandura）和他的同事们向我们展示了儿童是如何通过社会学习而习得攻击行为的。当某儿童看到另一名儿童或者成人因为殴打了充气娃娃而获得奖赏时，该儿童也表现出了相似的模仿行为。班杜拉表达了自己的忧虑，因为现今的电影和电视作品总是在向青少年宣扬暴力行为是英勇的、是值得奖赏的。这些忧虑并非杞人忧天。2000 年 4 月 8 日的《亚利桑那共和报》（*the Arizona Republic*）就报道过，一群当地的高中男孩模仿布拉德·皮特（Brad Pitt）1999 年同名电影中的角色，组建了一个"搏击俱乐部"。受电影中角色的影响，男孩们聚集在一起不戴护具徒手搏击。类似地，我们也将在第 10 章中讨论暴力视频游戏的问题。在这种视频游戏中，玩家每杀死或者重创一个有生命的对手时，就会得到额外的加分。有证据表明，这会使得男孩们对暴力行径感到麻木，并促使他们将伤害他人和获得奖赏联系起来。

为解释成年后的 J. K. 罗琳的慷慨大方和社会行为，社会学习论者很有兴趣了解罗琳是否有自己的榜样。当一位年轻的读者向罗琳问起这个问题时，她回答说她的女英雄是社会权利运动家杰西卡·米特福德（Jessica Mitford）。当罗琳还是个少年时，她那位教古典文学的伯祖母送给她一部杰西卡·米特福德自传的副本。米特福德是一个十分叛逆的女子，她离开了富有且传统的处于上层社会的英国家庭而来到了美国，成为一名专门揭发名人丑闻的记者及社会活动家。在美国，她花了生活中的大部分时间来帮助那些贫困的非裔美国人。年轻的乔伊斯·罗琳被米特福德的故事所感染，她阅读了米特福特的所有书籍。几年之后，罗琳挑战了她父母的期望，跟随着伯祖母的脚步开始学习古典文学。因此，可以说罗琳的伯祖母为她提供了一个直接的行为榜样，向她展示了学习和教文学能够带来怎样的回报，并带她了解了米特福德的作品，在罗琳之后的生命中，米特福德成了她的榜样。

社会学习视角与社会文化视角的相似之处在于，它们都致力于在个体所处的环境中寻找社会行为的原因。但是这两种视角的不同之处在于，它们在时间、空间焦点的广度上有所差异。社会学习取向的学者们强调个体在特定的家庭、学校以及同龄团体中的独特经历。而社会文化取向的学者们则对具体的个人及其独特经历不甚关心，他们关心的是更为广阔的社会集合体，如亚裔加拿大人、拉美裔美国人、女生联谊会、新教徒或是上流社会人士等。并且，社会文化取向的研究者们认为，诸如穿衣风格之类的规范相对来说是可以改变的；而社会学习取向的研究者们则认为，个体早期生活中习得的习惯是很难打破的。

名词解释

社会学习视角 一种关注过去的学习经历是如

◎ **社会学习**。维纳斯·威廉姆斯（Venus Williams）的父亲在她很小的时候就开始教她打网球了。根据社会学习理论，一个人是成为出色的运动员、罪犯或是医生，取决于孩提时期的模仿经历，以及父母和周围人的奖励。

何决定个体社会行为的理论观点。

小调查

在脑海中搜寻一下最近的新闻，找出一位公众热议的人物。尝试运用社会文化、进化论以及社会学习的视角对这个人的行为进行解释，看看有何不同之处。

社会认知视角

尽管各有差异，但总体来说，社会文化视角、进化论视角和社会学习视角都强调客观环境的重要性。它们都认为，我们的社会行为是受到所处世界的真实事件的影响的。在20世纪三四十年代，库尔特·勒温为社会心理学引入了一个新的视角，他认为社会行为的驱动力是每个人对社会事件的主观解释。比如，你是否愿意通过努力成为班长的决定取决于：

1. 你对获得这一职位的概率的主观猜测；
2. 你对成为班长所得益处的主观评估。

如果你认为成为班长并不能给自己带来好处，或者你有意成为班长但达成的可能性微乎其微，你就懒得为竞选奔走了——哪怕从客观上看，你还是有一定胜算的，且职位也颇能给你带来乐趣。

尽管强调主观解释，勒温并不认为客观现实不重要；反之，勒温很重视情境中的事件与主观解释的交互作用。勒温认为，个体对情境的解释与他此时此刻的目标是息息相关的。例如，如果一个男孩很想打架，他就很有可能会将一个意外的碰撞解释为故意的冲撞。

这种对内在体验与外部世界相互作用的强调，很自然地将社会心理学与认知心理学建立起了密切的联系。认知心理学家研究思维的过程，涉及对环境中事件的注意、解释、判断和记忆。在20世纪50年代，计算机的出现引领了一场“认知革命”——人们对大脑工作机制的兴趣重新燃起。在20世纪七八十年代，越来越多的社会心理学家采取了**社会认知视角**（social cognitive perspective）。该视角强调人们对社会事件的选择性关注、解释，以及如何在记忆中存储这些经历的过程。

研究者开展了大量有趣的实验来探索人们对社会情境的反应是如何受到认知因素（如注意、记忆）影响的。在其中的一个实验中，研究者让高中生想象未来工作赚很多钱对自己的重要性。一些学生在回答这一问题时与异性同处一室；而另一些学生则与同性同处一室。正如图1-1所示，有没有男同学存在，并不会影响高中女生的答案；但是有女同学存在时，男生们则普遍夸大了财富的价值。研究者还发现，广告中年轻貌美的模特（相对于老年人）会使得芝加哥大学的男生更倾向于将自己评定为“雄心勃勃”的，也更看重财富上的成功。研究者采用了一个简单认知机制来解释这一结果——看到年轻漂亮的女人使得男人产生了约会的想法。接着，男人又会联想到“女人要什么”，当然女人总是倾向于寻找有雄厚经济实力的伴侣。

名词解释

社会认知视角 一种理论观点，关注人们注意、理解和记忆社会经验的心理过程。

我们在加工社会信息时所遇到的一个问题是，这样的信息实在是浩如烟海。要记住今早穿过校园时所遇到的每一个人几乎是不可能的，更别提记住上周或去年结识的所有人了。因为我们无法专注于我们看到、听到的所有事情，

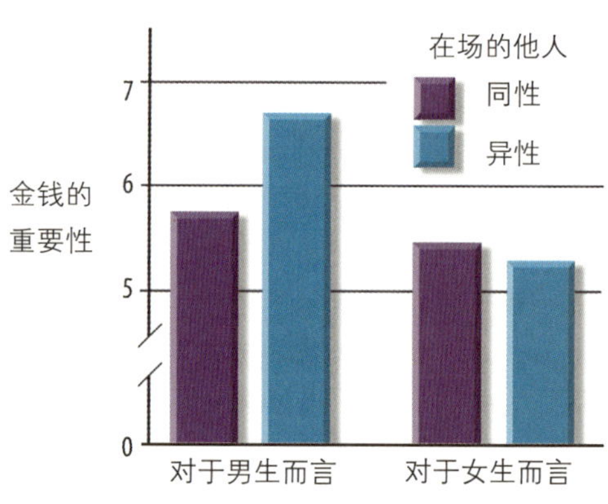

图1-1 社会情境与决策

注：当高中生被问及“挣很多钱对你的生活有多重要”时，男生的答案会因是否有女同学在场而有所不同。

因此，我们实际上只能对社会信息进行有选择性的加工。我们将在之后的章节中看到，有时我们会不假思索，通过专注于一两个表浅的细节来帮助我们对下一步行动迅速做出决策（例如，当你匆匆赶路时，需要决定是否给乞讨的流浪女人 50 便士）。另外一些情况下，我们则会对特定的细节勤加关注，像科学家一样搜索某种类型的社会信息来帮助我们做出正确的决策，比如当你想约会某人时。

社会心理学家发现，尽管付出诸多努力，人们还是难以全然对新的社会信息保持一种恰当的、开放的心态。与其说我们加工社会信息的过程像科学家寻求真理一般，不如说这一过程更像律师为委托人辩护。想想这个问题：你现在境况如何？现在的自己和 16 岁的自己有何不同？当研究者把这个问题抛给加拿大的大学生时，大多数学生对现在的自己发表了许多积极的感慨，对过去的自己则吐露了更多消极的抱怨。当然，很可能的原因是，随着年龄的增长，人们确实变成了更成熟的个体。但是，当研究者请另外一组被试就这个问题评定自己的同龄人时，学生们并不认为他们的同龄人成了“更好的人”。这种将我们自己（而非他人）看成“蒸蒸日上”的倾向，与许多其他研究发现不谋而合，这意味着人们会以一种浮夸自己的方式处理社会信息。

我们在之后的章节中也会提到，当行为和认知不一致时，大部分人都会感到不适。其结果是，我们有时会竭尽全力来避免这种不一致情况的出现。当被问到是否厌恶缴纳高额税款时，J. K. 罗琳指出，当她是一名贫穷的单亲母亲时，她曾从社会的各项福利中获益。如果当她变富有时就拒交税款，这是十分虚伪的。除此之外，罗琳曾公开表达她对杰西卡·米特福德的认同。如果罗琳开始积聚个人财富，那这与她所树立的作为左派社会活动家的自我形象不符。而捐赠她的财富来帮助各种社会事业与这种自我形象是完全符合的。社会认知视角在现代社会心理学中占据着极其重要的中心位置，贯穿全书，它都会为我们所要讨论的社会行为的不解之谜提供关键的解释。

小调查

想想你今天在街上、校园里或其他什么地方遇到的不同的人。我们这部分所讨论的认知过程会以怎样的方式影响你的“提取”过程？哪一个人最先跃入你的脑海？

整合视角

表 1–1 总结了社会心理学领域的四个主要视角。这些视角有时被视为彼此竞争的，但实际上，每一视角各自侧重于社会生活之谜的不同方面。

表 1–1　社会心理学的主要理论视角

视角	是什么驱动了社会行为	例子
社会文化	更大社会群体的力量	20 世纪 60 年代，IBM 公司的员工常穿蓝色衬衫上班（与白色形成对比）；而 2009 年的今天，苹果公司的员工们更喜欢穿彩色 T 恤衫和短裤上班
进化论	用遗传得来的倾向对社会环境做出反应，这种反应曾经帮助我们的祖先生存、繁衍	全世界的婴儿生来便具有一套行为机制（吮吸、啼哭、咿咿呀呀），使得母亲的荷尔蒙水平发生变化，也使得他们获得更多被照料、关心的机会
社会学习	奖励和惩罚。观察他人是如何因其社会行为而受到奖励或惩罚的	当看到观众向音乐会的主唱歌手发出崇拜的尖叫声时，男孩下决心也要成为一名音乐家
社会认知	在社会情境下我们关注什么，如何解释关注点，以及如何将现在的情境与记忆中的相关经验联系起来	当你在街上经过一个无家可归的人时，如果你将他的困境看作他不能控制的，抑或他使你想起好心的撒玛利亚人的故事，这时你更可能会提供帮助

单一的视角只能展露图画的一部分，我们需要融合、整合不同的视角来欣赏一幅图的全貌。认知心理学家所研究的注意、记忆会受到个体学习经验及文化因素的影响；反之，学习经验与文化又是进化的产物，来自人们在社会群体中创造以及被创造的过程。以偏见为例，在某种程度上，对其他群体成员的偏见与人们进化出的对陌生人的反感是息息相关的，人类的祖先会将陌生人看作人身危险与新疾病的来源。但是，对外人的反感总会涉及利弊权衡，因为不同群体的成员需要彼此间通商、通婚。因此，人类总得学会识别谁是朋友、谁是敌人；谁是应该害怕的，谁是可以信任的。当不同群体间的关系随着历史事件不断改变时，文化规范也会相应做出改变。例如，在 20 世纪 50 年代，许多非裔美国人连选举的权利都没有。然而 50 年后，一切翻天覆地，非裔美国人也能成为美国总统。为了完全领会社会生活的神秘之处，我们需要将不同视角中的线索拼合在一起以观全貌。

社会行为的基本准则

尽管彼此间存在差异，社会心理学的所有主要观点仍然共享一对核心的假设。首先，人们通过人际互动以达成某种目标或满足某种内在的动机。认知心理学家强调由现时情境所引发的有意识的目标，比如当一则广告喧嚷着“父亲节就要到啦！”，这会提醒你赶紧去给爸爸再买条夏威夷风格的领带，他去年可是对这种领带赞不绝口。社会学习理论家们则会强调过去的奖励是如何鼓励我们趋近一些目标并且回避另一些目标的。例如，如果每当你与妹妹分享自己的玩具时，父母就露出自豪的笑容；每当你谈及金钱时，他们就面露不悦之色，这样你更可能将目标设定为加入美国和平队（the Peace Corps）而非华尔街经纪公司。进化论理论家们则强调社会动机根植于我们祖先的进化历程：与以自我中心为导向的隐士们相比，那些与社会群体中的其他成员相处融洽的人存活的概率更大。

第二个共同的理论线索是关注人和情境之间的交互作用。所有主要的视角都假设我们内部的动机会与遇到的外部情境发生相互作用。例如，进化论视角强调内部的反应（如愤怒、害怕或性唤起等），是如何经由那些与生存或繁衍相关的情境（如饥肠辘辘的捕食者或者调情的目光）所引发的。社会学习理论家们则关注，个体内部习得的反应是如何与社会情境中的奖励或者惩罚建立联系的。认知理论家们则检视，个体的思维过程是如何与社会情形的瞬息变化息息相关的。

通览全书，我们都会着重强调这些不同的视角所共享的以下两套宽泛的准则。

1. 社会行为是目标导向的。人们通过人际交往互动来达到某种目标或者满足某种内部动机。
2. 社会行为代表了人与情境之间的连续互动。

在下一部分，我们将近距离考察这两个准则。

社会行为是目标导向的

目标会在多层水平上影响我们的社会行为。在浅表的水平上，我们可以列出一长串日常的目标，如打探最新的办公室八卦、给老师留下好印象、搞定下周六晚上的约会，等等。在更广义的水平上，我们可以讨论长期的目标，如获得“能人”的好名声、被他人喜爱、对自己感觉良好，或者谈场恋爱等。这些更广义的目标常与其他日常目标联系在一起，谈恋爱实际上包含一些短期的目标，比如搞定周六晚上的约会，或是考砸后获得心上人的安慰。

在最广义的水平上，我们可以询问根本性的动机，即我们社会行为的终极功能。例如，事业成功、贵友如云可以被囊括入“获得和保持地位”这一根本动机之中。为了更好地理解这些根本动机，让我们来看这方面已有的一些社会心理学的探究成果吧。

建立社会纽带

在 J. K. 罗琳的《哈利·波特》系列小说中，哈利最终战胜了邪恶的黑魔法。然而如果没有他的好朋友赫敏·格兰杰和罗恩·韦斯利的帮助，以及霍格沃茨魔法学校的校长阿不思·邓布利多的保护，哈利是完不成这样的任务的。对于我们这些不会魔法的麻瓜来说，事情更是如此。当我们获得朋友的帮助时，就能更容易地实现目标。诸如建一所学校或者搬一只沙发到楼上去这样的事情，在没有团队合作的情况下是无法完成的。

当心理学家们列举人类行为最基本的动机时，与他人建立联系的渴望通常高居榜首。人们对排斥是极为敏感的，如果感到自己被排除在外的话，会竭尽全力与他人重新建立联系。一群研究者观察了被试在与另外两个玩伴玩掷球游戏时的脑波图像。当另外两个玩伴彼此掷球而把被试排斥在外时，落单的被试在大脑皮层的两个不同区域的脑波会活跃起来，而这些区域通常和生理创伤相联系。其他一些研究也显示，社会隔离之痛可以通过服用麻醉药、兴奋剂等得到缓解，而这些药物通常是用来止血镇痛的。为什么社会孤立会涉及生理疼痛的神经机制？或许是因为，没有了朋友，我们的祖先便无法存活。因此社会排斥会引发原始的生理紧急应激反应。

◎**获得和保持地位的动机。**莎拉·杰西卡·帕克（Sarah Jessica Parker）出生于俄亥俄小镇的一个贫穷家庭，有八个兄弟姐妹。她是“从赤贫到巨富”的典范，她从一个一无所有的乡下女孩，出落成一个稍显笨拙的少女，后又成为享誉国际的金球奖得主。尽管不是每个人都有如此雄伟的抱负，但是大多数人都会为赢得别人的尊敬而孜孜不倦地努力。

理解自己和他人

人们会传播流言蜚语，会阅读报纸上的罪犯简介，也会寻求朋友的反馈，看看自己能约到魅力十足的新同学的机会有多大。这种信息的重要性显而易见：通过理解我们自己，以及我们与他人的关系，能够更有效地管理自己的生活。那些对这些现实不闻不问的人，很难在社会群体中生存下去。社会知识可谓所有人类关系的基石，因此社会心理学家们将大量的关注投向了社会认知领域（如之前提到的，指人们关注、解释、记忆他人的思维过程）。在第3章中，我们将深度探讨这一话题，而在此后的章节中，我们也会不断回溯这一话题。

获得和保持地位

哈利·波特如此受到欢迎，部分是因为他是从一个十足的失败者（一个住在凶恶亲戚家的壁橱中的孤儿）成长为一位英雄的。输赢是如此重要，以至于小学生们为少年棒球联盟全明星赛的席位激烈竞争，大学生们为分数废寝忘食，中层管理者们为晋升决策层苦苦奋斗，参议员们为登上总统宝座竞选拉票……然而，并不只有人类才会为地位而奋斗。狒狒是一种社会性的灵长类动物，和我们人类一样，它们也极为关注自己在社会等级中的位置。一项研究细致观察了狒狒对社会事件的生理反应，结果发现，狒狒社会地位的丧失会导致其荷尔蒙预警反应出现特殊的系列式紊乱。

获得地位的好处不仅包括直接的物质收益（如获得食物），也包括伴随他人（或其他狒狒）的尊敬和钦佩所带来的一些无形的社会性好处。所以，大多数人不仅会竭尽全力在他人面前展现一个积极的自己，而且也会竭力使自己深信，我们有理由抬头挺胸。我们在本书中将看到，获得和保持地位的动机能够孕育出一系列广泛的社会行为。

捍卫自己和自己重视的人

邻里社区间，人们会在私宅周围筑起篱笆，

在自家街道上竖起“生人勿近”的标志，拉帮结派，甚至买军犬保护自己。在国家层级上，各国都会兴建军队以保卫国土。当名声、资源或家庭受到威胁时，人们会奋起捍卫。人们能在千分之一秒中识别出一个愤怒的表情，且愤怒的表情若是出现在男人的脸上，人们识别的速度会更快。这是为什么呢？因为，和女人相比，男人通常会带来更严峻的生理威胁，这种情况在男人是陌生人或群体外成员时尤为明显。

捍卫自己的动机显然会带来诸多益处，如增加了我们自己以及家庭成员存活的概率，但是它也会导致不断升级的暴力冲突和种族歧视。在探讨攻击、偏见以及群际冲突的章节中，我们将会重点讨论自我保护的动机，它的力量有时非常惊人。

吸引和留住配偶

布品达·辛格（Bhupinder Singh）是印度帕蒂亚拉邦的第七代帮主，他有350位妻子；大多数北美人也至少拥有一位配偶。人们常常竭尽全力寻找以及设法留住自己的另一半，比如撰写洋洋洒洒的情书，在凌晨两点煲电话粥，或者注册电脑约会服务。在心理课上与一位迷人的对象眉来眼去，可能会使得你神魂颠倒，接着坠入浪漫爱河，甚至可能共建家庭携手今生。从进化论视角来看，这些都是密切联系着的（Kenrick，Maner，& Li，2005）。确实，持进化论观点的研究者相信，繁衍的目标是所有其他社会目标的基础。按照这种观点，我们加入团体，寻求社会信息，为地位奋争，有时还表现出攻击行为或自我保护行为，这一切的一切都是为了能将我们的基因传承下去。

小调查

回想你与一个人或一个群体的愉快或不愉快的互动。这些互动是如何与我们刚刚讨论过的目标相联系的？

个人与情境的交互作用

如果在你左边的一位迷人的异性开始与你调情，你可能就顾不上站在你右边的老板了。如果你接着又注意到另一个人——一个身穿皮外套、身材高大的男人，开始对你面露讥讽之色，并靠近那位迷人的异性，你可能会下意识地想进行自我保护；相反，一个渴望晋升的同事则会围着老板团团转以图留下好印象，而对调情的机会或身体的危险视而不见。

换句话说，在任何时候，活跃着的根本动机与具体目标都反映了个体内部因素与外界因素之间的持续相互作用。我们将在本书中细致考察这些相互作用，但是不妨让我们先来简单熟悉一下什么是“个人”、什么是“情境”，以及两者是如何通过“个人–情境的交互作用”而交织在一起的。

个人 个人

当我们谈及**个人**（person）时，我们特指个体在社会情境中的一些特征或特质。如果让你描述一下你自己，你可能会提及生理特征（如身高、性别）、一贯的态度或偏好（如你会投票给共和党、民主党，或是自由党派），以及心理特征（如你是外向的还是内向的，是容易激动的还是相对平和的，等等）。这些特征可能基于基因的或生理的因素，使得你与他人不同；也可能基于过去的学习经历，并通过你理解自己的特殊方式或日常生活中遇到的人对待你的方式而得以保持。个人的其他方面的一些特征则比较不稳定，比如你现在的情绪或自我价值感。当我们想重点强调个人的特征时，我们会标出个人的图标，并将之贯穿全书。

情境 情境

当我们谈及社会**情境**（situation）时，我们指的是个体外部的事件或状况。这些包括即时社会背景下转瞬即逝的事件（如陌生人朝你眨了一下眼睛）以及长久的影响（如你是成长于蒙大拿州偏僻的农场还是纽约市多种族混居的社区）。当我们想特别强调情境的特征时，我们会标出情境的图标。

交互作用 个人–情境交互作用

个人与情境都不是固着的实体。正如威廉姆·詹姆斯（William James）所观察到的，“许多年轻人在长辈面前毕恭毕敬，在朋友中间却满口脏话、举止嚣张，像个海盗”。不同的社会情境会引发不同的目标——有时我们需要招人喜爱，有时我们需要让人生畏，诸如此类。因为单一的情境会包含诸多可能性，所以你在任何特定时刻的目标可能取决于你在关注什么。依从你现实的目标以及长期的特征，你可能会对一个情境做出与他人不同的反应。想想，在一个聚会上，有人会迷恋舞池，有人会探讨哲学，还有人则会倾听别人讲笑话。

我们将在第 2 章中具体探讨个人与情境交互作用的几种方式。例如，我们会以契合个人目标的方式对模糊的情境做出解释。他人是在调情或只是表达友善，取决于你的性别以及你是否处于恋爱的心态中。我们的人格也会影响我们对情境的选择。如果你是个性格内向的人，你可能会婉拒一个晚会的邀请。而一个外向者则可能会从天而降不请自来。

正如人会选择情境，社会情境也会选择特定类型的人。比如，高个子的中学新生可能会被篮球队招入，一个擅长数理化的朋友则可能被尖子班录入。人与人之间起初微小的差异可能会被情境放大（如篮球训练与尖子班授课）。因此，情境与人会以持续循环的方式相互塑造、相互选择。

当我们想特别强调个人–情境的交互作用时，我们会标出 交互作用 的图标。

名词解释

个人　个体在社会情境中的特征或特质。

情境　个体所处环境中的事件或状况。

心理学家是如何研究社会行为的

科学研究如同侦探破案。遇到疑团时，一名侦探会采用一系列程序以揭开疑团：访问目击者→寻找动机→排除各种可疑对象→检查物证，等等。每一步都可谓“危机四伏”：目击者可能撒谎或者将其证词基于一些莫须有的假设上；一些动机可能是隐而不见的；证据也有可能已被污染破坏。像侦探一样，社会心理学家也是从层层迷雾中启程。本章开篇就抛出了诸多问题：是什么使得一个仅能勉强糊口的美国人倾尽全力为远在地球另一端的人们建造学校？为什么在一些社会中，女人可以嫁数个男人，男人也可以娶数个女人，而其他社会仅能容忍一夫一妻制？为什么婚前性行为在一些社会中见怪不怪，在其他社会中则恰恰相反？社会心理学家也拥有一套程序来解决这些谜团，但是像侦探一样，他们在使用这些程序时必须小心潜在的陷阱。

心理学家的“侦探工作”从**假设**（hypotheses）开始，假设是对可能显现证据的一种有依据的估计。如果你想寻求某一有趣社会行为的证据，你会如何提出一种切实可行的假设来指导你的搜索？你可能会从我们之前讨论过的某一理论视角开始。例如，若采取社会学习视角来理解 J. K. 罗琳的慈善行为和社会活动，你会注意到在罗琳的伯祖母送给她的那本自传中，记录了一位英国女子离开她的富有家庭而成为美国的一名社会活动家和民权工作者的事情。一种可能的假设是，成年人的亲社会行为受到成长过程中的利他行为模范的影响。对于这种假设，我们将在第 9 章中进行探讨。而另一个可能的假设（我们也将在第 9 章中探讨）则是，人们会从父母那里继承利他的基因倾向。

然而，并非所有的社会心理假设都想当然地源于科学的理论，你甚至能从一个有悖常理的怪异事件中提出一个有趣的假设。例如，当邪教领袖对世界末日的预测没有应验时，其追随者们反而更加忠于教派。或者你可以在既定的心理规则中找到一些例外，比如奖励有时会适得其反，使得孩子停止在某项任务上的努力。社会心理学家威廉·麦圭尔（William McGuire）于 1997 年列举出了产生研究假设的 49 种方法。

为什么他人会表现得慷慨、热情、进取或者友爱？许多人一旦找到一个看起来合理的解释后，便会停止思索。然而，提出一个貌似合理的假设仅是科学研究的第一步。正如我们即将看到的，有时，看起来再确凿不过的假设常常会被证明是完全错误的。提升学生们的自尊被教育家们和政治家们看成治愈一切的万能之药，包括婚前性行为、暴力袭击、强奸和谋杀。乍一看，这一理论假设似乎颇能站得住脚：对自己感觉糟糕的人更可能以性发泄或暴力的方式行事，或许是为了提升他们脆弱的自尊。但是，当心理学家检视研究结果时却发现，这些假设无论看起来多么合情合理，实际上却是错误的。综合回顾了自尊方面的研究后，社会心理学家罗伊·鲍迈斯特（Roy Baumeister）、布莱德·布什曼（Brad Bushman）和基思·坎贝尔（Keith Campbell）2000 年总结道："我们不应该对低自尊的人感到害怕，我们应该对自我膨胀之人更加畏惧。"这一相反的结论也是合情合理的，我们想想，确实，低自尊的人却常常表现得比较谦虚，而高自尊的人常常表现得骄傲自大、目中无人。

名词解释

假设 研究者对他将要发现的结果的预测。

心理学家收集数据的"侦查方法"大致可以分为**描述法**（descriptive methods）和**实验法**（experimental methods）两类。描述法是在自然状态下，测量或记录行为、思考和感受的过程。当心理学家们采用描述法时，他们希望在不改变行为的情况下记录行为。实验法则恰恰相反，它通过系统操作情境的某些方面来揭开行为的原因。

描述法

在理解任何现象的原因之前，细致描述一下我们到底在谈论什么是很有帮助的。我们如何才能细致描述社会行为呢？社会心理学家们主要采用自然观察、案例研究、档案法、调查法和心理测验五种方法。

自然观察

或许，最直接的描述法便是**自然观察**（naturalistic observation）了。这种方法比较简易，只需观察那些在自然情境中徐徐展露的行为即可。

◎ **对调情姿势的研究**。为探究女人们用来调情的姿势，莫妮卡·摩尔进行了一项自然观察研究，她记录了女人们在单身酒吧、图书馆和妇女中心的自发行为。她发现在单身酒吧的女子更可能做出诸如在拨弄发丝的同时含情一瞥，露出微笑，或轻轻仰起玉颈等动作。

举个例子吧。心理学家莫妮卡·摩尔（Monica Moore）在 1985 年曾做了个研究。她来到一家单身酒吧，期望看到这里的女人们会自然地表露出许多非言语的调情行为。坐在一个隐蔽的地方，她记录下女人们朝男人们摆出的各种姿势，并将之与女人们在图书馆或妇女中心展露的姿势进行比较。结果发现，在单身酒吧与男人调情的女人会做出一些在其他情境中很少看到的姿势。比如，酒吧里的女人会频繁地向男人投出含情脉脉的一瞥，露出微笑，拨弄发丝，或是将脖子倾斜 45 度角以露出玉颈。

作为一种研究方法，自然观察拥有众多优势。首先，在自然情境下的行为是自发的，不是虚假的或是精心谋划得来的。做个对比，想象一下吧，让学生们在实验室里表露出调情的姿态该是多么困难！其一，人们在实际调情时或许并不能意识到自己是如何"调情"的；其二，当被试知道拿着笔记本的研究人员正在观察他们，肯定会浑身不自在，难以表现出真实的调情行为。

尽管自然观察有着诸多优点，但它的缺点也显而易见。研究者必须确保他们的被试不知道自己正在被观察；否则，被试很可能不能按照自然的方式行事。我们在第 6 章中会看到，社会心理学家们发明了许多聪明的办法来观察人们的行为，且能让被观察者毫无察觉。自然观察的另一个缺陷是，一些研究者感兴趣的行为实际上很少发生。不妨想象一下研究者在街角徘徊，等待谋杀发生的情景吧。即使在治安最差的社区，你恐怕也得耗些时候才能逮到一幕吧。

还有一个问题是，除非采用系统化的方式进行观察，否则观察者的一些有偏颇的期望会使其忽视一些因素对行为的影响，而夸大另一些因素对行为的影响。研究者的假设会使得研究者寻求支持性信息而忽略那些不一致的证据。这种情况又被称为**观察者偏差**（observer bias）。

例如，如果你期望在酒吧中看到调情行为，你可能会将一个女人撩拨头发的动作误解为调情，而实际上她只是不想让头发掉入啤酒杯中。

名词解释

描述法 在自然状态下，测量或记录行为、思考和感受的过程（包括自然观察、案例研究、档案法、调查法以及心理测验）。

实验法 一种通过系统地操纵一个情境的某些方面从而揭示因果关系的程序。

自然观察 在人们不知道的情况下，记录他们在自然场景中的日常行为。

案例研究

另一种观察式的方法是**案例研究**（case study），即对一个个体或群体进行深入、细致的分析。研究者当然可以探究完全正常的个体或群体，但他们常常选择一个案例，因为案例能代表某些异常的行为模式。试想一下，你感兴趣的问题是：某人从默默无闻一夜间功成名就，他会有什么样的反应？如果你在商场或心理课上随机抽样，你可能会失望地发现，你的样本中找不到一个名人。然而，你却可以与 J. K. 罗琳或贝拉克·奥巴马（Barack Obama）进行面谈以获得第一手资料。

名词解释

观察者偏差 一种测量误差，源于观察者过于关注他期望发现的行为，而忽视了他没有期望发现的行为。

案例研究 对一个个体或群体进行深入、细致分析的研究方法。

普遍性 一个特定研究的结果能推广到其他相似情境或事例中的程度。

如果心理学家想要更好地了解一个罕见的或不寻常的个体或群体，他们有时就会采用案例研究法。例如，社会心理学家马克·沙勒（Mark Schaller）对人们一夜成名后的心理感受很有兴趣，于是他在 1997 年的研究中，考察了数个名人的案例资料，这些资料来自名人的日常生活和书信。他研究的对象包括摇滚巨星科特·柯本（Kurt Cobain），这位巨星在 20 世纪 90 年代声名鼎沸时突然自杀。柯本的案例显示，名声并不总是件好事，它能使得一些人陷入不愉快的高度自我关切中。

案例研究常能为我们提供丰富的假设。例如，对于文森特·凡·高（Vincent van Gogh）

◎ **案例研究法的缺陷**。文森特·凡·高为什么会割下自己的耳朵？心理学家采用他的生活细节来支持各自提出的不同假设。但是，单一的案例并不能给出清晰的因果结论。

为什么会割下自己的耳朵，包起来并将之作为礼物送给一名妓女，心理学家提出了许多不同的假设。其中的一个假设认为，凡·高此举是对那名妓女表达愤怒，因为她和自己的朋友保罗·高更（Paul Gauguin）上床了。另一个假设则认为，他之所以做出这样的举动，是因为他对保罗·高更存在下意识的、不能为社会所容忍的同性情感，他想以此象征性地阉割自己。不幸的是，拘泥于案例材料的心理学家在搜索个体的生活证据时，往往会受到先入假设的误导，即他们总是挑选出那些支持其预感的事件。基于一个案例研究，我们很难分辨清楚，何种事件确实导致了所关注的事件，而何种事件其实与所关注的事件是不相干的。一个案例研究可以指示许多有趣的假设，但是却不能告诉我们为什么一件事情会发生。

案例研究的另一个问题是**普遍性**（generalizability），即一个特定研究结果适用于相似情形的程度。仅仅检视一个案例，如文森特·凡·高或J. K. 罗琳，我们很难知道哪一种具体的细节可以推广到其他相似的案例中。

档案法

解决普遍性的方法之一便是考察许多相似的案例。一项研究曾经考察了底特律市1972年所发生的512起杀人案件的警察报告，下面是案件185的一段摘录：

> 受害者（男，22岁）与犯罪者（男，41岁）都在一家酒吧，这时双方都认识的一位熟人也走进了酒吧。犯罪者向受害者吹嘘这位熟人的打架能力，并说自己曾和他干过一架。受害者回了一句“你倒挺彪悍的”，然后两人就开始为谁更厉害而争论不休。受害者说：“我可带着家伙。”犯罪者回应道：“我也带着。”两个人都指指自己的口袋。受害者又说：“我可不想死，我知道你也不想死，让我们忘了这件事吧。”但是犯罪者掏出了一把小型自动手枪打死了受害者，然后离开了酒吧。

尽管一个特殊案例的细节可能是独特的，马戈·威尔逊（Margo Wilson）和马丁·戴利（Martin Daly）却在她们所检视的数百宗杀人案中找到了许多相似的细节：首先，犯罪者和受害者大都是男性，特别是20岁出头的小青年；其次，社会支配地位的冲突起到了煽风点火的作用。

威尔逊和戴利对杀人案件的研究便是**档案法**（archival method）的一个很好的例子。档案法是研究者们采用已有的数据来检验其假设，而这些数据最初是为其他目的而收集的（警察报告、结婚证书、报纸文章等）。另一个档案研究发现，在小布什任美国总统的首次任期中（他发动了对阿富汗和伊拉克的战争），每当政府发布恐怖袭击警告时，民众对小布什的支持率便会上升。另一些研究则考察了特定城市的每日气温与同日所报告的暴力犯罪数目的关系。档案法的好处是它能帮助研究者轻而易举地获得大量的现实资料，但缺点是许多有趣的社会现象并没有被记录下来。一段为时两个月的婚姻的缔结与结束都会被记录在案，可是有些情况却很难在档案中找到痕迹，比如双方有长达五年的同居关系，却为婚礼邀请人选发生争执而告吹。

调查法

一些非常有趣的行为不太可能被记录在案或是在自然情境中展露。例如，早在20世纪40年代，生物学家艾尔弗雷德·金赛（Alfred Kinsey）就对一些性行为（如手淫、婚前性行为）的普遍性产生了好奇。由于这些行为很少在公众场合展露，自然观察法便缺乏用武之地了。同样，对受判决的性犯罪者和妓女的个人案例分析，也不能告诉我们正常的性行为到底是怎样的。因此金赛选择了**调查法**（survey method），通过这种方法，研究者只需向调查对象询问一系列问题，这些问题涉及他们的行为、信念或意见。

问卷调查有一个非常明显的好处，即它使得研究者能够就某些很少在公众场合出现的现象搜集大量的数据。如同其他方法，问卷调查也有一些缺陷。首先，出于不诚实的动机或记忆偏差，调查对象所给予的信息可能是不准确的。比如，参加问卷调查的男性常常比女性报告更多的与异性间的性体验，这是颇为让人迷惑不解的。英国、法国以及美国的男性报告自己生活中的性伴侣大概有10~12个，但是这些国家的女性给出的数字仅超过三个。这种差异可能是源自**社会赞许性偏差**（social desirability bias），即人们倾向于报告他们认为恰当的或可接受的内容（不论事实是否如此）。对男人来说，性行为是更有社会称许意味的。因此男性更可能大谈特谈自己的性越轨行为，也更可能记住它们，也或许女性更倾向于低调谈论自己的性行为。

问卷调查的另一个潜在问题是获得一个**代表性样本**（representative sample）。当作为一个群体的被试，其特点与研究者想描述的更大人群的特点相匹配，我们就说这个样本是具有代表性的。北美经理层的代表性样本应该包括一定比率的男人、女人、黑人、拉美裔美国人、加拿大人、中西部美国人、南部美国人等，它必须体现出这个大陆上各种人群中的经理。而来自多伦多的一小群男性银行经理，或是纽约时装行业的拉美裔女经理，并不能代表整个北美经理层。金赛性调查的样本人都由社区组织的志愿者们组成，这意味着美国社会的许多部分并没有得到很好地代表。

名词解释

档案法 对一些系统收集的数据（如结婚证书、逮捕记录等）进行检视，这些数据最初是为其他目的而收集的。

调查法 研究者让人们自我报告他们的信念、感受和行为的一种研究方法。

社会赞许性偏差 人们倾向于报告他们认为恰当的或可接受的内容。

代表性样本 一群被试的特点与研究者想描述的更大人群的特点相匹配。

金赛的调查可能会遇到另一个问题，即一些调查对象自愿进入其样本，而另一些调查对象则自愿退出其样本。许多潜在的调查对象很不情愿主动讨论自己的性生活，另一些则颇为享受这个机会，趁机透露自己狂野情色的经验以娱研究者。如果那些参加或未参加调查的人在性活动上与常模迥异，那么研究者可能对整体人群做出错误的推论。精心结构化的问卷可以减少这些问题。但不是所有的问卷都是值得信赖的，特别是当其允许被试自主选择是否愿意参加之时。

心理测验

是否有些人的社交能力更胜一筹？是否有些人倾向于在进行批判性思考后才能被某一论据说服？**心理测验**（psychological tests）是评估人们在能力、认知或长期动机上的差异的工具。心理测验与调查不同，调查的目的是获得具体的态度或行为，测验的目的却是揭示更广泛的潜在特质。大多数人都进行过多种心理测验。大学能力测验（如SAT）的设计依据是，根据人们在大学课程上的学习能力对人们加以区分。职业兴趣测验（如斯特朗职业兴趣量表）的设计依据则是，根据人们对各种职业的可能热爱程度对人们加以区分。

心理测验并非每时每刻都能精准地测量其想要测量的建构。例如，在流行杂志上刊登的"测测你与爱人相处的能力"的小测验，可能并不能很好地预测你在一段感情中的实际技能。一个有用的心理测验必须合乎**信度**（reliability）和**效度**（validity）这两项指标的要求。

信度是测验结果的一致性。如果你第一次做某一社交技能测验时，结果显示你是一个非常有魅力的人；一星期后当你再次做这个测验时，结果却显示你有社交缺陷，这个分数便是不可信的。不论测量什么，我们都需要确保测量工具的一致性。一些心理测验（如罗夏墨迹测验）并不能提供非常可靠的测量。其他一些测验（如智商测验）产生的分数则具有更高的一致性。但即使一个测验是可信的，它也未必是有效的。

效度是一个测验能够测量到其想测建构的程度。举个不恰当的例子吧，理论上我们可以用眼睛的颜色来衡量个体受异性欢迎的程度。我们的测验当然是非常可信的——受过训练的观察者对被试眼睛的颜色大都能达成一致意见，不论眼睛是蓝色、淡褐色，抑或棕色的；即使我们一两个月后再次测量被试的眼睛颜色，也能得到颇为一致的结果，因为眼睛的颜色显然不会发生很大的改变。但是，眼睛的颜色却可能并非衡量吸引力的有效指标，因为该指标可能与被试在过去的一年中的约会对象的数目毫无关联；反之，如果评判者对被试整个面孔的吸引力进行评估，或者对被试交谈中的录像进行评估，得到的分数虽然会欠缺些可靠性，但却能对被试的异性缘做出更有效的预测。

所有的研究方法都不能忽视信度和效度。例如，对男女结婚时的年龄差异的档案记录，在不同文化中和不同时代下都是相对一致的。因此，这是一个可信的估计（即女孩在十多岁就结婚的概率是男孩的数倍）。但是一座小城镇一个月中的结婚记录却可能并不可靠（也许在那个特定的月份中，两个十多岁的男孩结婚了，而只有一个十多岁的女孩结婚）。至于效度，三个不同的环境调查可能会得出一致的结论：人们在提高废品回收利用率，也在减少开车的次数。这些调查结果尽管是可靠的，却未必是有效的：人们可能会一致错报了自己的回收或驾驶行为。对每一项研究，我们都应该询问：结果是可信的吗？即如果换种方式测量或者换个观察者的话，我们还能得到一样的结果吗？结果是有效的吗？即研究者是否真的在研究他（她）想要研究的东西？

小调查

想象你正为一家杂志执笔。你需要写一系列文章，主题是一些有趣的群体成员（如犹他州的一夫多妻制的实行者、纽约黑帮成员，或者好莱坞的超级明星等）和典型的美国郊区民众有何不同。你将采用何种描述法来帮助解决这一问题呢？在得出确信的结论前，你又会遇到什么问题呢？

名词解释

心理测验 测量一个人能力、认知或动机的工具。

信度 心理测验得分的一致性。

效度 测量手段能够测得预期建构的程度。

相关与因果

来自描述法的数据能够揭示**相关**（correlation）关系，或者说是两个以上变量关联的程度（心理学家们使用“变量”这个名词以宽泛地指代任何波动的因素，如每日气温、人们的身高、发色、群体的大小，或者不同大学校园的酒精使用量）。利昂·曼（Leon Mann）1981 年对“自杀引诱”这一奇怪现象产生了兴趣，想探讨什么变量与这一现象有关。“自杀引诱”是指围观者常会鼓励试图自杀的个体赶紧结束生命。在一个典型的例子中，夜色中的 500 多号围观者不仅催促格罗瑞娅·波利齐（Gloria Polizzi）立刻从 150 英尺[①]高的水塔顶端跳下，还朝救援队破口大骂并扔石头。曼等人采用报纸的新闻报道来研究这一问题，结果发现自杀引诱与群体的大小相关。当群体增大时，群体中的人员更可能嘲笑讥讽那些命悬一线的自杀者。

两个变量间的相关常常用数学上的一种统计指标**相关系数**（correlation coefficient）来显示。相关系数的范围可以从 1.0（表示两个变量间存在完全的正相关）到 0（表示两个变量间不相关），再到−1.0（表示两个变量间存在完全的负相关）。正相关意味着当一个变量起起伏伏时，另一个变量也随之起起伏伏。比如，当群体变大时，自杀引诱发生的概率也会变大。

负相关则指示相反的关系，即当一个变量起起伏伏时，另一个变量以相反的方向变化。例如，那些对现在的伴侣更忠诚、更满意的女人，一般来说很少花时间去打量其他英俊的男人。

相关能够提供许多重要的暗示，但是它们不能够帮助研究者得出因果结论。再来看一下群体大小与自杀引诱的关系。大规模的群体常常与其他一些不恰当的行为方式相关：从摇滚音乐会和万圣节的街区舞会上，或者重大体育赛事结束后冲上街头的疯狂粉丝身上，我们都能看出许多端倪。曼在其研究结果中总结到，大规模的群体使得围观者感到自己是“匿名

① 1 英尺 =0.3048 米。——译者注

的”，即使是这种残忍无耻行为的始作俑者，自己也不用担心被揪出来。但是这种推论并非无懈可击，因为我们需要牢记，相关关系并不等同于因果关系。

为什么相关关系不等同于因果关系呢？首先，研究者之前假设的因果关系的方向常常会倒转过来——不是A引发了B，而是B引发了A（如图1–2所示）。例如，一旦自杀引诱开始了，人们可能会从广播中听到消息，然后附近的听众会蜂拥赶往事发地点（因此，可能是自杀引诱使得围观群体增大，而非相反情况）。另一个问题是，两个变量间可以仅存在相关关系，而不存在因果关系，如由另外一个变量C引发了变量A和B。比如，曼曾发现，自杀引诱常常发生在夜间。或许人们更可能在夜间饮酒，而饮酒使得人们聚集在一起（因此形成人群），任性而为（因此会辱骂自杀者）。如果这样来解释，夜色或者群体的大小都不是自杀引诱的直接原因；两者都是偶尔才与这一现象相关。

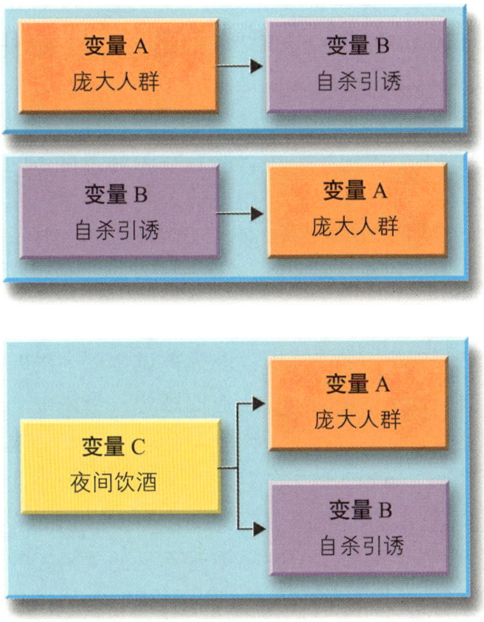

图1–2 解释相关关系

注：当两个变量（如群体大小和自杀引诱）存在相关时，可能的原因是变量A（群体大小）使得变量B（自杀引诱）发生了变化。但是，也可能是变量B引发了变量A，或者第三个变量C（夜间饮酒）同时独立地引发了变量A和变量B。

名词解释

相关 两个或两个以上变量彼此间关联的程度。

相关系数 描述两个变量间关系的一种数学表达。

因为相关的变量间存在诸多可能的联系，因此我们很难从相关中得到明确的因果结论。要突破这一局限，研究者需要寻求实验法的帮助。实验法能够抽丝剥茧般把主要变量与混淆变量区分开来。

实验法

当采用描述法时，研究者们总会尽力避免去人为干扰那些所要考察的现象。例如，一位采用自然观察法的研究者总是希望他的被试不要注意到自己正在被观察。一位问卷调查研究者在设计问题时会采用谨慎的措辞，使得被试不至于歪曲自己真实的情感或行为。但是在一个**实验**（experiment）中，研究者常常通过系统地操纵情境的某一方面，并控制其他方面，从而改变被试的行为。如果研究者想知道人群中的匿名感是否是反社会行为的罪魁祸首，那么研究者可以对情境进行操纵，让一些人感到自己是“极为隐匿的”，另一些人感到自己是“极易被识别的”。事实上，菲利普·津巴多（Philip Zimbardo）在1969年恰恰这样做了，在实验室研究中，他让被试对其同伴进行电击。一半被试戴着有姓名的标签，穿着自己的衣服，因此是极易被识别的；另一半被试则保持“隐匿状态”，他们穿上宽松的白大褂，白色的面罩几乎遮住了整个脸。结果发现，这些“匿名”的被试给予的电击量是“易识别”被试的两倍。

操控变量

实验者所操纵的变量被称作**自变量**（independent variable）。在津巴多的实验中，自变量便是不同的着装（隐匿的和易被识别的）。被测量的变量称作**因变量**（dependent variable）。在上述研究中，研究者测量了被试所给予的电击量。

◎ **去个体化实验**。在津巴多的实验中，一半被试的着装使得他们看起来是“隐匿的”，另一半被试则身穿自己的衣服且能被他人看见。这种差异便构成了自变量。因变量是被试给予同伴的电击量。

名词解释

实验 一种研究方法，研究者系统地操纵产生影响的一个因素而保持其他的因素恒定。

自变量 实验者操纵的变量。

因变量 实验者所测量的变量。

随机分配 分派被试的一种方法，每个被试有均等的机会被分配到任何一个条件中。

关于实验研究，有几点需要注意。津巴多实验的一个突出特点便是，被试是被**随机分配**（random assignment）到匿名和非匿名的情境中的。随机分配意味着每一个被试都有相同的概率被分配在不同的情境中。比如，通过投掷硬币决定把被试分到哪一组，研究者减少了两组被试在情绪、人格、社会等级或者其他因素上的差异，而这些因素往往会影响结果。这样，研究者最小化了组与组之间的任何系统性差异，而有些差异可能会使得夜间和白天的围观人群有所不同。尽管大规模的自杀引诱人群与小规模的非自杀引诱人群在反社会倾向上可能有所差异，但如果被试是随机分配的话，这种系统的差异并不会构成问题。在津巴多的研究中，被试之间的唯一差异来自总体人口的随机波动（当被试数目增大时，这种波动的影响力会减小）。还必须注意的是，两组被试间的差异仅存在于衣服的匿名性（自变量）上。情境的所有其他方面（主试、环境、被电击者以及任务）都是一样的，这也降低了其他变量影响反社会行为的概率。最终，研究者用相同的方法来测量两组被试的攻击性，使得研究者能够以量化的方式可靠地测量每组被试给予的确切电击量。

通过随机分配被试并控制无关变量，实验者获得了一种得天独厚的优势——对因果关系做出推断的能力。津巴多可以相当自信地说，是他对匿名性的操作（而非处于匿名状态下的被试具有某种异常的特征），导致了被试更高水平的攻击性。

实验法的潜在局限

相较于描述法，实验法能帮助研究者更好地做出因果推断，但是实验法也存在一定的缺陷。比如，大多数实验中的设置都是人为创设的。穿上宽大衣服、戴上面罩所制造出的“匿名感”真的和黑夜中的庞大人群所体验到的“匿名感”一样吗？给予电击的倾向又能等同于向救援队扔石头的倾向吗？

我们在心理测验中会讨论效度的问题——一个测验是否真正测量到了它所期望测量的建构。实验也存在效度的问题。**内部效度**（internal validity）是指实验得出的因果关系间的明确程度，即自变量是否是被试的行为产生系统性变化的唯一原因。想象一下，若是在津巴多的去个体化实验中，所有在匿名条件下的被试所遇到的都是一个粗暴讨厌的男性主试，而所有在非匿名条件下的被试所遇到的都是一位和颜悦色的女性主试。我们只看到，匿名条件下的被试会表现得更富于攻击性，但是我们并不能知道真实的原因：因为被试是匿名的？抑或他们所遇到的主试让他们嫌恶？当另一个变量随着自变量产生系统变化时，它被称作**混淆变量**（confound）。在上述例子中，主试的性别与脾气都能够与匿名性的操作产生混淆。这些混淆变量正如相关关系中看不见的“第三种变量”——它们使得我们难以判断到底是什么引发了被试的行为。

外部效度（external validity）是指一个实验的结果能被推广到其他情境中的程度。我们之前有提到，研究一个单一的案例会带来普适性的问题。实验室实验也存在相同问题的困扰。

在匿名的实验室实验中给予电击的行为，能帮助我们了解夜幕中的暴民的心态吗？答案可能是否定的，因为没有两个情境能够完全一模一样。但是研究者们可以选取一些有代表性的变量，它们能够帮助我们模拟广阔外部世界中相似的心理和情绪过程。

将实验室研究推广到自然情境中还存在另一个难点，即实验室中的被试往往知道自己正在被观察。我们之前在自然观察法中也提及，当被试知道自己正在被观察时，他们的行为举止会有所不同。**要求特征**（demand characteristics）是实验中的一些提示，常使得被试意识到实验者期望他们做出何种反应。为避免这一问题，实验者会将被试的注意力从实验的真实目的上转移开。例如，主试并不会直接告诉被试“我们正在考察你按住电击按钮的时间，作为敌意的一种指标”；相反，主试会为施行电击提供其他一些合适的理由，诸如惩罚如何影响学习效果之类，这便将关注点从被试的电击使用量转移到了受电击者的“学习反应”上了。正如你即将看到的，社会心理学家发展出了一些相当精妙的方法来探究被试的自然反应。但是，关注这些可能的混淆变量总是相当重要的。比如，你是否会觉得让匿名组的学生穿上白大褂、戴上白面罩（颇像三K党的装束），会传递一种无言的期望，期望他们表现得更加反社会？

现场实验

如果将我们的实验带出实验室，放入每日的生活情境中，我们或许能够克服人为设置以及要求特征的负面影响。这种方法将实验操作施行于自然情境中的没有觉察的被试，又被称作**现场实验**（field experimentation）。

名词解释

内部效度 实验得出的因果关系间的明确程度。

混淆变量 和自变量一起发生系统改变的变量，潜在的后果是使人对自变量的效果做出错误的推论。

外部效度 一个实验的结果能被推广到其他情境中的程度。

要求特征 使得被试意识到实验者期望他们如何反应的一种提示。

现场实验 在自然环境中以没有觉察的人作为被试来操纵因变量。

让我们来看一项研究，研究者采用自然的方式对“匿名性”进行操控——那些在万圣节大喊“不请客就捣蛋”的小孩们所穿的化妆服。被试就是万圣节一群穿着化妆服的小孩，场景是西雅图的一户人家。一名研究助理会招呼这些小调皮们，指给他们放着糖果的碗，糖果碗的旁边则是一个装满便士的碗。研究助理让孩子们每个人从碗中拿一颗糖果，然后他装作很着急的样子匆匆离开。孩子们并不知道，研究助理正悄悄躲在一个看不见的角落，记录下这些“小天使”或“小英雄”们是否会多拿些糖果或偷拿些硬币。

这是一个实验，因为研究者们随机将孩子们分入了不同匿名水平的条件中。匿名性通过主试招呼小孩的方式得到操作。在一半情况下，主试会询问小孩的姓名，无形中消解了化妆服的身份掩蔽作用；在另一半情况下，主试允许小孩们保持匿名。研究的结果支持了曼等人的相关研究以及津巴多的实验研究的结论。在匿名条件下，大多数“小捣蛋”们都会多拿些糖果或拐走些硬币；在报出姓名的条件下，大多数小孩表现得更像“小天使”。

为什么社会心理学家们需要博采众长

表1–2总结了不同的研究方法以及它们的优势与局限。如果每一种方法都不可避免地存在缺陷，是否意味着我们对社会心理知识的追求是无望的？当然不是。一种方法的缺陷可能正是另一种方法的强项。比如，实验能够帮助研究者做出因果推论，但是又存在人为操作的问题。相比之下，档案法和自然观察虽然不能够给出因果结论（因为在性质上，它们属于相关研究），但是它们所提供的数据却是纯粹自然的。相较于任何一种单一的方法，结合不同的方法能使得社会心理学家们得出更为可信的结论。

举个最近的研究例子。伊丽莎白·邓恩

表 1–2 社会心理学家所采用研究方法的汇总

方法	描述	优点	缺点
		描述性的相关法	
自然观察	在自然情境中，且被观察者没有觉察时，记录其行为 案例：摩尔对女人调情行为的研究	• 能够观察自然情境下人们的自发行为 • 并不依赖于人们对自己经历的报告能力	• 研究者可能会干扰正在进行中的行为 • 很少能看到一些有趣的行为 • 研究者可能有选择地关注某些事件，而忽略其他事件（观察者偏差）
案例研究	对一个个体或群体进行深入、细致的检视 案例：沙勒对名声和自我意识的研究	• 提供丰富的假设 • 可以研究罕见的行为	• 观察者偏差 • 单一案例的结论很难进一步推广 • 复杂的过往经历使得研究者难以重现行为的真正原因
档案法	对多种公共档案进行检视 案例：威尔逊和戴利对警察杀人报告的研究	• 轻易获得大量已经记录的数据	• 许多有趣的社会行为并没有被记录下来
调查	研究者直接问人们问题 案例：金赛对性行为的研究	• 可以研究难以观察到的行为、思想以及感受	• 参加调查的人们可能不具有代表性 • 参加者可能做出有偏误或不真实的反应
心理测验	研究者试图评估个体的能力、认知、动机或者行为 案例：斯特朗职业兴趣测验；SAT 测验	• 能够测量不太容易观察到的特征	• 测验可能是不可信的（产生不一致的分数） • 测验即使是可信的，也未必是有效的（并没有测量到研究者所期望测量的建构）
		实验法	
实验室实验	研究者直接操作变量，并观察它们对实验室被试行为的影响 案例：津巴多对攻击与匿名性的研究	• 允许做出因果推论 • 允许控制无关变量	• 人工操作可能并不能代表自然情境中发生的相关事件 • 参与者的反应可能是不自然的，因为他们知道自己正在被观察
现场实验	与实验室实验一样，但是被试是处于自然情境中的 案例：迪纳等对“不请客就捣蛋”的小孩的研究	• 允许做出因果推论 • 参与者表现出更自然的反应	• 操作可能是非自然的 • 对无关变量的控制也不如实验室中精细

（Elizabeth Dunn）想探究这一假设：给予他人东西能使我们自己感到快乐。她和她的同事们首先做了一个调查来检验这一假设。她们请 632 位美国人（具有全国代表性的样本）评定自己的一般幸福感，然后估计一下自己在以下方面的花费占个人总体收入的百分比：账单、个人消费、为他人买礼物以及慈善捐助。结果发现，为自己买礼物和受访者的幸福感不相关，但是为他人买礼物却与受访者的幸福感相关。这个结果是相关性质的，我们并不能确信，到底是为他人买礼物使得人们开心，还是不开心的人们更加吝啬（如果他们为别人花钱的话，会变得更加不开心）。研究者们又开展了一项纵向研究，对象是一些意外得到一笔奖金的上班族。研究们测量了他们得到奖金之前的幸福感，以及 6~8 周后的幸福感。那些把大多数奖金花在别人身上的被试，其幸福感水平得到了显著的提升；而那些把大多数奖金花在自己身上的被试却没有表现出这种提升。这一纵向研究使得研究者能够控制起始的幸福感水平，但依旧没

能确定因果关系（除了气质性幸福水平外，或许那些愿意为别人花钱的人在其他方面也会有所不同）。接着，研究者又开展了实验研究。他们让一群大学生评定自己在早晨的幸福感水平，然后给他们一个装有5美元或20美元的信封，并随机把他们分配到两种条件下：把钱花在自己身上，把钱花在别人身上（为他人买件礼物或是将钱捐给慈善事业）。到傍晚时，学生们再次评定自己的幸福感水平。那些把钱花在自己身上的学生，其幸福感水平较之早晨没有太大变化，而那些把钱花在他人身上的学生普遍报告自己感到更加快乐了。有趣的是，当研究者们让另一些学生预测一下，为自己花钱还是为别人花钱更开心，大多数学生都认为，如果能得到20美元并全花在自己身上，那是再开心不过了。但是，他们的预测却是不准确的。也许有人会说，这种实验是不自然的，因为被试可能猜到实验者对自己的幸福水平感兴趣，所以故意在两次测量之间给予他们金钱。但是，因为研究的结果与另两项自然情境中的相关研究的结果契合一致，与仅用一种方法相比，研究者可以对自己的结论更具信心。

心理学家的工作犹如侦探工作。一名侦探可能需要聆听好几个目击者对谋杀案的阐述，而每一个可能都不那么完美：一名眼瞎的女人听到了争吵，却看不清是谁扣动了扳机；一名聋哑人在案发前看到有人走进了房间，但是却没有听到枪击；一个小孩在案发地点耳闻目见，却把细节混杂在一起。尽管每一位目击者的证据都不充分，但是如果他们一致认为是男管家干的，那么就有必要将男管家的指纹和枪支上的指纹对照一下。像侦探一样，社会心理学家也总是会遇到支离破碎的证据，但是将它们拼接起来，却能够做出令人信服的结论。

正如一个侦探总是在证据与灵感间来回穿梭——用证据激发灵感，再用灵感引导自己搜索新的证据，一名社会心理学家也会在实验室与真实世界间自如转换。来自现实世界的描述性研究的结果，会孕育出新的理论，而理论又有待于接受严格的实验检验。实验的检验结果又会激发研究者对真实世界中发生的自然事件做出新的预测。通过结合不同的证据，我们能够得到更加确信的结论。

小调查

假设你是某个研究小组的一员，你的任务是解决以下问题：酒精会如何影响我们对新面孔的记忆？你如何采用相关的途径探索这个问题？用实验的途径吗？每种途径最大的优点和缺点可能是什么？

社会心理学研究中的伦理问题

阅读津巴多的攻击与匿名性的研究时，你可能忍不住会想，在给予同伴电击后，被试会产生什么样的自我感受呢？与地理学和化学的研究不同，社会心理学研究的是与活生生的、有血有肉的人（或者其他动物）打交道的内容。因此，我们有必要考虑一个重要的问题：研究在伦理上是无可非议的吗？

社会心理学研究的伦理风险

拿我们这些作者所做过的研究来举例吧。我们中有人采用以下“欺骗性”的技术诱使学生献血：“你愿意参加我们的长期献血项目吗？每隔六周捐献1加仑[①]血液，并且最短持续时间是三年？不愿意？那么就明天捐献1加仑血液如何？”另一些人询问学生是否有过杀人的幻想，如果有的话，具体描述一下。在另一项研究中，我们要求人们报告对不同群体（包括女权主义者、基督徒、欧洲裔美国人、男同性恋者）的偏见情绪水平。

这些研究提供了许多潜在的有用信息，涉及慈善捐献、攻击冲动以及偏见情绪等方面。但是每一个都面临着伦理的拷问，这也是社会心理学家们经常遇到的。询问人们的杀人幻想或者偏见情绪有可能侵犯到人们的隐私。这种侵犯不至于过分，因为毕竟参与者都是一些志愿者，且有权决定是否愿意分享他们的私人信息。但是，是否仅是询问这些内容，研究者都已经违反了社会规范？隐私侵犯问题在自然观

① 1美制加仑=3.7854118升。——译者注

察与现场实验中更为严重，这些情况下的被试根本不知道自己正在暴露一些个人信息。在一个有争议的研究中，毫不知情的被试遇上佯装的私家侦探，侦探给被试提供了一个为政府立功的机会，而被试需要完成的任务是非法闯入一间办公室以获取证据。仅凭着“探究人类行为”这一目的，就可以对这种隐私侵犯视而不见吗？心理学家现在遵循的基本原则是：如果能够保证被试的身份不被泄露，或者并不需要被试真的去做一些行为（比如，不用真的闯入一家办公室），那么采用不知情的被试是可以接受的。

在实验研究中，被试的行为是会被操纵的，这也带来另一个问题：研究会给被试带来生理或心理的伤害吗？社会心理学的研究有时会涉及一些令人不悦的生理刺激，如吃力的运动、注射一些药物如肾上腺激素、暴露在酷热中或是摄取酒精。

虽然社会心理学研究带来的生理危险不如在医药研究中那么明显（医药测验中的操作常常会真的导致疾病或者死亡），但是也会带来不适或轻微的风险。社会心理学研究更可能涉及心理的伤害，从尴尬（如知道自己被“表面故事”欺骗了）到内疚（居然会有杀人的幻想，或对其他异性想入非非），甚至到焦虑（面临被电击的威胁时）。

斯坦利·米尔格拉姆（Stanley Milgram）于1963年的研究在社会心理学界掀起了轩然大波。他使得被试相信，自己正在给予一位患有心脏病的老者以痛苦的电击治疗。实验进程中，被试听到老者完全停止了反应，但是主试却坚持要求被试给予更高水平的电击。这个研究中的被试表现出了极度的焦虑，包括“汗如雨下、瑟瑟发抖、结结巴巴”。尽管这项研究一直存在伦理上的争议，米尔格拉姆在1964年为自己辩解时指出，并没有证据显示，被试受到了长期的伤害。事实上，74%的被试认为他们学到了重要的一课。一年后，一个被试回忆道：“这个实验强化了我的这一信念——哪怕违背权威，人们也不应该对自己的同胞做出伤天害理的事。”米尔格拉姆分析到，研究者之所以钟情于有争议的话题，是真心希望研究的结果能够“给人类带来福祉，并不完全是因为知识胜于无知，而是因为新的知识会孕育关系人类的后果，指导人们的实践”。

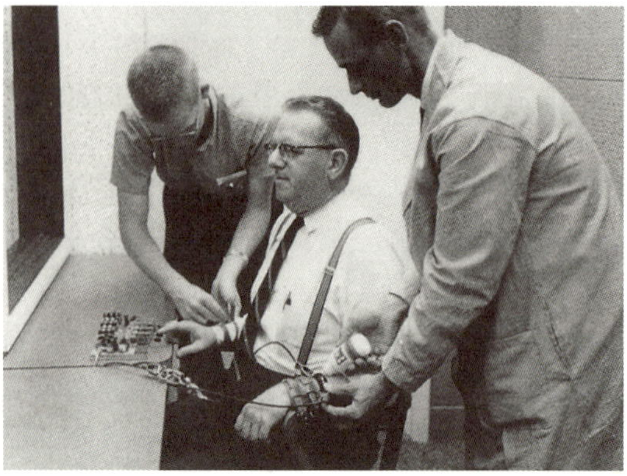

◎**一个有伦理争议的实验中的一幕。**在米尔格拉姆的权威服从研究中，研究者使得被试相信，自己正在给予一个心脏病患者电击。这个研究引发了人们的思考：应不应该将被试置于心理不适当中呢？

社会心理学研究中的伦理卫士

社会心理学研究的潜在益处是显而易见的——关于爱情、偏见或者杀人暴力的知识能被用来改进社会。但是我们也必须权衡得失，即给被试造成多大程度的不适感是可以接受的。

所幸的是，我们拥有一些保护措施，防止研究者滥用科学研究的名义。其中的一个原则便是，美国心理协会（American Psychological Association，APA）制定了一套指导研究的伦理方针。根据这些原则，心理学研究中的被试会被告知，在同意参加任何有潜在伤害的程序前，他们都有权随时退出；并且，当研究结束后，研究者会对被试进行**事后解释**（debriefing）。事后解释包括与被试讨论研究的程序和假设，消除被试出现的任何负面反应，以及在被试离开前缓解他们的任何不适症状。APA的原则也鼓励心理学家们权衡自己研究的成本与收益：研究结果是否具有潜在的有用价值，可以弥补暂时的不适？例如，米尔格拉姆就指出，他对服从行为的研究能帮助人们深入了解纳粹魔爪下的德国所发生的令人发指的暴行。

名词解释

事后解释 在研究结束后，对程序、假设以及参与者的反应所进行的讨论。

另一个伦理原则是，任何申请美国国家研究基金的机构都要求成立一个机构审查委员会，评估研究的潜在损失与收益。审查委员会的成员并不参与具体的研究，他们的职责是督促研究者修改实验操控方法、知情同意书，或是事后解释的程序。通过这些保护措施，心理学家希望能够一方面最大限度地降低被试的不适感，另一方面获得更多有益的知识。

社会心理学与其他知识领域的联系

正如我们已经看到的，社会心理学在很大程度上是联结所有学科的终极桥梁。社会心理学家可以与其他领域的研究者分享许多理论、方法以及研究成果。因此，若你能知晓社会心理学是如何与其他领域的知识融为一体的，便能更好地理解社会心理学。

社会心理学与心理学的其他领域

社会心理学与心理学的所有其他领域都有着直接联系。不妨看看实验心理学的两个核心方向——认知心理学（研究心理过程）和行为神经科学（研究生物化学以及神经元结构如何与行为产生关联）吧。他人是如何影响我们的生理体验的，如血压、心率和眨眼反应？社会心理学家对这一领域的研究兴趣正愈发浓厚。这方面的工作又衍生出一个新的附属学科——社会神经科学，即研究社会行为是如何与大脑的活动以及神经系统的其他分支相关联的。例如，一项近期研究采用核磁共振成像（magnetic resonance imaging，MRI）考察了白人大学生看到黑人面孔时的脑波活动。当学生们看到的黑人是陌生人时，他们产生的负面情感与杏仁核的活动有关（该区域与情绪评估相关）；而当学生们看到的黑人是大家熟悉的正面榜样时，如马丁·路德·金（Martin Luther King，Jr.）、威尔·史密斯（Will Smith）、丹泽尔·华盛顿（Denzel Washington），却没有出现类似的脑活动。社会神经科学的另一分支则是研究脑损伤的病人，该研究致力于发现大脑、认知以及社会行为是如何彼此联系的。例如，有一种特殊的脑损伤会导致一种称为“面孔失认症”的紊乱——患者无法识别人们的面孔。

社会心理学与临床心理学也存在紧密的联系。临床心理学致力于研究行为缺陷及其治疗方法。一位临床心理学家若想要治疗抑郁症或孤独症，或是教导人们如何应对日常的压力，那么理解社会关系是至关重要的。并且，许多行为紊乱都会依据它们对个体社会生活的毁灭性后果而得以定义。贯穿全书，我们都会穿插一个特殊的“联结：适应与障碍”专栏，在这里，我们会考察根植于社会关系的心理问题，以及为社会关系带来障碍的心理问题。在这个专栏中，我们还会考察，社会世界是如何影响出现紊乱症状的个体的，以及貌似正常的群体进程为什么有时会出岔。我们涵盖的话题会非常广泛，从强迫性的恋爱关系到对“局外人”的偏执多疑等都会有所涉及。

传统上，临床心理学关注的是患者的痛苦、虚弱、紊乱，以及如何帮助患者缓解这些症状。相形之下，一些社会心理学家越来越多地将兴趣点转向了积极心理学——对个体及群体的积极情绪、善意行为和最优绩效的影响因素的研究。例如，一些心理学家考察了哪些因素会使

◎ **积极心理学**。传统上，心理学家关注的是临床紊乱及负面行为，而积极心理学家则致力于研究人类行为的“光明面”。

得人们对自己的社会生活感到满意。

也有许多社会心理学家开始探索健康心理学——对影响疾病及生理状况的行为、心理因素的探究。我们与他人的关系对我们的健康有着直接的影响，关系融洽能帮助我们缓解压力，关系糟糕则会诱发许多健康问题。社会心理学家也开始将社会影响的知识运用于提升健康行为，如鉴于这些少年犯感染艾滋病毒的风险普遍较高，提高少年犯的避孕套使用率。

发展心理学领域的研究者致力于探索个体的生活经历是如何与其先天气质及早期的生物性影响因素一起，影响成人期的情感、思想以及行为的。社会关系是个体发展的中心环节。例如，社会发展方向的研究者会考察婴儿是如何与父母产生依恋的，以及这种早期经历是如何影响成人期的人际关系的。

人格心理学关注的是个体间的差异以及个体的各种心理建构如何拼接起来，使个体成为一个"完整的人"的。许多重要的人格差异与社会关系密切相关。例如，人们经常使用两种特质来描述彼此——外向与随和，而这两种特质在很大程度上都是根据社会关系定义的。

环境心理学研究的是个体与物理、社会环境的相互作用。关注于环境心理学的社会心理学家们会研究许多重要的社会事件，如人们为什么会破坏物理环境，以及人们如何对高温天气、水资源短缺以及都市拥堵做出反应。这些研究有望解决全球性的社会困境，我们会在第13章中重点探讨。

小调查

思考一下你大学毕业后（或研究生毕业后）的计划。对社会心理学的原则及发现的更好把握，能在哪些方面给你带来启发？

社会心理学与其他学科

社会心理学不仅与心理学的其他领域密切联系，而且还与其他学科密切关联。社会心理学的第一本教科书是出自一位社会学家之手，并且社会心理学与社会学的血脉也延续到今日。以往，社会心理学家更多关注的是个体的思想、情感以及行为，而社会学家则更为关注群体层面的互动。但是，就像社会学家一样，社会心理学家也会经常考虑，诸如社会等级以及共享的社会规范这些变量是如何影响偏见、攻击等行为的。社会心理学家也开始考虑个体的思想及行为是如何自然孕育出群体的进程的。

人类学关注的是人类文化与人类本性之间的纽带，同样，社会心理学也与人类学息息相关。人类学家研究世界各地的文化，希望从中得知人类社会行为中的哪些是普遍的，哪些又是因文化而异的。社会心理学也与生物学的一些领域相关，包括遗传学和动物学。近年来，社会心理学家开始采用神经科学的方法来考察荷尔蒙以及脑结构是如何影响养育行为、恋爱关系以及对社会压力的反应的。

社会心理学除了与一些基础学科紧密联系外，还与一些应用性学科密切相关，如法律、医学、商务、教育和政治学。我们与他人的许多互动发生在学校以及工作场所，了解社会心理学能帮助我们在这些场合应对自如。工业/组织心理学将社会心理学与商务结合在一起，以帮助我们理解组织中的社会关系。在政治领域，许多当今世界面临的紧迫问题——从环境破坏到人口过剩到国际冲突，都与社会互动直接关联。在"联结：理论与应用"专栏中，我们会探讨社会心理学如何能够帮助我们理解、缓解一些实际问题，而我们所关注的焦点会小至一间教室，大到全球的生态系统。

从这些关联中，我们不难看出极为重要的一点：尽管课程表上的每一门课程都着眼于某一个领域的知识，但是它们会联系在一起，形成一个广泛的网络。你的大学教育就是一串长长的课程单，帮助你回答以下几个宏观的问题：

1. 我们应该采取何种逻辑或方法工具，来帮助我们获得有用的知识，去伪存真？
2. 之前的思想家对人性以及人类在宇宙中的位置有何重要见解？
3. 这些重要的见解是如何彼此关联的？

案例回顾

神秘的社会生活

在本章开头，我们曾经讨论过数个不解之谜，一些比较微观，另一些则比较宏观。在微观层面上，我们曾经问及，是什么力量使得 J. K. 罗琳捐赠出她辛苦所得的大部分财富用以帮助那些她素昧平生的人？在宏观层面上，我们曾经问及，什么因素会导致慈善行为、偏见、离婚以及其他社会行为的产生。

社会心理学家们已经对慈善行为、英雄行为、偏见或领导做出了许多卓有成效的探索。然而在第1章中，我们并没有深入探究这些成果。但是，我们所谈及的理论、方法原则已经促使我们去搜寻更加完善的答案。首先，案例研究的局限性告诉我们，在重构 J. K. 罗琳捐赠她辛苦所得的财富的特殊原因时，我们只能知道这么多了：或许，作为一名单亲母亲的经历使得罗琳对与她有相似经历的人感到更多的同情（事实上，她大部分的慈善工作的目标正是为了帮助那些生活在单亲家庭中的孩子）。或者，她的慷慨无私源自她在公益组织工作的那段经历，在那里她直接接触了那些遭受贫穷和来自富豪暴君欺压的外国人民（在罗琳的小说中，邪恶且贪婪的黑魔王伏地魔和他的食死徒是现实世界中富豪暴君的化身）。又或者，是失去她所深爱的母亲的那种痛苦促使罗琳做出这些善举（本章开头处我们提到罗琳拿到的那 1500 万美元的支票，被用于支持关于多发性硬化症的研究，而罗琳的母亲正是由于这种疾病而去世）。然而还有另外一种解释是，罗琳从基因上继承了她母亲那慷慨无私的品质。案例研究可以激发我们提出理论假设，但是这些假设最终却需要通过更加严格的数据加以验证。而这些数据的来源必须多样化，且通过严格控制的方法采集。转一圈，严格论证后的理论原则又可以激发我们用新的方法去思考现实世界的特殊案例。

社会心理学的理论和方法也为我们提供了一系列的实际检测工具，帮助我们解决这些特殊案例所提出的更为普遍的问题。诸如社会文化、认知等理论视角会提示社会心理学家，哪些场所适于开展调查。研究方法（调查法、实验法等）对于社会心理学家而言，就犹如指纹试剂盒对于侦探来说是一种利器，能够帮助研究者超越肉眼的局限。在以后的章节中，我们会看到这些不同的理论、方法是如何孕育出丰富的研究成果，以帮助我们回答开章中提到的那些更宏观的问题的。正如我们即将看到的，社会心理学家在这些方面已经大有斩获：人们为什么会喜欢、讨厌、迷恋、憎恶彼此？人们又是以何种方式演绎这些爱恨情仇的？慈善及英雄行为背后的动机是什么？我们开始知晓，生物力量为何会影响我们与他人的关系，以及这种影响是如何发生的；我们也开始知晓，人类生物机制与人类文化是如何以动态有趣的方式相互作用的。

当然，并不是每一个人在读完这本社会心理学入门书后，都会有志于成为一名人类行为的研究者。但是我们所有人的思想、情感以及行为都会受到他人行为的深刻影响，这个人可能是我们的亲戚、朋友、爱人、同事，甚至有可能只是街上的陌生人。对社会心理学基本原则的理解能够给予我们一种全新的视角，帮助我们更好地透视那些深刻影响我们的人类行为。正如我们即将看到的，人们对社会行为的日常直觉常常是略有偏误的，有时甚至会犯根本性错误。认识人们的深层动机以及我们自己的认知偏差，能够使我们免受表面现象的蛊惑，也能够帮助我们欣赏到平静湖面下的波涛暗涌。

社会心理学的准则不仅能够帮助我们与周围的人打交道，也能够帮助我们成为一个有见识的公民。如果我们的公民和领导者们能掌握一些这方面的知识，便能在教育、犯罪行为、城市发展、种族关系等重要方面做出更出色的决策。最后，学习社会心理学，理解它的发现和理论是如何与其他领域的知识相互联系的，也能带给我们纯粹的知识上的满足感。我们已昂首迈入新世纪，许多社会生活的神秘面纱即将被揭开，唯有一颗有准备的头脑，才能对面纱背后的神奇惊叹不已。

第 2 章
个人与情境

通过本章学习，我们能够：

◎ 区分动机和目标，区分自动化和有意识的目标寻求；
◎ 区分样例和图式，区分启动和长期可得性；
◎ 定义并能够描述自我、自尊、自我调节和自我呈现等概念；
◎ 总结出不同类型的情境影响，认识强情境与弱情境的区别；
◎ 描述出集体主义文化与个体主义文化的区别；
◎ 解释不同类型的个人 – 情境交互作用；
◎ 了解工作场所中个人 – 情境匹配的重要性。

案例

一位平凡又非凡的人之谜

按照他姐姐的说法，他就是个“平常人”：在一个中产阶级家庭长大，度过了快乐且平凡的少年时期。那时候的小马丁·路德·金虽然资质聪颖，但是他的家人和朋友们却不认为他是个天才。

他的大学生活也是波澜不惊，学习成绩马马虎虎，在暑期打工时，他的同事们甚至颁给他一个“懒惰奖”。获得神学硕士学位后，马丁·路德·金便和妻子搬到了亚拉巴马州的蒙哥马利市安家落户了。这位“平常”的年轻牧师过的就是一个普通牧师的生活。

但是这种既定的生活轨迹并没有延续很久。在他的第一个孩子出生数周后，蒙哥马利市的警察逮捕了罗莎·帕克斯（Rosa Parks）——一名非裔美国妇女，她乘公交车时居然拒绝将自己的座位让给一个白人！之后的一切，都将载入史册。这个“平常人”、尊敬的马丁·路德·金霎时间名满天下——他成功地领导了1955年至1956年间的蒙哥马利市巴士抵制运动，这也标志着他所领导的美国民权运动首战告捷。

在接下来的12年中，马丁·路德·金承受着被监禁、入狱以及被谋杀的危险。尽管困难重重，他却义无反顾地继续前行。在他的领导下，民权运动成功地扭转了过去那些根深蒂固的法律条文，这些条文曾经阻止黑人在教育、就业、选举、住房等方面拥有与白人平等的机会。马丁·路德·金为了大众的利益忍辱负重，他赢得了各族群的尊敬。当刺杀者的子弹结束了他年仅39岁的生命时，他成为许多人心目中的殉道者，他的逝去也象征着双重的含义：美国的种族关系曾经不堪回首，然而未来会更美好。

一个“平常人”为何能铸就如此丰功伟绩？他为什么能够深刻影响他所处的世界？

有些人认为，人们的行动取决于其人格。按照这个观点，马丁·路德·金在领导巴士抵制运动前肯定就拥有某种非凡的人格。难道我们能说，他的家人、朋友、同事和老师们的观察都错了吗？或许吧。如果最了解他的人都不能识别出他的真实人格，还有谁能呢？而且，如果他的行为确实源自某种能够彰显其特殊价值和非凡才能的人格，我们又如何来解释一些显然不符的事实呢？比如，一个虔诚地信仰基督并且重视对家庭承诺的人，该如何解释他的婚外情呢？如果他在罗莎·帕克斯事件之前的人格决定了他之后的行动，那么这种人格肯定不

◎一个“平常人”？马丁·路德·金因在民权运动中的非凡之举而被视为英雄。但是，按照他的朋友和家人的评价，他在许多方面其实很“平常”。为什么一个平凡的人能够成就如此丰功伟绩？个人与情境的特征是如何结合在一起，以多彩的方式影响人们与社会世界的互动的？我们将在本章予以探求。

像人们之前草率归结的那么简单。

另一些人则认为，人们的行动取决于情境。或许我们可以假设，马丁·路德·金所处的情境是如此震撼人心，以至于事实上每个人都会和他做出相同的反应。马丁·路德·金自己很喜欢这个解释。他会说，他并没有在领导运动，相反，是人民推动他一往无前。当然，这种解释也过于简单化了。毕竟，当时的蒙哥马利市还有其他潜在的领袖人物，但是他们却并没有站出来肩负重任。在这个国度中，数不清的人们也曾目睹类似的种族歧视事件，然而却没有采取行动。这些情境未能触动这些人，却深深地感染了马丁·路德·金。

看来，马丁·路德·金的人格或是他所处的情境都不足以解释他的行为。那么，我们到底该如何解释他的非凡之举呢？

马丁·路德·金的故事彰显了现代社会心理学的一个根本原则：个人和情境本身都不足以决定社会行为。实际上，个人与情境的特征会结合在一起，以生动复杂的方式影响人们对所处社会世界的反应。在本章中，我们将开始探索个人与情境的绚丽互动，并向读者介绍，对社会心理学家来说，什么是“个人”、什么是“情境”，以及什么是“个人–情境交互作用”。

个人 个人

我们在对社会行为进行考察前，需要透视个体，并提出“社会情境中的个体到底是一个什么样的人？”这一问题。我们的回答是：“社会化的个体是动机、知识和情感的动态结合体，所有这些彼此协作，产生广泛的社会思想以及行为。”这些思想和行为将会贯穿全书予以讨论。

动机：驱动之力

动机（motivation）是一种促进人们获得渴望结果的驱动力和能量。在面临一桩悬疑案件时，警探们会关注作案动机，希望知晓罪犯做出如此残忍行径的原因。为什么人们会奋不顾身地帮助他人？为什么人们甚至会对自己不认识的人抱有偏见？为什么人们有时会买一大堆自己不想要也用不上的东西？贯穿全书，我们都会试图对动机的诸多难解之谜做出解释。现在，不妨让我们先简单宽泛地介绍一下动机的概念吧。

名词解释

动机 促进人们获得渴望的结果的力量。

目标 一个想得到的结果，一个人想取得或完成的事情。

原动力 一种高水平的目标，是社会生存的基础。

注意 个体有意识地关注环境或自身某些方面的过程。

自动化 一种行为或认知过程的能力，一旦启动，便无须意识的引导。

动机和目标

思考一下，你在接下来的数周中想完成哪些任务。你想和以前的室友在下周六共进晚餐吗？你想准备即将到来的数学测验吗？你的目标（goals）是什么？你想达成什么或是完成什么？

如果你和大多数人一样的话，你的任务单里应该会包括许多与日常事务或需求相关的目标，诸如为即将到来的约会精心打扮，借同学的笔记补上落下的课程，或者清洁公寓等。现在想一想，你为什么需要实现这些目标。为什么你要让自己看起来很精神，借同学的化学课笔记，或是保持公寓的整洁？你的许多目标其实只是分目标——通往更大目标的步骤之一。比如，收拾得容光焕发有助于你获得约会的机会，借课堂笔记则能帮助你获得一个好分数。如果你再问自己，为什么找到一个约会对象或是得到一个好分数很重要？你可能会总结出约会能带来渴望的长期的感情关系，在学校里表现出色有助于自己日后平步青云。如图2–1所示，我们拥有多个层次的目标，许多较低层次的目标将我们引向其他更高层次的目标。**原动力**（motives）是更宽泛的目标，包括获得地位的渴望、保护家庭成员免受伤害等。

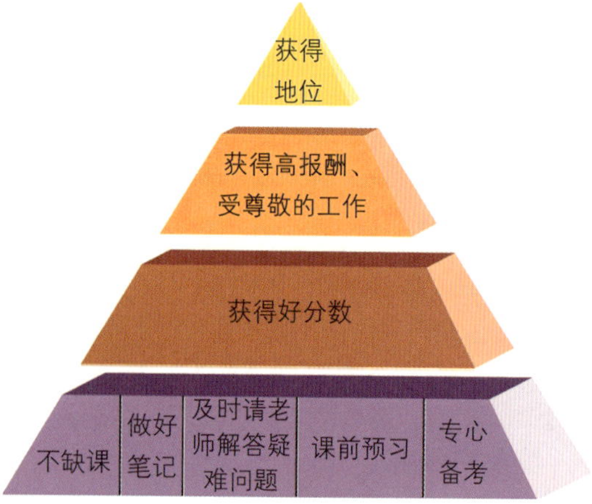

图 2–1　多层次的目标

注：个体获得地位的根本动机可能涉及先找到一份好工作，其附属目标又包括获得好分数，进一步的附属目标包括较好的课堂出勤、积极提问题等。

有意识和自动化的目标追求

达到我们的目标有时需要相当的注意力——人们必须思考其他的策略，决定追求哪些目标，密切监控自己的进程，并在必要时做出调整。**注意**（attention）是个体有意识地关注环境或自身某些方面的过程。我们的注意力会在很大程度上受到目标的影响。你可以将注意力看作聚光灯，它照亮了我们达成目标所需要的信息。当我们对浪漫关系感兴趣时，会将聚光灯的光束射向迷人的同学，并时刻关注他对我们的反应；当我们关心自身安危时，我们会警惕高大的陌生人、黑暗的小巷，以及疾驰而过的汽车。

但是有时，我们的策略被运用得如此娴熟，以至于它们变得“自动化”，无须特别地专注也能顺利进行。**自动化**（automaticity）是一种行为或认知过程的能力，一旦启动，便无须意识的引导。比如，一般说来，一名经验丰富的司机驾车时，是无须集中注意力来协调踏板、转弯和操纵车轮。

因为注意是一种稀缺资源——我们在任何时刻只能注意到一小部分的信息——自动化的好处便显而易见了：以自动化的方式完成一项任务，我们可以将自己有限的注意力投向其他任务。如果你是一名经验丰富的司机，你大可一边与乘客交谈，一边调整电台频道。我们通过以自动化的方式思考他人并与他人互动，来高效地达成许多目标。

不用密切关注需要就能做出的每一个决定，给我们的生活带来了很多好处。但是自动化也有其代价：我们有时会犯一些“盲目”的错误。想象一下，你正要使用图书馆的复印机时，一个陌生人突然走过来，询问你是否可以让她先复印五张。在埃伦·兰格（Ellen Langer）、亚瑟·布兰克（Arthur Blank）和班·查诺维兹（Benzion Chanowitz）1978 年的研究中，如果陌生人能够给出一个理由（“我能先用一下复印机吗，因为我赶时间”），被试则更可能愿意帮忙（有理由的情况下，94% 的被试同意；无理由的情况下，仅有 60% 的被试同意）。这个结果看起来合情合理——毕竟这只是一个小请求，而且陌生人也有充分的理由，为什么不顺水推舟帮个小忙呢？然而，真正令人惊讶的是，当陌生人提供的理由并不含有实质性信息时（“我能先用一下复印机吗，因为我需要复印几份文件”），被试也倾向于答应请求（93% 的答应率）。显然，这些被试无心地激活了自己的常用策略：只要听到别人说“因为”，就倾向于帮助别人并答应请求。原因是，“因为”意味着存在一个理由，而我们往往意识不到，即便理由也有可能是站不住脚的（毕竟，所有人不都是用复印机来复印文件吗？）。有时，人们真的不大注意自己在干什么，也不太清楚自己为什么干这些。

思考抑制

有些时候，为了达成不同的目标，我们需要抑制一些与目标不一致的思绪。譬如，节食塑身者总会忍着不去想那些美味的甜点；正努力从失恋中复原的人，总是避免想起旧爱。不幸的是，试着不做某事常常是相当困难的。让我们来做个小实验吧：拿出一张纸、一支笔和一块手表。排除杂念，直到头脑清晰后再读下面的文字。

在接下来的三分钟内，不允许你想起白色的熊。对，白色的熊。别想北极熊；别想那些可爱、娇小、毛茸茸的白色泰迪熊；反正别去想任何白色的熊。如果你还是忍不住想起了白色的熊，你就在纸上打个钩。但是这不应该经常发生，因为你必须尽力不去想白色的熊。准备好了？记住，不要去想白色的熊。好，让我们开始计时……

怎样？你有没有想起白色的熊？如果你和丹尼尔·韦格纳（Daniel Wegner）等研究中的被试一样的话，白色的熊可能会数次进入你的脑海。有些被试甚至报告，自己的脑海中充斥着这种毛茸茸的动物的图像。现在，你的防线已经被彻底“攻破”了，你有没有发现白色的熊会更加频繁地蹦入你的脑海？如果之前没有特意压抑对白熊的思考的话，你现在可能根本不会想到白熊这回事。

我们在抑制其他一些重要思绪时，是否也会感到困难重重呢？比如，我们在减肥时忍着口水不去想食物，是否让我们更思念美味的薯条、巨无霸汉堡和热巧克力圣代？我们试图克服对蜘蛛的恐惧，是否会让我们更害怕这种八脚生物？我们想要压抑自己对一个不喜欢的种族的刻板印象，是否反而加强了我们对这个种族的刻板印象？这些问题的答案无一例外：是的。试图不做某事可能非常困难。

总而言之，我们对“个人”的粗浅一瞥显示，我们是一种受动机驱动的生物。我们拥有目标，我们也追求目标。对目标的追求有时需要专注力和意志力，但这种过程常常是自动进行的。自动性使得我们分身有术，可以将专注力和意志力集中到其他地方。现在，让我们来考察个人的第二个重要构成——知识。

小调查

我们大多数人都会在新年“发狠”下决心，比如，力图改变生活的某些方面。回忆一个你未能付诸实践的决心，或者没能达成的重要目标。根据所学到的目标达成的相关知识，你觉得为什么你的决心成了泡影？你将来会采取些什么措施，以增加自己达成目标的机会？

知识：我们对世界的看法

知识反映了我们丰富多彩的生活经历。我们能够拥有对视觉图像、气味、声音、味道以及触摸的感觉记忆。如果你看过有关马丁·路德·金的电影，你可能对他的音容并不陌生，他在林肯纪念堂中所发表的那个慷慨激昂的《我有一个梦想》的演讲让你记忆犹新，因为我们对人们的行为、特质、能力、目标、偏好、关系以及日常活动都会存有一定的信念。你对马丁·路德·金的印象可能包括的信念是：他曾是一名牧师，是平权倡导者，是经验丰富的演说家。我们的知识中也会包含一些解释：为什么个人、群体或情境会成为现在的样子？比如，我们可能将马丁·路德·金对平等目标的追求归结于他的宗教价值观（如图2–2所示）。

所有这些知识又是如何在记忆中进行组织的呢？举个例子吧。请拿出一支笔和一张纸，列出你对伟大领袖的想法，任何方面都可以。你可以自由随意地列举，把进入脑海的任何想法写下来。

基于以往的研究，我们猜测，你所列举的可能包括一些伟大领袖的具体例子——或许是马丁·路德·金、亚伯拉罕·林肯，或是维多利亚女王。我们将对某个特定情节、事件或个体的知识称作**样例**（exemplar）。我们也猜测，你所写的内容里还会包括一些伟大领袖所拥有

图2–2 马丁·路德·金博士的心理表征

注：心理表征能够存储、组织我们关于人、物、事件的信息。一个假想的马丁·路德·金的心理表征可能包含这些信息。

的一般特征。比如，或许你会认为伟大领袖总是致力于改善周围人的生活，会运用自己的魅力影响他人共同创建美好未来。这种代表一般特征的信息又称作**图式**（schema），我们对社会、对世界的看法既包括样例也包括图式。接下来我们还将了解到，人们也拥有关于社会情境以及如何融入社会情境等方面的知识。

知识有什么作用

知识为我们进行社会判断提供了“原材料”。正如一个建筑工人需要采用砖块、木头、玻璃和混凝土等材料建造房屋，人们也需要运用自己的知识来形成印象、做出决定，等等。

知识也会告诉我们，我们可以从现实世界的际遇之中期望到什么。如果你认为大学教授总是一群漫不经心的人，你会不由自主地预期你所遇到的下一个教授多少有些古怪；若是你相信好的餐馆总是人手紧缺的，你会期望自己在光顾下一家高档餐馆时等上一段时间。知识能够为我们提供期望，帮助我们对社会际遇做好准备，提示我们该关注什么、如何解释模糊的情境，以及如何让言谈举止得体。

名词解释

样例 某个特定情节、事件或个体的心理表征。

图式 能够反映某一类情境、事件或个体的一般特征的心理表征。

启动 激活知识、目标或是将其变为可随时取用状态的过程。

来看看哈罗德·凯利（Harold Kelley）1950年的一项经典研究吧。大学生们得知，一位代课老师将会来给大家上堂课。研究者使得一些学生相信，这位老师亲切而友好；而使得另一些学生相信，这位老师有些冷漠而疏远。在讲座结束后，所有的学生对这位代课老师进行评价。结果发现，尽管两组学生听到的都是同一个讲座，但是相较那些预期老师会表现得不友好的学生，那些预期老师会表现得友好的学生对老师的印象更为积极。显然这两组学生关注的是老师的不同行为，即使他们关注的是相同的行为，两组学生也会对这些行为做出了不同的解释。我们在观察社会事件时自身所携带的知识会影响我们对社会事件的理解。在第3章中，我们会继续探索期望在人们理解社会世界时所扮演的重要角色。

启动后的知识

在我们的生活中积累了大量的知识。难道我们不论何时何地做决定，都会用到所有这些知识吗？如果我们仅是使用其中的一部分，我们到底使用哪些呢？又为什么使用这些呢？是否有些知识比其他知识更加“可得”？

我们中的一位作者，曾经在青年时代，用家里的割草机为邻居清理草坪以赚些零用钱。在他发动引擎前，他需要“启动”它——在拉动点火线之前，充进一点天然气。正如启动引擎是割草机正常运转的一步，**启动**（priming），在心理学意义上，是激活知识和目标的过程——使得它们一切就绪以备使用。

知识是通过我们所处的情境而得以启动的。你在数学课上脑海中的想法，肯定和家里餐桌旁的想法不一样。情境启动是相当有用的，它使得我们在需要时能够及时获得最相关的知识。毕竟，理解数学课所需要的知识和弄清楚弟弟妹妹们为什么争吵的知识大不一样。

知识也会经由相关的知识而得到启动。比如，当你想到弟弟时，一个视觉图像可能跃入你的脑海，伴随而来的是你对他的目标、人格以及典型行为的一些想法。想起弟弟也会使得你想起其他的家庭成员。因为知识之间是彼此关联的，当一种知识变得活跃时，相关的知识也会受到启动。

最后，总有一些想法会比其他想法更容易进入脑海：这些想法是**长期可得**（chronically accessible）的，稍受暗示，便会“蠢蠢欲动”。如果你对工作极其投入，那么你的脑海中则更可能出现同事的形象；当你想要记起你一年级的同学时，他们的形象则没那么可得。同样，这也具有相当大的实际价值。对于一个将大量时间花在工作上的人来说，与工作相关的知识随时处于易得状态以备不时之需，是非常重要的。

贯穿全书，我们致力于探索对社会世界的

知识是如何影响我们在社会世界中的思考、感受以及行动的。

情感：态度、情绪和心境

在偏僻小道上遭遇面露凶相的歹徒，会让我们的心提到嗓子眼；与“梦中人”不经意间的神奇邂逅，会点燃我们的柔情与渴望；而马丁·路德·金那充满激情的“我有一个梦想……”的演讲，久久回荡在我们耳旁，让我们微微伤感，也满怀希望。情感是我们生活的旋律。

社会心理学家主要研究三种类型的情感：**态度**（attitudes）、**情绪**（emotions）和**心境**（moods）。态度是对特定的人、物体、事件或想法的积极或消极评价。比如，你可能不喜欢政治家，喜欢可可蜜饯口味的冰淇淋，并且支持死刑。态度是一些相对基本的情感，是沿着积极 / 消极维度所做出的简单评估——我们对某事物的态度是积极还是消极、支持还是不支持、同意抑或不同意。

情绪，如恐惧、快乐、愤怒和内疚等情感比态度更为丰富、复杂、强烈。它们除了拥有积极或消极的成分外，还拥有生理唤起成分。比如，当人们感到害怕时，心跳会开始加速，呼吸急促，表情改变，身体开始分泌肾上腺素。此外，情绪常常伴随复杂的思绪，如回忆童年所做的错事也会在成年后产生羞耻感。

最后，心境与情绪相比，是一种不太集中的、更为长久的情感。当我们处于糟糕的心境中时，眼前的一切都仿佛被蒙上了一层灰色；当我们处于美好的心境中时，一切看起来都是那么阳光明媚；当我们焦虑不安时，我们甚至会被自己投下的影子弄得紧张兮兮。心境会为我们所有原有的经历增添明暗的基调。

因为社会行为会受到情感的强烈影响，测量这些情感便显得至关重要了。尽管揣摩个体的内心是非常困难的，聪明的心理学家还是发明出了一些成功的技术。我们不妨来看一看。

名词解释

长期可得 容易被激活、被启动以供随时使用的状态。

态度 对特定的人、物体、事件或想法的积极或消极评价。

情绪 相对强烈的情感，其特征包括生理唤起以及复杂的认知。

心境 弥散的、不指向特定目标的、持续时间相对较长的情感。

评估情感

如果你想知道你的闺蜜与男友分手后感觉如何，你会怎么做呢？你可以直接问她。研究者通常也是这么做的，当然是以一种更为系统化、精细化的方式。自陈式报告法会直接问被试一系列简单问题。比如，“在九点评分量表上，1 代表极度悲哀，9 代表极度快乐，你此时此刻的感受可以用几来代表呢？”

让人们报告自己的情感通常是行得通的。毕竟，情感是一种个人体验，人们通常也最了解自己的情感。但是，这种方法也存在局限性。比如，人们可能并不太情愿报告自己的一些他们认为不被社会容许或称赞的情感。举个例子，你的朋友可能不想承认她在与男友分手后十分悲伤。

因为人们有时需要隐藏或是觉得难以用言语表达自己的情感，社会心理学家也会从人们的行为中寻找蛛丝马迹。一些非心理学家也常采用这种方法，特别是当他们不相信所听之言时。比如，一个人若是眼喷怒火，下巴紧绷，拳头攥得紧紧，你可能会认为他非常愤怒。确实，对面部表情的具体分析常能使我们窥见个体丰富多彩的情感世界。但是，这种方法并非万无一失。人们有时可以有效地操控自己的情绪表达，比如，装作很愤怒的样子（其实并不是真的愤怒）。并且，不同的人会对相同的情感做出不同的反应。有些人在愤怒时会暴跳如雷，另一些人则是表面不动声色，内心算计谋划。不管怎样，心理学家若是对评估人们的情感有兴趣，也可以通过观察人们的行为来获得非常有用的信息。

不管怎样，生理仪器还是颇具应用价值的，特别是当它和其他工具配合使用时。如果一位女士说自己很害怕，并表现出了常见的面部表情和身体姿势，且心跳加快、手心出汗，那么她或许真的是很害怕（“如果它长得像鸭子，走起来也像鸭子，叫起来还是像鸭子，那么它应该就是只鸭子！”）。确实，归根结底，如果自陈式报告、行为指标和生理测量都提供了同样的结果，我们可以更有信心地说：“我们确实知晓个体的情感。”

最后，社会心理学家也会使用一些独特的工具。研究者们会使用一些仪器来收集被试的生理指标，如血压、心率、呼吸频率、流汗量以及生化代谢物等。比如，人在紧张状态下，手心就会湿润，心脏也会剧烈跳动不已，而专门的仪器可以把这些都记录下来。类似地，不同的面部表情所代表不同的情绪（如愤怒、害怕、厌恶、快乐等）可以通过面部电极设备得到评估——这些电极对面部肌肉的微小变化都会极为敏感。与情绪相关的脑区的活动，则可以通过一些现代技术如正电子断层扫描技术（positron emission tomography，PET）和功能性磁共振成像技术（functional magnetic resonance imaging，FMRI）而得到观察。打个比方，当我们感到快乐或是厌恶、愤怒时，不同的脑区就会相应被激活。

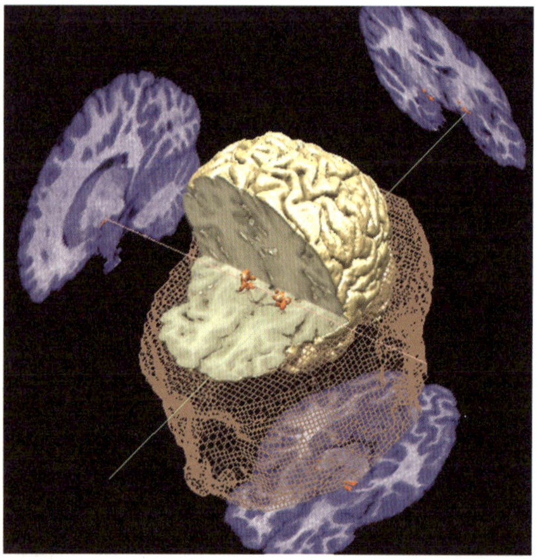

◎**映射情绪**。心理学家是如何知晓他人的感受的？功能性磁共振成像技术能够通过扫描大脑，显现与不同的激活图式相关的大脑区域血流量的变化。上图中橙色的“云状区域”在人们看到一些消极的图像（武器或骇人事故）时，会变得极为活跃。生理测量工具如功能性核磁共振成像技术等，能与自陈式报告和行为观察一起，帮助研究者识别他人的情感。

但是生理指标也存在弱点，不同的人可能会对相同的情绪状态做出不同的生物反应。当情绪唤起时，一些人表现为心率的增加，另一些人则表现为皮电的提升。此外，生理指标常常会受到情绪以外其他因素的影响。比如，体育运动和愤怒都会使心率提高。更重要的是，研究者还不能确认特定的生理图式与特定情绪之间的完美匹配。事实上，这种疑虑也使得“测谎仪”的使用饱受争议，我们会在第 4 章中探讨此问题。

情感的基因和文化基础

是否存在某种基因，决定我们体验到并表达出何种情感呢？我们从何知晓呢？首先，我们可以预期情感的许多方面是具有共性的，因为人类彼此间共享大多数的基因。依据这一假设，来自不同社会的人们会以极其相似的方式表达以及体验情绪。比如，来自不同文化的人们，包括来自那些未受西方影响的、尚未开化的文化的人，都会一致同意，何种面部表情反映了快乐、悲伤、恐惧、厌恶和愤怒等情绪，这些人也会报告非常相似的情感、生理症状以及与情绪相关的行为。其次，如果特定的情感存在某种强大的基因基础的话，那些没有机会习得情绪体验和情绪表达的人，也应该能够体验并表达出这些情感。的确，生来就眼盲的运动员在赢得或是失去比赛时也会有同样的喜悦或是痛苦的表情。最后，如果基因确实能够影响情感，那么那些基因不同的人们在情感体验上也会有所不同。这一假设也得到了证实：基因遗传特征会影响我们的情绪和心境，甚至我们的一些日常态度。显然，基因对情感的影响不容小觑。

同样，文化和学习也发挥了重要的作用。尽管人们在体验及表达情感上存在跨文化的一致性，我们也不能忽视那些重要的跨文化差异。比如，虽然欧裔美国人、亚裔美国人和来自中国的香港人都希望体验积极的情感，但是欧裔美国人尤为重视激动兴奋感，中国香港人则比较看重镇静感，而亚裔美国人对两者都很重视。再举一个例子。乌特库（Utku）当地的因纽特人即使受到挑衅，也很少表达自己的愤怒；而埃及西部的奥拉得阿里贝都因（Awlad’ Ali Bedouin）部落的男人们，哪怕对微小的不敬都会暴跳如雷。并且，不同文化下的人们会关注面部以及周围情境中的不同线索来推测他人的情绪。显然，文化使其成员在合适的时间以合适的方式体验、表达以及理解彼此的情感。基因和文化共同为我们体验和表达情感提供了基础。

情感的生理和认知影响因素

基因赋予我们体验某种情感、心境和态度的能力，而这些能力又通过学习以及文化而得到调整、分化以及发展。但是，是什么决定了个体在特定时刻的感受呢？有个答案能提供部分解释且相对简单，即个体对特定事件的知觉会自动引发一些情感。比如，若是看到一只黄蜂朝你的头部快速飞来，你当然会觉得害怕。我们在这里会探索另外两个情感的重要决定因素：当前的生理状态以及思绪。

试一下如图 2–3 所示的这个动作吧：左侧的 a 图用牙齿轻轻咬住钢笔的末尾，别让钢笔碰到你的嘴唇，你感觉如何？过一会儿，拿掉钢笔，然后再放入嘴中，这一次如右侧 b 图所示，用你的双唇（不是牙齿）紧紧夹住钢笔的末端，别让它垂下来，你又感觉如何？

1988年，弗里茨·施特拉克（Fritz Strack）、伦纳德·马丁（Leonard Martin）和萨宾·斯泰普（Sabine Stepper）在研究中就采用了这个任务。被试（以为研究的目的是考察人们在生理不便的情况下如何完成一些日常的任务，如写字、拨电话等）分为三组：一组被试用牙齿夹住钢笔，另一组被试用双唇夹住钢笔，还有一组被试则用他们的非利手握住钢笔。三组被试以不同的方式完成一个连点练习和划线任务。最后的任务是评定几张卡通图画的有趣程度，三组被试需要以各自的运笔方式在评定量表上圈出合适的数值。最后一个任务才是研究者的关心所在。他们期望看到三组被试对卡通图画有趣程度的评定存在差异。你猜猜他们发现了什么？为什么呢？

总而言之，再回想一下你刚才夹住钢笔的两种不同方式。不妨再看一下图 2–3。用牙齿轻轻夹住钢笔会使得你的面部肌肉微微收缩，看起来你像在微笑；相比之下，用双唇紧紧夹住钢笔使得面部产生了微微愤怒的扭曲。施特拉克和他的同事们假设，因为不同的面部表情与不同的情绪状态相联系——比如，我们开心或觉得好笑时，常常会微笑——那些用牙齿夹住钢笔的被试（促使其微笑）应该会觉得卡通图画非常有趣，而那些用双唇夹住钢笔的被试（阻止其微笑）则不太会觉得卡通图画有多么有趣。这也确实就是被试的反应。其他人也发现了相似的结果，研究者们现在相信，特定面部肌肉的收缩和放松会影响人们所体验到的情绪。我们情感产生的基础取决于我们的基因和文化，而我们直接的情感反应又在很大程度上取决于我们当前的生理状态以及我们解释环境、标定

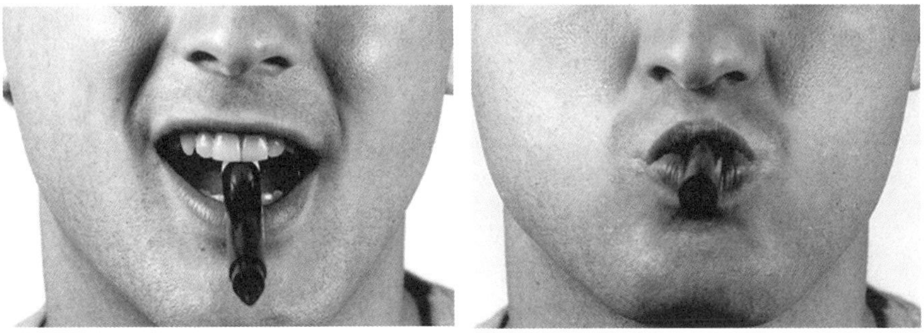

a 图　　b 图

图 2–3　夹笔实验

注：按照 a 图方式夹住笔，这时你的感觉如何？再按照 b 图的方式夹住笔，这时你的感觉又如何？你注意到两种感觉的不同之处了吗？这些不同的面部表情是如何影响你的情感体验的？

情感的方式。

正如面部肌肉的改变会调整人们的情感，我们生理的其他方面的变化，如神经化学物质以及自主神经系统（内脏器官、内分泌腺等）也能产生相同的效果。思绪的变化也能影响我们的情感。值得一提的是，我们的情感会强烈地受到我们解释（或评估）情境所采用方式的影响。比如，内疚的情感大多来自知觉到我们伤害了自己关心或是关心我们的人。因此当我们没能给妈妈回电话时，会因此感到内疚；但当我们拒绝接听一个难缠的推销员的电话时，却不会感到内疚。在这两种情况下，我们的行动都是一样的——没有回电话，只是我们对两种情境的不同评估使得我们产生了不同的情感。

1995 年，维多利亚·麦德维克（Victoria Medvec）、斯科特·马迪（Scott Madey）和托马斯·季洛维奇（Thomas Gilovich）很巧妙地证明了持续的思绪会影响个体的情感。在阅读他们的研究前，不妨回答一下这个问题：“你觉得奥林匹克比赛结束后谁会更加开心？第二名的银牌获得者，还是第三名的铜牌获得者？”研究者评估了 1992 年夏季奥林匹克运动会上运动员的影像资料，发现铜牌获得者普遍比银牌获得者更开心，尽管银牌获得者的表现更佳。为什么呢？因为银牌获得者会不由自主地懊恼，自己距离金牌只有一步之遥了，如果再努力一把的话，完全可以把荣光与盛名闪耀的金牌收入囊中。因此，银牌获得者多少对自己的表现有些失望。相比之下，铜牌获得者则会庆幸，哪怕微小的失误都会使得自己名次下滑——可能根本拿不到奖牌。因此，他们心态相对释然，赢得铜牌就很开心了。

这种“原本可能怎样”的思维，又称作“**反事实思维**（counterfactual thinking）”，也会影响我们对日常事件的情绪反应。我们感到悲伤、快乐、后悔，还是内疚，可能取决于我们是否觉得“如果获得其他选项，自己会更加快乐、悲伤或是自豪”。

总而言之，我们情感产生的基础取决于我们的基因和文化，而我们直接的情感反应又在很大程度上取决于我们现在的生理状态以及我们解释环境、标定情感的方式。

◎ **铜牌的激动、银牌的失落。**谁会更加开心？第二名还是第三名的运动员？维多利亚·麦德维克、斯科特·马迪和托马斯·季洛维奇于 1995 年的研究表明，铜牌获得者通常比“更成功”的银牌获得者（图中的女士）更加快乐。到底什么原因呢？

名词解释

反事实思维 想象还有另外一些可能发生但实际并未发生的事实的过程。

情感为什么重要

下课后，你行走在校园里，脑海中思索着你朋友即将举行婚礼。这时，你的眼角突然瞥见一个快速移来的物体。在你意识到这是一辆汽车前（当然也在你能够为报案证明识别出它的牌子和型号前），你的身体开始紧张，不由自主地倾向一边，你的心狂跳不已，你将自己的注意力从婚礼的钟声移向了近在咫尺的危险。在恐惧的驱使下，你迅速从车道躲闪开。

这个例子说明，情绪最重要的功能之一就是在异常状况下给予我们警示。当我们正在进行的活动被打断时，如当那辆横冲直撞的车打断了你对朋友婚礼的思考，我们会在生理上被唤起，这种唤起也会提示我们将自己的注意力从现在的活动转移到新出现的紧急状况上。

当然，当我们注意到急速驶来的车轮时，我们不会变得开心、悲伤或是觉得好笑；这些情绪状态都不能够帮助我们采取回避行动。反而，我们会感到害怕——一种伴随快速移动而产生的高水平的肾上腺素状态。这阐述了一个重要的观点：每一次意外情况发生时，都拉响同样的情绪警报是没有意义的。事实上，不同的情绪常伴随不同的情形。当我们的安全受到威胁时，我们会感到害怕；当我们得知一个未意料到的低分时，会感到悲伤；当我们获得超过预期的加薪时，我们会感到开心。

态度和心境也是相当有用的。态度使得我们不用思考太多便能迅速做出是趋近还是回避某物的判断。看见一个朋友，我们会自然而然地走近他；看见一个高大魁梧、身穿皮外套且戴着链子的陌生人，我们会将视线挪开，试图在自己走过时不被他注意。至于心境，常常携带着从情绪反应中感受的情感，能为我们处理新近的情形做好准备。比如，如果我们听说公司正在裁员，我们会焦虑不安地对任何裁员迹象保持高度关注；如果老板最近称赞了我们，我们则会开开心心地等待公司的其他奖赏。

情感也会带来一些长期的益处。积极情绪能够在某种程度上减轻负面生活事件所带来的生理压力，使得人们以更加宽广、开放、有创造性的方式思考问题。因此，它们能帮助我们发展出更加有效的方式来应对生活中的危机。2001 年“9・11”事件后美国民众的反应是个很好的例子。那悲剧性的事件给美国民众带来了沉重的情感创伤：许多美国人体验到强烈的愤怒、害怕和悲伤，无法入睡也无法集中注意力。然而，“9・11”事件发生后数周所收集的数据显示，那些用积极情绪来弥补消极情绪消耗的人能够更好地应对这一创伤事件。这并非因为那些有复原力的个体报告了更少的与恐怖袭击有关的消极情绪，而是因为这些个体同时还会报告自己体验到了希望与自豪等其他积极情绪。显然，这些人努力在废墟中寻找光明：或是对友谊和家庭更感珍惜，或是感到美国民众一定能够齐心协力共度时艰。积极情绪发挥着重要的、适应性的作用：无论从短期还是长期来看，它们都能够帮助我们更好地应对遭遇到的负性事件与重大危机。

因此，情感是个体的一个关键组成部分。情感告诉我们，什么时候我们在目标追寻时是顺境、什么时候身处逆境。情感还能帮助我们做好准备，从容应对周围的情形并做出任何有用的调整。与“情感是人类错误与苦难的非理性的根源”这一流行观点相反，我们认为，情感具有重要的功能，且必不可缺。

介绍自我

你是一个“好”人吗？你会采取哪些行动来达到自己的长期目标？你为什么认为别人只是用他自己的眼光来看你？尽管我们尽力寻求这些问题的正确答案，我们还是会情不自禁地问自己这些问题。和其他动物不同，人类具有自我反思的能力，即我们常常花很多时间思考自己。

我们为什么花那么多的时间进行自我反思呢？自我反思使得我们能够了解自己、控制我们的行动，并且更有效地将自己呈现给他人。在整本书中，我们都会探索自我的效应。下面，我们先简要地介绍一些主要观点。

“我是谁？我对自己的感觉如何？”：自我概念和自尊

你是谁？花一分钟写写自己吧：列举进入脑海的任何想法。

尽管写下的内容可能与你之前对伟大领袖

◎ **自我反思**。人们总会花很多时间评估自己的优势与弱点，思量着如何才能达到目标，以及应该给他人留下怎样的印象。

的描述有所不同，但是两次列举的内容在类型上可能是相似的。你可能会列出一些过去行为的例子，你肯定也会列出一些觉得能够描述自己的一般特征。确实，正如我们拥有关于他人的知识，我们同样也拥有关于自己的知识——**自我概念**（self-concept）。你和他人及社会事件一样，是一个需要你的大脑来理解的“客体”。

你也许还会描述对自己的态度——这是你的**自尊**（self-esteem）。那些对自己感觉良好的个体被认为拥有高水平的自尊；那些对自己感觉负面的个体则拥有低水平的自尊。你的自尊（有多高、有多稳定，以及受社会事件影响的程度）都会强烈地影响你思考、感受以及行动的方式。

多重自我

是仅有一个你，还是多个你？正如你对“伟大领袖”的思考可能包括多种样例，你的自我概念中也会包括多重的自我。一些自我与你所扮演的角色及所处的人际关系相关，如马丁·路德·金会将自己看作丈夫、父亲、领导和牧师。自我中的一些部分与你现在的生活目标有关。

自我的另一些部分则与未来相关——它们代表着你希望成为什么样的人，你觉得自己应该成为什么样的人，以及你害怕成为什么样的人。马丁·路德·金希望成为一名民权运动的有力推动者，认为他应该成为妻子眼中更好的丈夫、孩子眼中更好的父亲，害怕成为那种脱离民众、追名逐利的领袖。诸如此类的未来自我是十分重要的，它们能够帮助我们定义自己的目标，也能够引导我们的行动。比如，当我们认为自己的“实际自我”（我们认为自己实际上是谁）与“应该自我”（我们认为自己应该是谁）存在差距时，我们会变得焦虑，但这也会促使我们朝着目标继续孜孜不倦地努力。我们中的大部分人也如同马丁·路德·金一样“有一个梦想”，在畅想美好未来时，我们也在畅想一个更好的自我。

最后，我们中的大多数人在某种程度上都拥有一种群体或集体自我。正如马丁·路德·金将自己看作美国黑人中的一员，你可能会将自己看成纽约人、女人或是其他群体中的一员。在以后的章节中，我们会不时遇到“你是谁”的问题。比如，在某一时刻，你的自我中的哪一个部分处于主导位置，这常常取决于你的自我中的哪一个部分会被现实的情境所激活。

自我概念和自尊来自何方

我们对自己的信念和情感来自何方呢？有时，我们通过**社会比较**（social comparison）来了解自己，即将自己的能力、态度和信念与其他人相比较。比如，通过将自己的考试分数和同学的相比较，你可以大体知道自己的学业能力。

人们也通过**反映评价过程**（reflected appraisal process）来了解自己，即通过观察以及想象别人如何看待自己。一个孩子若是认为父母和同学觉得自己是富有才能的、风趣的、难以管教的或是超重的，他多半会以相同的方式看待自己。

最后，有时我们会以了解他人的方式来了解自己。比如，如果你看到一个邻居正凶恶地训斥自己的小孩，你可能会觉得这个邻居漠然又狠心。我们也可以用相同的方式——“跳出自己”了解自己，来观察自己的行为。通过进行**自我知觉过程**（self-perception process），即通过观察自己的行为来推断自己内部特征的过程，你可能会意识到自己是否是个好家长。

名词解释

自我概念 人们对有关自己的观点和信念所形成的心理表征。

自尊 人们对自我的态度。

社会比较 人们将自己的能力、态度和信念与他人进行比较，从而了解自身的过程。

反映评价过程 人们通过观察或想象他人如何看待自己从而了解自己的过程。

自我知觉过程 人们观察自身行为，以推断自己的内在特征（如特质、能力和态度）的过程。

让我们来看一看杰里·伯格（Jerry Burger）

和大卫·科德威尔（David Caldwell）于2003年所做的一个实验吧。被试是一群大学生（以为自己正在参加一个关于人格的研究），一位学生（实际上是主试的搭档）请求这些被试在请愿书上签名，以呼吁政客们更加关心那些无家可归的人。在第一种条件下，请求者只是向被试提出签名的请求。在第二种条件下，被试若是在请愿书上签名，则能够得到一美元。在第三种条件下，被试签名后，请求者会对被试说："看到有人关心这些无家可归的人们真是太棒了。"

两天后，另一位主试打电话给所有的被试（还包括一个控制组的学生，这些学生之前没有被请求在请愿书上签名），询问他们是否愿意在下周贡献两小时的时间，为附近的一个收容所装箱罐头食品。你猜猜研究者们发现了什么？哪一组被试更可能参加义务劳动呢？

如图2–4所示，那些在请愿书上签过名，并且被请求者评价为"关心他人"的被试更可能贡献出自己的时间。为什么呢？原因可能包括两方面：首先，他们看到自己选择在请愿书上签名了，因此通过自我知觉过程，他们可能会

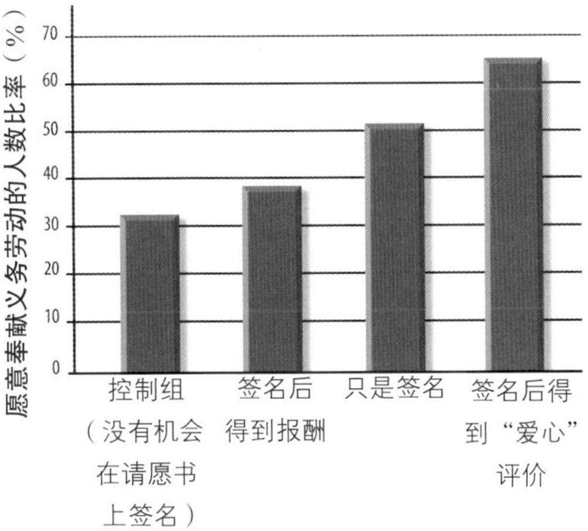

图2–4 "我是个乐于助人的人"

注：根据自我知觉以及反映评价过程等社会心理学知识，那些自愿在请愿书上签名以帮助无家可归的人，且在签名后得到"有爱心"的评价的被试，更可能为收容所提供义务劳动。而那些在签名后得到金钱的被试，在志愿服务意向上与控制组被试（之前没有在请愿书上签名过）没有显著差异。

资料来源：Adapted from Burger & Caldwell（2003），Table 3，p. 239.

将自己看作有爱心的人；其次，请求者们也认为他们是有爱心的人，因此通过反映评价过程，他们有了第二个理由认为自己是有爱心的人。确实，在签过名后，这些被试尤其倾向于报告"自己是那种帮助穷困者的好心人"。

但是那些签名后得到一美元的被试呢？他们难道不应该更加踊跃地参加义务劳动吗？毕竟，难道奖励不会增加其以后从事相似行为的可能性？在这个实验中不是这样的。与自我知觉过程的理论一致，"看到"自己为钱而签名反而会使得这些被试推断，自己只是为了钱才签名的，并不是真心出自亲社会的动机。确实，这部分被试不仅对义务劳动意兴阑珊，也没有迹象表明他们亲社会自我概念得到了强化。

在第6章中，我们将会读到"登门槛技术"，这是一种影响技术，探讨为什么人们在同意了一个小要求（如在请愿书上签名）之后，同意一个更大要求（如义务劳动两小时）的可能性就会增加。但是，现在让我们还是关注这个研究，这个研究的结论是相当直白的：我们不仅会通过与他人比较来了解自己，还会通过观察他人如何看待自己以及观察自己的行为来了解自己。

我们愿意看到自己的哪一面

当他人给予你反馈时，你希望反馈是准确无误的吗？哪怕这意味着知道自己的缺点和负面特质？或者，你希望这些反馈与你对自己的认识契合一致，从而使得你能够巩固已有的自我概念？又或者，你希望这些反馈是积极的、自我提升的，这样你就可以对自己感觉良好？正如我们即将在第3章中看到的，人们常常花费大量的认知努力来提升对自我的感觉——通过与不如自己的他人进行比较，或者将成功的荣耀归于自己，将失败的职责推给他人，等等。

不管怎样，人们有时确实能够找到关于自己的准确信息。人们也能从他人处寻求信息来确认自我概念。这种证实自己已有信念的渴望能够影响我们的人际交往。在一个研究中，研究者发现如果个体认为配偶看待自己的方式与自己相似，那么个体对婚姻的忠诚度会更高，

哪怕配偶的评价是负面的。对于那些拥有非常确定的自我形象的人来说，这种“证实”尤为重要：如果我们深信自己了解自己，那么我们也希望他人以同样的方式看待自己。

“我渴望什么，我如何得到？”：自我调节

请想象一下，你正在一个朋友的舞会上，你突然看见班上一位富于魅力的同学帕特在音响边闲站着，翻看架上的CD。此时，你的心狂跳不已！你可是一整学期都对帕特朝思暮想！而且你也正酝酿着怎么接近帕特。这时你会怎么做呢？首先你会在不同的策略间徘徊：“我应该等帕特注意到我吗？”“我应该让朋友介绍我们认识吗？”，或者“我应该漫不经心地走过去，装作对CD很感兴趣的样子？”。于是你鼓足勇气，选定一个策略，付诸实施，然后评估结果，如有必要的话（前提是你依旧斗志昂扬），再换方案B（或者C或者D，等等）。这便是行动的**自我调节**（self-regulation）过程——人们选择、监控并调整策略，以试图达成目标的过程。

我们在前面刚刚提到，自我调节需要我们付出专注力（当我们第一次学着操作变速杆时）和意志力（当我们试图忽略那些美味但不健康的食品时）。尽管如此，你还是可能会功亏一篑（希望那些白熊现在已经从你的脑海中消失了！）。但是，大多数时候我们都能够有效地调节、控制自己的行为，你看，我们的许多目标导向的活动都已经实现自动化了——因此我们开车时也能做做白日梦，购物时会自动避开糖果架，然后会思索一些比白熊更紧迫的事情。

“希望他人如何看待自己？”：自我呈现

让帕特注意到你后，你可能便开始思考着怎么给帕特留个好印象了。你希望帕特喜欢你吗？如果是的话，你会如何呈现自己，使得自己招人喜爱呢？比如你希望帕特认为你是有足够能力的，或是有较高地位的？你如何呈现自己来制造这些印象呢？

自我呈现（self-presentation）指人们试图控制他人对自己形成印象的过程——为我们许多的社会生活增添色彩。你周六晚上赴宴前穿的衣服，你在找工作面试时的举止，以及你在祖母进入房间时的行为收敛，都反映出你希望他人如何看待自己。这并不奇怪，人人都很关心自己留给他人的印象。毕竟，他人经常能提供给我们一些渴望的东西，如友谊或者工作。此外，通过自我知觉这一直接过程，或是通过反映评价这一间接过程，我们对自己的观点会受到自己行为的影响。我们在公众场合呈现自己的方式会影响我们对自己的看法。

我们在简单阐述中已经看到，自我是与我们的动机、知识以及情感密不可分的。在本章接下来的部分，我们会将关注点从个人移向情境，再移向个人–情境的交互作用。而在下一章中，我们会关注社会生活丰富多彩的特性。此时，我们会再次与你分享自我的力量，看它是如何影响人们思考、感受以及行为的方方面面的。

小调查

想一想你是谁？你认为自己拥有什么特质（或者想拥有什么特质）？你对自己感觉如何？你所拥有的价值观是什么？你希望以何种方式展现于他人面前？你的“自我”的这些方面是如何影响你的未来计划以及长远抱负的？

名词解释

自我调节 人们选择、监控并调整策略，以试图达成目标的过程。

自我呈现 人们试图对他人对自己形成的印象进行操控的过程。

情境 情境

你今天过得怎样？你见到了什么人？你与他们的互动如何？

当你回想自己的一天时，你会注意到自己无时无刻不浸润在周围的物理世界和社会世界中。你是置于情境中的，你发现自己所处的情境会深刻地影响你思考、感受以及行为的方式。

来想想你的物理环境吧。它可能是非常

吵闹或是安静的、温暖或是寒冷的、狭小或是宽敞的、丑陋或是美观的，这些特征都会影响到你。比如，噪音会给人压力感。长期处于噪音之下（这些噪音可能来自机动车、飞过头顶的飞机及设计不科学的建筑等）会损害你的健康，阻碍你的阅读能力，使你无法在困难任务上竭尽全力。或者想想你的室内设计吧。如果房间的布局使得同屋者常能够出乎意料地侵入你的私人空间，那么你可能在心理上深感苦恼，也可能表现出社交退缩；反之，如果住在一个设计合理的屋子里，则很少出现这种情况。在1980年进行的一个有趣的实验中，安德鲁·鲍姆（Andrew Baum）和格伦·戴维斯（Glenn Davis）发现，仅仅通过改变宿舍楼的布局，就可以增进居住在里面的学生间的友谊（如图2–5所示）。

如同物理环境一样，社会环境也能够塑造我们的思想、情感以及行为。人是一种高度社会化的动物，我们的大量时间都花在了与他人相处上面。在撰写本章时，我们中的一位作者突发奇想，想数数自己那天遇到的人，觉得那应该很有趣。然而，他很快便不堪重负了：早上遇见老婆和三个孩子；离家前和五个人通了电话；开车上班途中经过了数百号人；从停车场到办公室的路上又碰到100个左右的大学生以及学校雇员；到了办公室，收到14封电子邮件以及三通电话留言；接着遇到12个左右的系里员工和同事；在去图书馆的路上又路过40多个人，图书馆里遇到50多个人，回来的路上看到30多个人。还不到上午十点，他遇到了数百人，并已和30多人谈话并密切交往过了。

表面上看，许多社会性交往不是很重要。毕竟，本书的这位作者在那个早晨所遇到的数百个人中，有多少人能够真正影响他呢？但实际影响比你想象的要大得多。确实，我们可以看到，即使是微妙的、短暂的社会邂逅也会带来强大的后果。有些时候，甚至有时他人不在我们眼前时，也能施加对我们的影响。比如，

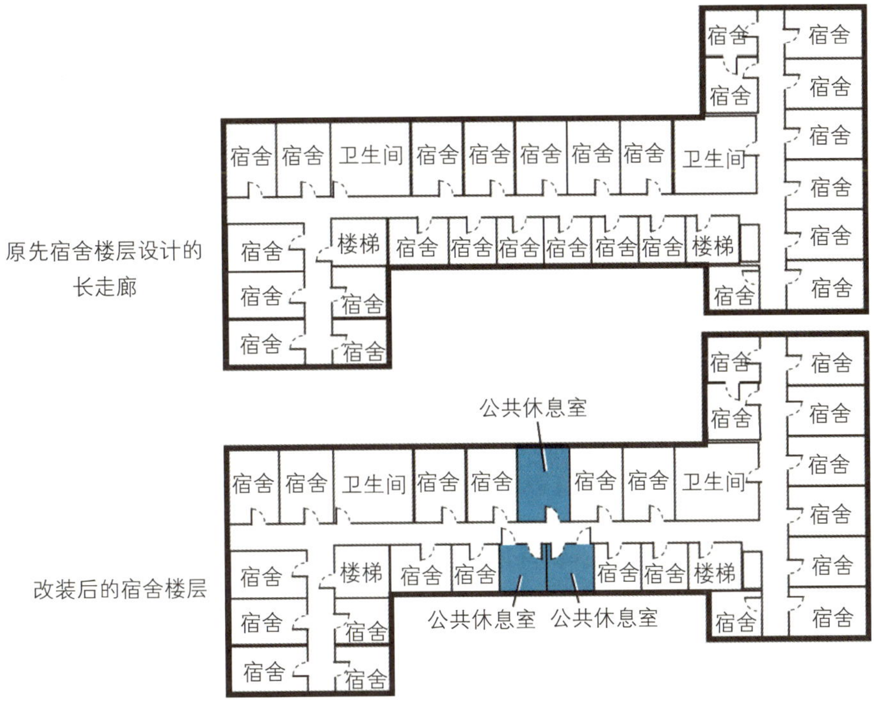

图2–5　室内设计与宿舍生活

注：仅通过给长长的走廊添加了两个门，以及将三个宿舍改装成公共休息室，安德鲁·鲍姆和格伦·戴维斯就改善了宿舍居住者的社交生活：尽管这两层楼的居住者开始时比较相像，但是后来改装楼层的居住者结交了更多的朋友，也更加乐于社交，且与舍友间的摩擦更少。

资料来源：Baum & Davis（1980），Fig. 1，p. 475.

我们常会在头脑中想象母亲或是警察会如何反应来督促自己“做正确的事”。

人也是情境：纯粹在场、可用性和描述性规范

1963年的一天，在华盛顿民权游行大会上，马丁·路德·金的《我有一个梦想》的演说深深感染了浩瀚人群中每一个人的心。我们之前重点关注的是他本人，可能忽视了这样一个事实，即人群对于马丁·路德·金来说也是他所处情境的重要部分。这可以推广到所有的社会情境中：人们对彼此的影响在一定程度上是相互的。比如，与朋友共进晚餐时，你所处的情境很大程度受朋友影响，反之亦然。在这些情况下，人即是彼此的情境。

他人的纯粹在场

哪怕他人仅仅出现在我们眼前，都能创造出一种情境，影响我们思考、感受以及行为的方式。想想你高中学校的学生数目吧，无论学校的规模大小都可能影响到你在那里的求学体验。罗杰·巴克（Roger Barker）和他的同事们通过对位于堪萨斯州东部的13所高中进行比较，对这一问题进行了研究。尽管这些学校大体相似，它们的学生却表现出许多有趣的差异。为了理解这些差异产生的原因，我们需要认识到，不论学校的大小如何，学校都会为学生提供一些相似的活动和比赛。比如，即使规模较小的学校通常也会拥有运动队、合唱团、学生会以及学校舞会等。这意味着规模小的学校常常会“人员匮乏”，找到足够多的学生来参加活动可不容易。相形之下，规模大的学校则常常“人员过剩”，每个活动都挤满了人。

因此，在规模较小的学校中，每一名学生都会“炙手可热”。我们也可以预期，小规模学校的学生更能容忍学生间的差异，也会更加努力地说服、鼓励自己的同学积极参加活动。相反，我们预期，大规模学校的学生对差异的容忍度会更低，且会倾向于将同学排挤到社交圈的边缘，孤立他们，使他们成为无所事事的局外人。

研究结果支持了这一假设。与那些大规模学校的学生相比，小规模学校的学生积极性更高，参加了更多的活动，肩负着更多的职责，并且觉得时刻充满挑战。应该看到，积累领导经验、参加多种活动对学生今后发展的助益是显而易见的。因此，尽管身在大群体中拥有诸多好处（如可以培养完成宏大项目的能力），身在小群体中也可以拥有别样精彩。

巴克的研究显示，个体周围人群的数目就可以制造出不同的情境。而且，不仅人群的数目会影响我们，人群所处的位置也会影响到我们。一个研究就发现，城际铁路中上班族的压力水平并不会受到火车上总体乘客数目的影响，但会受到那些坐在自己附近的乘客数目的影响。真是与我们的空中飞行体验不谋而合，坐在飞机中间的位置上总是让人备感压抑。

我们已经看到，周围人的数目会显著影响你的社会行为。我们在第12章中还会遇到两个更加典型的例子：首先，我们会看到，哪怕仅仅是有他人在周围，个体在熟练、简单任务上的表现都会得到提升，而在生涩、复杂任务上的表现却会受到抑制；其次，我们将会看到，哪怕是一群不认识的人，都会使得个体迷失自己内在的价值观和标准，表现出反社会行为。

◎人手不足但尽心尽责。1954年3月20日，来自小镇的米兰高中的球队令人震惊地击败了来自大城市蒙西中部高中的球队，赢得了印第安纳州立高中篮球锦标赛的冠军。这一壮举如此鼓舞人心，以至于被好莱坞在电影《篮坛怪杰》（*Hoosiers*）中永远铭记。尽管在米兰高中这样的“人手不足”的学校里，学生在某些方面处于不利地位，但他们在其他方面受益匪浅。特别是他们倾向于参加更多的学校活动，有更多的领导机会，并承担更多的挑战。

可用性：机遇与威胁

不同的人会提供给我们不同的东西。在公司野餐会上，若能赢得老板欢心，你便晋升有望；校园中邂逅的俊男靓女，则为一段罗曼史埋下了伏笔。当然，他人并不仅仅是一些积极的机会，也可能是潜在的威胁。一名醉酒的司机可能会给你带来人身伤害；新上任的热衷于控制成本的经理，可能给你一笔遣散费打发你走人；就算是那位邂逅的俊男靓女，给你浪漫机会的同时，也可能使你陷入被拒绝的尴尬中。人和情境所提供的机遇或威胁又称作**可用性**（affordances）。

人们还非常善于评估他人所能提供的潜在机遇与挑战。比如，仅仅通过观看一些面部照片和无声短片，人们就能够相当精确地评估出目标对象的支配性、外向性、责任心、宜人性、攻击性以及在性方面的可得程度。在一个研究中，被试仅通过观看两秒钟的无声授课录像，就能准确地判断出一个老师的讲课效果，真是令人震惊。总之，我们所遇到的人会为我们提供各种机遇与威胁，但是我们常常能有效且不费吹灰之力地识别它们。

描述性规范

人们通过出现在他人周围，或是提供给他人机遇与威胁来影响他人。人们还会通过传递**描述性规范**（descriptive norm）来影响他人——关于在某种情形下大多数人的通常做法的信息。描述性规范能帮我们做出正确的选择。比如，在你进入大学的第一堂班会课上，如果你发现辅导员走近讲台时，你的同学们都停止交头接耳了，这时你多半也会停止交谈。描述性规范的影响是强有力的：除了其他方面的影响，它们还会影响我们是否会帮助他人、表达偏见、偷税漏税、通奸、赌博、节约能源。

◎ **可用性**。人们互相提供什么呢？友谊，还是办公室中的背后说坏话？浪漫关系，还是羞辱性的拒绝？即便是公园中的一则简单会话，也为人们提供了潜在的机会和威胁。

名词解释

可用性 情境所提供的机遇或威胁。

描述性规范 一种用于定义在某种情形下的通常做法的规范。

多数无知 因为每个人的行为都与其自身的想法不一致，所以群体中的成员错误感知到别人想法的一种现象。

若是顾客在一家舞蹈俱乐部的门外排起了长队，这通常意味着顾客认为这个地方值得他们花时间等待。但是有时，人们的行为所指示的规范与他们实际的信念和感受并不匹配。不妨想象一个课堂情境吧。老师呈现的材料令你十分困惑（当然，这种情况很少发生）。尽管非常困惑，你却犹豫着该不该举手问老师。为什么呢？或许你觉得让其他同学知道自己的无知是非常难堪的。于是，你想寻找一些迹象，证明这个讲座实在让人费解。你环视课堂，试图发现同学脸上的迷惑不解之情，同时你又小心翼翼地掩藏好自己的疑惑。不幸的是，眼光扫了一圈，你发现大家脸上的神情都是自信满满。这时，你原本打算举起的手就放下了，你可不想在众人面前丢脸。你没有想到的是，其他学生实际上也在做相同的事：他们也是藏好自己的疑惑，然后观察他人是否有疑惑的神情。没有人站起来询问老师，因为你们都将自己的真实想法藏好，避免别人发现。

这个课堂中常见的现象便是**多数无知**（pluralistic ignorance）的一个典型例子，即因为每个人的行为都与自己的想法不一致，所以群体中的成员错误感知到别人想法的一种现象。在上述例子中，学生们对彼此的困惑无从知晓，因为每个人都隐藏了自己的困惑。我们将在下面看到，多数无知可能会助长大学校园里一种危险的消遣活动——狂饮。

规则：指令性规范与脚本情境

表 2–1 的第一行是几种人们有时表现的行为（如谈话、大笑、打架等）。左列是人们有时

联结：适应与障碍

描述性规范、多数无知和校园狂饮

斯科特·克鲁格（Scott Krueger）聪明又健壮，颇具领袖风范。他受人喜爱，被很多人视为榜样。他雄心勃勃，是一个典型的美国男孩。

他的雄心壮志却永远不能实现了。刚迈入人才济济的麻省理工学院数周，斯科特·克鲁格便躺在了医院的病床上昏迷不醒。他并不擅长饮酒，却在兄弟会的欢迎晚宴上遭众人罚酒，灌下了大量的啤酒和朗姆酒，使得自己血液中的酒精含量达到了 0.41%，甚至比麻省法定的司机血液酒精含量的上限还高出五倍。在接下来的三天里，医疗专家们使尽了各种技术，却依旧无法挽回他的生命。他的大脑最终停止了活动。斯科特·克鲁格去世了。

狂饮，其通常定义是：男人连续喝下五杯或五杯以上的酒，女人连续喝下四杯或四杯以上的酒。在大学校园是比较普遍的。一项研究对遍及 39 个州的 119 所四年制大学的 14 000 位学生进行了调查，结果显示：

- 45% 的学生在喝酒时会狂饮；
- 47% 的学生饮酒是为了酩酊大醉；
- 兄弟会和姐妹会中的学生（79%）比其他住在宿舍（45%）以及校园外（44%）的学生更可能进行狂饮；
- 男大学生（51%）比女大学生（40%）更可能进行狂饮；
- 白人学生（49%）比其他种族的学生更可能进行狂饮（如拉美裔，占 40%；亚裔，占 23%；非裔，占 16%）；
- 与非狂饮者相比，频繁狂饮者更可能逃课，学业滞后，做一些让自己后悔的事情，如毁坏财产、与警察纠缠、受伤，以及进行非计划、无防范措施的性行为。

大学校园里饮酒是如此普遍，以至于新生和不擅长饮酒者会觉得学生们都喜欢喝酒，多喝些没事。但是，这种观念可能正好反映了多数无知现象。1993 年，德博拉·普伦蒂斯（Deborah Prentice）和戴尔·米勒（Dale Miller）研究发现，一个比较具有代表性的错误知觉是，学生以为只有自己才会对校园酒精泛滥的现象感到不安。这种错误知觉会给这个研究中的被试以重要的警示。在过去的一学期中，他们正逐渐转变自己的态度，使之与他们错误知觉到的他人的观点保持一致。然后随着时间的流逝，他们真的就对滥饮习以为常了。

多数无知可能会带来危险。以酒精为例，学生们会不顾自己的极限狂喝滥饮。为什么呢？“应该是安全的吧，因为别人也都这么喝。”这种想法颇能代表斯科特·克鲁格这样的青涩初饮者：他不知道到底喝多少就不能再喝了。这种狂饮也会进一步传递一种信息——多喝点没事（尽管私底下很少有人认同这一点）。因此，学生们可能会在无意中怂恿他人多喝一些，然后大家都会陷入继续循环的多数无知中。

难道是多数无知杀害了斯科特·克鲁格？我们也不能确定。但是，极有可能，多数无知是个活跃的幕后帮凶。

◎多数无知和饮酒规范。大学新生有时会观察到酗酒现象，并认为，对此其他人一定比他们自己更感觉舒适。随着时间的推移，他们可能会改变自己的意见和行为以表现“合适”。

所处的一些情境（如自己的卧室、公共卫生间、面试场所等）。在每个格子中，指出相关行为在每种情境中的适宜程度。比如，在公共卫生间谈话或宗教场所打架的适宜程度各是多少呢？

1974 年，理查德·普莱斯（Richard Price）和丹尼斯·布法德（Dennis Bouffard）让印第安纳大学的学生们填写了这种表格，学生们的任务是评估 15 种行为在 15 种情境中的适宜程度。一些结果非常引人注目。首先，一些行为（如谈笑等）在许多不同场合都是合适的，而另一些行为（如打架等）一般来说是不被允许的。更重要的发现是，每一种情境对我们施加的限制是不一样的。在一些情境中——比如在自己的房间里、公园里或是宿舍休息室里——你可以相对自由自在。而在其他情境中——比如在宗教或是面试场所——你可能会受到很多限制。

确实，许多情境（比如宗教仪式或是面试过程中）拥有一些“规则”，告诉我们什么是允许做的，什么又是不允许做的。这些规则被称为**指令性规范**（injunctive norms）。这是一种定义在某一情境中通常什么被认可、什么不被认可的规范。指令性规范和描述性规范不同。描述性规范传递的是人们通常做什么，指令性规范传递的则是人们应该（以及不应该）做什么。一个重要的指令性规范便是互惠规范。这种规范要求我们“投桃报李”“礼尚往来”。我们会在第 6 章和第 9 章中探讨互惠规范。

指令性规范会决定特定情境实现“脚本化”的程度。我们的意思是，在一些情境中，存在一种**脚本情境**（scripted situation）——按预期顺序发生的一系列事件。比如，20 世纪 80 年代，大学校园里约会的步骤通常如下：

1. 两个人注意到彼此；
2. 发现彼此也都在注视对方，于是微笑；
3. 向朋友打听对方的情况；
4. 制造机会，“撞见”对方；
5. 找一个朋友为彼此引荐；
6. 开始交谈，寻找共同兴趣；
7. 最终，一个人邀请另一个人出来聚聚。

甚至关于约会时，什么时候该做什么事情，都有相应的“脚本”。一段关系（从初次约会到订婚）应该如何发展，也有相应的脚本。也有一些用以描述令人满意的性体验的脚本。甚至还有一些脚本会告诉你，如何结束一段感情。这些心理脚本帮助我们协调自己的行为，使其与他人保持一致；也能帮助我们避免违反某些

表 2–1　这些行为在不同场合的适宜程度

情景＼行为	谈话	大笑	打架	哭泣	打嗝	朗读
约会						
洗手间						
面试场所						
宗教仪式						
宿舍休息室						
自己房间						

注：在每个方格中，评定每一具体行为在具体情境中的适宜程度。比如，在左上方的格子中，评定“在约会时谈话”的适宜程度，量表的评定范围在 0（“这种行为在这种场合极为不合适”）到 9（“这种行为在这种场合极为合适”）之间。浏览你的评定结果，你发现了什么？是否有些行为不论在什么场合都是比较适宜的？是否有些场合的限制比较多，即它们所“允许”的行为少于其他场合？

资料来源：Adapted Price，R. H.，& Bouffard，D. L.（1974）. Behavioral appropriateness and situational constraint as dimensions of social behavior. *Journal of Personality and Social Psychology*，30，579–586. P. 581.

情境中的指令性规范。为了了解自己依赖心理脚本的程度，不妨想想你是否能快速、不费力地识别出那些违反脚本的情况。比如，若是一个女招待坐在你旁边，拨弄你盘子里的食物；或是一位邻居，穿着百慕大短裤和夏威夷衬衫参加缅因州的一个长老会的葬礼，你会不会觉得非常惊讶？

名词解释

指令性规范 一种用于定义通常被认可或不被认可的做法的规范。

脚本情境 某些事件按特定顺序依次发生的情境。

小调查

上述所呈现的约会脚本是20年前的普遍做法。这个脚本在今天还成立吗？如果不成立的话，差别在哪里呢？当今主流的约会脚本是使得你谈恋爱更容易还是更艰难了？

强情境与弱情境

基于已经掌握的知识，我们可以看到，一些情境比另一些情境更为“强势”。一些情境（猛冲过来的卡车、葬礼）要求人们以特定的方式行事，另一些情境（夜总会、无人的起居室）则允许人们以多种方式行事。强情境所能提供的机遇和威胁的范围比较狭窄。比如，猛冲过来的卡车让你别无选择，因为它就是个实实在在的威胁（关乎你的人身安全）。除非你想发扬英雄主义救人精神。强情境一般也会拥有明显的指令性规范和描述性规范。比如，葬礼上应该表现出什么行为，不应该表现出什么行为是显而易见的，如果一名吊唁者不能基于他人的行为识别出这些规范，他人就会用严厉的目光注视他，或是轻推他的肘部以纠正他的错误。最后，强情境通常是脚本化的。比如，葬礼通常会包括一系列的典型程序，而这些固定的程序为其他活动留下的发挥空间是比较狭小的。

相反，弱情境能够提供的机遇和威胁的范围则相对宽泛。比如，在夜总会中，你可以与朋友寒暄，发展一段艳遇，或是跳舞；你也可能对朋友说些傻话，被一位中意的对象拒绝，或是在舞池中笨拙地跳一段。弱情境的一个主要特征便是缺少明确的描述性规范：因为弱情境中他人的行为差异很大。比如，一些夜总会的客人可能会进行私密的交谈，另一些人则不停地灌酒，还有一些人则肆无忌惮地调情献媚。这形形色色的举止为你的行为提供了一种社会许可证：你也可以表现出这些行为。弱情境所能传递的指令性规范也很少。最后，弱情境一般也不会被脚本化，因为与葬礼相比，夜总会上的你，对于什么时候做什么事情，有着更大的灵活性。

当然，大多数情境实际上是介于强情境（猛冲过来的卡车）与弱情境（空旷的起居室）之间的，它们还为人们提供了一定程度的行为灵活性。

文化

如果你出生在中国，你的许多朋友可能就是你的表亲、姨妈和叔叔。你的举动会在很大程度上受到他们的意愿的影响。相比之下，如果你在美国南加州长大，你也会结交许多朋友，但是他们大都不是你的亲戚，而且你亲戚的偏好也不会对你的生活决定产生多么大的影响。文化，即生活在特定时间、地点的人们所共享的信念、风俗、习惯和语言，能够影响我们所处的环境（如我们花多少时间与亲戚在一起）以及这些环境影响我们的方式（如我们的亲戚是否会强烈影响我们的举动）

近些年来，社会心理学家们对文化影响人们思考、感受和行为的方式愈发感兴趣。理由是显而易见的：尽管来自不同文化的人们在许多方面彼此相似（毕竟我们拥有共同的生物基础和基本需求），人们有时还是会表现出令人炫目的差异。在本书中，当致力于解开社会生活的不解之谜时，我们都会探索这些共性与差异。

如表2–2所示，大多数文化研究关注的是各种文化在个人主义与集体主义程度上的差异。**个人主义文化**（individualistic cultures），如美国、澳大利亚、英国等通过特有的社会化过

表 2-2 个人主义文化与集体主义文化的国家及地区

个人主义排行	所选国家（地区）	个人主义排行	所选国家（地区）
#1	美国	#32	墨西哥
#2	澳大利亚	#34	葡萄牙和东亚地区
#3	英国	#40	新加坡、泰国和西非地区
#4	加拿大和荷兰	#44	韩国
#10	法国	#45	秘鲁
#15	德国	#49	哥伦比亚
#20	西班牙	#50	委内瑞拉
#22	日本	#51	巴拿马
#25	牙买加	#52	厄瓜多尔
#26	阿拉伯地区和巴西	#53	危地马拉
#30	希腊		

注：霍夫斯泰德（Hofstede，1980，2001）对一家大型跨国公司的 80 000 名员工的目标和价值观（与工作相关）进行了分析。表里的排行显示，与拉美国家和亚洲国家相比，西方国家倾向于鼓励个人主义。

资料来源：From J. Deregewski et al.（1983），*Expiscations in Cross-Culture Psychology*，pp. 335-355，Fig.2，Swets & Zeitlinger Publishers. Used with permission.

程，使其成员将自己看作一个单独的个体，并致力于优先实现个人目标。相反，**集体主义文化**（collectivistic cultures），如危地马拉、韩国等则通过特有的社会化过程，使其成员在考虑自己时，将自己放置在人际网络中，把自己看作一个更大社群中的一员，且优先考虑与自己相关的他人和群体的利益。尽管文化也会在其他维度上存在差异，但是大多数研究都侧重于个人主义－集体主义维度，分别以北美和欧洲文化，以及东亚文化为典型代表。因此，我们在本章中也会重点关注个人主义——集体主义维度，希望能够为读者展示文化是如何为其成员提供了广阔的社会情境的。

名词解释

个人主义文化 一种通过特有的社会化过程，使其成员将自己看作一个单独的个体，并致力于优先实现个人目标的文化。

集体主义文化 一种通过特有的社会化过程，使其成员在考虑自己时，将自己放置在人际网络中，把自己看作一个更大社群中的一员，且优先考虑与自己相关的他人和群体的利益的文化。

文化可用性

不同的文化为其成员提供了不同的机会。例如，个人主义文化为其成员提供了更多独立自主和个人控制的机会。其中有一种做法便是给予其成员多种选择。举个例子，美国人的一个信条便是：“只要努力奋斗，人人都能成为总统（或是宇航员、专业运动员、著名音乐家）”。还有，“你能成为你想成为的任何人——所有的机会都向你敞开”“随心所欲——选择都是你的”（一家流行快餐店的广告语）。哪怕是在当地超市买牛奶，美国人都拥有铺天盖地的选择：全脂、2% 脂肪、1% 脂肪，还是脱脂牛奶；普通的、酪乳的，还是酸牛奶；不含糖的、加大豆基的代乳、高钙的；巧克力口味的、草莓口味的；一加仑、半加仑、一夸脱①，还是一品脱②；纸盒装的，还是塑料罐装的。更令人吃惊是，在美国凤凰城的超市，一般都会出售两万多种不同的物品，而对许多集体主义国家的人们来说，“超”市的概念看起来总有些荒诞和多余。

① 1 美制夸脱≈946 毫升。——译者注

② 1 美制品脱≈550 毫升。——译者注

通过为其成员提供多种选择，个人主义文化使得人们能够表达自己的个性，并且经由个人控制达成自己的需求。我们可以看到，不同的文化为居住其中的人们提供了不同的机会。

文化与规范

“让你发挥到极致”——美国军队的新兵征募广告语颇为引人注目。“别当墙头草了”，人们常常这般讥笑那些反复无常的人。个人主义文化的规范传递了一个清晰的信息：要脱颖而出！要独立！要听从自己的心声！

另一方面，一则马来西亚谚语这般警示：“一滴染料会毁了一桶牛奶”。而一句中国格言则这样表达：“牵一发而动全身”。这些东亚的俗语代表了一种非常迥异的集体主义文化观念。这种观念认为，群体成员应该寻求和谐，而不鹤立鸡群。正如个人主义社会所传递的规范鼓励人们的独立行为，集体主义社会所传递的规范则鼓励人际互依而非人际独立。

基于这种对和谐与互依的追求，集体主义文化中的人们尤其倾向于调整自己的行为，使其与他人的行为保持一致，特别是当他人是自己认识的人时。著名的“线条判断”实验最初是在美国做的，主试要求被试从三根长度不同的线中选出与目标线条长度最为接近的一根。当被试独自一人完成这项任务时，长度判断对他们来说相对简单——被试几乎从不犯错。但是在群体中，被试常常会屈从于明显的错误选择。这种从众形式在集体主义文化中更为普遍。这并不意味着集体主义社会中的人总是不想脱颖而出，但比起试图将自己从群体中区别和分离出的个人主义者，集体主义者希望在群体内获得提升。

文化在施加规范的方式上也会存在差异。例如，美国父母常通过剥夺一些权力与特权来惩罚任性的孩子：“你一个星期不许看电视！”相比之下，日本和中国的父母更可能威胁孩子们的社会纽带：“如果你再这样的话，人家会嘲笑你的。”这些不同的惩罚方式对于不同的文化都是合情合理的：个人主义文化中的人们更看重个人自由，因此剥夺自由的惩罚方式会特别有效；集体主义文化的成员则比较看重彼此间的关系，因此那些威胁其社会纽带的惩罚方式会极为有效。

文化脚本

我们在前面看到，社会脚本的呈现使得个体能够更好地协调自己的行为，与他人保持一致。那么，文化又是如何影响人们对这些脚本的使用的呢？

首先，社会脚本可能在一些文化中更为普遍且更需要遵从。比如，日本文化涵盖了正式的且仪式化的文化脚本，从家庭聚餐到钢琴课以及社交问候的方方面面，而这些事情在美国通常不会那么讲究和有序。文化心理学家区分了“紧”文化（规范强烈，且不太允许偏离和多样性的文化）与“松”文化（规范更灵活和非正式，更接受偏离和多样性的文化）。如果你在新加坡或马来西亚（更为紧的文化）长大，你应该仔细遵循规则且不偏离主流；反之，如果在荷兰或巴西（更为松的文化）长大，你选择遵循何种规则方面拥有更多的自主权。

其次，即使不同的文化对相同的事件进行脚本化，它们的内容也会存在很大的差异。拿葬礼举例，尽管大多数文化中的葬礼都有一些共同的特征（处理尸体、哀悼）文化间也存在一些令人眼花缭乱的差异。比如，在北美，一个典型的葬礼是安静的、低调的（尽管也会因种族、宗教和地区的不同而存在一些有趣的差异）。人们倾向于穿着保守，低声谈话，尊敬地倾听讲话者，控制自己在众人面前过于悲伤的表露。我们可以将这种葬礼和婆罗洲岛巴拉万人的葬礼进行比较。巴拉万人的葬礼包括两次仪式，间隔至少八个月，有时甚至长达五年。第一次仪式在死者逝去后立刻举行。尸体会在一个特制的椅子上陈列一两天，直到死者所有的近亲都过目了，尸体才会被放入棺材或者大缸中。第二次仪式中，客人会来自四面八方，参加在大缸或棺材附近的游廊上举行的喧闹晚会，时间持续四到十天左右。客人们饮酒交际，闹饮声、音乐声、嬉戏声以及枪弹声能够透过密密的丛林传到半英里以外。这还真不是我们习惯看到的典型葬礼！文化不仅会影响每一种情境受社会容许脚本支配的程度，还会影响这些脚本的内容。

在这一部分，我们已经看到，人们是处于物理以及社会环境中的，而这些情境又会影响人们的思想、情感及行为。下一步，我们会将个人与情境结合起来考虑。

交互作用 个人与情境的交互作用

如果有人让你描述你最好的两个朋友的人格，你可能会说："一个人很外向，另一个人则很害羞"或"一个人不大靠得住，另一个人则值得依赖"，等等。但是，当谈话继续深入时，你可能会发现自己这样措辞："她遇到陌生人时挺紧张沉默的，但是和朋友在一起很放松，有时还玩得挺疯"，或者"他对工作可能不那么积极上心，但是作为一个朋友，他绝对是忠诚可靠的"。

这样的表述透露出我们对人格的直觉性理解：人格在一定程度上取决于我们如何对情境做出反应，即取决于不同情境下我们所遇到的特别设定的目标、思想、情感以及行为。这一表述同样也符合社会心理学的基本原则——个人与情境共同对人们如何思维、感受和行为产生影响。在本章接下来的部分，我们将主要探讨个人与情境相互影响以及交互塑造社会生活的六种途径。

不同的人会对相同的情境做出不同的反应

想象一下，你答应参加一个实验，实验的目的是研究玩电子游戏对迅速决策能力的影响。首先，你和另一位参加者各自分开玩游戏。接着，主试引入了一个竞争性的任务：你和另一位参加者必须迅速对耳机中传来的提示音做出反应。如果你在对手之前按下了电脑上的反应键，你的屏幕上便会出现"你赢了"。如果你反应慢了，屏幕上则会出现"你输了"，紧接着你会听到耳机中传来一阵刺耳的噪音。在每一轮开始之前，你需要设定，若是你赢了，你的对手需要承受的噪音强度水平以及持续时间；噪音设置的范围是从无噪音到持续2.5秒的105分贝的噪音（相当于站在汽车喇叭前几英尺处）。每次你赢后，你会迫使对手承受多大的噪音呢？

正如布鲁斯·巴赛罗（Bruce Bartholow）、马克·塞斯蒂（Marc Sestir）和爱德华·戴维斯（Edward Davis）于2005年所发现的，这取决于你之前所玩的电子游戏是暴力的还是非暴力的，以及你过去玩电子游戏的经验。他们随机分配一些被试玩一种仿真的"射击"游戏，成功与否取决于被试在游戏中所杀死的人物数量。他们让另一些被试玩一种有非暴力的解谜游戏。对那些之前不怎么玩暴力游戏的被试来说，他们所玩游戏的种类会显著影响他们的攻击倾向（这正彰显了情境的力量）；与玩非暴力游戏的个体相比，玩暴力游戏的个体会让对手承受更强的噪音。相形之下，游戏的种类并不会影响那些之前玩过暴力游戏的个体——不论玩哪种游戏，他们都会猛烈刺激一下对手的耳膜（如图2–6所示）。

这些发现揭示了一种重要的个人–情境交互作用：不同的人会对相同的情境做出不同的反应。这种个人–情境交互作用之所以会发生，是因为不同的人会对某一情境的不同方面有所感应，或者相同的情境对不同的人实际上意味着不同的场景。在这个实验中，尽管所有的被试接受的惩罚都是相等的——"对手"实际上是按照编好程序运行的电脑——那些之前玩过暴力电子游戏的被试更可能将对手的反应看作暴力的，哪怕他们在实验中玩的是非暴力的游戏；相反，之前没怎么玩过暴力电子游戏的被试，只有当玩过暴力游戏后，才会将对手看作充满敌意的。因为非暴力的情境对于有（暴力游戏）经验和无经验的被试含义不同，他们也对这一情境做出了不同的反应。

个人–情境匹配（person-situation fit）是指个人与情境之间相容的程度。正如钥匙只有插入正确的锁中才能打开锁，除非情境为个体提供合适的机会，否则个体难以达成自己的目标。确实，那些发现自己处于非匹配情境中的个体常感到不满意，也往往难以成功。比如，那些认为

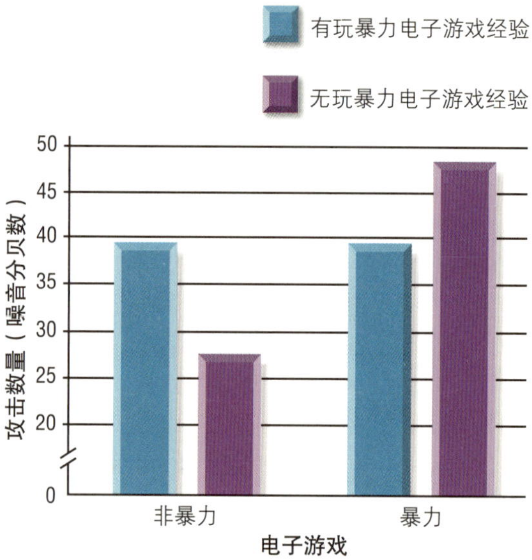

图 2–6 不同的人在同样的情况下表现不同

注：之前玩暴力视频游戏经验相对较少的学生，在玩暴力游戏之后比在玩非暴力游戏之后更有攻击性。相比之下，拥有更多玩暴力视频游戏经验的被试，则不会因玩不同游戏更改暴力水平。

资料来源：Based on Bartholow，B. D.，Sestir，M. A.，& Davis，E. B.（2005）.Correlates and consequences of exposure to video game violence:Hostile personality，empathy，and aggressive behavior. *Personality and Social Psychology Bulletin*，31，1573–1586. Figure 2，p. 1581

自己的价值观与校园环境的价值观非常匹配的学生，较之那些感觉不匹配的学生，会体验到更高的满意度。接下来，我们将会看到个人 – 情境匹配对人们的工作有怎样的重要影响。

名词解释

个人 – 情境匹配 个人和情境相容的程度。

情境选择个人

每年，经过一番奋力拼搏迈入理想大学的新生们，总会迫不及待地涌入姐妹会、兄弟会、餐饮俱乐部等团体。他们力图在剧团里争得一个角色，在学生会能有一席之地，在运动队中出尽风头。他们也会争着挤入各种优秀学生的花名册。当他们毕业时，他们又会为找到一份好工作或进入研究生院展开另一番竞争。

伟大的行为科学家米克・贾格（Mick Jagger）观察到，人们并不总能得到各自渴望的东西，并不是每个人都能进入自己心仪的情境。学生们常常会被自己的第一志愿拒绝，也可能会被热门的姐妹会拒之门外，甚至不得不四处徘徊来寻找一份工作。这是因为情境也会选择个人，这是另一种形式的个人 – 情境交互作用。我们能在第 8 章中看到，世界各地的女人们普遍倾向于选择同龄男人或者比自己稍长的男人作为理想配偶。正如年长的女人并不会选小自己很多的男生作为伴侣一样，社交笨拙的女人不会被心仪的姐妹会接纳，新进的员工不会被赋予领导公司的重任，懒惰的学生也鲜能进入顶尖的研究生院。

确实，大多数情境有“入会”限制，并不是每个人都能加入。运动队的名额往往有限，人们的时间、精力只能允许自己结交一定数目的朋友。由于这些限制，甚至一些随意的情境也会涉及这样那样的“准入要求”。你不妨自己试试：两星期不洗澡、不洗头，看看你能交到多少新朋友。

个人选择情境

情境能够选择个人，个人也同样能够选择情境。下周六晚上，你可能在附近的电影院消磨一晚上，你的室友则可能泡在图书馆；你可能忙着结婚成家，而你最好的朋友却选择依然保持单身。情境并不会总是自动“撞上”我们，而我们在很大程度上却能够决定自己所处的情境。

我们基于情境所能提供的机会来选择情境。如果你的目标是忘记即将到来的考试，那么电影院比起图书馆是个更好的选择。如果你偏头疼发作，那么安安静静在家待着，比去拥挤的摇滚音乐会更好。当不同的情境提供不同的机会时，我们倾向于选择那些看起来与自己的愿望、目标相匹配的机会。电影院能够提供消遣放松以转移焦虑，所以希望从考前压抑中喘口气的人会选择电影院，而不是图书馆。摇滚音乐会比较嘈杂，所以希望缓解头痛的人会选择在家中起居室的沙发上静心休息。

联结：理论与应用

工作场所的个人–情境匹配

迈克尔·奥维茨（Michael Ovitz）是好莱坞的首席明星代理人。作为汤姆·克鲁斯等超级巨星的经纪人以及创新演艺经纪公司（Creative Artists Agency，CAA）的掌门人，他操控着大批导演、演员的命运沉浮，可谓好莱坞当之无愧的“超级操盘手”。因此，当迪士尼公司高层换血时，将奥维茨招入旗下，作为二把手。一把手是迈克尔·艾斯纳（Michael Eisner），他本人也可谓企业界的超级明星。拥有了艾斯纳和奥维茨，迪士尼公司打造起一支管理“梦之队”。

但是美梦不久便成了噩梦。那些使得奥维茨成为明星经纪人的特质——事必躬亲、调兵遣将的能力——并未在公司管理实务中助他一臂之力。而且，他并不习惯于接受命令，处理起来总是很生涩。在敲锣打鼓声中加入迪士尼公司仅16个月，奥维茨便承认自己的职业转型是个错误，然后从迪士尼公司引退——当然带着迪士尼公司的祝福。尽管迈克尔·奥维茨见多识广，精力充沛而又才华横溢，但对这份工作来说，他却不是个合适的人选。他与工作并不匹配。

希腊哲学家柏拉图早在公元前4世纪时就提出，应该根据人们的能力和人格特点来分配工作。他分析到，不同的工作需要不同的技能和人格特征，因此并不是每一个人都能胜任每一份工作。当代学者们也持赞同意见，研究数据也表明，当员工的个人特质（如兴趣、目标、能力、特点等）与所从事职业的需要和机会相匹配时，员工们会感到更加快乐，也更可能继续干这份工作。另一项研究发现，在商学院一年级新生中，那些人格特质与“年轻有为经理”形象相匹配的学生，在毕业时获得了更丰富的工作选择。并且，毕业后四年，这些学生普遍拿到了更高的薪水，更可能参加全职工作，也较少变动工作。

其他研究显示，个人与工作的匹配固然重要，个人与组织文化的匹配也不容忽视。与组织文化匹配的员工，满意度更高，对公司的忠诚度也更高，且不太可能另谋他职。

因此，“匹配”的好处是显而易见的：应该使员工与自己的工作相匹配，与所处的工作氛围相匹配。个体可以通过鉴别出自己的人格特质，然后寻求与之匹配的工作类型，从而提升自己的求职“匹配性”以及工作满意度。雇主可以通过面试排除那些价值观与公司的价值观不匹配的应征者。组织也应该鼓励新员工积极融入公司的价值文化氛围，从而增加双方的匹配度。

奥维茨和艾斯纳事先预料到这个错误了吗？或许吧。不管怎么说，这个错误让各方都付出了沉重的代价：奥维茨的个人声誉受到了重创；迪士尼公司也付出血本　　打发奥维茨的一揽子遣散费接近9000万美元。这都是不匹配造成的啊！

不同的情境会启动个人的不同方面

或许你们中的大多数人都认识双重文化者——这些个体通常内化了两种文化价值观，感觉两种文化都“活在心中”。也许你自己就是一位双重文化者。双重文化个体常常报告两种内化的文化“交替”影响他们的行动：“在学校……每个人都是美国人，我也是。但是下午回到家后，我又成了墨西哥人。”

之前我们已经看到，情境能够启动相关知识，以备随时使用。对那名美籍墨西哥裔学生来说，不同场景中所说的语言可能启动了他不同的文化倾向：在家里，父母和祖父母们所说的西班牙语使他在心理上觉得自己是个墨西哥人；而在学校里所说的英语又使他在心理上觉得自己是个美国人。许多研究采用了启动的方法来探讨，情境的特征是否确实能够引发某种文化倾向，而非其他文化倾向。一种文化的象征甚至能够启动其他文化成员的思维风格。八卦图（阴阳图）代表了东亚人对持续不断的生命动态变化与平衡的理解——祸兮福所倚，福兮祸所伏等。在2009年一项有趣的系列研究中，亚当·阿尔特（Adam Alter）和弗吉尼亚·关（Virginia Kwan）发现，欧裔美国人在看到八卦图后，思维方式会更接近东亚人而非欧裔美国人——他们更可能预测，现在看涨的股票以后可能会缩水，现在表现平平的股票以后可能会升值；一连串的晴天后必然会下雨，一连串的雨天后必然会放晴。

诸如此类的发现显示了另一种类型的个人–

情境交互作用，不同的情境会启动个人的不同方面：看见一位俊男靓女朝你微笑，会启动你的浪漫思绪；听见相同的人朝你吼叫，则会提升你的安全意识。我们所处的情境会引发我们的目标和信念，从而影响我们思考、感受以及行为的方式——哪怕我们已经跳出这个情境了。比如，若在电影院外与陌生人发生了磕碰，你可能会以不同的方式解释这种碰撞并做出相应的反应，这取决于你之前看的电影是滑稽喜剧（“瞧我俩，真是笨手笨脚！”），还是武打动作片（“他怎么能这样，我要给他点颜色看看！”）。

甚至那些我们没有意识到的情境特征也会强烈地影响我们的行动。在约翰·巴格（John Bargh）、马克·陈（Mark Chen）和莱拉·布罗斯（Lara Burrows）于1996年进行的实验中，主试要求学生们从五个打乱的词语中挑出四个造一个句子。实验设计如下：有些被试所遇到的词语与粗鲁相关，另一些被试遇到的词语与礼貌相关，还有一些被试遇到的词语与粗鲁和礼貌均无关。在完成任务后，被试离开实验室去找主试，为第二个研究做准备。他们却发现主试正在和另一个被试交谈，直到被试打断主试（或者10分钟以后），主试才会停止交谈。哪一组被试更可能在10分钟时间限制内打断主试的谈话呢？之前受“粗鲁词语”启动的被试、之前受“礼貌词语”启动的被试，还是之前看到中性词语的被试？如果你猜是那些之前受粗鲁词语启动的被试，那么你猜对了。这一组被试中，63%的人会打断主试的谈话，而在中性条件和礼貌词语启动的条件下，分别只有38%和17%的被试打断了主试的谈话。我们所处情境中的微小特征都会启动我们的目标、信念、情感以及行为。因此，我们可能在一种情境下彬彬有礼，而在另一种情境下却莽撞无礼。

个人改变情境

如果一个笨手笨脚的人不小心撞上了一堵墙，墙自是岿然不动，而这个人却被撞“歪”了。但是社会情境并不像一堵砖墙，每个进入情境的人都有能力来改变情境。公司野餐会上的休闲橄榄球游戏中，若是加入了一个争强好胜者，游戏立刻会变得火药味十足。同理，一个充满尴尬的幼儿园新生教室里，若是走进了一位富有经验的老师，孩子们可能会立刻摆脱害羞感，开始认识彼此。

有时，人们改变情境的目的和选择情境的目的是一样的，都是为了更好地达成目标。一个人若是希望垃圾遍地的社区能够焕然一新，可能会招募其他人组成一支协作小组；而幼儿园老师当然希望自己的学生能够自在相处。

人们也可能在不经意间改变自己的情境。抑郁的大学生并不想让自己的室友感到压抑，但是他们可能无意中这么做了——然后他们的室友就开始避开他们。一个兴高采烈的室友并没有刻意为别人打气鼓劲，但是她可能无意中这么表现了，于是人们需要振作精神时总是去找她。我们会在本书中看到，许多情况下，人们都在改变自己的情境——当领导们致力于提升团队绩效之时，当孤独者逐渐陷入社会隔离之时，当持小众观点者力图改变他人观点之时，等等。

情境改变个人

马虎的父母可能会将一个天性安静的小婴儿转变成一个焦躁不安的小捣蛋；我们的配偶

◎ **改变的情境，改变的个人。**贝拉克·奥巴马在爱尔兰酒吧与女儿们在家时是同一个人么？不见得。随着情境改变，个人中的特定部分占据了主导地位而其他部分变为背景。不同的情境启动了个人中的不同部分。

可能会改变我们对政治和社会事件的看法；观看一些暴力色情电影，可能会使你对妇女受到的攻击缺乏敏感。正如人能够改变情境，情境也能够改变人。

有时，这种改变是非常明显的：我们“那时”是一个样子，而现在的我们完全不同于以往。一名婴儿若整日淹没在爱尔兰保姆吵闹的嗓门中，可能会突然开始怕狗。但有时，情境会以更加缓慢、更加微妙的方式来塑造我们。

社会化（socialization）是文化在信念、风俗、行为习惯及语言等方面教化其成员的过程。在我们对文化的讨论中，我们可以看到，个人主义文化致力于将其少年社会化为追求独立、个人成功以及高水平自尊的成人。相比之下，集体主义文化则致力于将其少年社会化为重视人际关系、群体成功以及注重群体内和谐的成人。文化是如何施展这种魔力的呢？文化通常拥有一些关于“什么才是好的”核心信念，这些价值观会在该文化的风俗、规范、政治、制度等方面面得到彰显。比如，“个人成就”这一个人主义价值观，体现在美国法律（如强调个人财产所有权）、教育理念（如使得每一个上进的孩子发挥他的潜能）和媒体宣传（如对企业家及其成功事迹进行连篇累牍的报道）中，这些方方面面的力量会潜移默化地影响人们日常交往的方式（如美国小孩在很小的时候就有自己的房间，父母也会鼓励他们“为自己做主”）。

小调查

想想你的一个密友和他的兄弟姐妹。他们在哪些方面比较相像，而在哪些方面又全然不同呢？你如何运用刚刚学到的六种个人–情境交互作用来解释这些共性与差异呢？

名词解释

社会化 文化在信念、风俗、行为习惯及语言等方面教化其成员的过程。

文化存在多个“层级”。在美国，文化因地区而有所不同（我们会在第10章探讨“南部的荣誉文化”）。城市文化与乡村文化也会存在差异；与小城镇和农村相比，大城市的集体主义观念相对淡薄。文化也会因为种族和宗教而产生差异。每一所大学都拥有自己的文化——一名学生若是在海军学院待了四年，他所遇到的规范、规则和习惯肯定与他在加州大学伯克利分校求学所遇到的截然不同。甚至家庭都有自己的文化——你在家里所接受的教导与邻居的肯定会有所不同。因此，即使在世界上最个人主义的国家中，也存在诸多文化力量，将我们塑造成今天的自己。情境，不论是短暂的还是长久的、孤立的或是与相关情境牵连的，都能够深刻地改变我们。

正如我们所看到的，个人和情境会以生动的方式影响我们的思想、情感以及行为（详见表2–3）。

表 2–3　不同类型的个人–情境相互作用

相互作用	例子
不同的人对相同的情境做出不同的反应	一些学生认为大学生活精彩纷呈，另一些学生则认为大学生活沉闷而单调
情境选择个人	你所在的大学并不会录取每一位申请者
个人选择情境	你可能选择住在姐妹会或兄弟会中，你的室友可能选择住在宿舍里
不同的情境启动个人的不同方面	你觉得自己在课堂上全神贯注，在聚会上却是谈笑风生
个人改变情境	一位精力旺盛、博学多才的老师能将安静、被动的课堂转变成一个活跃、投入的课堂
情境改变个人	如果一名学生进入了海军学院，而与之相似的一个朋友进入了加州大学伯克利分校，那么四年后他们的相似性应该会减少

案例回顾

一个平凡而又非凡的人之谜

尽管马丁·路德·金在许多方面确实很普通，但是他还是来到了亚拉巴马州的蒙哥马利市，并随后发挥光芒，成为民权运动的领导者。他热切希望非裔美国人能够得到尊重，这种渴望是他的父亲传输给他的。当一家鞋店的店员拒绝在“白人区”为他的父亲服务时，他父亲愤然走出了鞋店，而这一幕在他年幼儿子的心中烙下了深刻持久的印记。

马丁·路德·金的动机和信念也伴随着强烈的情感。孩提时代的他就是个悲天悯人的孩子，他对大萧条年代那些排着长队领取救济食品的穷人表现出了极大的同情。这种饱满深刻的情感在他对民权事业的执着奉献以及他慷慨激昂的演说中都有所体现。通过关注个人——马丁·路德·金的动机、信念以及情感——我们可以初步看到，他是如何成为一个为世人所熟知的人的。

但是，这些人格特质并不足以解释马丁·路德·金之所以成为他的全部。首先，我们需要看到，马丁·路德·金在合适的时间出现在了合适的地点。罗莎·帕克斯这位勇敢的妇女，因为勇于挑战蒙哥马利市的隔离法令而将自己置于了风口浪尖上。她是当地全美有色人种协进会（NAACP）的一位秘书，而年轻的马丁·路德·金也正在为该协会服务。这种关联使得他密切卷入了这个当地轰动性的争议事件。此外，作为一个新落户者，当人们推举马丁·路德·金来领导社区的巴士抵制运动时，他一定也会觉得非常受器重。婉拒这种请求确实也很难，因为当地民众普遍认为牧师是社区的领袖。

但是情境的特征只是在民权运动初期将马丁·路德·金置于了领导者的位置上，它们并不能保证他日后的成功。确实，马丁·路德·金并不是一夜成名的。他宣布抵制运动的那场演讲，为今后声势浩大的抗议运动奠定了基调。尽管开始时并不引人注目，但是由于他的听众多年来饱受不平等与歧视的痛苦，并不允许他辜负他们殷切的期望。听众们需要一个辉煌的时刻，需要来自他的响应与激情。

马丁·路德·金在激励周围的人群，向自己以及他们证明：“我能够领导”。情境选择了他，而他也义不容辞地接受了挑战。马丁·路德·金被塑造成一位领袖，成为领袖的他又给予周围的人们以高涨的希望。

在整个抵制运动中，个人与情境产生了持续的相互作用。当马丁·路德·金的信念与信心开始动摇时，是人们的热情与支持强有力地支撑住了他。警察以莫须有的超速罪拘留了他，反而使得他的知名度与信誉迅速提升，对他的住所纵火也起到了相同的效果。正是普通大众的牺牲精神使得抵制运动大获成功，也使得《时代》杂志将马丁·路德·金作为封面人物，让他迅速成为全国人民的偶像。

马丁·路德·金将对平等原则的强烈追求、非暴力抗议方式（甘地倡导）以及无与伦比的演讲口才带入了他所处的情境，而情境也赋予了他自信、能量和丰富的机会。他的丰功伟绩不仅取决于他的人格力量，也取决于他生命历程中人格与情境因素的交互作用。如同我们所有人，他也是优点与缺点并存的；如同我们所有人，他的行动以及他的性格都经由他所遇到的情境塑造；如同我们所有人，他也反过来塑造他所处的世界。这便是社会心理学的精要所在。

我们可以看到，马丁·路德·金与他所处情境的匹配促进了他的伟大成功，也推动了民权运动的进程。确实，个人–情境匹配这一社会心理学概念对理解日常生活的许多方面是极有价值的，从提高工厂的生产率到提高政治领导的功绩。本章中的研究显示，社会心理学的贡献并不仅仅局限在工业、组织行为领域以及政治科学领域。我们已经看到，社会心理学能与遗传学、神经科学、人类学相结合，帮助我们了解情绪及其起源和影响，社会心理学还能够与社会学及其他文化研究一起，帮助我们解释描述性规范和指令性规范是如何塑造简单而又复杂的社会行为的。

在探索精彩纷呈的社会世界的征途上，我们才刚刚启程。接下来的章节中，我们将继续这一旅程——更加深入地探索人们在社会世界中的心理过程以及行为。

第 3 章

社会认知：理解我们自己和他人

通过本章学习，我们能够：

◎ 了解社会认知的四个要点；

◎ 明确社会认知的目标；

◎ 能够描述出人们用来节省心理努力的认知策略；

◎ 了解影响我们社会判断的不同类型的启发式；

◎ 可以描绘出增加或减少我们使用认知捷径倾向的人和情境；

◎ 用来增强和保护自我形象的认知策略有哪些；

◎ 了解自尊是怎么影响我们保持积极自我认知的方法；

◎ 了解什么类型的威胁会使得人们去增强或维护自尊；

◎ 掌握用来准确理解自己或他人时所使用的认知策略；

◎ 了解琼斯（Jones）和戴维斯（Davis）的对应推理理论，以及凯利（Kelly）的归因共变模型；

◎ 了解哪些个体和情境特征能促使人们做出准确的决定和判断。

案例

希拉里·罗德姆·克林顿的“画像”

她曾是保守派的共和党人，如今却变成一位自由派的民主党人；她在美国中西部长大，在东北部上的大学攻读了法律，随后生活在南方腹地；她是一位母亲，也是一位很有造诣的律师，她还是站出来为穷人说话的一位令人信服的领导者；她曾是美国第一夫人、美国众参议员中的一员，和主要负责外交事务的国务卿；并且她目前看起来还是一位总统之位的长年有力的竞争者。她曾经因为一系列的犯罪和道德沦丧被指控但却从来没有正式被起诉过；她曾经历过丈夫对于婚姻的不忠，经历过公开的丑闻，也经历了被弹劾的过程；她是全世界最具知名度的女性之一；这个人就是希拉里·罗德姆·克林顿。不可否认，希拉里·罗德姆·克林顿拥有一段非同寻常且多姿多彩的人生。

实际上，和近代史上众多名人一样，希拉里·罗德姆·克林顿所得到的评价呈现两极分化的态势——她被一部分人崇拜和尊敬，却受到另一部分人的谩骂与嘲讽。虽然近几年来她变得更受欢迎了，但她在2008年竞选总统时，有多达84%的共和党人对她有不好的看法。下面是一些富有智慧和经验的政治观察员及政治家对她的评价：

- 她拥有着超乎寻常的智慧和坚韧，并具备出众的职业道德。我曾郑重承诺要重建美国的外交并修复同盟关系，对希拉里的任命正是向我们的朋友和敌人传达了这样的一种决心。

——美国前总统贝拉克·奥巴马在2008年底宣布任命希拉里·克林顿为美国国务卿

- 我不知道她将会变得多么危险……她和比尔[①]都不热爱美国，他们对总统职位的追逐并不是为了帮助这个国家，而是想利用其作为自己权利的平台。

——罗纳德·里根（Ronald Reagan）和乔治·赫伯特·沃克·布什（George H. W. Bush）的前讲稿撰写人佩姬·努南（Peggy Noonan）

- 希拉里·克林顿是这样的一个人，她为年轻的小女孩提供了生活的榜样，为小男孩对女性所能获得的承诺与机会提供了崭新的理解。

——卡伦·伯斯坦（Karen Burstein），前纽约州议员，家庭法院法官

- 我们的第一夫人——一位毋庸置疑的天才女性、一位同龄人中的榜样——是一个天生的谎言家。

——威廉姆·沙菲尔（William Safire），普利策奖得主，《纽约时报》记者

- 希拉里·克林顿扎根于纽约的目的是为了被选入参议院，这一做法是对基本的代议制民主思想的一种根本性的攻击……希拉里并非想加入我们。除非我们把她送入华盛顿，否则她不会同意和我们住在一起。我们不过是个跳板。一旦希拉里戴上了扬基[②]的帽子，接下来就该轮到我们的胃了。

——迪克·莫里斯（Dick Morris），比尔·克林顿的前政治战略家

◎**希拉里·罗夏·克林顿**？就像罗夏墨迹测验一样，不同的人所看到的希拉里·罗德姆·克林顿是不同的。她是一名理想主义且有天赋的公仆，并值得我们把她奉为楷模吗？或者说，她不过是一位危险的、虚伪的、反美的政治权利追逐者而已？为什么人们对同一个女性的看法会如此不同？

① 指希拉里的丈夫美国前总统比尔·克林顿。——译者注

② 指“美国佬”，有“土生土长的本地人”的意思。——译者注

• 希拉里·克林顿是理想主义与坚韧顽强的有效结合，而这一特点恰恰是纽约的那些渐进改革者所具备的。毫无疑问，这一纽带关系足以使她成为一名合格的纽约当地人，甚至和那些土生土长的扬基并无二致。

——艾伦·切斯勒（Ellen Chesler），作家，生殖保健及生育权的倡导者

需要指出的是，国务卿克林顿的很大一部分生活暴露在公众的视线中，她生活中的主要事实也是广为人知的。因此，观察者对其形成较为一致的印象似乎才是合理的，然而人们对她的看法却产生了巨大的分歧。实际上，即使是那些在她身边工作的人，对其形象的刻画有时也是截然不同的，尽管这部分人很可能比一般的观察者对其了解得更多。

这种公众的观点出现分歧的现象不仅仅适用于希拉里·罗德姆·克林顿，对于我们日常生活中所熟知或遇见的人来说同样适用。你的室友可能认为自己的新男友非常善解人意，而且令人着迷；但当她将男友带回家时，她的父母却有可能认为这是个无趣且肤浅的失败者。你可能觉得你的弟弟很有趣，但你的女友可能会认为他没有礼貌。我们该如何解释这些现象呢？我们究竟是如何思考他人的，以至于我们会对他人形成千差万别的印象？当然，不仅仅是我们在思考向希拉里·罗德姆·克林顿这样的公众人物时会出现差异，当我们思考那些每天生活在我们身边的人的生活和行为时同样如此。

社会思考者

当某个人做了出人意料的事情时，我们经常能听到一个问题："他到底在想什么呢？"这说明我们不仅对人们的实际行为感兴趣，同时也对在人们头脑中所经历的过程——那个在他们头脑里的"黑箱"感兴趣。人们对于自身所处的社会的行为反应如何，关键在于人们如何看待它。因此，我们在这一章将重点探讨社会认知（social cognition）这一过程，也就是人们在社会中思考并理解自己和他人的过程。

社会认知的四个核心过程

目前为止，相信你们中的大部分人已经和你们的社会心理学的教授有了几个星期的接触，通过这几个星期的观察和交流，你觉得他怎么样？你是怎样形成这种印象的？为了回答类似这样的问题，我们需要从社会认知的注意、解释、判断以及记忆这四个核心的过程去考虑。

注意：选择信息

我们在第2章中已经学习过，注意是指有意识地关注一个人所处的环境或这个人本身特定的某一方面的信息的过程。注意是有限的，人们只能注意他们可得信息中很小的一部分。更为关键的是，根据我们目的的不同，我们会对环境中的某些人分配更多的注意，而对其他人则分配较少的注意；即使是关注同一个人，我们也可能出于不同的目的而重点关注他的某一特定方面（如图3–1所示）。

因为不同的人暴露在不同的信息之下，又因为人们可以选择性地注意某一方面的信息，因此，在对你们的教授形成某一印象的过程中，你所依赖的信息和你的同班同学所依赖的信息可能并不相同。在你们当中，有一些人可能经

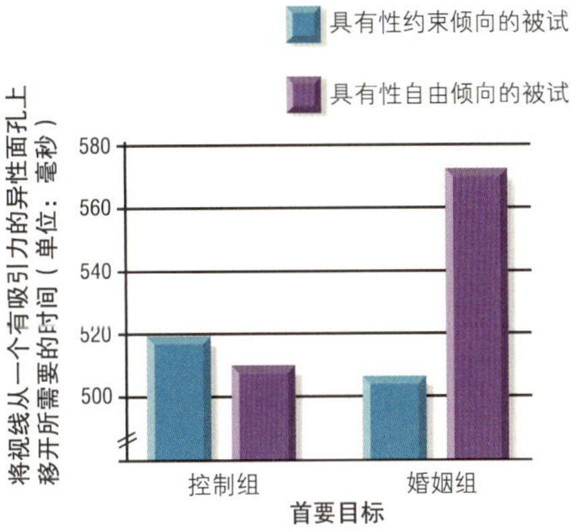

图3–1 我无法将视线从你身上移开

注：有些异性恋者天生喜欢短期的性经历（即崇尚性自由），并且把婚姻作为头等大事来考虑。同时具备上述两种特点的个体对拥有一段性关系具有浓厚的兴趣。一项研究发现，这类人很难将视线从一个具有吸引力的异性身上移开。

资料来源：Maner，J. K.，Gailliot，M. T.，Rouby，D. A.，& Miller，S. L.（2007）. Can't take my eyes off you: Attentional adhesion to mates and rivals. *Journal of Personality and Social Psychology*，93，389–401.

常去他的办公室，或者曾经在当地的一家餐馆或咖啡厅见过他；而另一些人除了对该教授在课堂上的表现有所了解以外，对他的其他方面则一无所知。当然，对不同信息的注意可能会导致不同印象的形成。试想一下，某堂课上，你们的教授充满感情地谈论了他刚刚出生的小孩，而你恰恰错过了这堂课。在这种情况下，班上的其他同学可能认为该教授是非常温暖友善的，但你可能不以为然。通过本章，我们将探讨他人和情境的特征是如何影响我们注意的内容的，进而探讨我们对自己和他人印象形成的过程。

名词解释

社会认知 思考并理解自己和他人的过程。

解释：给信息赋予意义

当我们注意某些信息之后，我们还需要弄明白这些信息的意思是什么，即我们还需要对它进行解释。你们的教授可能会表现出一种积极乐观的行为方式，而这种行为方式是他乐观主义的一种自然的流露，还是为了让你们对课程感兴趣的一种做作的行为呢？

大部分的社会行为都可以有很多种解释方法。举个例子来讲，在希拉里·克林顿的回忆录出版发行的那段日子里，政治上的自由派人士会指责媒体对于希拉里·克林顿的批评太过苛刻了；而那些政治上的保守派人士则坚信媒体对希拉里·克林顿和她的书的反应太过积极。类似这样，对同一件事却有不同的解释是很常见的。对某些社会或政治事件的极端拥护者通常认为主流媒体更加偏爱与他们对立的观点。在罗杰·希内尔·索罗利亚（Roger Giner-Sorolla）和雪莱·切肯（Shelley Chaiken）1994年的一项研究当中，他们让亲以色列和亲巴勒斯坦的被试观看一段完全相同的新闻报道，该新闻报道是关于巴以冲突的，结果发现，他们对该报道的理解有很大的差异：亲以色列的被试认为，该报道偏向巴勒斯坦；而亲巴勒斯坦的被试则认为，该报道偏向以色列。在本章中，我们将探讨影响人们对某一事件进行解释的各种因素。

判断：利用信息来形成印象及做出决策

为什么我们要收集并解释信息？是因为我们需要形成对某个人的印象或者做出一些重要的决定。我们需要判断一名老师在课堂之外对我们有多大的帮助作用；我们需要判断一个新认识的人是否会成为我们值得信任的朋友；我们还需要判断对于一个不熟悉的顾客来说哪一种销售策略更加有效。有时候，决策的过程非常简单明了。举例来说，如果你想知道你们的教授有多高，你可以让他靠墙站立，然后扯出你的卷尺进行测量。社会的印象和决策则要困难许多，因为它通常包含大量的不确定性。举例来说，我们该如何权衡我们所持有的信息，这一点似乎并不明确。比如说，你的教授说你进入研究生院希望渺茫，这是因为他坦率、实事求是，还是因为他迟钝、生硬呢？因此，我们很多的印象形成和决策都是一种“最好的猜测”，是我们利用现有信息进行的一种最优化估计。爱荷华大学的丽贝卡·奈尔（Rebecca Neel）进行了一些研究，以证明我们对于一个人是喜是怒的“最好的猜测”，会引导我们在对男性或女性的情绪做出即刻判断的时候犯下错误。

记忆：存储信息以备不时之需

如果我们对某一事件给予了足够的注意，它就会在我们的记忆中形成表征。记忆可以直接作用于新的判断。举例来说，你和某个教授曾经有过一次友好的会面，这一记忆很有可能导致你将来更愿意寻求该教授的建议。记忆还可以通过影响我们关注的对象以及影响我们对关注对象的解释来间接地影响我们的印象形成和决策过程。还是上面的例子，当你回忆起你和某教授有过一次友好的会面时，你可能更倾向于认为将来你和该教授的交流也将会是富有成效的。正如我们在第2章中所学到的，当记忆“准备好了”时，它对我们的行为更具影响力。也就是说，当某一记忆要么在当下比较重要，能随时被我们提取，要么对我们有深远的影响，具有长期的可得性时，其对我们行为的影响尤为重要。

为了理解我们如何思考我们自己和他人，

我们需要考虑以下的几个基本的认知过程：注意、解释、判断和记忆。考虑这些过程可以帮助我们理解为什么人们对于同一个希拉里·罗德姆·克林顿却形成了千差万别的判断。她的支持者关注的是她为帮助儿童所做出的努力，而对于她竞选总统的行为，支持者们则倾向于解释为这反映了她为民众服务的意愿，同时，支持者们较少能够回忆起她政治上的一些失败的举措。与此相反，对于希拉里的反对者来说，他们会更加关注希拉里在一系列政治丑闻中的可疑角色，对于她竞选总统的行为则倾向解释为这是她赤裸裸的追逐政治权利的一种表现，同时，他们也较少能回忆起希拉里在维护儿童权益上所取得的成就。在本章中，我们将围绕上面提到的四个认知过程，探讨我们自身的目标、知识、情感是如何影响这四个认知过程的；以及这四个认知过程是如何影响我们思考自己和他人的。

小调查

回想一下你和你的室友、朋友或家人最后一次争执时的场景。为什么你们之间会发生争执？你们之间的争执在多大程度上受到认知过程差异的影响？举例来说，你们之间的争执在多大程度上是由你们关注的内容的不同，或者你们对同一件事情的解释不同所造成的？

社会认知的目标

社会思考必须要灵活多变。举例来说，对一个素不相识的陌生人和自己的伴侣分配相同的心理资源显然是毫无意义的。幸运的是，我们的思维过程能够很好地适应各种情况。举个例子，有时候为了追求心理过程的高效性，人们希望他们的印象形成和决策过程足够好，而且这一过程所需要的心理努力也相对较少；而有时候人们则希望有良好的自我感觉，希望提升和保护自己的自我形象；另一种情况下，为了避免失误或错误带来的潜在代价，人们则对自己判断的准确性提出了很高的要求。因为这些目的各不相同，所以人们就需要各种不同的思维方式来达到这些目的。人类是动机性的策略家：随着他们目标的改变，他们采用不同的方式进行思考。我们将利用本章剩余的篇幅探讨这些目标如何影响人们对自己和他人的看法。

节省心理资源

你生命中的大部分时间都在复杂的社会环境中度过，包括教室、购物商场、学生宿舍等。在这些社会环境中，你会遇到各种各样的人，他们的种族、性别、吸引力、举止行为、年龄甚至着装风格等千差万别，那么你将如何同时处理数量如此庞大的信息呢？

回顾第2章中所讲的内容，我们知道，我们只能同时有意识地对一部分信息进行思考，而对另一部分信息我们则无能为力。当然，如果我们所遇到的人或所经历的事情是缓慢的、一件一件发生的，也就是说，我们可以对每一个新的情境进行充分的思考，当获得了满意的结果时，再转向下一情境，这种情况下，我们对信息的处理能力或许并不是一种局限。但是，不幸的是，社会中的信息不仅仅是极其丰富的，而且是连续不断地呈现的。大量的社会事件不会等着我们去“邀请”它，而是会迅速地呈现在我们面前。

出于上述原因，很多情况下我们没有足够的心理资源对某一事件进行细致的、理性的处理。所以，我们需要一定的认知策略将稀缺的心理资源腾出来用于其他更重要的任务。总之，我们需要用简单的方式来理解这个世界，那些既能帮助我们做出足够好的判断，同时又仅仅需要消耗很小的一部分心理资源的策略才是我们所需要的。我们接下来将会探讨这样的几个策略（见图3–2）。

期望

我们在第2章已经了解到，我们对这个世界的信念起到了期望的功能，它使我们对周围的人和情境产生一定的预期，这样一来，我们在评估一个新的情境时就不必从头开始，从而节省了我们的认知努力。举个例子来说，你可能对兄弟会中的人有一定的刻板印象，当你了

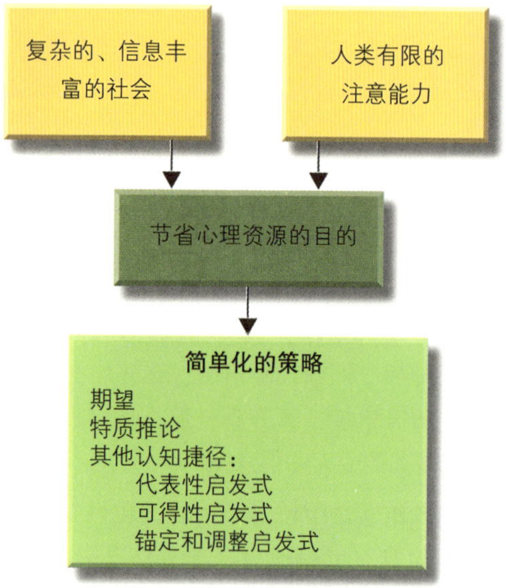

图 3–2　保持简单

注：我们所处的社会环境的信息是非常丰富的，但是我们自身的注意资源却是有限的，这就决定了我们需要的策略是那些简单的、需要较少的认知努力的策略，即便如此，这些策略也要让我们的印象形成和决策过程足够好才行。

解到你的一个同班同学是兄弟会的成员时，你可能马上就会对该同学有了一定的了解，甚至你马上就会知道你会不会喜欢他。类似于这样的刻板印象可以让你迅速地了解某个“标签”下的个体，而不用消耗精力对其进行专门的了解。实际上，类似这样的期望确实非常有用，以至于我们不愿意看到它被证明是错的。

为了维持期望给我们带来的便利，我们倾向于用一种能够维持期望的方式进行思考。举例来讲，人们对于那些与他们期望相符的行为或事件往往会给予特别的关注，有时候甚至会主动搜寻一些信息来证实他们的期望。当你明确知道某个同学是兄弟会成员的时候，你可能会特别容易注意到他上课迟到的行为，因为这一行为特点和你对兄弟会成员的看法是相符的。

此外，我们倾向于将一些模棱两可的事件或行为以一种符合我们期望的方式进行解释。当你看到一个疲惫不堪的兄弟会成员时，你可能倾向于认为他从昨天晚上到今天凌晨一直在参加聚会，而不会认为他正在为即将到来的期中考试勤奋学习。

最后，我们倾向于记住那些与我们的期望相一致的人或事件。某个兄弟会成员吹嘘他热衷于低价啤酒的场景可能很容易被你回忆起来，实际上，该兄弟会成员也可能曾表现出对 Jamocha 冰淇淋杏仁软糖的钟爱，但这一场景却很难被你回忆出来。尽管在有些情况下，那些和自己本身期望不一致的事件也可能导致人们对其有深刻的记忆，因为这类事件能吸引我们大量的注意。但是，大多数情况下人们总是对那些和自己期望相一致的事件有深刻的记忆。

因此，期望不仅仅为我们理解周围的人和事提供了一条“廉价”的认知途径，同时还证实了其本身的效用，并大大简化了我们的认知生活。此外，由于期望通常都是正确的，因此在决策过程中利用它，不仅提高了我们决策的效率，同时还增加了决策的准确性。

令人遗憾的是，我们的期望有些时候也是不正确的。例如，尽管人们对兄弟会成员所形成的普遍的刻板印象可能在很大程度上反映了这一群体的核心特质，但是其仍然无法代表另一些兄弟会成员。举个例子，有一些兄弟会的成员实际上拿到了博士学位，并且成为社会心理学教科书的第二作者。不幸的是，根据不正确的期望所做出的行为反应，可能会导致一些糟糕的决策或判断。比如说，某位经理可能因为对兄弟会成员的负面刻板印象而错过了一位优秀的应聘者。更为麻烦的是，不正确的期望有时会导致一种“自我实现预言”，即这种不正确的期望可能会变成现实。

特质推论

想象一下这个场景：当你回到宿舍的时候，你发现你的新室友正对着电话那头的父亲咆哮。你将如何解释她的行为？你会觉得她这种耍脾气的行为是由她的人格特点所造成的吗（也许她在特质上就是无理取闹和娇生惯养的）？还是会把她的行为归因于情境的特征（也许她的父亲正在喋喋不休地妄加批评她的男友）？或者说，你觉得情境特征和人格特点的相互作用共同导致了这一行为的发生（或许是你朋友暴躁的脾气和她父亲对男友的批评共同导致了冲

联结：适应与障碍

自我实现预言

在19世纪30年代初，成千上万家美国银行倒闭，将它们的客户的钱损失殆尽。一石激起千层浪，其他地方的储户也变得紧张不安，担心相同的事情也会发生在他们身上。关于银行即将破产的谣言泛滥成灾，大量的客户涌入银行，将他们的存款转移，这直接导致了一场灾难的降临。那些管理良好、可以信任的银行不会将它们的客户的存款只是简单地锁在金库里，而是会以一种长期投资的形式（如房屋抵押贷款、商业贷款等）在各种社会团体中循环利用。因此，客户如此集中地提取现金的要求银行是无法满足的。大量惊慌失措的储户涌入银行希望关闭他们的账户，这一风潮使得那些曾经繁荣且有偿付能力的银行都招架不住。银行在数小时内就破产了，随之而来的就是储户们损失了他们的终生积蓄。惊慌失措的银行客户糊里糊涂地就将他们最初并不成立的恐惧变成了现实。

根据上述事例，以及社会生活中的一些其他事例，社会心理学家罗伯特·莫顿（Robert Merton）在1948年提出了自我实现预言（self-fulfilling prophecy）的概念。自我实现预言是指最初持有的错误期望引发某些行为，从而使得期望变成现实的现象。那些被老师错误期望为聪明的孩子在学校的表现可能会更好，因为老师会对他们更加热情友善，会向他们提供更多的学习资料，会和他们进行更多的交流。那些被错误地期望为不合格的应聘者在实际的面试中会表现得比较差，因为在这种情况下，面试官倾向于问一些刁难的问题，面试的时间通常也较短，并且面试官会对应聘者表露出一些否定性的非言语行为。那些被错误地认为性格内向的人在社会交往的过程中往往表现得更加腼腆，因为别人在对待他们的时候往往缺乏热情。我们的行为与我们错误的期望相一致，通过这种方式，我们把期望变成了现实。

◎**从潜力到表现**。对于同一个学生来说，如果她的父母和老师对她的期望是正面的，并因此为她提供一些合适的考验和鼓励，那么她就很有可能发挥出她的潜力；但如果她得到的是负面的期望，并因此鲜有机会得到关注的话，那么她很有可能表现得毫无潜力可言。期望不仅会改变我们思考别人的方式，同时还会改变我们所思考的那个人。

错误的期望有时候是负面的，此时它所带来的危害可能是巨大的。试想一下，一名14岁的男孩和他的家人一起移民到一座小城镇定居，他本来是聪明友善的，但是当地的居民通常把这类移民和小偷联系起来。因此，在街道上，该男孩可能被路人或警察以犯罪嫌疑人的身份来对待；在教室里，他可能被老师忽略，因为老师错误地假定他没有什么学习潜力；而在社区中，他却是当地的小混混青睐的对象，因为他被看作帮会潜在的发展对象。在这样的情况下，该男孩取得一些正当的、令世人所尊敬的成就的可能性非常小。因此，他可能会铤而走险，去从事一些违法犯罪活动，而这恰恰反过来印证了人们的期望。

难道自我实现预言就无法避免吗？幸运的是，事实并非如此。自我实现预言更有可能在以下条件下发生：

- 持有错误期望的人在社会交往中占有主导性、控制性的地位；
- 被期望的对象顺从于这种控制。

也就是说，当持有期望的人在社会交往中拥有更大的权力时，自我实现预言更有可能发生。正如我们所看到的，在老师与学生之间、面试官与应聘者之间以及治疗师与病人之间更有可能出现自我实现预言。实际上，教育系统中的弱势群体（如美国黑人、社会经济地位低下的个体及女性等）对于他们老师的期望具有更强的易感性。

当期望正确时，其作用是不言自明的；但是当它不正确时，其危害也是显而易见的。期望不正确不仅会导致我们对他人或情境产生错误的判断，有时候它还在别人取得成就的道路上充当了绊脚石的角色，更为可怕的是，它有时会导致我们糊里糊涂地把最害怕的情况变成现实。

突的发生）？

名词解释

自我实现预言 最初持有的错误期望引发某些行为，从而使得期望变成现实的现象。

特质推论 个体的行为是由其人格的某个方面决定的。

接下来，我们将探讨我们是如何利用个人及情境的信息去正确理解个体行为的。当人们需要简化并节省心理资源的时候，他们倾向于认为他人的行为主要是由自身的人格特点决定的。比如你会轻易地认为，在大街上冲一名陌生人大喊大叫的人是充满敌意的。所谓**特质推论**（dispositional inference）就是指我们倾向于判断一个人的行为是由他的气质或人格决定的。实际上，这种特质推论看起来似乎是自动发生且轻而易举的。也就是说，当我们观察到某一个人的行为时，我们首先会假定它是由这个人内在的某些人格特点引起的。

对应偏差：基本归因错误

因为我们很容易把别人的行为看作与他的特质相对应的，所以我们常常低估了情境因素的影响。**对应偏差**（correspondence bias）是指将他人行为归因为特质而非情境的倾向（Jones, 1979）。实际上，这种对应偏差发生得非常频繁，以至于一位社会心理学家把它称为基本归因错误（fundamental attribution error）。在爱德华·琼斯（Edward Jones）和维克托·哈里斯（Victor Harris）1967年的一项经典研究当中，研究者向被试展示一些短文，并告诉被试这些短文是某个辩论队的一些学生写的，这些短文中有些是支持古巴总统菲德尔·卡斯特罗（Fidel Castro）的，有些则是反对他的。在实验中，有些被试被告知短文的作者（即学生）可以自由表达他们的观点；而另一部分被试则被告知辩论队的教练强制要求学生们为某一观点辩护。当被告知短文是自由撰写的时，被试推断这些短文反映了作者真实的态度，即那些写出“亲卡斯特罗”短文的作者确实是拥护卡斯特罗的；反之，那些写出“反卡斯特罗”短文的作者确实是反对卡斯特罗的，被试做出这样的推断实际上也是明智的。然而，奇怪的是，即使被试被告知短文的作者无法自由选择自己的立场，他们仍然会进行这样的特质推论。也就是说，被试在很大程度上忽略了情境对于短文作者行为的影响，在本研究中，情境即指辩论队教练的命令。

因此，我们都有这样一种倾向，即倾向于认为别人的行为源自他们的人格特点，但这种倾向有时候却会导致我们低估了情境因素对一个人行为的影响。为什么会这样？总的来说，假定一个人的人格特点而非情境因素影响了他的行为要容易得多。那些影响人们行为的情境因素对于观察者来说通常是不可见的。举例来说，当你看到你的新室友朝她的父亲咆哮时，你可能并不了解她的父亲正在妄加批评她的男友。既然你对这一情境因素并不了解，那么你对她行为的归因就更有可能是器质性的（她没有礼貌）。

人们之所以倾向于进行特质推论是因为它通常是正确的。在实验室以外，人们很少被随机分配到某一社会情境中。正如我们在第2章中所了解到的，人们选择那些与自己人格特点相一致的情境，而情境也会选择那些与它们需求相符合的人。因为人和情境通常能很好地结合在一起。例如，专业的运动员倾向于关注他们的身体健康，而大学教授则倾向于充满好奇心，所以说，特质推论不仅仅是理解他人行为的一种简捷途径，而且它通常也是正确的。

名词解释

对应偏差（基本归因错误） 观察者在归因时，常常高估人格因素对行为的影响而低估情境因素对行为影响的一种倾向。

文化与基本归因错误

1991年11月，卢刚博士在爱荷华大学持枪射杀了五人，并重伤一人，随后他向自己开了一枪，自杀身亡。卢刚是爱荷华大学物理系的一名学生，他刚刚获得了他的博士学位。在一项著名学术奖的竞争中，卢刚输给了他的另一位同学，这导致他焦躁不安，从而酿成了惨剧。

在恐怖的10分钟里，他穿梭于两栋建筑物之间，有条不紊地搜寻着他所要射杀的对象，包括那名学术奖的获得者、物理系系主任、物理系的两位教授、负责学生事务的一位副校长以及该副校长的接待员。大屠杀结束之后，卢刚饮弹自尽。

两周之后，在美国密歇根州底特律市的郊外，托马斯·麦基万（Thomas McIlvane）带着一把半自动步枪强行闯入一家邮政服务中心，在接下来的六分钟里，他疯狂地朝他曾经的同事开枪，共杀死了四名主管并射伤了五名雇员。在警察到达现场之后，麦基万饮弹自尽。麦基万曾是这家邮局的雇员，不久前因为不服从命令而被解雇，而就在六天之前，他为重新获得工作而进行的上诉刚刚失败。

为什么卢刚和麦基万会走上这条不归路？根据前面的探讨，我们可以预期：观察者们对这些行为的解释大多数情况下会是特质性的，即会认为这些杀人犯的行为与他们的人格特点是息息相关的。实际上，《纽约时报》的记者在他们的报道中强调了下面几点：卢刚有“严重的精神紊乱”，并且“脾气非常糟糕”，“当其受到别人的挑战时会暴露出一定的心理问题”；麦基万的“精神状态不稳定”，并且“热衷于武力”“性情暴躁”。

相比之下，迈克尔·莫里斯（Michael Morris）和彭凯平在1994年发现，中文报纸《世界日报》的撰稿人对这两起大规模屠杀事件的原因则有截然不同的描述。他特别强调“卢刚是被孤立于华人社区之外的”，并认为“枪支不受管制才是导致其行为的主要原因”；同样地，在对麦基万的描述中则特别强调“他刚刚被炒鱿鱼”，他的主管曾经是“他的敌人”，他是在“效仿得克萨斯州最近发生的大规模屠杀事件”，等等。可以看出，虽然美国报纸的撰稿人更多关注的是特质层面的原因，而这也是基本归因错误所预期的结果，但是中文的报纸则更多关注情境层面的原因。我们如何解释这种差异？如果这种差异确实存在，那么基本归因错误何来“基本”可言？

在第2章中我们已经了解到，有些文化是偏个人主义的，而另外一些则是偏集体主义的。在美国这样的个人主义文化背景下，人被定义为独立的个体，通过社会化的过程，人们倾向于独立行动，也就是说，个体为自己的成功或失败负责。而在像中国这样的集体主义社会中，个体根据自己和他人之间的关系来定义自己，通过社会化的过程，人们在行动时倾向于相互依赖，也就是说，他们在行动时要考虑别人对自己的期望。考虑到这种重要的差异，我们或许可以预期，来自不同文化背景下的个体在推论别人行为的原因时同样会表现出不同。个人主义者更倾向于认为，人们内在的某些方面是他们行为的最主要原因，如特质、态度等；相比之下，集体主义者则更加关注情境的某些方面对人们行为的影响，如行为规范、社会压力等。因此说，人们理解他人行为起因的这种文化差异可能源于一种更广泛的差异，即人们所生活的文化环境更注重于将人看作独立的个体，还是更注重将人看作社会团体中的一员。实际上，尽管来自个人主义和集体主义社会的个体都很容易注意到行为的特质性原因，但是后者更有可能假定行为是由情境因素引起的。即使在美国国内，人们将个体的行为归因到其内部特质时也存在许多亚文化差异：像新教徒非常看重个人责任感，因此他们比天主教徒更容易将个体行为归因到个体内部。

从跨文化的视角来看，基本归因错误看起来似乎远不是“基本的”。

其他认知捷径：认知启发式

目前为止，我们已经探讨了既能帮助我们理解社会同时又能节省心理资源的两种策略：

1. 人们用一种验证性的方式运用他们的期望；
2. 人们对他人的行为进行特质推论（特别是在个人主义的文化背景中）。

在这里我们将继续探讨其他几种比较常用的认知捷径——**认知启发式**（cognitive heuristics）。

代表性启发式

吉姆喝很多的啤酒并且花费大量的时间阅读体育杂志，那么他更有可能是“德尔塔·豪斯兄弟会”（Delta House Fraternity）的成员还是塞拉俱乐部（Sierra Club）的成员？[①] 在其他条件都相同的情况下，大部分人会猜测他是“德尔塔·豪斯兄弟会”的一员，毕竟在人们的期望中，兄弟会的成员才会表现出这样的行为。这种利用我们期望的方式有时会被称为“**代表性启发式**（representativeness heuristic）”，吉姆的特点更符合或更能代表哪个团体，我们就更倾向于判断他是属于哪个团体。因为此时吉姆的特点与兄弟会成员相一致，因此，我们会猜测他是兄弟会的一员。

名词解释

认知启发式 个体用于判断的一种思维捷径。

代表性启发式 人们在归类过程中常采用的认知捷径，即由于某事物与某个类别中典型成员的相似程度较高而将其归入该类别。

可得性启发式

让我们先来做一个小练习：将表3–1中列出的导致死亡的事件进行排序，以此来表示一个普通的美国公民死于这些事件的可能性大小。

表 3–1　供选择的死亡原因

估计的数字	死亡原因	估计的数字	死亡原因
________	慢性下呼吸道疾病	________	心脏病
________	阿尔茨海默病	________	谋杀
________	糖尿病	________	流感和肺炎
________	肾病	________	意外
________	败血症	________	肝病
________	帕金森病	________	高血压
________	肺炎	________	自杀
________	癌症	________	中风

注：在每一个死亡原因前面标一个数字，按照一个普通的美国公民死于该原因的可能性进行排序。

（1）心脏病（2）癌症（3）慢性下呼吸道疾病（4）中风（5）意外（6）阿尔茨海默病（7）糖尿病（8）肾病（9）流感和肺炎（10）自杀（11）败血症（12）肝病（13）高血压（14）帕金森病（15）流感（16）谋杀。

资料来源：Estimates based on 2010 U.S. Cause of death data，reported by the Center for Disease Control.

做完了吗？让我们来看看你做得如何。如果你和大部分人一样，那么你会高估谋杀带来的威胁。

为了理解上述现象，需要首先思考一下你是如何完成这一任务的。因为你手头上没有相应的统计资料，你的猜测很可能是基于你能回忆出上述致命性事件的特定例子的难易程度，而这一策略被心理学家称为**可得性启发式**（availability heuristic）。如果你回忆起一些谋杀的案例要比回忆起一些死于糖尿病的案例更加容易，那么你完全有理由猜测谋杀发生得更为频繁。毕竟那些更容易进入我们脑海中的事件在通常情况下会发生得更为频繁一些。不幸的是，媒体更倾向于报道一些像谋杀这样影响力大、生动鲜活的事件，因此扭曲了我们对外面世界所发生的真实事件的感知。正因为此，我们倾向于高估那些“有新闻价值”的死亡原因而低估那些新闻价值不大的死亡原因。

锚定与调整启发式

你觉得“大学入学反歧视行动项目”是

① 塞拉俱乐部，或译作山岳协会、山峦俱乐部和山脉社等，是美国的一个环境组织，著名的环保主义者约翰·缪尔（John Muir）于1892年5月28日在加利福尼亚州旧金山创办了该组织，并成为其首任会长。塞拉俱乐部拥有百万会员，分会遍布美国，且与加拿大塞拉俱乐部（Sierra Club Canada）有着紧密的联系。——译者注

一个好主意吗？为什么？如果在和你一起上社会心理学课的同班同学中做一个民意测验，你觉得他们会怎么想？有多少人会持和你相同的观点？

名词解释

可得性启发式 在这种思维捷径下，人们根据客观事件在脑海中获得的难易程度来估计该事件发生的可能性。

虚假一致性效应 一种过高估计他人同意自己程度的倾向。

锚定与调整启发式 这是一种个体首先对起始状况做一个粗略的估计，然后根据当前情境的特点对这个估计做出相应调整的思维捷径。

当人们进行类似这样的判断时，他们倾向于高估别人对自己观点的同意程度，此时他们就陷入了虚假一致性效应（false consensus effect）的深渊。然而，虚假一致性效应来源于另一个非常有用的简单化策略——**锚定与调整启发式**（anchoring and adjustment heuristic）。当进行一个新的判断任务时，我们通常把先前的粗略估计作为一个“锚”，或一个出发点，因为先前粗略的估计在当前情境中可能“并不完美”，因此需要对其进行一定的调整。举个例子来讲，如果你要估计你在社会心理学的期末考试中将会取得怎样的成绩，你可能首先会根据你的期中考试成绩进行一个初步的估计，然后考虑到期末考试的一些特定因素对其进行调整，比如说，期末考试相较于期中考试可能有更多的论述题；或者你在同一天中还有另外的两门考试。

和其他的认知启发式一样，锚定与调整启发式为我们节省了时间和精力：在做决策之前，我们没必要搜集大量的信息，只需要以一个有用的大致估计作为出发点，并进行相应的调整即可。实际上，如果我们选择了一个好的“锚”，并进行了适当的调整，那么这一认知策略将会是省时且高效的。不幸的是，有时候我们选择了一个糟糕的“锚”或者进行的调整不够充分。虚假一致性效应正是由于在锚定与调整的过程中，人们利用自身的观点作为“锚”并进行了不恰当的调整所导致的。

举例来说，你觉得其他人是如何看待“大学入学反歧视行动项目”的？在对这一问题进行判断时，因为你并不清楚别人对这一项目的实际看法是怎样的，因此你很有可能用自己的观点作为一个“锚”，并假定你的很多同学的观点也会是相似的。当然，你也可能认识到班里仍然会有一部分同学并不认同你的观点，因为他们并没有像你那样仔细地思考上述问题。在这种情况下，你可能并不会认为100%的同学都会同意你的观点，所以你会对自己的估计向下进行适当的调整，尽管这一调整可能并不充分。当然，你也可以选择在对全班同学（或者从全班同学中抽取一个有代表性的样本）进行民意测验之后再来回答我们的问题，但是这一策略无疑将花费大量的时间，而且你可能会觉得对这一问题追求一个“完美的答案”也是没有必要的。因此，利用锚定与调整启发式所做出的简单的、直觉性的估计看起来似乎是可以接受的。

前面我们已经探讨了好几种简化社会理解过程的认知策略。这些策略都很好地满足了心理经济性的目标：它们可以被快速地实施，需要较少的认知努力，并且在一般情况下所做出的判断或决策的准确性是可以接受的。接下来，我们将探讨在什么情况下人们会寻求心理经济性，我们将首先从个体内在的因素进行探讨。

个人 唤醒与昼夜节律

慢跑、骑自行车以及观看一场恐怖电影都能够增加我们生理上的唤醒。然而，你可能会惊奇地发现，这些行为同样能够改变我们思维的方式。具体来说，唤醒能够促使我们更加依赖于认知捷径。唤醒状态下的个体更有可能依赖已有的信念或期望，更有可能“屈从于”可得性启发式，在进行决策时更有可能忽视其他的可能性。为什么会这样？

唤醒可以通过分散我们的注意力导致我们采用简单化的策略。举例来说，如果你在打网球的时候过分关注自己剧烈的心跳，那么你可得的注意资源就会减少，而这就会导致我们很难理解为什么我们会被对手打得如此溃不成军。唤醒还可以通过其他方式导致我们采用简单化的策略，比如说它可以缩小我们的注意范围，从而使得我们在运用更为精细的认知策略时（比如那些在本章的后面部分将会探讨的策略）变得更加困难。无论如何，当我们处于唤醒状态时，复杂精细的思考变得更为困难，因此会导致我们更加依赖需要较少努力的认知捷径。

在另一个相关领域，盖伦·博登豪森（Galen Bodenhausen）在1990年指出，个体在他们生理节律（也就是他们的日常生物周期）的某一特定时期会丧失注意资源。因此，他假设那些认知功能在早晨时段达到高峰的人（云雀型的人）更容易在夜间运用认知捷径（例如代表性启发式）；而那些认知功能在晚间达到高峰的人（猫头鹰型的人）则更容易在早晨依赖于认知捷径。在社会判断的研究当中，将题目在早上9点或晚上8点的时候随机分配给被试。这样一来，对于一些被试来说，实验恰好是在他们的认知高峰期进行的，但是对另一部分被试来说，实验却是在他们的认知低谷期进行的。正如博登豪森所预计的，云雀型的人在晚上更有可能使用认知捷径，而猫头鹰型的人更倾向于在早晨使用认知捷径。

总的来说，当我们处于高唤醒状态或者处于生理节律的低谷期时，我们的注意资源是相对短缺的，在这种情形下，我们更有可能依赖于简单化的认知策略。

个人 结构需求

如果你认为只有那些智力水平不高的人才会运用简化策略来理解社会的话，那你就大错特错了。当人们处于唤醒状态时更有可能运用简化策略，而毫无疑问，我们是经常被唤醒的。况且，我们无论运用简单的还是复杂的认知策略，都会受到一种稳定的人格特点的影响，这种人格特点被定义为结构需求，它反映的是人们在多大程度上愿意用一种简单的方式来组织他们的心理世界和物理世界。为了评估这一动机，梅根·汤普森（Megan Thompson）、迈克尔·娜卡拉托（Michael Naccarato）和凯文·帕

◎ **昼夜节律与判断。**你是一个云雀型的人还是一个猫头鹰型的人？如果你觉得这并不重要的话，或许你需要重新思考一下，因为人们在其生理节律的低谷期比高峰期更有可能运用认知捷径。

克（Kevin Park）在1989年开发出了“结构需求量表”。那些在结构需求量表上高得分的人倾向于对下述题目表示强烈的赞同：“我喜欢清楚和结构化的生活方式”以及“我不喜欢不确定的情境”等。他们通常更有可能运用各种各样的认知捷径。举例来说，在对他人进行判断时，他们会依赖于先前已经存在的期望；他们通常也更容易形成刻板印象；并且会将他人的行为进行特质性的归因。

总的来说，生理上的唤醒以及结构需求这一性格特点都会增加人们节省心理资源的需要，并因此导致个体更多地采用认知捷径。接下来，我们将会探讨导致人们运用简单化策略的情境因素。

情境 复杂情境和时间压力

现在是期末考试周，一切都混乱不堪。你有四门课要期末考试，还要写一篇学期论文，并且你还要从公寓里搬出来。更为紧要的是，你所在餐厅的老板要求你对18个人进行面试，为两家新店的开业做准备。当你手头上有这么多工作要处理时，你会深入地探究每一个应聘者的以往经历、性格特点以及背景吗？你会仔细地比对他们每一个人的强项和弱点吗？抑或此时你会比平时更加依赖于“快速且肮脏”的认知捷径？研究表明后者是正确的。因为每一个额外的关注都会从我们有限的注意资源库中

抽出一部分资源，对我们来说，情境变得越复杂，进行精细的思考就变得越困难。一系列的研究发现，当大脑要同时处理快速进入的数字时，人们更容易认为一个愤怒的表情是出现在一个男人脸上（然而实际上是在一个附近的女人脸上），且更容易认为它出现在一个黑人男性脸上（然而实际上是在一个白人男性脸上）——人们看到了他们刻板印象想让他们看到的东西。

当我们处于时间压力之下时，我们同样更有可能依赖认知捷径。试想一下下面的情景：你要在明天参加两门课的期末考试，并且要上交学期论文，而你既没写完论文又没开始复习，在这种情形下，你利用认知捷径来评估应聘者的意愿会不会受到影响呢？

在一个实验当中，实验者向以色列的教师呈现一些短文，并要求他们阅读后进行打分，他们要么被告知这些短文是一位德系犹太学生（在以色列社会地位较高的群体）写的，要么被告知是一位西班牙裔的学生（在以色列社会地位较低的群体）写的。实验中有些教师有一个小时的时间对短文进行打分（低时间压力组），而另外一部分教师只有 10 分钟的时间给短文打分（高时间压力组）。实验结果发现，在低时间压力条件下，对于完全相同的两篇短文，德系犹太学生获得的分数要高于西班牙裔的学生（73% 对 64%）；更为重要的是，当教师处于高时间压力的条件下，这种刻板印象的效应被放大了（80% 对 64%），也就是说，那些处于高时间压力下的教师更加偏好德系犹太学生，分数上升了 7%。

总的来说，当情境比较复杂时，或者当时间比较仓促时，人们更有可能运用简单化的认知策略。

交互作用 当世界并不符合我们的期望时

通过前面的探讨，你可能形成了这样的印象：在社会生活中，人们更喜欢运用各种各样的认知捷径而很少采用其他更为复杂的策略。我们的确拥有很多简单化的策略并且会经常使用它们。但不可否认的是，我们生活在一个真实的世界中，在某些情境下，为了生存，我们必须要灵活地调整我们的策略，该摒弃简单化的策略时就要摒弃。当我们要为自己的判断负责，即当我们要向别人进行解释时，我们可能就会较少地采用简单化的方式来判断我们所处的社会。在本章的后面部分，我们将会深入探讨那些促使我们摒弃认知捷径的情况，而在这里，我们仅仅对下述论点进行证明：当情境需要时，人们确实会摒弃他们的认知捷径。

想象一下下面的场景：你和你的一位朋友正在一起喝咖啡，他向你描述起刚认识的一位艺术家巴勃罗（Pablo）。此时，你可能马上想象出了一位有创造性的、不循规蹈矩且有些理想主义的个体形象，因此，当你的朋友谈论起和他共度的愉快时光以及他奇特的着装方式时，你可能并不感到吃惊。巴勃罗和你的期望相一致，因此你用刻画其他艺术家的方式来刻画他的形象。再试想一下这样的情形：你的朋友所描述的巴勃罗是极其整洁的，是细致严谨的，而且是政治上的保守派。这一描述显然并不符合你的期望。一个细致严谨的艺术家？而且极其整洁？此时你还会坚持自己最初的期望并把他看作一位典型的艺术家吗？如果最初的期望或信念对你来说非常重要的话，或许你会坚持，在其他条件下，你可能会寻找一条更为合适的途径来理解巴勃罗，通过这条途径可能更容易理解巴勃罗令人费解的行为。

小调查

想象一个你用刻板印象来对某个人进行判断的场景，也就是说，此时你不是把他看作一个复杂的个体，而是看作他所在社会团体的一个典型成员。目前为止，我们所探讨的因素在多大程度上会对此产生影响？下次你将怎样做来降低你依赖刻板印象理解别人的可能性呢？

因此说，我们的预期并不总是会得到确认。进行预期确认还是寻求更高的准确率是由我们的期望和我们可得的信息相互作用共同决定的。当我们的期望和现实世界相去甚远时，我们通常会摒弃它。

管理自我形象

你最近的学习成绩如何？为什么你的成绩比较好（或比较差）？你和同学之间的关系融洽吗？如果不融洽的话，谁该为此负责？当我们考虑上述这些问题的时候，我们似乎不愿意采用快速而简单化的回答方式，即那些我们为了提高认知效率所采用的方式。此时，我们更愿意去寻求一种让我们自我感觉良好的答案——“我发现那些课程太枯燥了，根本没必要认真对待”，我们可能会对自己这么说；我们还可能告诉自己：“那个人实在是无法相处。”

如果你有这样的一些想法，不必大惊小怪，因为很多人都和你一样。举个例子来讲，大部分的美国人所报告出的自尊水平都比较高，并且对他们的未来前景持乐观的态度，大部分人认为他们自身的一些消极行为是由外部力量引起的，并且相信他们比其他普通个体拥有更多的优点和更强的能力。一句话，大部分人都想对自我有一个良好的感觉。

我们渴求积极的自尊有很多的原因。第一，积极的自尊可以让我们产生一种信念，即我们是有能力的，也就是说我们能够达成我们的目标。这种信念可以帮助我们唤起那些达成目标所需要的意志力和能量。因此，如果你能找到一些途径来改善自身的自尊水平，那么就会在某种程度上提高你完成重要任务的能力。第二，自尊水平对我们在社会生活中的表现起到了一个指示的作用。当我们的社会交往状况良好，朋友之间相处融洽的时候，我们的自我感觉也会比较好。因此，当我们的自我感觉非常糟糕时，通常表明我们需要重新评估我们的人际关系并对其进行改善。因此，寻找到一些途径来增强你的自尊可以降低因为人际关系危机带来的焦虑。第三，自尊水平还指示了我们在多大程度上符合了这个社会的价值标准。当我们的自尊水平比较低时，它可能向我们传达了这样一种信号：我们需要重新审视自己所在社会的价值观。在自尊水平较低时，我们会认为自己在这个社会的其他人眼中并不是一个“好人”，从而就会产生焦虑，因此，找到一些途径来增强你的自尊可以降低这样的焦虑。

我们对自身看法的提升（即自尊水平的提升）对我们的身体健康同样有益。我们可以举个例子来说明这个问题：有大量的纽约居民生活在世贸大厦附近，或者在这附近工作，在“9·11”恐怖袭击之后的数天或数月内，这些人很可能产生了一些潜在的精神创伤。而实际上，恐怖袭击确实给很多居民带来了心理创伤，但是研究者们发现，对于那些具有自我提升人格倾向的个体来说，在恐怖袭击发生了7-18个月之后，他们表现出了较少的抑郁症状和创伤后应激障碍（PTSD）。

这并不是说人们在不假思索的欺骗自己。坚信某件糟糕的事情是美妙的显然是不合适的。当积极的自尊变得不公正时，甚至发展为一种自满和自恋时，它将对我们的社会关系构成危害，而且有可能导致恃强凌弱的行为，或者造成其他严重的后果。实际上，对于那些具有高自我提升倾向的个体而言，如果他们对恐怖袭击表现出非同寻常的适应，其朋友或家人通常会把他看作适应不良的，或者不诚实的。不管怎么说，当我们的这种自我欺骗的行为程度较弱时，即这种行为对反馈比较敏感时，它可能会帮助我们实现目标，同时还能帮助我们缓解一些日常的担忧。在本小节当中，我们首先将探讨那些人们用来提升和保护自我形象的认知策略，然后探讨那些促使人们采用这些认知策略的个人因素及情境因素。

提升和保护自我的认知策略

在其他的章节中，我们将会看到：人们有时候会利用一些行为来获得自己所需的自我形象。举个例子，帮助他人的行为可以使人们自我感觉良好。但有时不需要我们动手，我们的大脑就可以完成（自我形象的提升和保护）这项工作。在本小节当中，我们将关注那些人们用来提升和保护自我形象的认知策略（见图3-3）。

社会比较

你有多聪明？你是如何得知的？你的政治观点合理吗？同样地，你又是如何得知的？1954年，利昂·费斯汀格（Leon Festinger）在其发表的一篇里程碑式的论文中指出：“人们有

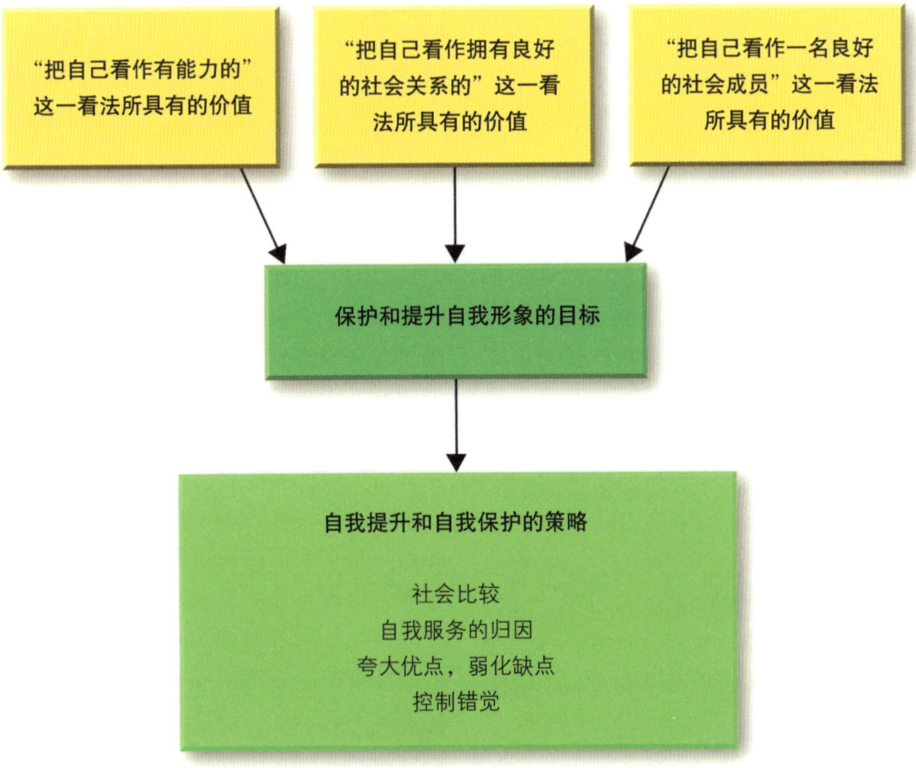

图 3–3 维持所需要的自我形象

注：为了能在社会中生存，我们需要肯定自己，我们需要应对我们所处的社会环境，并从中获取我们所需要的东西。为了达到这一目的，我们要有类似这样的信念：相信我们是有能力的，相信我们有一个良好的社会关系，相信我们是一名良好的社会成员，等等，因为这样的信念可给予我们信心。正是出于这种原因，人们才利用各种各样的认知策略来提升或保护他们的自我形象。

一种评估自身能力和观点的基本倾向，而且这一评估通常通过对自己和他人的比较来实现。”为了评估你的智力，你可能会拿你 SAT[①] 的成绩和你的同班同学进行比较；为了评估你对总统的观点，你可能会把你的观点和邻居的观点进行比较。费斯汀格的社会比较理论关注的是一种倾向，即人们正确评估自己能力以及正确评估自己观点的合理性的倾向。在第 7 章和第 12 章，我们将会探讨“我们会选择什么样的人作为自己的朋友？”以及“为什么人会加入团体？”等问题，同时我们还将进一步检验费斯汀格的这一理论。

人们还会利用和他人的比较来达到自我提升的目的。那么，人们如何利用社会比较来提升自我形象呢？

第一，你可能会采用一种下行社会比较（downward social comparison）策略，也就是说你可能会和那些比自己更加不幸或者能力不如自己的人进行比较。举例来讲，一个关于乳房癌病人的研究表明：相当一部分病人都会自动和那些比自己情况更加糟糕的人进行比较。一位妇女这样说道：“我只不过是做了一些比较小的乳房手术就已经感觉非常糟糕了，因为这实在是太痛苦了，那些做了乳房切除手术的女性该有多么不幸。”因为下行社会比较能够增加人们的自尊并减小压力，因此上面提及的那位女性在处理自身所面临的困难情境时会更加容易。

第二，有时候人们还会通过上行社会比较（upward social comparison）过程来创建一种积

① 学术水平测验考试，是美国高中生进入美国大学的标准入学考试。——译者注

极的自尊，也就是通过和那些比自己优秀的人进行比较来实现。这一策略具有一定的危险性。例如，你可能拿你自己的数学成绩和班里的一位尖子生进行比较，这一策略一方面可能是有益的，因为他可能激发你自我改善的动机；但另一方面，这一策略具有一定的风险，即你可能会认识到你没有其他人那么聪明。实际上，如果你很随意地选择自己向上比较的目标，很有可能会导致适得其反的效果。选择的技巧在于你要确信你所选择的比你优秀的比较对象和你处于“同一个区间内”。如果你确信自己和那些成功人士处于同一“轨道”上，那么上行社会比较可以让你的自我感觉变得良好。

自我服务的归因

回忆一下你最近一次取得优异成绩的考试，并写下你取得优异成绩的原因。完成了吗？现在回忆一下你最近一次表现糟糕的考试，同样写出你表现糟糕的原因。

如果你和大部分人一样的话，你很有可能会表现出一种**自我服务偏差**（self-serving bias）：你会把成功归功于自己，而把失败归咎于外部因素。例如，如果学生的考试成绩为 A，则他们通常将其归功于自身内部的一些因素，如对学习材料的独到见解，或者自己学习上非常勤奋努力，等等；但如果考试成绩很糟糕，他们则倾向于将其归咎于一些外部的、自身无法控制的因素，如一个有失公允的老师，或者在考试前夜患上了感冒，等等。

这种自我服务偏差部分源于我们对于自身表现的期望，因为一般情况下我们会期望成功，因此我们倾向于将成功解释为我们能力与努力的一种反映；与此相反，因为我们并没有期望失败，所以我们倾向于寻找那些阻挠我们成功的外部事件来进行解释。从根本上说，自我服务偏差起到了提升自我形象的作用，将成功归因于自己可以使我们自我感觉良好。

在失败之后进行自我服务的归因，也就是说将自己的失败归咎于外部因素是很容易发生的，甚至可能是自动发生的。在一项研究当中，要求被试完成一项非常困难的任务（确定一些快速呈现的面孔彼此之间是否相同），并及时向被试提供反馈，同时记录下被试在实验过程中脑部的活动状况。研究者通过实验对被试得到的反馈进行了操纵，即要么告诉被试其判断是正确的，要么告诉他是错误的。在此之后，被试要为他们的成功或失败选择一个理由，同时检测他们大脑的活动状况。内部的理由包括“我很聪明”“我并没有努力去做”等；外部的理由包括“它太难了”“运气不好”等。研究结果发现，当被试把成功归功于内部因素，而把失败归咎于外部因素，即被试进行自我服务的归因时，其大脑的活动状况未见异常；但是当被试将失败归咎于自己或者将成功归功于外部因素时，其大脑部分区域的激活水平显著增强，而这只有在人们需要控制他们自动的惯常反应时才会出现。这一发现表明，人们进行自我服务的归因是很容易的，但是进行无偏见的归因则需要加强心理控制。

名词解释

下行社会比较 将自己与不如自己的他人进行比较的过程。

上行社会比较 与优于自己的人进行比较的过程。

自我服务偏差 将成功归功于自己，将失败归咎于外部因素的倾向。

夸大我们的优点，弱化我们的缺点

我们来做个小练习（你同样可以给你的朋友做），按重要性将下述六个特点进行排序。如果你认为“智慧”对一个人来说最重要，那么你就把“智慧”放在第一位；如果你认为“敏感性”对于一个人来说最不重要，那么你就把它放在第六位。以此类推：

1. 创造性；
2. 勤勉；
3. 智慧；
4. 友善；
5. 幽默感；
6. 敏感性。

现在将上述特点重新进行排序，只不过这一次按照它能代表你的程度进行排序。也就是说，如果你觉得“创造性”这个词很适合你，你应该把它放在第一位。比较前后两次排序，你有何发现？

如果你和大部分人一样，那么两次排序的结果应该是相似的。也就是说，如果你觉得自己非常聪明，你很有可能会赋予“智慧”更高的价值；如果你认为自己是一个有趣的人，你可能会赋予“幽默感”更多的权重。一般来说，不管在评估自己还是他人时，人们倾向于将那些他们自己恰好拥有的特点或能力赋予更高的价值。同样地，人们倾向于贬低那些他们所不具有的特点或能力。例如，一项研究发现，那些在智力上很有天赋的男孩，如果他们在课堂上表现糟糕的话，他们就会贬低学业的重要性，而提升其他追求的重要性。

从自尊的角度看，这一倾向的原因非常明确——通过操纵不同特点及能力的相对重要性，我们可以提升我们的自我形象。人们会想：“我具有那些重要的特点和能力。”因此，我们自身的价值感就会得到提升。此外，运用我们自身的优点来评估别人，通常使我们比别人看起来更优秀，这同样能帮助我们提升自我形象。

相信我们能够控制

通常情况下，提升和保护我们的自我形象还包括这样一种信念：相信我们自己能够控制生命中的某些特定情境和事件。前一段时间，美国强力球彩票的最高奖金达到了1.1亿美元，这也使得本书的一位作者不顾极低的中奖概率，跑去排队购买彩票，在他排队的过程中，他听到了如下对话：

甲：你愿意采用哪种方式？自己选择数字呢，还是要电脑帮你选择？

乙：自己选择，这样我更有可能获奖。

更有可能获奖？这种推测在逻辑上显然是说不通的。因为彩票的数字是随机选择的，因此所有的数字中奖的概率都是一样的。尽管如此，如果让电脑来帮我们选择的话，我们将会丧失对这一事件的控制，而这一事件的潜在结果又是如此之重要——1.1亿美元的奖金。在这种情况下我们该如何做呢？在赌桌上，我们倾向于选择自己掷骰子；在观看重大比赛时，我们穿上幸运衫；同样地，为了给自己创设一种控制感，我们倾向于自己选择彩票的数字。

在某种程度上，这种控制感有一定的适应意义，没有它，我们可能会缺乏信心，而信心则是完成一些潜在困难目标所必需的。例如，在找工作的过程中，如果你不相信自己能让某公司的招聘人员雇用你，你可能都不会去参加面试，因此你自然不会得到这份工作。实际上，那些缺乏自我控制感的青少年通常很难在学校取得好成绩，而且容易参与到一些违法行为当中。40年来，美国青少年在控制感上的发展趋势是令人担忧的：在这些年间，他们对自身所经历事件的控制感急剧下降。

具有自我控制感非常重要，当它被剥夺时，人们会做出强烈的反应。举个例子来说，如果我们对一些人们本身就喜欢的行为进行奖励，很有可能会扼杀他们对该行为的兴趣，因为这样的奖励在他们看来是一种试图控制他们的表现。因此，奖励那些本身就很乐意学习的孩子的学习行为可能会导致他们对自我学习丧失兴趣。当然，如果一个孩子对阅读确实不感兴趣，奖励可能是必要的。不管怎么说，赞扬和其他形式的奖励都可能导致严重的不良后果，特别是当这些奖励被接受者感知为是在试图控制他们的行为的时候。

控制感的丧失不仅仅会降低我们达成目标的动机，削减我们对曾经热衷行为的兴趣，它还有可能对我们的健康有至关重要的作用，这一点我们接下来将会探讨。

通过前面的分析，我们已经了解到，为了使自己自我感觉良好，人们采用了各种各样的认知策略：和他人进行比较；把成功归功于自己；将自己的优点看得特别重要；夸大自己的控制感等。当然，自我提升和自我保护的需要对有些人来说至关重要，对另外一些人则并非如此。接下来，我们将会探讨那些能够促使人们寻求积极的、自尊的个人和情境的因素。

联结：理论与应用

控制信念和健康

当人们丧失了控制感时，人们应对压力和疾病的有效性会降低。对于养老院中的老人来说，那些感觉自己对生活有较少控制感的老人比那些有较多控制感的老人，其身体状况通常更加糟糕，而且，那些有较少的自我控制感的癌症患者的适应能力通常更差。

不难看出，通过设计一些增强人们自我控制感的方案可以增强人们应对压力的能力。事实确实如此：在养老院中，那些能够更多地控制自己日常生活的老人通常表现得更加快乐、更加活跃，也更加健康。而且，如果让术后的病人自我支配止痛药的服用量，并为此负责的话，他们的痛苦通常会减少，有时候甚至恢复得更快。即使病人服用的止痛药数量少于医生的建议用量时，这一现象也会出现。

自我控制感的增强对所有的个体都是有益的吗？显然不是。控制感可以使那些内控者（那些喜欢控制他们所处环境的人）得益，但却会对那些外控者（那些喜欢被别人控制的人）造成伤害。一项研究发现，对于那些患有类风湿性关节炎的"外控型"中年妇女来说，如果她们的丈夫鼓励她们更多地进行自我控制的话，她们会变得更加痛苦。在不同的文化中控制感和幸福感的关系似乎也是不同的。比如说，在个人主义文化下，外控感和焦虑之间的联系会比集体主义文化下的更强。

最后，当控制感仅仅是一种"错觉"时，也就是说，我们并非真正能够控制生活中的某些重要事件时，这种控制感则是适应不良的。例如，

◎**控制与健康。**控制感可以对人们的心理和生理健康产生重要的影响。例如，对于那些生活在养老院中的老人来说，那些感觉自己有机会控制自己生活的老人（如那些玩任天堂 Wii 游戏机的老人）比那些控制感极其有限的老人的健康状况要好。

那些患有心脏病或类风湿性关节炎的患者所持有的不切实际的控制感可能会导致他们适应不良。然而，我们对健康的实际控制能力比我们想象的要强。举个例子来讲，即使是对于那些 HIV 阳性的患者，如果他们能够坚持采用药物疗法进行治疗，养成健康的生活习惯，维持一种支持性的社会关系，并且避免其他的生活压力的话，同样可以增加他们自身的寿命。最近的研究表明，与控制有关的积极信念恰恰可以帮助个体坚持上述行为。总的来说，当我们确实能够对某件事情进行控制的时候（通常情况下是这样的），控制感对于人们的生理健康和心理健康都是有益的。然而，当某件事超出了人们的控制范围，即人们没有能力去影响或改变该事件时，坦然去接受控制感的丧失这一事实反而会让人们更舒服一些。

小调查

回忆一下你的某位好友被社会拒绝（如某次约会）时的情景，或者在某次考试中成绩很糟糕时的情景。你的朋友有没有表现出你前面学习过的任何一种偏见行为？比如说下行社会比较或者自我服务的归因。为什么会这样？在什么情况下上述行为的反应比较常见？在什么情况下较少出现？

个人 自尊

那些高自尊的个体，即那些自我感觉良好的个体更容易采用自我提升的策略。这类个体比那些低自尊的个体更有可能通过社会比较的过程来提升他们自己，而且他们在运用上行或下行社会比较策略时表现得更有技巧；他们更有可能通过贬低他人来改善自身的自我价值感；他们同样更有可能产生"自我服务偏差"，更容易夸大他们自身所具备的特点和成功的重要性，同时更容易夸大他们的控制感。总而言之，那些高自尊的人会运用各种各样的认知策略来改善他们对自我的看法。

那些低自尊个体的情况又如何呢？他们不

需要这种自我提升的策略吗？他们对积极的自尊不感兴趣吗？实际上，不管自尊水平高低与否，大部分的个体都需要有个良好的感觉。然而，人们创造积极的自我形象所运用的策略似乎要受到自尊水平的影响。高自尊的个体是“肆无忌惮”的，他们倾向于采用直接的自我提升策略；而那些自尊水平适中或比较低的个体在获得积极的自尊时则表现得非常小心谨慎。他们把更多的精力放在了保护他们已经拥有的自尊上。有时候负面的自我形象也是件好事，最近的一些研究显示，对自己有消极评价的个体在面对负性反馈的时候应对得更好。

情境 对自尊的威胁

对自尊的威胁可以促使人们去提升和保护他们的自我形象。在某项研究当中，研究者们要评估学生对于标准智力测验的印象，其中的一部分任务是要求被试尝试去解决一系列问题，被试被告知这一系列问题是创造力和智慧的基础。在这之后，告诉被试该测验能够很好地预测一个人未来学术上及经济上的成就。然后引导一部分被试相信他们在该测验上表现非常糟糕，同时引导另一部分被试相信他们在该测验上表现优异，最后询问被试对该测验的评价。结果发现，两组被试的意见存在巨大的差异：前者（那些认为自己在测验中表现糟糕的被试）普遍认为：在该测验中表现的优异与否并不重要。不仅如此，他们还倾向于将他们偏低的得分归咎于“运气不好”“指示语不清楚”以及“测验的有效性低”等因素，实际上，他们几乎可以归咎于其他任何因素，但是却不会考虑自身能力不足这一点。这一类型的自我保护偏见不仅仅局限在实验室当中。举个例子来讲，在以佛罗里达大学的大学生为被试的一项研究中发现，那些在 SAT 学业能力倾向测验中表现糟糕的大学生更有可能将 SAT 看作无效的。

类似这样的发现是非常普遍的：一旦出现对我们的自我形象构成威胁的情境因素，我们就会付出一定的努力来修复我们的自我形象。除了糟糕的测验成绩，自我形象还有可能受到负面的人际反馈的威胁（如“你难道不能够减一下肥吗？”），或者受到严重疾病（如癌症）的威胁，甚至会受到一些我们自身行为的威胁（如当我们对自己所爱的人表现得漠不关心时，我们的自我感觉可能是非常糟糕的）。为了应对这些威胁，我们很有可能会运用前面提及的那些认知策略，例如，我们可能会和那些比我们更加不幸的人进行比较，贬低那些给我们负面反馈的人。

自我形象威胁还有一种特别有趣的形式——死亡突显性，即个体知道他会在某一个时间点死亡。汤姆·匹兹辛斯基（Tom Pyszczynski）、杰夫·格林伯格（Jeff Greenberg）和谢尔顿·所罗门（Sheldon Solomon）在 1999 年的一项研究中提出了如下假设：一个人考虑他自己死亡的可能性对其自我形象是一种极其严重的威胁。为了应对这一威胁，我们需要寻找一些途径来保护和提升我们对于自己的看法。他们的研究结果证实了他们的假设：对自己死亡的思考使得人们更愿意采用“自我服务偏差”这一认知策略。同时，对死亡的思考还能导致大学生被试对他们未来 15 年的财政状况持过分乐观的态度。

这些研究者进一步指出，承认我们必死无疑的事实是一件很恐怖的事情，为了应对这种恐怖，我们从祖先那里继承了一些具有精神和文化特色的观念，这些观念为我们的生命提供了一些额外的意义（比如说有观念认为人在天堂中可以得到永生）。在生活中，每当考虑到死亡这一事实时，我们会不断强化上述的观念，也就是说，我们会赞同那些承认我们观念的个体，同时贬低那些对我们的观念提出质疑的人。

在一项研究当中，研究者将信基督教的学生分为两组，其中一组被分配到高死亡唤醒组，即要求被试写下他们死后将会发生的事，并写下想象自己死亡的感觉；另外一部分被试则完成一份问卷，该问卷没有提及任何与死亡有关的信息。在这之后，要求所有被试提供对某个陌生人的印象，这个人要么是一名基督教徒，要么是一名犹太人。实验结果验证了作者的假设，被试对基督教徒的印象评估明显好于犹太人，也就是说，被试更加喜欢那些和他们共享同样的宗教价值观的人，但是这一差异仅仅在

◎ **死亡威胁**。在思考了死亡之后，人们喜欢那些和他们共享同样宗教价值观的人，而贬低那些质疑他们价值观的人；人们还会为他们的社会态度和信念寻找支持，并且采用一些其他的认知策略来强化他们对于世界的观念。而所做的这一切都是为了保护他们自己不受“必死性想法”的威胁。

高死亡唤醒组的被试中出现。当死亡的想法威胁到我们的自我形象时，我们倾向于喜欢那些认可我们价值观的人，而不喜欢那些质疑我们价值观的人。

总之，那些威胁到我们自我形象的情境（包括明显的失败、来自他人的负面反馈、严重的疾病、个体自身的消极行为以及死亡突显性）都会促使我们努力采取各种措施去保护我们的自我。

交互作用 当自尊很脆弱时

在你的朋友当中，有些人的自尊可能是相对稳定的，也就是说他们今天自我感觉良好，他们昨天同样有良好的自我感觉，而明天他们的自我感觉也将会是良好的。但是对于另外一些人来说，他们的自尊可能在不断波动，即使在很短的一段时间内也是如此。

那些自尊不稳定的人更加关注日常生活事件对一个人自我的影响，而且他们也更有可能以一种保护和提升自我的方式对这些事件进行反应。在一项研究当中，那些自尊不稳定的学生比自尊稳定的学生更愿意为他们的物理测验成绩找一个借口（如“我并没有认真去准备这次考试”）。实际上，那些高自尊的学生倾向于找一些借口来提升他们的自我形象，而那些低自尊的学生更倾向于找一些借口来保护他们的自我形象，这样的一种现象在那些自尊不稳定的学生中更为常见。由此可以看出，自尊的稳定性和自尊水平的交互作用影响了人们维持积极自我形象的方式。

当一个人感觉他的自尊受到威胁的时候，自尊水平和自尊稳定性的交互作用所产生的影响将更加明显。在一项研究当中，被试首先要进行一次演讲，然后得到积极的或消极的反馈。实验结果发现，在得到消极反馈时，那些自尊水平高且不稳定的个体最容易找一些借口来解释他们糟糕的表现（如“我并没有努力去尝试”），但是这类个体在得到积极的反馈时却是最不愿意找借口的一类人。自尊、自尊的稳定性以及威胁三者共同作用，影响着我们看待自己的方式。

对积极的自尊的需要在多大程度上具有文化的普遍性

从传统意义上来说，对于积极的自尊的需要应该是一种普遍的需要，每个人都希望把自己看作优秀的，或者至少看起来是这样。事实真的如此吗？显然，目前为止，我们所提及的发现证实了这一点：人们把自己和他人进行比较；对自己看待成功和失败的方式进行调控；夸大他们的优点而弱化他们的缺点；对事物有一种控制错觉，所有这一切都只有一个目的，那就是让人们对自我的感觉经常处于良好的状态。然而，上面我们所探讨的研究大多以美国人、加拿大人或者北欧人为被试。在其他文化背景下的个体提升自尊的动机会不会相对较弱呢？

我们已经知道，那些个人主义文化背景下的个体更多地关注“我”，他们希望引人注目，追求自己的目标和兴趣。多数情况下，他们的自尊根植于他们自身独立的自我概念之中，根植于他们独立自主的个体观念之中。与此不同的是，集体主义文化背景下的个体更多地关注“我们”，他们希望能够和他人和谐融洽地相处。大多数情况下，他们的自尊根植于他们社会性的、相互依赖的自我概念之中，根植于他们人际关系的个体观念之中。因此，那些具有相互依赖型自我的个体（集体主义文化背景下的个体）提升和保护自我形象的动机可能相对较弱一些。毕竟在群体中表现得太过“扎眼”可能会破坏你和他人之间的和谐关系，而自我提升恰恰会让你显得比较“扎眼”（回忆一下第2章中所提到的日本谚语：“如果哪个钉子冒出来，就把它锤下去！”）。

实际上，以日本人和北美人为被试的跨文化研究表明，集体主义文化背景下的个体较少地表现出我们前面所探讨过的偏见行为。例如，美国人倾向于将他们的失败归咎于情境的因素，而日本人则倾向于将他们的失败归咎于自身的不足。相似地，加拿大人比日本人表现出更多的不切实际的乐观。

对积极的自尊的需要看起来似乎更多的是个人主义文化背景下的个体的典型特征。事实真的如此吗？最近，有研究者以中国、日本和美国的大学生为被试进行了相关研究，结果发现三种类型的被试在内隐的自尊测量中都出现了自我提升。另有研究表明，集体主义文化背景下的个体和个人主义文化背景下的个体在自我提升的程度上没什么差异，但是两者自我提升的方式不同。举个例子来说（如图3–4所示），美国人在描述他们自己时，如果涉及的是那些在个人主义文化中具有很高价值的特点（如独立、独一无二、自立等），则他们此时更容易自我提升；但对于日本人来说，当他们描述自己所涉及的特点在集体主义文化中有很高的价值时（如忠诚、中庸、合作等），他们更容易自我提升。

那么，对于积极的自尊的需要到底是否具有普遍性呢？虽然有研究者给出了肯定的回答，但该问题仍然悬而未决。但不管怎么说，创设和保持一种积极的自我感觉对很多人（如果不是全部人的话）都是非常重要的，另外，这种需要在很大程度上会影响我们思考自己和他人的方式。

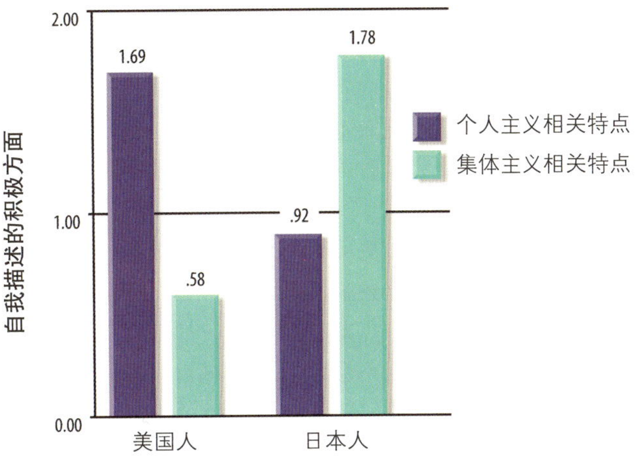

图3–4 美国人和日本人的自我提升

注：有研究表明，美国人（或其他个人主义社会中的个体）比日本人（或其他集体主义社会中的个体）更容易自我提升。然而，另一些研究则表明，美国人和日本人都会自我提升，只是所采用的方式不同而已。这个研究发现，美国人倾向于认为自己更多的拥有那些个人主义相关的特点（如自立），而日本人则倾向于认为自己更多的拥有那些集体主义相关的特点（如合作）。

资料来源：Based on data reported in Sedikides et al.（2003），Table 3.

寻求准确性

目前为止，你可能已经注意到人类的判断过程被各种形式的简单化策略及自我提升策略所笼罩。因为有些认知捷径会导致我们的判断和行为带有偏见，所以乍看之下，作为社会思考者的人类似乎被刻画成了这样一副模样：他们除了自我阿谀奉承之外一无是处。

然而，事实并非如此。回顾前面的内容，你会发现，我们心理上的捷径是为了给我们提供“足够好”的答案而诞生的，这是因为我们所处的社会环境太过纷繁复杂，而且我们自己经常置身于繁重的认知情境当中。实际上，这样的认知捷径通常表现良好，即使当我们所掌握的他人信息极度匮乏或转瞬即逝时，我们仍然能做出相当准确的判断。而且，试图摒弃简单化的启发式策略有时候会导致我们考虑得过多，从而导致准确率的降低。这当然不是说心理上的捷径可以帮助我们对自己和他人做出完美的判断，但是它却能为我们理解自己或他人提供了一种“快速廉价”且“质量相对较高”的途径。

再次回顾一下前面的内容，不难发现，我们的自我提升策略同样有其特有的功能。在现实生活中，我们有可能会冒着失败的风险去争取一些机会，而这些机会通常是高回报的。例如，我们有可能会和几百人去竞争一份高报酬的工作，或者追求一位高不可攀的同班同学，又或者投入额外的精力去完成一件非常困难的任务等，当然，面对上述情境，我们很难保证每次都成功，但是有一点却很明确——如果你连尝试都没有，你肯定不会赢。而通过自我提升的思考过程，恰恰能够提高我们尝试的可能性，这一点或许是自我提升策略最重要的功能。因此说，提升自我形象在某种程度上具有适应的意义。

尽管如此，我们也不会不假思索地运用简单化的策略或自我提升的策略。毕竟，要想在这个充满挑战的社会中生存的话，有时候也需要我们认真、仔细地审视我们自己和他人。接下来，我们就将探讨当人们希望更准确地理解他们所处的社会时所采用的一些认知策略（如图 3–5 所示）。

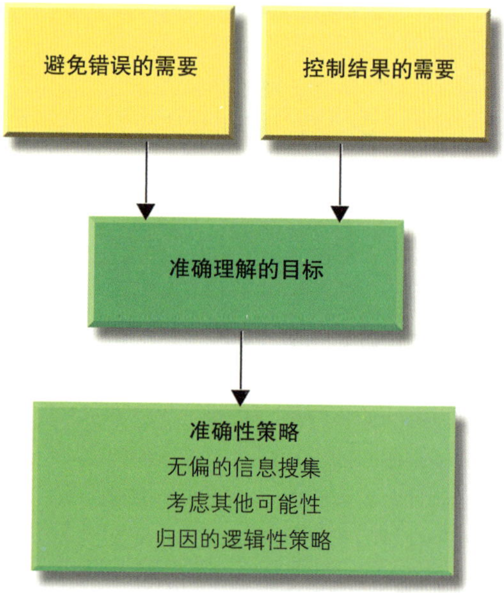

图 3–5　寻求准确性

注：当人们有控制他们生活的特殊需要时，或者当他们希望避免错误时，他们有时会摒弃简单化的策略和自我提升的策略，并希望以此获得对自己和他人更为准确的理解。

无偏的信息搜集

在日常生活中，当我们追求准确性时，我们会比平时搜集更多的信息。举个例子来讲，当我们需要对某人形成准确的印象时，我们倾向于更多的倾听并询问更多的问题。此时，我们还会特别看重那些能帮助我们跳出最初偏见的信息。拉尔夫·埃伯（Ralph Erber）和苏珊·菲斯克（Susan Fiske）在 1984 年做过这样一项研究：

> 他们找到一批学生被试，并告诉他们，在实验中他们将和一位教育专业的学生（实际上是实验者的助手）一起为儿童开发新游戏，如果做得好的话，他们将会得到现金奖励。实验开始之前，他们首先私下里做了一遍，然后互相交换个人档案，在个人档案中有他们对于自己创造力的描述。对于一半被试来说，“助手”将自己描述成是“极富创造力的”；但是对于另一半被试来说，“助手”则将自己描述成是“毫无创造力的”。最后，所有的被试都被告知他们有机会去阅读那位“助手”的教学评估，该评估中有一半是正面的评价，而另一半则是负面的评价，实验者秘密记录下每位被试阅读不同类型的评估（正面或负面）的时间。

被试会将他们的注意力集中在哪里呢？在回答这个问题之前，我们必须明确：那些和你的期望不一致的评价尤为重要，毕竟只有这部分评价包含了新的信息。实际上，实验结果证实了这一点：当“助手”的自我评价是积极的（极富创造力）时，被试更加关注那些负面的评价；但是当“助手”的自我评价是消极的（毫无创造力）时，被试则更加关注那些正面的评价。在这个实验当中，被试和“助手”之间要相互依赖才能赢得奖励，因此被试有正确评估对方的强烈动机，在这种情况下，他们会对那些能帮助他们跳出最初观念的信息给予特别的关注。

考虑其他可能性

即使人们搜集了大量的信息，他们也同样

有可能做出糟糕的决定，因为他们可能并没有认真地评估其他可能性。这就是为什么那些需要做出困难抉择的团体通常会指定一位成员扮演“魔鬼代言人”（故意唱反调的人）的角色。该成员的任务就是要和“大众的观点”唱反调，而不管该观点是什么。这样的一个角色是非常有价值的，因为他促使该团体考虑其他多种可能性，并且能够暴露该团体的弱点。

对于个体而言，当我们对自己的认知过程进行审议的时候，同样可以采用这样的策略。实际上，通过考虑其他可能性，我们可以避免很多错误的发生，而这些错误通常是由于运用“锚定和调整启发式”或其他认知捷径所引起的。查尔斯·洛德（Charles Lord）、马克·莱佩尔（Mark Lepper）以及伊丽莎白·普雷斯顿（Elizabeth Preston）在1984年所做的一项研究很好地证明了该策略的作用方式。在他们的研究当中，被试首先阅读两个相互对立的研究，其中一项研究表明死刑对于防止谋杀案的发生至关重要，而另一项研究则否认了这一点。结果发现，和那些反对他们自身观点的研究相比，被试认为那些支持了他们自身观点的研究在方法上更具说服力，研究结果更能令人信服。也就是说，那些支持死刑的被试所偏爱的研究恰恰是“证明了死刑的威慑力的研究”；而那些反对死刑的被试所偏爱的则是“证明了死刑缺乏威慑力的研究”。毫无疑问，这一点与期望偏见领域的研究结果是相一致的。

对于另一部分被试来说，他们所经历的实验程序大致相同，但是却有一个重要的改动，即在阅读研究之前告诉被试以下知识：人们通常会用一种符合他们期望或需要的方式来对事物进行解释。为了抵消这一自然倾向，实验者要求被试从反面进行考虑，即在你做每一步的时候，都要扪心自问：“如果该研究得出的结果完全相反的话，你是否还会对它做出同样高（或低）的评价？”从本质上说，其实就是要求被试做自己的“魔鬼代言人”。正如研究者所预期的那样，这一策略有效地减少了偏见：这一部分被试对于两个研究的可信性和说服力的评价基本相同。当你需要公正无私的时候，质疑自己最初的观点并考虑其他的可能性或许是一个很不错的方法。

逻辑性的归因：寻求行为的起因

人们还试图更好地理解他人行为的起因，并以此达到增加他们判断准确性的目的。然而，要做到这一点并非易事。人们究竟是如何对他人的行为进行归因的呢？社会心理学家对这一问题的探讨由来已久。为了解决这一问题，人们最初试图把行为的原因归结为行动者内部（如该行动者的人格特征）或外部的因素（如社会情境的特征）。当人们追求简单化时，西方人尤其倾向于进行内部的特质归因。但是当人们追求准确性时，人们似乎变成了一位公正无私的“侦探”，此时人们更加谨慎小心地考虑行为内部的（特质性的）和外部的（情境的）原因。

但是我们如何决定某一行为的原因是行动者内部的因素还是外部的因素，抑或是两者之间的结合呢？**归因理论**（attribution theories）正是为了解决这一问题而诞生的。讲到这里，就不得不提两个非常著名的归因理论。首先是爱德华·琼斯和基斯·戴维斯（Keith Davis）提出的**对应推理理论**（correspondent inference theory）。行动者某一特定的行为与其持久的人格特点是否一致呢？为了回答这一问题，人们需要进行逻辑性的推理或判断，该理论正是对人们的这一逻辑性判断过程进行了阐述。第二个著名的理论是哈罗德·凯利提出来的**共变模型**（covariation model）。该模型认为，人们会更加看重那些与事件共变或相关的原因，并以此为标准对他人的行为进行归因。综合上述的两个理论，以及其他一些相关理论，我们可以总结出人们在进行行为归因时的几个基本原理。

名词解释

归因理论 该理论致力于探讨人们如何确定行为的起因。

对应推理理论 该理论认为，人们通过询问以下问题来确定行动者的行为是否与其内部性格一致：1. 行为是否是有意的；2. 行为的后果是否是可预见的；3. 行为是否是自由选择的；4. 行为是否在阻力之下依旧发生了。

共变模型 该理论认为，人们通过以下方式确定行动者行为的原因：评估他人是否以相同的方式行动（一致性）；行动者是否在相似的情境下表现出相似的行为（特异性）；在同一情境下，行动者的行为是否任何时候都能保持相似（一贯性）。

在社会背景中分析行为

一天早上来到学校，你发现同班同学杰克正在向吉尔求婚。一开始你可能倾向于认为杰克爱吉尔，也就是你会对这一行为做出一个内在的特质性的推论，但是你的好奇心可能会促使你对这一行为进行更深入的思考，并力求准确。毕竟杰克的求婚行为可能另有原因。那么，你将如何判断杰克的求婚行为是否是他真爱吉尔的一种表现呢？

当面临一个需要解释的行为时，一个好的“侦探”可能会首先从相邻区域中寻找线索，也就是在行为发生的环境中寻找线索。这种类型的分析正是对应推理理论所关注的重点。根据该理论，我们可能首先会考察一下该行为的发生是否是“有意的”，以及该行为后果是否是“可预见的”。拿上面的例子来讲，可能杰克只不过是在模仿某个电影中人物的台词，他并没有注意到吉尔此时刚好回到教室，在这种情况下，我们更可能会把杰克的求婚行为看成一种意外。当行为的发生并非有意，且行为的结果不可预见的时候，我们一般不会将行为的原因归结为行动者稳定的人格特点，也很少将其归结为情境的特征。

名词解释

折扣原则　该判断原则认为，当事件发生的可能原因增多时，我们对某一特定原因的信心指数会降低。

扩大原则　该判断原则认为，如果一件事情在重重阻力下依旧发生了，我们应该给予导致该事件的可能原因以更大的权重。

如果我们确信某一行为的发生是“有意的”，且结果是“可以预见的”（假设杰克的求婚行为是有意的，且他知道吉尔会把他的求婚行为当真），接下来我们需要考虑的就是该行为是否是“自由选择的”。同样，如果杰克是被别人强迫向吉尔求婚的话（比如说被吉尔全副武装的哥哥所强迫），我们也不会将该求婚行为归因为“杰克钟爱吉尔”。只有那些在“自由选择”条件下发生的行为才反映了一个人的内在特质。

然而，即使杰克的求婚行为是“自由选择的”，他也很明确该行为的后果（如吉尔可能会答应他的求婚），我们仍然不清楚该求婚行为是否是杰克内在特质的一种反应，因为它还有可能是由杰克所面临的情境因素引起的。在这种情况下，对杰克行为的归因就变得十分复杂了，因为每种情境因素包含了多种可能性。举个例子来讲，可能存在下述情形：杰克的好朋友们非常喜欢吉尔；吉尔住在山上的豪华别墅里；吉尔是杰克所认识的女性中唯一一个能容忍他的坏习惯的人。由于存在大量的可能性，因此决定哪个因素对杰克的行为更加重要就变得异常困难。杰克的求婚行为可能确实是由“爱”所驱动的，但其他可能性依然存在。在这样的情形下，由于我们不愿把“全部身家”都压在“杰克爱吉尔”这一个解释之上，我们可能会采用一种“**折扣原则**（discounting principle）”，即随着可能原因数量的增加，我们对于某一特定原因（“杰克爱吉尔”）的信心指数逐渐下降。

或者试想一下下面的情形：杰克的朋友们鄙视吉尔；吉尔是穷困潦倒的；吉尔总是试图改变杰克的坏习惯。如果在有上述条件限制的情况下，杰克依然向吉尔求婚的话，则表明“杰克爱吉尔”这一内在因素对求婚行为的影响是极其强烈的。在进行这样的推理过程时，我们实际上在运用一种“**扩大原则**（augmenting principle）”，即如果一件事情在重重阻力下依旧发生了，我们应该给予导致该事件的可能原因以更大的权重（如图 3–6 所示）。

扩展分析：共变模型

凯利的共变模型认为，一个高效的“侦探”可能会进行更深入的扩展分析，而该扩展分析需要通过考虑即时情境以外的其他可得信息来

在哪种情况下你会更加确信杰克的求婚行为是由“他对吉尔的爱”所驱动的

A
杰克爱吉尔
杰克的朋友们喜欢吉尔

B
杰克爱吉尔
杰克的朋友们喜欢吉尔
吉尔很富有，吉尔能够容忍杰克的坏习惯

你多半会选择 A 情形，因为 B 情形包含了太多可能会导致杰克求婚的原因。随着导致杰克求婚的原因的增多，人们对于“杰克爱吉尔”这一行为原因的信心指数逐渐下降，这就是所谓的“折扣原则”。

现在考虑一下下述杰克求婚的情形，同样地，哪种情形下“杰克对吉尔的爱”这一原因在解释行为上更具影响力

A
杰克爱吉尔
杰克的好朋友们讨厌吉尔
吉尔穷困潦倒
吉尔总是试图改变杰克的坏习惯

B
杰克爱吉尔
杰克的朋友们喜欢吉尔
吉尔很富有
吉尔能够容忍杰克的坏习惯

同样地，你更可能选择 A 情形。原因何在？因为 A 情形中，尽管有很多阻碍杰克求婚的原因，但是他仍然选择了求婚行为。更普遍的是，随着阻碍某一特定行为的原因的增多，我们会给那些促使该行为发生的原因分配更多的权重。这就是所谓的“扩大原则”

图 3–6 折扣与扩大

注：考虑杰克向吉尔求婚这一事件。当然，导致该事件发生的一个可能原因是“杰克爱吉尔”。但是，在这里我们考虑一下图中的 A 和 B 两种情形。

实现。例如，我们可能会问：“是否有其他男性也向吉尔求过婚？”如果缺乏“一致性”的话，也就是说，如果只有除杰克之外的很少男性对吉尔感兴趣的话，我们可能会对杰克自身的内部原因分配更多的权重。与此相对应，如果有很大程度的“一致性”的话，也就是说，如果有很多的男性都想和吉尔结婚的话，我们更可能会将杰克的求婚行为归结为外部因素的影响，比如说吉尔的吸引力。

另外，我们还可能会问：“杰克是否对其他女性也表现出相同的行为？”如果杰克的行为没有表现出“特异性”的话，也就是说，如果杰克向他约会过的每一个女性都有求婚行为的话，我们更可能会对他的行为进行内部的归因（如杰克想要结婚的强烈动机）。与此相对，如果杰克对吉尔的求婚行为具有“特异性”的话，即杰克仅向吉尔求婚而非其他女性的话，那么该行为至少有部分原因可以归结为外部因素的影响（如吉尔讨人喜欢的特征）。

最后，我们还有可能会问：“杰克是否在其他时间向吉尔求过婚？”高水平的“一贯性”（如杰克每个周末都会向吉尔求婚）表明引起该行为的原因是非常稳定的；而低水平的“一贯性”（如这个星期杰克想娶吉尔，下个星期他又不想了）会导致我们很难做出一个确定性的结论。

总的来说，“一致性”信息、“特异性”信息以及“一贯性”信息三者之间不同水平的结

合会导致我们对某一行为的起因得出不同的结论。图 3–7 展示了当人们试图理解他人行为的原因时，三种类型的信息是如何起作用的。

我们已经知道，当人们追求准确性时，他们会运用一系列的策略。他们可能会详细地搜集各方面的信息，可能会考虑多种可能性，还有可能对事件进行逻辑性的归因。接下来，我们将探讨那些导致人们仔细思考自己和他人的个体及情境因素。

小调查

在生活中，我们所面临的信息是难以计量的，但是我们只能处理其中很小的一部分。尽管如此，有些时候我们仍然需要对某些事情进行仔细的思考并尽量确保准确，这一点是很重要的。什么时候确保准确性对你来说尤为重要？你能做什么来改变你的心境或者你当前所面临的情形，从而达到更准确地做出判断或决策目的？运用你所学的知识回答这一问题。

个人 心境

我们在第 2 章中已经了解到，感觉快乐传达的是一种“一切都好”的信号，即世界是安全的也是有益的。因此，当我们感觉快乐的时候，我们没有必要保持警觉和小心，而且此时我们对自己“历经考验”的思维方式表现得更有信心，认为这一思维方式是有效的。实际上，当我们快乐的时候，我们尤其喜欢运用简单化的认知捷径。

与此相对应，负面的情绪传达了一种“事情并不好”的信号，即我们未能达成一些重要的目标。举例来讲，悲伤象征着我们失去了一些有价值的东西，譬如一段友谊、一个好成绩，或者一件珍贵的私人物品。因此，当我们悲伤的时候，我们需要特别关注我们所处的社会环境。因为一方面，恰恰是这些社会环境让我们达成目标变得异常困难；另一方面，它又是我们将来能达成目标的希望。人们有时候会用快速而简单化的方式来理解世界，但运用类似的认知捷径可能造成一定的偏差，那些正在经历轻度到中度悲伤的人会更少的运用认知捷径，他们更多地采用那些偏差较少的思维方式来思考他们所处的情境。

举例来讲，在思考社会事件的时候，那些轻度抑郁的人通常想得更加彻底和深入。试想一下以下情景：当你知道你的现任室友不愿和你住在一起之后，你在和下任室友谈话时无疑将变得异常小心谨慎。约翰·爱德华兹（John Edwards）和吉福德·伟瑞（Gifford Weary）1993 年的一项研究发现，那些轻度抑郁的学生在形成对其他学生的印象时较少依赖于刻板印象。仔细深入的思考方式显然能够帮助那些悲伤的个体来控制那些不确定性和损失。这样看来，悲伤似乎还有一些积极的作用，它可以使我们进行更为详细的思考。

个人 认知需求

那些具有高认知需求的个体（即那些喜欢解决生活中的难题，把思考当作一种乐趣，并且喜欢发掘自身观点的优势和弱点的人）喜欢寻求对世界的准确理解。这类个体较少运用简单化的启发式，更喜欢付出额外的努力来对其所处的环境进行全面的评估。

在一项研究当中，被试首先阅读一篇演讲稿，该演讲稿要么反对堕胎合法化，要么支持这一点。所有被试都被告知该演讲稿的作者没有选择观点的自由，其是被强制分配到某一观点之下的。研究结果发现：那些低认知需求的被试表现出了对应偏差，即他们相信演讲稿的内容和作者真实的观点是一致的，也就是说他们忽略了演讲稿的作者没有选择的自由这一点。但是，那些高认知需求的被试则非常明智地把情境因素纳入了考虑范围。其他的研究表明，那些认知需求高的个体能更好地识别欺骗，因为他们仔细地关注那些会暴露欺骗者的线索。

情境 意外事件

我们对准确性的寻求起源于我们对控制感的需要，当一个人的控制感被剥夺时，他会思考得更加仔细。因为意外事件会威胁到我们的控制感，因此它通常会导致我们以一种更为复杂的方式进行思考。在一项研究当中，被试通过阅读首先了解一名学生的高中成绩，该学生当出现下述情境时，我们会将杰克的求婚行为看作杰克内在特质的一种反应，比如说，他迫切想结婚的强烈动机（一种内部的或者个人的归因）

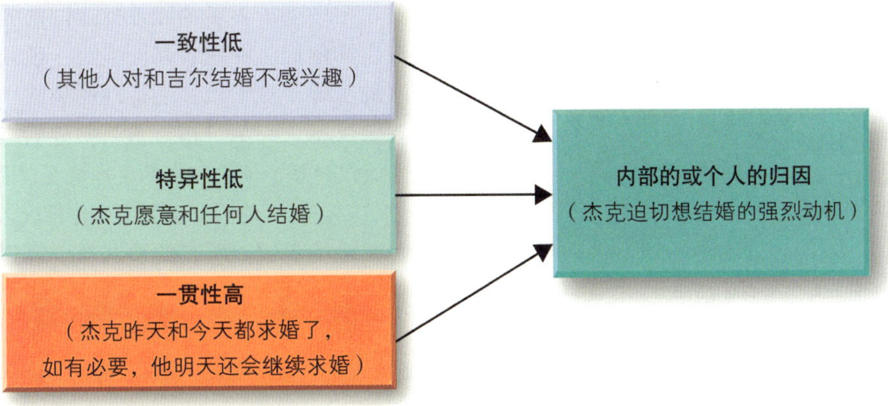

当出现下述情境时，我们会把杰克的求婚行为归因为吉尔的特殊性（一种外部的或者情境的归因）

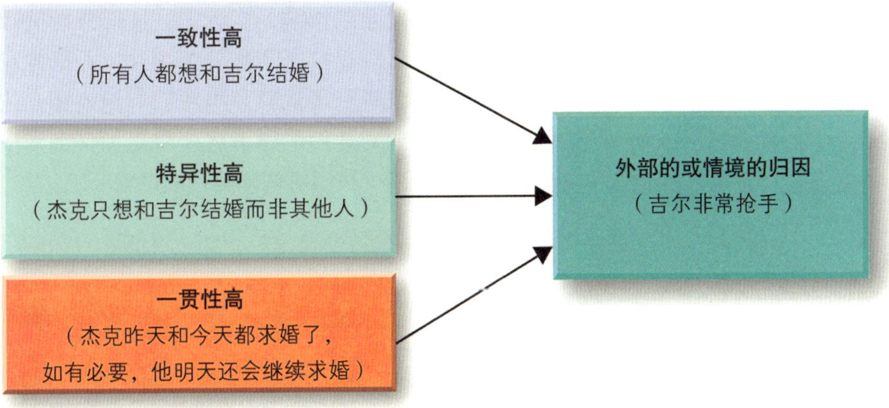

最后，当出现下述情境时，我们会把杰克的求婚行为归因成他与吉尔特征的一种结合，即他们之间的特殊“魔力”（一种交互作用的归因）

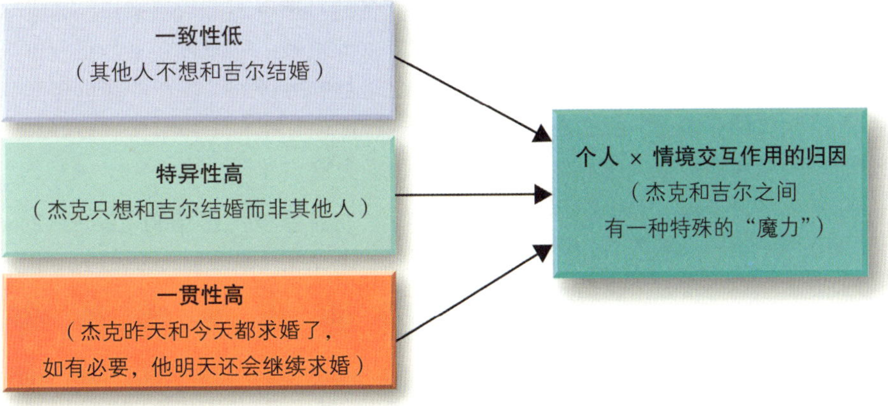

图 3–7　运用一致性、特异性以及一贯性信息来理解一个人行为的原因

注：凯利的共变模型认为，一致性信息、特异性信息以及一贯性信息三者之间不同水平的结合会导致我们对某一行为进行不同的归因。图中所示的三种结合形式在实际应用中尤为常见。考虑图 3–6 中所列举的杰克向吉尔求婚的事件。

资料来源：McArthur，L. A.（1972）. The how and what of why: Some determinants and consequences of causal attribution. Journal of Personality and Social Psychology，22，171–193.

◎ **更加努力地去思考我们的朋友和同学。**当我们依赖于他人时，即当他人的行为影响到我们的结果时，我们会以一种更加综合、更加系统化的方式进行思考。

的成绩分为“好”和“差”两种情况，然后让被试了解该学生在大学里的学分绩点情况。对一部分被试而言，他们的期望最终得到验证，也就是说，那些在高中阶段成绩优异的学生在大学里的绩点也相对较高。但对另一部分学生而言，情况则恰好相反，他们的期望最终被违背了，也就是说，那些高中阶段成绩较差的学生在大学里的表现出人意料的好。最后，被试需要对着录音机把他刚刚阅读到的故事复述出来，就像向一位朋友讲述一样。结果发现，那些期望被违背的被试比那些期望得到验证的被试考虑了更多的因果归因——或许是因为他最终学会了如何去学习，所以才表现得出人意料的好。意外事件促使我们更多地寻求解释。

情境 社会性的相互依赖

当我们的结果依赖于他人时，即当他人的行为对我们有重要的影响时，我们对他人的思考会更加仔细。当我们对他人负有责任时，该结论是适用的，举例来说，如果你知道你的老板会仔细审查你的招聘决策的话，你在评估应聘者时将会更加谨慎周密；当我们在和他人进行竞争或者他人有凌驾于我们之上的权力时，该结论也是适用的。例如，初级管理者更多地去关注他们的老板，而老板则很少关注初级管理者；当我们与他人有合作关系时，该结论同样也是适用的，当我们依赖于我们的朋友、配偶、项目合作者时，我们会更加仔细谨慎地去了解、审视他们。

在一项研究当中，学生被试被告知他们将参与到一个项目当中，该项目旨在帮助那些曾经患有长期疾病的青少年患者回归到正常的日常生活中来。为了消除彼此之间的隔阂，被试被告知他们将和患者共同参与一项开发趣味游戏的工作，对于极富创造性的想法，将会给予现金奖励。一部分被试被告知他们能否获得奖励仅仅是基于他们自身的工作情况，而另一部分被试则被告知他们和患者的合作情况才是能否获得奖励的关键。所有的被试都了解到他们的同伴——弗兰克曾经因为精神分裂症而入院治疗。然后要求被试阅读弗兰克写的一段个人陈述，并要求被试给出他们对弗兰克的初步印象。

当被试的“命运”与患者息息相关时，他们对患者的印象较少地受到精神分裂症的刻板印象的影响。实际上，这部分被试对患者的个人陈述给予了额外的关注，并据此对他们的印象进行了调整。当我们和他人相互依赖时，我们对他们的思考将变得更加仔细谨慎，同时会减少我们对认知捷径的依赖。

交互作用 准确性动机需要认知资源

不管我们追求准确性的动机有多强，如果我们缺乏必要的注意资源的话，我们就不能进行深入的思考。不管是搜集大量的信息，还是做你自己的“魔鬼代言人”，抑或是进行复杂的归因推理，这些任务都是非常困难的，都需要大量的心理资源。举例来说，如果你同时被以下三件事情——即将到来的贷款审批、与女友父母的晚餐计划、公司的裁员传闻分散精力的话，即使你想在工作中做到最好，你也很有可能会失败。

在路易丝·彭德利（Louise Pendry）和尼尔·麦克雷（Neil Macrae）1994 年所做的一项研究中，告知被试他们将和一位名叫希尔达的 65 岁老人一起完成一项问题解决的任务。和前面所提及的“弗兰克”研究相类似，有一部分被试被告知，如果他们和希尔达的工作表现好的话，将会获得金钱的奖励。这一情形下被试与希尔达是相互依赖的，因此能激发被试对其形成一个准确的印象。另外一部分被试则被告知将仅仅依据他们自己的工作表现进行奖励。在这一情形下，他们的绩效是独立的，因此并

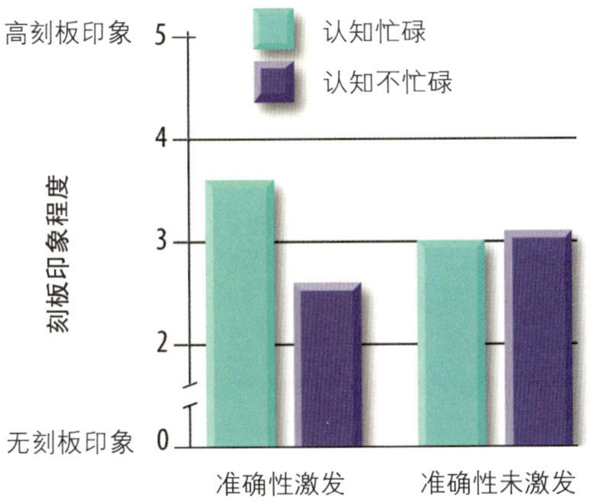

图 3–8 仅仅有对准确性的渴求就够了吗

注：在彭德利和麦克雷 1994 年的研究中，被试要么被激发形成准确的印象，要么没有；同时，被试在认知上要么是忙碌的，要么不是。只有那些被准确性所激发且在认知上不忙碌的被试减少了他们对刻板印象的依赖。

资料来源：Adapted from Pendry，L. F.，& Macrae，C. N.（1994）. Stereotypes and mental life: The case of the motivated but thwarted tactician. Journal of Experimental Social Psychology，30，303–325. Table 1.

不能激发被试对希尔达形成一个准确的印象。另外，实验者向被试宣称该研究旨在探索人们是如何同时完成多重任务的，因此，上述两种条件下各有一半的被试需要在头脑中记住一个八位数的数字。所以说，这一部分被试在认知上是忙碌的，即他们需要将自己的精力分摊到理解希尔达以及记忆一长串数字这两项任务中。在这之后，所有被试需要阅读一段关于希尔达性格特点的概述，该部分概述要么与老年人的刻板印象相一致，要么不一致。最后，在见到希尔达之前，要求被试给出他们对这位老人的印象。

结果如图 3–8 所示，那些没有被准确性所激发的被试更多地运用老年人的刻板印象来评估希尔达，那些虽然被准确性所激发但是认知忙碌的被试也是如此。只有那些被准确性所激发而且认知上不忙碌的被试能够减少他们对老年人刻板印象的依赖。这一研究表明，仅仅有对准确性的渴求是不够的，只有当对准确性的渴求和充足的认知资源相结合时，人们才能从简单化的认知倾向中摆脱出来。

案例回顾

希拉里·罗德姆·克林顿的“画像”

在本章之初，我们曾经指出人们对希拉里·罗德姆·克林顿的看法存在很大的分歧。为什么观察者对国务卿克林顿的看法会如此不同呢？本章的课程对回答上述问题给了我们哪些启示？

经过数十年的研究，我们的期望和观点是如何影响我们解释、判断以及记忆我们身边的事物的已经得到了证明。举个例子来说，在 2003 年，民主党人对克林顿所持的观点更加积极肯定（支持与反对的比例分别是 75% 和 13%），而共和党人对其同样持有强烈的偏见，但方向恰恰相反（支持与反对的比例分别是 18% 和 72%）。另一方面，无党派人士对其所持的观点成势均力敌的态势，这表明在两个党派中有部分成员存在强烈的偏见。

我们再来看一下所引用的评论员的情况。对克林顿持强烈的批评态度的两位评论员——佩姬·努南和威廉姆·沙菲尔是众所周知的保守派人士，他们早年曾是共和党总统身边得力的讲稿撰写人；而对克林顿持支持态度的两位评论员——伯斯坦和切斯勒则是众所周知的民主党人。如果坚定的政治保守派对希拉里·罗德姆·克林顿表示赞同，或者坚定的政治自由派对其表示反对，都将引发认知冲突，而认知冲突是我们大部分人想避免的一种心理状态。幸运的是，对于我们吝啬的认知系统来说，人类很多行为所表示的意义是模棱两可的，这就使得我们可以相对轻松地以一种我们所喜欢的方式来理解事物。“如果克林顿在短短数月当中将 1000 美元的商品投资转换成了 100 000 美元的利润，你将对此做何解释？”对于同样的一个问题，那些想对其保持消极印象的人可能会回答：“那些投资的经理向她提供了非法的好处，希望能改变政府的政策。”而那些想对其维持积极印象的人则可能会说：“这是一次有远见的投资且时机恰到好处。”这次财政上的成功是毋庸置疑的，但其意义却并非如此。人们总是看到他们想要看到的东西。

这种自我服务式的解释方式并非仅仅局限于维持现有的价值观和意识形态。迪克·莫里斯就曾经以各种理由强烈谴责希拉里・罗德姆・克林顿，但在他发表这些言论的时候并不反对民主党人。实际上，他曾担任民主党和共和党候选人的高薪政治顾问，并曾经为比尔・克林顿工作过一段时间，后来据传被解雇。由于他曾经有机会近距离地接触前第一夫人，因此有人可能会据此推论他能真实地了解希拉里的动机，因此他对希拉里的谴责是准确无误的，也就是说希拉里只不过想利用纽约的市民在参议院中获得一席之地罢了。然而，由于莫里斯曾经被克林顿夫妇解雇并宣称自己遭受过虐待，因此也有人认为这一事件影响了他的政治立场。即是否存在这样的可能：他坚信通过反咬一口、污蔑别人的方式可以重塑自己已经遭受玷污的形象，而这个人不是别人，恰恰是对其解雇负有部分责任的希拉里。当然，当我们对众多的可能解释进行选择的时候，我们内心的真实态度也暴露无遗：那些不喜欢希拉里・克林顿的人更青睐于前一种解释，而那些喜欢她的人则恰好相反。

显然，希拉里・罗德姆・克林顿是一块“画布”，我们每个人都可以在上面画出一幅“画像”，而“画像”的特征则是由我们自身的信念、目标以及社会状况所决定的。我们每天都会画很多类似的“画像”，对象可以是他人也可以是我们所经历的事，当然，还有可能是我们自己。

那些购买希拉里自传《亲历历史：希拉里回忆录》（*Living History*）的人很有可能希望从书中找到证据，以此来支持他们对希拉里・克林顿所画的“画像”，而且为了达到上述目的，人们会竭尽所能对该书的内容进行“合理”的解释。对另外数以千计的读者来说，他们排了很长的队伍并花费28美元来购买这本书是因为他们对克林顿如何看待她生活中的一些事件感到好奇。人们想知道：“她将对‘白水门丑闻’和‘旅行门丑闻’做何解释？”“当她知道自己的丈夫和莫尼卡・莱温斯基（Monica Lewinsky）有染之后有何反应？”不幸的是，正如著名作家达芙妮・杜・穆里埃（Daphne du Maurier）在其自传中所述：“所有的自传都是自我放纵的”，克林顿将对她和比尔的指控归咎于“一个巨大的右翼阴谋”，其目的在于将她丈夫从总统的职位上拉下马，这些指控并非对她和比尔合理的关切，当我们读到这些时也就不必感到惊奇了。人们希望自我感觉好一点，并且拥有一种为不光彩的事寻求掩饰的自然倾向，虽然这一倾向有时确实也是令人痛苦的。

希拉里同样追求对事物的准确理解，这一点我们能在她的回忆录中找到佐证。比如说，在一场高中辩论赛中，一句简单的“考虑一下反方”对她产生了重要的影响，从此她与共和党渐行渐远，却与民主党日益亲近。而对于这种“考虑一下反方”的思考方式，我们在前面介绍一项著名的研究时就曾经提及。我们从她的回忆录中了解到，她探索了很多对立的观点并最终形成了适合自己的政治哲学。我们还了解到，在决定竞选参议员之前，为了彻底全面地收集信息，她曾经向100位经过精心挑选、精通政治的纽约市民进行过咨询，并进行了一次所谓“倾听之旅”的洲际旅行。

和希拉里・罗德姆・克林顿一样，在我们的认知工具箱中同样有大量的工具，这些工具帮助我们达成当下的目标。当我们更加关注心理效率时，我们会采用那些需要的努力很少但却能获得“足够好”的判断的策略。当我们关注自我形象时，我们会采用那些能够保护和提升我们自尊的策略。当我们所面临的情形非常重要时，我们会采用那些需要更多努力的策略，以便于获得准确的理解。

随着我们完成对本章内容的学习，社会心理学与认知科学之间的密切关系渐渐突显。人们的认知在很大程度上是一种社会认知。作为一种社会性的动物，我们的福祉和健康取决于我们是否有能力高效地处理好我们与他人之间的人际关系，包括街道上的行人、杂货店的店员、工作中的同伴以及家庭成员等。这就需要我们对某些人分配更多的注意（为了提升效率而忽略其他人），理解他们的意图，了解他们的性情，制定与其交往的策略，等等。如果想真正了解社会行为，我们就必须感激认知所起的作用，还要理解人的大脑是如何运作的。然而，为了理解人们的大脑为何以现有的方式运作，我们必须搞清楚作为一种社会性和文化性物种的人类所要面对的复杂但却令人着迷的挑战，而这也正是前沿科学正在努力去揭示的。社会心理学和认知科学之间的联结是双通道的，在每个方向上都有稳定的信息流在穿梭。

第 4 章

呈现自我

通过本章学习，我们能够：

- ◎ 理解人们为什么以及何时进行自我呈现；
- ◎ 了解自我呈现失败与社会焦虑的关系；
- ◎ 理解为什么大多数人不擅长测谎以及为什么测谎仪不是很有用；
- ◎ 找出人们用来让他人喜欢自己的四种主要策略；
- ◎ 了解逢迎策略中的性别差异；
- ◎ 了解人们如何应对多观众困境；
- ◎ 找出人们用来让他人认为自己能力出色的四种主要策略；
- ◎ 理解为什么羞怯的人难以推销自己的能力；
- ◎ 解释影响人们表现出能力出色的情境因素；
- ◎ 找出人们用来传达自己位高权重的四种主要策略；
- ◎ 了解哪些人最有可能呈现自己位高权重及其原因；
- ◎ 总结自我呈现策略中的性别差异。

案例

弗雷德·德马拉的传奇人生

情人节的早上，空气阴冷，寒风凛冽；一队缅因州州警穿过佩诺布斯科特湾前往北哈芬岛，他们的目标是马丁·歌德卡特（Martin Godgart）。除了教授高中英语、拉丁语和法语，歌德卡特还领导青年海上侦察兵，督导浸信会教堂主日学校，为岛上贫困儿童扮演圣诞老人。尽管到岛上的时间不长，尽管当地的居民往往对陌生人谨慎戒备，歌德卡特还是赢得了大家的尊敬和赞赏。那天他被捕时，他的邻居们都震惊不已。

◎**伟大的伪装者** 小费迪南德·沃尔多·德马拉

他束手就擒（打斗不是他的作风），由海岸警卫队快艇押回北美大陆。审讯当天，法庭内座无虚席，他究竟犯了什么可怕的罪行？谋杀？强奸？不然，他的罪名是“利用虚假前提进行欺诈”，最高可判处七年监禁。原来，这个自称马丁·歌德卡特的人，看起来不过是和你我一样的普通人，真名叫小费迪南德（昵称是“弗雷德”）·沃尔多·德马拉（Ferdinand Waldo Demara Jr.），在过去的二十多年中，一直是名“伪装大师”。

我们来看看德马拉的一些事迹。

- 以罗伯特·林顿·弗伦奇（Robert Linton French）博士的假身份，德马拉成为阿肯色州的一名自然课教师、甘农教会学院的哲学院主任，以及圣马丁学院的副警长、心理中心的主任和教员。
- 以塞西尔·博伊斯·哈曼（Cecil Boyce Hamann）博士的假身份，德马拉在美国东北大学法学院受训成为一名牧师，并帮助建立了缅因州的莱美奈斯学院。
- 以约瑟夫·塞尔（Joseph Cyr）硕士的假身份，德马拉在朝鲜战争期间加入加拿大皇家海军，在摇晃的战船上，他英勇地实施了几次起死回生的外科手术——而在这之前，他还从未亲眼看过一个活人的身体内部。
- 以本·琼斯（Ben W. Jones）的假身份，他在得克萨斯州臭名昭著的亨茨维尔（Huntsville）监狱当起了看守，凭借和平化解纷争的能力获得尊重，短短一个月就被提拔为负责亨茨维尔重防区的副监狱长。

这一切甚至更多事迹的始作俑者只是一名高中辍学生，在他的职业生涯中，德马拉没有接受过任何培训也没有获得合法证书。

德马拉的成功伪装中，有几个令人惊叹的地方。首先，他有过人的表现能力，能够长时间以另一个人的面貌示人，并且做到让人信服。其次，尽管他对自己所承担的各工种都缺乏科班背景，却能够避免在工作中犯错。事实上，虽然好多次他都被揭穿了，但都不是因为在工作中露出的破绽。要不就是他被人认出是德马拉［一次是亨茨维尔监狱的一个犯人在几年前的一本《生活》（*Life*）杂志中发现了关于德马拉的故事］，要不就是他在新角色中如鱼得水，声名鹊起，被“真身”发现（一次是真正的塞尔医生在报纸上看到了“自己”在战时妙手回春的惊人事迹）。最后，还有很神奇的一点，就是在真相大白后，许多被他欺骗的人依旧期盼他的回归。通常情况下，人们会觉得被伪装者愚弄了，对德马拉则不然：他的未婚妻说过，无论他是谁都爱他；亨茨维尔的典狱长也说过，如果德马拉能够拥有合格的工作资质，他非常乐意再次聘请他并引以为豪；北哈芬岛善良的居民们则游说法官判他无罪，甚至力邀德马拉继续在岛上教书。

马丁·歌德卡特、罗伯特·弗伦奇、约瑟夫·塞尔、本·琼斯等各色人物，为什么德马拉会如此不厌其烦地去呈现不同的自己？在这样一个又一个的伪装之中，他又如何能够有效地呈现自己？

德马拉的传奇充满戏剧性而不可思议，同时，这也是一个极端的例子。然而，正如医学研究者会去研究疯狂生长的癌细胞，从而更好地了解健康细胞的正常生长模式一样，研究一名像德马拉这样的伪装大师的行为，也可以帮助我们了解你我这样的普通人为什么会以及如何去经营他人对我们的看法。为什么我们希望别人喜欢我们、害怕我们，或者觉得我们很聪明？哪些行为可以使我们看起来讨人喜欢、值得尊敬或者聪慧过人？在这一章中，我们提出这些问题，探索为什么人们想要控制他们的公众形象，哪些形象是他们最想呈现的，他们用了哪些策略来有效地达到目的，又在什么时候会采取这些策略。

什么是自我呈现

自我呈现（self-presentation），有时也称为印象管理，是指人们试图控制他人对自己形成某种印象的过程。尽管很少有人的自我呈现可以做到像德马拉那样大胆而成功，日常生活中的自我呈现还是无处不在的。以你自己为例，为什么你会这样着装？你是不是想要表现自己的某种形象或风格？你晒过日光浴么？或者锻炼么？这些都是为了什么？你在 Facebook 上有没有自己的档案简介？你会向他人展现自己的哪些部分，又或者隐藏哪些部分？当某个令你有好感的人经过你身边时，你会不会改换自己的姿势或表情？这又是为了什么？当然，并非所有的公众行为都带有自我呈现的目的，比如穿衣服就绝不仅仅是为了让别人觉得自己很漂亮。但不得不说，大部分人都非常注意自己的公开行为，关注他人对自己的看法——由此带来的结果，如果还是以着装为例，可能就是我们很多人会花过多的时间去决定到底要买什么衣服。

名词解释

自我呈现 人们试图控制他人对自己形成印象的过程，与印象管理同义。

人们为什么要自我呈现

自我呈现是人类本性不可分割的一部分，但为什么人们如此关注他人对自己的看法？

第一，通过呈现自我，人们可以从他人那里获得自己所需的资源。因为别人常常拥有我们想要或者需要的东西，我们必须“说服”他们共享资源。举例来说，如果一个男性想得到某个工作机会，或者与某个女性约会，就必须传达一种印象，让他的面试官或约会对象感觉到他确实值得他们青睐。于是，自我呈现就是人们策略性地控制自己的生活、提升回报并且使成本最小化的一种方式。大部分的自我呈现不是试图去主动地欺骗他人，而是把我们最好的一面展现出来，以确保他人能准确地看到我们的优点和能力。事实上，我们甚至会刻意地

◎ **这些人想传达什么形象？**通过管理自己的公众行为——自我呈现——人们常常试图操纵自己在他人心目中的形象。

暴露自己的软肋，或者弱化自己的优点。

第二，自我呈现是一种“建构”自我形象的方式。第 2 章提到，我们对自身形象的认知，也就是自我概念，其中一部分是来自我们是如何理解他人对我们的看法。举个例子，我们认为自己有幽默感，而如果在各种恰当的时机下其他人的确被我们的表现逗笑了，就更容易帮助我们确信自己是有幽默感的。这种观点有一个有趣的意义，体现在我们对同伴的选择中：如果他人对我们的看法与我们对自己的看法相同时，我们往往就更愿意亲近这些人。例如，拥有积极自我概念的个体更愿意与对自己积极评价的人互动；相反，拥有消极自我概念的个体则愿意与那些消极评价自己的人互动。通过经营自己在他人眼中的形象，我们就能更好地管理我们在自己心目中的印象。

关于自我呈现对个体形象的影响，有些研究者提出了另一个可能更为直接的方式。根据第 2 章中提到的自我知觉过程，人们有时会成为自己的观众——他们不仅向别人呈现自己，还会向自己呈现。简单地说，你想把自己看成什么样的人，你就需要表现出来。比如说，每当你说了一句诙谐的话，你都会强化自己幽默的自我形象，而这样你才能真正有动力到其他人面前去抖出更多的笑料。

由此，自我呈现能够帮助我们获得想要的资源，建立所渴望的自我形象。此外，自我呈现还有社会性功能：帮助他人了解我们期望如何被对待，从而使社会交往更为顺畅。欧

文·戈夫曼（Erving Goffman）于1959年提出了**拟剧论**（dramaturgical perspective），将自我呈现比喻为戏剧，有演员、演出、布景、剧本、道具、角色、后台，等等。要让一出戏剧能顺利完成演出——每个人都能与他人舒心地交往——演出必须遵循普遍的社会脚本，演员们则必须尊重并配合他人的表现。戈夫曼举了个例子，如果地位较高的人希望获得他人的尊重，他们要做的就不仅仅是拥有这样的地位，而应做到名副其实：穿着得体，交友慎重，与地位较低的人保持适当的距离，等等。

名词解释

拟剧论　该观点认为，社会互动中的很多内容都可以被看作一出戏剧中的某个部分，包括演员、演出、布景、剧本、道具、角色，等等。

顺畅的社会交往对我们每个人来说都至关重要。正因如此，我们通常不愿意去挑战他人的自我呈现；相反，我们会允许他人“保留面子”，就算他人所呈现的公众形象不完全真实，也宽容以待。比如，当着别人的面，如果朋友小小地吹嘘一下自己，我们也会睁一只眼闭一只眼。因为我们知道，如果硬要指出其中的夸张之处，不仅会令这个朋友感到尴尬，也会使其他在场的所有人都觉得不舒服。事实上，大多数文化中，人们都很看重善解人意、遵从社会习俗、为他人留面子的美德。

总而言之，自我呈现帮助我们获得需要或看重的东西，帮助我们建立和维持所渴望的自我身份，也使我们的社会交往更为顺畅。了解这几点后，反观弗雷德·德马拉的青年时代，我们可以解开谜团：为什么他会把伪装作为自己的人生事业。对德马拉来说，公众声誉是他最为看重的。作为一个富有而受人爱戴的商人的儿子，聪明伶俐的他在耳濡目染之下，了解到良好的公众形象是非常重要的，也由衷地喜欢保持良好的公众形象。而家道中落后，他就受到了严重的打击，正面的公众形象不复存在，曾经良好的自我形象也摇摇欲坠。因为无法承受贫穷所带来的公众和自我羞耻感，德马拉在16岁离家出走，受训做过修士和教士，但都碌碌无为。灰心丧气之下，他从他工作的天主教男孩之家“借”了一辆轿车离开，平生第一次喝醉之后，突发奇想参了军。没多久他发现军队也不适合他，又迅速逃离。

◎ **日常生活的剧院。**欧文·戈夫曼将社会生活比喻为剧院，如果人们在呈现自我的时候，能将自己的角色和本分向他人清晰地展示出来，遵守约定俗成的社会剧本，接受并尊重其他人的演出，就能保证顺畅的社会交往。

一直到他20岁，弗雷德·德马拉始终都在“逃亡”，他的公众形象碎了又碎。在他家乡的邻里眼中，他是失败商人的儿子；在他挚爱的天主教会眼中，他是个失败者和小偷；在美国军队眼中，他是个逃兵。对一个极为看重外在形象的人来说，公众生活已经基本完结了。或者说……真的完结了么？德马拉心中的逻辑再直接不过了：（1）他要成功；（2）好名声是一个人成功的关键；（3）那个叫德马拉的人名声已经彻底毁了。所以，他不能再做德马拉了！于是他褪下了自己那已经锈迹斑斑的身份，假借其他口碑甚好的身份，踏上了他“伪装大师”的新征程。

人们何时会自我呈现

当人们知觉自己正处于“公众的目光”中时，就更可能会向他人呈现自我。当你摆姿势拍照、在镜子前吃饭或者第一次见恋人的家长时，你会意识到自己是一个“公众人物”，而更可能去自我呈现——你也许会整理自己的头发，拿出最好的用餐礼仪，或者变得特别彬彬有礼。

事实上，即使我们并非处于公众的目光之中，自己也常常会这么认为，这种现象就是所谓的聚光灯效应。在一个实验中，研究者让大学生被试穿着一件T恤，上面印着过时且绝对不酷的美国著名歌手巴瑞·曼尼洛（Barry Manilow）的头像。随后被试进入一间房间，房间里有其他人在工作。事后问起这些被试在房间里有多少人会注意到了这件T恤上的头像，他们极大地高估了人数——他们预测大概有50%的人注意到了自己T恤上的图案，而事实上真正注意到的人只有25%。人们往往并不像我们所认为的那样关注我们自己。

有些人对自己在别人面前的表现会比其他人更敏感。比如有这样一种情况，在一间办公室里除了一名女性外其余都是男性，作为一个“标志”，这位女性确实就会比其他人更突出，于是比起她和其他女性同事一起工作的情况，她往往就会更关注自己的公众形象。还有一些原因也会使人们变得引人注目，比如身体残疾、出众的魅力、肥胖等，这些人也会尤其在意别人对自己的看法。一般来讲，**公众自我意识**（public self-consciousness）——人们在特质上有多大程度认为他人会注意自己——是存在个体差异的。公众自我意识高的人对他人如何看待自己更为敏感，对拒绝回应消极，也对自己的声誉和外表赋予更多的关注。

名词解释

公众自我意识　习惯性地意识到自己正处于公众目光下的一种倾向。

然而，人们将自己视为注意的焦点也并不意味着总是会自我呈现。举例来说，如果你不在意某个观察者对你的看法，就不太会在自我呈现上花太多功夫。在下列条件成立时，我们才会更为注重策略性的自我呈现：（1）观察者对我们能否达成目标拥有生杀大权；（2）这些目标对我们来说非常重要；（3）我们认为观察者对我们的印象与我们想表现给他们的印象不一致。

第一，当观察者控制了某些我们想要的东西时，我们就更可能向他们自我呈现。比如，相对于一个陌生人，我们会更愿意去向我们的老板呈现自己好的一面，因为老板往往对我们能否达成目标握有更多的权力。

第二，我们的目标越重要，越可能努力去自我呈现。在一项研究中，求职候选者中的一部分被告知他们要与许多人竞争很少的职位，而另一部分则得知有充分的工作岗位可以安排。结果发现，那些面临更为激烈竞争的求职者更有可能调整自己的意见和态度以符合面试官的要求，由此可以推断这是因为当机会减少时，得到工作变得更为重要。例如，澳大利亚昆士兰大学的比尔·冯·希佩尔（Bill von Hippel）描述了一些有趣的研究：当一名年轻漂亮的女性在观看表演时，年轻的男性滑板运动员如何以潜在危险的方式进行自我呈现。

第三，如果我们认为自己所重视的观察者对我们存在不满意的印象，我们就会更积极地去改变他们的看法。比如，要是你感觉到面试官认为你不适合某个你很想要的工作，而不是已经认可你时，你就会更积极地呈现自己。

名词解释

自我监控　人们习惯性地关注自己的公众形象，并调整自身行为来迎合当前情境需要的一种倾向。

尽管诸如此类的社会环境会驱使我们大部分人去管理自己的公众形象，个体自身这方面的动机也是存在差异的。比如，高**自我监控**（self-monitoring）的人就总是积极地去管理他人对自己的看法（如图4–1所示），他们善于评估他人的需求并随之调整自己的行为。举例来说，高自我监控者特别擅长解读他人的情绪表达，发现他人何时处于支配地位；他们会更多地模仿他人的行为——别人笑他们也笑、别人打哈欠他们也打哈欠；另外，相对于其他人，由于高自我监控者更适应于做一些违背自己态度和信念的行为，他们就能更好地针对情境来设计相应的自我呈现。可能是有了这些技能的帮助，高自我监控者在某种程度上更可能升到领导者的位置。

1. 我想我会做出一些样子来给他人留下深刻印象或让人高兴。
2. 在不同场合、面对不同的人，我常常有不同的行为表现，就像变了一个人一样。
3. 我并不总是我所表现出来的那种人。
4. 对于实际上不喜欢的人，我可能装得很友好。
5. 在宴会和其他社交聚会中，我并不试图按照别人的喜好说话做事。
6. 我不会为了取悦他人而改变观点（或行为方式）。

图 4–1　自我呈现对你有多重要

注：有些人会特别喜欢管理他们的公众形象。上面这些条目来自 1974 年马克·施奈德（Mark Snyder）发布的自我监控量表（Self-Monitoring Scale）。这些条目测量他人导向的自我呈现，即人们多大程度会通过改变行为来影响他人对自己的看法。如果你倾向于同意条目 1~4 的说法而不赞同条目 5 和 6，你可能就是一个高自我监控者。

资料来源：From Snyder，M.（1974）. Self-monitoring of expressive behavior. *Journal of Personality and Social Psychology*，30，526–537. Reprinted by permission of Mark Snyder.

当然，我们在第 2 章已经讨论过，某些行为可以在无意识的情况下发生，自我呈现也不例外。人们每天早上洗澡穿衣、梳头化妆，可能并没意识到这些例行装扮是为了自我呈现。同样，一个城市人平日里已习惯于表现得自信自律，那当他穿越风景优美的红杉林时，也会不由自主地表现出相同的仪态。最后我们需要指出，并非所有的公众行为都是带有自我呈现意味的，当你从一个教室走到另一个教室、专注地思考着某个即将来临的考试或者想着午饭吃什么的时候，你的行为可能不太会是为了要传达某种形象。

自我呈现的本质

如果我们要去约会，特别是第一次约会，我们会费尽心机“踏出最完美的一步”：我们刷牙梳头，选最出彩的衣服，并尽力保证准时；我们会把话题引到自己的强项上（比如丰富的音乐知识），并试图避开弱项（比如过去失败的感情经历）。正如这些例子所示，自我呈现通常需要对信息进行策略性“编辑”。人们拥有多重自我，如丈夫、父亲、教授、音乐家、球迷，等等，而自我呈现常常会用最适合当前目标的形式来呈现这些自我，并且如果可能的话，稍做夸张。撇开弗雷德·德马拉的经历，自我呈现中很少会对信息进行明目张胆的伪装，毕竟不太会有哪个普通人想着要去伪装成摇滚明星或是国际间谍。

小调查

花几分钟时间，想一想今天到目前为止你的行为。这些行为中有多少含有自我呈现的考虑？你在对哪些人呈现自己？你想传达什么形象？为什么？

尽管我们付出了最大的努力，自我呈现有时也会失败。就算是德马拉也不能让每个人都喜欢他，我们有时可能会无法打造出自己想要的形象。制造某个印象需要我们付出注意和努力，因此如果我们已经忙于其他事情，或者刚执行一项艰巨的任务，可能就没有足够的心理资源再来操纵他人对我们的印象了。还有一些时候，我们会突然获得一个不想要的形象，比如一个年轻的求婚者原本想在约会中表现自己的修养，结果在高级餐厅里不小心碰翻了他的酒杯，搞得自己变成了一个笨手笨脚的傻瓜。如果某个特定的印象非常重要，那么自我呈现失败可能会带来重大的损失：有些损失是有形的，比如失去工作或约会的机会；有些损失则是心理上的，比如威胁到自我概念和自尊，或者让人非常尴尬。

对自我呈现失败的恐惧称为**社交焦虑**（social anxiety）。社交焦虑非常普遍，我们在初次约会或者在一大群人面前讲话时都可能会体验到。一定程度的社交焦虑可能是有好处的，但过度的社交焦虑可能会令人完全回避社交情境——尽可能逃离这类场合，实在逃不开就抑制自己的行为。30%~40% 的美国人会将自己描述为害羞的——他们所体验到的社交焦虑在正常的水平上——还有大约 2% 的美国人经历严重的社交焦虑，甚至可以归类为社交恐惧。

名词解释

社交焦虑 人们因为怀疑自己不能给他人留下好印象而体验到的恐惧。

当人们担心仅仅依靠表现得最好也还不足以达到目标的时候，他们可能会冒险尝试虚假呈现。实际上，我们大部分人偶尔都有过所谓“虚假广告”的自我呈现——也许你曾经“忘记”告诉家长你考试考砸了，或者扮作对老板的度假照片兴味盎然。这类欺骗甚至可能是出于善意的，比如收到一个不怎么样的生日礼物，为了不伤送礼人的心，我们就装得惊喜万分。人们或多或少都会互相撒撒谎，而许多谎言都是为了撒谎者自己的利益。

不真诚也存在破坏形象的风险，并且造成的破坏可能是极具毁灭性的。当人们发现某个人的表现是在“做作”而非“自然”，就会为其贴上不诚实、不真诚、虚伪、不道德等标签。如果是以这样的方式被抹黑了名声，其损失是巨大的，即那些被认定为不值得信任的人会受到他人的排斥和孤立。正因为深知这一点，德马拉极度害怕自己有一天会被看作骗子。于是，尽管德马拉的未婚妻在发现他真正身份后仍然想要嫁给他，尽管德马拉也深爱着他的未婚妻，他还是感到无地自容而离开了她。德马拉认为，自己在未婚妻心目中的形象已经被永远地玷污了，虽然她并不同意他的想法。

德马拉的极端反应鲜明地体现了人们对诚实名誉的看重，那么人们会竭尽全力来表现自己诚实并掩饰自己不诚实的行为，就显得不足为奇了。于是我们有时也会同样竭尽全力去观察别人是不是在诚实地表现自己。而遗憾的是，我们对探测谎言并不在行。

联结：理论与应用

探测谎言

奥尔德里奇·埃姆斯（Aldrich Ames）曾经有很长一段时间受雇于美国中央情报局（Central Intelligence Agency，CIA），并有机会接触极度机密、敏感的信息。尽管如此，他在同事眼中是一个没什么能力和野心的酒鬼，永远不会做出什么有意义的事情。但他们都错了。在九年时间里，他一直将情报卖给苏联，直接导致了至少 10 名中情局特工的死亡。对他的国家来说，他是一个叛徒，并且从很多标准来看，他是一个杀人如麻的凶手。奥尔德里奇·埃姆斯在敌人的眼皮底下工作了那么久，而他那些敌人的本职工作正是要对付像他这样的间谍，于是这引发了许多有趣而重要的问题——关于人们探测谎言的能力。

我们大部分人都不是很好的谎言探测者，尤其是在遇到陌生人的时候。一些实验室对照研究显示，探测谎言的成功率比随机水平好不了多少。为什么我们这么容易被欺骗？其中一部分原因在于我们本身有这样一种倾向，倾向于信任他人，倾向于一上来就先相信他人所说的和所呈现的。这通常是明智之举：大部分人在大部分时间里确

◎ **别对我撒谎**。人们撒谎，常常是为了避免给别人留下一个不好的印象。然而，为了社交生活能够顺利进行，我们需要彼此之间能够相互信任，因此我们不喜欢那些我们认为是在说谎的人。在一些研究欺骗的科学家——其中有保罗·艾克曼（Paul Ekman）博士（左）——的研究成果启发下，电视剧《别对我撒谎》（*Lie to Me*）讲述了虚构人物卡尔·莱特曼（Cal Lightman）博士和他的同事们的故事，他们试图揭穿一些罪犯和其他一些威胁到社会的人的谎言。可惜，在现实生活中，我们很少有人（包括那些我们认为是专家的人）能够达到电视剧里那样的成功率。

实是在说实话。然而，就因为我们信任别人说的话，我们就常常会忽略那些最有利于区分谎言和事实的线索：比如说谎的人对事件的细节描述会更少，讲故事时更不投入，下巴抬得更高，瞳孔放大，也会看起来更加神经质或者紧张。但即便是这些行为，也只是一些非常薄弱的指标，用起来常常会出现很多差错。

相对于探测陌生人，我们是不是更容易探测朋友和恋人的谎言？事实上，我们在探测恋人的谎言方面看起来的确做得更好一些，但前提是我们事先对他们产生了怀疑。当然，这也意味着在他们说实话的时候，我们也更容易认为他们在撒谎。而对于亲密的朋友，虽然我们探测谎言的能力在不断改善，我们的表现仍然在随机水平附近徘徊。

所以说，普通人对探测谎言并不在行。那么，那些被认为是谎言探测“专家”（联邦执法人员、警察审讯员还有其他从事类似工作的人）又怎么样呢？一些研究发现，这类专业人员在他们的专业环境下工作时，可能确实能比我们大部分人更好地探测谎言。另外一些研究对各种领域的实验和研究进行综合分析，认为这些能力更多的只是流于表面而非真实存在——这些专业人员的成功很小一部分是因为他们作为专业人员有特殊的技能，而更多的是来自偶然（比如，即使是一些平庸的棒球击球手，有时也会在世界性大赛的决胜局中打出全垒打，为本队赢得冠军）；他们的分析认为，探测出一个谎言更多依赖于说谎者发出的线索，而绝非依赖于某些只有小部分人才有的特殊能力。有一点是清楚的：探测陌生人的谎言是非常困难的，并且只有很少人（哪怕是稍微有一点）善于此道。看了这些研究结果，也就不奇怪埃姆斯的同事为什么没有对他那些不可告人的行动起疑心了。同样也不奇怪，那些致力于抓捕说谎者和罪犯的组织机构常常会求助于一些评估谎言的技术手段，如测谎仪。

测谎仪是通过皮肤电活动、血压、心率和呼吸这些指标来记录人们的生理唤起，测谎仪审查员要考察一个嫌疑人不同情况下的生理唤起水平，比较嫌疑人被问到一些可疑行动（有罪的嫌疑人会撒谎）和作为对照的无关问题（即使有罪的嫌疑人也很可能要说实话）两种情况，看前者的唤起水平是否更高。测谎仪审查背后的假设是说人们在撒谎时会有更多的生理唤起。

遗憾的是，没有一个特定的心率、皮肤传导模式或类似的东西能直接对应不诚实。愤怒和恐惧也会增加生理唤起，而当一个无辜的嫌疑人被问起是否参与了违法行为的时候，可能会真的感到愤怒和焦虑。因此，测谎仪审查就有很高的风险会误判，从而将无辜的人认定为有罪。总体说来，关于测谎仪审讯的研究显示其准确率的分布可以低至可怜巴巴的25%，也可以高达90%。

◎ **谎言探测器？**测谎仪审查常用于执法和安全组织缉拿罪犯，比如伪造不在场证明的凶手、出卖公司机密的雇员、为敌对方工作的间谍。不幸的是，这些“谎言探测器”的测验常常抓出了无辜的嫌疑人，而放过了有罪的作恶者。

如果嫌疑人自己也认为测谎仪测试没用，测试的有效性就会进一步降低，因为这种怀疑降低了焦虑。有罪的嫌疑人还可以扰乱测试——许多情报人员都受过这样的训练——他们会在回答对照问题时故意提升焦虑水平，比如绷紧肛门括约肌、咬舌头、朝地面用力挤压脚趾。另外，探测谎言的一些最有效线索来自人们说了什么和怎么说的——他们提供的细节、话语的逻辑结构——而测谎仪则无法对这些线索进行评估。最后，使用这种只能测量生理唤起的技术（比如测谎仪）很难探测到那些没什么内疚感和焦虑感的人。奥尔德里奇·埃姆斯就利用这些弱点占了很多便宜：他秘密为苏联做间谍期间，通过了两个测谎仪审查，使他得以继续那些搏命行动。

于是我们看到，测谎仪测验其实是一种探测谎言的糟糕手段，特别是在那些没有经过充分训练的审讯员手里。因此，致力于寻找高科技手段探测谎言的研究者们探索了一些新的替代方法。其中一种方法是测量人们在识别一些以前经历过的事情时的脑电波，由此推断在提及一个与案件有关的物品时，只有有罪的嫌疑人才能出现类似的脑电波反应。还有研究者使用热成像技术，希望能通过记录脸部的热量放射来探测谎言，或者采用功能性核磁共振成像技术，希望能追踪到与撒谎相关的脑部活动模式。但是到目前为止，还没有哪种新技术被证明是切实有效的。

总的说来，我们在日常琐事中或侦查犯罪行为时，凭借直觉或依靠仪器探测谎言的能力最多只是一般而已。不过幸好，要维持一个谎言是很困难的，对不同的人要说不同的故事，每个谎言都要更多的谎言来支撑，一个人很容易就会聪明反被聪明误。奥尔德里奇·埃姆斯已经伏法，我们也可以松一口气了，要不然，我们的谎言探测能力仅此而已，那可以不夸张地说，他真的能够继续逍遥法外。

看了我们的讨论，希望你不要得出自我呈现总是带有欺骗性的结论。我们之前就已经提到，自我呈现往往更多的是策略性地展示自己的某些方面，而非捏造自己的某些方面。这并不奇怪。毕竟，因为我们最终必须符合自我呈现的形象，过分地夸大从长远来说是没有好处的。如果你对某个人的喜爱最终被发现是虚假的，你就会得到一个骗子的名声，以后就很难再获得友谊了；如果你装作非常强势而实际并非如此，最终到了亮底牌的时候，你可能会被迫耻辱地败下阵来，或者硬着头皮加入一场很可能会输的战斗。因此，创造一个与个人实际相去甚远的公众形象常常是不太明智的。

接下来，我们会讨论一些人们常常想要呈现给别人的形象。正如上文提到的，大部分人都希望被人看作诚实和值得信赖的。大部分人也都希望被人看作稳定一致的，而非反复无常或者捉摸不定。即便一些消极的自我呈现在某些情况下也是有帮助的。比如，一些酒吧和夜总会里的女性不希望成为男性的“猎物”，就可能会故意表现得不讨人喜欢，她们会不苟言笑，回避目光接触，匆匆结束谈话。人们也许会假装没有能力以逃避一些乏味的杂务或繁重的责任，也会用以麻痹对手。或者他们会看起来对某些问题很困惑，以便从他人那里获得更多的信息。当然，大部分时间我们还是希望在别人眼中能有一个好形象。有三种公众形象是特别有用的：人们希望表现得讨人喜欢、能力出色和位高权重。下面我们会介绍人们为达到这些目标所使用的策略，以及哪些个人和情境因素会使这些目标突显出来。

表现得讨人喜欢

大部分的社会文化都会严厉地惩罚伪装者，这是合情合理的。欺骗性地呈现自己、宣称自己拥有某些实际没有的资质和能力，是在挑战既定的社会秩序，并会给遵守秩序的人带来危险。然而，德马拉的欺骗虽然多次被人揭穿，他却只在监狱里待了很短的时间，这一点可以说是对他的一种巨大的赞美。神奇的是，受到德马拉欺骗的人——那些本应该感到最为恼怒的人——曾多次帮助德马拉摆脱困境，使其能被保释出狱。

弗雷德·德马拉能够在多次伪装暴露后仍安然无恙，是因为他非常了解被人喜爱的重要性。被人喜爱意味着归属，意味着与某个社会网络联系在一起，并享有因此带来的丰富利益。如果我们被别人所喜爱，别人会为我们带来额外的收益，原谅我们的错误，从而总体上使我们的生活更加如鱼得水。因此，我们希望得到别人的喜欢，而我们会为此付出很大的努力。

逢迎的策略

逢迎（ingratiation）是一种试图使他人喜欢自己的策略。我们会用很多方法去逢迎别人。比如要讨好一个新邻居，你也许会帮他一个忙，和他的一个好朋友套套近乎，或者说一些有趣的笑话。有四种逢迎策略似乎是特别有效的（如图4–2所示），在这里我们会一一介绍。

名词解释

逢迎 一种试图使他人喜欢自己的策略。

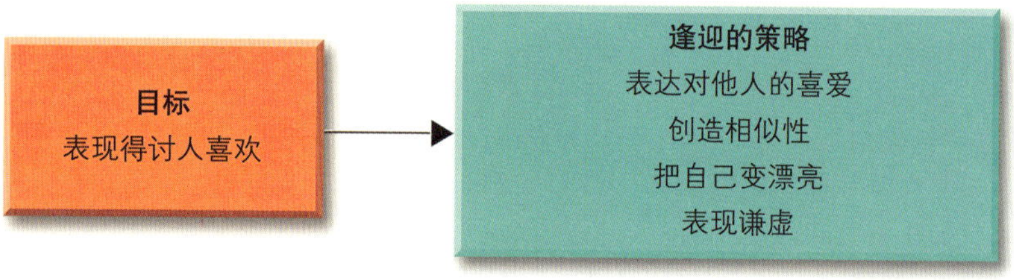

图 4–2　逢迎的策略

注：人们会使用各种各样的策略来使他人喜欢自己。

表达对他人的喜爱

有一句名言警句是这么说的："奉承是得不到好处的。"事实并非如此。只要处理得体，赞美他人是一种让他人喜欢自己的有效策略。比如在一个研究中，女服务生在接受客人点餐后加上一句简单的赞美（"看您点菜真在行啊！"），就可以比对照组（不加赞美）获得更多的小费。想办法让你的同事巧妙地向老板转达你对他的敬重，也可以是一种非常成功的奉承方式，因为这个赞美是来自第三方的，你的老板就不太容易会认为是你的刻意表现。向他人寻求建议也往往会有类似的效果，因为这暗示了你非常认同对方的专业知识。

作为一种逢迎策略，奉承在学前期就开始出现，而且往往是行之有效的：虽然我们听到有人赞美别人的时候，很容易会觉得那是不真诚；但如果有人恭维我们，那就会无比受用。为什么不呢？要知道这个恭维如果是落在了我们头上，那显然并不言过其实！

人们也会通过非言语的方式来表达对他人的喜爱。比如，要是我们想要别人喜欢我们自己，可以无意识地模仿他们的行为——别人跷二郎腿，我们也跷，别人摸下巴，我们也摸，诸如此类。这可是十分有用的：当我们不经意地模仿别人的非言语行为时，会获得他们更多的喜爱；甚至在谈判时，对方还会因此多给我们一些优惠条款。更有甚者，在一个虚拟环境中，实验被试和仿真的、计算机生成的虚拟人物进行"互动"，要是程序设置这些人物悄悄地模仿被试的头部运动，被试也会对他们有更好的印象。还有一个例子，如果你们在上一门社会心理学课程，而其中有些人是真的很喜欢给你们上课的教授，那么这些人在听课的时候就很可能会经常微笑、点头，而且全神贯注，有更多的目光交流。我们作为教授必须承认，学生的这些行为会让我们感觉很好，也很可能让我们反过来喜欢上这些学生。微笑是一种能让别人喜欢我们的特别有力的武器，这很可能是因为在自然微笑的同时，别人会感受到笑的那个人是友善的，是乐于助人的（Mehu，Grammer，& Dunbar，2007）。在《人性的弱点》（*How to Win Friends and Influence People*）这本全球销量超过 1500 万册的畅销书中，戴尔·卡耐基（Dale Carnegie）写道："微笑会说话——我喜欢你，是你令我感到愉快，见到你很开心。"卡耐基深信，一个恰到好处的微笑，其影响力不容小觑，为此他还提供了一些小技巧，教我们如何在不太想笑的时候微笑。这样的建议到底好不好呢？这样到了最后，我们似乎可以假设，所有人都能控制他们的面部表情，而完全分辨不出真诚和虚假。那么，人们是不是真的能够驾轻就熟地操纵自己的微笑？我们又要怎么去判断？

保罗·艾克曼和华莱士·法尔森（Wallace Friesen）于 1978 年对人们在情感表达过程中不同面部肌肉的运动进行了仔细分析，发现虚假的微笑与真实喜悦的微笑确实是存在差别的。真实喜悦的微笑包含两块主要的面部肌肉的运动：颧大肌将嘴角提升至颧骨；眼轮匝肌提升脸颊，缩窄眼睛，在眼角产生"鱼尾纹"（如图 4–3a 所示）。这看起来很容易仿造，其实不然。虽然我们可以很有效地操纵颧大肌来扬起嘴角，大部分人都没有办法有意地收缩眼轮匝肌，这块肌肉并不那么听从我们的指挥。因此，只要仔细观察眼周，就常常能发现虚假的微笑（如图 4–3b 所示）。

虚假的微笑在其他方面也会与真实的微笑存在差异。虚假的微笑更不对称，说明面部两侧的肌肉运动不完全同步；虚假微笑时的肌肉运动更僵硬、不流畅；虚假微笑往往比自然微

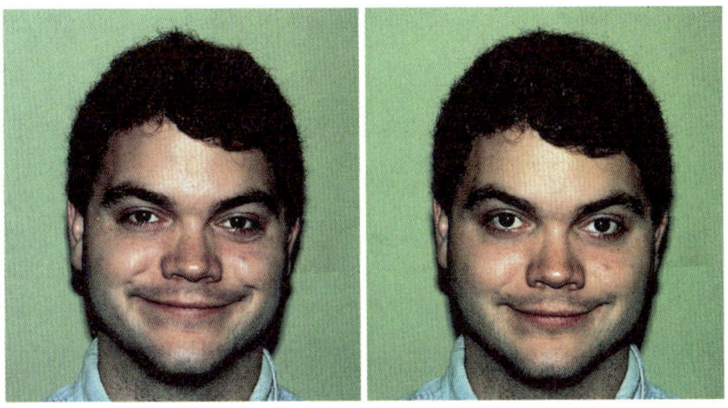

a 图　　b 图

图 4–3　由衷和虚假的微笑

注：并非所有的微笑都是一样的。如果是感受到喜悦的微笑，颧大肌会使嘴角上扬，眼轮匝肌会使眼睛周围的肌肉“产生皱纹”（a 图）。虽然大部分人可以有意识地控制颧大肌，约有 80% 的人无法有意识地收缩眼轮匝肌。因此，眼部周围的肌肉常常能令虚假的微笑现形（b 图）。

笑持续时间更长。这些脸部动态，也就是面部肌肉的运动中存在的差异能让科学家们通过分析视频记录的表情，轻而易举地分辨出虚假和由衷的微笑。那我们其他人呢？在自然的社会交往中，我们看到别人微笑时能不能分清由衷的和虚假的微笑？研究结果告诉我们，虽然不那么在行，我们大多数情况下还是能做到的。所以，用虚假的微笑去讨好别人是一种带有风险的策略。你有的时候会成功——这种情况一般是你在不太了解你的人面前，并且只是对你原本的喜悦笑容稍做夸张。但是，除非你是一个“天生的撒谎精”，否则失败是常有之事，而一旦你失败了，损失是巨大的：你会背上一个虚伪的名声，这也许是最为糟糕的形象。

创造相似性

想象你在一个聚会中，正和一个你想进一步发展的人深入交谈。到目前为止，谈话都是愉快而安全的，你们谈论着双方共同的朋友、最近的坏天气，还有你们都瞧不上眼的写作老师，你觉得这个人对你有好感。随后话题变得严肃起来，对方问：“你对传统的性别规范有什么看法？是不是就应该‘男主外，女主内’？”你的心跳了一下。“我该怎么答？”你想，“我是不是应该猜测一下对方的看法，给出一个附和的答案？如果我们意见不同，对方是不是会因此而变得讨厌我？”

这也是在某项研究中普林斯顿大学的一群女生所面临的困境。这个研究考察人们如何形成对彼此的印象。在研究的第一阶段，这些女生会获得一个即将碰面的男生的信息，信息里会显示这个男生是女生们心仪的（21 岁，高个子，普林斯顿大学高年级学生，有车，运动健将，单身并有意认识女生），或者是不称心的（18 岁，矮个子，其他大学的新生，没车，不善运动，已有女友），还会得知这个男生对女性的看法是传统的（认为理想女性应该是感性、注重外表、被动的，等等）或是非传统的（认为理想女性应该是独立、进取的，等等）。

随后女生填写了几个问卷，告诉她们这些问卷是要给那个男生看的，问卷里面包含了她们自己对性别角色的态度。当面对心仪的男生时，女生会调整她们的看法以附和对方（如图 4–4 所示）。

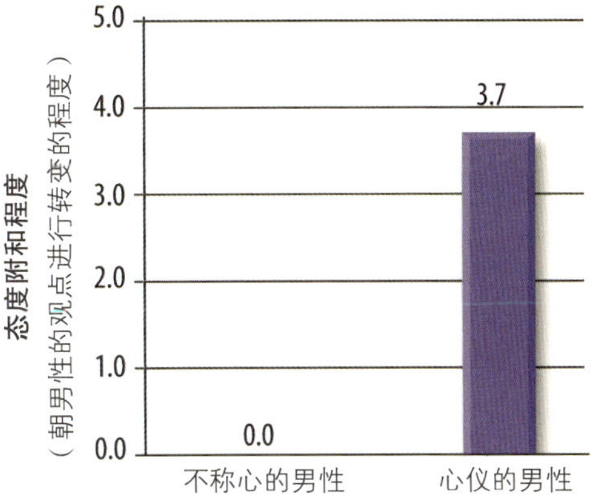

图 4–4　一种逢迎策略的观点附和

注：在一个实验中，当女性将要和一个心仪的男性交往时，会调整自己的观点从而和对方保持一致；而当对方不太称心时，就不会出现这样的观点附和。

资料来源：Reprinted from *Journal of Experimental Social Psychology*，11，Mark P. Zanna1，Susan J. Pack，On the selffulfilling nature of a apparent sex differences in behavior，583–591，1975，with permission from Elsevier.

另一个研究证明，男性在对心仪的女性陈述自己观点时也会有同样的表现。归根到底是什么造成的呢？当我们希望得到别人的喜爱时，常常会调整自己公开发表的观点。但原因何在？

在其他条件相同的时候，人们会喜欢那些和他们相似的人，而不喜欢与他们不同的人，并且我们是知道这一点的！人们喜欢与他们相似的人，如在穿着、对电影和食物的品位以及观点等方面相似，甚至只不过是姓氏中有几个字母相同（见第7章）。于是很自然地，我们常常会改变自己的穿着、行为、公开的观点甚至饮酒量，创造一些相似性来讨好别人；也不难理解，为什么我们要尽量避免与我们想讨好的人表现出不一样，因为表现出不一样（如风格各异、行事不同、意见相左）会降低他们喜欢我们的可能性。当我们把自己变得更像别人时，他们会更喜欢我们。

把自己变漂亮

“我没有合适的衣服，没有好看的脸蛋，我只好坐下来，看到那些得天独厚的女孩子们是多么惬意。这就是生活的奖赏。如果你长得漂亮，生活就会奖励你。”这是辛迪·杰克逊（Cindy Jackson）的想法，在她新得到一笔遗产后，就决定改头换面，要从一个没有人“会看第二眼”的女人变成她心目中的理想型——芭比娃娃。33岁时，她开始通过外科整形打造自己：两次鼻部手术，一次丰唇，一次缩下巴，隆胸（后来移除），多次抽脂、丰颊、化学换肤、植发，三次面部拉皮，永久纹绣，等等——总共47项改动，其中包括九次手术。最近，杰克逊接受了又一组九项手术，再次重塑她的身体外形——这次她参照的是20世纪六七十年代法国标志性的演员碧姬·芭铎（Brigitte Bardot）。

◎ **从芭比到芭铎**。辛迪·杰克逊从来都不喜欢她自己的样子，所以通过整形手术（总共大约60次）她开始把自己改变成她心目中外表完美的女人——芭比娃娃，后来则是要变成20世纪六七十年代的文化偶像碧姬·芭铎。杰克逊如此追求要变漂亮是不是太极端了？就我们日常的标准而言，是。从实用的角度来说，这是不是完全被误导了？也许不是。研究证明，不管我们喜不喜欢，漂亮总是占便宜的。

我们不知道辛迪·杰克逊做这些所获得的利益是不是超过了她所付出的代价，包括身体上和经济上（她为此的花销超过了10万美元）。不过我们知道的是，外表有吸引力的人确实比不漂亮的人更讨人喜欢。漂亮的人看起来更诚实；漂亮的人更容易受聘获得管理职位，或者被选入公职，即便面试官和投票者都否认他们受到了外表的影响；漂亮的人在轻罪案中要交的罚款和保释金相对更少，在重罪案中的量刑也较轻；漂亮的人工资更高：以中等相貌的人为基准，不漂亮的人收入少了7%，而非常漂亮的人则多了5%——在其他条件相同的情况下，这12%的收入差异相当于教育程度相差1.5年所带来的差异！外表有吸引力的人在亲密关系中更受欢迎，这个我们在第8章中也会看到；甚至可爱的新生儿也可以得到母亲更多的喜爱。毋庸置疑，漂亮是有好处的。

了解了这一点，大部分人都会努力要把自己变得更有吸引力。我们看看下面的数据：

- 2013年，美国人进行了超过1100万项外科整形手术和非手术程序，比2006年增长了8%；
- 时下最流行的美容程序是肉毒杆菌注射，这项程序在2013年实施了370万次，其主要功能是减少眼部、嘴巴和额头附近的皱纹，需要在产生这些皱纹的面部肌肉中注射一种麻痹毒素；
- 全世界范围内，化妆品是一项年销量200亿美元的产业，香水和古龙水制造商每年则要售出价值100亿美元的香味；
- 目前，有500万美国人（其中有100万是成人）

带牙套和其他牙齿矫正器械，他们大部分都是为了改善自己笑起来的样子；
- 美国人每年在减肥食品、补品、书籍和减肥计划上的花销达60多亿美元。

再想一下我们花在美发、珠宝、文身和衣服上的时间和金钱，也不要忘了那些更危险甚至威胁到生命的爱美行动：比如让自己接受太阳的炙烤，实行严酷的节食计划，使用增强肌肉的激素。

我们希望别人喜欢我们，并且知道变漂亮能有所帮助，因此我们自然很愿意去付出许多代价来购买辛迪·杰克逊所说的“好看的脸蛋”。

表现谦虚

如果你在一次考试中发挥出色，取得了全班最高分，你会不会马上到处宣扬？除非你想惹人讨厌，否则不要！淡化自己成功的人比那些炫耀的人更受欢迎。于是，我们常常在公众面前把自己的成功归功于别人的帮助，并且小心地指出自己在其他一些——不太重要的——领域中的弱点。

然而，表现谦虚也有风险。如果人们不知道你的那些成功，当你宣称自己没什么天资的时候，他们也许会真的相信你；如果你太过谦虚，人们可能会觉得你的自尊感太低，或者对自己的洞察力不够；而如果你在低调处理的时候表现得不够真诚（“哦，这个奖励算不了什么”），人们也许会认为你过于自负和傲慢。抛开这些风险，谦虚的人还是比较容易讨人喜欢的。

虽然全世界的人都很看重谦虚这种品质，其中还是存在一些有趣的文化差异。回想一下穆罕默德·阿里（Muhammad Ali）的例子，他是那个时代甚至有史以来最出色的重量级拳手，然而，他的自负宣言——“我是最棒的”——却不一定能获得拳迷们的青睐，尤其是许多美国白人都不太喜欢阿里。虽然讨厌阿里的这些人里面有一些实际上是种族主义者，但是其他一些20世纪七八十年代的美国黑人拳手，比如乔·弗雷泽（Joe Frazier），就很受欢迎。所以，白人对阿里不太好的印象一定程度上可能是来自他的自我呈现风格——爱夸口、不够谦虚。

◎**“我是最棒的！”**也许他的确是。但是穆罕默德·阿里大胆的自我宣言并不能让他获得很多美国白人的青睐，即便他的自负源于事实，有些人还是不喜欢。

这个例子指出黑人和白人对于自夸的社会接受程度存在文化差异，一个研究考察了这种差异。这个研究让非裔和欧裔的美国大学生阅读三名男生的简短自我介绍，然后再看一份对话誊录稿——是这三名男生之间关于旅行经历、学业成就、体育技能等话题的讨论。其中一个学生被设定为非自夸者，将自己的长处说得轻描淡写；第二个描述为不诚实的自夸者，其自夸的事情是不真实的；第三个则表现为一个诚实的自夸者，对自己真实做到的事情进行炫耀。结果发现，黑人和白人学生都同样地喜欢非自夸者，同样地讨厌不诚实的自夸者，而他们对诚实的自夸者则持不同的印象：黑人学生比白人学生更喜欢这个诚实的自夸者。显然，非裔美国学生比欧裔美国学生更接受诚实前提下的不自谦。

这并不是说欧裔美国人就特别谦虚。事实上，与亚洲血统的美国人相比，欧裔美国人就变得特别自负了。全世界范围内，亚洲人在自我呈现中尤为谦虚，他们奉行孔子的一句格言："君子耻其言而过其行"。

不过，我们要小心不要将这些数据过度推广。种族本身不太可能完全解释亚裔、非裔和欧裔美国人在言语自谦上的差异。比如，在一个对尼日利亚人的研究中，博斯基（Boski）发现不同部落中的谦虚规范亦各不相同：豪萨族（Hausa）强调谦虚，而伊博族（Igbo）则容许更多的自我推销。另外，鉴于大部分对谦虚的研究关注的都是言语自我呈现，我们对所谓的物质自谦（比如展示昂贵的汽车珠宝等）中的文化差异了解并不多。

总的说来，谦虚规范和其他的许多规范一样，即不同文化之间存在有趣的相似性和差异性。虽然所有的文化似乎都不太赞同欺骗性的自我抬高，但有些文化相对会更鼓励自谦。

到这里，我们描述了人们用来逢迎他人的四种策略：通过奉承和某些非言语的表达，人们试图说服别人喜欢自己；人们指出自己与他人的相似之处；人们将自己的外表变得更有吸引力；人们谦虚行事。现在我们来考察一些个人和情境因素，这些因素会促使人们去讨好他人。

个人 性别与逢迎

一天下午我们去图书馆，看到那里有一些为青年男女提"建议"的书。这些书大都写于18世纪和19世纪，书里的内容概言之，给男士的建议不外乎勤奋、成就和追求地位等；给女士的建议则大不相同，往往都强调讨人喜爱和言行得体的重要性。比如在《女性教育讲座》（*Lectures on Female Education*）一书中，约翰·巴顿（John Barton）告诉女校的学生们要懂得"取悦和吸引"。他对愉悦、温和、谦虚、美丽所带来的好处赞美了一番，并且告诉女孩子们："一个人的行为如果能体现这些宜人的品质，不仅赏心悦目，还能发挥实际的作用"。当时的一些女性作家也给出了类似的建议，她们特别强调合宜的穿着举止能够为女性加分。这些文章的含义很明确，女性应惹人喜爱。

当然，这些指导都是很久以前的，那时的社会与现在已经大不相同了。然而可能会出乎某些人的意料——即便到了今天，在讨人喜欢这方面，女性似乎还是普遍要比男性更为看重。因此，女性在某种程度上比男性更可能会去使用我们前面提到过的那些逢迎策略：在社交情境中，女性相比男性会笑得更多，也更愿意调整自己的观点去附和他人；女性比男性更关注外表的吸引力，91%的外科整形手术和程序是为女性实施的）；女性也将自己表现得更为谦虚，尤其是在公共场合中。

这并不意味着男性就在逢迎他人方面毫不在意，事实远非如此。获得他人的喜爱几乎对所有人来说都非常重要，男性甚至可以和女性一样地去讨好他人。事实上，当年轻的黑人男性担心遭受种族歧视时，他们会刻意微笑，以消除他人可能认为他们是危险的担忧。但是，总体来说，其他自我呈现的目标，比如想表现得有力量和有支配权，吸引了男性更多的注意力，这个差异我们会在本章的后面进行讨论。

为什么逢迎对女性来说相对更重要一些？一种解释认为，女性赏心悦目的自我呈现能够获得更多的回报。与此相一致的是，女孩子在

◎**魅力**。长久以来，礼仪书籍一直教导年轻的女性：将自己表现得讨人喜欢具有很大的价值和作用。尽管时移世易，礼仪手册和"魅力学校"不再流行，现代女性依然比男性更为关注如何获得他人的喜爱。

青春期的成长过程中会变得越来越举止合宜，这可能是因为她们在慢慢地学习社会对她们的期望。生物学因素可能也很重要：与男性相比，女性的睾酮水平通常低很多。睾酮这种激素会在性发育的许多重要方面都起到关键作用，睾酮水平高的人想从别人那里得到他们想要的东西，会采用更为对抗和强硬的方式，他们更不友善，更不懂得顾虑他人，也笑得更少；相反，睾酮水平较低的人则更友好，更愿意用礼貌和社交礼仪来达到目的。因此，社会化和生物学因素都可能导致女性对逢迎他人有更多的关注。

情境 潜在的朋友和掌权者

不单单是个人特征会使人们想要去逢迎他人，当人们希望与他人建立或维持朋友关系，或者当他们与比自己地位高的人交往时，也会特别愿意去逢迎他人。

朋友情境

当我们希望与别人发展或维持积极的关系时，我们会特别注意去讨好他们，这几乎是不言而喻的。在一项研究中，被试接受一个好朋友或者陌生人的访谈，评价和探讨自己如何展望一个成功的职业生涯、满意的人际关系等，结果发现被试在面对好朋友时比面对陌生人的时候表现得更谦虚。当我们想要维持朋友关系时，一方面会很小心不把自己的牛皮吹得太响，另一方面我们也会更多地微笑，说对方更多的好话，把自己变得更有吸引力等。

与位高权重者交往

那些权力地位很高的人往往更不关心自己是否被他人所喜欢，毕竟这些人可以通过施展他们的权力来获取想要的东西——“史密瑟斯，你要是不好好工作，饭碗就保不住了！”当然，那些没什么实权的人就不太会考虑用这种威吓的方法了，他们会关注如何让别人喜欢自己。举例来说，社会地位较低的人特别容易调整他们公开的观点，对访问者的问题会给出一些更被社会认可的答案；而有些雇员如果想与上司搞好关系，也会特别去奉承他们。另一个研究中，女性会猜测面试官的喜好，然后以此来改变外表：如果预期面试官是一个传统的男性，而不是一个非传统的男性，女性就会更着力化妆，并且佩戴更多的珠宝。

事实上，讨好掌权者是非常有效的，尤其是在商界。在一项对大学毕业生的研究中发现，对上司的逢迎努力（如赞扬或是装作同意上司的观点）是职业成功的第四大影响因素，前三大因素则是每周工作小时数、工作年数和婚姻状况。与之类似，受到上司喜爱的员工薪水更多——在一项研究中，受到喜爱可以在工作表现的影响基础上获加 4%~5% 的工资。

尽管位高权重者有更多的方式来施展影响力，而更少地依赖于逢迎，他们也同样希望得到他人的喜爱。有趣的是，与没什么权力的人相比，他们倾向于使用不同的逢迎技巧。因为他们不太可能会被看作“拍下属的马屁”，所以对他们来说，通过施恩和赞美来获得别人的喜爱就相对保险一些。相反，掌权者也不太会通过附和下属的意见来获得喜爱，因为这么做很可能会威胁到他们的地位。

交互作用 多个观众

如果我们要同时逢迎两个价值观相对的观众，获得他人的喜爱就变得特别棘手。比如考虑下面这些困境：一名学生想向教授“拍马屁”，但却有其他同学在场；或者一名政治家在一个全国性的电视演讲上，想同时得到反堕胎和支持堕胎的两方投票者的支持。在众目睽睽之下奉承教授会惹来看不惯此类行为的同伴的反感，对反堕胎者的声援则会使这个政治家失去支持堕胎者的喜爱。人们是如何应对这种**多个观众困境**（multiple audience dilemma）的呢？

名词解释

多个观众困境 个体（常常是同时）需要对不同观众呈现不同形象的情境。

只要有一点点可能的话，我们会尽量把不同的观众分开。于是，想拍马屁的学生可以等去了教授办公室后再私下里使用他的小伎俩，而那位政治家也可以在会见反堕胎者时用一套说辞，会见支持堕胎者时用另外一套。或者，我们也可以决定哪部分观众对我们来说是更重要的，比如那个学生觉得还是同学的友谊比较重要，所以选择暂时不去讨好教授。

然而，有些时候我们别无选择。我们不能每次遇到这种情况都把观众分开，有时也的确同时需要两方观众的正面印象。即便如此，人们在面对众多观众时还是能够游刃有余。为了巧妙处理这些观众的对立要求，他们可以“调和”自己的呈现——将自己的观点落到两方观众的对立观点之间。当然，使用这种策略的人也有可能同时被两方观众讨厌。例如，一名总统竞选者如果在堕胎问题上模棱两可而又言之无物，就可能会有这样的后果。人们也许还会尝试通过不同的沟通“渠道”来呈现不同的信息：一个学生可以一边打电话给教授要求将论文延期，说一些课程的好话，一边在同学面前扮鬼脸以博得喜爱。

最后，不同的观众对我们的了解可能是不一样的，我们也可以利用这种信息差异来应对多个观众困境。在一个研究中，学生们首先要分别和两个人进行交谈，在其中一个人面前表现成“书呆子”，在另一个人面前则把自己呈现为“派对狂”，随后，他们要在一个交谈中同时面对这两个人，并且还要维持这两种不同的形象。结果显示，他们能成功地完成任务，部分原因在于虽然他们在不同的观众面前说的话相同，但是这些话对不同的观众来说含义不同。比如，他们说：“这和我之前说的一样，用星期六的时间去做一件事是再好不过的了，并且只能做一件事。”由此同时强化了他们在前者心中的书呆子形象，以及在后者面前的派对狂形象。

于是，不同观众所持的价值观会交互作用，影响我们采用何种方式来让别人喜欢我们。如果每一个观众的价值观都是相同的，我们可以毫不困难地塑造自己的形象来配合他们。而如果不同的观众所持的价值观不同甚至互不相容，那么要使逢迎策略有效地发挥作用就不那么容易了，自我呈现者必须更有创造力，才能圆满完成目标。

小调查

为什么获得他人的喜爱对人们这么重要？我们在第7章中将会了解到友谊所带来的好处以及被他人孤立所带来的损失。你认为其中的好处和损失有哪些？

表现能力出色

如果德马拉假扮的是一名邮递员、清洁工或服务生会容易很多，他聪明绝顶、精于世故，对这些工作能迅速上手并游刃有余。但是，他却决定让自己去伪装大学教授、会计、外科医生等专业要求非常高的职业，要在这些更为技术性的行业中蒙混过关，德马拉就必须向别人证明自己是可以胜任的——他和其他经过训练并获得正式证书的人一样，拥有充分的知识和能力。

即使不是为了伪装，一个人也需要向别人证明自己的能力。想要吸引和留住病人，医生必须表现自己的能力；想要晋升到管理级别，销售员必须表现自己的能力；想要在课间加入同学的球队，孩子们必须表现自己的能力。事实上，人们有时会太过关注于表现能力，反而可能无法集中精神做好手头的任务。下面我们会考察一些人们用来表现自己能力的策略，以及哪些个人和情境特点会促使人们去表现能力。

自我推销的策略

德马拉选择的职业都需要多年的专业训练，于是我们不禁很好奇，他的同事为什么从来没在工作中揭穿他，从来没意识到他是一个骗子？德马拉非常受欢迎，这点帮了他的忙，因为这样人们就不太会怀疑他的能力；另外，也是因为他是一个工作勤奋而学习能力很强的人。不过他还是要了点花招，使用了一些**自我推销**（self-promotion）策略，也就是人们为了塑造能力出色的形象所做的一些行为。虽然德马拉所用的策略有时显得过于夸张大胆，不过也更鲜明地向我们展示出了人们日常所用策略背后的一些原则（如图4–5所示）。

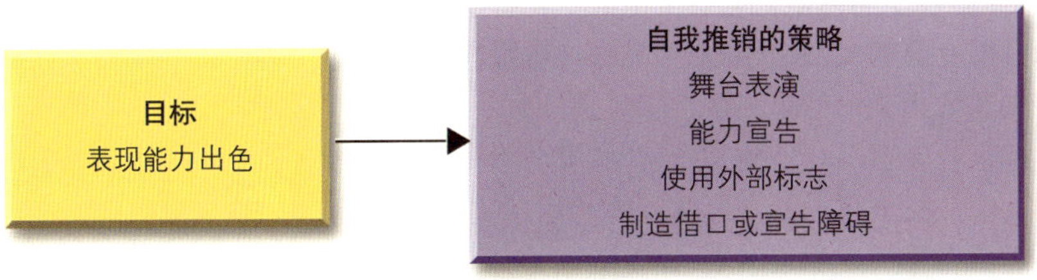

图 4–5　自我推销的策略

注：人们会用各种各样的策略来让别人认为他们是有能力的。

名词解释

自我推销　一种为了让别人认为我们有能力而做出的努力。

舞台表演

一个人的能力要获得大家的公认，必须真的表现出能力。遗憾的是，我们的成就常常不为他人所知：也许当你在社区游泳池里完成一个漂亮的入水时，爸爸的头刚好转开没有看到；又或者当你最终弹会了那段极难的钢琴曲时，妈妈却正好在院子里做家务。正因为成功有时会遭到忽略，所以我们会寻找和创造机会把自己的表演搬上舞台，在公众面前证明我们的能力——在我们准备从高高的跳台上跃下的时候，巧妙地叫一声“看着，爸爸！”。再举个例子，如果你是一位技艺高超的舞者，想向一个新的恋爱对象展现自己的才艺，博得对方的好感，你也许就会很想把一次约会安排在一个有音乐和舞池的地方。

当然，这种舞台策略也有其弊端　如果你对某些事情不那么在行（比如舞姿笨拙），你就会倾向于回避这样的公共舞台。德马拉对这两方面都很在行：一方面，他常常选择教师和医生这样的职业，因为他的观众——学生和病人——相对缺乏相关的专业知识，很容易就会肯定他的能力；另一方面，其他专业人士在场的时候，他会尽一切可能回避展示自己没有把握的技能，必要时还会悄悄溜走。

舞台表演可以非常简单，只需将自己置身于聚光灯或公众的注意之下。在一个研究中，被试如果预期自己在一个模拟游戏表演中表现出色，就会选择一个靠前或者中间的座位；而同样不出意外，预期自己表现会很差的学生则选择了靠边的座位。

有时也会有事与愿违的情况出现：我们无法公开表现自己的能力，或者不得不在公众面前展示自己的无能。老板并不会时刻守在我们身边等着我们灵光一现，有时我们会在不得已的情况下被拖进舞池，所以我们也需要依靠其他的技巧来展示自己的能力。

能力宣告

有时如果我们想让别人知道我们的能力，就直接把自己的成就告诉别人。事实上，在获得“邀请”的情况下，口头的能力宣告收效显著。比如，如果你在面试一份工作，用言语自我推销来传达自己的能力不仅合宜而且有效。如果这种言语的能力宣告是出自他人之口，对我们更是大有裨益。这也是德马拉最喜欢用的花招之一：他会伪造一些德高望重者的推荐信，在信中盛赞自己的能力。

然而，口头宣告能力也可能存在风险，很容易会被认为不谦虚——我们刚刚学过，不谦虚的人往往不讨人喜欢。另外，人们常常还会认为真正有能力的人是不需要说的——因为他们的表现会“自己说话”。于是，当人们真的大胆地强调自己的能力和成就时，可能恰恰在无意中传达了相反的信息——他们实际上并没那么有能力。因为自我推销的言语会给人以不谦虚的印象，并且可靠程度不高，于是如果人们没能很巧妙地传达信息，也许反而会对自己的职业成功产生不利的影响。

使用外部标志

当人们寻找自我推销的策略时，常常会获得这样的建议：用一些可以体现能力的道具和习惯来装点自己。比如，人们可以表现得忙碌——在日程表上写很多东西或者等一段时间再回电话——因为成功人士往往少有闲暇时间。德马拉善于通过着装和看似专业的文具来传达有能力的形象，他的逻辑非常正确：如果一个人看起来像一名医生，大家就更容易相信他是一名医生。使用一些道具来自我呈现也是常有的，后面我们在说到人们在表现权力地位时所用的手段，会进一步讨论这个问题。

制造借口，声称存在障碍

“阳光太刺眼了！”——在一次低级的判断失误后，垒球外场手这么解释。“狗吃了我的作业！”——一名六年级学生又一次迟交作业时，为自己辩解。这些经典之作说明，人们在表现不尽如人意后制造借口是再容易不过的事了。事实上，人们甚至会在表现之前就制造一些借口，告诉观众在自己的成功道路上可能会出现什么阻碍。虽然这些借口有时是确实存在的，但也有一些时候，这些借口根本不能作为表现糟糕的原因，只不过是令借口制造者们对自己的表现感觉好过一些，也帮他们挽回一些形象。

◎**借口，借口**。为了维持能力出色的名声，我们有时会为自己的失败制造借口。道格拉斯·伯恩斯坦（Douglas Bernstein）汇编了一串有趣的、奇怪的、不寻常的但确实用过的借口，都是学生们用来逃避考试、交学期论文的：“我迟交论文是因为我的鹦鹉往我的电脑里拉屎了（‘我的狗吃掉了我的作业’的与时俱进版）。”“我不能完成论文是因为我刚发现我的女朋友是一个女色情狂。”还有一个是我们学校的，发生在一贯阳光明媚的亚利桑那州：“我昨天无法参加考试是因为昨天乌云密布而我又开了辆敞篷车。”

制造借口和声称存在障碍有自我推销的价值，这种价值来自我们在第3章中讨论过的打折和扩大原则。如果别人相信你确实被太阳刺到了眼睛，他们就不太会把你笨拙的表现和你的垒球技术联系起来，而如果你在阳光刺眼的情况下仍然成功地接到了球，你的球技名声就会增值。所以，制造借口和声称存在障碍可以在我们失败时保护我们的形象不受到能力不足的影响，在我们成功时则帮助我们建立能力出色的形象。

当然，找借口也伴随着极高的自我呈现风险。比如，为了保护自己能力出色的形象，我们所找的借口可能会令自己看起来不可靠或者不守信（比如“我不能按时完成这个任务，因为我姐姐请我去拉斯维加斯陪她过周末”）。如果你在借口里责怪其他人，可能会被看作以自我为中心。而如果最终发现你的借口是假的，那别人对你的信任度就更是大打折扣了。因此，制造借口是很有风险的。

为了成功而声称存在障碍是一回事，为自己制造障碍则是另外一回事了。然而，人们有时就是会做这样的事情。通过**自我妨碍**（self-handicapping）——为自己制造一些情况，对能力表现产生阻碍，使得我们无法证明自己真正的能力——这样我们可以降低别人将我们的失败归因于能力不足的可能性，增加别人将我们的成功归因于能力出众的可能性。

名词解释

自我妨碍 停止努力或为将来的成功制造障碍的行为。

小调查

你有没有认识什么人会自我妨碍？结果是什么？当你知道了人们为什么要自我妨碍——

联结：适应与障碍

自我妨碍的悖论

一位著名的新闻主播，有着自己梦寐以求的成功，却选择滥用药物而舍弃了她的大好事业。一名高中生被评为“最具成功潜质”而进入一所名牌大学，却在学业上变得极其不上心，最终退学离开。

你认不认识这样的人——早期有了一些成功之后，就开始做出一些行为而使自己离成功愈行愈远？如果人们怀疑自己早先的成就并不能准确反映他们的个人能力和努力，自我妨碍就特别可能出现。比如，那位电视主播也许会认为她飞速的成就来源于她的美貌和运气，而那个学生则可能会把自己的学业成绩归因于他富裕的家庭背景所带来的优势。

而这种信念的结果就是，人们会担心类似的高水准表现很难维持下去，于是由过去的成功所建立起来的自我和公众自尊会瓦解。因此为了维持能力出色的公众形象，维持他们脆弱的能力信念，自我妨碍者就会停止努力，或者为未来的表现制造障碍。要是他们在有所阻碍的情况下依旧成功了，人们就会（根据扩大原则）很合理地得出结论，他们是能力卓绝的；如果他们失败了，人们也会（根据打折原则）很合理地得出结论，是这些障碍导致了失败。不论哪种情况，在停止努力或者逼迫自己越过令人生畏的阻碍之后，自我妨碍者都可以维持一个能力出色的公众和自我形象。

某些人会比其他人更容易自我妨碍，如效能感脆弱的个体和那些强烈希望证明自己能力的个体都更容易自我妨碍。有趣的是，虽然男性和女性在失败后都很善于为自己寻找障碍，男性会在他们自己的成就道路上铺设更多的障碍。而尽管高自尊和低自尊的人都会在某种程度上自我妨碍，他们的理由似乎是不太一样的：高自尊的个体是为了强化他们已有的正面形象，而低自尊的个体则是为了保护自己不怎么样的形象免遭失败的进一步打击。

大学生——也许像你认识的一些人——在面临困难的任务时是如何自我妨碍的？我们来一一细数他们所用的方法：

- *在任务之前或任务过程中使用损害认知的药物；*
- *有机会也不做练习；*
- *在任务之前酗酒；*
- *在任务过程中听吵闹、分心的音乐；*
- *选择无法达到的目标。*

事实上，我们对自我妨碍的选择是多种多样的，我们猜想你至少亲眼见过其中的几种。

这些自我妨碍策略带有严重的长远损失。人们在道路中设置险要的障碍，从实际上降低了他们未来成功的可能性。而且，随着时间的推移，习惯于自我妨碍的人会表现出健康问题，报告更多的是对酒精、大麻和其他非法药物的使用。人们会做很多事情来破坏他们未来的成就和更好的形象，正是因为他们非常在意自己能否表现出一个能力出色的形象。于是这里就存在着自我妨碍的大悖论：我们希望表现出自己能力出色，但这种强烈的渴望却使得我们在某些情况下做出的行为，反而阻碍了我们的出色表现。

为了维持能力出色的公众和自我形象——你会做些什么来帮助人们减少这种破坏性行为？

总的说来，人们可以通过舞台表演、口头宣告、外部标志、为失败提供借口、为成功宣告或制造障碍来塑造一个能力出色的形象。下面我们来讨论对哪类人来说能力出色的形象尤为重要，而在什么情况下，我们大多数人会渴望表现自己能力出色的一面。

个人 胜任动机和羞怯

德马拉讨厌失败，一旦他将自己的超凡能力用于某一件任务，就下定决心必须成功。他要做的不单单是“合格”，而是卓越，他也希望被看作最好的。德马拉有很高的**胜任动机**（competence motivation）——有所作为的渴望。人们的胜任动机高也许是缘于一些内在原因，就是说觉得能够精通一种能力是很有趣而有挑战性的，这种典型的动机叫作成就动机。或者人们也可能是因为成功可以为他们的公众和自我形象增光，所以才有很强的胜任动机，在这种情况下，成就是由外在的需求驱动的——希望被人看作（或者自己看待自己）能力出色的。尽管关于胜任动机影响自我呈现的研究很少，但研究证据支持这两者是相互联系的。比如，那些在外在胜任动机上得分高的人会迅速将成功归于自身，这些人在工作中也更愿意通过专业化的着装等外部标志来呈现自己。对某些人（那些关注于公众成就的人）来说，表现一个能力出色的形象尤为重要。

名词解释

胜任动机 有所作为的渴望。

羞怯 在陌生的社交情境中或不熟悉的人面前感到紧张、焦虑或尴尬的倾向。

即使大部分人至少在某些情况下会希望被看作能力出色的，还有一些人就不太愿意采用我们说过的这些能力策略来达到这样的目的。有些人会体验到频繁或长期的**羞怯**（shyness）——他们在不熟悉的社会交往中，或者甚至只是想象和预期有这样的社会交往时，就会容易感到紧张、焦虑或尴尬。羞怯的人会焦虑地沉浸于自我的世界中：在社交情境中，他们会用大量时间来考虑自己的感受、行为，以及如何与他人互动（“为什么我会这么紧张？她怎么看待我真的很重要么？我完全不知道接下来该说什么了”）。

与不害羞的个体相比，羞怯的人更不会直白地推销自己的能力。他们的自我呈现是倾向于保护性的：羞怯的人关注如何避免不良的公众形象，而不是努力去获得一个更好的公众形象。羞怯的人试图回避不熟悉的社交情境，约会频率更低，喜欢单独工作而非与他人一起，并且在大学教室里倾向于选择靠后和靠边的座位，以策安全。他们将自己保持在注意的聚光灯之外，由此可以减少被人发现能力不足无法胜任的风险。当他们不得不与其他人待在一起的时候，害羞的人会尽可能减少需要表现能力的社会压力，他们甚至可能会故意失败，以降低其他人对他们的期望。他们也相对不太会对

◎**在自我推销的世界里害羞。**害羞的人即使只是想象自己处于不熟悉的社交情境中，也会变得焦虑。因此，在可以使用舞台表演、能力宣告、制造借口和其他大胆的自我推销策略的时候，他们也可能会错过这样的机会而无法实现个人或者职业的发展。羞怯会以很多方式对人们造成损害。

自己的表现进行自我妨碍。

这并不是说害羞的人就不希望给人以能力出色的印象，只是如果他们知道以后可能需要证明自己的能力，在自我推销的时候就会比较谨慎，以减少名不副实的可能性。因此，虽然害羞的个体不太容易自我妨碍，但当他们面对一个很可能会表现失败的情况，如果情境中已经存在了一个明显的借口，他们也会大胆地利用这样的机会来宣告障碍，以此自我推销。

害羞的人不愿意主动地推销自己，这也许会带来很大的损失。比如有些研究认为害羞的个体大材小用和事业失败的可能性更高。娴熟的自我推销所带来的好处是害羞的人们很难获得的。

情境 当能力至关重要时

在某些情况下，我们会比另一些情况更关注自己是不是表现了能力。比如，你在舞厅里，与你在心理学课堂上相比，会更希望别人称赞你是一个优秀的舞者。类似地，某些人会比另一些人更容易激发人们对能力的关注。比如你在恋人面前，而不是在你的化学教授面前，也会更希望自己看起来舞艺超群。当然，也会在某时某地，我们对任何的自我推销都没什么兴趣，比如当一个父亲沉浸于亲子游戏中时——这也许可以解释在这些情境下常常会出现一些

愚蠢的手势和表情，如果放到公司会议室中，这大部分的手势和表情都是非常尴尬的（更不用说对一个人的声誉会造成什么损害了）。

失败，或者对正在逼近的失败所产生的恐惧，会放大人们对能力表现的关注。如果你希望别人认为你很聪明，那么考试失败对你来说就会是一个很具威胁性的经历，这个经历可能会令你把手伸向自我推销的锦囊。在一个实验中，如果学生得知自己在一个社交敏感性的测试中表现很差，之后就会特别表现自己适应良好；对比之下，得知测试表现良好的学生就会更为谦虚地自我呈现，因为他们的社交能力已经在测试中得到肯定了，他们会更关注获得喜爱。另一个研究中，一部分被试得知他们在一个学业成就测试中表现不如实验中的同伴，并且他们的同伴之后会看到他们的分数并对他们进行评价。为了抵消他们相对不太好的表现的影响，这些被试向同伴提到自己过去的学业表现时会更多地撒谎如夸大他们在高中的 GPA 成绩、吹嘘自己的写作能力等。表现能力的渴望在一些模糊的情境中可能会尤为强烈，因为个体对他们的地位不甚确定（Yun et al.，2007），而在充满压力、竞争很强的情境下也会出现类似的情况。讽刺的是，这样的情境也会增加表现者“掉链子”或大失水准的概率。

交互作用 能力检验

与害羞的个体不同，社交自信的人往往会利用各种机会来展示他们的能力，尤其是在当众失败之后。这些个体在自我推销时会不会完全不顾一切，毫不考虑他们当前的处境？应该不会。詹姆斯·谢泼德（James Shepperd）、罗伯特·阿金（Robert Arkin）和琴·斯劳特（Jean Slaughter）于 1995 年的研究证明，即便是社交自信的个体也会根据自我推销的风险进行调整。在他们的研究中，被试会得知他们在一个智力测验中表现很差或表现很好，另外，实验者还会告诉一部分被试后面会再次进行测试，随后被试要填写一个简短的问卷，其中需要他们估计自己未来在相同或类似测试中的表现。不管是哪种条件下，羞怯的被试都会比较谦虚地估计自己，不会出现夸大未来成功的趋势。相反，社交自信的个体在失败后会迅速利用这个机会来宣告他们未来的成功，但前提是他们不会马上再次接受测试。如果他们知道自己再一次的表现还是会得到评价，在预测的时候就会更谦虚。因此，这个结果说明了一个个人–情境的交互作用：社交自信的人在面对一个特定情境（在一个重要的测试中表现失败并且不会立刻接受重测）时会尤为倾向于以某种方式表现自己，从而重塑他们因失败表现而受损的名声（宣称他们将来的表现会成功）。

交互作用 自我推销的人际循环

我们已经学过，人可以改变他们的处境。罗伊·鲍迈斯特、黛布拉·赫顿（Debra Hutton）和黛安·泰斯（Dianne Tice）于 1989 年进行了一项实验，考察一个人的自我推销会如何创造出一种社会情境，使得其他人也感到被迫要进行自我推销。研究招募两两配对的被试参加实验，告诉他们这是一个关于群体面试的实验，在面试之前，每对被试中的一名学生会被标记为“主角”，实验者会背着另一名学生告诉主角要尽可能地努力推销自己，或是谦虚地呈现自己。随后面试官在面试过程中问了这些学生一些问题，包括他们的职业前景、与异性的关系等，每次都从主角开始回答。与预期相符，按照实验者的要求，自我推销组的主角比谦虚组的主角提供了关于自己更多有利的信息。然而有趣的是，自我推销者的同伴也会比谦虚者的同伴更有利地呈现自己，说明人们能够随情境调整自己，自我推销者创造了一种环境，使得情境中的同伴感觉到压力，被迫也要自我推销。

小调查

回忆一次你与某个人进行自我推销“比赛”的情况：“我做了这件事。”“嗯，我做了……”“嗯，我做了……”这场比赛是如何开始的？你能否回忆一次与某个人进行自我贬低比赛的情况：“我做了这件事，我实在太蠢了。”“如果你觉得这就算蠢，听听我做的那件蠢事……”这又是为什么会发生的？这两种情境会以怎样的方式相联系？

传达地位和权力

童年的某个经历一直在德马拉的心中挥之不去。他的父亲当时是一个富有的商人，拥有好几家电影院，他们家境殷实，住在小镇昂贵地段的一间大房子里。德马拉四岁生日的时候，父亲把所有的仆人都集中在家里巨大的螺旋楼梯前，在闪耀的玻璃烛台下面。“今天我的儿子四岁了，从今天开始，他就是一个小绅士了，”他宣布道，“从今天起我希望你们所有人能把他当成小主人那样尊重他，今晚开始请叫他德马拉先生。我希望你们这样叫他，也希望他能真的成为我所期望的那样一个绅士。”随后，仿佛恭候多时，每个仆人都上前鞠躬：“生日快乐，德马拉先生。”

七年后，因为生意失败，德马拉一家被迫搬出了他们富丽堂皇的家，当搬家工人把家里的东西搬到小镇远郊的一间简陋的房子中时，德马拉注意到了他们的无礼。年轻的弗雷德现在很穷，这也意味着他失去了地位，这些都令他痛苦不堪。于是，成为一个伪装者之后，他几乎总是选择那些体面高尚的男士作为伪装的目标，医生约瑟夫·塞尔、著名教授罗伯特·林顿·弗润兹，还有其他类似的人，对此我们是否还会感到惊讶呢？

德马拉的伪装是非凡离奇的，然而他渴望得到尊敬这一点则是再寻常不过的。既然位高权重的名声可以带来许多好处，为什么一个人不应该追求这样的名声？权力地位高的个体可以获得更好的教育机会和物质资源；他们更容易被一些有影响力的社交圈所接纳，这些社交圈可以为他们提供赚钱、找到心仪伴侣和施展政治抱负的机会；他们也更不容易受到他人的冒犯和骚扰。有一个位高权重的名声不仅有所谓的“胡萝卜”可以利诱别人按照你的吩咐行事，还有所谓的“大棒”来威胁别人听命于你。

传达地位和权力的策略

人们如何塑造自己位高权重的形象？一个能力出色的名声会有所帮助，因为某些地位非常依赖于一个人的成就。在这部分，我们考察另一组策略，这些策略是人们常常用来传达地位和权力形象的（见图 4–6）。

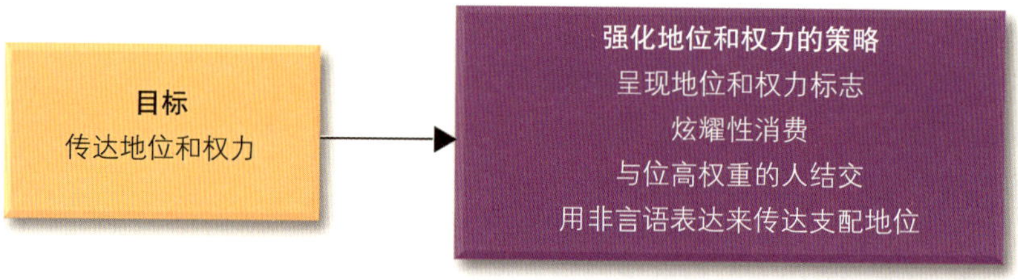

图 4–6　传达地位和权力的策略

注：人们会用许多策略来使别人相信他们拥有很高的地位和权力。

呈现地位和权力标志

当我们进入一间内科医生的办公室时，马上就能知道自己在哪里，因为有呼叫等待室、柜台接待员，还有墙上的毕业证书、资质证和盖有机构印章的批准文书，这些都是医学专业的标志，在这些东西中间，我们就会“知道”自己是在一家医生的诊所里。类似地，一家公司首席执行官很可能会在一间位于大楼顶层的转角办公室里工作，办公室整洁静谧，有巨大的玻璃窗、气派的办公桌、精致的电话机，这些东西传达了什么信息？重大的决策会在这里做出。人们常常会展现一些和高地位、高权力联系在一起的标志，从而能够获得他们认为自己所应得的尊重和名誉。

遗憾的是，有些名不副实的人有时也会借用这些标志来获取他人的尊敬。事实上，有些交易的目的纯粹就是为了制造这种人工的标志。笔者的一个同事最近受到邀请，要在一本名为《1000 名伟大的学者》的精装大厚书中收录他的自传、照片和文章；另外，为了纪念他被收录进这样一本备受推崇的国际著作中（当然他显然是名副其实的），他还会获得一块金牌和带框证书。而要获得这个荣誉，他所需要做的仅仅是支付 1125 美元！！！真是受宠若惊啊。

笔者认为这种“邀请”说穿了也就是用一种（也不太）便宜的方法来帮助人们塑造一个地位体面的外表。但是对德马拉那样的人来说，他往往会把握每一个好机会来为自己寻求地位标志。例如，为了让人们对他的丰富阅历和社会地位留下印象，德马拉旅行时总是随身带着一个从二手商店买来的箱子，上面贴着全球各地昂贵酒店和度假胜地的标签，就像当时那些世界旅行者的行李一样。看到的人会这么推测：这个人有这样一个箱子，他一定是一个富有的世界旅行家。

炫耀性消费

地位的印象也可以通过人们有能力花费的金钱和资源的数量来传递。事实上，很多物质消费都带有传达地位印象的目的。富有的人要传达地位高的印象，也许会借助于他们在“高档”居民区的房子，以及在汽车和珠宝上的奢侈花费能力；不那么有钱的人也会做同样的事情，不过排场相对小一些，比如买一些名牌衣服和国家名牌产品而不买本地品牌或者“杂牌产品”。

◎ **炫耀性消费的不和谐音！** 花费超过 25 000 美元，这个镶钻 iPhone 是激素推动下的炫耀性消费的结果。“但是这肯定至少要比普通 iPhone 的播放效果好很多。”你大概会这么猜想。实际上并非如此，这仅仅是一个常规产品，一个用珠宝和贵金属装饰过的现成 iPhone。

尽管很少人能如此奢侈地购买珠宝装饰的电子产品，但我们很多人可以（并且确实会）花费比我们实际需要的更多的金钱来购买“更好的”（尽管没有精确多少的）手表，去穿戴名牌的（但是没有实用多少的）服装，以及从更广泛的意义上来说，为我们自己买一点点额外的地位。

赠送东西和浪费金钱也是炫耀性消费的形式。我们在第 9 章中也会讨论到，某些社会中的高地位成员会举行散财宴，就是一种正式宴会，在会上部落首领通过赠送和毁坏贵重的物品来提升地位等级。宴会主人赠送和毁坏的东西越多，他的地位就提高得越多。

德马拉当然明白物质财产的呈现价值。他想办法糊弄服装店里的销售员，从而让自己穿着体面；他花雇主的钱来精心装修自己的新办公室，也由此被解雇；他还有一个奢侈习惯——在酒吧里请陌生人喝酒。炫耀性消费与借用地位象征和标志一样，是提升一个人社会地位的有效途径。

人际联系

管理一个人的人际联系则是另一种自我呈现工具。1973 年秋天，研究者在拥有主力橄榄球校队的大学进行研究，发现球迷在自己的球队胜利时比失败时更倾向于穿印有球队标志的衣服。后续的研究发现，学生在描述胜利的时候也更倾向于用代词“我们”，如“我们赢了！”。学生们会与学校成功的球队**沾亲带故**（basking in the reflected glory），将自己与著名的胜利者联系在一起，通过这种方式，他们可以用这些胜利来加强自己的公众形象。另一方面，人们也会**明哲保身**（cut off reflected failure），即让自己远离出了名的“失败者”，生怕不好的公众联系会令他们的声誉受污。2002 年，菲利普·伯恩（Filip Boen）和他的同事研究了比利时法兰德斯市的一些热心政治的市民，这些市民会在自己的前窗上张贴海报表明自己的政治立场，研究者在这些人中看到了这样的模式——选举之后，胜利政党的拥护者中，60% 的人保留了他们贴在窗上的海报，而失利政党的拥护者只有 19% 保留了海报。人们会将自己和胜利者联系在一起，拉远自己与失败者的关系。

德马拉非常清楚人际联系的力量。比如，他去面试工作的时候常常“准备”充分，常常会带着一大沓各色社会名流对他的能力资质和个性特点加以褒奖的推荐信，当然这些信件都是伪造的。这些推荐信有两个作用：其中一点我们在前面提到过，就是会为德马拉建立起能力出色的形象；另外一个则是会提升他的地位，那是当然啦，难道这些社会名流会给一个无名之辈写这些溢美之词么？运用这样的人际联系，把自己和一些位高权重的人联系在一起，德马拉就可以为自己获得公众的高度尊敬。

非言语表达的地位和权力

就像我们会用笑容来表现自己的亲和力，我们也会用一些其他形式的**身体语言**（body language）——常用来指一些非言语信号，如面部表情、姿势、身体倾向和手势等——来传达自己的地位和权力。举例来说，人们如果对自己所处的高地位感到安全，就会用更多放松的、“开放”的姿势，这些姿势往往需要更多的空间，会向他人宣示更多的主权。一些研究表明，上述姿势不仅能够改变他人的观点，同时也能提升装腔作势者自身的睾酮水平和权力感。

地位很高的个体也希望获得他人更多的关注，但似乎又相对不太在意他人以及他人的表现。这点在视觉支配行为中就明显地体现出来：地位高的个体在讲话的时候会始终注视着他们的观众，但听别人说话的时候就不太会很认真地看别人；相反，不论是身体位置还是眼神注视，地位低的人都会始终关注那些地位更高的人。另外，地位高的人也会更多地打断别人，把自己放在突出的位置，比如公司会议室的主席位。

名词解释

沾亲带故 将自己和成功的、高声望的个体或事件建立联系的过程。

明哲保身 使自己远离不成功的、低声望的个体或事件的过程。

身体语言 非言语行为的一种常用表达，包括面部表情、姿势、身体倾向和手势等。

尽管地位高的人在他们地位稳固的时候看起来会很放松，当他们的地位受到威胁时，他们的姿态会发生戏剧性的变化。比如为了传达力量，我们也许会表现得很生气，因为生气的人往往是危险的。事实上，地位的威胁常常引发支配表现，这与其他动物的表现是非常类似的。就像大猩猩一样，我们也许会把自己完全伸展，背部绷紧，皱紧眉毛，下巴前伸，身体朝冒犯者倾斜，这些表现都是为了向别人展示和宣告自己的力量。

对一些人来说，位高权重的形象非常重要，他们极为恐惧自己会被别人看作微不足道，于是他们会诉诸实际的攻击来传达力量。例如，一个孩子想获得勇敢的名声，就可能会殴打比自己弱小的孩子，尤其是在有旁观者的情况下，而且不幸的是，欺负行为常常是有回报的——攻击性很高的男孩子往往会是小学班级里最受欢迎或者人缘最好的那些人。当一个人的权力、地位和荣誉在公众场合遭到侮辱的时候，带有自我呈现目的的攻击性行为会更有可能发生。在第 10 章中，我们会探讨自我呈现目标会如何影响攻击性行为。

个人 性别、地位和权力

有些人是不是会比其他人更多地使用策略来传达地位和权力？我们在前面学到，女性会比男性更多地将自己表现得讨人喜欢：她们在社交场合笑得更多，更注重自己的外表吸引力，行事也更谦逊。这并非因为男性不在意别人是否喜欢自己，事实上他们非常在意，而且常常会展现类似的行为，女性只不过在意得更多一些。当我们关注权力地位的呈现时，我们会看到一个类似但相反的模式：男性会比女性更多地表现自己拥有地位和权力。

性别差异

男性会占据更大的个人空间区域，也更容易去侵犯地位较低人的空间。男性更善于在谈话和辩论中获取控制权，通常是通过打断和盖过他人的话语。男性也会有更多的高地位视觉支配行为，也就是说，他们倾向于在说话的时候与观众保持眼神接触，但听别人说话的时候则不那么集中注意力。女性则表现出了相反的模式，在说话时尽可能减少眼神接触而在听话时全神贯注。与女性相比，男性在介绍自己的时候会更多地表现自己的职业地位和财务状况；更容易在能够被他人看到的奢侈物品上进行炫耀性消费，从而来展现自己的地位，尤其当他们正沉浸在恋爱之中的时候；在面对侮辱的时候，也更倾向于用身体攻击来回应。

这些性别差异是由什么因素导致的？社会化练习肯定起了一定的作用：男性习惯将自己表现得具有支配权和优越感，这种倾向看起来像是被“训练”出来的。男孩子一方面在很小的时候就会认识到，童年的战利品属于那些拥有赏罚大权的孩子；另一方面他们也会发现，女孩子（等到年长一点的话就是女人）更偏爱选择有社会支配权和经济安全感的男性作为约会和结婚对象。女性更偏爱具有社会支配权的男性，在不同文化下都是如此，我们在第 8 章中会讨论女性的这种偏好。

还有一个补充答案则是基于男性和女性的生物学基础。在很多动物种群中，雌性会选择那些最有能力提供领土、食物和保护的雄性作为交配对象，于是这些物种中的雄性就会互相竞争，表现自己的强壮、坚韧和力量。男性不仅相比女性会投入更多的资源努力锻炼上身肌肉，而且也能更准确地评估他人的身体力量和搏斗能力。和雄性牛蛙、海象、狒狒一样，一个野心勃勃的男性绝对不能忍受被他人视作弱不禁风；要不然，一旦被贴上了这样的标签，他很可能会失去自己的资产，也鲜有机会获得梦中情人的芳心。

与生物学观点相一致的事实依据是，睾酮水平较高的男性会表现出更多的攻击性行为，从而也像其他灵长类物种的雄性一样，往往比睾酮水平低的个体更强势。有趣的是，睾酮水平相对较高的女性也会表现出某些相同的寻求支配权和攻击的行为，这也进一步说明了生物学的作用。

于是我们看到，生物学和社会性因素各自都在某种程度上令男性更倾向于表现自己的权力地位。当然，这并不意味着这些自我呈现目标对女性而言就完全无足轻重。比如，在使用地位标志和人际联系方面，两性之间并没有明显的差异。由此可见，女性和男性一样，都会利用这些小技巧。事实上，有一个研究发现，当异性间谈论有关缝纫工艺的话题时，女性比男性表现出更多的非言语支配行为，因为女性在缝纫领域往往更有专长。不过总体说来，权力地位的呈现对于男性更为重要。

有抱负的女性的自我呈现困境

有些女性在寻求权力地位的时候会面临特殊的自我呈现障碍。以希拉里·罗德姆·克林顿为例，她是美国前第一夫人、国会参议员、国务卿和总统竞选人。希拉里·克林顿曾是大学里的学生会主席，后来她进入常春藤联盟一所学校的法学院，成为一家著名律师事务所的合伙人，还曾被誉为美国最有影响的 100 名律师之一。她将自己的天才智慧奉献于慈善事业，是一个虔诚的宗教信徒，也是一个充满爱心和安全感的母亲，这些都为人所熟知。那么，为什么那么久以来还是有许多人不喜欢她呢？

希拉里·克林顿的问题一部分正是来自她的成功。在传统的男性领域，比如法律领域中，

◎ **有志女性想知道。**希拉里·罗德姆·克林顿是成功而强大的，她的成就给她带来了哪些自我呈现方面的困难？为什么她要维持一个良好的公众形象是如此困难？

女性工作出色反而常常会遭到贬低，甚至可能就是因为她们工作出色而遭到贬低。而且，希拉里的沟通风格非常直接，常常看起来直率生硬又一针见血，而不太把时间浪费在优美的遣词造句上。虽然对成功男士来说，人们普遍会比较接受（有时甚至是需要）这样的沟通风格，但是类似的风格放到成功女性身上，就不那么容易被大众所接受了。比如，男性面对一个直接独断、任务导向的男性时，会放任自己受其影响，但是面对同样风格的女性就不太愿意被夺去支配权；类似地，男性用独断的身体语言可以很有效地传达地位印象，女性这样表现就不那么有效了；而在职场中，男性表达愤怒能够提升地位，女性则反而会损害自己的地位。

这看起来不太公平，一些男性用起来很有效的权力地位小技巧，有抱负的女性用了就不起作用。事实上，如果考虑女性在使用这些技巧时人们会对其形成的次级印象，这个问题就变得更为复杂了：如果女性表现出任务导向或盛气凌人，就不讨人喜欢，这其中一部分原因在于人们会觉得她们缺乏教养，也不够善解人意。对男性来说，使用这些表现强悍的策略所带来的社交方面的代价相对较小。另外，女性如果表现出高地位的身体语言，还有可能被看作性欲很强。

于是，这些研究结果说明，希拉里·克林顿雷厉风行的作风和她的巨大成功放在一起，使得人们对她的形象形成了一种刻板印象，也就是“铁娘子”——一个冷酷的、精明的、粗暴的女性成功者。

许多男性不喜欢野心勃勃的女性，对这一点你可能不会感到惊讶。你可能也会预期，女性的反应应该会与男性有所不同，她们应该能够比较安然地接受其他一些女性所表现出来的独断和自信。不过，事实往往不是这样的。实际上，女性有时候会比男性更加贬低那些成功有抱负的女性。为什么呢？一些研究认为，女性会更多地支持那些促进他人事业发展的女性，而不太会支持那些自己追求事业的女性。

这里有两点比较重要：（1）我们又一次看到了获得喜爱的重要性，即讨人喜欢的人更容易获得权力和地位；（2）有抱负的女性相对于同等野心的男性对手，会面临更多的自我呈现阻碍。直到今天，女性都仍然需要隐藏自己的野心和成功，这证明了性别角色刻板印象持久的影响力。

情境 遭受威胁的形象和新的资源

当人们感觉自己有权力、地位高的形象受到一些切实的威胁时，就会特别多地去表现自己的权力地位。比如，当自己的强硬一面受辱时，男性尤其会倾向于用言语和身体攻击来回应。类似地，当人们的勇敢和大胆遭到质疑时，就会拿自己的健康去冒更多的风险。比如轮滑者常常不肯佩戴护具，怕被别人看成“谨小慎微”或“懦弱无能”。类似的质疑也会使得人们去开快车、不系安全带、一次性喝过量的酒。

小调查

回忆你上一次看到的一场真实的打架，带有身体攻击的那种。打架的是什么人？怎么打起来的？他们打架的（真正）原因是什么？这些问题的答案和你目前学到的关于权力地位的自我呈现有什么关系吗？

当出现一些新的有价值的资源时，人们也更会去表现自己的地位和权力。牛蛙在沼泽里发现了一块尚未被占领、营养丰富的地点时，会大声吼叫来宣示自己的主权；孩子从奶奶那里收到最热门的新游戏机时，其他的兄弟姐妹会报以威胁性的神色；年轻男性遇到心仪的单身女子时，会乐意彰显出自己的高社会地位。确实，这些往往都是很有效的策略。最吵闹的牛蛙和会哭的孩子通常能获得更多额外的沼泽领地和新玩具，而巧妙地将自己的身份地位展现出来的男性常常能吸引到心仪的女性。

交互作用 对不同观众使用不同策略

权力地位的呈现有时会很复杂，人们如何来创造这些形象，甚至要不要去创造这样一个形象，一定程度上取决于呈现者的性别和观众的性别的交互影响。举例来说，男性面对女性和其他男性时会有不同的表现。有他人在场的情况下，男性遭到侮辱时会特别容易用攻击性的方式来回应，不过当观众也是男性的时候，这种自我呈现的攻击性会表现得最强。事实上，女性观众往往能抑制男性的自我呈现暴力，不过这倒不是因为女性不喜欢男性展示权力地位。女性实际是非常看重男性伴侣的权力地位表现的，也正因如此，男性会在自我推销的时候吹嘘自己的职业地位和职业高度，和女性在一起时，男性也会比一个人的时候买更多的慈善奖券，等等。而女性一般只是在身体攻击上不像男性那样表现得这么明显。因此，男性虽然会在男性和女性观众面前都会表现自己的权力地位，他们也会根据观众的不同喜好来组织自己的呈现策略。

案例回顾

弗雷德·德马拉的传奇人生

不管以什么标准来衡量，弗雷德·德马拉的成就都是令人震惊的。在20多年中，他上演了一部又一部的大戏，把所有的主角（如妙手回春的医生、受人敬仰的大学教授、勇敢智慧的监狱长等）都留给自己。他无数次成功地令别人相信他是某个根本不是他的人。但是为什么呢？是什么促使他成为一个伪装者？又是什么能让他这么成功？

本章中呈现的研究结果可以帮助我们更好地了解德马拉的生活。德马拉小时候在他生活的工厂小镇里是注意的焦点：他长得很高大，是那个小镇领头人物的儿子，自己也聪明过人。德马拉很快就知道自己是特别的，也相信自己是值得尊敬的。他父亲是一个衣冠楚楚而彬彬有礼的人，德马拉从父亲那里还学到了一件事情——外表很重要。这些想法多早就在德马拉的心中扎下了根，我们无从得知，不过在他的父亲生意失败后，这些想法也变得坚定起来。形象对德马拉来说太重要了，然而在短短几天之内他们一家从豪华大宅搬入镇郊小屋，他的形象崩塌了。

然而，德马拉从小就认识到自己的命运是特别的，他是自己未来的主人。不管家中的实际环境如何，他想向每个人甚至他自己证明，他是有“级别”的。每天早上在上学的路上，他会偷偷脱下妈妈买给他的实用而便宜的鞋子，换上自己用省下来的钱偷偷买的黑亮皮鞋。情人节的时候，他会想办法给全班同学买精致的盒装巧克力。对一名11岁的男孩子来说，他的公众名誉受到了威胁，自我概念变得不确定，在自我呈现上做得有些过头也不是那么不可理解。毕竟，我们之中有哪个人在一次失恋之后不希望证明自己的魅力，在一次工作失意之后不希望证明自己的能力，在遭到嘲笑之后不希望证明自己的强硬一面？

不过，这些小小的自我呈现并不能帮德马拉挽回多少声誉。所以当他的父亲最终承认他们家再也不可能变回富有，也再也无法搬回大房子时，德马拉意识到他在小镇中的名誉是永远回不来了，人们再也不会像他所渴望的那样尊敬他。于是他离开了家，寻找着，也许是一名新观众。当然，单单这样的行为并不能说就是偏离了正常的社交行为。一般说来，为了有机会制造一个新的、没有破坏过的形象，许多学生都会选择去离家很远的地方上大学，一些职业生涯出现问题的人也会去郊区，希望能逃避原来的污点。

但是德马拉却把这些机会越弄越糟，他厌倦了教士培训，从那里偷了辆车逃跑，又讨厌军队的严格管制而开了小差。德马拉成了一名通缉犯，有犯罪记录在身意味着他没有办法再光明正大地在世人面前表演“弗雷德·德马拉秀”。于是为了自我呈现，他大胆地跳了一大步，这是我们大部分人想都不会想，也永远无法成功的：德马拉选择伪装自己，彻底抛弃了自己的过往。

在这个大胆的选择中，我们再一次看到了个人–情境交互作用的影响。一个人如果有德马拉对公众认可的渴望，但是没有父亲生意失败的威胁和自己犯罪所导致的困境，也许会和周围邻居一样正常地生活，只不过可能会因为自己的能力和略微膨胀的自我意识而为人所知；一个人经历了德马拉家那样的生意失败和犯罪的窘境，而没有德马拉期望得到尊敬的强烈需求，可能会把自己掩藏起来，在逃亡的旅途中小心翼翼地生活着。然而这些因素在德马拉身上综合起来，发展出一个独特的人——伪装大师。

在德马拉的这个人生分岔口上，我们很容易把他的行为简单地看作不正常的，看起来好像是某个自我呈现狂人的失常行为。不过我们也在想，当我们再走近一点看看德马拉，有没有可能从中看到一些我们自己的影子？有很多很多。我们每个人和德马拉都有一些相似之处，不仅有相似的呈现目标——表现得讨人喜欢、表现能力出色、传达权力地位，也会用相似的方式来塑造想要的形象。事实上，德马拉成功的伪装表演正是来自他对常用呈现策略的娴熟运用。当他希望获得他人的喜爱时，他会赞美别人，调整自己的观点，把自己变得有吸引力，再表现一点不卑不亢的谦逊；如果他希望别人敬佩他的才能，他会努力工作，还会想办法让别人帮他吹嘘一番；再有他希望别人尊敬他的地位时，他会衣着得体，随身带着一些游历世界的纪念品，把自己与一些有地位的人联系在一起，还随时保持优雅高贵的风度。这些恰恰也是我们管理自己在别人心中的形象时所用到的自我呈现策略。

德马拉精通日常的自我呈现策略，所以我们从他的经历中可以学到很多，从而教会我们如何成功地管理自己的名声。但是我们也能看到其中的代价。作为一名伪装者，德马拉整天都会担心犯错，担心说错了什么会摧毁他用欺骗建立起的大厦；同时，他也痛苦地明白自己只是个骗子。而可能更糟的是，他也已经开始迷失自己：“每次我开始伪装一个新的身份，真实的我就有某一部分死去了，不论真实的我到底是什么样的。”

于是，从德马拉的经历中，同样也从科学研究中，我们看到了很多关于人们为什么会以及如何呈现自己的知识。像德马拉一样，我们大部分人都十分在意他人如何看待我们；像德马拉一样，我们常常会发现自己处于名誉遭受威胁的困境中；像德马拉一样，当别人不像我们所希望的那样看待我们时，我们就会去自我呈现的百宝袋中寻找一些常用的呈现小技巧；像德马拉一样，我们害怕不好的名声会给自己带来损失。似乎可以这么说，我们每个人心里都有一点德马拉。

在我们分析德马拉的旅程时，也看到了一些社会心理学与其他学科的联系。比如，人们在工作中如何与人相处会影响到他们成功和成就的水准，于是很自然地想要了解管理过程和组织行为，就可以借鉴社会心理学中关于自我呈现的一些内容。与此类似，营销和传播方面的研究者和实践者用了很多我们这里所讲到的研究结果来推销他们的产品和想法。我们也能看到社会心理学和生物学、动物行为的联系，如人类表现出的支配和顺从与许多其他的动物有惊人的相似；和医学实践的联系，如整形手术之所以受人青睐，很大一部分是来源于病人的自我呈现需求；和健康、疾病的联系，如许多为了提高自身吸引力而做的行为，像是日光浴和使用激素等，会为健康带来破坏性的后果。作为社会动物，我们想给别人留下印象，所以社会心理学中的自我呈现会与许多不同的学科相联系就一点也不奇怪了。

小费迪南德·沃尔多·德马拉60岁时因为心脏衰竭去世。在全国各地发布的许多讣告中都提到，他后半生用自己的名字生活了近23年，看起来是为了要弥补过去的错误。他回归了自己的宗教根源，一直在青年营工作，这个组织的使命是为了拯救贫苦的人们，他还是一名虔诚善良的浸信会牧师和医院牧师。我们可以猜想，在所有人之中，德马拉如果得知自己最终获得的评价是讨人喜欢的，他一定是最感安慰的那一个。

第 5 章

态度和说服

通过本章学习，我们能够：

◎ 了解态度形成的四种来源；

◎ 识别能够抵抗改变的强态度的两个成分；

◎ 了解影响态度 – 行为一致性的因素；

◎ 明晰说服的概念并了解如何测量态度改变；

◎ 阐述认知反应模型和自我对话的重要性；

◎ 了解说服的双加工模型下两种基础的态度改变过程；

◎ 识别并解释人们为保持准确态度时常用的三种捷径；

◎ 了解在什么情况下人们最有动力保持准确的观点；

◎ 阐述使人们持有更少准确观点的因素；

◎ 掌握平衡理论和认知失调理论；

◎ 总结影响我们认知一致性需求的因素；

◎ 了解一致性偏好的东西方文化差异；

◎ 比较高自我监控和低自我监控；

◎ 识别人们需求社会赞许时观点改变的性别差异；

◎ 理解与他人讨论的期望如何影响说服。

案例

彼得·赖利的蜕变故事

1973 年，彼得·赖利（Peter Reilly）是一个敏锐聪慧的 18 岁青年，他的人生在那一年永远地改变了。那天他从教堂聚会回家后，发现自己的母亲躺在地上，她被人谋杀了。虽然头晕目眩，他还是清醒地马上打电话求援。

彼得·赖利身高5英尺7英寸[①]，体重121磅[②]，身上、衣服上和鞋子上没有一滴血迹，怎么看也不像是一个凶手。但是从一开始，警察发现他站在躺着妈妈尸体的房间，眼神空洞地愣着，就怀疑他是杀害母亲的凶手。怀疑的理由更多的不是来自对彼得本人的了解，而是来自他们对受害者的了解。她喜欢激怒别人，尤其是男性，她喜欢贬低他们，对抗他们，挑战他们。无论以什么标准来衡量，她都是一个很难相处的女子。因此在警官们看来，赖利在母亲的持续敌对中会勃然大怒并一时兴起杀害了母亲，也就合情合理了。

当时在现场，甚至后来被带去问话，赖利都放弃了寻找律师的权力，因为他以为只要他实话实说，警察很快就会相信他并释放他。这是一个大大的失策。在 16 小时中，他遭到了四名警官的轮番审问，其中还包括一名测谎仪操作员，他自信地告诉赖利，根据测谎仪的结果，他杀害了他的母亲。主审讯官还欺骗赖利说，他们已经获得了额外的证据证明他有罪。他还告诉这个男孩为什么他会完全不记得自己做过这些事情：赖利一直对母亲怀有怒意，最终突然爆发出来杀害了他的母亲，事后则将这些恐怖的记忆压抑了起来。赖利和审讯官所做的一切，就是在这个男孩子的潜意识中“挖，挖，挖”，直到把这部分记忆挖出来。

他们挖，挖，挖，用尽每种方式要让记忆浮现出来，一直到赖利真的开始回忆——开始很模糊，慢慢地越来越形象——对着妈妈的脖子猛砍，重重地踩她的身体。他对这些想象分析、再分析、再回顾，终于确信这些想象的确展示了他的罪行。赖利和他的审讯官一起（后者残忍地逼着他打破自己的“心理障碍”），将他记忆中的一些场景重组成了一串对他行动的描述，成了谋杀的细节。最终，在这

◎ **如果你认罪了，我们绝不会判你无罪。**警方审讯人员使用了社会影响中强大的法则，让彼得·赖利承认了一项令人发指的罪行（尽管后续有强大证据支持他是无辜的）。

起可怕的谋杀案发生 24 小时之后，虽然很多细节都还不甚清楚，彼得·赖利正式签署了书面认罪声明。这份认罪书的内容与审讯官们给出的解释非常接近，赖利也已经接受这样的解释是准确的——即使在审讯一开始他根本没有这么认为，即使，后来的事件证明这些全都不是真的。

第二天，赖利在牢房中醒来，极度的疲劳和审讯室里的说服性审讯轰炸都过去了，他不再相信自己所承认的事情。就像那些强行推销技巧的受害者在推销员离开后发现自己根本不需要所买的东西一样，赖利发现，当审讯官离开之后，他根本不再需要他们“卖”给他的认罪书。但是，他没有办法令人信服地撤销认罪。对刑事司法体系中几乎所有的长官来说，认罪书始终是他的罪行的决定性证据：一位法官判定这份认罪书是自愿签署的，所以当律师提出对赖利的审判中应将这份认罪书作废时，法官驳回了这个请求；警方认为凭这份认罪书已经有足够证据控告赖利，就不再考虑其他嫌疑人；检察官把它作为案件的核心证据；陪审团成员在审议时将这份认罪书作为很重要的考虑因素，最终裁定赖利杀害了他的母亲。

这些人都不相信一个正常人在没有遭到威胁、暴力或拷问的情况下会承认一项自己没有犯下的罪行，很多类似的情况也的确是这样子的。但是他们错了：两年后，在主检察官的文件中发现了被隐藏

① 5 英尺 7 英寸约等于 1.7 米。——译者注

② 121 磅约等于 55 千克。——译者注

的证据，证明赖利在案发当晚并不在现场，由此证明他无罪，最终撤销了对他的控罪，而所有的责任人都被开除。

警方是通过什么令人惊愕的手段和匪夷所思的情景，能够让一个无辜的人相信自己犯了罪？他们用的方法并没有那么神秘，环境也没有那么奇特。他们的审讯过程体现了日常劝说中的一些特点——这些劝说就是你平时一天里会遇到几百次的那种。有些劝说努力会出现在和朋友、熟人的聊天中，还有一些会出现在广告牌或广播、杂志、电视广告中，还有一些会潜伏在互联网中。本章接下来会讨论这些劝说是如何改变人们的态度和信念，如何测量这些变化，并且这些变化是为什么目的服务的。

目前大部分的说服研究都是如此，因此在我们考察态度如何变化之前，我们先来看看态度的本质。

态度的本质

我们在第 2 章中已经提到，**态度**（attitude）是对特定事物积极或消极的评价。但是态度最开始是如何形成的？什么因素会使之成为一个强态度或者弱态度？态度在多大程度上可以预测行为？社会心理学家为每个问题都给出了答案，我们就从态度形成这个话题开始。

名词解释

态度　对一个特定事物积极或消极的评价。

态度形成

态度是从哪里来的？态度主要有以下几种来源。

经典条件作用

通过经典条件作用过程，我们会变得喜欢或者讨厌某些新的事物或事件，仅仅是因为它们与某些我们已经喜欢或讨厌的事物或事件联结在了一起。比如，当我们把一些人和某些积极的事情（如他们带来了好消息）联结在一起，我们就会更喜欢这些人，尽管这些人本身并不是好消息的制造者；相反，当我们把一些人和某些负面事件（如和他们一块儿在一个潮湿闷热的房间里）联结在一起，我们就会不那么喜欢他们。即使是一些我们意识不到的联结，也能够影响我们的态度。在一个研究中，学生观看了一组幻灯片，展示了一个女人的日常生活，然后看他们对这个女人的印象如何。不过在每张幻灯片放映前，都会在学生们意识阈限之下播放一些正面或负面事物的照片（如一对新婚夫妇、一条血淋淋的鲨鱼）。正如预期的那样，如果加入的是一些正面照片，学生们会对幻灯片中的女性形成更正面的印象。

操作性条件作用

在操作性条件作用下，人们会通过奖励和惩罚来进行学习。人们也会用这种方式来习得某种态度。在一个实验中，研究者通过电话访问了夏威夷大学的一些学生，询问他们对设立春假的态度。其中一半的学生每次对这个想法表达赞成态度的时候都会得到奖励——每次他们支持这个建议的时候，访谈者都会说“好”；另一半的学生每次表达反对态度的时候都会收到“好”的反馈奖励。一周后，所有学生都回答了一份关于本地事务的问卷，其中就有一个问题是问他们对春假的感觉，和预期的一样，之前赞成计划而获得奖励的学生比那些反对计划而获得奖励的学生对这个计划表达了更积极的态度。最近的脑成像研究显示，与态度的经典条件作用一样，态度的操作性条件作用也会在无意识的情况下发生。

观察学习

有时候，我们并不需要亲身经历奖励或惩罚才能吸取教训，通过观察他人来学习就可以了。当我们看到别人受到惩罚，我们就会回避他们所做的行为，也会回避他们表现出来的态度；当我们看到别人受到奖励，我们就会参与这些行为，也会采纳他们所表现出来的态度。比如，怕狗的孩子看到别的孩子与各种小狗愉快玩耍的录像后也会变得喜欢狗了。

遗传

心理学家曾普遍认为，态度只能在学习过程中形成。虽然经验在态度形成中的作用不可否认，但更近一些的研究证据表明，在许多态度中，比如一些涉及政治和宗教问题的态度，都存在一个与学习无关的的基因传承。比如，相比对青少年司机或拉丁语学习的态度，对死刑或审查制度的态度就更容易受到遗传的影响。亚伯拉罕·特塞尔（Abraham Tesser）的研究表明，这些受基因影响的态度在社会生活中会特别强大且有影响力。在这些问题上，人们不仅会更快地告诉你他们的想法，你也更不容易改变他们的态度。如果你在这些问题上与他们意见相左，他们也会更不喜欢你。

态度强度

并非所有的态度强度都是一样的。为什么我们会在意态度是强是弱？其中一个原因是强烈的态度能够准确地预测行为，比如一个人在总统选举中会如何投票。第二个原因是强烈的态度不容易改变，这一点有两层含义：第一，比较强烈的态度会更稳定，更不容易随时间变化；第二，比较强烈的态度更不容易受到影响，能够更好地经受住说服性的攻击。我们假设你现在对枪支控制持有强烈的支持态度，那么你的态度下个月很可能仍然是这样的，并且如果那时有什么人试图改变你对这个问题的想法，你也不太可能受到影响。

在一个强烈的态度中，是哪些成分使得态度不那么容易改变？1995年，伊娃·波梅兰茨（Eva Pomeranz）、雪莱·查金（Shelly Chaiken）和罗莎琳德·托德希拉斯（Rosalind Tordesillas）的研究认为，强烈的态度能够抵制改变有承诺性和嵌入性两个主要原因。

人们对一个强烈的态度会有更高的承诺，也就是说，他们会更确定这是对的。另一方面，一个强烈的态度会更深入地嵌入一个人的附加特征中，如这个人的自我概念、价值观和社会认同。比如，美国全国步枪协会（National Rifle Assosiation of America，NRA）的官员反对枪支控制，他们对这样的立场有较高的承诺，并且他们往往也会把这种立场作为他们社会认同的一个核心部分，因此他们不太会在这一议题上改变态度。

承诺性和嵌入性均能使一个强态度更抗拒改变，但是这两者的作用途径有所不同（如图5–1所示）。对一个特定态度的承诺意味着人们在看待相关信息的时候会存在偏差，并且会进一步坚定自己的观点。这种加工方式会使他们丢弃一些与他们原本的态度相悖的证据。比如，在一个实验中，被试原本就对死刑持有某种强烈的态度，实验者给他们看了一篇文章和一个研究，里面关于这个问题与他们的立场都是相反的，他们就会拒绝承认这些信息的准确性，认为文章的观点是站不住脚的，而研究使用的方法也是存在缺陷的。

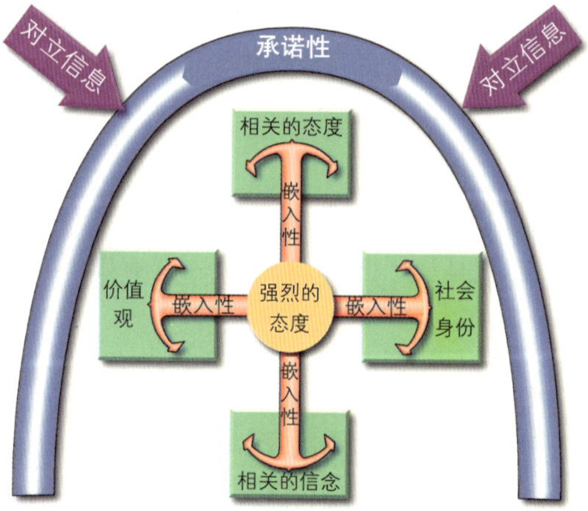

图5–1 为什么强烈的态度不容易改变

注：承诺性（强烈态度的一个特性）会帮助抵御对立信息，而嵌入性（强烈态度的第二个特性）把这些态度与自我的其他一些不易改变的特征锚定在一起。

不过，态度的嵌入性不会使人们拒绝对立信息，而会从另一个方面拒绝态度的改变——简单地把态度和个人的其他许多特征（信念、价值观、附加态度）联系在一起，使得态度无从动摇。也就是说，要改变一个嵌入于其他个人特征的态度，就意味着要挑战个人自我的所有其他方面，人们是不愿意踏出这一步的。

表面上看起来，上面的这些证据都说明人们很难改变他们强烈的态度和信念，那么要劝服一个无辜的人承认自己有罪——像彼得·赖利那样——似乎更是天方夜谭了。可以肯定的是，一个问心无愧的人对自己的无辜有着强烈的态度和信念，也正是因为这个原因，经验丰富的审讯官一般不会直接攻击这样的信念，而是先想办法削弱这些信念。

为了削弱嫌疑人相信自己无辜的信念，一种常用的策略是使嫌疑人相信他们忘记了自己所犯罪行，是受到了强烈的酒精或毒品的影响，在彼得·赖利的案子中，就是受到了盲目暴怒的影响。自己可能压抑了杀害母亲的记忆，赖利在审讯中报告自己被这种可能性强烈地震惊了——在审讯开始前就深深地植入了他的脑海中，因为这个想法第一次撼动了他的信念，令他开始自我怀疑。

审讯官使用这种策略是非常有效的，因为这种策略能够从根本上切断强烈的态度和信念赖以存活的两方面。第一，它会降低嫌疑人对自己无辜的承诺性，因为这种策略会动摇他们的无辜信念的确定性——如果他们很可能是不记得了，他们也就无法确定自己有没有犯罪。第二，这种策略会降低信念的嵌入性，因为它可以把犯罪从个人的自我概念上分离出来——虽然一个人平常是不会随便做出这样的事情来的，但是如果是受到了酒精、药物或是暴怒的影响就说不准了。

态度 – 行为一致性

你对控枪的态度会在多大程度上影响你为控枪立法做出努力的行为？这听起来是一个很简单的问题，但其实比你想象的要复杂很多。有几个因素会影响一个人的态度和行为一致的可能性。

知识

我们对某个事物的知识了解越多，我们持有的态度和行为就会更加一致。因此，如果你对枪支控制法律了解越多，你对这些法律的评价就越可能预测你支持或反对法律的行为。另外，如果你与这些法律涉及的内容有过直接接触——也许你曾经被某人用枪伤害（或拯救）——从而增加了了解，你的态度就能更好地预测你对这些法律的行为。相对于获得的第二手信息，亲身经历能够带来更多的态度 – 行为一致性。因此，知识的两个方面加强了态度和相关行为之间的联系——就此问题所获得的知识数量和知识来源的直接（相对间接）性。

个人相关性

几年前，在美国密歇根州，政府官员提议将合法饮酒年龄从 18 岁提高到 21 岁，几乎所有的学生都反对这个计划。但是，当要求他们参与运动反对这个提议，从而在行为上与他们的消极态度保持一致的时候，20 岁以下的人（最终其个人会受到新法律的影响）更愿意参加。这个结果与许多其他的研究一致，当某个问题与一个人自身相关，那么他对这个问题的态度会更好地预测其行为。因此，如果某些和你关系亲密的人在考虑要买一支枪，你对枪支控制立法的态度就更有可能支配你的行为。

态度可得性

态度的可得性是指态度进入意识的迅速程度，可得性高的态度往往能激发与态度一致的行为。为了在一次政治运动中证明这个观点，拉塞尔·弗奇奥（Russell Fazio）和卡罗尔·威廉姆斯（Carol Williams）让潜在的投票者表达他们对总统竞选者罗纳德·里根和沃尔特·蒙代尔（Walter Mondale）的态度，在一个掌上记录仪上按键，将被试按键反应的速度作为态度可得性的测量。这个测量是在 1984 年总统竞选的夏天，而一致性行为则是在选举日（1984 年 11 月 4 日）之后马上进行测量的，实验者通过电话访问这些被试的投票结果。实验发现了很显著的结果：被试在 1984 年 6 月或 7 月对他们的偏好反应越快，就越有可能在四到五个月之后按照偏好投出选票。用类似的方法，如果你向每个朋友询问他们对枪支控制法律的态度，根据他们反应的速度，你就可以知道他们中哪些人的行动会和他们的反应一致。

行为意图

如果你的态度和你的行为意图也是一致的，那么态度和行为一致的可能性就更高。艾西克·阿耶兹（Icek Ajzen）和马丁·菲什拜因（Martin Fishbein）认为，事实上态度首先会影响一个人的行为意图（以某种方式达成特定目的），随后再影响其行为，并且这些意图相比态度能更好地预测行为。当然，态度并不是影响行为的唯一因素，在他们的理性行为理论和之后的改良版**计划行为理论**（theory of planned behavior）中，这些研究者还确定了两个额外因素（除态度之外），这两个额外因素也会通过行为意图来影响行为。研究者将第一个因素定义为主观规范，是指个体的一种知觉，个体看重的是他人会不会赞同这个行为。比如，关于一个改变枪支控制法律的运动，你周围一些对你来说很重要的人是怎么看的，他们是否会支持你，这些知觉会影响到你参与这个运动的打算。第二个因素是人们知觉到的行为控制感，即一个人对自己执行该行为的困难程度知觉，即使你自己非常想参加这样一个运动（态度），即使一些你生命中很重要的人也会支持你（主观规范），由于时间所限，或其他环境因素的影响让这件事变得不太现实，你可能也就不打算参加了。很多研究支持了这个理论（如图5–2所示），这一理论尤其适用于一些需要深思熟虑和计划周详的行为。

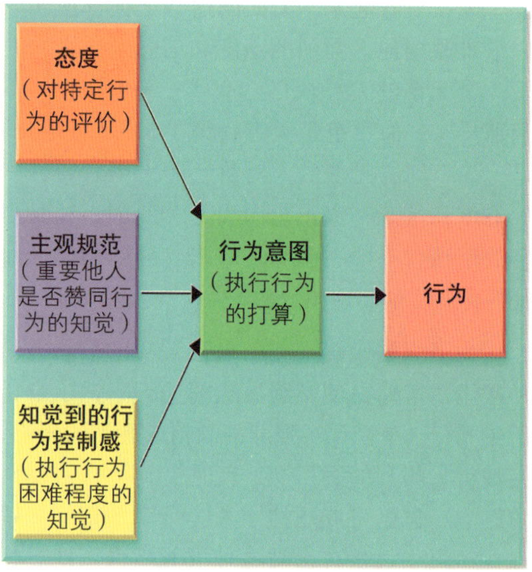

图 5–2　计划行为理论

注：根据这一理论，态度并不是行为的最佳预测变量，行为意图才是。而行为意图受到态度的影响，并且还受到主观规范和知觉到的行为控制感的影响。

什么是说服

如果我们要把彼得·赖利的错误认罪归咎于审讯中的说服过程，首先要厘清**说服**（persuasion）这一概念。虽然社会科学家从很多不同的角度定义了说服，我们把说服看作个人的态度或信念因为接收了某个信息而发生改变。我们在第2章中已经讨论过，态度是对特定事物积极或消极的评价，信念则是对这些事物的想法（认知）。在这一章中，我们会讨论这两者是怎么通过说服过程而发生改变的。

许多研究考察了哪些因素有助于我们传达一个有效的说服信息，我们这部分的讨论很大程度会用到这些研究。事实上，社会心理学家对说服过程的研究开始于第二次世界大战中发布的政府信息和宣传计划，到现在已经持续了半个多世纪。于是，社会心理学家常常在广告宣传和市场营销公司中占有一席之地。

◎ **无所不在的说服。**说服性的劝说努力存在于我们日常生活的每个地方。

名词解释

计划行为理论　该理论认为，行为意图是预测行为的最佳变量；行为意图受三方面的影响：个体对该行为的态度、行为主观规范以及个体知觉到的对行为的控制感。

说服　接收信息后个体态度或信念的改变。

测量态度改变

聪明的说服者发展出了很多技术来改变态度和信念，哪怕它们当初是坚实稳固的。在试图了解这些各不相同的技术是否有效以及何时有效的过程中，研究者们首先要面临一个棘手的问题：如何准确地测量说服效果。如果我们连一个说服技巧带来了多少改变都无从得知，自然不能判断这个技巧是否有效了。而准确地测量变化并不容易。你肯定能意识到，如果有人在录音或录像，你的行为会发生改变。当然了，研究说服的科学家们希望做到最准确地记录，最少改变的形式。因此，他们常常需要借助一些已被证明有效的方法来减少测量本身对数据带来的影响。

我们在第 2 章中简单地讨论了其中一种方法，我们介绍了研究者有时候怎么样用不显眼（隐蔽）的方法来测量态度，而不直接让被试自我报告自己的态度。在这些情况下，研究者通过观察一个与态度相关的行为来判断一个人的态度。例如，西奥迪尼和鲍曼（Baumann）在一次总统选举中观察了人们丢弃宣传广告的情况，用来预测选举结果：投票点的选民看到插在汽车挡风玻璃上的传单，如果传单上的信息支持他们喜欢的候选人，他们扔掉传单的可能性就比较小。最终，在官方的总投票情况公布之前，这个测量就准确地预测了他们测量的所有九个投票点的胜利者。

一般来说，研究者发现，只有在人们有很强的理由要隐藏自己的真实感受时（如人们想表现自己比实际情况更加大公无私），这些隐蔽的技术才会比自我报告测量更为准确。在这些人们需要掩饰的情况下，隐蔽的技术更受到研究者的青睐，因为这些技术比起自我报告来说是一种**非反应性测量**（nonreactive measurement）。也就是说，使用这种方法来记录反应不太容易对反应造成扭曲。不过，如果人们并没有什么理由要掩饰自己的感受，自我报告的测量通常会更好一些，因为这可以更直接地询问态度。

认知反应：自我对话能起到说服效果

早期有关态度改变的研究强调信息本身的重要性——信息的清晰程度、逻辑性、易于记忆等——因为研究者认为说服目标对信息的理解和学习是说服的关键。虽然这往往是正确的，但在考量态度改变时，安东尼·格林沃德（Anthony Greenwald）提出的说服的**认知反应模型**（cognitive response model）给出了一个微妙但关键的转变。格林沃德认为考量信息沟通效果的最佳指标并不在于信息传递者对说服目标说了些什么，而在于说服目标接收信息后对自己说了些什么。也就是说，说服的直接原因是人们接收信息后的自我对话——内部的认知反应或思维。大量研究支持了这个模型，发现说服的效果很大程度受到以下这些变量的影响：关于信息的自我对话数量；自我对话对信息的支持程度；信息接收者对自我对话正确性的信心。

积极的自我对话

假设你是希望通过降低州际高速公路的限速来拯救生命的群体中的一员。你被指派写一封说服信并寄给你城市里的市民。认知反应模型是否能帮你完成一次有说服力的尝试？其关键在于，你要关注你的听众看到这封信后会对自己说些什么。你需要找到一些方法，能够启发他们做出积极的认知反应。

这就意味着你不仅要考虑说服信息本身的特征（比如观点的力度和逻辑性），还要考虑其他一些完全不同的因素，这些因素能够强化人们对信息的积极认知反应。比如，你也许想先等本地报纸上报道了一起高速公路上因为车速太快而造成的死亡事故之后，再寄出倡议信，这样人们就会觉得这个信息很可靠，和其他突显的信息相一致。或者，你也许会用很专业的方式，用质量很好的纸张来打印，这样可以增加人们对倡议书的良性认知反应。因为人们会觉得信息传递者如果花很多心思和成本在一个说服活动上，那么信息传递者自己也会更相信其有效性。

名词解释

非反应性测量 在记录被试反应时不改变其反应的一种测量。

认知反应模型 该理论认为，说服最直接的原因是说服目标的自我对话。

反驳论据 这种论据挑战、反对其他论据。

反驳论据

除了你的信息给听众带来积极的认知反应外，你也应该考虑如何避免他们出现消极的认知反应，特别是**反驳论据**（counterargument）。这些论据与说服的信息观点相悖，会减弱信息的说服效果。2003年，茱莉亚·杰克斯（Julia Jacks）和金伯莉·卡梅隆在试图改变人们对死刑的态度时，发现反驳是被试最常用且最有效的抵抗说服的方法。因此，你可以考虑在你的信中加上一段交通安全专家的话，说专家认为过高的限速会增加汽车事故，因为一般情况下，如果人们知道专家持有这样的观点，就不太容易进行反驳。还有一些策略也可以有效地减少反驳：不让说服目标有足够的时间来组织反驳论据，或者给他们安排一些分心或超负荷的任务使得他们没有能力再去反驳，这些技巧都可以减弱人们对说服信息的招架能力。在一个研究中，被试在无法进行反驳的时候（因为他们的认知能力已经被一个繁杂的任务完全占据了）就会被信息说服，甚至有时他们心知肚明这些信息是错误的。

◎ **过度审讯**。有些审讯官会用到一些臭名昭著的审讯方法，比如逼迫嫌疑人在身心俱疲的情况下为自己辩护。

彼得·赖利的审讯官用到了这里的每一个技巧，把一个完全无辜的年轻人逼成了一个杀人犯。首先，审讯官告诉赖利这名测谎仪操作员是他所在领域的专家，测谎仪的指证也是绝对不会错的。

赖利：这真的能读出我的思想吗？

测谎仪操作员：没错，没错。

赖利：那真的是我吗？会不会是另一个人？

测谎仪操作员：从这些反应来看，绝对不会。

事实上，我们在第4章已经讨论过，即便是在经过训练的操作员手上，测谎仪测试的可靠性也是极低的。由于这种不可靠性，很多国家以及美国很多州的法律都禁止把测谎仪测试作为法庭呈堂证据。

其次，在八小时不间断的审讯中，面对源源不绝指向自己的罪名和指控，赖利也从来没有时间去为自己反驳，四位审讯官组成的审讯小组轮流用快速接连的问题、指控和谴责对赖利进行疲劳轰炸。最后，即使他有时间组织反驳，审讯之前发生的事可能已经耗尽了他反驳的力气：在正式问讯之前，他已然心力交瘁，而且已经24小时没有吃东西和睡觉了。而在审讯过程中，虽然赖利一直重复表示自己非常疲劳、没有力气思考，但这一切完全都被忽略了。

总的说来，那些在科学研究中可以抑制反驳并增强说服力的因素——信息传递者的权威、没有足够的时间和能力组织反驳——彼得·赖利的审讯官都用到了。最终彼得相信了他们的信息，即便那时他知道这是错误的。赖利的案子绝对不是个例，也是在相同的审讯方法之下类似的误判时有发生。

小调查

如果你被指控一项罪名是你并没有做过的，你会怎么做来避免重蹈彼得·赖利的覆辙？

通过预防接种和反驳来对抗说服

一些有利于反驳的因素会降低说服的效果，你可以利用这一点来对抗对方所提供的信息。要促使你的观众对对方的信息建立反驳论据，一种聪明的方法是主动给出一个与你观点相反但又不太可靠的信息，这样就可以让信息接收者自己去考虑很多与这个观点相反的各种论据。这样，当你的对手再给出一个比较有力的信息时，观众也已经准备好了许多反驳论据来对抗这个信息。威廉·麦圭尔把这个技巧命名为**预防接种程序**（inoculation procedure），因为这和疾病预防接种程序很相似，将削弱过的病毒注入健康的个体体内，从而使个体能够自然发展出对疾病的抵抗能力。

名词解释

预防接种程序 这种技术为了让个体增强对有力论据的抵抗力，就先给其呈现一个无力的、不堪一击的论据。

在你为降低高速公路限速标准而做出努力的时候，这样的技术也许能为你提供帮助。你可以在你的倡议书中加入一些站不住脚的对立论据，如“一些国家甚至没有车速限制”，然后让接收者考虑一下这些论据的可靠性，从而让这些接收者自己发展出一些反驳你的对立观点的论据，并且可以用这些论据来抵挡你对手更有力的攻击。

尽管预防接种程序是一个精妙而有效的方法，但到目前为止，要减少一个对立信息的说服力，最常用的方法还是直接驳倒最有力的对

联结：理论与应用

烟草公司的烟幕弹

1969 年 7 月 22 日，在美国关于烟草控制的国会听证会上，发生了一件不同寻常的事情：烟草行业的代表非常踊跃地参与争论，建议要在广播和电视上禁止所有他们自家产品的广告。烟草公司出人意料的支持使得美国立法从 1971 年开始在电视广播中禁播烟草广告。

到底是什么原因让大烟草公司做出这样史无前例的举动呢？是因为公司经营人开始关注全国公民的健康了吗？不太可能。禁令之后，他们并没有减少强力的广告宣传，只是把广告经费从广播电视转移到了其他地方，如杂志、运动赞助、促销赠品和电影植入广告。比如，一份烟草公司的机密文件中有一封来自电影导演兼演员西尔维斯特·史泰龙（Sylvester Stallone）的信，同意在几部电影中使用这家公司的香烟，报酬为 500 000 美元。

所以烟草行业只是想在电视广播中禁止它们产品的广告，这反而令它们的动机变得更为扑朔迷离：在他们提议禁止的那一年，烟草公司的经营者们在电视广告上的花费已经达到了 80%，因为广告商认为电视是“目前接近民众（特别是青年人群）的最有效方式”。那么是什么让他们决定放弃这条吸引新顾客的最优说服捷径？

答案就在两年前发生的一件同样不同寻常的事情上：一个名叫约翰·班茨哈夫（John Banzhaf）的年轻律师排除万难，成功地说服联邦通信委员会（Federal Communication Commission，FCC），要在烟草广告问题上践行“公平原则”。公平原则强调在自由社会中反驳观点的力量和重要性，要

◎ **咳出真相**。像这样的反驳可以有效地对付烟草公司充满说服力的诱惑。

求当电视广播中播放一些与民众息息相关的争议问题时，必须允许双方观点都可以有自由表达的机会。FCC 的裁定使情况发生巨变，让反烟草力量，如美国癌症协会（American Cancer Society）播放一些广告，来揭穿或者恶搞烟草广告所塑造的健康、魅力和坚强独立的形象——它们常常挖苦烟草公司的广告，说明事实上使用烟草会损害健康、破坏魅力和独立性。在一个反烟草广告中，万宝路香烟广告中以硬汉形象出现的男主角因为咳嗽、气喘而变得弱不禁风、柔弱无能。

烟草行业的反应不出所料，增加了电视广告的预算以牙还牙，但是无济于事——因为根据公平原则，它们投入的广告越多，对立信息可以获得的播放时间也越多。

这种逻辑最终点醒了它们，烟草公司也出了一个锦囊妙计。它们支持在广播电视中禁止播放其产品的广告——只是在广播中禁止，也正是公平原则所涵盖的范围。随着烟草广告的禁止，反烟草力量不再能免费在电视广播中播出反烟草广告。这个禁令在实施生效第一年后，美国烟草消费跃增了 3% 以上，烟草公司却能够把广告费用减少了约 30%。

立信息。在广告竞技场上，这个技巧是极为有效的，下面我们就会看到。

烟草反对者发现他们可以用反驳论据来削弱烟草广告的效果，但是烟草经营者也吃一堑长一智（并且还从中获利）：要减少人们对某种信息的抵抗力，最好的方法之一就是减少反驳论据的可得性。当然，人们可以处理的反驳信息不仅来自他人，有时自己也会主动思考一个信息，并且产生对自己的反驳。人们什么时候会愿意这么做，并且有能力这么做？这就是我们下面要讨论的问题。

说服的双加工模型：改变的两条路径

在研究说服的认知反应时，研究者已经认识到，人们在接收到一个信息后并不总是会很仔细地加工信息，有时他们根本不怎么思考就接收或者拒绝了这个信息。这一认知发展出**说服的双加工模型**（dual process model of persuasion），这一模型引入了两类基本的态度变化过程：一类关注信息论据本身；另一类关注其他因素，如信息传达者的吸引力。第一个被提出的、也是现在仍然最广为接受的双加工模型是**详尽可能性模型**（elaboration likelihood model），来自理查德·派蒂（Richard Petty）和约翰·卡乔波（John Cacioppo），这个模型认为通过**说服的中心路径**（central route to persuasion）和**说服的外周路径**（peripheral route to persuasion）这两种途径可以说服人们。

名词解释

说服的双加工模型 该模型认为，态度的改变以深思、浅虑两种基本的方式进行。

详尽可能性模型 说服沟通中的一个模型，认为态度的改变有中心路径和外周路径两条路径。

说服的中心路径 人们通过关注信息中论据的质量，从而被说服的一种方式。

说服的外周路径 人们通过关注一些其他因素（如论据的个数），而非信息中论据本身的质量，从而被说服的一种方式。

信息接收者选择中心路径（即仔细考察信息论据的质量）的条件是他们既有动机且有能力这么做。如果两者缺其一，他们则会选择外周路径（即关注质量以外的一些因素），比如论据的个数这样一个小小的因素，或者信息传达者的地位或吸引力（如图 5–3 所示）。

动机

人们对信息进行中心加工的动机受到两个因素的影响：第一是问题与个人的相关性，问题对人们的影响越直接，他们就越愿意对问题进行仔细思考；第二是对任何问题都仔细思考的倾向性，即认知需求。下面，我们逐一来看。

假设你在明天的校报上看到一篇文章，说学校管理者计划要求每位学生在毕业前都要通过一项综合性考试，考试内容涵盖所有学过的课程。再假设管理者打算马上把这个计划付诸实践，也就是说如果提议通过的话，你就要参

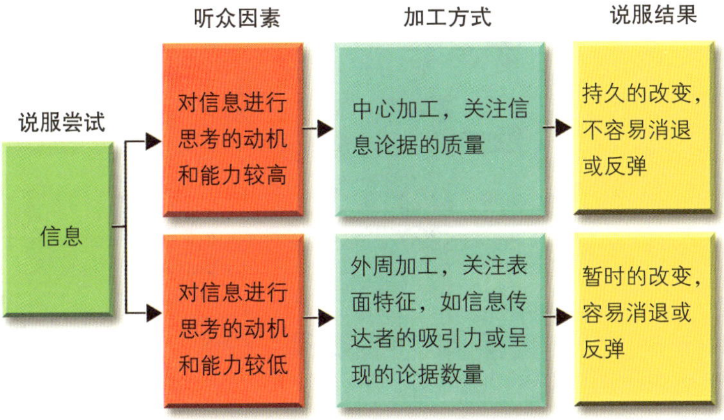

图 5–3　详尽可能性模型：成功说服的双路径

注：根据人们仔细思考信息的动机和能力，人们的信息加工方式分为中心加工或外周加工两种。虽然这两种加工方式都可以带来说服效果，但中心路径加工会带来更为持久的改变。

加这个考试！因为这直接和你个人相关，于是你就有意愿仔细考虑管理者所提出的论据，然后再决定是支持还是反对这个计划，毫无疑问，你会对这些论据深思熟虑，对信息的质量仔细分析。现在，还是思考同样一事件，不过有一个地方稍做变化，即这个计划要在 10 年后执行，而不是今年开始，也就是说不会影响到你。在这种情况下，双加工模型预期你对这篇文章的反应会有所不同，你就没什么动力仔细阅读信息，考虑正反两方面的观点；相反，你只是简单地加工一下管理者所发布的信息，至于是支持还是反对这个计划，你可能只是基于一些表面的东西，比如管理者列出了多少条论据来支持这个计划。

理查德·派蒂和约翰·卡乔波于 1984 年所做的一个研究支持了这种预期。在这个研究中，大学生会读到三条或者九条支持综合性考试的论据，这些论据或者是高质量的（“纳入这项考试的学校毕业生平均起薪更高”），或者是低质量的（“这项考试可以让本校学生与其他学校学生的学业水平进行比较”）。图 5–4 给出了这个研究的结果。如果学生认为这个政策会影响到他们自己，就会对信息进行中心加工，更为青睐论证更有力的论据；相反，如果学生认为这个政策并不会对他们造成影响，因为至少 10 年内不会付诸实施，他们就会根据论据的数量而非质量来决定自己的意见。

另一个影响因素——**认知需求**（need for cognition）更多地与个体本身有关。我们在第 3 章中已经讨论过，有些人就是比其他人更喜欢全面而深入地思考问题，这些人有很高的认知需求，即偏好深思熟虑，对信息进行中心路径加工。要测量这种需求，可以询问一个人总体来说喜欢深入思考的程度。高认知需求的个体即便对一些与自身个人无关的问题也会深入思

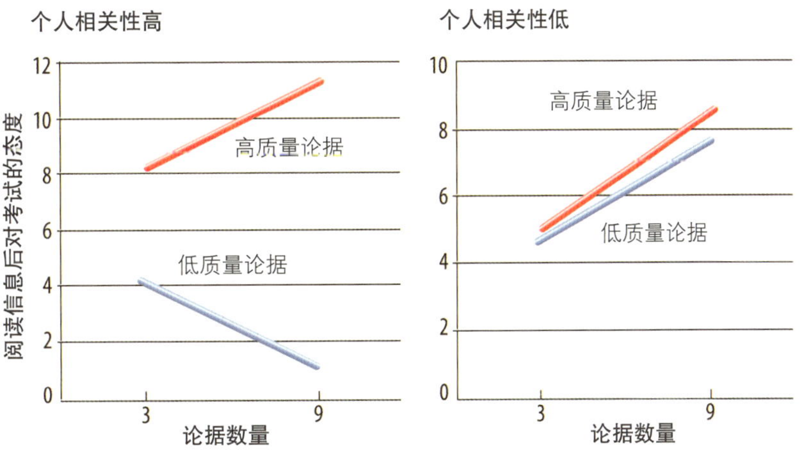

图 5–4　个人相关性的效应

注：如果信息涉及的问题与个人相关，学生对信息的反应就会考虑论据的质量；而当信息与个人无关时，学生就会对信息进行外周加工，不再关注论据的质量，而只是关注论据的数量。由此可见，中心和外周的信息加工方式都能达到说服的效果，不过是通过不同的路径。

资料来源：Adapted from Petty & Cacioppo（1984）.

考。比如，在一个研究中，爱荷华大学的本科生阅读了一个信息，是关于可能要在10年后实行的学费增长政策，因此这个问题对这些学生来说是与其个人无关的，而信息中所给的论据则分为有力的和薄弱的。结果发现，高认知需求的学生相比低认知需求的学生，会花更多的精力来考虑信息中的观点，信息的质量也会起到更大的作用。

名词解释

认知需求 个体进行深入思考并乐在其中的倾向性。

总的来说，人们是否愿意对某个问题进行深入思考会受到两个因素的影响，一个是这个问题与个人的相关性，另一个是他们深入思考问题的自然偏好（认知需求）。如果深入思考的动机较高，人们就会对支持或反对这个问题的论据质量进行仔细分析，从而得出他们的观点；反之，如果动机水平较低，人们就不太关注论据有力还是薄弱，而常常基于一些外周的考量来得出结论，比如只是数一下论据的数量。虽然外周因素一开始就会产生与强论据相同的态度改变，但这种态度改变会消退得更快，也更容易受到其他一些劝说努力的影响而再次变回原先的态度。

因此，如果你想劝人们支持更低的速限标准，在你的倡议书中，最好不单单提供一些有力的论据来支持你的观点，还要驱使信息接收者能够更充分地思考你的这些论据，比如可以一开始就指出这个问题是与他们的切身安全息息相关的："研究显示，降低高速公路速限标准可在实施的下一年避免数以百计的人员死亡，而你可能也是受害者之一。"这样，你的倡议书所带来的改变就更可能持续下去。

能力

有一个很强的意愿来对信息进行中心加工也许还不够充分，一个人还必须有能力做到中心路径加工。如果你很有动力去对某个信息进行深入思考——我们假设是一个你中意的相机的广告——那么什么因素会让你无法仔细地对

◎ **飞掠而过**。因为电视广告中的信息要点都是飞速地从我们眼前流过，所以我们很难通过中心加工过程来评估广告中产品的质量。

广告中的要点进行权衡？研究者已经发现，有好几种方法能限制你进行深入思考的能力：分散你的注意力，使你无法集中精神于这个广告；只提供有限的信息，使你抓不准广告的要点；只提供有限的时间，使你无法全面地考虑这些要点。

约瑟夫·阿尔巴（Joseph Alba）和霍华德·马莫施泰因（Howard Marmorstein）在1987年所做的一个研究说明了最后那个因素，有限的时间是如何影响消费者对相机广告的反应的。研究者给被试提供了两个价格相当的相机品牌A和B的信息，信息中包含了相机常有的12种不同特征，其中品牌A只在其中三个特征上优于品牌B，而这三个特征是考虑购买一台相机最重要的特征（关系到相机和照片的质量），而品牌B则在八个特征上都优于品牌A，但都是一些对相机来说无关紧要的方面（如相机背带）。研究的第一个条件中，每种特征被试都只能看两秒钟，第二个条件中被试能看五秒钟，第三个条件中的被试则有足够的时间来研究这12个特征。随后，被试评价了自己对这两种相机的喜爱程度。

结果极具冲击力：如果每个特征只给两秒钟，只有少数被试喜欢高质量的相机（17%），大部分人选择了那个在很多无关紧要的特征上有优势的相机；而如果每个特征给五秒钟，结果模式有所改变，但看重质量的被试还是少于半数（38%）；只有在被试的考虑时间不受限制的情况下，结果模式才翻转过来，大多数被试

（67%）偏爱那个虽然优势特征不多，但都很重要的相机。

这种情况是不是会让你联想到平时那些接二连三快速闪过的广告，你在有限时间内是如何对这些信息做出反应的？想一下这个问题（当然，最好给自己充足的时间）：这是不是广播和电视广告的运行方式？与印刷广告不同，这些广告中的信息要点往往都是一闪而过，我们无法慢进或者回放，也就没有机会对里面的任何信息进行中心加工。于是，你关注的就不是广告产品的质量，而只是一些外周信息，比如广告中的人物是不是有亲和力、是不是漂亮。其他一些你通过广播媒体所接收的信息（如政治观点、公众人物访谈等）也是如此。

总结一下，说服的双加工模型认为，人们在加工说服信息时会采用两种方式。中心加工会关注信息中的论据质量，对这些论据就会深入思考，根据论据是有力还是薄弱做出态度改变。外周加工则关注信息中论据质量之外的一些因素，如论据的数量和对信息传递者的喜爱程度，于是人们态度和信念的改变也是基于这些因素。人们在既有意愿又有能力的时候，会对信息进行中心加工，但如果动机和能力两者缺其一，人们就更愿意对信息进行外周加工。

不管使用哪种加工方式，人们改变态度和信念都是为了实现个人目标。下面我们来看看这些目标到底是什么。

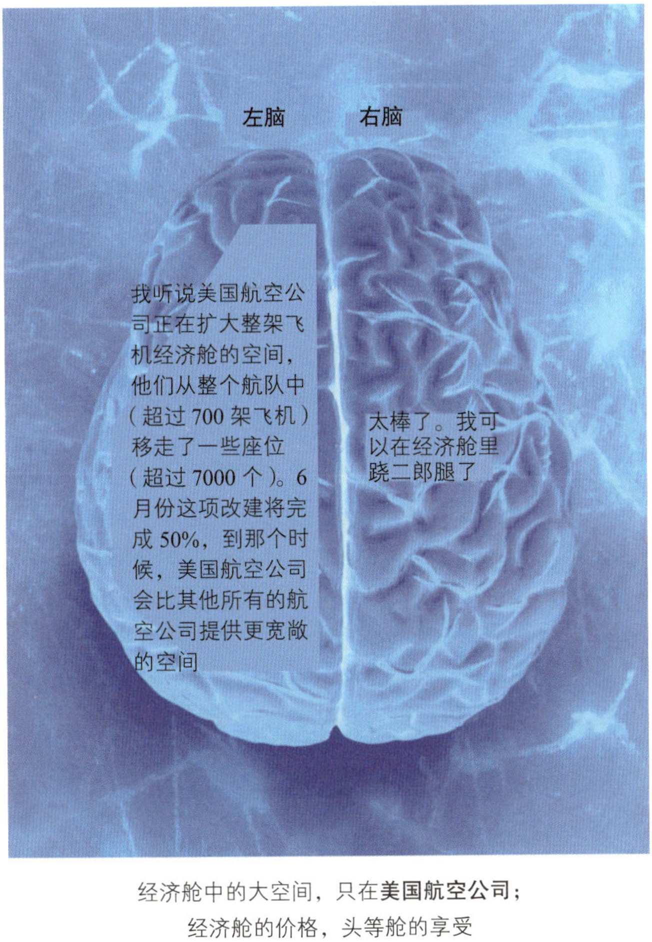

◎ **一个双侧脑人**。这个广告的设计者聪明的安排，能够同时刺激消费市场中的中心和外周信息加工者。

说服的目标：人们为什么要改变他们的态度和信念

关于一个人为什么要说服别人，你可能不用怎么动脑筋就能想到好几个理由，因为各种各样的目标都可以通过改变别人的态度和信念来实现。但是为什么一个人会选择被说服？这样的改变能够实现什么样的目标？这看起来是一个更有趣而且更有启发性的问题。

要了解态度改变的功能，我们首先要考虑态度的功能可能是什么。心理学家给出了一些答案：通过态度，人们可以获得奖励避免惩罚，有效组织信息，向他人表达自己，维持自尊，融入他们所在的集体。

把这些各种各样的功能结合起来，应用到态度改变的问题上，我们可以看到以下三种主要的说服目标，即个体趋于一项说服性信息，从而能够：

1. 对世界有一个更准确的认识；
2. 使自己保持内部一致；
3. 获得社会认同和接纳。

有时，同一次态度改变可以满足一个以上的目标。比如，一个人在朋友做出一次出色的论述后更支持朋友的立场，这样的支持既能帮助其准确地了解世界，也促进其获得社会认同。虽然上述三个目标在发挥作用时不一定在显意识下。接下来，我们会讨论这些目标是如何促使人们改变的。

对世界有一个准确认识

舌灿莲花的政治家、口若悬河的销售员、煽情动人的广告商常常会误导观众。毋庸置疑，为避免重大错误，人们想让自己看到一个真实的世界。持有准确的态度和信念就是一条途径。下面，我们将讨论一些人们用于获得准确认知的捷径。然后，我们会考察哪些个人或情境特征会影响这个准确性目标。

获得准确性的好捷径

我们已经看到，当人们想对某个问题有更准确的认识时（如这个问题对其个人非常重要），他们就会花许多时间和精力来分析相关的证据。但是我们要注意的是，不要以为只有那些深入思考的人才想要对问题有准确的认识。很多情况下，人们都想要准确，但没有时间和精力来仔细分析这些证据。那该怎么办呢？他们常常依赖于其他一些准确性的快捷证据来帮助他们做出正确的选择。这些快捷证据能从可靠的信息传递者、他人的反应和准备好的想法三方面来源收集。

小调查

准确性通常是一个好东西，但是否在所有情况下我们都想获得准确性呢？想想什么时候你会让自己去相信一件并不正确的事情，那时候你真正的目标是什么？

可靠的信息传递者

当环境不允许人们对一个说服信息进行彻底的考察时，他们想要获得准确性，可以基于信息传递者的可靠程度来做出判断。一名可靠的信息传递者具有哪些特点？经过多年的研究，有两个因素脱颖而出——内行和值得信任。

如果媒体呈现了一位内行专家对某个问题的看法，对公众的观点会产生戏剧化的影响。在《纽约时报》上刊登的一则新闻故事中，如果有一位专家的观点能引发全国公众观点 2% 的转变，那当这位专家的话通过全国电视转播后，影响力几乎能翻一番。

看了这些，再想想那封降低高速公路限速的倡议书，你能够从中获得一些什么启示？假如有交通安全专家发表了一些公开的言论支持你的立场，而你却没有把这些言论找来放进你的倡议书中，那你就太失策了。还有，如果你只是告诉你的听众这些信息来自专家，也还不能完全保证你的倡议书具有说服力，研究发现，你还必须证明你自己是一个值得信任的信息传递者。

如果说内行专家代表了一个信息传递者的知识和经验，值得信任则代表这个信息传递者是诚实而不带偏见的。信息传递者在传达说服性信息的时候是如何表现诚实和不带偏见的？他们可以传达一种印象，他们的信息要改变观众的态度并不是为了满足自己的利益，而是要让观众获得有关某些问题的准确信息，是顾及观众的利益。有一些广告里承诺对某问题或商品“实话实说”，以建立自己值得信任的形象。另一种方法就更取巧一些：相较于只为自己的立场辩论，信息传递者有时还会做出一个样子，给观众正反两方的论据——优点和缺点——从而给人一种诚实不偏颇的印象。研究者很早就已经知道，信息传递者如果给出正反两方的论据，或者看起来是在为一个有悖于自身利益的观点进行争论，他们就会获得观众的信任，从而变得更有影响力，尤其是在观众一开始不赞同信息传递者的情况下。事实上，即便是小学二年级的小孩子，当信息传递者所传达出来的信息是与自身利益背道而驰的时候，也会更相信这部分信息，比如，他们更相信一个孩子说自己在赛跑中得了第二而不是第一。

广告商早就想到了一种特别有效的方法来推销产品，就是表现得好像是与自身利益打对台。他们在广告中会提到他们产品中的一个小的劣势或缺点，这样，他们就建立了一个诚实

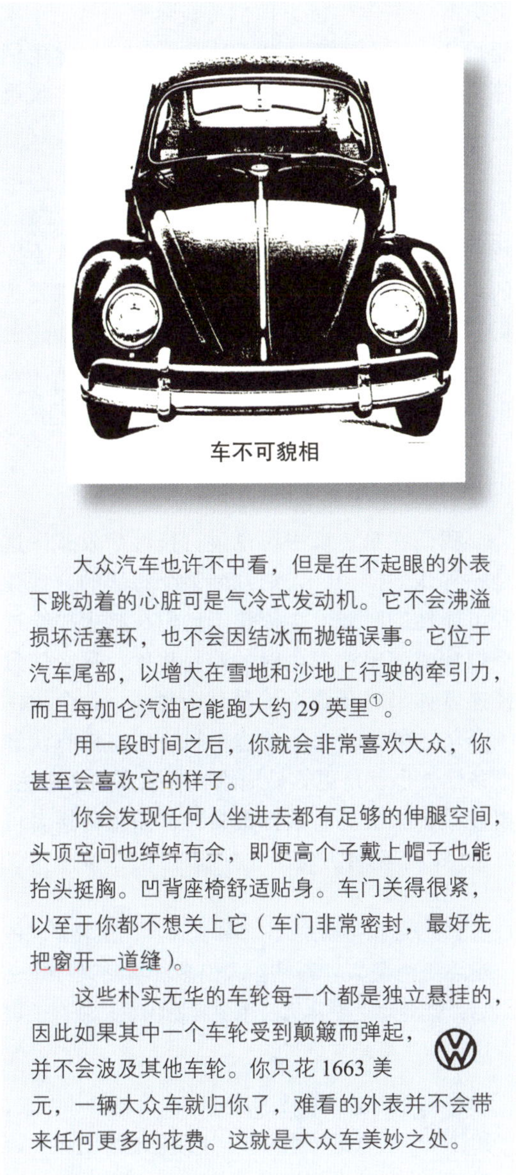

图 5–5　当坏事变成好事

注：45 年前，恒美 DDB 广告公司（Doyle，Dane，Berbach）接到一项业务，要将一款小型德国车引入美国市场。当时美国市场里没有小型车在销售，之前也没有任何进口汽车热销。广告公司用一组广告说明了这种车和汽车公司的一些小毛病，但突出了整体的可靠性，最终获得了传奇性的成功。你也许需要花一些工夫才能发现，在这个广告中，每组积极评价之前都有一个消极评价。

① 1 英里约等于 1.609 千米。——译者注

的形象，对产品的优点就变得更有说服力（如图 5–5 所示）。不只是广告商会用这样的伎俩，训练有素的律师也会在对方律师之前先提出己方的一个弱点，也就是所谓的"授人以柄，以退为进"，从而在陪审团心目中建立起一个诚实的印象。一些实验也证明了这种技巧的确是有效的，当陪审团成员听到一名律师首先抛出了己方的一个弱点，他们就会觉得这个律师更诚实，也会因为这样的知觉而在最终整个案子的裁决中更偏向于这一方。

他人的反应

当人们想对一个说服信息做出正确反应却没有深入思考的动机或能力时，还可以走另一条捷径。他们可以观察别人对这个信息的反应。例如，假设你听了一场政治演说，每名观众都热情回应，你也许也会得出结论，认为这是一场很棒的演说，并且折服于演说中的观点。而且，你看到周围观众的表现越一致，你就越容易被他们影响，即使你一开始并不赞同他们。正是因为如此，审讯官们会对嫌疑人说"我们认为你有罪"而不说"我认为你有罪"。

虽然观众反应的一致性会增加这种反应的影响力，单独一个人对某条信息的反应有时

◎ **人群控制**。当有人尤其是有很多人对某个想法有积极的反应时，我们就更容易觉得这个想法很合理，并且也会做出类似的反应。

也能极大地影响观察者的反应。审讯官们了解这一点，并且常常会告诉嫌疑人他们有一个目击证人来支持他们的判断。这一手段有一个令人担心的问题，就是审讯官常常在没有证人时也会这么说。根据社会学家理查德·里奥（Richard Leo）观看了182次审讯后的说法，不仅虚假证据在警方审讯中是合法的，而且更值得注意的是，大部分的案件中，在虚假证据呈现后，嫌疑人都认罪了。那么有没有可能其中一些认罪的嫌疑人实际上是无辜的，只是被虚假证据误导而错误地认定了自己的罪行？如果是这样的话，又是什么样的情形会令这种强大的说服发挥作用？

索尔·卡辛（Saul Kassin）和凯瑟琳·基希勒（Katherine Kiechel）设计了一个研究来准确回答这些问题。他们设置了一个情境，大学生在实验中完成一个计算机任务，实验者事先警告他们不能按某个特殊的键，然后在任务结束后，实验者告诉这些学生，他们在实验中按了那个不允许按的键，删掉了所有的数据，实际上他们并没有犯错。实验者表现得非常沮丧，要求学生签一份承认自己犯错的说明。虽然谁也没有犯错，但是有多少学生还是签了呢？这在很大程度上取决于实验的两个特征。

1. 如果这些学生在完成计算机任务的时候已经超认知负荷了（他们必须用疯狂的速度来加工信息），他们相比那些没有超认知负荷的学生就更容易承认自己的错误（83%对62%）。我们在前面已经看到，当人们被折腾得稀里糊涂、惊疑不定时，就更容易受到影响。
2. 一半的学生会听到边上有个学生（实际上是实验助手）说她看到自己按了那个禁止的键，受到伪造证人影响的学生就更容易承认错误，显著地多于没有听到的被试（94%对50%）。这两个因素联合在一起，影响力就更为强大，在情境中认知超负荷的同时被证人错误指证的学生100%都承认了错误。

这些学生的心理状态还有一个很惊人的地方——显然大部分人都真的相信自己犯了错误。之后当他们一个人在实验室外面等待的时候，又会有一名学生接近他们（实际上是另一个实验助手），问他们发生了什么，65%的学生回答这个陌生人的时候都承认自己犯了错，说类似于“我按错了一个键弄坏了整个程序”这样的话。显然，他人的看法（即使只是一个人的看法）都会大大地影响到我们对说服的易感性，特别是当我们开始自乱阵脚的时候。令人不安的是，这些因素在彼得·赖利的认罪中都发挥得淋漓尽致。在对他的审讯中，他的认知超负荷运作，让他变得混乱困惑。随后，他人（审讯官和测谎仪操作员）又加固了他有罪的想法。

准备好的想法

我们在第3章中讨论过可得性启发式，这是一种认知捷径，人们判断某个想法的合理性和可能性的时候，会依赖于他们在脑中描绘这个想法或该想法发生时的难易程度。那么信息传递者如果想让观众接受某个想法，就会提供一个巧妙的方法——把这个想法变得更有认知准备性，也就是更容易描绘或者想到这个想法。要使某个想法更有认知准备性，信息传递者可以采用以下两种方法。

1. 多次呈现这种想法。许多研究显示，重复呈现的观点更为坚实。而且，人们多次看到某种想法后，就会对之更熟悉，也更容易描绘，就会使得这个想法看起来更真切。
2. 增加某个想法或事件的准备性和可信性的方法，即让一个观众进行想象。当你真正想象过某件事物后，下一次你再想起它的时候就更容易描绘，更栩栩如生。

在一项研究中，新墨西哥州立大学的学生想象自己经历了一场车祸后，他们更显著地愿意支持交通安全倡议。相信你一定看到了这些结果和你的降低速限倡议书之间的关系：你也许可以让你的读者先花一分钟时间，只是想象一下在高速驾驶的交通环境中他们发生车祸的可能性。

因此，多次呈现想法以及安排观众想象或描绘这些想法，能够增加这些想法的认知准备性，从而让这些想法变得更为合理有效。回顾彼得·赖利的案件，显然这两种方法都被审讯官们用到了，他们重复地用赖利杀害了他的母亲这个想法来冲击他，还不断地强迫他想象他是怎么做的。到审讯结束的时候，无论对审讯官还是赖利，这些想象都变成了真实。

审讯官：但是你记得你用一把刮胡刀割断了她的喉咙。

赖利：这个真不好说。我想我记得我是这么做的。我的意思是，我曾想象过我会这么做，这想法从我的脑袋后面冒出来的……

审讯官：那么她的腿呢？我们在那里看到的是什么样的情形？……你记不记得你剥了她的腿？

赖利：这可是你说的，然后我想象出来我做了。

审讯官：你没有想象任何事情。我觉得真相开始破土而出了，是你自己想把真相找出来。

赖利：我知道……

什么会影响追求准确性的愿望

追求对一个问题的准确看法并非总是恒久不变的。在某些时候或者对某些人来说，这样的愿望尤其强烈；而在另一些时候或者对另一些人来说，这种愿望又可能大大地降低。我们就来探索哪些因素会令准确性目标发挥作用对说服产生影响，什么时候会发挥作用，如何发挥作用。

个人 问题介入程度

你也许会对成千上万的问题有自己的看法。如果你对所有这些问题都能有一个准确的看法当然很好，但是你应该会更关心那些直接涉及你的问题，对这些问题更有动力去获得一个正确的看法。一个遥远国度里的政治差异也许会在那里引发重大事件——战争、革命和社会变迁。但是相比这些问题，你也许更愿意深入了解增加本地营业税的计划。根据一般常规和我们所看到的情况，你会更关注那些对你个人非常重要的问题，希望能够获得更为准确的态度和信念。因此你会就这些问题相关的信息做更深入的思考，并只在论据非常有力的情况下才会被说服。

一项研究显示了广告商多么容易就能让你对某个话题有更深的介入，从而更仔细地关注他们的信息。研究者为一次性剃须刀撰写了两个版本的广告文案，两者唯一的差别就是一个使用自我参照代词“你”而另一个不使用（如“你也许会认为剃须技术永远不会提高”）。观看自我参照广告的个体会进行更为深入的思考，并只在广告包含强论据的时候才会受到广告的影响。你明白了吗？在你的高速公路限速倡议书中，你可以采用这一手法——当然前提是你手握有力的论据来支持你的倡议，否则就弄巧成拙了。当然了，教科书的作者们是从来不屑用这些策略的。

个人 心境

快乐或忧伤的心境不仅仅会为你带来一种积极或消极的感受，而且会为你当下所处的情境属性提供信息。如果你这一段时间觉得快乐，那么当下你所处的环境也很可能会让你当下觉得亲近而获益良多；相反，如果你感到悲伤，那么很可能当下你周围的环境会让你觉得很倒霉，而且看起来更危险，好像会让你更容易受到伤害。毫无疑问，当你处在不安全的环境中时，你会希望自己能够对一个说服信息做出正确的反应。因此，当你处在一个悲伤的心境中，相比一个快乐的心境，你会更有动力去获得准确的态度和信念，从而能够适应当下的情境——因为你的心境会告诉你，在当下环境中，犯错误是有一定危险的。最近的研究显示，积极的心境有时也会让你仔细审查信息，尤其是当该信息与你已有态度相悖的时候。

情境 已经完成的事务

《圣经》中说：“凡事都有时间，天下万物皆有定时。”对准确性的追求也不例外。举例来说，彼得·戈尔维策（Peter Gollwitzer）和他的同事们在研究中发现，人们在某个特定的时间，即在他们决定要感受什么、相信什么或者做什么的时候是最有动力获得准确性的。然而，做出决定之后，看清事物本质的愿望就变得没那么重要了，取而代之的是要将现在已经做出的决定继续下去的愿望。就像拿破仑对他的将军所进行的劝告一样："事前考虑清楚，可是一旦到了该行动的时候，就要毫不犹豫、放手一搏。"

情境 讨厌的信息

在不确定的情境下，人们会选择只相信他们想要相信的东西，这往往是符合他们的自身利益和个人偏好的信息。这种倾向会对说服产生影响。比如，人们遇到那些与自己的信念相反的信息时，会觉得这些信息不如支持自己信念的信息更可靠，因此这些证据也就没那么有说服力。人们接收到的说服信息如果是和他们的个人利益、偏好和立场相一致的，就会感到满意，也不会花很多认知努力去找出其中的缺陷；相反，如果他们遇到的是不一致的信息，

联结：适应与障碍

击败防御和否认

人们在试图挑战和破坏消极（而非积极）信息，甚至是一些涉及自身健康的重要信息时，是不是会使用一种带有偏差的方法？他们确实会这样。比如，曾经因车祸住院的司机仍然会坚持认为，自己的车技要比大部分司机好且更符合安全规范。

假设你在参加一个实验，是采用一种新的唾液测试来检查某种酶缺陷，这种酶缺陷可以预测胰腺方面的疾病。你认为这个测试的准确性有多高？彼得·迪托（Peter Ditto）和戴维·洛佩斯（David Lopez）于1992年发表的研究报告发现，这取决于该测试是否判定你有这种令人烦恼的缺陷。就像这个研究中的大部分被试一样，如果这个测试告诉你，你将来可能会有胰腺疾病，你很可能就会质疑这个测试的准确性。他们的第二项研究则揭示了你可能会做出什么反应。迪托和洛佩斯询问被试在过去48小时内他们的饮食、睡眠或活动方式是不是有什么不规律，从而可能会影响到这个测试的准确性。那些获悉"威胁健康"结果的被试列出的"不规律作息"是获得"确认健康"结果的被试的三倍。也就是说，他们在寻求方法来削弱那些与偏好的健康形象不相符的证据。

从表面上看起来，这种倾向似乎是有害的，而且可能真的有害，因为人们遇到那些对身体健康发出警告的信息时，会对这些信息挑刺。然而，约翰·杰莫特（John Jemmott）和他的同事们认为，大部分人都不会愚蠢到完全忽略这些警告。在他们的实验中，研究者告诉被试，一个酶缺陷测试发现他们存在这种缺陷，将来有可能会罹患胰腺疾病，或者告诉他们测试显示他们是健康的。得到缺陷报告的被试对这个测试的可靠性判断显然低于得到健康报告的被试，不过在得知自己存在缺陷的被试中，有83%都要求获得进一步的信息，询问这类酶缺陷人群可以获得哪些服务。因此，虽然他们试图防御由这个测试结果所带来的威胁，大多数人对这个问题还是不会等闲视之，而会为自己安排获得更多的信息，如果有需要的话，还会寻求帮助。

由此可见，对大部分人来说，拒绝讨厌的信息在这类情况下基本上是没有坏处的，因为它会受到准确性动机的调节，尤其是在所面临的问题对自身生命攸关的时候。

而当人们固执地要按照自己的信念和偏好来看待世界，达到无所顾忌的程度时，才会出现一个严重的问题。这种反应已经不是单纯的对不一致信息持良性的怀疑，而可能会被定义为否认，可能是自我毁灭性的。

什么样的人会在遇到烦恼的信息时选择否认呢？他们不是简单的乐观主义者——如信条一般坚信好事情更容易发生在他们自己头上。更准确

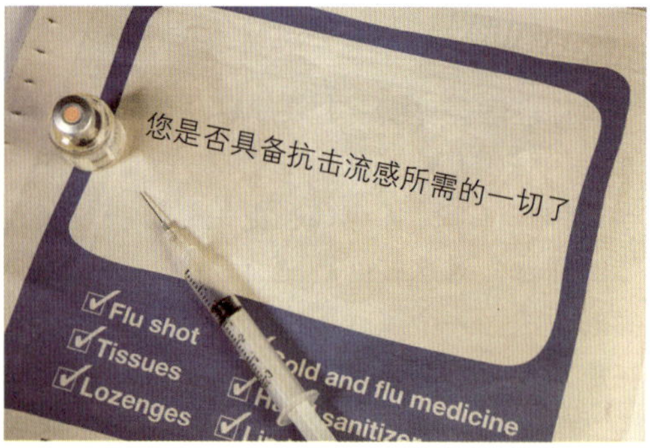

◎广告如何克服防御性。像这样的广告会很有效，就是先把一个威胁摆到观众面前，然后再提供明确的步骤来降低威胁。

地来说，应该称他们为长期不切实际的乐观主义者——通常拒绝相信他们会受到坏事件的伤害，从而也无法对坏事件产生警惕。很显然，这类人当知道自己有可能受到伤害的时候会非常沮丧，因而会抑制相关的信息，并且否认自己会受到伤害的影响。具有讽刺意味的是，当他们抑制和否认令人烦恼的威胁的存在，这些个体反倒使这些危险变得更为真实。

通过忽略或否认问题来应对威胁的倾向在很多正常个体身上也会出现，但仅仅是在某些条件下。在大部分情况下，诱发恐惧的信息往往会使信息接收者采取行动来减少威胁。举例来说，我在为法国青少年所做的关于酒精危害性的演说中，加入了一些产生恐惧的图片，很明显比使用中性图片能更有效地改变他们的饮酒态度和行为。然而，这个普遍规律也有一个例外：如果在诱发恐惧的信息中，所描述的危险非常严重，但是观众却没有获得任何有效的手段来（如自我约束、药物治疗、运动、节食等）降低风险，他们应对恐惧的方式就会是把这些信息“屏蔽掉”，或者否定这些危险会落到自己头上。这样的话，他们也许就不会采取任何的预防措施了。

这也解释了为什么在传达高恐惧信息时，提供具体减少威胁行为的建议非常重要（如图 5–6 所示）：人们能够用来摆脱恐惧的方法越清晰，他们就越没有必要去寻求诸如否认之类的心理性手段。这里我们学到的是：如果我们不能给出具体的应对恐惧的步骤，就不要试图用恐惧来说服人们。应用到你的倡议书中，你可以生动地描述一下过高的速限标准可能会带来的高速公路事故伤害，但同时应具体说明市民要降低这些危险可以采用哪些方法，比如参与相关的政治运动团体的活动，或者寻找相关的立法人员（你应该主动提供这些人的电话），这样才能使你的倡议书真正产生作用。

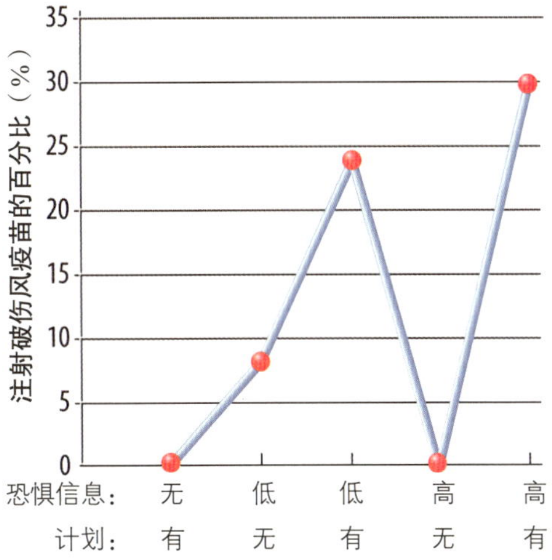

图 5–6 恐惧是不够的，你还必须制订一个计划

注：学生阅读了一个关于破伤风感染的公众健康小手册，一半的手册中有感染破伤风后的恐怖图片，一半则没有。此外，一半学生会收到一个具体计划帮助他们安排破伤风疫苗注射。最后，还有一个对照组学生没有阅读小手册但是获得了这个注射计划。只有在提供了具体计划来保证疫苗注射，高恐惧信息才能促使人们注射疫苗，并降低他们对破伤风的恐惧。

资料来源：Based on Leventhal，H.，& Cameron，L.（1994）.Persuasion and health attitudes. In S. Shavitt & T. C. Brock（Eds.），Persuasion（pp. 219–249）. Boston: Allyn & Bacon.

就会感到沮丧，从而试图找到其中的弱点来进行反驳。面对一些与个人偏好的特质和信念相悖的信息，人们会进行挑刺和抵触，虽然这不见得有害，但一旦失败则可能带来自我毁灭性的打击，就像我们下面要看到的这个故事一样。

交互作用 专业水平和复杂性

假设你是一名案件的陪审员，一男士声称因为在工作中接触了某种化学物品而罹患了癌症，你们要决定判给这个男人多少金额的赔偿。他的雇主是一家制造公司，承认他在工作中接触过这种化学物品，但是辩称这并未导致癌症。你获得的一项证据是来自一专家的证词，托马斯·法隆（Thomas Fallon）博士声称，科学数据显示这种化学物品的确会令许多物种患上癌症，其中就包括人类。你在多大程度上会受到这个专家证词的影响？根据乔尔·库珀（Joel Cooper）、伊丽莎白·班奈特（Elizabeth Bennett）和荷莉·苏克尔（Holly Sukel）于 1996 年的研究，这不仅仅取决于你觉得他的专业水平有多高，还取决于他证词的复杂程度。

在研究中，模拟陪审员的被试会听到法隆博士在这个问题上的两种描述，专业水平很高或者只是一般。另外，一部分陪审员得到的法隆博士的证词是用一般的语言来陈述的，只是简单地说明这种化学物品会引发肝癌、其他一些肝脏疾病和免疫系统疾病；另一部分陪审员获得的则是复杂的证词，大部分都是难以理解的语言，说明这种化学物质会导致“肿瘤诱导、肝肿大、肝脏巨红细胞症以及脾脏和胸腺淋巴萎缩”。这项研究中最有趣的结果是，只有在用复杂、难以理解的术语来说明的时候，专家的水平差异才会发挥影响，高水平的专家能更有效地影响陪审员。这是为什么呢？该研究人员认为，如果法隆博士使用简单的语言，陪审员在对案件进行裁决的时候可以根据这个证据本身做出判断，而不需要使用专业水平这个线索作为一种获得准确性的捷径；相反，当证词晦涩难懂的时候，他们在听取专家意见时就不得不依赖这个专家的声誉来做出判断。这些结果体现了一个有趣但又让人沮丧的讽刺性的事实：学识渊博的专家也许只有在人们无法理解他们所说的东西时才是最有说服力的！一项最近的研究发现，当专家证人是男性时，复杂语言更能增强他的信度；而女性专家使用简单语言则会显得更有说服力。

维持态度和行为的一致性

迈克尔·法拉第（Michael Faraday）是19世纪英国伟大的科学家，而有一位科学家与他素有嫌隙，是其学术上的竞争对手。有一次，别人问起法拉第对那位科学家有什么看法：“那么，那位教授总是错误的？”他瞪着提问者回答道：“他总是自相矛盾。”

从法拉第对其对手的轻蔑评价中，我们可以获得与一致性目标相关的两个启示。第一个启示很容易看出：和大多数人一样，法拉第把一致性看作人们行为中一个值得赞赏的特质，如果没有这个特质，那么就有理由对其嗤之以鼻。第二个启示则要花点功夫挖掘：归根到底，为什么法拉第会觉得有必要打击对手的成就？一位社会心理学家的回答也许会认为法拉第自己也受到了**一致性原则**（consistency principle）的影响，这个原则是说人们会受到认知一致性的驱动，从而会通过改变态度、信念、知觉和行为来达到一致性目标。法拉第看不惯对手，为了维持这种看法的一致性，他必须找到一种方式来否定这个人的成功——所以他说对手的成就是前后矛盾的。

虽然我们无法确定法拉第的反应是不是为了让自身保持一致（从1867年开始，我们就无法当面问他了），我们可以看看当代人所做出的类似的反应，并从中寻找一些端倪。在这个过程中，我们首先会讨论说服研究中两个主要的一致性理论——平衡理论和认知失调，然后我们会考虑哪些个人和环境特点会影响一致性目标。

平衡理论

弗里茨·海德（Fritz Heider）提出**平衡理论**（balance theory），认为我们希望自己对世界的认识能够保持和谐一致。我们希望与我们喜欢的人观点一致，而与我们不喜欢的人意见相左；我们希望对于同一件事物的看法，在此处和彼处也是相似的。海德认为，这种和谐在我们身上形成了一种认知平衡状态。当我们处于平衡状态时（比如我们对某个政治问题的看法与我们真心喜欢的一些人相同）就会感到满意，这时就不需要做出改变。但是，如果我们认知系统的平衡被打破了（比如我们发现在某个问题上与我们喜欢的人意见相左）我们就会体验到不适的紧张。为了移除这种紧张感，我们就不得不改变这个系统中的某些东西。现在，我们再更深入地走近平衡理论，看看这种改变的压力如何对说服产生影响。

名词解释

一致性原则 该原则认为，人们会改变自己的态度、信念、知觉以及行为来使其彼此间保持一致。

平衡理论 该理论由海德提出，认为人们希望自己对世界的认识能够保持和谐一致。

列举一个你最喜欢的名人。现在，假设你听说这个人在拥护一个你所反对的政治立场。平衡理论认为，这时你的认知系统的平衡就会被打破，因为你要反对一个你喜欢的人。那么

◎ **平衡中取得的成功。**当美国最受好评的名人之一奥普拉·温弗瑞（Oprah Winfrey）加入贝拉克·奥巴马的总统竞选阵营后，奥巴马的民意支持率出现了飞跃。

怎么做可以让你从这种紧张感中解脱出来，让你的认知系统回复平衡呢？其中一种策略是改变你对这个名人的感觉，这样你就会反对一个你讨厌的人；第二种方法就是改变你对这个问题的态度，这样你就能赞同一个你喜欢的人。两种情况下都可以使你重归认知和谐。

你会采用哪种方法取决于你态度的强度。举例来说，如果你对于这个政治问题有很深入的感受（比如枪支控制），你很可能就会改变你对这个与你立场不同的名人的看法，从而达到认知平衡。然而，如果你对这个问题并没有很强的态度，你就更可能改变你对这个问题的态度，从而与你喜欢的人保持一致，来达到认知平衡。许多研究支持了平衡理论关于态度改变的假设。总的说来，人们确实会改变他们的看法，从而保持他们自身、信息传递者和信息话题这三者之间的和谐。

广告商在考虑产品的代言人时，常常会利用人们的这种倾向。厂商们愿意在这些名人身上花大价钱（虽然这些名人的能力与厂商的产品毫无关系），可见商界已然认定，认知平衡的牵引力会使这样的投资物有所值。将产品与某些形象正面的人物或事物联系起来，这样的投资是会有回报潜力的，我们可以在下面这个例子中看到证据，一项民意调查显示，当一家公司的品牌或产品与某些令人喜爱的事物（如奥运会）联系在一起时，76%的消费者会转而青睐这个品牌或产品。信用卡公司维萨（Visa）是一家奥运会赞助商，根据它们的调查，如果一家商店张贴一个带有奥运五环标志的Visa指示牌，Visa卡的消费量就会增加15%到25%，而中国最大的啤酒销售商青岛啤酒公司则报告在赞助北京奥运会期间和之后一段时间，利润增长了32%。

小调查

在篮球明星科比·布莱恩特（Kobe Bryant）因性骚扰被起诉之前，他是一家意大利公司能多益（Nutella）的代言人，这家公司大肆宣扬科比小时候曾有好几年住在意大利。但在科比被起诉后，这家公司第一个中止了与他的合约。这件事如何用平衡理论来解释？

认知失调理论

到目前为止，为一致性动机提供最多证据的理论研究是由利昂·费斯汀格于1957年提出的认知失调理论。与平衡理论一样，这个理论的基本假设是当人们认识到自己的态度、信念或行为中存在不一致的情况时，他们会感觉到一种不舒服的心理唤起状态，又被定义为**认知失调**（cognitive dissonance），从而驱使他们去减少不一致的情况，最终减轻不适感。此外，费斯汀格还提出，人们只有在自己很看重的方面出现不一致的时候，才会有动力去减少这种情况。例如，如果你发现你对骑摩托车的好处产生了不一致的观念——一方面看起来比较省钱但另一方面又有危险——只有在骑摩托车这件事情对你来说是一个现实而又重要的问题（如你正在考虑要不要买一辆摩托车）的时候，你才会有强烈的失调感。这就能解释为什么只有在涉及与自我有关的问题时，强烈的失调效应才会比较容易出现。当不一致的情况涉及自我的某些方面时，这种不一致就变得尤为重要，需要解决的迫切性也随之增加。

在认知失调理论成为主导之前，说服理论

首先关注态度和信念的改变，假定随着这方面的转变会带来行为上的改变。虽然改变过程常常会以这样的顺序出现，失调理论一个非常有价值的贡献在于它告诉我们，倒过来的顺序也会发生——行为首先发生改变也可以激发个体改变相关的态度和信念，从而与行为保持一致。

多年来，研究者做了许多关于认知失调的实验，但是利昂·费斯汀格和J. 梅里尔·卡尔史密斯（J. Merrill Carlsmith）在1959年发表的实验当仁不让地成为最著名的一个。在他们的研究中，被试首先完成了一个非常无趣的任务（在一块板上转钉子），随后实验者会给他们1美元或20美元，要求他们告诉下一个被试这个任务非常有趣，他们玩得很开心。后来实验者询问他们对这个无聊任务的态度，获得1美元的被试会比获得20美元的被试觉得这个任务更有趣，后者的态度则没有任何改变。

我们怎么解释这个奇怪的结果呢？失调理论给出的答案是：

只获得1美元报酬的被试面临自身的两个不一致的认知——“我大体上是一个诚实的人”（几乎每个人都是这么认为的）和“我没什么正当理由就说了一个谎”。要减少不一致的情况，最简单的方式就是改变他们对于任务趣味的态度，这样他们就不会觉得自己说这个任务有趣是在撒谎；相反，获得20美元的被试就不存在不一致的认知，因为他们有很好的理由（充分理由）来说明自己为什么要这么做——那20美元。毕竟，即便是一个大体上很诚实的人也可以为了20美元而说一个无伤大雅的谎言（注意，在1959年时，20美元比现在的100美元还值钱）。因此，就因为这20美元，他们的行为就不会与他们认为自己大体上诚实这样的自我认知相矛盾，因此就不觉得需要改变他们对这个任务的态度。

反态度行为

费斯汀格和卡尔史密斯的研究强调了失调理论中的一个基本观点：**反态度行为**（counterattitudinal action）——与现有态度不一致的行为——会带来态度的改变，前提是该行为没有充分的理由（也就是并没有很强的额外动机去做这个行为）。因此，往往当行动者感到自己的行为是一种自由选择的时候，与态度相反的行为会令态度发生。举例来说，如果你在上司的坚持下签署了一份请愿书，支持一个你不喜欢的政治人物，你不太会感到有压力去更积极地看待这个人，因为你会认为在这件事情上你是迫于老板的压力，自己并没有更多的选择权。如图5–7所示，当强势的外部力量（威胁、行贿、要求）剥夺了人们在反态度行为中的选择自主权，失调就不会发生。

名词解释

认知失调 一种不愉快的心理唤起状态，源于个体的某些重要态度、观念或行为中出现了不一致。

反态度行为 与现有态度不一致的行为。

决策后失调

反态度行为并非失调产生的唯一路径，失调还有另外一个来源。与之相关的一项研究在加拿大的一个赛马场中开展，研究者到2美元窗口处询问那些赌徒觉得自己看好的赛马赢得比赛的可能性。其中一半在他们投注前询问，另一半则在投注后询问。结果发现投注后询问的赌徒对于赛马的信心显著地高于投注前询问的赌徒。这多奇怪！从投注前到投注后的这几秒钟内，无论比赛、场地、跑道或天气都根本没有发生任何的变化。也许是没有，但根据失调理论，在赌徒的身上发生了一些变化：他们体验到了**决策后失调**（postdecisional dissonance），是个体感受到的一种冲突，来源于自己已经做了决策，但这个决策却有可能是错误的。为了减少这种不愉快的冲突，赌徒们就会说服自己相信他们所押的马真的会赢。

名词解释

决策后失调 个体对于一个可能错误的既定决策所感受到的冲突。

一般而言，在刚刚做出决策后，人们就会更喜欢自己的选择，而倾向于认为其他的选项不那么好。而当他们对这个决策感觉到较高的

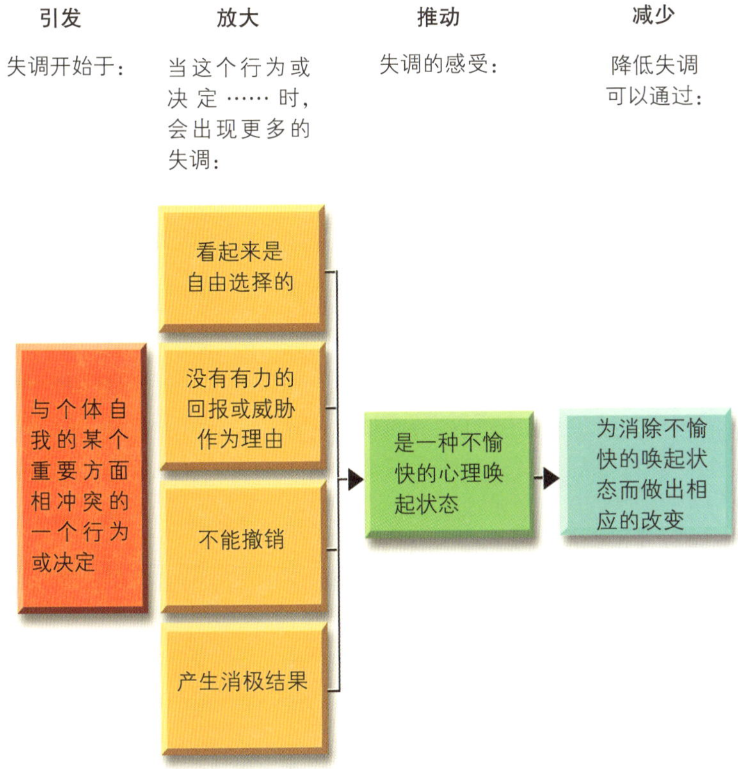

图 5–7 从诱发失调到减少失调

注：许多因素会引发、放大、推动和减少认知失调。

承诺（与个人的联系更紧密）时，这种倾向尤为强烈。在赛马赌徒这个例子中，当他们下了注并且无法再改变选择的时候，他们就会对这个选择有较强的承诺。在那个时候，他们就无可挽回地与他们的选择联系在了一起，从而不得不向自己确认他们做出了正确的选择，由此减少他们的决策后失调。相同的过程也可以应用到政治竞选中，在刚刚投出选票后，选民会更强烈地相信他们支持的参选者会胜利。回忆一下本章前面的内容，我们谈过在一个无法撤销的决策之后，想要准确认识事物的意愿就不再那么重要了。失调理论告诉我们，对事物的认知一致性需求替代了之前的认知准确性需求。另外，我们在下一节会看到，当无法撤销的决策有可能带来消极结果的时候，失调的感受会尤为强烈。

什么会影响认知一致性需求

在社会心理学领域中，关于获得（或者只是保持）认知一致性的目标有很多的研究。这些研究揭示了许多个人和情境特征，这些特征会影响一致性目标对说服的影响。大部分关于这些特征的影响作用的研究来自对失调理论的探索。

个人 唤起

费斯汀格认为，认知不一致会产生不愉快的唤起，于是人们会不断地改变他们的态度来避免这种不舒服的感觉。总的说来，费斯汀格观点中的两个成分都获得了研究支持。

第一，认知不一致会增加人们的唤起水平，这得到了很好的证据支持。在一项研究中，研究者设置了一个典型的失调程序：研究以普林斯顿大学的学生为被试，对于一项在校园中完全禁止酒精的规定，被试可以自主选择写一篇与他们态度相反的文章。实验者告诉他们，他们需要一篇支持这项禁令的文章，并要求他们写这样一篇文章，实验者说："我们会非常感谢你的帮助，但是我们想让你知道，写不写完全取决于你。"如果这些被试同意写这样的反态度文章，他们的唤起水平（通过生理仪器进行测量）相比那些没有获得自主权的被试更高。由此，和失调理论预期的相同，如果个体自主选择去做一个和其现有态度相反的行为，那么就会由于个人不一致而令紧张感升高。

第二，费斯汀格观点中的另一部分——人们会通过调整不一致的态度来减少伴随着的不愉快唤起——也获得了很好的证据支持。另一些研究发现，改变过程中起到重要作用的并不是单纯的一般唤起，而是由费斯汀格首先提出的特定种类——不愉快的唤起。是唤起状态中烦人的部分会推进态度的改变，这种烦恼的唤起会令不一致的个体始终感到不舒服，直到他们想办法做一些事情来重新获得认知一致性。总之，这些研究提示我们，在由于认知不一致而带来的态度和信念转变的过程中，不舒服的唤起是关键因素。

个人 一致性偏好

在引入一致性目标的时候，我们引用了迈克尔·法拉第的话来说明他对一致性目标的看重。大多数人都会同意，但也有例外。我们看看下面这些名人名言。

> 愚蠢的一致性是无知的妖怪。
>
> ——拉尔夫·沃尔多·爱默生（Ralph Waldo Emerson）
>
> 一致性是匮乏的想象力最后的避难所。
>
> ——奥斯卡·王尔德（Oscar Wilde）
>
> 唯一真正一致的人已经死了。
>
> ——奥尔德斯·赫胥黎（Aldous Huxley）

显然，一致性概念并非举世皆准。

这个观察启发了本书的一位作者和同事，他们一起开发了一个一致性偏好量表，询问被试赞同还是反对诸如这样的问题："我的行为和我的信念保持一致对我来说是非常重要的"和"在他人面前我会努力表现一致"。他们发现个体如果在一致性偏好上得分较低，就不会表现出像认知失调那样典型的一致性效应。就像我们预期的，自我一致的动机并没有在那些不看重一致性的个体上产生影响。

小调查

你怎么评定你自己的一致性偏好，是高还是低？为什么你觉得你对个人一致性会有这样的感受？

情境 结果

讽刺的是，一个行为的消极结果反而使个体对该行为的态度更多地朝着积极的方向改变。因为我们尤其不愿意做一些与我们的态度或信念冲突而又可能带来一些后果的行为，所以我们的行为产生的影响越大，我们就越有动力去改变自己的态度和信念来匹配行为，特别是当我们觉得自己需要对结果负责任的时候。下面，我们看看在汉堡王的一次公司培训中发生的事情。

> 一组100名经理被要求赤脚在（温度高达华氏1200度的）①热炭上行走，作为群体"团结体验"的一部分。虽然许多经理因此受到了I度或II度的烧伤②，一位汉堡王副总裁却对这个事件没有表现出任何的后悔。相反，她高度赞扬了这件事情，即便她自己也烧伤了。

也许失调理论可以为我们解释她那令人困惑的积极反应，我们了解到：

1. 这次体验的结果显然是消极的——其中一位经理严重烧伤需要住院治疗，其他人也需要医生的治疗，还有一些受伤的人需要坐一段时间的轮椅；
2. 她是负责组织这次活动的人。

情境 不一致性的突显

如果像我们所提出的那样，人们会为了避免不一致性而改变他们的态度和信念，那么当情境中的某些方面令不一致的情况变得更为突显（或重要），就会引起更大的改变。一种突显不一致的方法是采用苏格拉底式问答法，即通过提出一些问题，揭示出一个人在某个问题上的立场与其在相关问题上的立场实际存在着隐藏的矛盾，从而转变其对这个问题的立场。这种方法的创始人苏格拉底（Socrates）认为一旦矛盾被明显地揭露出来，人们会试图消除矛盾。说服研究支持了苏格拉底的假设：大部分人在面对那些揭示他们的不一致性的信息时，会主动朝着一致的方向上靠拢。

事实上，要让人们去做一些有益于社会的

① 华氏1200度≈摄氏649度。——译者注

② I度烧伤是指仅伤及一部分表皮，II度烧伤及整个表皮及部分乳头层都不会留瘢痕。——译者注

行为，一种有效的方法就是将他们所看重的东西和他们所做的行为之间的差异鲜明地突显出来。假设一名调查员上门来向你询问你对废品回收的态度，而你表达了非常赞同的观点。接下来她请你回忆一下过去的一个月中你忘记回收废品（如一张报纸或一个饮料罐）的情况，很可能当你发现你的信念和行为之间并没有匹配后，将来你会更坚定地支持废品回收。这种技巧先让人们表达他们对一个良好行为的承诺，随后指出他们有时候并没有坚持他们的承诺，这个方法成功地减少了澳大利亚家庭的能源消费。在美国，研究者采用这种策略来促进人们节约用水、废品回收和使用安全套等行为。

想一想是怎样突显的不一致性能够让彼得·赖利承认一项与他无关的谋杀罪。开始，他对犯罪过程毫无记忆，但是在数小时精疲力竭的审讯后，他开始接受“专家”在测谎仪测试中对他的不利证据，开始听从于权威人士对其有罪的断定，开始把那些想象出来的犯罪场景看作真实发生的。他无法回忆起任何与犯罪有关的具体信息，这样单一的、突显的不一致性是无法持续很久的，这还有什么奇怪的呢？很快在这之后，他不仅开始承认杀害了母亲，还开始添加细节。当这些细节与审讯官们所知的有所出入时，他们就会声称他是在逃避推托，然后他就会提供其他不同的细节。在一次建构性的交流中，赖利因为回忆的细节不正确而被责骂之后，他可怜地请求审讯官给“一些提示”，以便让他可以做出符合要求的回答。

赖利身上所发生的与之前讨论过的卡辛和基希勒的研究极为相似，那个研究中无辜的人被指责说按错了一个键导致计算机数据丢失，人们（在错误证据的引导下）开始相信他们的确犯了错，其中有许多人回忆出这个（没有发生的）事件是如何发生的、何时发生的，包括其中的一些细节，他们会说到诸如“在你报到A的时候我手的边缘蹭到了那个键”这样的话。类似的证据很好地印证了一个结论，这个结论来自研究其他一些反应（如法庭上的证人证词和心理辅导中“复苏”的记忆）的心理学家：一致性需求是如此地

◎ **我是一个人。我们是整个世界。**左边这样的广告是与个体化的自我联系在一起的，在美国就会比较成功；右边这样的广告则是与集体化的自我联系在一起的，在韩国就会比较成功。

无孔不入，甚至可以渗透到一个人的记忆中，可以改变一个人回忆出来的事件特征，以便与他们新近获得的信念保持一致。

交互作用 一致性和文化

虽然大部分人都竭尽全力与最主流的自我概念保持一致，每个人对自我的看法却是不同的。因此，对一致性的需求往往会在不同的文化中带来不同类型的行为，因为人们想要保持一致的东西在这些文化中是不尽相同的。

美国军队的推广者招募军人的方式是激励他们成为"一夫之力"，而欧莱雅化妆品的广告则试图说服女性忽略产品的高价格，因为"你值得拥有"，它们的诉求点都是一种个人的自我强化，而这对非西方文化的许多人来说就会有些奇怪。这是因为，就像我们在第 2 章中谈论的那样，对北美和西欧的人们来说，主流的自我概念与世界上其他地方的人是不同的。其中主要的一点是，他们的自我涉及的是个体、是单一的人，因此随着态度和信念的改变，受到强化或保护的正是这种个体化的自我。然而在许多其他文化中，主流的自我概念就不那么局限，而是一种集体自我，扩展开来包括了个体所在的群体。对这些文化下的人们来说，做出一个与个人信念不符的行为并不一定会威胁到他们最重要的（集体）自我概念。因此，这类个人层面的不一致性也许不会有那么大的推动作用。这也许可以解释为什么在东方集体主义文化中的人们会比西方人更少地表现出传统的失调效应：传统的失调程序通常只涉及个体化的自我。

这并不是说集体主义社会中的人就不会通过态度和信念的改变来强化或保护自我的某些重要方面，只不过关注点在于集体化的自我。举例来说，在一个集体主义社会中，一条能够带来集体强化而非个人强化的信息就会更有效，而在个人主义社会中情况则会相反。为验证这个推理，1994 年韩相弼（Sang-Pil Han）和莎朗·沙维特（Sharon Shavitt）考察了两个不同自我概念特征的国家——美国（个人主义自我）和韩国（集体主义自我）——的广告。首先，他们对两年时间内美国和韩国流行杂志中的广告进行评分，发现韩国的广告更多地体现了集体和家庭利益的和谐，美国的广告则更多地体现了个人的利益、成功和偏好。

只是因为两种文化下的广告人采用了不同的广告诉求，是否就意味着这些广告确实能达到预期的效果？为了回答这个问题，韩相弼和沙维特进行了第二项研究。他们设计了一些产品广告（如口香糖），广告里强调个人或集体利益（"享受清新呼吸"对比"分享清新呼吸"），随后把这些广告呈现给韩国和美国的潜在消费群，并询问他们的反应。在韩国，当广告关注集体获益的时候，人们对这个广告和产品持更积极的态度，也更愿意购买；在美国则相反（如图 5–8 所示）。由此可见，如果强调集体或个人利益的广告与文化中所强调的主流自我相互一致并相互促进，广告就会更成功。

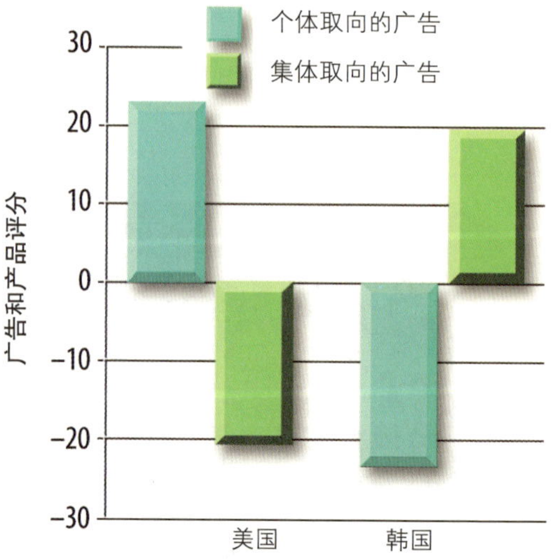

图 5–8 在两种文化下推销自我

注：在美国，个体化的自我占主流地位，人们更青睐体现个体利益的广告；而在韩国，集体化的自我占主流地位，集体取向的广告就更受欢迎。

资料来源：Adapted from Han，S.-P.，& Shavitt，S.（1994）. Persuasion and culture: Advertising appeals in individualistic and collectivistic societies. *Journal of Experimental Social Psychology*，30，326–350.

获得社会认同

如果你得知你的一个非常要好的朋友不

赞同你对枪支控制的看法，你会不会考虑转变一下你的立场？人们有时候会转变自己的立场以求获得周围人的认同。持有一个正确的立场就表现了某种公众形象，从而带来所需的社会交换，而一个错误的立场也许会带来社会拒绝。获得认同的动机称为**印象动机**（impression motivation），因为这种动机的目标是给别人留下一个好印象。这种倾向有时候会与我们前面谈到的另外两种与说服相关的目标——准确性和一致性目标有所冲突。我们来看看，哪些个人和情境特征会使得第三个目标——社会认同凌驾于另外两个目标之上。

名词解释

印象动机 通过给别人留下好印象来获得认可的一种动机。

个人 自我监控

如果社会性的获益会引发态度改变，那么我们可以预期，在面对这类获益的时候，那些最希望从社会关系和人际情境获益的人会更多地改变他们的态度。

在从一个情境转换到另一个情境的时候，某些个体会特别容易调整他们的观点。就如同态度变色龙一样，在每个新的环境中，他们都能够调整自己的“颜色”来迎合当前的环境。我们在第4章中已经讨论过，这些个体被称为高自我监控者，因为他们会不断地监控并调整他们的公众自我（别人如何看待他们），从而让自己符合当前的社会情境；相反，低自我监控者在一个新的情境中决定如何反应的时候就相对更依赖于他们的自身标准。因此，高自我监控者与低自我监控者相比，前者会更多地受到社会认同目标的驱动，后者则会更多地受到一致性目标的驱动。

如果高自我监控者对别人的看法尤其敏感，那么对于一些承诺可以在他人眼中塑造良好形象的广告，他们是不是会特别容易接受呢？在一项研究中确实发现了这一点。研究中的广告在推销某个特定品牌的咖啡、威士忌和香烟的时候，如果强调这些品牌是与社会认同的形象（尊贵威望和老练世故）联系在一起的，相较于纯粹兜售这些品牌的质量，高自我监控者会更容易被前面的那类广告说服。其他研究发现高自我监控者更容易受到具象产品名称的影响，比如“快速通道”；他们也更容易被有吸引力的信息传递者说服。

个人 性别：女性、男性和说服

和高自我监控者一样，女性对人际关系、人际交往问题更为敏感，这种敏感性会影响她们对说服性信息的反应方式。温迪·伍德（Wendy Wood）和布莱恩·斯塔格纳（Brian Stagner）在1994年进行了一项研究，考察男性和女性在可说服性上的差异，并报告了一个令人惊讶的结论：女性似乎比男性更容易受到影响。女性的这种倾向会是什么原因导致的呢？有证据显示在群体压力情景下，也就是某个人的立场与小组中的其他人不一致的时候，这种倾向最为强烈。在这些情况下，女性最容易被说服或被影响。还有研究发现，如果情境中的其他人无法得知个体是否发生了态度改变，女性就不会比男性做出更多的态度改变。这些启示告诉我们，你不能预期女性在看到你的高速公路速限倡议书后会做出更多的改变，因为没有证据证明女性在私下里会比男性更容易说服。

为什么情境中他人的存在和监督会影响女性赞同的意愿？伍德和斯塔格纳认为，原因在于女性在大多数社会中被公认的性别角色。在社会情景中，培养积极关系、搭建人际桥梁、确保社会和谐这样的责任往往是落在女性头上的，而转换自己的观点去赞同他人能够帮助实

◎**在女性面前，百炼钢变成了绕指柔。**社会所认同的性别角色使得女性在社会互动中常常试图化干戈为玉帛。

现这些责任。如果做得不够多，那么就有可能无法符合社会预期，从而得不到社会认同。毕竟，如果女性被期待完成培养凝聚力和共识的重要任务，那么女性在社会情境下，就会想方设法去赞同他人而非反对他人，从而获得回报。

情境 对讨论的预期和自我监控

之前我们回顾了一些研究，发现当一个问题与个人息息相关的时候，人们会更深入地考虑这个问题，并只有在信息包含强论据时才会被说服。这些倾向反映了人们对于自己观点的准确性需求：如果一个问题会影响到你个人，那么只有在有充分理由的时候，你才会想要改变你的观点。1987 年，说服的研究者迈克尔·利佩（Michael Leippe）和罗杰·埃尔金（Roger Elkin）提出疑问，如果人们追求准确性的目标与获得社会认同的目标发生了冲突，结果会怎么样？

为了解答这个疑问，他们给阿德菲大学的大学生被试听一段录音信息，即关于第二年要在学校里实行综合性考试的提案。一半学生听的信息是有力的论据，一半则是听薄弱的论据。和之前的研究结果一样，与这件事情密切相关的这些学生都会深入地思考所听到的信息论据，因此有力的证据相比薄弱的证据就更能说服他们。这个研究中的另外一些被试也接受了类似的实验操纵，只在一个地方有所差别：实验者告诉他们，听完信息后，他们需要和另一名学生讨论一下他们对这件事的看法，不过不太清楚那个学生的观点是什么样的。有了这个差别，研究者让被试多了一个需要考虑的东西，他们不仅要关心自己的观点是否准确，还不得不关心当他们与别人讨论的时候，自己的观点会给对方留下什么印象。在这些被试中，信息论据的有力程度在决定他们的态度中所起的作用就小了很多，他们不再像前面的那些被试那样，在听到了有力的证据后会很大程度地改变态度，而是不论论据如何，都选择只是持一个比较中庸的态度。

那么在什么情况下，我们对一个说服信息表示接受能够反映我们实际的态度改变？看起来，虽然有时人们一开始是为了给别人留下好印象而转变自己的观点，但是如果这个观点转换过程能够使人们用一个不同于以往的方式来看待问题，这种转变就可以变得持久——比如人们想给对方留下好印象而尝试从对方的角度来看待问题。反之，如果这种转变过程不能使人们改变方式或者更为深入地来考虑这个问题，那么这种纯粹为了印象管理而发生的转变就不会持续很久，人们一旦认为不再需要给别人留下什么好印象，就会“跳回”他们原本的立场。

交互作用 我们已经看到，当人们预期自己需要与别人讨论自己的观点时，获得社会认同的目标就变得更重要了。然而，这种预期对不同的人、不同的情境所产生的影响大小也是不一样的。举例来说，这种目标对高自我监控者的影响会特别大。前面我们已经区分了高自我监控者和低自我监控者：前者在决定自己受不受说服信息影响的时候会关注获得社会认同；后者则更关注自我一致性目标。一组研究者由此推断，对于关注社会认同的高自我监控者来说，他们的态度最容易受到讨论预期的影响。研究者进行了一项实验来验证这个推断：被试收到一个说服信息，说媒体应该减少对恐怖劫机的报道，其中一半的被试被告知他们看完这个信息后需要与另一个观点不明的被试进行讨论，另一半被试同样阅读了这个信息，但是没有后续的讨论。与研究者预期的一样，只有高自我监控者才会受到讨论预期的影响，当他们认为自己可能会与别人讨论或辩论自己的立场时，会选择更为折中温和的立场。由此可见，对于主要需求社会认同目标的个体，使认同与说服情境高度相关，就能影响他们的态度。

小调查

你能不能回忆起这样一次经历，你在某个问题上赞同他人的观点只是为了获得他们的认同？你觉得这对你真实的态度有什么影响？

我们考虑了认同需求对态度改变的影响，这就为我们提供了另一个角度来理解彼得·赖利毫无根据的认罪。在他这么做的时候，他对警察怀有强烈的尊敬（他自己也梦想有一天能成为警官），刚刚失去了他仅有的家庭，还被欺骗说他的朋友们毫不关心他的幸福——所有这些都可能令他渴望获得审讯房里其他人的认同。而对赖利来说非常悲剧的是，那些人是来说服他的，要获得他们的认同，一个最可靠的方法就是赞同他们的观点。

案例回顾

彼得·赖利的故事

在谋杀案发生的20年后，彼得·赖利接受采访被问起他的生活。38岁的他，灰心丧气，离婚，失业，在其他州辗转做了一些收入很低的工作后，最近回到了康涅狄格州。在采访的最后，赖利袒露了在整个事件中最令他困惑和痛苦的内容。

有趣的是，令他困惑的并不是他如何被警方说服，错误地承认自己犯下一桩凶杀案，两年后他在一个会议上的发言证明他完全明白这件事怎么可能会发生，并真的发生了：

> 好几个小时不睡觉，你还在为唯一亲人的离开而感到困扰、疲倦和震惊，在一个陌生而充满压力的地方，被一群警察包围着，反复地告诉你，肯定是你犯下这件滔天大罪，没有一个人关心你、问起你的情况……权威专家斩钉截铁地告诉你，你不记得这些事情，你在他们的诱导之下对你自己的记忆产生怀疑，他们灌输了很多事情只为一会儿之后要你从自己的嘴里把这些事情重复出来……在这样的状况之下，你会开口并签署一切他们想要的东西。

如果彼得准确地意识到了他是如何被诱导认罪的，那么是什么神秘的东西令他在这件事情发生20年后依旧困惑？让他耿耿于怀的是为什么警方从来没有改变过对他的看法。即使有着强有力的证据证明他是无辜的，那些从他身上把认罪的话逼出来、以此宣告他有罪并将他下狱的人依然相信他是有罪的，坚持"据我们所了解，后续的调查一点也没有改变（赖利有罪的）事实"。

为什么在这个案子中，警方和检察官对那些显而易见的明确表明赖利无辜的证据视而不见？要回答这样的问题，我们可以把一个现实生活中的事件和一个心理学理论联系起来，用这个理论来帮助我们理解这个事件，使我们从中获得指导——在此案中就是认知失调理论。我们可以考虑一下，如果警方和检察官允许自己相信他们抓捕、定罪并下狱的是一个无辜的男孩，并且因为他们的疏忽而让这个男孩直到现在也从未完全从痛苦的折磨中恢复过来，真正的凶手却逍遥法外，他们将会体验到多么强烈的认知失调。如果他们相信了这个事实，就会与他们的自我概念（公平和正义的化身）非常地不一致。因此他们会否定这个想法，认为所有支持这个想法的证据都是不可靠的，也就顺理成章了。如果不这么做的话，这会给他们带来沉重的心理代价。

心理上的自我保护是不是真的能够解释这些个体的顽固不化？也许有人会猜想，无论哪个警官或检察官看了所有这些证据之后都会裁定赖利是有罪的。然而，当我们找到了这个案件最后一个疑团的答案后，这种可能性就被推翻了。这最后一个问题是：赖利的案子盖棺定论之后，在主检察官的文件中隐藏了那么多年的信息是如何又被翻出来，最终帮助赖利脱罪的？是死亡带来了赖利的重生。当时的主检察官因心脏病突发而去世，他的继任者（这个检察官并没有参与对赖利的定罪）无意间在这个案子的文件中发现了一些令人震惊的证据——两个目击证人的证词，其中一个是那天不当班的州警察，指出在罪案发生时赖利在另外一个地方。这个检察官很快就意识到有必要主持正义，他公开了这个证据并释放了赖利。

事实上，不只后来的这个检察官，其他一些不属于当时那个检察小组的法院官员看到了这个证据之后也都做出了类似的决定。据说那些对赖利的遭遇负有责任的官员们仍然坚定不移地相信这些证据证明赖利有罪，但是那些看了相同的证据，且对赖利的伤害不负个人责任的官员们，在这个问题上的看法则大相径庭。

对于第一个检察官，我们可以想到他有哪些动机？据大家所说，直到他去世，他都热切地相信赖利有罪，肯定自己的做法是公平公正的。毫无疑问，他驳回了那个关键的证据，认为那是不可靠的，阻碍了真正的正义。还有其他那些参与的官员，他们认定了赖利有罪，面对对立信息的时候又再一次坚持了他们的初始立场，我们对于这些人的特点该说些什么呢？不道德或者坏心肠这样的词语似乎不太确切，给他们加上什么标签最贴切？我们给出的参考建议是：人性使然。

第 6 章

社会影响：从众、顺从和服从

通过本章学习，我们能够：

- ◎ 了解从众、顺从和服从的定义；
- ◎ 识别影响力的六个原则；
- ◎ 掌握帮助自己做出正确选择的两个强大的原则，以及我们使用它们的原因；
- ◎ 明晰一致性、相似性和不确定性增强社会确认的影响力的原因；
- ◎ 了解群体一致性规范是如何改变成员的行为的；
- ◎ 了解互惠原则是如何改变人的行为的；
- ◎ 明晰个体愿意被他人影响的不同原因；
- ◎ 掌握四个引发承诺的策略及其相互间的区别；
- ◎ 分辨导致承诺持久性的两个情境特征。

案例

史蒂夫·哈桑的两次惊人转变

史蒂夫·哈桑（Steve Hassan）说自己飞速撞上了一辆大卡车、住院、差点死去……但撞车事件拯救了他。

◎ **大规模婚礼**。如果史蒂夫·哈桑仍是统一教成员的话，他可能也参加过一个类似这样的大规模婚礼，在此处，满怀忠贞地第一次见到自己的新娘。

事发时，哈桑是邪教组织——统一教（The Unification Church）的成员，该组织更为人熟知的名称是文鲜明统一教，其创始人是文鲜明牧师（Reverend Sun Myung Moon）。尽管批评者认为，这个韩国千万商业富翁创立宗教崇拜的目的在于使自己和家人更有钱有权，但其追随者都把他看成一个新的救世主，而他的任务是在地球上建立一个上帝的王国。当哈桑开车撞上那辆大卡车时，他就是文鲜明最热忱的追随者之一。

但是，情况并不一直如此。仅仅两年前，哈桑还是一名普通的19岁大学生，他出生在一个中产阶级家庭，父母给予他充分的爱和支持。尽管没有强烈的宗教信仰，但他会和家人一起定期参加犹太教活动。哈桑在学校的表现很好，毕业后打算做一名教师和作家。尽管渴望改变世界，使之变得更美好，但他并不沉迷于这一想法，也从未因无法做到这一点而感到沮丧。总之，从他过去的行为来看，很难想象他会有惊人的转变。

和女友的分手成了分水岭。回归单身后，哈桑备感孤独。某天在校园里，他遇到了三名魅力十足的年轻女性，她们邀请他参加一个讨论小组的晚宴，参与者都是和他一样的年轻人。哈桑如约而去。然而在随后的若干天中，他被灌输了文鲜明思想，并不断地被动员加入该组织。最终，哈桑被正式吸纳为统一教的一员。

小调查

人们似乎在经历某些生活转变（如情侣分手、高中毕业或迁居到一座新城市）不久后，更容易加入邪教组织。你觉得事情为何如此呢？

在之后的两年中，哈桑完全进入角色，全身心地投入到统一教中，他甚至开始和其他信徒居住在一起，将自己的银行账户转入教会，声明断绝一切婚前性关系。即使结婚这件事，也只可能在特定时间与文鲜明指定的女士完成。哈桑与家人断绝了联系并退了学，这一切都是为了能全职上街卖蜡烛、薄荷和花，从而为组织募集资金。他服从分配，到了边远城市。在那里，他要长时间地工作，却得不到任何报酬。而且每天只能睡三四个小时。他从不将自己的行踪告诉父母或原先的朋友，因为他将他们（像所有其他局外人一样）看作撒旦的使者。他的工作本身单调乏味、艰巨费力、危险重重，有两次，他因为坚决不交出钱，在漆黑的大街上与携带武器的强盗打斗，所幸最终得以逃脱。正如他解释的那样，如此做的原因是“我决不允许任何人偷上帝的钱”。

讽刺的是，正是哈桑对统一教的投入导致了他与邪教的决裂。在一次连续48小时不间断的工作后，他筋疲力尽。在开着统一教的货车去下一地点执行任务的路上，哈桑不知不觉睡着了，撞上一辆18个轮子的卡车，被“钉”在卡车的残骸上动弹不得。在经过将近一个小时的漫长等待后，救护队才来。经历了持久的痛苦，哈桑仍对自己未完成任务而感到羞耻。他反复吟唱着“神父，宽恕我吧”，并深深地责怪自己，甚至担心撞车会对组织经济造成严重影响。他不知道，一个迟到的却具有革命性的变化即将发生。

在接受了大量手术及住院治疗之后，哈桑出院拜访了他姐姐。在姐姐家里，他遇到了父亲和几个陌生人，那些陌生人说想和哈桑讨论一下关于他和统一教的事。从一开始，哈桑就知道这些人是家里找来的“脱离程序员”，他们试图说服自己离开“救世主”。于是，哈桑奋力抵抗。令人痛心的是，当他坐在车里准备去某公寓接受脱离程序时，哈桑考虑要折断父亲的脖子，他觉得相比背叛激励过自己的人来说，还是杀了抚养自己的父亲比较好。他反对脱离程序的原因也只是因为他坚信自己永远不可能离开教主。

但是，哈桑完全错了。在接下来的几天内，他就抛弃了统一教的教义，并且为自己曾经深深信奉它而感到羞愧不已。他也对自己曾放弃的一切——信仰、家庭和未来——去追随一个自称“救世主”的商人而感到困惑不解。哈桑的转变是彻底的。现在，他是一名积极的反统一教运动成员，靠为其他家庭提供咨询而生活。他给那些家庭提供建议，帮助他们所爱的人逃脱统一教或类似邪教的控制。哈桑是如何快速地受他人的影响，加入并投身于这个奇怪的邪教组织的？数年来，他对统一教的承诺不断升级，却又是如何再次迅速地受他人的影响，放弃了个人承诺的？

这两个问题的答案隐藏在同一个心理学原理中，即本章要讨论的社会影响原理。社会影响的定义是由真实或假想的他人压力导致的外显行为的转变。将社会影响定义为行为的转变是为了将其与第 5 章所讨论的说服区分开来。说服是指接受信息后个体态度或信念的改变，它并不一定导致行为变化。

有效社会影响的目的在于成功改变某人的态度、信念和行为，就像史蒂夫·哈桑的统一教经历一样。但是社会影响发生并不必须要导致某人态度和信念的转变，它所需要的是行为的变化。比如说，你的两位朋友成功“影响”了你，使你同意和他们一起去看某场电影，但他们可能并不曾说服你喜欢这部电影；他们也许只跟你说，上周是你选的电影，所以这周该他们选了，从而让你觉得有顺从的义务。尽管义务感是社会影响的有力工具，但它并不是唯一的工具。在本章中，我们将首先分析社会影响的分类（从众、顺从和服从），接着分析社会影响的主要目的（正确选择、赢得社会认可和管理自我形象）。在分析过程中，我们会遇到很多与义务感一样有力的社会影响工具。

社会影响的分类：从众、顺从和服从

社会心理学家将**社会影响**（social influence）分为从众、顺从和服从三类。从从众到顺从再到服从，其背后的公开社会压力逐渐增大。

从众（conformity）是指个体为和他人的反应、行为保持一致或为了与周围的人相匹配而改变自己的行为。在音乐会或舞会前，你可能会问：“人们会穿什么衣服？”想象一下，当其他所有人都身着正装出席时，你却穿着 T 恤短裤亮相，或者当其他所有人都一身休闲装出现时，你却身着正装。在这样的情况下，我们大多数人都会感到不舒服，这种不舒服使你具有与他人保持一致的强烈渴望。从众可能发生在没有公开社会压力的情况下，正如即使没有人过来告诉你说：“你的着装不合时宜。”你仍可能自愿离开，去换一套更合适的衣服。

顺从（compliance）是指因直接的请求而导致的行为改变。请求的来源多种多样，可能来自朋友（“来吧，喝些啤酒，忘掉学习！”）、销售员（“你应该现在就签字，我们不能保证明天这里还会有这种型号。”）、慈善机构（“感恩节，圣玛丽粮食银行需要你的帮助，让穷人有饭吃。”）或街边的乞丐（“喂，老兄，能给点零钱吗？”）。另外，提要求者无需在场即可施加压力而让人顺从。例如在洗手间，会有标识提醒你离开前洗手。

服从（obedience）是顺从的一种特殊形式，它是指为响应某一权威人物的指令而改变行为。老板可能要求员工加班，军队长官可能命令士兵打击敌人，警察可能要求司机绕道走。为了使他人服从，权威人物通常会以最公开的方式来实施影响。

在考虑导致我们屈服于社会影响压力的因

素前，先让我们通过一些经典的实验来进一步了解从众、顺从和服从。这些研究非常值得关注，因为它们所揭示出的社会影响的作用要比所有人预期的都大。另外，这些研究激发了众多后续进一步研究（Cialdini，2009；Packer，2008；Pratkanis，2007）。

名词解释

社会影响 由真实或假想的他人压力导致的外显行为的转变。

从众 为和他人行为保持一致所做出的行为改变。

顺从 因直接的请求而导致的行为改变。

服从 响应权威人物指令时的顺从行为。

从众：阿希的群体影响研究

当史蒂夫·哈桑加入统一教后，他被迫无视家人或朋友的反对意见，而他周围的所有人都是和他一样的信徒，这是许多邪教组织的常见做法：

> 在很多邪教组织中，人们一起吃饭、工作、参加组织会议，有时还睡在同一房间里。个人主义是不被鼓励的。人们可能被分配一名固定的“同伴”，或者被安排在一个六人小团体中。

群体的一致赞同可能影响一些诸如宗教信仰之类的主观事物。这一点很容易理解，毕竟，文鲜明究竟是不是救世主不能用硬指标来检测。更值得注意的是，即使相反的证据就摆在人们眼前，群体压力依然能导致从众。所罗门·阿希（Solomon Asch）的一系列实验探讨了这一现象。阿希感兴趣的不仅是个体对群体势力的屈服，还有人们不受从众压力而独立行动的能力。

为了研究从众过程和行为独立性，阿希要求八人一组的大学生匹配不同线段的长度，这是一个典型的线段匹配问题（如图 6–1 所示）。任务并不复杂。在控制组，没有错误选择的群体压力，95% 的被试正确匹配了 12 条线段。然而，实验组的情况就有所变化。被试面临和自己判断相矛盾的社会一致性意见。在他们自己做出判断之前，被试听到其他五名学生（其实是实验者助手）不约而同选择了一个明显错误的答案。那么，被试会坚持自己的观点给出正确答案还是和他人保持一致？如图 6–2 所示，75% 的被试给出了与自己的感觉相异的答案，并在一定程度上表现出了从众。尽管没有被试在每次选择中都与他人保持一致，但有一名被试在 12 次选择中有 11 次表现出了从众。

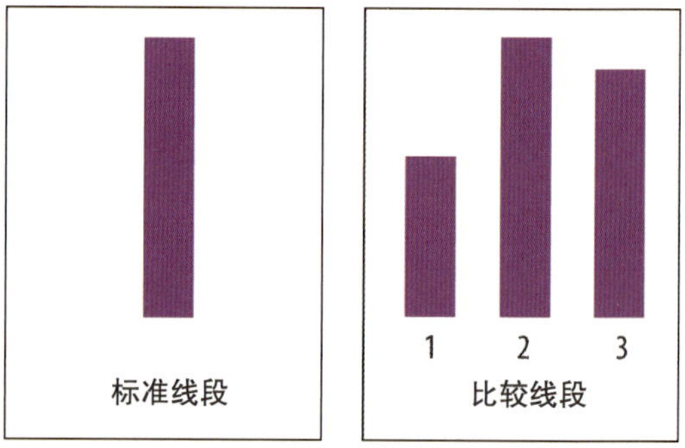

图 6–1 阿希的线段判断

注：在阿希的从众研究中，被试会看到一条标准线段（如左图）和三条比较线段（如右图）。他们的任务是选择一条和标准线段一样长的比较线段。这是一个简单的任务，但当群体中的其他成员做出错误选择后，任务变得不再简单。

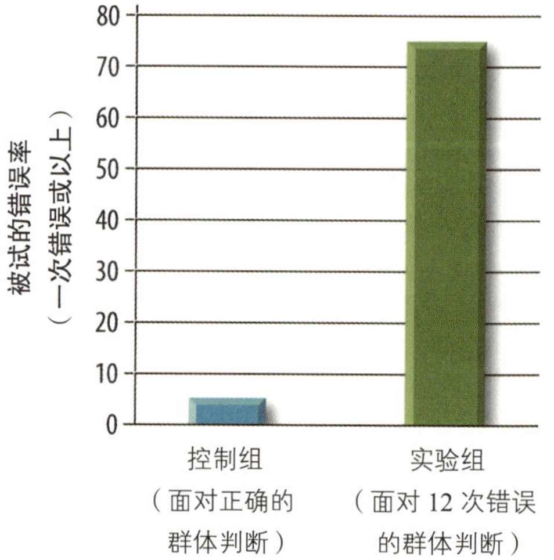

图 6–2 群体错误判断对从众的影响

注：控制组的被试在群体成员正确判断线段长度后做出自己的估计，实验组的被试每次都在群体成员错误判断后给出自己的估计。只有 5% 的控制组被试出错，但 75% 的实验组被试至少犯了一次错。

资料来源：Adapted from Asch（1956）

当被试听到整个群体做出明显错误的判断后，他们究竟做何感想？那个 12 次中有 11 次表现出从众的被试（从众次数比其他任何被试都要多）事后声称他被其他群体成员表现出的信心动摇了，因此改变了自己的判断。他说，自己的确开始相信那些人是正确的，而只有自己成了某种“错觉”的受害者。阿希的研究表明，当人们面对强烈的群体一致意见时，尽管人们认为他人可能是错的，但很有可能会选择和他人保持一致。另外，当群体成员有足够信心时，人们也会相信他人是对的而怀疑自己的感觉。

最近，研究者采用了阿希研究的变式进行研究。被试连接着脑扫描仪，接受与自己所见相矛盾的外部信息。另外，研究者还加入了一个有意思的变化：外部信息既有来自其他四名被试的，也有来自四台计算机的。在一系列共 32 个相互独立的选择中，尽管被试认为同伴判断和计算机判断的准确性一样，但相比来自计算机，当外部信息来源于同伴时，被试更多地表现出从众。那么，既然被试认为两种信息来源具有相等的可靠性，是什么导致了他们对同伴先前做出的判断表现出更多的从众？通过分析脑区变化可以得出答案。当被试的意见与其他被试的一致意见不同时，与消极情绪相连的脑区（杏仁核）被激活，这反映出实验者所说的“独立判断的痛苦”。与同伴不一致会产生痛苦的情绪状态，它致使被试避免随后的不一致行为。但与计算机不一致则不会产生类似的情绪或行为结果，这可能是因为这种不一致并不会带来相同的社会后果。

◎ **永远在一起。**和具有相同思想的人们在一起会显著地影响人们对现实的解释。天门教成员被要求远离所有家人、朋友，在做任何决策前只能询问群体中的其他成员。群体一致意见致使其成员接受了群体领导的信念，即宇宙飞船将“带他们去下一高度”。天门教成员在这一问题上太团结了，因此也很自信，以致在 1997 年 3 月，39 名成员为了使自己的灵魂能登上飞船而集体自杀。

如果人们甚至会遵循短期实验过程中陌生人的意见，那么想想当其他人是自己圈子的成员时，他们的意见肯定会被重视，个体的压力可能会很强大。宗教崇拜群体就是这样一个典型的范例。在这些群体中，成员被教导压制他们的个性，并被不断提醒盲目信仰对群体信仰的重要性。在 1997 年天门教成员集体自杀前的两个月，他们花了数千美元购买了一个高倍率的望远镜，因为他们听到谣传说一个小物体（被怀疑是宇宙飞船）似乎正在跟踪海尔－波普彗星。当他们向营业员抱怨说这个望远镜看不到那个神秘物体时，营业员向他们解释说从没有什么跟踪物，这只是一个很久以前一张质量低下的彗星照片上一个由静电产生的光斑带来的讹传罢了。显然，这一证据与天门教群体一致坚信的宇宙飞船带着外星人来访的看法相反，猜猜在听到这一证据后他们会如何反应？这些人决定继续坚信宇宙飞船的存在，并忽视这个证据：他们返还了望远镜并要求退款。

顺从：登门槛技术

如果统一教成员在校园中拦住史蒂夫·哈桑，问他：“你愿意退学、切断与家庭的联系，并全身心为一个由韩国千万富翁领导的宗教组织筹款吗？”估计他们很难成功。他们是通过一种更为微妙的方法来招募哈桑的。首先，他被邀请去和一群年轻人相会，他们都对“与社会问题斗争”这一话题感兴趣。接着，哈桑又被邀请去参加一个周末工作坊，三天之后他才知道这个工作坊到底是干什么的。在工作坊里接受了更为密集的动员后，哈桑被催促参加另一个工作坊。紧接着，他又被鼓励成为全职成员、住在教会里、将个人银行存款转入教会。这种先提出一个较小的要求，进而再提出更大要求的方法是一种常见的获得顺从的技术，它叫作**登门槛技术**（foot-in-the-door technique）。

“登门槛”一词是指推销员挨家挨户上门推销时，为了能进入屋子而先把一只脚伸到门里边。1966年乔纳森·弗里德曼（Jonathan Freedman）和斯科特·弗雷泽（Scott Fraser）用一系列巧妙的实验研究了这一技术的心理学基础。为了解答“人们怎么会被诱导做自己不情愿做的事”这一问题，弗里德曼和弗雷泽离开实验室进行了现场实验。

在一个实验中，156名来自加利福尼亚州帕罗奥图市的家庭主妇接到电话，请求她们允许来自一个由六人组成的消费团队进入她们的家中，这个团队将花两小时去数清她们家有多少家用产品，并将所有家用产品进行分类。家庭主妇们还被告知，这六个人在屋子里、检查橱柜等储存空间时需要完全自由的走动。研究者们猜测大多数人不会同意这一要求。结果果然发现很少有人（22%）顺从了这一请求。然而，另一群家庭主妇接到了两次电话，第一个电话提出一个类似“先把一只脚伸到门里边”的小要求：回答关于家用肥皂的八个问题（例如，在厨房水斗里你用什么品牌的肥皂？）。回答这些问题对家庭主妇们来说只是一个微不足道的帮助，所以几乎所有人都同意了。三天后，同一消费群体再次联系了这些家庭主妇，这一次他们提出了一个更大的请求：上门检查。在这种情况下，52%的人同意让这个六人团队花两小时到家中检查橱柜和衣柜。

名词解释

登门槛技术 一种说服技术，在同意了一个相关的小要求后，个体同意一个较大要求的可能性就会增加。

参与性观察 一种研究者参与到拟研究的场景中并从内部观察其工作的研究方法。

联结：方法与证据

参与性观察

一些年前，这本书的作者之一罗伯特·西奥迪尼面临一个困境。他对人们为何会顺从各种要求感兴趣。另外，他认为研究各类成功“获取顺从者”所使用的技术是十分有意义的，因为这些个体一定知道什么能让人们对要求说“是”，否则他们就不可能成功。但是他认识到，很少有“影响实施专家”会让他紧随其后、观察并记录他们的秘诀。为了解决这一困难，西奥迪尼采取了一种截然不同的系统自然观察法：**参与性观察**（participant observation）。参与观察者并非在一旁简单地观察，而是变身为类似于内部“间谍”的人。研究者通常以伪装的身份和目的“潜入”感兴趣的情境中，从内部对其进行考察。

为了从内部获取影响顺从的真正因素，西奥迪尼于2001年参与了各种与说服有关行业（销售、广告、筹款等）的培训项目，并学习了各种由成功的“影响实施专家”教授的课程。他试图寻求不同行业所遵循的影响原则之间的共同点。从这些培训项目中他发现了以下六条广为使用的影响原则。

1. **互惠**。人们更乐意顺从那些先提供东西给自己的人所提出的要求（帮助、信息、让步），因为人们感到有回报的义务。西奥迪尼发现超市里的免费试用品、病媒防治公司提供的免费上门检查、商人或筹款者提供的免费邮寄礼物都能有效地提高后续要求得到顺从的概率。例如，据美国残疾退伍军人组织统计，一份简单的捐赠呼吁邮件能带来18%的成功率，但在呼吁中附赠一份小礼物（个性化地址标签）后，成功率上升至35%。

2. **承诺/一致性**。当人们发现某一行为和一个已经存在的承诺一致时，他们更乐意实施这一行为。例如，一些上门推销公司被顾客事后取消交易的行为所困扰，因为当销售员离开后，他们所施加的巨大购买压力就不复存在。在西奥迪尼参加的一场培训中，好几家上门推销的公司都称自己已经用一个小策略显著地减少了这一问题。所谓的小策略就是合同细节不是由他们自己填写，而是要求顾客自己填写，目的是以此来提高消费者对购买的个人承诺。

3. **权威人物**。人们更乐意接受他们所认为的权威人物的推荐。西奥迪尼指出，跟随权威人物是一种自动化倾向，所以很多时候，广告商仅仅通过雇用一个装扮得像专家（科学家、医师、警察等）一样的演员便能取得成功。

4. **社会确认**。当人们看到其他很多人（尤其是和自己相似的他人）都在使用某一东西时，他们更愿意接受这一东西的推荐。制造商们就利用了这一原则：他们宣称自己的产品在市场上最畅销或销量增长最快。西奥迪尼发现在他所总结的六个策略中，提供他人已经顺从的证据是最广为使用的。

5. **稀缺**。在一定程度上，人们认为缺乏、稀少或不断减少的东西或机会更具吸引力。因此，报纸广告充斥着诸如“限时供应”“优惠活动仅限一周”的文字，以告诉潜在消费者不立即行动是愚蠢的。一位十分有心的电影院经营者将稀缺原则的三方面融到一个三个词的广告中：专用、预约名额有限、即将结束。

6. **喜欢/友谊**。人们倾向于对自己熟知的或喜欢的人说“是”。如果你怀疑这一点的话，请想一下特百惠家庭理家会公司令人瞩目的成功。特百惠并不会在柜台前招揽陌生顾客，而是让潜在顾客的邻居、朋友或亲戚向他们推荐特百惠的产品，而这些人已经加入了特百惠家庭理家会并能得到分红。根据西奥迪尼的访谈结果，许多人之所以加入家庭理家会并购买其产品，并不是真的需要塑料盒；相反，他们是出于对理家会成员的喜爱或友谊。

在确认参与性观察研究结论的可信度之前，我们通常还需在其他地方寻找支持这些结论的依据，例如从其他研究者的实验研究或另外的自然观察中寻找依据。幸运的是，就像我们在本章中所见的那样，其他实验研究和自然观察确认了顺从决策中的每一个策略。例如，在一项研究中，在每种原则被运用到商场销售代表的工作中后，服装零售销量有了显著的提高。

◎ **稀缺的价值**。营销人员发现，让商品看上去稀缺会增加其感知价值。

服从：米尔格拉姆的电击程序

1983年7月，麦迪逊花园广场，2075对统一着装的男女在文鲜明的安排下举行了婚礼。大多数新郎和新娘都是陌生人。那么，为什么要和一个陌生人结婚呢？那是因为在这个事件中，文鲜明选中了他们并指令他们结婚。当我们意识到文鲜明的追随者将他视为世上最伟大的精神领袖时，就不难理解他们为什么会服从如此特殊的命令了。然而对我们绝大多数人来说，有效的命令不可能来自一个人，而是来自一些不那么专断的权威人物，如政界领导、军事长官、警察、高中校长、商店经理或父母，他们的命令会在日常生活中产生服从。社会心理学家斯坦利·米尔格拉姆想知道由权威导致的服从影响力究竟有多大。想象一下，如果一位你此前从未谋面的研究者要求你对一个无辜个体施加非常痛苦且可能致死的电击，你是否会服从他的命令呢？如果答案是“是”的话，那么，当被电击者说什么时你才会停止服从命令？

在几十年前的一个著名系列实验中（见第1章），1974年米尔格拉姆在当地报纸上发布了一则广告，为耶鲁大学的一项“记忆实验”招募被试。假设这个实验在今天进行，而且你已经答应参加此实验。下面是你遇到的情况：

一到实验室，你就认识了另一名被试（其实是实验者助手）。你被告知研究是为了考察惩罚对记忆的影响，你在实验中扮演教师，另一名被试扮演学生。你的职责之一是对“学生”施加一系列的电击。此时，“学生”表示自己有心脏病并担心接受电击会造成危险。实验者告诉他说，虽然会感到痛苦，但电击不会对人体组织造成长久危害。

接着，实验者把你俩带到隔壁的房间里，神色紧张的“学生”被捆绑在一个恐怖的电击椅上。之后，你又被带到另一个实验室中，你

◎主要仪器。米尔格拉姆的被试通过按压这个令人毛骨悚然的仪器上的按钮来施加电击。

看到电击器上标有不同的电击电压，从15伏到450伏。每四个电压为一组，上面标有渐进的恐怖标签，从“轻度电击”到“中度电击”“稍强电击”“较强电击”“很强电击”“极强电击”直到“危险：严重电击”。最后一组电压（435伏、450伏）的强度极大，大到甚至无法用语言描述的程度，所以它们只能用标签“XXX”来表示。

在实验正式开始之前，为了让你对“学生”将经历的过程有个概念，你先要接受一次让人感觉不适的45伏样例电击。之后，“学生”在记忆任务中每出一次错，你都被要求对他实施一次电击，每犯一次错电击的电压要升一级。实验者助手在每次出错接受到惩罚性的电击后，都会发出痛苦的叫喊，叫喊声一次比一次声嘶力竭。一开始，他仅仅是“啊”地叫一声；当达到120伏时，他大喊“痛死啦！”；150伏时，他哀求放了他：“到此为止吧！让我出去。我告诉过你我心脏不好。我的心脏开始受不了啦。求求你放了我吧，我的心脏真的要受不了啦。我不要继续啦。让我出去！

此时，你会继续还是停止？如果你试图停止的话，实验者会鼓动你继续进行实验。如果你不服从的话，实验者会坚持说“这个实验要求你继续”。如果你还是坚持不服从的话，他会说“你必须继续”。最后，他会命令你：“你别无选择，必须继续。”

如果你服从命令并继续给予电击，“学生”则会更拼命地发出痛苦的恳求。最后，他不断地重复恳求并惨叫：“让我出去，让我出去。我的心脏受不了啦。让我出去，我告诉你，让我出去，让我出去。你无权把我绑在这里。让我出去！让我出去！让我离开这里！让我出去！让我出去！”

如果这还不足以让你说服自己反抗实验者命令，情况则将风云突变。当你实施下一次电击时，“学生”房间没有传来任何声音。如果此时你要求实验者去看看“学生”是否还好，他不但拒绝了你，还说：“他答错了，不用理他，继续施加更强的电击。”实施最后八个电击时（“危险”类和“XXX”类），曾经惨叫连连的“学生”却死一般的沉寂。

你和其他像你一样的被试究竟有多大可能服从命令并一直施加电击直到450伏？在发表这一研究前，米尔格拉姆把实验程序告诉了一个顶级医科学校的40名精神病医生，并让他们预测结果。他们猜测一旦“学生”停止回答，不到4%的被试会选择继续，而只有0.01%的被试会一直坚持到最后。可悲的是，这些精神病医生大大低估了服从权威的巨大影响力。当“学生”停止回答后，有75%的被试选择了继续。更引人瞩目的是，65%的被试坚持到了最后，他们无视一个无辜受害者不断重复的喊叫并忍受了随后不祥的寂静，仅仅是因为实验中“老板”的命令（如图6–3所示）。另外，近些年当研究者重复米尔格拉姆的程序时，得到了稳定的高服从结果。

小调查

在米尔格拉姆实验之后，有人批评他违反了道德准则，不该让被试承受认为自己正在伤害“学生”的压力。还有人为米尔格拉姆辩护说，研究结果的价值远远大于这种痛苦。对于这一争论，你持何种观点？

我们怎么知道是权威影响而不是其他因素（例如释放被压抑的攻击欲望等）导致米尔格拉姆的被试表现得如此残忍？首先，很明显，如果没有研究人员继续的指示，参与者将很快结

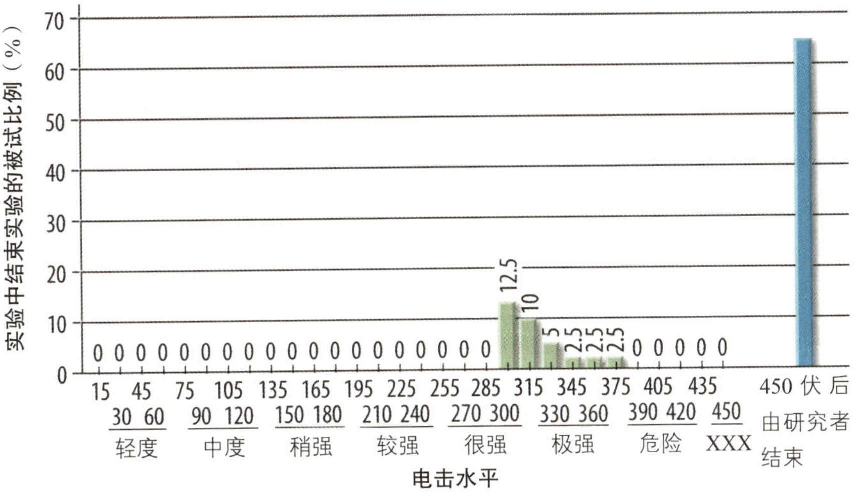

图 6–3 米尔格拉姆实验中的服从

注：和耶鲁医科学校精神病医生们的预测恰恰相反，大多数被试（65%）服从了研究者的命令，对一个无辜的被试同伴实施了每种强度的电击直到 450 伏。

资料来源：Based on data from Milgram（1963）.

束实验。他们讨厌他们正在做的事情，并为受害者的痛苦而苦恼。他们恳求研究人员让他们停下来。请求被拒绝后，他们继续了实验。但是在这个过程中，他们不断发抖、出汗、结结巴巴地抗议，并在每一次受害者尖叫后再次提出无效的抗议。除了这些观察之外，米尔格拉姆还提供了更有说服力的证据，说明是对权威的服从导致了实验的结果。在后续实验中，他让研究人员和受害者交换台词。这样一来，是研究人员告诉被试停止向受害者施加电击，而受害者则勇敢地坚持，请被试继续。结果非常清楚：当电击请求是由受害者提出时，100% 的被试拒绝继续。如果参与者的主要动机是释放攻击性欲望，而不是服从权威，这些结果是不会出现的。

像米尔格拉姆实验所揭示的那样，大多数人会在研究人员的要求下，对一名心脏病患者施加痛苦的电击，但这些研究者并无实际权威。那么在与个人关系更为密切的权威人物的命令下，士兵屠杀无辜百姓、异教成员自杀就变得不那么令人惊讶了。但是，人们为什么要服从呢？服从和其他形式的社会影响的目的又是什么？

社会影响的目的

你可以发现，从众、顺从、服从都不是主动影响他人，而是被动接受他人影响。在人类动机问题上，屈服（被他人影响）要比支配（影响他人）更有趣且更有意义。想想看，文鲜明派领导想得到史蒂夫·哈桑的从众、顺从、服从，甚至让他把自己所有的钱财、时间和精力都交付给他们自利性的理由是显而易见的。总的来说，不难想象为何人们希望影响别人，让他们按自己的吩咐去做。更有意思的是为什么人们甘愿被影响？这也就是我们提出的问题。就像在第 5 章中所强调的个体改变他们态度和信念的目的一样，本章中，我们也要强调个体选择从众、顺从和服从的原因。我们即将看到，人们屈服于社会影响是为了达到三个基本目的中的一个或几个：正确选择、赢得社会认可和管理自我形象。

正确选择：向准确屈服

罗伯特·W. 怀特（Robert W. White）认为，我们都有胜任职位和掌控环境的动机，所以我们不停地获取渴望的回报和资源。当然，为了做得更好，我们必须要正确选择：从众多备选项目中选出最可能带来回报和资源的选项。正因为如此，影响实施专家永远试图说服我们，让我们觉得选择他们的产品或服务就意味着做了一笔“成功的交易”。这种情况下，最为关键的是要知道到什么时候这笔交易真的是成功的。

我们如何事先知道选择某种牙膏或某一候选人是明智有效的呢？通常来说，两条有效的原则会让我们向正确的方向前进，即权威人物和社会确认。

权威人物

有关权威人物的影响力最引人瞩目的研究证据来自米尔格拉姆的服从实验，但是服从权威人物的倾向不仅仅表现在米尔格拉姆所创设的实验室情境中。另外，服从行为可能是普通的，也可能是夸张的。所谓的普通行为，可能是在说话的语调等常见方面遵从权威人物。沟通研究者考察了对话过程，发现人们会改变自己的声音和说话风格，使其与权威人物或权力个体的更相近。一项研究通过系统分析电视节目《拉里·金现场》(*Larry King Live*）中的对话来探究这一现象。当拉里采访社会认知度高的嘉宾（如前总统）时，他的说话风格会变得与嘉宾的风格更相像。但是，当拉里采访社会知名度低的嘉宾（如独立电影导演）时，他的风格不会变，而嘉宾们会让自己的说话风格变得与拉里更接近。

正如米尔格拉姆研究结果所揭示的那样，在一些情境中，人们也会跟随权威人物的领导。例如飞行行业中“机长症候群”的灾难性后果。美国联邦航空管理局的事故调查人员已意识到，机组成员通常不会纠正机长的错误，即使这些错误是显而易见的，而这往往会导致事故。似乎是因为机长的权威地位，所以机组成员或忽视了机长所犯的错误，或未能挑战错误。他们似乎认为，既然机长说了，那就一定是对的。

可见，权威人物对人类行为有强大的影响力。根据这一解释，我们能更好地理解统一教成员史蒂夫·哈桑的行为。对全身心投入的统一教成员来说，文鲜明是世上最明智的人，教会的中层领导被看作实现文鲜明愿望的中间人。

◎ **机长症候群的灾难性后果。**在客机坠入华盛顿国家机场附近的波托马克河的几分钟前，驾驶员和副驾驶员交流了异常警报，决定在机翼带冰的情况下起飞。他们的对话被飞机的“黑匣子”记录了下来。

副驾驶员：趁还没有起飞，检查一下机翼上的冰吧。

机长：来不及了，一分钟内就要起飞。

副驾驶员：（做起飞前的器械操作。）这不对吧，是不是？哦，这可不对。

机长：对的，没有错。

副驾驶员：呃，也许没错。

传来飞机升空失败的声响。

副驾驶员：赖瑞，我们在下降！

机长：我知道！

飞机坠毁，机长、副驾驶员和其他 76 名乘客死亡。

不服从任何一个中层领导的命令就是不服从终极权威。为了更好地了解这一现象，人类学家格里安·贾兰提（Geri-Ann Galanti）秘密“潜入”文鲜明教的周末招募会，她发现群体权力结构从招募初始阶段就已经开始逐步渗透。

我们不断地被当成孩子而不是成人。因为演讲者拥有知识，所以显得很有权威。在我们学习完所有内容前，我们必须保持孩子或学生的状态，不能提出任何异议。

很显然，权威人物对他人的选择和行动具有潜在的影响。为什么权威人物的影响力如此之大？周末招募会上，领导们的教师角色为回答这一问题提供了线索。

回想一下，在你整个上学过程中，当英语老师修改了你的写作风格后，你在写下一篇文章时可能就会考虑他的意见。这是毫无疑问的现象，其背后有许多原因。首先，和许多权威人物一样，老师对你有控制权。他们能影响你在班中的成绩、在学校里的排名，以及你毕业后获得好职位的机会等。仅仅是这些理由就足以让你觉得有必要遵从老师们的指导。其次，还有另一个原因。和很多权威人物一样，就你身边而言，老师是这一学科的专家，如果他认为你写的某句话不优美，你可能就会相信他，为了使文章出彩，你很可能会修改这个句子。总之，像我们在第 5 章中学到的那样，采纳权威人物的意见能帮助我们快速正确地做出选择。尽管某些权威人物会迫使我们服从，但如果权威人物没有奖励或惩罚的权力，仅仅拥有**专家权力**（expert power），即来自身边某事上被承认的胜任力，他们还会产生效果吗？这个问题似乎非常有趣。

名词解释

专家权力 一种来自对某人假定的智慧或知识的影响。

作为专家的权威人物

权威人物的专家权力会对顺从产生强大的影响，这是因为它迎合了我们追求正确选择的强烈动机。米尔格拉姆认为，被试的服从不仅仅出于公开压力，还“因为（他们）不加批评地接受了实验者对情境的定义”。当权威人物被假定知道得最多时，听从他们领导就变成一件有意义的事。这也能解释为什么教育程度低的个体对权威人物更加服从，原因是他们更可能认为权威人物比他们知道得多。

由于大多情况下听从专家指导都是明智的，而权威人物又通常是专家，所以我们把听从权威人物当作决策的启发式（捷径）。假设听从一位无所不知的权威人物是决策的高效途径（因为我们无须自己去努力思考问题的解决方法），那么若要做出正确的选择，我们只需接受权威人物的建议。但是，对权威不假思索的依赖也可能是危险的。这一便捷方法可能会使我们响应的是权威的符号而非权威的实质。

一项涉及医师和护士的研究显示，在医学领域，仅仅是“医生”这个称谓代表的符号就会产生巨大影响。医院护士们接到一个从未谋面的男士打来的电话，此人自称是她们所在楼层某一病人的医生。接着，他要求护士们给那位病人注射最大可接受计量两倍的药物。结果有 95% 的护士选择了服从。当然，在拿着不安全剂量的药物去病房的路上时，她们被制止了。一个后续研究要求护士回想自己是否有服从医生错误或对病人有潜在危害的要求的经历。那些承认发生过这种事情的护士（46%）将原因归咎为自己相信在这件事上医生是专家、是权威人物。权威人物的这两个特点也导致了米尔格拉姆研究中的服从。

这类服从权威符号的事件屡见不鲜。在美国弗吉尼亚州某医院中，一名 17 岁的护士接到一位自称是医生的人（其实不是）的电话后，信以为真，按“医生”指示对六名患者进行了 12 项治疗。

作为影响代理人的权威人物

影响实施专家们试图通过标榜自己的经验、专长或科学承认度（“自 1841 年来的流行服饰制造商”“我们经营婴儿产品，只经营婴儿产品”“五分之四的医生推荐这一成分”等）来利用权威的力量，这并不令人惊讶。如果这些声明是真实的，它们无可厚非，因为我们总想知道在某一领域中谁是权威，这能帮助我们做出正确的选择；但如果这类声明是虚假的，问题就随之而来了。当面对权威符号时，我们通常不会仔细思考，所以会因虚假权威（根本不是权威，仅仅顶着权威的光环）而误入歧途。例如，如果接到身着保安制服或消防制服的人的指令时，人们更愿意做很多不同寻常的行为（在街上捡起纸袋、站在车站站牌的另一侧、把钱投到别人的停车计时收费器里），另外，他们也更可能不加质疑地采取行动。

总而言之，权威人物是社会影响的强大来源。其中一个原因是他们通常是专家。因此，遵从他们的指示为我们正确选择提供了一条捷径。然而，如果我们太过遵从权威人物的指示或建议，我们也冒着做出愚蠢或不道德行为的风险。最近的一项研究发现，绝大多数荷兰大学生都预测他们个人会违背一个要求他们做不道德行为的权威（为一个可能会对其他学生造成伤害的实验方法写一份虚假的证明书）。但是当来自同一所大学的学生真正被实验者要求做同样不道德的行为时，几乎 80% 的人毫无疑问地做了实验者要求的事情。

现在，让我们再看看人们用来帮助其达到正确选择目的的第二个主要原则：**社会确认**（Social validation）。

社会确认

就像采纳权威人物的建议一样，跟随大多数同伴通常也是一条做出好决策的捷径。如果所有朋友都对某家饭店大加赞赏的话，那么你也很可能会喜欢它。因此，我们经常通过考察别人尤其是相似他人在某情境下做什么来决定自己应该做什么。我们用他人的行为来进行社会确认，即通过人际互动来寻找并确认正确的选择。

名词解释

社会确认 通过人际互动寻找并确认正确选项的方法。

因为做出正确选择的渴望非常强烈，所以随大流的倾向十分强大而且普遍存在。研究表明，基于同伴们如何行为，旁观者会决定是否要帮助突发事件受害者、少年犯会决定是否要认罪、配偶会决定是否要隐瞒婚外情、房主会决定是否要回收废品。在上述最后一个研究中，洛杉矶郊区的居民收到一份资料，上面描述了许多邻居的日常废品回收行为。这一资料立刻导致了居民废品回收量的增加。另外，一个月后，他们比以往的回收量都大。然而，对于那些仅仅收到回收请求而不是其他居民日常回收行为信息的居民，他们的废品回收量却没有提高。每当影响实施专家找到一条人们用于达到其目的的心理学原则，他们一定会亲自使用它来达到他们自己的目的。我们已经发现这适用于权威原则，当然，社会确认原则也一定如此。销售和市场人员特别重视告诉顾客某一产品在市场上“销量最大”或“增长最快”。电视广告也会描绘出群众涌入商场把货架上的广告商品一抢而空的画面。想一下，350 年前西班牙人巴勒达·扎伽西亚（Balthazar Garcian）给商品和服务销售商的建议：“内部价值并不足以使商品销售出去，因为并不是所有人都会深入仔细地研究商品。大多数人会去人头攒动的地方买东西，因为其他人也去那儿买”。这种别人去哪儿自己就去哪儿的倾向影响的不仅是商品的销售。事实上，它也导致了人类的一些怪诞的行为。在下面的“联结：适应与障碍”专栏中，我们考察了其中的一种：传染性幻想。

一致性和相似性

当史蒂夫·哈桑还是统一教成员时，他和其他信徒在周末信徒招募会上使用了一个策略，这个策略至少增加了一些初访者再来接受培训的概率。潜在教会成员申请者被分在同一组，他们被称作“绵羊”。那些问了很多问题或者显示出顽固个人主义的人被称作“山羊”。很快，“山羊”和“绵羊”被分离开，对招募心怀质疑的“山羊”因而不得与“绵羊”交流。世界上很多邪教组织在招募成员时都会做相同的事情，这一特别的策略非常有效，因为它包含了两个人们想要正确选择所依赖的因素：一致性和相似性。

情境 一致性

还记得阿希的从众研究吗？该研究表明，人们在线段判断时所犯下的明显错误仅仅是因为群体中的其他人选择了错误的选项。想象一下，在其他所有人都选了你觉得错误的答案的情境下，你将感到多大的压力。当其他成员高

联结：适应与障碍

传染性幻想及其解决方法

在各个历史时期，人们都遭遇过意想不到的集体幻觉：不合逻辑的寻欢作乐、各种躁狂和恐惧。查尔斯·麦凯（Charles MacKay）在1841年撰写的文章中，罗列了上百件类似群体性癫狂的事件。值得注意的是，许多事件都有一个富有教义的特征：传染性。通常来说，它们起源于单一个体或群体，之后迅速席卷整个人类。行动蔓延到观察者身上，他们继而行动，由此向其他观察者确认了行为的正确性，使得其他观察者也转而行动。

例如，1761年，在相隔一个月间，伦敦经历了两次中等程度的地震。一名叫贝尔的士兵相信一个月后将会发生第三次更严重的地震，于是他开始散播他的预测：城市将于4月5日毁灭。一开始，几乎没人理睬他。但是有人采取预防措施，把家人和财产转移到了周边地区。这些小规模的搬迁激发了一周后其他人一连串的跟从，而这又导致了周围人的恐慌和规模巨大的撤离行动。大量的伦敦人涌入周边的村庄，无论住宿条件优劣，他们都愿意支付大量金钱。在这群人中也包括了“那些一周前还嘲笑这个预言的人，当看到其他人都这么做时，他们也将物品打包并急忙撤离”。

预言中的日子到来了，然而就连轻微地震也压根没发生。那些逃亡者回到城市，对贝尔引导他们误入歧途暴怒不已。然而，正如麦凯指出的那样，他们愤怒的对象错了。愤怒不该指向具有说服力的怪人贝尔，而应指向他们自己（每个伦敦人）。总之，大多数人觉得当很多人都在做某一行为时，这个行为就会变得合理。在群体幻觉事例中，社会确认影响了失控的非理性行为，这些行为之所以看上去是正确的，并不是因为它们有支持的依据，而仅仅是因为许多其他人都这样做了。

尽管有时跟从同伴可能会导致错误的行为，但大多数情况下这还是一个明智的选择。这种倾向让我们朝着正确的方向前进，做出健康的选择。例如，我们早就知道吸烟是一种传染性行为，它会在朋友、家庭成员、同事等群集中滋长。幸运的是，近来研究表明，相同的传染性同样适用于戒烟过程。研究者们发现，一群人会一致地选择戒烟。当群体中的一名成员停止吸烟后，其兄弟姐妹的吸烟率会降低25%，同事会降低34%，朋友会降低36%。

那么，是什么因素导致人们在试图正确选择的过程中模仿他人的行为？社会心理学家发现了一些背后的机制。我们将讨论这一情境下的两个因素：一致性和相似性。

度一致时，你可能更多地相信他们而不相信自己。为了追求正确选择，你很可能从众，因为你相信群体是正确的。另外，达成一致的成员数越多，你从众的倾向就越强（见图6–4）。

相反，想象一个稍有不同的情境：在你给出自己的答案之前，有人打破了群体一致性，他选了一条你认为正确的线段。现在，轮到你说出自己的答案了，你会怎样呢？和大多数人保持一致还是加入“反叛者”队伍？最可能发生的是，你变得不怎么同意多数人了。哪怕你只看见一名群体异议者，他也会增加你反抗从众的勇气。为什么会这样呢？原因之一是异议者降低了人们认为群体拥有正确答案的信心，因此，人们可以无视群体的选择，而选择自己认为正确的答案。

因为不同意见有打破从众的力量，所以几乎所有的邪教组织都试图抑制组织成员与外界进行信息交流，包括家人和朋友。1990年，据史蒂夫·哈桑所说，离开组织的成员（离开者）与仍待在组织里的成员之间的区别只是离开者成功与外界保持了联系。但是，大部分邪教成员都被一致的群体教育所包围，这使得错误的信念看上去如同正确的一般。玛格丽特·辛格（Margaret Singer）花了一生的时间研究邪教，她经常问前邪教成员为什么会在充满虐待的群体中待这么久。最为典型的回答是：“我曾环顾四周，然后产生这样的想法，‘乔还在这里，玛丽也还在这里。一定是我的原因，一定是我的原因。我只是还没领会到继续在这里的好处’”。

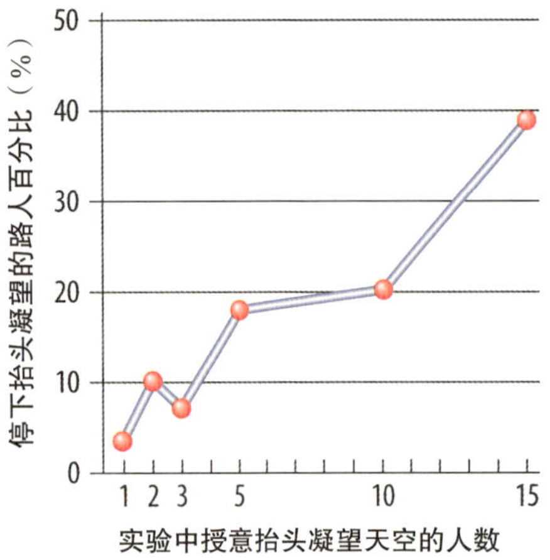

图 6–4　抬头凝望

注：什么会促使纽约街头的行人在一个寒冷的日子里停下脚步，抬头凝望没有任何有趣或重要东西的天空？研究者们让助手抬头凝望 60 秒。尽管天上并无什么特别的东西，但抬头凝望的人越多，加入凝望的过路人就越多。

资料来源：Based on data from milgram，Bickman，& Berkowitz（1969）*Journal of Personality and Social Psychology*, Vol. 13（2），Oct. 1969，79–82.

情境　相似性

如果人们为了让自己做出好的选择而模仿他人，那么按照常理，人们会模仿和自己相似的个体。假设你正考虑下学期该上哪门课，难道你不想寻找和你有相同背景、兴趣和目标的人并听听他们的建议吗？如果他们觉得某门课比另一门更好，那你也极有可能有相似的想法。

在很多情境下，人们都会对相似他人的反应有高度敏感性，而这种敏感性有时候会产生意想不到的巨大力量。模仿性自杀现象就是一个例子。在媒体大量宣传自杀事件后，宣传覆盖地区的自杀率会迅速上升。显然，被困扰的个体效仿了其他被困扰个体的自杀行为。那有什么证据能证明自杀的增加是出于人们参照了相似他人的行为呢？在与之前宣传的自杀事件中的受害者有相同年龄和性别的人群中，模仿性自杀更为盛行。

虽然与他人相似能导致我们走向黑暗的死亡深渊，但它同样能带领我们向积极的方向前行。例如，诺亚·哥德斯坦（Noah Goldstein）和其同事做了一项研究，目的是探究改变宾馆房间里指示牌上的常见措辞（要求顾客“保护环境”）能否增加顾客重复利用毛巾的意愿。当一致性信息（大多数曾住在这家宾馆的客人都再利用了他们的毛巾）添加到指示牌上时，毛巾的再用率提高了 19%。但是，当相似性信息（大多数曾“住在这个房间”的客人都再利用了他们的毛巾）也添加上后，毛巾的再用率一跃提升了 32%。

总之，当他人相互一致并与我们相似时，我们更可能使自己的行为与其相一致。一致性和相似性这两个因素能激发从众，因为使我们相信他人的选择也能代表自己的正确选择。

小调查

假设两名慈善志愿者来到你家，在请求你为他们的事由捐款前，他们给你看了一张长长的清单，上面罗列着已经捐过款的邻居姓名。他们是如何用一致性和相似性来影响你的决策的呢？

个人　不确定性

当人们不相信自己的判断时，他们会寻找他人的判断来确认怎样的选择是正确的。正如土耳其社会心理学家穆扎费尔·谢里夫在其一系列经典实验中所体现的那样，这种自我怀疑常发生在模糊情境中。谢里夫把一个光点投射到一间黑暗房间的墙上，并要求被试估计他们看到光点移动了多少距离。事实上，光点根本就没有移动，但是由于一种叫作似动效应的光学错觉，光点看上去一直在移动，尽管对不同的被试来说移动的距离可能有所不同。当被试在群体中宣布他们所判断的移动距离时，他们的估计在很大程度上受其他群体成员估计结果的影响。几乎每个人都改变了自己的估计，使其更接近群体估计的平均值。谢里夫总结说，当没有客观的正确答案时，人们可能会怀疑自己，因此他们极有可能假定“群体一定是对的”。很多研究支持了他的结论。

如果对某一情境缺乏熟悉度的话，不确定性也会产生。在这种情境下，人们极有可能跟随情境中的其他人。曾经有个普通人充分领悟了这一原则，从而成为一名亿万富翁。他的名字叫席尔文·戈德曼（Sylvan Goldman）。1934年，他拥有几家小杂货店，他发现顾客们一旦觉得手提购物篮过重，就会放弃购物。这激发他发明了购物手推车，其最早的形式是一个装配有轮子和厚实金属篮的折叠式椅子。这一奇异的装置对人们来说太陌生了，因此一开始根本没有顾客愿意使用它。尽管席尔文将远超过需求的大量购物手推车放在店里的显眼位置，仍没人使用它。席尔文大受挫折，准备放弃。不过他决定再做最后一次尝试，降低顾客们的不确定感：他雇用了一些假顾客，让他们手推购物车在商店里“招摇过市”。这一策略建立在社会确认理论之上。结果，那些真顾客纷纷效仿，他的发明也很快席卷了全美国。当他去世时，他已十分富有，拥有超过四亿美元的遗产。

当任务难以解决时，人们也会对自己感到不确信。因此，当韦恩州立大学的研究者为学生们提供从众机会时（使自己的数学题答案和大多数人的答案保持一致），他们发现，获得最高从众率的是那些最难的题目。在很多邪教组织中，想知道在特定时刻中应该相信什么也是一个难以解决的问题，因为答案基于领导阶层不断变化的想法。另外，邪教组织常常通过例如耗竭或睡眠剥夺等能导致精神错乱的策略来增加其成员的迷茫感。就像史蒂夫·哈桑所写的那样，“在这样一个环境下，大多数人都有怀疑自己、服从群体的倾向”。

当人们不确定自己是否掌握事实时，他们也更可能服从权威人物。在炮兵部队作战的现场研究中，研究者发现，那些得到充分休整的队伍通常会拒绝向医院或其他民众目标开火，而经历36小时无睡眠后，他们会不加质疑地服从向任何目标开火的命令。

交互作用 既然人们从众是为了正确选择，这一点已经很明了了，难道你还不认同人们越追求正确就越可能和他人保持一致这一观点吗？如果你的确认同的话，那你就对了。但是某些情况下，你也可能是错的，那是因为不确定性会与个人对正确的渴望起交互作用，而且不确定性能改变任何事物。

为了考察不确定和对正确的渴望如何相互影响，罗伯特·S. 拜伦（Robert S. Baron）、约瑟夫·凡德罗（Joseph Vandello）和贝塔尼·布隆斯曼（Bethany Brunsman）于1996年创造了一个阿希线段判断程序的变式。爱荷华大学的本科生不是被要求选择正确的线段长度，而是要在一群候选人中选出正确的犯罪嫌疑人。首先，他们看一名犯罪嫌疑人的照片。然后，他们又会看到四名候选人的照片，其中一个是他们之前看到过的嫌疑人。这一程序重复13次，每次所用的照片都不同。为了使一组学生觉得正确性非常重要，研究者承诺谁答对的次数最多，他就将得到20美元的奖励。但是，对有些学生而言，程序则变得更难：照片在屏幕上快速闪现（每张照片仅呈现半秒）以至于他们无法对自己的判断有十足的把握。另一些学生则不会遇到不确定性，因为每张照片呈现给他们的时间是五秒。

在七个独立的情况下，当学生们听到其他人不约而同地从候选人中选了错误的嫌疑人时，他们会如何选择呢？他们会从众还是坚持自己的判断？这取决于他们对自己的判断的确信度以及任务准确性对他们的重要性。当准确性很重要时，那些对自己判断不确信的学生更可能从众，而那些对自己的判断很有信心的学生则不太会从众（如图6–5所示）。尽管确定和不确定的学生会有不同表现，但其行为的动机都相同：正确选择。这两种人之间关键的差异在于，他们认为正确选择的最佳途径是依靠自己还是依靠别人。只有当我们对自己的判断不确定时，想要正确的动机才会推动我们去从众。

赢得社会认可：向被喜欢屈服

几乎每个人都渴望正确，但这并不容易，因为正确有两个不同的甚至有时相反的含义。本章至此已经强调了正确的其中一个含义：准确。我们也了解了人们为了准确会甘愿被影响。但是，正确的第二个含义——社会恰当或社会赞许——也能使人们更易受影响。例如，在网络游戏中被忽视或排斥后，被试（来自14个不

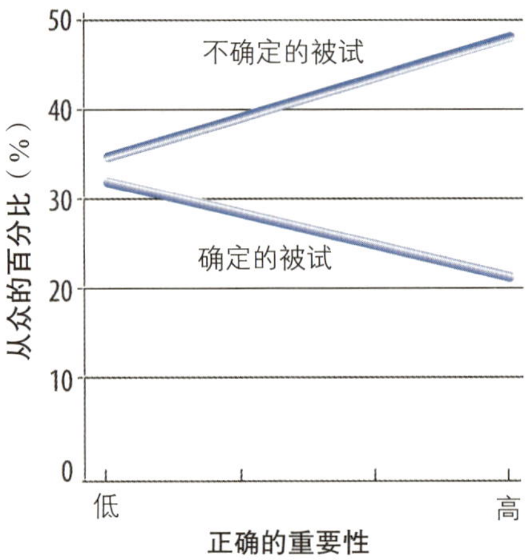

图 6–5 从众与不确定性

注：在面孔识别任务中，对自己的判断不确定的被试会在正确性对自己非常重要时更多地顺应大多数人一致的判断。然而，那些确信自己判断的被试在正确性对自己非常重要时更少地从众。因此，只有不确定的个体才会将从众作为取得正确的最佳途径。

资料来源：Adapted feom Baron，Vandello，& Brunsman（1996）.

同国家）在后续任务中会更多地顺从群体观点。因此通常来说，人们改变自己的目的在于更大程度地被所在群体或文化接受，换句话说，就是追求归属。

一个例子是欧文·贾尼斯（Irving Janis）描述的一群烟鬼去诊所治疗时发生的事情。在这个群体的第二次聚会上，几乎每个人都认为因为烟草能使人上瘾，所以没人可能彻底戒烟。但是有一个人对群体意见提出了质疑，他声称自从上周加入群体后，自己已经彻底戒除了烟瘾，因此其他人也能彻底戒除。结果，其他群体成员联合起来反对他，满怀愤怒地对他的观点进行了一系列的攻击。在随后的会议上，那个质疑者宣布说，经过仔细的思考，他做出了一个重要决定：“我已经回到每天抽两包烟的状态了，自从上次会议后，我也不想再为戒烟做任何努力了”。其他群体成员立即欢迎他重回群体，并为他的决定大为鼓掌。

这一描述印证了一句古话：“顺从者更合群。”在一系列经典实验中，斯坦利·沙克特（Stanley Schachter）观察了群体如何给那些偏离群体一致性的成员施加巨大的压力。沙克特将一名男性助手故意安排到刚成立的讨论小组中，他一直坚持和其他成员都不同的意见。这个群体的反应沿着典型的三步顺序发展。首先，其他成员对这一不同的观点给出了很多批评，他们为此进行了激烈的争辩。其次，当助手依旧不和群体思想保持一致时，其他成员开始忽略并蔑视他。最后，群体从激烈攻击转向冷落，但他依旧坚持自己的观点，于是最终他被剥夺了投票权并被逐出群体。

然而沙克特发现，如果不同意见者承认其错误并接受群体意见，群体会对他喜爱有加。在一些讨论小组中，助手被安排为一个“墙头草”：一开始不同意群体意见，但慢慢地屈服于群体压力。群体会怎样对待“墙头草”呢？他一开始也受到了很多批评，旨在转变其观点使之与群体意见相一致。但是由于他屈服了，他没有经历其他不屈之人所遭受的蔑视和拒绝。事实上，“墙头草”像其他成员一样被群体彻底地欣然接纳。可见，群体不同意见者不可原谅的罪过并不在于有不同意见，而在于坚持不同意见。因此，许多不同意见者为了被接受、避免拒绝而转变自己的观点，使其和群体保持一致。

促进社会接纳和避免社会拒绝这两种相似的目的都能很好地解释为什么邪教组织在招募和挽留成员方面会如此有效。一开始，邪教组织会让潜在成员感觉自己沉浸在欢喜中，这种“爱的轰炸”是邪教组织招募宣讲中的典型做法，也导致了这些群体能成功地吸引新成员，尤其是那些感到孤独或无社会联系的个体。之后，成员担心这种爱会消失，这使得他们愿意留在群体中，因为当切断与外界的联系后（这是邪教组织一直催促成员做的事），成员就没有能寻求社会接纳的其他地方了。

社会规范：行为的准则

人们怎么知道哪些行为会导致社会接纳呢？群体或文化的社会规范传递着这种信息。西奥迪尼、格林（Kallgren）和雷诺（Reno）于1991年区分了两种社会规范（见第2章）：用于定义在某种情形下的通常做法的**描述性规范**

(descriptive norm)，和用于定义通常被认可或不被认可的做法的**禁止性规范**(injunctive norm)。尽管很多情况下“通常的做法”和“通常被认可的做法”是一样的，但并不一定所有情况下都是这样。例如，绝大部分消费者可能会路过救世军的慈善箱但不捐款，但这部分人仍可能赞成捐款这一行为。

名词解释

描述性规范 一种用于定义在某种情形下的通常做法的规范。

禁止性规范 一种用于定义通常被认可或不被认可的做法的规范。

互惠规范 一种要求我们以与他人对自己行为相似的行为回报他人的规范。

描述性规范告诉人们，对他们来说怎样的做法可能是有效的。因此，这些规范与我们在这章中讨论到的第一个目的——“正确(准确)选择”有关。模仿大多数人在这一情境中的行为通常是正确的；反之，禁止性规范告诉人们，对他人来说什么更可能被接受。这些规范与社会影响的第二个目的——“社会认可”有关。如果你想提高在群体中被赞许和被需要的程度，那么建议你最好能格外注意禁止性规范。

互惠规范(norm of reciprocity)是一种特殊的禁止性规范，因其对社会关系的有利影响而广为人知，是一种有力的社会影响形式。社会学家阿尔文·古德纳(Alvin Gouldner)认为，人类社会都会遵守互惠规范，它要求我们以别人对待我们的行为方式回报他人。

互惠规范创造了社会生活中最大的好处之一。如果今天你帮了我，那么你就有权期待明天我将帮你。这种交易性的帮助让我们得以完成一些个人无法完成的任务(如搬运很重的碗橱)，同时使我们渡过难关(当我没钱时你帮我买午餐，当我有钱了我也会帮你买午餐)。通过义务性地回报礼物、帮助或服务，人们能在不断发展的关系中与他人保持联系。一直延续到将来的义务能很好地体现在一个用作感谢的日语词中：sumimasen，其字面意思是“不会结束”。任何一个只索取无回报、违反此规范的人

◎ **车轮交易**。拼车是互惠规范的一个例子。每名会员都能获得搭便车的好处，然后就会觉得有义务回报这一恩惠。

都会遭受社会拒绝，并有被他人抛弃的危险。只索取而不回报会让大多数人觉得不舒服，因为他们不愿被他人贴上“索取者”或“敲诈者”的标签。

互惠帮助

影响实施专家经常使用互惠规范，即在要求我们顺从其要求前先给我们一些东西。商人就经常采用此手段：在销售宣传会上，他们会赠送“免费礼物”；在健身中心，他们会提供“免费锻炼”；在各种景点，他们会推出“周末免费游”；在家中，他们会提供“免费检查”……这些技术在促进人们购买其产品或服务方面通常十分有效，如果没有礼物带来的强大社会压力，人们可能就不会购买。仅仅通过赠送用餐者一块糖果，服务员得到的小费就会显著地提高。

互惠让步

互惠规范的作用方式不只局限在礼物、帮助和服务方面，这一规范还体现在人们在协商中彼此做出的让步。当对方做出让步后，大多数人觉得作为回报，自己也有让步的义务。有一种顺从策略就利用了这种“让步的义务”，即互惠让步或**留面子技术**(door-in-the-face technique)。采用留面子技术的人并非像使用登门槛技术那样先提出一个较小的要求来征得同意，随后更进一步提出想得到的要求；相反，他们先提出一个说服目标肯定会拒绝的很大的

◎ **咖啡贿赂。**商家常常通过赠送少量的食物或饮料来刺激购买。

要求，遭拒绝后，再让步，提出一个较小的、真正想得到的要求。通过从一个大要求让步为一个小要求，要求者似乎向说服对象进行了妥协，而出于互惠规范，说服对象觉得自己也有让步的义务，从而答应变小的要求。若干年前，一名在马戏团买票的聪明小孩就对本书作者使用了这一技术：

> 他问我是否想买五美元一张的票……我拒绝了。“那么，”他说，“如果你不想买票的话，买点大条巧克力如何？每条仅售一美元。”我买了两条，随即便意识到这件事值得注意，因为：（1）我不喜欢巧克力；（2）我爱钱；（3）我站在那里，手里拿着两条他的巧克力；（4）他走了，带走了我的两美元。

与留面子技术有关联但又有所不同的是**折扣技术**（that's-not-all technique）。这两种技术的重要差异在于：在折扣技术中，说服目标在第二个要求被提出前并没拒绝第一个要求，而是在第一个要求提出后且没有做出反应之前，要求者通过提供额外的物品或降低价格来“粉饰”要求。

名词解释

留面子技术 该技术首先向说服目标提出一个很大的要求，遭拒绝后，再提出一个较为适中的要求，这样就可以增加说服目标顺从的可能性。

折扣技术 一种通过提供额外利益来“粉饰”要求，以增加服从的技巧。

杰里·伯格发现这种方法在校园面包促销活动中很有用。每个纸杯蛋糕售价为一美元，促销员在顾客反应前，提出可以免费加送两块曲奇饼。相比一开始就给一个纸杯蛋糕和两块曲奇饼定价一美元，这一举动能导致更多的购买行为（40% 和 76%）。这种技术能起作用的一个原因是说服目标觉得需要对接受更好的交易进行回报。

不同文化中的义务规范

尽管在所有的社会群体中，回报所受之恩的义务都普遍存在，但其强度会有所不同。

2001 年，迈克尔·莫里斯、乔尔·波多尔尼（Joel Podolny）和希拉·爱丽儿（Sheira Ariel）以一个在 195 个国家有分部的多国银行（花旗银行）为研究对象，选取了其中四个国家——美国、中国、西班牙和德国的支行进行考察，主要测量了员工在多大程度上愿意答应同事提出的帮助请求。在四个国家中，员工答应帮忙的主要原因不尽相同，反映出不同的义务规范方法。

- 在美国，美国员工采用基于市场的方法来考虑顺从的义务。他们基于两个个体间的互惠交换规范而给予帮助。在决定是否要同意请求时，他们会思考：“最近这个人为我做过什么？”当觉得欠

“你愿意付多少钱得到宇宙中所有的秘密？等等，先别回答。你还将得到一个6夸脱的复合式意大利面蛤蜊连盖蒸锅。现在，你愿意花多少钱呢？”

◎ **折扣技术。**

资料来源：Drawing by Maslin c1981. The new Yorker Magzine，Inc.

要求者一个恩惠时，他们最可能觉得自己有义务答应其请求。

- 在中国，中国员工采用基于家庭的方法。他们基于内外群体规范而给予帮助，这一规范鼓励人们只忠诚于小群体中的成员。另外，他们尤其忠诚于自己所在小群体中的高地位者。在决定是否要同意请求时，他们会思考："要求提出者和我所在群体的成员，尤其是高地位者之间有关联吗？"如果答案是肯定的，那么他们会觉得有答应请求的义务。
- 在西班牙，西班牙员工采用基于友谊的方法。他们基于友谊规范而给予帮助，这一规范鼓励人们不管朋友的地位或身份如何，都要忠诚于自己的朋友。在决定是否要同意请求时，他们会思考："要求提出者和我的朋友有关联吗？"如果答案是"是"，他们则会觉得有义务答应要求。
- 在德国，德国员工采用基于系统的方法。他们基于现存的组织规范和规则而给予帮助。他们并不是觉得对特定个体或群体有义务，而是觉得有义务支持这些个体或群体所管理的系统。在决定是否要同意要求时，他们会思考："根据官方规则和分类，我应该帮助他吗？"如果答案是肯定的话，他们给予帮助的义务感便会很高。

显然，在不同国家中占主导的顺从要求义务规范有所不同。但这并不意味着这些文化完全不同。毫无疑问，在莫里斯、波多尔尼和爱丽儿研究的四种文化中，对之前援助者、内群体成员、朋友和法定系统的义务都存在。但是，正如他们研究所发现的那样，这些不同义务规范的相对强度在各种文化间有所差异。

小调查

2001年，在莫里斯、波多尔尼和爱丽儿的研究基础上，你在每种文化下将如何向某个个体提出请求？

个人 哪些个人因素会影响社会认可的影响力

想象一下，和朋友去吃饭前，关于吃什么有两派意见：墨西哥菜或意大利菜。在餐厅里，就一个热点政治问题，意见又有分歧。晚餐后，又出现不同的观点，这一次是关于要去拥挤的酒吧喝酒还是去安静的咖啡厅聊天。你是否拥有一位在任何情况下都特别愿意顺应群体，以使事情顺利进展的朋友？或者另外一位更倾向于反抗群体的意见，导致事情总是以不愉快而收场的朋友。这两个人的心理有何区别？换句话说，人们的哪些内部因素会影响"为了合群而顺从"，也就是为了被社会认可而甘愿被影响的倾向？让我们来探讨三个会影响个体是否愿意顺应群体的个人因素：认可、集体主义/个人主义与反抗。我们将从认可开始讨论。

被认可欲望

有的人非常在意社会认可，并有很强的获得周围人尊重的动机。在一个早期有关人格和从众的研究中，研究者在观测人们如何对错误选择（如我们之前描述的阿希线段判断实验）的社会压力进行反应前，测量了他们对社会认可的需要。如果如预期，是社会认可的需要激发了人们对他人的服从，那么，那些在人格测验中社会认可需求得分高的个体更可能顺应群体。与此相似，大学中对社会支持需求高的学生更有可能将自己的酒精饮料消费习惯与他人保持一致。

把被认可的欲望当作一种需要，赋予了它一些负面意义，暗示顺应他人是由一些人格弱点造成的。然而还有另一种解读方法，即被认可欲望是宜人性这一优秀人格因素的核心体现。宜人性由许多积极特点组成，包括热情、信任和乐意帮忙等。另外，宜人性也被描述为适应和顺从。人们为了避免冲突才会有顺应他人的倾向。研究个性和社会行为的心理学家指出，宜人性对我们祖先在群体中的生存有极其重要的意义。根据这一观点，为了宜人而屈从应该被视为积极的，是一种宝贵的性格特点。毕竟，如果没有大量的成员从众，群体就无法高效运作。

集体自我意识

之前我们说过，群体或文化的禁止性规

范告诉人们哪些行为是符合社会认可的。然而，特定群体和文化下的某些个体比其他人更可能执行这些规范。那么是什么导致人们遵守社会规范而不遵从个人偏好呢？其中的一个影响因素是人们对自我的定义。有些人认为自己具有个人特色或个性，他们更关注那些能将自己与他人区分开来的特点："我是一个追求精神本质的人，渴望野外生活。"还有些人则认为自己具有集体主义特性，他们将自己定义为从属于某一群体的人："我是塞拉俱乐部的一员，积极参与校园宗教理事会活动。"大卫·特拉菲蒙（David Trafimow）和克里丝蒂娜·芬利（Krystina Finlay）于1996年发现个人主义者做决策时基于自己的个人态度，而不是群体规范；相反，用群体来定义自我的人决策时则更多地思考他人，而非自己的感受如何。集体主义和个人主义文化差异也能导致这一效应。在阿希线段判断任务中，相比偏个人主义的西方个体，偏集体主义东方个体的从众程度更强（Bond & Smith，1996）。

反抗

也许你已经发现，本章所涉及的几乎所有的策略或程序（如权威人物、社会确认、登门槛技术）都会导致人们屈从于社会影响。埃里克·诺尔斯（Eric Knowles）和其同事认为，和这些增强影响的因素（他们称其为 α 影响）一样重要的还有导致人们反抗社会影响的因素（他们称其为 ω 影响）。因此，另一个获取他人同意的方法是减少 ω 影响的影响力。相对而言，这一方法并未得到充分认识。**中断–再构造技术**（disrupt-then-reframe technique）就是一个这样的策略。举例来说，想象一下查尔斯面临的一个问题。他是一名上门推销员，产品是价格非常优惠的贺卡，但他面临一个棘手的问题：当一位不速之客上门推销时，大多数顾客都会拒绝，因为他们认为这可能是诈骗。如果查尔斯能打破人们将其视作骗子的认知，并重新描述产品，使其显得更有利，他便能降低顾客们的反抗，从而增加购买行为。为了考察事情是否如此，研究者们装扮成推销员，以非常吸引人的价格（三美元）上门推销八张一包的高质量贺卡。如果仅仅这么推销，只有区区35%的购买可能；为交易增加一个吸引点（"促销中，现在仅售三美元。"）也无法起作用，购买可能还是只有35%。然而，如果推销语能干扰并打破顾客最初在头脑中对这件事的表征，并继而用更有利的措辞重构该要求（"这些贺卡卖300美分……就是3美元，是促销商品。"），成功率将提升至65%。显然，一些意料之外的话（"这些贺卡卖300美分。"）能暂时打破顾客对上门推销的典型反抗思维。也许，这个过程中最富有教义的是，在人们对社会压力说"是"的倾向之外，还存在一种说"不"的倾向。为了能全面理解社会影响过程，我们必须考虑影响每种类型的过程。

在几乎所有人的身上，各种反抗社会影响的倾向都或多或少存在。例如，根据**阻抗理论**（reactance theory），我们都重视能够决定自己如何行动自由，当一些事情（如社会压力）对这种自由构成威胁时，我们就会做一些与被迫要做的相反的事情，以此来反抗威胁。例如，一项研究发现当驾驶员准备移车前，如果有另一名驾驶员在等他的车位，他开走的速度会变慢；如果那个驾驶员按喇叭催促，他的速度会更慢。

名词解释

中断–再构造技术 一种使他人顺从的技巧，策略是先终止个体起初对某一要求的抗拒态度，然后迅速地用更有利的措辞重构该要求。

阻抗理论 布雷姆的理论认为，我们通过做一些与我们被迫要做的相反的事情来再次强调我们的自由，以此来反抗对该自由的威胁。

当然，一些人会比另一些人采取更激烈的行动来反抗对自由的威胁。这些反抗的个体能用一个包含诸如"如果我被要求做什么的话，我经常会做相反的事情"之类条目的人格量表鉴定出来。研究发现，高反抗性个体甚至更可能违背医生的建议。

如果你想降低反抗的负面效应，让某人顺从请求，那么一个简单的方法就是在提出要求后再说一句："当然，这由你自己决定。"在一项实验中，这样的一句申明会使乞丐乞讨的成

不合逻辑的推论

◎ **倒踩踏板**。根据阻抗理论，人们想要反抗那些减少他们自由的影响企图。

功率增加400%。

情境 哪些情境因素会影响社会认可的影响力

哪些社会情境特点可能改变个人“为了合群而顺从”的动机？群体或个人的号召力是产生顺从压力的一个因素。例如，如果你在一群你不在乎的人之中，你不太会努力和他们穿得相像、顺从他们的要求或服从他们的指令；相反，如果在一群你喜欢或者重视的人之中，你更可能会乐意接受他们的影响。第二个因素是行为的可观察性。当行为能被他人所见时，人们更可能以被社会认可的方式行动。让我们逐一讨论每个因素。

他人的号召力

你会仅仅因某人外表好看而选其做政治决策者吗？尽管你认为你不会这样做，但是候选人的相貌对选举确实有巨大的欺骗性影响。例如，加拿大联邦选举中，投票人投给外表有魅力的候选人的票数是外表不具魅力的候选人得票的好几倍，但是他们坚持认为自己的选择不受外表这类肤浅事物的影响。相貌在其他领域也具有影响力。在美国心脏病协会里，美貌的筹款人筹得的捐款是其他筹款人的将近两倍之多（42%和23%）。史蒂夫·哈桑是在校园中遇到的三个有魅力的年轻女性的鼓动下接受的周末去统一教的邀请的，现在看来这也不怎么令人惊奇了。

另外，我们更容易被那些与我们有关联及同属一个群体的人所吸引和影响，尤其是当这些相似十分显著时。因此，销售人员经常寻找（或编造）自己和顾客间的关联：“啊呀，你来自明尼阿波利斯市？我妻子是明尼苏达州的！我可没开玩笑啊！”这么做的筹款人也会得到好结果。在一项研究中，当筹款人通过说“我也是一名学生”来表明自己与目标对象有共同群体身份时，他筹得的善款翻了一番。

公众的可观察性

和我们预想的一样，如果社会影响有时是基于对接纳和认可的渴望，那么当没有他人在场时，从众就不那么常见了。如果人们能对自己的决定保密，他们就不用担心独特的意见可能导致排斥与蔑视了。

1985年，切斯特·英斯科（Chester Insko）和其同事通过实验说明了这一点。他们给北卡罗来纳大学的一群学生呈现一个模棱两可的问题：判断一种蓝绿色是更接近蓝色还是更接近绿色。当学生必须当众大声说出他们的判断（而不是私下把答案写在纸上）时，他们更多地顺应其他群体成员所说的答案。在评价咖啡味道这样微不足道的小事以及如何处理校园中种族主义宣传这样严肃的决定中，其他研究也都发现了相似的效应。知道他人的想法后，人们可能会从众，尤其是当自己的反应能被群体观测到时。邪教组织似乎知道，当行为可被观察时，从众倾向会更明显。因此许多这样的群体将其成员暴露于其他成员不断监视之下。例如1997年集体自杀的天门教成员，就被要求所有的日常活动都得和一名群体中的“搭档”一同进行。

总之，人们更可能顺从有吸引力的个体的影响企图，因为人们更想得到这些人的认可。

◎ **帽子戏法**。所有影响实施专家都意识到在拥有共同群体身份的人中更可能产生顺从。

资料来源：Drawing by Levinc1978. The New Yorker Magzine，Inc.

个人吸引力的两个重要情境来源是外表吸引力和共同的群体成员身份。由于合群渴望越高，从众倾向越强，所以当是否从众能被他人所见时，社会影响的效应更明显。

交互作用 谁强大到足以抵抗强大的群体规范

规范并不一定会让人朝着正确的方向前进。在群体中，人们经常性和赞许的行为也可能是不健康的。例如，在一些年轻人小群体中，同伴规范可能支持服用酒精和吸烟等危险的行为。当这些存在潜在危害的规范足够强大时，是否存在能帮助人们抵抗规范的心理因素呢？艾1992年，伦·斯泰西（Alan Stacy）和其同事研究了若干可能降低吸烟这一对高中生造成伤害的同伴规范的因素。然而，只有一个被证明是有效的：学生坚信自己拥有抵抗同伴影响的能力。即使面对很强的群体规范，拥有这种信念的学生也能经受住考验。其他研究在白人、黑人、西班牙人和亚洲人等不同种族群体中都发现了相似的结果。因此，再强的群体规则也不会影响所有人。

这些发现提供了一条降低校园中负面的社会影响的途径。如果相信自己有抵抗同伴压力的能力真能保护个人免受这些压力的影响，那么如果对学龄儿童灌输这种信仰，就能保护他们免受危险的同伴规范的影响了，对吗？没错。但是研究认为，如何灌输对成功与否有决定性作用，就如“联结：理论与应用”中所示。

另一个能和规范起交互作用，影响对群体成员行为作用的因素是成员确认其群体身份的程度。如果你正在读这本书，那么你可能是一名大学生。但是并不是每一名正在修大学课程的人都用大学生来定义自己的身份。如果被问道“你是谁”时，许多大学生可能首先将自己描述为某一宗教、家庭或种族的成员。对这些个体来说，大学生规范并不一定具有影响力，因为尽管他们也是大学生群体中的一员，但他们用大学生来定义自己身份的程度并不强。

黛博拉·特里（Deborah Terry）和迈克尔·霍格（Michael Hogg）于1996年用一个以澳大利亚大学生为被试的研究为这一观点提供了有力支持。研究者让被试估计其所在大学的同伴在多大程度上认可定期运动，以此来测量他们对学校中定期运动规范强度的看法。同时，学生们也被要求提供自己对大学生身份的认同程度。当被问道自己在之后定时参加运动的意愿时，只有那些完全以大学生来定义自己身份的人打算遵守群体规范。而对于那些不怎么用大学生来定义自己身份的人来说，他们的锻炼计划丝毫不受其他大学生的影响。总之，再强的社会规范也不会指导那些在心理上不认为自己具有该群体身份的人的行为。

管理自我形象：向一致性屈服

餐厅老板经常会遇到的一个问题是：顾客打电话预订，但到时却未现身。餐桌原本可以供那些付钱的顾客使用，但现在却白白空着，导致巨大的经济损失。然而，芝加哥戈登餐厅的老板戈登·辛克莱（Gordon Sinclair）想出了一个非常奏效的策略。他不再要求接待员对订餐者说：“如果您想改变计划的话，请打电话告诉我们一声。”相反，接待员会问：“如果您改变计划，会打电话告诉我们吗？”然后等待对方回应。结果，顾客未现身率从30%降到了10%。

这一微妙的变化为什么会导致如此显著的

联结：理论与应用

事与愿违

许多学校都会提供抵抗技能教育，其目的是让学生具备拒绝同伴们不良习惯影响的相应技能。抵抗技能教育通常的形式是“说不”训练，学生需要反复练习如何拒绝同班同学的负面影响。但是，这些教授抵抗技能的项目导致了一个完全意想不到的结果：接受训练的学生非但没能拥有更强的抵制同伴影响的能力，反而更可能被卷入到不良习惯中去。

事情怎么会这样呢？一项在洛杉矶和圣地亚哥公立学校进行的研究为此提供了答案。研究考察了一个限制青少年喝酒的初中项目。在参加了旨在加强抵抗同伴喝酒压力的多种“说不”模仿和练习后，学生们开始相信喝酒这一行为在其同学中比原先想象的要更常见。这一项目在不经意间传递了一条意外的信息：“你的很多同伴都这么做而且他们希望你也这么做。”因此，尽管这些学生对同伴影响的抵抗力更强，但他们这么做的动机却降低了，因为他们认为喝酒对他们这一年龄的人来说是一种规范。

减少饮酒项目并不是唯一一个事与愿违的项目。女大学生在参加了斯坦福大学的进食障碍治疗项目后，比之前表现出更多的进食障碍症状。为什么会这样？这一项目的主要特点是要找到同学身上有害的饮食习惯，对参与者来说，这使得这些行为看上去更为盛行。类似的，新泽西一项预防青少年自杀的项目告诉参加者，青少年自杀数高得惊人。结果，参与者愈发将自杀视作解决其烦恼的途径。

总之，健康教育似乎存在一种可理解却错误的倾向，即将问题描述成时常发生的。结果就是反而引起人们对它们的关注。人们容易忽视“看看和你一样的人，他们都在做这一不健康的事情”一话中可能包含了“看看和你一样的人，他们都在做这件事”这一个信息，但这种信息的影响力却是强大的（如图 6–6 所示）。

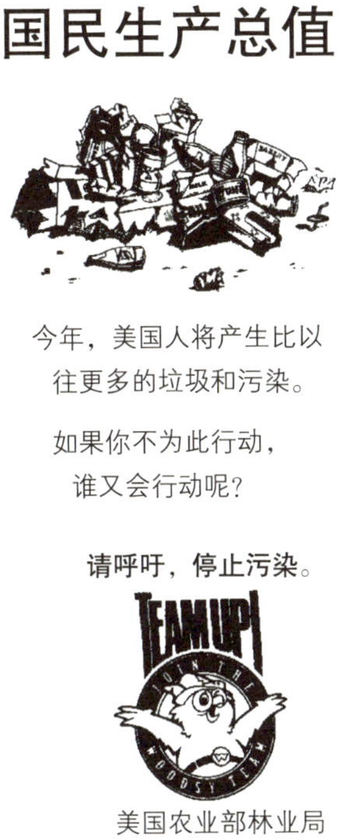

图 6–6 信息污染

注：为了突出强调垃圾问题，这一公共服务通告的起草人在陈述其观点时，可能也陈述了一条反面信息：“乱扔垃圾是我们美国人的所作所为。”

项目设计者该如何避免这种“害人害己效应”呢？首先，设计项目时一定要让参与者感知到这些不希望发生的行为绝非规则，而是例外。这样规范才不至于起反作用，其力量才能在项目中得以发挥。其次，当项目中包含抵抗技能训练，且训练向参与者表明健康行为是规范时，抵抗技能训练就不会再削弱项目的有效性，相反还会增加其有效性。在这些情境下，年轻人既能获得抵抗同伴不良影响的能力，又会具有如此做的欲望，因为他们认识到大多数同伴都偏好更健康的行为。这样项目成功的可能性就会更大。

差异？那是因为接待员要求并等待顾客的证实性回答。通过引导顾客对某一行为做出**个人承诺**（personal commitment），增加了他们实施这一行为的可能。

个人承诺将个人身份与某个观点或行动相联，使得人们更可能遵循承诺。这是因为大多数个体都偏好一致性，他们强烈希望自己是一个言出必行的人。因此，就算是看上去微不足道的承诺也能导致很大的行为改变。例如，让人们回答一份五道题的器官捐献问卷，就能提高他们成为器官捐献者的意愿。

名词解释

个人承诺 任何将个人身份与观点、行动联结更紧密的事物。

引发承诺的策略

因为渴望与现有行为、承诺和自我形象保持一致，所以人们常常经不住一个简单的请求“诱惑”。大量影响实施专家经常使用的顺从技术核心就是这个基本策略，它们先引发一个承诺，然后提出一个与其相一致的要求。接下来，让我们来讨论几个基本策略，它们在如何获得初始承诺方面有根本性的区别。

回顾登门槛技术

在之前的内容中，我们描述过登门槛技术，它通过先取得一个相关小要求的顺从，增加获得某一特殊请求顺从的可能。我们能从以色列研究者的一项研究中一窥这一技术的效力。研究者在当地的一个公寓区敲开一半公寓住户的房门，要求住户们在支持为智障人士建娱乐中心的申请书上签名。由于这一动机很好，要求也很小，所以几乎每个人都同意签字。另一半公寓中的住户没有受到上门访问，当然也没对智障人士有所承诺。两周后，在全国为智障人士募捐的日子里，小区中所有住户都收到了捐款请求。在那些之前没被要求签申请书的住户中，大约只有一半人（53%）捐了款，而两周前签了名的人几乎（92%）都捐了款。

为什么同意一个小的慈善请求能导致人们也同意一个相关的大请求呢？发明登门槛技术的乔纳森·弗里德曼和斯科特·弗雷泽认为，对最初要求的顺从改变了人们的自我形象：他们开始认为自己是乐于助人、富有公益心的人。之后，为了和这种新的自我形象保持一致，他们就更乐意顺从其他的慈善请求。杰里·伯格和罗莎娜·瓜达诺（Rosanna Guadagno）于2003年提供证据支持了这一观点。他们发现，这一技术只在那些自我概念清晰性得分高的被试身上才起作用，而自我概念清晰性反映了人们在新信息的基础上改变其自我概念的程度。因此，在同意一个小的慈善请求后，越容易改变自我概念的人越可能答应更大的慈善请求。

低球技术

使用**低球技术**（low-ball technique）的人先提供一个划算的交易来获得他人的承诺，在获得承诺后再提升执行这一交易的成本。这一策略的有效性非常惊人。例如，法国的吸烟者被要求参加一项研究，任务是填一份简短的问卷。在确定时间并承诺前来后，他们被告知在实验开始前的18个小时内不能吸烟。尽管在被要求禁止吸烟后他们仍有机会退出协议，但令人惊讶的是，85%的被试同意即使不能吸烟也要参加研究。要知道，如果在被试承诺时间之前就告诉他们不能吸烟，只有12%的人会同意参加实验。

汽车销售员经常会“抛出低球”：首先，他们以很低的价格诱惑顾客选定某辆车，有时还会让顾客把车开回家过一夜或让顾客去银行安排好资金问题，以此增加顾客对该车的承诺。当顾客做出选择后，销售员会在签正式协议前反悔诱人的低价格。他们可能会说“发现”价格算错了，或者说销售经理不答应这笔交易，因为“以这个价格卖的话我们会亏本”。这时，许多顾客已经对那辆车有了很强的内部承诺，所以，他们往往会继续这笔交易。

当汽车购买者看重这辆车的因素已不复存在，为什么他们仍“奋勇前进”继续购买呢？当主动选择某东西后，人们看待它的态度变得更积极，并不愿再放弃它。当人们觉得自己已经快拥有它时，情况更是如此，因为一旦他们心理上拥有了某件重要物品，它就变成了自我概念的一部分。因此，对于那些掉入低球陷阱的汽车购买者来说，即使他们的行为不具有良好的经济学意义，但却具有很好的心理学意义。尽管付出的金钱会增加，但那些决定无论如何都要买下这辆车的人会说：“多花几百美元买一辆我喜欢的车是值得的，因为它跟我很配。”他们几乎意识不到，并不是这些积极感觉使自己对这辆车做出承诺；相反，是他们对车的承诺（由低球技术所引发）导致了这些积极感觉。

名词解释

低球技术 在获得执行计划的承诺后，提升执行这一计划的成本。

诱饵 – 调包技术

汽车销售员有时会采用另一个有些相似的技术，**诱饵 – 调包技术**（bait-and-switch technique）。一开始，销售商以非常低的价格为某辆车打出广告，让消费者觉得他们买得起一辆新车。于是消费者前往经销店确认交易，并做出买车承诺。然而当他们到经销店时，广告中的车型或者已卖完，或者质量不好，总之不具有人们向往的特点。但是由于他们已主动承诺要从经销商那儿买一辆新车，他们就很有可能答应再多逛一会儿，在那儿买一辆更贵的车。汽车并不是唯一通过诱饵 – 调包技术来销售的商品，一些电器行和家具店也因依靠这一技术来销售而臭名昭著。

名词解释

诱饵 – 调包技术 首先诱使对方同意某个方案，然后设法使该方案无法实行，再提供一个更为苛刻的方案。

标记技术 分配给个体一个标签，之后提出与标签相一致的要求。

1989 年法国研究者罗伯特 · 焦耳（Robert Joule）、法别妮 · 古伊洛克丝（Fabienne Gouilloux）和弗洛伦特 · 韦伯（Florent Weber）把诱饵 – 调包技术称作"引诱"程序，他们在其所在的大学中研究了这一技术如何起作用。学生被招募来参加一个有趣、涉及一些电影片段的实验，并能获得 30 法郎（相当于六美元）的被试费。然而，当学生们前来参加时，他们却被告知实验取消了。被试还被告知，既然都已经来了，可以自愿参加另一项不同的实验，要求记忆若干列数字，没有被试费而且也不如先前的实验有意思。实验者知道第二项实验不够有趣，本身不会吸引人们自愿参加，因为在

◎ **向顾客示好**。为了吸引那些不为影响策略所动的顾客，一些汽车销售商推出"一口价"销售方法。为什么说这一方法本身也是一种基于一致性的影响策略呢？

向另一群学生描述此实验时，仅有 15% 的人同意参加这一没有报酬的实验。但是，诱饵 – 调包技术使自愿参加数达到之前的三倍之多：在对前一个取消了的有趣实验做出参与时间、精力承诺的学生中，大约有 47% 的人愿意参加这个不怎么有趣的实验。

和低球技术相似，诱饵 – 调包技术也通过先得到人们对某一有吸引力的协议的承诺而起作用。承诺一旦产生，人们就乐意接受另一个吸引力较低的协议。而如果他们没被使花招做出承诺，那他们很可能不会接受这一协议。

标记技术

另一个诱导人们对某一行为做出承诺的方法是给人们一个与行动相一致的标签，这一程序叫做**标记技术**（labeling technique）。举例来说，大人会对小学生说："我觉得你是那种知道正确书写很重要的孩子。"在未来的三到九天中，这些孩子更可能会在私下里进行书写训练。爱丽丝 · 梯伯特（Alice Tybout）和理查德 · 亚琴（Richard Yalch）于 1980 年研究了标记技术如何用于激励人们参与投票。他们对 162 名投票者进行了访谈，并随机对一半人说，根据访谈反馈，他们"比一般公民更乐意参加投票和政治活动"，另一半人则被告知他们在这些活动中的表现和平均水平一样。结果，那些被贴上

“好于平均”标签的人认为，与被贴上“平均”标签的人相比，自己是好公民，而且在一周后的当地选举中，他们更多地参与了投票。

总之，大多数人都有履行承诺的渴望，所以我们就可以通过使用任何一个引发承诺的技术（详见表6–1）来增加目标对象行动的可能性。尽管这些技术在如何引发承诺方面有所不同，但相同的是，它们都建立一个先行的承诺，以此将目标对象的身份与想要的行为捆绑在一起。在实施行动的过程中，目标对象达到了管理（增强、确认、保护）自我形象的目的。让我们再仔细探讨一下影响人们何时、如何履行承诺以管理其自我形象的个人和情境因素。

小调查

假设你将和某人进行协商，并且，你希望他待你公平。那么，你会如何使用标记技术来增加对手如此做的可能呢？

个人 利用现有承诺

到目前为止，我们已经关注了由外部压力引发的承诺，这些压力包括对小要求的请求、被诱导而做出的选择或决定，以及外部标记。但是，这些承诺是以现有价值的形式存在于个体身上的。有时，由于人们意识到某一行为和某种他们已经拥有或希望拥有的价值观（如公平）相一致，因而受影响去实施这一行为。因此，那些重视公平的人会顺从某些行为并不是他们想得到什么，而是因为他们期望公平。

人们通常会校准自己的行为，使其与诸如健康、世界和平、宗教信仰之类的价值观一致。这些根深蒂固的承诺使人们不断为生命中重要的个人规划而奋斗，也在岁月、痛苦和磨难中保护自己。因此，能成功地在顾客个人价值观和商品或服务间建立联系的商人更可能发展长期顾客。这一形式的影响可以是合乎道德、有益的，但它也可能被用作将人们与一些对其不利的活动和组织联系起来。例如，邪教组织通过将组织（宣称的）目的和人们普遍拥有的价值观（如精神拯救、个人启迪和社会公平）联系在一起，来招募并留住成员。史蒂夫·哈桑说，在他加入统一教前，他觉得自己应该负起减少社会问题的责任，但往往又不知如何着手。然而在他第一次参加文鲜明教徒聚会时，他就得到保证：这一群体致力于与“和我所想的那些问题”斗争。

情境 主动承诺和公开承诺

当说到激发未来的一致性行为时，需要指出的是，并不是所有的承诺都具有相同的效果。那些在想要的行为和个体自我概念之间联系最紧密的承诺是最持久的。就这一点而言，承诺的两个情境因素能起到非常大的作用：持久的承诺是主动的、公开的。

表6–1 引发承诺的顺从技术

技术	第一步		第二步	
	如何引发承诺	举例	如何利用承诺	举例
登门槛	获得目标对象对某一小要求的顺从	让目标对象在慈善申请书上签字	要求目标对象顺从一个相关的大要求	要求捐款支持慈善
低球	获得目标对象对某一具体协议的认同	和目标对象协商新车生意	改变协议的条款	说之前的交易存在一个计算错误
诱饵–调包	激励目标对象采取某一行动	通过非常低的价格，诱惑目标对象买一辆新车	把已做行为描述成不切实际的或不明智的，并建议采取另一相关行动	提出广告中的车型已售完或质量不好，并提供一个更贵的车型
标记	分配给目标对象一个特质标记	将目标对象描述成比一般公民义务感更高	希望目标对象顺从与标记相一致的要求	要求目标对象参加下次选举的投票

主动承诺

也许你已经发现，在流行摇滚音乐会的广告上往往缺了一条重要的信息——票价。音乐会承办方为什么要对音乐迷们隐瞒票价呢？就算价格很高，人们只需打个电话或去趟票务经销处就会立刻知道，是这样吗？是的，但承办方意识到，相比打电话或去经销处之前，潜在的音乐会听众在做了这些行为之后更有可能购票。即使是打电话询问票价也能导致个人对音乐会的主动承诺，进而使打电话的人更愿前去参加。

在考察主动和被动承诺效应的研究中，行动对未来行动的影响力可窥一斑。例如，在迪莉娅·乔菲（Delia Gioffi）和兰迪·加纳（Randy Garner）于1996年的研究中，大学生要去参加在当地学校举办的一个艾滋病教育项目。研究者让一半人填一张表格，申明自己愿意参加，所以他们是主动参与者。而另一半未填写申明自己不愿参加的表格，因此他们是被动参与者。三四天后，当被要求开始参加项目后，大多数（74%）按计划出席的人都是主动参与者。

为什么主动承诺能使这些个体自始至终参与呢？人们感知和定义自己的一个方法是检验自己的行动。我们认为，自己所做的行为比没做的行为更能体现自己是怎样的人，这一证据是强有力的。事实上，在乔菲和加纳的研究中，与被动艾滋病教育项目参与者相比，主动参与者更可能通过他们的个人价值观、偏好或特征来解释其决定。因此，主动承诺给我们提供了用于塑造自我形象的信息，这种信息进而塑造了我们将来的行为。

公开承诺

除了主动承诺，对某一行为的公开承诺也能增加人们在未来保持这一行为的可能。1955年，莫顿·德驰（Morton Deutsch）和哈罗德·杰拉德（Harold Gerard）进行了一项经典的研究，考察了主动承诺和公开承诺是如何发挥作用的。研究者用阿希线段判断程序让被试估计线段的长度。一组被试把判断的结果记在心里，他们对自己的答案既没有主动承诺也没有公开承诺。第二组被试把自己估计的答案在私下里写在纸上，一秒钟后擦掉，这样他们就有了主动承诺。第三组被试写下他们的判断并将其交予主试，这样他们对自己的判断既有主动承诺也有公开承诺。这时，所有的被试都得到信息，说他们的答案是错的，研究中的其他被试（其实是助手）与自己的估计不同。德驰和杰拉德想知道哪组被试在得到判断错误的反馈后更倾向于坚持自己最初的判断。结果很清楚：那些一直既未写下过自己的答案，也未公开，而是把判断藏在心里的被试对自己判断的忠诚度最低；那些对自己最初选择做出主动承诺的被试，在面临不一致的证据时不怎么愿意改变自己的主意；但是，那些公开自己最初估计的被试最为坚定地拒绝了修改判断（如图6–7所示）。

为什么公开承诺对改变具有最强的抵御力？我们可以考虑两个原因：第一，写下答案的被试可能不想被实验者认为自己易受影响或前后不一致。这是很有可能的，因为大多数人都希望自己被看作坚定和稳定的人；但是，还存在第二个原因，即一旦人们公开宣告了某事，他们就会更加相信它。例如，在黛安·泰斯的研究中，被试同意在公开场合或私底下扮演一个外向的角色。和在私底下扮演角色的被试相比，在那些在公开场合扮演的人中，有更多人将外向纳入自己真实的自我概念中，之后，他们将真实的自己描述为外向、好交际的。当被试完成研究，和实验助手一同去休息室时，这一新的外向身份在其行为中得到表现：那些之前公开将自己描述为外向的被试与实验助手坐得更近，且进行了更多的交谈。泰丝还发现，在被试能够自由选择在何种情境下扮演角色时，这种公开自我展示效应最为强烈。总之，和主动承诺相似，公开承诺尤其是自由选择的公开承诺能改变自我形象，而这些改变之后的自我形象继而导致未来相应的行为。

交互作用 性别和公开承诺

由于公开承诺不仅能改变社会形象，而且还能改变自我形象，所以人们在公开承认自己

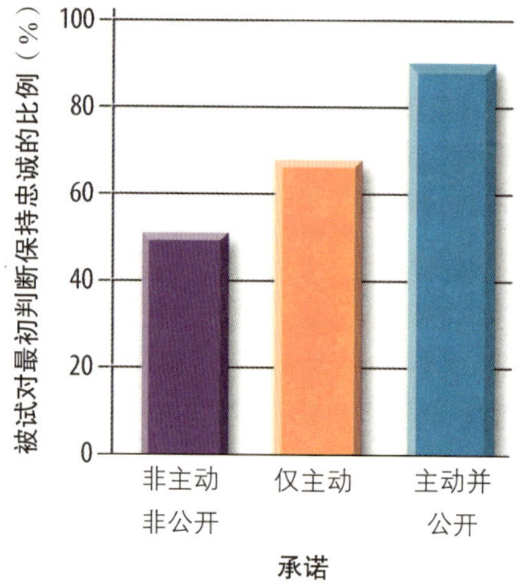

图 6–7　不同承诺的保持影响力

注：当遭到质疑时，对最初判断做出主动和公开承诺的个体最可能对其判断保持忠诚，而那些既未做主动承诺也未做公开承诺的个体最不忠诚。

被影响时往往非常谨慎，以此来保护自我形象。但是，在选择保护哪方面的自我概念时，男性和女性有所不同。

德驰和杰拉德于 1955 年进行的实验证明，当面临从众压力时，人们对公开的决定要比对私下的决定更为忠诚。然而一项研究显示，男性在公开条件下更可能拒绝从众。在这个研究中，当被试在私下里做决定时，男性和女性被试顺从群体意见的程度大致相同，但当他们必须公开决定时，男性比女性表现出的从众更少。

为什么男性能比女性更多地抵御公开从众呢？研究者们认为，这是因为男性的“不从众”的“从众”水平很高：独立的形象已被社会化到绝大多数男性的身份中去了。男性希望自己是独立、独特以及自力更生的。过去 40 年的选举调查发现，相比女性，男性更愿宣布自己是无党派人士。那些宣称自己不从众的男性在看自己照片时，会认为自己是自立的，是领导者而非跟随者。那么，这些男性想把关于这张照片的信息传递给谁呢？给自己，也给他人。一个系列研究发现，男性将自尊建立在让他们变得独特和独立的因素上，而女性则将自尊建立在将她们和某一群体成员联系在一起的因素上。因此，由于公开声明对个人形象有强烈影响，所以男性努力抵御公开的从众，目的是保持自己拥有独立性这一观点的正确性。

不过，罗伊·鲍迈斯特和克斯汀·索玛（Kristin Sommer）于 1997 年对这一现象提出一种不同的解释：可能是归属的渴望而不是独立于群体的渴望激发了男性公开的不从众。他们认为，男性和女性一样希望被群体接纳。然而，女性通过亲密的合作关系来寻求被接纳，而男性则通过表现出独特的能力或领导潜能来寻求被接纳。毕竟，领导和所有群体成员都有重要的相互联系。总之，男性和女性在其基本的社会影响目标上似乎并没有很大的差异，都是被接纳和确认自我形象，只是他们用来达到目标的途径有所不同。

案例回顾

史蒂夫·哈桑的转变

在本章开始，我们曾保证，读者在读到这章结尾时一定能理解为什么史蒂夫·哈桑会从一名正常大学生迅速转变为文鲜明派的忠实追随者。另外我们还保证，在读这一章的过程中，读者也能了解他之后又迅速离开统一教的原因。因为这两个原因是一样的，就是社会影响的原则，这些原则驱使我们从众、顺从和服从。它们能让我们投票给某一候选人、购买某种产品，或者为某一事由捐款。在哈桑事件中，这些原则让他两次改变了自己的人生。

说到我们之前提到的社会影响的三个目标，让我们来考察一下它们分别是如何起作用的。和其他人一样，在做重要改变时，哈桑也想达到正确选择的目标。统一教通过为他提供人们通常用作正确决策的信息来源——权威人物和同伴——来招募他。权威人物是文鲜明本人——一位新的救世主、一名在群体中扮演教师角色的长官，而同伴则是那些和

◎**如地球那般旋转**。和加入文鲜明教时一样，史蒂夫·哈桑仍在为使世界变得更美好而努力着。只是，今天他是作为一名反邪教斗士而非邪教成员来为此奋斗。

哈桑一样的年轻人，他们决定投身于组织目标，因为他们和组织对世界有共同的担忧。这些同伴认为他们的行为是完全正确的。另外，哈桑被迫和群体以外的声音切断联系，因为它们可能会削弱认同感。在这种情况下，群体意见和规范为哈桑铸就了一种令人信服的现实感。

当哈桑被劝说脱离统一教时，那些劝说者也利用了相同的社会影响原则。他们同样把自己描述成这一事件的专家和教师，显示自己拥有复杂的关于群体教义、发展、欺骗的知识。他们还显示自己和哈桑一样，也曾服从过那些招募和说服技巧，并展示了一个不可动摇的共识：离开邪教是他们所做的正确决定。另外，通过将哈桑隐藏在一个秘密公寓中五天、使其不能与统一教联系，他们同样切断了哈桑对统一教惯有的依赖。

在招募哈桑并将其留在组织里的过程中，统一教希望通过服从组织愿望，哈桑能完成获得社会认可的目标。起初，一些有吸引力的年轻人接近了哈桑，哈桑需要被这些人接受。不久后，在招募工作坊中，他成为焦点，并受到积极关注和喜爱。接着，当他经过正式训练成为组织成员后，哈桑受到的唯一认可来自具有相同成员身份的人。当然，只有当哈桑的所作所为超越了群体目标后，他才会得到认可。哈桑被劝说离开的发展过程也是一样的。那些说客很快就给哈桑留下了具有吸引力的印象，因为他们展现出热心、关心哈桑的形象。哈桑同样对他们给予自己的同情和尊重而心怀感激。此外，在将他与统一教分离开的公寓中，只有当他做出了符合说客目的的行为，他才会被认可。

当统一教成员试图影响哈桑使其服从群体时，他们肯定地说，如果哈桑服从，他就能达到管理自我形象的目标，他们还向哈桑保证，加入组织后，他对解决社会问题的内心抱负能得以实现。哈桑的说客也做了同样的事情，唯一不同的是他们让哈桑看到离开组织才能达到这一目标。他们对哈桑施加压力，让他重新接触自己内心根深蒂固的诚实、家庭和自由的信仰，所有这些都和他在统一教中的经历相矛盾。

但是最值得一提的是，当哈桑自己认识到统一教欺骗了他，并将他困在一个不健康的环境中时，他明白了应该如何做真正有价值的社会服务：他能帮助其他人从那些地狱般的组织中挣脱出来；他能成为一名现身说法的反邪教顾问，并减少世界上由邪教组织造成的社会问题。总之，他的脱离经历是成功的，因为它为哈桑提供了替代的参照群体、价值观和目标感，这正如若干年前统一教招募他时他所经历的一样。

史蒂夫·哈桑从此投入其中，成为美国反邪教咨询的领军人物。他通过社会影响的科学研究来解释他的有效技术，而对于这种技术，你现在也有了深入了解。但是，说实话，仅仅有深入的了解还不够，因为理论和实践之间往往有一条鸿沟，只有制订详细计划，将新学到的知识用到生活中去，我们才能在鸿沟间架起一座桥梁。如果我们不详细思考如何成功地利用新知识，那么这些技术只会成功地使我们被他人影响。

第 7 章

归属与友谊

通过本章学习，我们能够：

- ◎ 掌握友谊、亲戚关系和爱人关系三者之间的异同；
- ◎ 了解领域特异性模型与跨领域模型之间的差异；
- ◎ 明晰“照顾和友好”与“战斗或逃跑”两种压力应对方式有何不同；
- ◎ 识别在何种威胁条件下，人们会向他人寻求支持或回避他人；
- ◎ 描述孤独和沮丧如何引起不良的自我助长循环以及与他人的依恋关系如何打破这一循环；
- ◎ 理解社会比较理论以及该理论同我们被相似个体所吸引的倾向有何联系；
- ◎ 识别哪种人更倾向于进行自我表露并理解自我表露的结果；
- ◎ 解释社会比较与自我评价和幸福之间的关系；
- ◎ 描述男女两性在社会关系中寻求地位与感情的差异会导致什么样的后果；
- ◎ 理解寻求地位的动机如何使人们接近或者回避他人；
- ◎ 识别四种社会交换规则在不同类型关系中的使用；
- ◎ 解释共享关系和交换关系之间的不同以及在西方和非西方文化中交换关系的差别；
- ◎ 了解临近性与社会资源如何关联。

案例

白人司机与黑人音乐家的友谊

1962 年的美国纽约市，托尼所工作的夜总会因故停业，然而作为一位生活在庞大家族且有一位美丽妻子和两个孩子的父亲，他急需一份短工以补贴家用。通过朋友的介绍，几经波折后他成了唐纳德·谢利博士的司机。与生活在社会底层的粗鲁白人托尼截然不同，谢利博士是一位接受过良好教育的黑人钢琴家，并即将前往美国南部腹地进行巡演。然而，在当时的历史背景下，美国南部地区种族隔离十分严重，以至于在旅途即将开始之时，唱片公司为托尼准备了一本《绿皮书》，书中列举了南方城市愿意接待黑人的酒店与餐厅。托尼和谢利都清楚即将到来的旅途必定麻烦重重。

在旅途中，托尼与谢利博士的差异与冲突日益明显。例如，托尼喜欢在开车时抽烟、吃饭并且在路边小便，而谢利博士希望拥有安静的空间。然而，随着了解的日益深入，托尼在钦佩谢利博士的才华之余，也逐渐发现他与同行人的格格不入。

在途经肯塔基州时，托尼购买了一份全家桶炸鸡并希望与博士分享。起初，谢利博士强烈拒绝，然而随着托尼的不断劝说，他生平第一次尝试了在没有刀叉的情况下用手拿着炸鸡品尝，并将骨头扔出窗外，二人最后在车中一同开心地大笑。

当谢利博士因为黑人的身份屡次受到南部城市居民的刁难，如在酒吧由于穿着考究被围攻、在土耳其浴室受到不正当指控时，托尼帮助博士解决了一次又一次因种族歧视而引起的冲突。而当托尼在给妻子写信被博士注意到时，谢利博士不断指导帮助托尼写出让妻子感动并向亲戚朋友炫耀的浪漫家书。两人心灵的距离也在不知不觉中逐渐拉近。

波折的旅途终将结束，托尼一心期盼回家与家人共度圣诞，但二人却接连遭遇大雪与汽车故障。当注意到托尼困得睁不开眼时，谢利博士亲自驾驶车辆赶回了纽约。故事的最后，谢利博士鼓起勇气敲开托尼的家门并受到了托尼家人的热情欢迎。

是什么让最初排斥与黑人接触甚至扔掉黑人使用过的水杯的托尼放下了偏见？又是什么让两个有着天壤之别的人最终成了朋友？本章后面的内容将对此进行讨论，在阐明人们之所以会成为朋友的同时，揭示我们大多数人在日常生活中与他人形成友谊的动机。在本章中，我们将会探索这个普遍的问题：究竟是什么因素使我们与一些人成为朋友，而非另一些人？

什么是朋友

《韦伯斯特词典》（*Webster's* dictionary）将**朋友**（friend）定义为“个体对非亲非恋的他人的感情及关怀。”当学生们被问起自己对朋友的定义时，他们一致认为友谊具有如下的特征：

- 朋友是相互平等的；
- 朋友喜欢相互陪伴；
- 朋友相互信任，做最有利于对方的事情；
- 在需要的时候，朋友会相互帮助；
- 在朋友面前可以展示真实的自我，不需要“戴着面具”；
- 朋友具有相似的兴趣和价值观。

当然，这些都是理想特征。任何特定的友谊可能只包含其中几个特征。

与亲戚间的关系不同，友谊更具自主性。我们可以自由选择自己的朋友，还可以进行更换，但对我们的亲戚却不能如此。虽然《韦伯斯特词典》将亲戚从朋友的分类中排除了，但人们实际遵循的规则要比《韦伯斯特词典》中

◎ **友谊**。当学生被问起友谊具有哪些特点时，他们认为，友谊具有相互愉悦、相互支持、相互坦诚、相互信任、相互平等的特点。虽然字典将朋友从亲属和恋人中区分了出来，但实际的友谊并不具有如此精确的差异。

的定义模糊得多。在很多社会中，你最亲密的朋友通常是与你血缘关系最密切的人。但是，与以前相比，现代工业化的社会使我们陪伴自己亲戚的时间更少了。

《韦伯斯特词典》同样将恋人从友谊的分类中排除了。恋爱关系包括浪漫的感觉和性爱的情趣，婚姻关系包括合法的规则和独一无二的“权利”，但友谊则与此不同。同样，这些差异有时也会变得模糊，大多数已婚人士选择他们的伴侣作为他们“最好的朋友”。在本章中，我们主要关注归属和友谊的“纯精神”层面，爱与浪漫关系会在第 8 章讲述。

名词解释

朋友 我们与之有情感联系的人。

强化情感模型 一种认为人们都喜欢那些与其积极情绪相联系的人，不喜欢那些与其消极情绪相联系的人的理论。

归属与友谊的目的

是什么使我们想与其他人产生归属感？社会心理学家已经发展了几个普遍的理论来回答这个问题。

喜欢那些使我们感觉好的人

强化情感模型（reinforcement-affect model）假定，人们会受一个非常简单的目标的驱使——想要感觉好。核心前提是：对于那些与我们的积极情绪相联系的人，我们会喜欢并愿意与之产生归属感；相反，我们不会喜欢、也会避开与我们的消极情绪相联系的人。

强化情感模型已经被用来解释了很多领域的研究结果：为什么人们会喜欢那些同意他们观点的个体，而排斥那些不同意他们观点的个体；为什么人们会被拥有良好特质的个体所吸引，比如外表出众，甚至为什么当我们收到好消息时我们会喜欢刚好出现在我们身边的人。根据经典条件反射原理，好的或者不好的感觉会自动地泛化到刚好出现的任何人的身上。就像巴甫洛夫的狗在进食时，听到铃声后会自动分泌唾液一样，当好事情发生时，个体对周围人的好感也会自动产生。

强化感情模型是一个**跨领域模型**（domain-general model），该模型试图以简单的原理来解释所有的行为，就比如“如果感觉好就做”。跨领域模型的优点是它试图以最少的假设来解释广泛的现象。局限在于它并没有告诉我们为什么有些事情让人感觉好而其他的则感觉不好。例如，有时我们会更喜欢在不愉快的场景中遇到的个体，假设他们与我们处境相同且并没有导致我们产生不愉快的感觉。有时，非常相似的经历，如看到非常漂亮或者英俊的个体，可能会使一个人感觉非常好但使另一个人感觉非常糟。

喜欢那些对我们非常有帮助的人

社会交换（social exchange）理论也假定归属和友谊是受一个简单且广泛存在的目标的驱使——最大化利润率。与强化情感模型相同的是，该理论也假设个体在寻求奖赏。但社会交换理论认为，与巴甫洛夫的狗不同，人们在建立关系时更精明、更理智。该模型起源于经济学上的假设，并且是其最简单的形式。该模型提出，个体建立关系就像股票经纪人选择一项股票交易一样——买那些看起来会赚钱的股票，抛出那些看起来会赔钱的股票。

社会交换模型以交换为基础且影响广泛。该模型认为，我们会被**公平**（equity）的关系所吸引。在这样的关系中，你的获益和成本与你的搭档的获益和成本是成比例的。为了理解公平的作用，选一位你的朋友并列出每一项你从你们的关系中获得的收益和奖赏。你的朋友可能是优秀的学习伙伴，可能是夸奖你的人，可能是娱乐聚会的组织者。除了聚会以外，你可能会向你的朋友提供同样的好处，而当他的破车在修理行时，他可能还要借你的车。

下面列出你们对这段关系付出的成本。你的朋友或许会在学习期间偶尔讲一些无关的玩笑使你分心；在打网球时，毫不留情地将你击败；或者批评你对恋人的选择。而你的朋友付出的成本则是，在相同的考试中你的得分更高会使他觉得自己很愚蠢；或许在打网球时，你输了以后会变得爱抱怨。如果你将自己的获益和成本分别相加，并与你朋友的获益和成本进行比较，假如你们两人获得的数值相似，那么这段关系就是公平的。但是，如果他从这段关系中的获益比你多一点，你会觉得自己赔了；相反，如果你从这段关系中的获益较多，你会觉得自己赚了。一般而言，个体都是理智的经济学家，都在为自己寻求利益，赔了会让个体觉得更不开心。

名词解释

跨领域模型　该模型试图根据简单且广泛适用的规则来解释广泛领域中的不同行为（如“如果有益就做”）。

社会交换　社会关系中的利益交换。

公平　一个人从一段社会关系中的获益和成本与他的搭档的获益和成本是成比例的。

小调查

列出你从搭档关系、朋友关系、恋人关系中获得的收益。它们是否存在差异？哪种收益如果来自其他人就不再是收益了？

社会交换理论同样采用了跨领域的观点。其简单而有力的假设是，在所有的关系中（如与朋友、亲戚、恋人、同事的关系），我们都试图寻求一种最优化的利润率。与强化情感模型一样，社会交换理论并没有明确地指明，为什么在不同的关系中，同样的结果却有可能被知觉为获益更多，也有可能被知觉为成本更大。如果你最好的朋友想让你借他几十万美元，让你每天送他上学且送10年，为他做饭，帮他洗衣服，你很可能会找一个新的伙伴。然而很多父母会告诉你能有自己的孩子是他们一生中最大的幸福。就像我们看到的，社会心理学家开始思考我们对得失的计算是如何随着关系类型的变化而发生系统性变化的。

具有领域特异性的社会动机

我们在与恋人、业务伙伴、亲戚、朋友和陌生人的关系中会实现不同的目标。我们觉得什么是好事和什么才是对我们有帮助的事，主要取决于谁在参与以及我们想从他们那里获得什么。有时，他人的拥抱让我们感觉好（如果是与我们的亲密朋友并且在我们感到孤独时）；有时，我们更愿意获得他们的建议而非情感支持（如果我们是向自动化的机械师请教传输问题）；还有一些时候，我们更希望独处，完全没有人打扰（如果陌生人打电话向你推销产品）。**领域特异性模型**（domain-specific models）认为，我们的想法和感受会由于特定种类关系所提出的适应性问题而表现出极大差异。与我们关注社会行为的不同目标相一致，我们会在本章及下一章来讨论这些不同关系的动机。

我们认为归属和友谊有四种具体的目标，即获得社会支持、获得信息、获得地位以及物质利益的交换，且这些目标有时会相互冲突。

名词解释

领域特异性模型　该模型认为，行为的指导原则会随领域的变化而变化，如爱情、亲子关系。

获得社会支持

生活中的谢利博士，家境优越、从小接受良好的教育，行为举止风度翩翩；舞台上的谢利博士，通过自己高超的演奏技艺博得满场的喝彩并受到上流人士的追捧。谢利的生活看似完美无瑕、引人艳羡，然而这位黑人钢琴家的内心却有着不为人知的孤独与寂寞。当他前往

◎**社会支持与压力**。在"9·11"恐怖袭击发生后，很多人向自己的朋友和家人寻求感情支持。研究发现，在压力下，这些支持有助于增强个体的生理和心理健康。

美国南部腹地进行巡演时，他黑人的身份更是让他遭受来自各方的歧视，并让他愈加为自己的身份所困扰。

然而在与托尼相处的过程中，这个与他截然不同的白人青年却给他的生活带来了巨大的改变。托尼屡次帮助他脱离危险的境遇，鼓励他接触不同的文化与习俗，帮助他从自己的枷锁中脱离出来。两个人心灵的距离逐渐拉近，不认同与偏见逐渐消散，最终他们成为能够互相吐露心事的朋友。

尽管谢利博士出身优越才华横溢，但是复杂的人生经历与身份冲突让他禁锢于自己的世界，从而缺乏人们都在追求的——情感支持。情感支持是**社会支持**（social support）的一部分。社会支持是指他人提供的情感、物质或信息上的帮助。我们关注的重点是情感支持——人们相互提供的情感、关怀和帮助。因为有一些特别的因素会影响人们如何交换信息和物质资源，我们会在本章后面的部分来讨论社会支持的其他形式。

当我们感受到痛苦的情绪时，我们会求助于其他个体，这是人的基本天性之一：人数众多可以改善境遇。群体中的个体在困难的时候可以相互帮助，多一个人抵御困难甚至有利于身体健康。

名词解释

社会支持 他人提供的情感、物质或信息上的帮助。

健康心理学 研究影响疾病的行为、心理因素的学科。

我们可以看到，总体而言，友情有益于身心健康。但是，并非对所有的人在所有的时候都是如此。社会支持的结果会随着个体和情境的差异发生变化。什么样的人会向他人寻求社会支持，什么样的情境会激发个体对社会支持的需求？

个人 女人更习惯照顾和友好，而男人更习惯战斗或逃跑吗

在艾文·德沃尔（Irven DeVore）的经典著作《狒狒的群居生活》（*The Baboon Troop*）中，当豹接近这群狒狒时，激动人心的时刻出现了。为了应对这一威胁，一群焦虑不安的成年狒狒面对猎豹围成了紧密的一圈，每个狒狒都露出刀子般锋利的牙齿，像是在警告这个猫科的食肉动物。这些狒狒是"战斗或逃跑"这一经典反应中"战斗"的典型代表。这一行为涉及肾上腺神经的活动和激素的大量分泌，例如，肾上腺素和去肾上腺素的分泌。有趣的是，围成一圈赶跑猎豹的都是雄狒狒。社会心理学家雪莉·泰勒（Shelley Taylor）及其同事为这一现象提出了很好的解释。雌狒狒更可能与其他雌性亲戚安静地聚在一起保护它们的幼崽。泰勒将这一现象称为"照顾和友好"而非"战斗或逃跑"的应对方式。

泰勒和她的同事回顾了相当数量的文献来支持他们的结论，那就是雌性较少使用战斗或逃跑的行为来应对压力；相反，她们使用"照顾"（使她们的子女脱离危险）和"友好"（靠近其他女性）的方式。研究者还注意到，绝大多数对战斗或逃跑这一行为的经典研究，无论是人还是其他动物，都是以雄性个体为被试。雌性个体较少被研究，因为她们周期性的激素水平的变化会影响压力反应的测量结果。但是，当雌性的压力反应开始被关注时，她们与雄性

联结：理论与应用

健康心理学与情绪支持

朋友有益于你的健康？这是健康心理学要问的问题。**健康心理学**（health psychology）是研究影响疾病的行为、心理因素的学科。健康心理学家认为我们的身体状况与我们的所行所思有非常微妙的关系。其中，健康心理学家得出的最有趣的发现之一就是，和他人建立良好的关系与幸福长寿存在相关。

现在来思索一下社会隔离的害处。孤独与毒品和酒精滥用、睡眠困扰、头痛、免疫力低下、自杀的想法，甚至与疗养院的死亡率相关。随着时间的推移，由孤独导致的易感性的增加已经造成了严重的损害。有的研究者找到一些认为自己是“孤独者”的医学院的学生。几十年以后，那些孤独者患癌症的概率要显著高于那些爱与人交往的同学。另一项研究发现，在一次心脏病发之后，独自生活的病人中有16%再次心脏病发，和其他人共同居住的病人中有9%再次心脏病发；相反，与他人有较强心理联结的个体较少受到生活中压力事件的影响，对疾病的抵抗力更强，在被诊断出威胁生命的疾病后存活的时间也越长。确实，只要有一个人可以听你谈论压力事件，就能增强你的情绪和心理的幸福感。最近一项神经心理学的研究发现，社会支持与个体应对压力任务时较低的皮质醇水平相关，与调整身体的反应以适应压力环境的脑活动相关。

研究发现，压力的承受力与社会支持之间存在相关关系。他们强调了友谊与健康在统计学上的相关，但是没有证明存在因果关系。或许拥有某种人格的个体可能身体更健康、更容易交到朋友。例如，外向的人更可能去健身，不可能闲坐着，也不会将发生的不愉快的事情放在心上。而高焦虑的个体则刚好相反。尼路·博尔格特（Niall Bolger）和约翰·艾肯罗德（John Eckenrode）为了消除这些因素的影响，在学生们进行医学入学考试之前对他们进行了测试。研究者们测量了学生的外向水平、情绪稳定性、日常的压力状况以及与他人的交往情况。在考虑了学生们已有的人格特质的作用后，与他人的交往情况仍然起到了减弱焦虑情绪的作用：学生拥有的社会支持越多，考试带给他们的焦虑就越少。

◎ **处于压力时人类最好的朋友。**正如研究发现，在某些情境下，宠物狗的陪伴比朋友的陪伴更能减轻压力。

有一些研究发现，情绪支持的最佳来源可能并非其他人，而是“人类最好的朋友”——宠物狗。凯伦·艾伦（Karen Allen）、吉姆·布拉什科维奇（Jim Blascovich）、乔·托马克（Joe Tomaka）和罗伯特·凯尔西（Robert Kelsey）使女性被试分别在如下的一种条件中承受压力任务——独自承受、和一个朋友一起、和她们的宠物狗一起。研究者测量了被试的心率、血压和皮肤电。为了诱发压力，研究者让被试快速倒着报数13秒和17秒。生理测量的结果表明，当有朋友在场只会增加焦虑情绪。[①] 但是，宠物狗在他们身边就会显著地降低他们的生理痛苦。宠物狗的作用并不仅限于短期的实验。在长达几年的时间里，养狗的老人更少去看医生，在心脏病发后更容易存活下来。

① 在这个实验中由朋友引发的焦虑情绪可能与任务类型有关，这个任务有可能使被试觉得尴尬。正如我们后来的发现，尴尬是一种压力源，其他人在场会让被试感觉更差而非更好。

的表现大不相同。在压力条件下，雄性可能会分泌雄性激素（与攻击行为有关），而雌性则可能分泌后叶催产素（与母性行为和依恋行为有关）。最近的一项研究发现，一剂量的后叶催产素会使男性对他人的信任感大幅上升，从而导致了合作行为的增加。泰勒和她的同事从进化论的角度解释了这些结果，他们认为性别不同的哺乳动物的祖先对待压力的方式也不同。例如，对雌性而言，战斗或者逃跑可能会危及她们的幼崽，而那些幼崽完全靠母亲照料。另一方面，当威胁来临，将自己的幼崽安静地聚在一起，寻求群体内其他成员的帮助可能更有利于幼崽的存活。

其他研究发现，总体而言，与男人相比，女人会更多地相互支持，会更关注与亲密朋友的关系。在青少年中，女生间的友谊比男生更亲密，卷入度更高，并且十几岁女生的自尊与拥有亲密的朋友存在密切关系。社会接纳是如此重要，因此，将某个女生排斥在社会群体之外通常是十几岁的女生间相互伤害的基本手段。到了大学，社会支持的性别差异仍然在继续。与男生相比，大学女生有更多的同性朋友，并且与这些朋友很亲密。

◎ **压力应对中的性别差异。**正如本节所讨论的，女性更可能以“照顾和友好”的方式应对压力，而男性则更可能表现出经典的“战斗或逃跑”的行为反应。社会心理学家雪莉·泰勒和她的同事回顾了这一现象的证据。

女性天生拥有一种独有的特征，那就是与他人建立相互支持的关系。与男性相比，女性在社会群体中更具宜人性，更有同情心，更擅长非言语沟通，人际交往更顺利。女性更关注她们的朋友，相互间的感激之情表达得更直接。与男人相比，当女孩和女人都处于压力中，她们都更可能寻求支持。女性通过微笑获得的非言语支持和亲密感比男性要多得多。

我们不能想当然地认为男性并不关心从他人那里获得社会支持，这一点很重要。确实，男人需要依靠群体中的其他成员，因此照顾和友好同样在男性应对压力时发挥了作用。回想那些雄猩猩们，它们并非单独的个体站在那里抵御猎豹，而是一个团结的群体。因此，社会支持的性别差异是相对的，而非绝对的。实际上，对儿童和青少年的研究表明，女孩比男孩更容易结束她们的友谊。我们在后面会更详细地讨论，男性也许只是在用不同的方式与他们的朋友联系。

情境 威胁：为什么（有时）总是祸不单行

“情绪支持”这个词毫无疑问只是与某种情境相关：当人们感觉受到威胁或孤立的时候，他们会向他人寻求支持。当1938年12月30日，火星人入侵美国新泽西的广播报道引发了群体性恐慌，社会心理学家哈德利·坎特里尔（Hadley Cantril）在1940年记录下了很多人不远万里与朋友和亲人相聚的感人故事；当恐怖分子在2001年9月11日袭击美国时，很多学生告诉我们，他们做的第一件事就是给在其他城市的亲人打电话。生命危险和社会隔离都会增加我们想从他人那里获得安慰的动机。

客观的威胁和死亡的恐惧

在一项研究中，让学生们去思考一个非常令人不快的问题：“当你身体死亡时，描述你认为会发生什么事情。”在思考该问题几分钟后，学生们集中在一个房间里进行群体讨论。他们到达后，需要进行位置选择——他们可以独自坐在桌子的一边，或者和群体的其他成员坐在另一边。那些思考过自己死亡的被试压倒性地选择了社会性——80% 选择和其他成员坐在一起。在控制条件下，被试需要花几分钟来思索他们看电视的感受，其中大多数人更倾向于自己独自坐一边。研究者在其他三个不同的实验中重复了上述效应，并且认为在威胁中寻求归属感是先前我们讨论过的人类的一种基本动机——人们在群体中会觉得更安全，对死亡的思考会促使我们在群体中寻找安全感。

不仅是死亡威胁会激发我们对归属感的渴求，其他不太严重的威胁也有同样的效果。例如，女性大学生两两一组参加一个“缺血”实验，也就是阻止正常血液流动的实验。一些被试被告知整个实验过程并不十分痛苦——胳膊上阻止血液流动的橡皮管会稍微有所膨胀。另一些被试被告知她们需要把胳膊挤进一个折磨人的机器里。这个机器的高度在胸部以下，通过钳住被试的胳膊，让被试产生与心绞痛病人一样的强烈的疼痛感。研究者通过记录被试看实验室中另一位女生的时长来测量被试对归属感的需求。相比不必承受太多痛苦的实验条件，当同组的两名女生都预期要承受痛苦的折磨时，她们相互注视的时间要多两倍。

社会隔离

在威廉·詹姆斯的经典著作《心理学原理》（*Principles of Psychology*）中，他认为社会隔离是最残忍的折磨。他观察到，对长时间被困在孤岛上的人来说，人类的脚印或者远处的人影必定会引发狂喜。沃伦·琼斯（Warren Jones）和他的同事于 1985 年总结了很多增加社会隔离感的因素，包括刚刚搬家、刚上大学、失业、独自居住、缺乏交通工具。仅仅是让学生们想想他们独自终老的可能性就会导致他们胡思乱想，出现不理智、自我挫败的行为。

他人的出现并不足以缓解社会隔离的感觉。有时，当群体的其他成员忽略你的存在，那么处于这个群体中可能是你最孤独的体验。在一项研究中，研究者让学生们认为自己正在参与实验中的聊天室。在每个人完成自我介绍之后，其他群体成员将被试晾在一边。他们热情地讨论着行进乐队或者一个并不存在的摇滚乐队“Hoodoo Meatbucket”，从而忽视了被试的存在。被拒绝的体验似乎可以激发被试对归属感的需求，使他们特别关注关于陌生人的社会信息。在另外一个实验中，学生们三人一组进行抛球游戏。试想，如果其他两个人忽视你的存在，球只是在他们两人之间传来传去，你会如何反应。正如我们在第 1 章里提到的，在社会交往中被排斥的学生的脑电活动与遭受生理疼痛的个体的脑电活动非常类似。通常来说，人们会通过增强社会联系、对结识新朋友表现出更多兴趣、自愿与他人一起工作、说他人的好事来应对社会排斥。

交互作用 拒绝支持

如果社会支持对你的健康如此有益，那么你或许会想，每个人都愿意获得尽可能多的社会支持。但有时人们会主动拒绝他人的社会支持。其中一个原因是我们并非总是将社会支持视作一件好事，尤其当我们无法报答他人时。正如我们将在第 9 章详细讨论的那样，其他人给你提供帮助但你无法回报，这就成为尴尬的来源，使你觉得自己“被施舍”了。

潜在的尴尬阻止了人们向他人寻求支持的动机。例如，当我们完成一项我们并不擅长的任务时，他人在场只会增加压力。

想象这样的场景，正如欧文·萨尔诺夫（Irving Sarnoff）和菲利普·津巴多的经典实验中的被试一样，你将被告知你可能在弗洛伊德口唇期的很多任务上表现很差，你是愿意和其他人一起等还是愿意独自等？如果你与该实验中的被试一样，当存在这些潜在尴尬时，你可能会选择独自等待。当朋友的出现可能使你觉得会被评价时，朋友支持的作用就会消失。某项实验中的女性学生被试需要完成有压力的数学测验，如果有亲密的朋友在身边，那么她们的血压值就会很低。如果她们的朋友处于评价者的角色，在这种情况下独自或者与陌生人

联结：适应与障碍

孤独和沮丧的自我助长循环

研究者发现，沮丧和孤独会同时赶走社会支持。开始的时候，沮丧的人无法应对他们生活中的压力。他们更多地抱怨与他人的交往状况不佳，不能使用幽默作为应对方式。结果，他们的行为只是增大了压力，使事情变得更糟。当他们向朋友或者室友寻求帮助时，他们对自己生活负面的关注会疏远那些可以提供支持的人。即使是最富有同情心的人最终也会对反复听到“生活是不幸的，所有的一切都不如意，所有的一切都让人绝望”的论调感到厌倦。因此，沮丧的人较少获得他人的支持。

糟糕的是，沮丧的人可能会在看他们不舒服的人中寻求友谊。当沮丧者的朋友试图帮忙时，他们自己也变得沮丧了。长期来看，其他人会觉得与沮丧者交流非常令人不快，以致他们开始回避沮丧者。

孤独具有同样一些自我助长的特征，有时会直接与沮丧相联系（如图 7–1 所示）。与更合群的同伴相比，孤独的学生更紧张、更沮丧、更可能批评自己。他们更倾向用自我挫败的方式看待自己——将交流中的问题归因于稳定的内部因素（“我没有做一件正确的事情”），即使他们的问题存在明显的外部原因。例如，当刚进入大学的学生没有车去拜访他的朋友时，他会忽略自己身处的情境，认为自己会孤独就是因为别人觉得他没有吸引力、很无聊。

孤独的学生并非通过邀请其他人一起完成或者一起外出参与公共事务来缓解孤独，而是通过

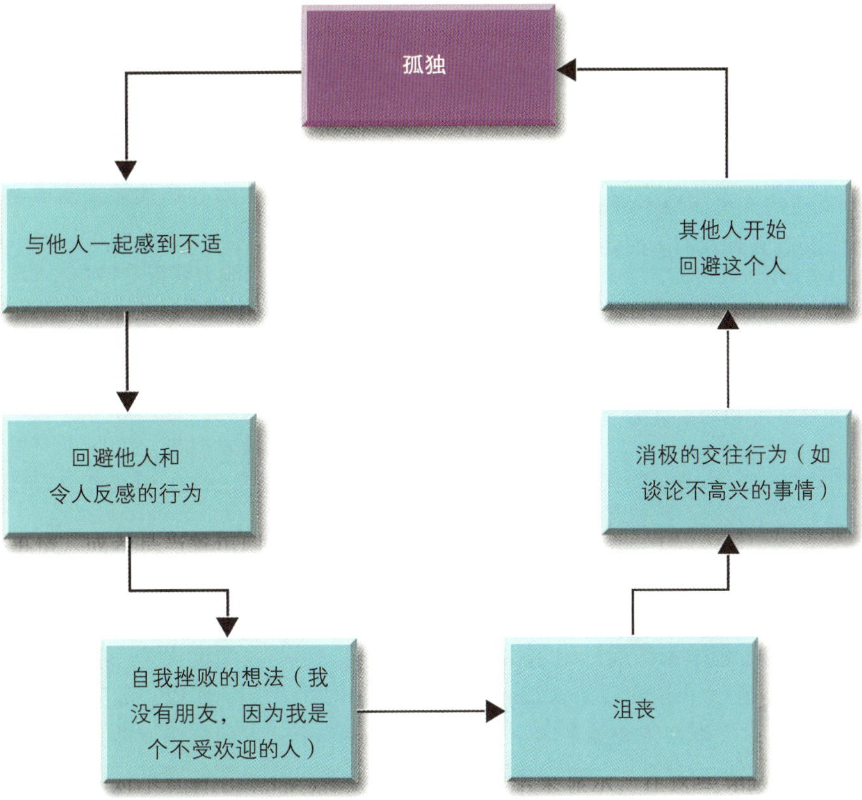

图 7–1　孤独的自我助长循环

注：孤独的人与其他人在一起会感到不适，并且其行为表现会减少社会支持的来源。这不仅增加了孤独感，而且会促使自我挫败想法的出现，进而导致沮丧。沮丧本身会使其他人感到厌烦，这样又会增加孤独感。

不健康的方式来应对社会孤立，如暴饮暴食、吸食毒品或者看电视等。当孤独的学生和其他人在一起时，他们的行为表现让他们没有吸引力。与不孤独的学生相比，他们更多地谈论自己，更频繁地转换话题，更少对于对话伙伴提出问题，自我表露更不恰当。

更糟的是，孤独的人对自己和他人存有不切实际的幻想。在与其他人交谈之后，孤独的学生评价自己和他人更加消极，对再见到对方的兴趣也不大。即使谈话对方对他们的知觉是积极的，孤独的学生也会觉得他们的表现很差，然后离开交流情境。

那么如果身陷这种自我助长的循环中，你能做什么呢？告诉自己一切都会好起来是更加有益的，因为保持乐观心态的个体能够更好地应对压力。但遗憾的是，当感到沮丧时，我们很少能看到事情好的一面。我们刚刚讨论过的研究列举了你不应该做的事情：你不应该回避他人；如果他人试着给你支持，你不应该喋喋不休地抱怨生活如何不幸来挫败他人。相反，你可以和与你有共同兴趣的其他人积极主动地交往。参与群体的健身活动，如加入瑜伽班或者有氧运动班等，远比喝酒和看电视有益得多。对十几岁的孩子而言，有氧运动可视为一种强心剂，对年长的人也是如此。而且，在本章后面的部分中，我们会看到，当你与朋友和同事拥有相似的兴趣、对他们的长处给予反馈、提供给他们有用的资源或信息时，他们会更加积极地与你交往。虽然结交新的朋友很好，但是保持老朋友之间的联系对减轻压力非常有帮助。大学期间，努力保持与高中同学的联系有益于缓解孤独情绪。

在一起都会让被试感觉更好。正如我们前面提到的，有时狗的陪伴可能更好，因为它们不会对你的智商做出嘲讽的评价！

有些人会不经意地拒绝支持。确实，特别需要情感支持的人可能会不经意地拒绝他们渴望的社会支持，正如我们下面要讨论的。

小调查

以我们刚刚回顾的研究为基础，你会给身陷孤独和沮丧循环中的朋友哪三条建议呢？

交互作用 依恋与社会化发展

沮丧会导致恶性循环，而对他人的强烈依恋则可能在我们与他人交往的过程中形成良性循环。英国心理学家约翰·鲍尔比（John Bowlby）在他的著作《依恋》（*Attachment*）中提出，与父母建立安全型依恋关系的个体会在以后的生活中更好地应对压力。这可能是因为与母亲建立安全型依恋关系的个体为获得支持做了更好的准备。在一项研究中，研究者对参与青少年夏令营的孩子们进行了从婴儿期开始的追踪调查。相比那些与母亲建立了非安全型依恋关系的孩子们，那些与母亲的依恋关系属于安全型的孩子们与同伴的交往更加熟练。与父母的关系属于安全型的孩子们后来也较少出现行为问题。作为成年人，拥有安全型依恋模式的个体与他人的关系更亲密、更令人满意，认为身边他人对他们的需求回应更加积极。在沮丧的循环中，具有讽刺意义的结论是需求最少的个体最有能力获得支持！

随着儿童成长到十几岁时，他们可能会粗暴拒绝父母亲的情感支持。青少年逐渐从向父母寻求支持转变为向同伴寻求支持，这一趋势一直延续到大学时期。实际上，与父母联系似乎并不能减轻大学生的孤独感，只有与朋友联系才会有帮助。

此外，对大学生而言，父母的支持并非毫不相关。与父母关系融洽的学生消极情绪更少出现，学业成绩更优秀，朋友在这些方面并不起特别的作用。所以，如果某天你发现自己正在一个十几岁的孩子面前扮演父母的角色，他拒绝接受你善意的帮助，此时，继续敞开怀抱是对他最大的帮助。如果你是另一方，对你的心理健康和幸福感来说（并没有提到你的平均绩点），接受父母的帮助，靠在他们的肩上是最佳的选择。

近几年，还有很多研究关注依恋在成年人

的恋爱关系中的作用。第 8 章论述的是浪漫爱情，我们还会详细地探讨依恋的作用。

获得信息

身份与地位天差地别的托尼与谢利博士如何最终成为挚友？背后另一个重要的原因是他们能为对方提供所需要的信息。谢利博士良好的教育经历让他在旅途的过程不断纠正托尼不当的行为与价值观，但更重要的是在注意到托尼的家书后，他运用自己良好的文学功底指导托尼如何通过更优美的文字对家中的妻子表达思念。而反观托尼，尽管他表面粗鄙愚钝，深陷事业危机，但是他同样帮助谢利博士接触到主流黑人文化，并帮助博士打开封闭的内心世界，以重新认识了自我。

虽然并不是我们所有的朋友和熟人都像谢利博士和托尼一样，但是他们同样可能是潜在有用的事实、想法或者其他选择的重要来源。如果你想快速地知道如何修理漏水的水龙头，给裤子缝褶边，或者准备意大利面的调味酱，朋友或者邻居比公共图书馆的书本更有帮助。当我们与他人一起出谋划策时，我们团体的智商会上升。与朋友一起工作的个体在很多任务中的表现都较好，从记单词到解决复杂的问题。与朋友一起工作表现良好的原因之一是他们拥有类似的知识库，能够轻易地“读懂”相互间的感受和意图。

他人除了是关于现实生活的信息来源之外，在我们想获得有关社会事实的答案（如“我有多可爱？”）时，其他人的想法或多或少地会发挥作用。当我们想寻求关于个人决策的反馈时，我们期待能看到以各种方式支持我们想做事情的信息；其他人的建议能够为我们提供更平衡的观点。

社会比较与相似相吸

在第 3 章，我们提到了利昂·费斯汀格经典的社会比较理论。根据费斯汀格的理论，人们有评价自己想法和能力的动机，并且将自己与他人进行比较通常是最好的方式。有一些问题，如“我们在五分钟内是否能跑一英里？”可以通过对照实际情况而非进行社会比较得到答案。但是，回答关于我们的智商或能力方面的问题，我们就必须和其他人进行比较了。在处理与男朋友或女朋友的关系时，你是否不理智？其他人觉得你是友好还是不友好？你对死刑和堕胎的看法是否合理，还是这些想法让你看起来古怪？

费斯汀格的理论包含一个额外的假设——那就是我们更喜欢与相似的人比较想法和能力，而非不相似的人。例如，如果你想知道自己是否是出色的校内篮球运动员，你不会和 NBA 全明星相比。相关的比较群体是其他校内运动员。类似地，如果你是支持民主的人，并且想知道自己关于死刑和堕胎的看法是否合理，你不会与美国纳粹党（American Nazi Party）的成员进行比较，而会与其他民主人士进行比较。费斯汀格理论中的这一假设——被相似的他人吸引对社会心理学中最为关注的课题之一产生了历史性的深远影响。

我们渴望从他人那里获得信息的动机，部分是由于想获得准确的信息。但是大多数人想获得准确的信息是为了起到“一匙糖”的效果，所以我们会被那些让我们感觉好或者证实了我们世界观的信息所吸引。我们会被相似的个体吸引，部分是由于他们经常同意我们的观点，这会使我们感觉良好；相反，我们倾向于消极地回应那些不同意我们观点的人。相似个

◎ **相似性与友谊**。研究认为，我们喜欢那些长相、年龄、想法、爱好、个人习惯与我们相似的人。相似个体最具吸引力的地方就是他们的信念和态度与我们是相同的。

体会吸引我们，是因为我们存在一个简单的预期，相似个体比不相似个体会更喜欢我们。但另一方面是他们会肯定我们对自己和世界的看法。当我们与他人做比较时，我们希望发现我们与成功人士之间的相似点以及我们与失败者是多么地不同。与比我们更差的个体相比会使我们对自己感觉良好；通过这些下行的社会比较，自我陶醉者会感受到很强烈的自我提升。

个人 自我表露者与非自我表露者

用一分钟想一个你最熟悉的人。你认识“对一切守口如瓶”、很少表露自己或者个人感受的信息、很少为个人的生活而寻求他人意见的人吗？相反，你能否想起某个你认识的人，他总是毫不隐瞒，愿意表露个人感受或者经历，很高兴接受倾听人的反馈？

研究者发现在与他人交换个人和社会信息方面存在稳定的个体差异。在输入方面，有些人需要其他人的反馈对合适的行为做出决策，有些人则喜欢自己做主。在输出方面，一些人可以公开地表露有关自己的信息，但另一些人则会有所隐瞒。确实，成为朋友最重要的体现之一就是自我表露，分享关于自我的私人信息。相互间的表露如此重要，以至于在进行了半个小时的私人信息相互表露之后，完全陌生的两个人会成为朋友。你只是开诚布公地与他们畅谈，他们就会喜欢你。表露我们的内在想法和秘密会有新的领悟，也会让我们感觉更好。

但个体在自我表露倾向上存在很大差异。男人会聊体育和政治等与个人无关的话题，女人更可能表露有关她们自己和她们个人关系的信息。与美国人相比，东亚人更少进行自我表露，这一差异可能与美国人更经常更换朋友有关，因为这为他们提供了更多进行自我表露的刺激与机会。

但是自我表露也有不利之处。与另一个人分享自己的秘密很可能为背叛、流言和侵犯隐私打开了一扇门。在事后反省中，莫妮卡·莱温斯基选择琳达·特里普（Linda Tripp）作为知己是一个错误的决策。背信弃义的特里普曾鼓励莱温斯基说出她与比尔·克林顿总统绯闻的所有细节，同时她还将谈话进行录音并希望从爆料新闻中获利。克林顿的对手以这一披露出的秘密为由对克林顿进行弹劾审判以及后续针对总统私生活的窥视调查，这一后果不仅使莱温斯基和克林顿的颜面尽失，而且使美国国会陷入停滞。

情境 重要事件的不确定性

是否某些情境会让我们向他人寻求社会信息呢？根据社会比较的理论，当我们对一些重要的事件感到不确定时，我们与他人比较想法、能力或者反应的动机会增强。我们不需要关注我们已经知道答案的问题（今年的圣诞节是 12 月 25 日吗？）或者我们根本不关心的问题（伊朗和土耳其 1992 年的蚕豆产量哪个更高？）。有些情境比其他情境更可能引发不确定性。例如，当某事件很重要，当实际的真相很难获得，流言（就像 1692 年流传的有关萨勒姆的女巫的故事）的传播会更加迅速。在一项针对不确定性和归属感的研究中，学生们受到生理电击的威胁。一些学生通过生理记录仪得知其他学生对相同的威胁是如何反应的。另一些学生只知道自己生理反应的信息，还有一些学生没有获得任何信息。当学生认为他们知道其他人是如何反应时，与那些没有获得任何信息或者只知道自己生理反应信息的学生相比，他们对归属感的需求较低。这一结果验证了在恐惧条件下个体对归属感的需求部分是由于想与其他人的反应进行比较的观点。后来的研究在面临各种有损健康威胁的人群中发现了相同的效应。

名词解释

自我表露 分享关于自己私密信息的行为。

情境 与我们的相似性

社会比较理论的另一个假设是，处于不确定中的个体更愿意进行某种特殊的比较。该理论认为，我们会与相似的人进行比较，或者是因为“同是一条船上的人”，或者是因为具有相同的兴趣和人格。但个体与相似的人进行比较有一定的局限性。无论他人与我们相似与否，对于与我们的幸福密切相关的事件，我们都希望那些能够提供准确信息的个体可以接纳我们。例如，需要接受冠状动脉分流术的病人们希望曾经给像他们这样的人做过此种手术的人来陪伴他们。同样地，让学生们想象他们正在等待一次强电击。如果可以交谈的话，他们更愿意和经受过电击的个体待在一起。

在威胁真实存在的情境中，归属感的主要目的通常是为了认知清晰：当个体的身体健康受到极大威胁时，他们不会仅仅在意他们的反应“在社交中是否恰当”；他们想知道最有用的信息就是他们会怎么样。

但是，当情境没有那么危险时，我们与相似的他人交往是为了使交流更加顺畅。在一项有趣的研究中，相似性只是在非言语甚至无意识的水平起作用。1999 年，坦妮亚·查坦德（Tanya Chartrand）和约翰·巴格拍摄下了纽约大学的学生与实验助手谈话的情境，其中实验助手要么晃脚、要么擦脸。结果如图 7–2 所示，学生们表现出了明显的非言语变色龙趋势，即模仿实验助手的动作。后来的访谈说明，他们甚至是无意识地做出这些动作。研究者假设这种显然是自动化的非言语模仿可能是为了增加他人的好感，使交流过程更加顺畅。为了验证这一想法，他们进行了另外一个实验。在实验中，他们采用了相反的程序，让实验助手来模仿被试的非言语动作。与实验助手没有模仿被试的非言语动作相比，被试更喜欢模仿者，并且觉得交流过程更加顺畅。在我们的非言语交流中，一切进行顺利会让人感觉很好，被模仿的学生实际上会变得更愿意提供帮助、更大度。

交互作用 当不相似能挽回自尊时

是否向相似个体寻求信息取决于我们的自我概念。亚伯拉罕·特塞尔提出，社会交往的一个重要的目的就是对自我保持积极的评价。从他的自我评价保持理论来说，与相似个体进行比较可能是一把双刃剑。如果与你相似的个体非常成功，你可能会享受他们的成功所带来的荣耀，并说“我朋友的作品刚刚获奖了”，这实际是在隐约地表达你与这一荣誉的联系。但是，如果相似个体的优秀表现是在你认为你擅长的领域，那么可能你会对自己的表现感觉很不好。比如，如果你想象自己也是一名作家，

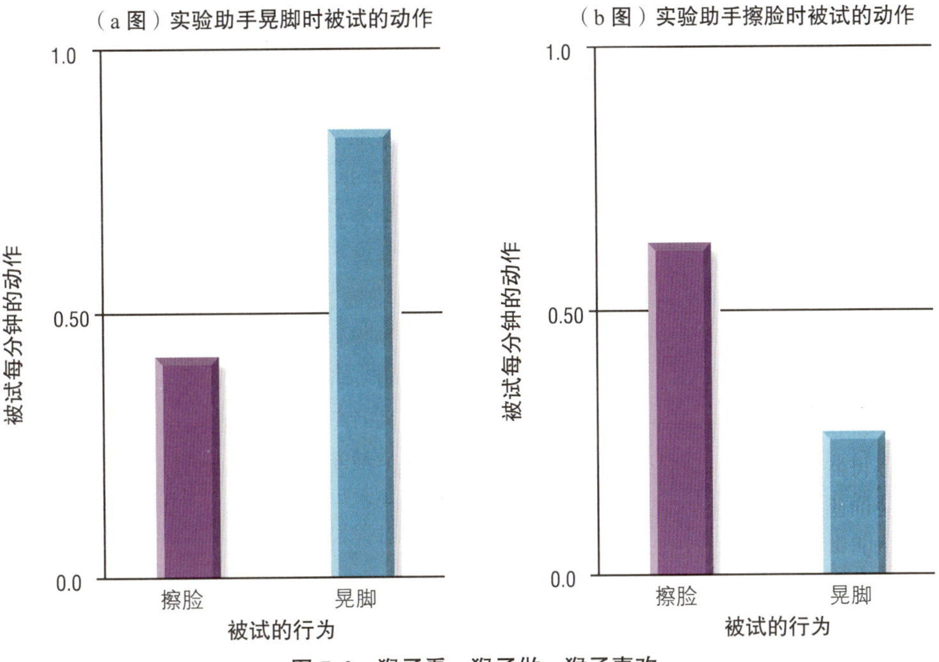

图 7–2 猴子看，猴子做，猴子喜欢

注：纽约大学的学生倾向于模仿实验助手细微的非言语动作。当助手晃他的脚时，学生们也更多地晃脚（a 图）。当助手擦脸时，学生们也同样擦脸（b 图）。

你朋友获奖可能会提醒你还未获得任何写作的奖项。坎贝尔（Campbell）和特塞尔于 1985 年提出，最终的结果是，个体更喜欢那些与自己的表现不相上下的相似个体，而非表现比自己好的个体。

但是，如果我们发现在一些与我们如何定义自我无关的领域中，他人比我们优秀；或者当我们被启动，认为他们是“家人”时，我们并不会因此觉得烦恼。在处理长期的关系时，人们也很善于进行良好的区分，避免会引发嫉妒的比较。在坎贝尔和特塞尔的研究中，丈夫和妻子都是政治学教授，当研究者问到，他们在同一领域的表现是否引发了社会比较的问题时，他们都觉得很意外。他们指出，他们几乎不是同一个领域，因为一个研究国际关系，另一个研究比较政治学！

一项研究结果表明，由选择性的社会比较所产生的信息忽视可能确实与幸福感相关。索妮娅·柳博米尔斯基（Sonja Lyubomirsky）和李·罗斯（Lee Ross）发现，长期不快乐的学生对社会比较信息的反应敏感。如图 7–3 所示，当比搭档的表现好时，不快乐的学生对自己的技能评价就会上升；当比搭档的表现差时，他们就会降低评价。当比搭档的表现好时，快乐的学生也会提高评价；但是，当其他人比他们表现好时，他们不会在意这个反馈，并且无论怎样，都会提高自我评价！

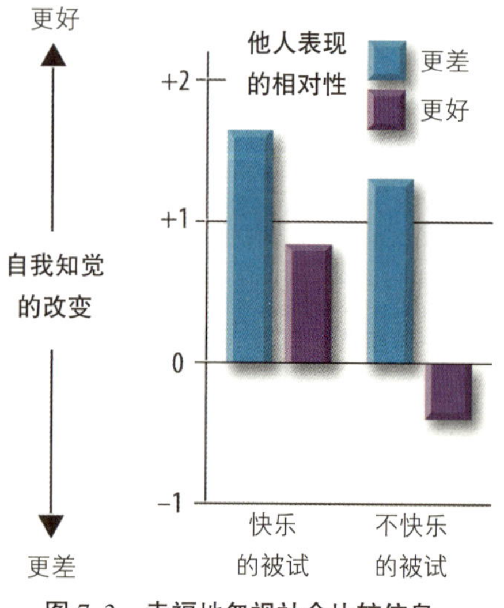

图 7–3　幸福地忽视社会比较信息

注：在一项研究中，学生需要在得知他人的表现比自己好或者差这一信息的前后评价自己猜字谜的水平。不快乐的被试在击败对手之后会提升自我评价，在被击败之后会降低自我评价；快乐的被试在击败其他学生之后同样会提升自我评价，但其他学生的表现更好时，他们同样会提升自我评价。

小调查

回想一次当你知道认识的某人获得了巨大成功，你也感到特别高兴的时候；回想另外一次当你听到他人成功的消息，你感到非常心烦的时候。有什么不同？这两次体验如何与本节中提到的研究相对应？

获得地位

在思考为什么托尼和谢利博士能够成为朋友这一问题时，另一个有趣的谜团是白人混混为何会想要与黑人钢琴家成为朋友。二者的地位阶层截然不同，在这段友谊的最初，托尼甚至表现出严重的种族主义倾向。然而当面对谢利博士时，为了获得司机的工作，他粉饰了自己对黑人的态度，以获得高昂的薪资。尽管在电影中两人的友谊对于双方的地位没有直接的影响，然而在现实生活中与地位比自己高的人建立友谊会为个体带来各方面的帮助以及地位的提高。

人类并非唯一一个通过建立关系来提高地位的物种——相似的政治力量联盟在其他灵长目的物种中也存在。像人类一样，黑猩猩群体中的社会地位与“你认识谁”相联系，权力层中的最高职位通常被友谊联盟所占据，他们相互协作，甚至可以战胜那只最庞大和最盛气凌人的黑猩猩。

个人　男人的友谊更加等级分明

分别访谈大学三年级和毕业班的学生，发现男生和女生在选择朋友时存在一个有趣的差异。男生更可能依据他们在职业发展中的个人身份进行选择，而女生则更可能将职业与亲密关系相融合。成年男性的友谊可能会回避讨论亲密的话题，更关注活动比如竞争性的运动。

◎**联合起来获得地位。**在电视连续剧《幸存者》(*Survivor*)中，个体能否在游戏中领先通常取决于他们与其他有才能和有社会力量的人建立关系的能力，但是人类并非唯一一种靠结成联盟获得力量的灵长目动物。在左边的两只雄猩猩组成一个联盟与右边体型更庞大、更有优势的雄猩猩争夺雌猩猩。通过结成联盟，两个优势有所欠缺的雄性个体都可能有交配的机会，但如果两只猩猩各自为战的话，这一情况则不可能出现。

在与父母的交流中，成年男性可能讨论职业生涯和各个大学的情况，而女性更可能讨论朋友和家庭问题。在后来的生活中，女性更多与工作外的人建立联系，而男性更多与同事建立联系。

在社会关系中，男性比女性更强调社会等级。睾丸素——一种男性分泌远多于女性的激素——在人类和其他很多动物身上都被发现与竞争行为相关。与这些结果类似，如果比她们的朋友表现好，女人（但不是男人）会感觉不好。1993年，艾妮塔·巴比（Anita Barbee）和她的同事提出了友谊类型中的由性别差异导致的一种结果：由于男性角色不强调关怀和情感表达，因此男性往往觉得得到和给予情感支持非常困难。但是，因为男性角色更强调成就和独立，因此他们可能更擅长提供工具性支持（如帮朋友修车）。

总之，男性建立关系更多以等级和工具性为特点——寻求地位的表现形式。正如我们前面所讨论的，女性建立关系更看重情感支持和亲密感。因此，男性可能在他们的关系中更多获得的是尊敬，但女性可能更多获得的是感情。

情境 依靠关系获得地位

何种情境会激发人们为了获得地位而与他人建立联系？如果在某种情境中，地位非常重要，比如在工作情境的关系中，人们应该努力与上司建立关系。一方面，其他人有不太受欢迎的特征，会使建立的关系有污点，人们可能会有意地疏远他们。

讨好高地位的人

当社会等级非常重要时，地位就成了关系中的主要推动力。确实，工作中的关系可能会沿着地位的方向发展。参加专业讨论会的研究生发现，他们的谈话对象会中断与他们目光交流去看过路人的姓名标牌，这让他们很气愤，也很苦恼。地位较低的研究生如果正在和一位阅读姓名标牌者在谈话，当对方认出了一位著名的人正从旁边走过，那么他通常会被丢在一旁。“打扰了，我需要……嗯，吉尔斯坦（Zilstein）博士，我注意到了你的姓名标牌。我读了很多您的文章，觉得非常受启发。”在调查组织中的个体的办公室政治时，他们通常会提到，与权力大的个体结盟是获得成功的一种途径。组织中的个体通常会同意上司的观点，希望借此博得老板的欢心。确实，当一个人在谈话中表现出非言语的领导行为，那么另一方就会自动表现出顺从行为。

◎**讨好上司。**与自己上司建立良好的关系是向上爬的一种古老方式。

这种愿意与社会地位高的人建立友谊的表现在高地位取向的文化中表现得尤其突出，比如日本。在一项研究中，美国组织中的办公室工作人员和日本的工作人员对办公室的其他成员进行排序，表明自己有多喜欢他们。美国人最喜欢与他们自己同级的员工，但日本人最喜欢那些地位高的人。

拒绝有污点的关系

另一方面，有证据显示，人们有时会中断那些让他们觉得丢脸、感觉很差的社会联系。例如，在一项研究中，学生们填写完成“约翰逊愤怒和敌意量表”，然后告诉他们这一分数代表一个人“对敌意和压抑愤怒的倾向，且通常没有意识到这些倾向”。其他人填写完“约翰逊不诚实量表”，并且让他们确信自己具有较高水平的“压抑不诚实”的倾向。随后，他们看到另外一名学生的人格问卷和一张小纸条。在小纸条上，另外的学生要么承认自己对小侄子很暴力，要么承认自己从健身房储物柜里偷了一些现金。那些为自己的“压抑敌意”做辩护的学生会远离那些愤怒的个体，并且评价自己的人格与之非常不相似；相反，那些为自己的“压抑不诚实”做辩护的学生则更多地与小偷疏离。

从某种程度上说，这种疏离的现象恰好与“沾亲带故”（到处宣扬与成功他人的关系）相反，我们在第 4 章已经讨论过了。C. R. 施奈德（C. R. Snyder）、玛丽安·莱斯加德（MaryAnne Lassegard）和卡罗尔·福特（Carol Ford）的研究通过将一小群学生分配到“蓝队”一起完成智力问答来研究疏离现象。他们被告知他们小组要么不合格（比同龄人的得分低 70%），要么高分通过（比同龄人的得分高 90%）。随后，学生们被告知“门旁边放着一个盒子，里面有队徽，如果你愿意，可以戴上它。”与没有获得信息的学生相比，被告知自己小组不合格的学生更不愿意佩戴队徽（如图 7–4 所示）。研究者用海德的平衡理论来解释上述结果，正如我们在第 5 章讨论过的，这个理论假设人们会管理自己的社会联系来维持自己一贯（更加讨人喜欢）的上形象。

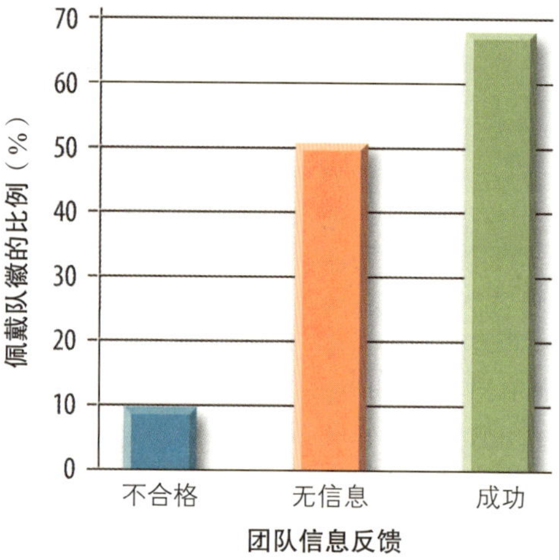

图 7–4　远离失败

注：在一项研究中，学生们被告知他们的团队表现很棒或者表现很差。与没有获得反馈信息的小组相比，那些认为自己的团队不合格的学生很少佩戴队徽。

交互作用　男人的地位寻求会削弱社会支持

过于热衷在权力等级中向上爬可能会无法博得他人的好感。正如奥斯卡·王尔德所说，任何人都会同情一个朋友遭受的苦难，但能怜惜朋友的成功则需要非常良好的品质。确实，通过友谊获得情感支持和获得地位，两者之间存在内在的矛盾。实际上，有证据显示，长期来看，将工作和娱乐混在一起可能会损害一个人的社会支持系统。比如，高动机水平的学生通常会和朋友谈论他们的学业表现。因为你的朋友只是对你做什么能获得成功特别感兴趣，这可能是失去这些朋友的一种表现形式。低动机水平的学生通过与他们的朋友谈论很多有意思的事情来更好地维系他们的社会支持系统。

在人的一生中，男性的地位倾向可能使他们并不适合作为朋友。异性间的友谊就是有趣的例证。结果证明，男性很重视女性同伴，但女性并非总是有同样的感觉，她们更愿意和其他女性出去。女性觉得同性间的友谊比异性间的友谊更有意义、更愉快。就像我们之前提到的，女性会用不同的方式表达对朋友的感谢，男性则不会那么直接地表达。女性会发感谢的短信说：“非常有趣！我很珍视我的生活中有你！我们下周五再相约吃午饭吧！”男性会说：

“我非常愿意帮你提高高尔夫的挥杆技术，我们下周五一起去，让你看看专业人士是怎么打球的！”令人有点意外的是，两性在应对压力时都会寻找女性。这是人在改变情境时出现的一种情况。男性的性别特点强调地位和竞争，这通常使他们处于一种与女性所处的环境稍有不同的（缺少支持）社会环境中。

小调查

回想一位同性朋友和一位异性朋友。这两位朋友的行为方式与本章之前提到的针对性别差异的研究有哪些相同、哪些不同？

再次说明，不肆意夸大社会行为中的性别差异是非常重要的。虽然男性确实在同性友谊中表现出更多的支配性和更少的宜人性，在恋爱关系中，这一情况刚好相反，女性更可能开始吵架或者说起不愉快的事情。而且，人们通常并不通过表现出刚愎自用和过强的进取心来实现社会支配地位。以成年男性和女性为被试的研究发现，男女两性都会将宜人性策略和强制性策略一起使用来达到社会控制的目的。

物质利益的交换

在纽约市最北侧的布朗克斯区居住着大量非洲及拉丁美洲后裔，托尼正是其中之一。在这个犯罪率高、火灾频发、环境杂乱的地区，托尼需要担负起家中的经济重担。然而在故事的开始，由于工作的夜总会被迫关门，托尼正深陷事业危机。经济的窘迫和家中的压力让他面对谢利博士所开出的高昂薪资，暂时放下了心中对于黑人的偏见以获得这份工作。这一切的最初正起源于托尼与谢利博士所建立的雇佣关系与物质利益交换。

随着旅途的不断进行，尽管小的冲突与摩擦不断但托尼忠于职守，在担任司机的同时也帮助谢利博士解决了大大小小的麻烦。当托尼由于为黑人开车而受到朋友的挖苦时，谢利博士提出为他升职加薪却被托尼拒绝。

无论是托尼还是谢利博士的行为无不体现出他们相互回报的动机。相互回报不仅仅是一个礼貌的习惯，它或许是我们的祖先能够在困难时期生存下来的关键。设想你与一小群人生活在1000年以前的南美洲茂密的丛林中。再设想一下，有的时候食物很充足，但有的时候却非常紧缺。你在当地钓鱼的洞里非常幸运地钓到了一只12磅[①]的鱼。你会把它储藏起来留给自己和家人吃，还是会分享给其他人？对历史上绝大多数的人种来说，我们的祖先们会在这个小群体中度过一生。对打猎–采集的研究表明，如果他们之间不相互分享食物和服务，他们可能经常会面临灭亡。

例如，在巴拉圭丛林中的艾克（Ache）部落中，猎人打到的猎物时多时少。有些天，他们会带回家好多食物，几乎都吃不完；另一些天，他们会两手空空地回家。如果一个人打到一头野猪，把它留起来给自己和家人，那么大部分就会被浪费掉（在巴拉圭的丛林里没有冷冻的冰箱）。在不走运的时候，猎人和他们的家人就会挨饿。然而，猎人们并不会固守着“不屈不挠的个人主义”的生存哲学，幸运的猎人把他们的肉分给其他的家庭。他们不是仅仅分享一小部分，而是分享很多（完全有90%）。为了回报这种慷慨，在他们不走运时，他们的邻居也会和他们分享。通过交换资源，尤其是这种资源不可预测并且不确定（打猎获得的肉类，与蔬菜庄稼不同），群体提供了一个相互的保险来抵御饥饿。

由于分享资源的重要性，所有的社会关于谁和谁分享什么东西都有强有力的规则。我们会在下一个部分来讨论那些规则。

社会交换的基本模式

虽然现在我们或许不需要和朋友、邻居分享野猪，但我们绝大多数人都会经常进行物质利益的交换，包括搭车去商店、分享感恩节的晚餐、提供工作机会的内部途径。商品、服务的交换对社会生活来说非常重要，因此一些社会心理学家相信它是我们与他人建立关系的核心。

① 1磅≈0.45千克。——译者注

在本章的开头，我们讨论了社会交换理论，该理论认为人们倾向于在与他人的关系中最大化自己的利益。我们也讨论了公平，在公平的交换模式中个体并非力求获得过多的自我利益，而是注重与他人交往的公平性。我们到底是为了公平，还是为了尽力让自己的利益最大化？这需要依情况而定。艾伦·费斯克（Alan Fiske）是一名社会心理学家，也是一名田野人类学家。以他对不同的人类社会进行的研究为基础，费斯克提出，世界上所有的人都会将关系分为四种基本类型，每种关系中都适用一套不同的社会交换的规则（详见表7–1）。

在**群体共享**（communal sharing）的关系中，群体的所有成员共享资源，在他们需要的时候索取，在他人需要的时候给予。家人通常按照群体规则来进行分享。在**权力等级**（authority ranking）的关系中，物品依据个体在群体中的地位进行分配。例如，在商业组织中，老板有高额的薪水、私人秘书、保留停车位，还可以根据他的意愿进进出出。**平等分配**（equality matching）指在交易中没有人比其他人得到的更多。一群朋友在中国餐馆通常按照如下的规则相互分享：每个人都要了一份春卷和一碗酸甜汤。除非其他每个人都先要了各自的宫保虾仁，否则没有人开始点这道菜。最后，在**市场定价**（market pricing）的交换形式中，每个人的付出与回报成比例。如果一名服务员提供了良好服务，那么他会期待较高的小费。如果你为一顿饭花了大价钱，那么你会期待菜肴的质量高于一般水平。市场定价大致与公平交换相当。

名词解释

群体共享 一种群体成员共享资源、互通有无的交换形式。

权力等级 一种物品依据个体在群体中的地位进行分配的交换形式。

平等分配 一种每个人获得的资源一样多的交换形式。

市场定价 一种每个人的付出与回报成比例的交换形式。

上述社会交换的复杂规则表明，人们在不同的关系中并非使用同一种交换规则。交换形式取决于谁参与了交往过程以及交往过程是何种类型。我们现在来看看会影响交换决策的人和情境的因素。

共享倾向的个体差异

当你回想你认识的人，是否有些人总是在“计算”——一直关注自己对他人的付出与他人的回报？某个人是否会因损失或获益而感到烦恼，似乎部分与他对社会交换的人格倾向有关。具有共享倾向的个体认为处于关系中的每个人应该提供必要的帮助来满足另一方的需求。但是，共享倾向较低的个体会采用更为市场化的观点，即你给予他人的应该与你从他人那里获得的相等。如图7–5所示，布拉姆·邦克（Bram Buunk）和他的同事发现，共享倾向较低（市场取向）的被试只有获得公平待遇时感觉最好，获得太多或者太少都会让他们不高兴；相反，在一段关系中，当付出与获得存在差异时，共享倾向较高的被试并未因此感到烦恼。

表7–1 社会交换的不同模型

社会关系的类型	交换规则	使用此规则的社会关系举例
群体共享	群体中所有成员在需要的时候共享资源并相互依靠和照顾	紧密联系的家庭
权力等级	高等级个体有权享受忠诚、尊敬和尊重；低等级个体则获得保护、建议和领导	军队中的分队
平等分配	没有人比其他人获益多；大家轮流，平等分享，相互回报	夏令营中，玩游戏的孩子们
市场定价	根据合理的利己原则进行交易。个体的付出与获得的商品或服务成比例，并且寻求可能的最佳“交易”	顾客与店主

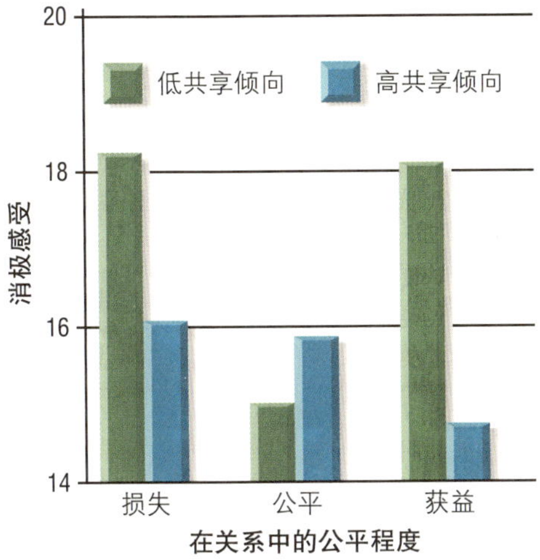

图 7–5 当比我们应得的获益多或少

注：布拉姆·邦克和他的同事发现高共享倾向的个体并不会因损失或获益而烦恼。但是，低共享倾向的个体，或者损失或者获益都会使他们体验到消极感受。

资料来源：From Bram P. Buunk et al.（1993）. Perceived reciprocity，social support，and stress at work: The role of exchange and communal orientation. *Journal of Personality and Social Psychology*, 65，801-811. Reprinted by permission of Bram P. Buunk.

因此，具有共享倾向的个体较少关注其在社会关系中与他人的付出与得到。另一方面，具有另一种交换倾向的个体则推崇这样的格言："当我向他人提供帮助时，我通常会期待某种回报"和"最好能确保处于一段关系中的双方能保持'均等'"。当塞丽娜·陈（Serena Chen）和她的同事启动被试去想权力，他们发现具有交易倾向（"计算者"）的被试会变得更加利己，但是，在启动了具有共享倾向个体对权力的想法后，他们变得更具有社会责任感，会问自己能为他人做什么而非别人能为自己做什么。正如我们在下一部分讨论的，共享倾向不仅是个人特征，也是关系类型和社会情境的特征。

情境 共享和交换关系

与我们先前讨论的个体对他人可能会采用不同的交换方式这一观点相一致，玛格丽特·克拉克（Margaret Clark）和贾德森·米尔斯（Judson Mills）及其同事区分了人群中不同类型关系的特点。交换关系是以过去交易的获益和回报或者个体对未来交易的获益和回报为基础的。另一方面，共享关系则是以为了对方的幸福相互关心为基础，母子关系就是共享关系的最好例证：母亲根据孩子的需要提供帮助，并不在脑子里盘算自己曾经的得失，觉得如果这个"交换"对她来说成本太高，就把这个孩子扔到大街上。

很多研究都支持在交换关系和共享关系中存在效用差异。例如，年幼的孩子在与熟人分享获益时，他们使用公平原则——根据每人应得分配奖赏。但与自己的朋友分享获益时，他们更倾向使用平均原则——较少计较谁应得多少。处于长期关系中的个体，或者想要建立长期关系的人们会不再计较他们对对方的付出；相反，他们会更关注对方的需求。

情境 临近性与社会资源

减少分享成本的因素之一是物理距离的临近性。比如，如果你需要一匙糖或者一个鸡蛋，向你隔壁邻居借，比走过一个街区向你熟悉的好友借花费的成本要少得多。如果你想找人下一盘棋或者分享一个比萨饼，道理是一样的。

过去几十年的研究证明了强有力的**接近–吸引原理**（proximity-attraction priciple）——我们从居住或者工作地点的附近选择朋友。例如，在学生住宿项目中进行的一项有关友谊的经典研究发现，让居住者说出在各种复杂的情境中他们最喜欢谁，隔壁的邻居榜上有名。这并非因为人们选择住在了朋友的旁边——居住者的寝室是随机分配的。

邻居具有吸引力并非因为与他们交往成本较低，而是因为他们更熟悉。鉴于人们有点害怕陌生刺激的出现，包括其他人的面孔，因此经常性的碰面就会产生好感。虽然最初谢利博士与托尼的性格与行为举止存在极大的差异，谢利博士认为托尼是个粗鲁的白人，托尼也认为谢利博士与自己印象中的黑人形象完全不符。然而旅途中的朝夕相处让二人之间的鸿沟逐渐消失，最终成为亲密的朋友。对我们经常看到的人、地方、事物表现出好感被称为**纯粹曝光效应**（mere exposure effect）。仅仅阅读属于某群

◎**曝光与吸引**。在竞选总统之前，通过多次媒体曝光以及为自己的自传做宣传，在2004年民主会议上发表引人注目的政策演说时，贝拉克·奥巴马就已经建立了自己生动鲜活的公众形象。科学研究的结果支持了这种政治敏感，纯粹的曝光使一个人更具吸引力。

体的成员姓名可能会使我们更喜欢他们，也会内隐地喜欢上群体的一部分。熟悉与喜好之间的关联如此之强，有时还会通过相反的路径起作用；如果我们喜欢一个陌生人，我们会觉得这个人很熟悉。一组令人印象深刻的研究发现，人们不仅喜欢与自己名字首字母相同的人（名字为Doug Kenrick的人喜欢名字为Dave Kenny的人），而且喜欢那些名字发音与自己名字相似的城市（名字为Louis更可能喜欢住在St. Louis），甚至是发音相似的职业［名字为Dennis或者Denise的人更可能成为牙医（dentist）。］

名词解释

接近－吸引原理 与那些住所临近或工作场所临近的人容易成为朋友。

纯粹曝光效应 对频繁看见的人、地方或事物抱有积极态度的倾向。

社会资源 个体从人际网络中获得资源。

除了熟悉以外，邻居还有一个更加明显的优势，即物理距离的临近性使得人们日常的社会交换非常容易。林恩·玛格道（Lynn Magdol）和黛安·贝塞尔（Diane Bessell）于2003年发现，与亲戚朋友住得更近的人拥有更多的**社会资源**（social capital）——个体从人际网络中获得的资源。当这些研究针对刚刚搬家的人们进行调查时则发现，地理距离越远意味着从他人那里获得的陪伴更少和照顾更少。当他们搬到离朋友和亲戚很远的地方时，女性比男性适应起来更困难。这与我们之前讨论的研究相适应，说明女性与她们的社会网络具有更亲密的联系。

小调查

临近性如何影响你生活中已经建立的或已经结束的友谊？

交互作用 远距离的朋友：电视、Facebook和网络

近年来，很多人与自己的朋友和伙伴越来越疏离。相比20世纪70年代，在2000名美国人中，有58%的人不参与俱乐部的活动，33%的人不与其他家庭成员一起面对面地吃饭，有45%的人不邀请朋友一起吃晚餐。罗伯特·帕特南（Robert Putnam）回顾了大量的数据，试图确定造成日益严重的社会疏离的因素。一个原因是现在的美国人花越来越多的时间静静地坐在电视机前，看男演员和女演员与他们的朋友交往，而非实际地与人交往。另一个重要的原因是流动性——人们住的地方距离上班的地方很远，所以只得占用很多与人交往的时间独自坐在高速路上的车里。

虽然一些技术的进步加大了我们之间的距离，但是其他的东西可以帮助我们保持与社会网络中其他成员的联系。社交网络的网站（如Facebook）、手机短信、本地咖啡馆的互联网都使人们可以更加容易地与远方的朋友联系。社会心理学家原本期待发现这些技术革新可以带来与面对面交流一样的益处，但结果却发现利弊并存。一项研究发现，网络使用的增多会损害与家人和朋友的关系，导致沮丧和孤独的增加。其他研究者发现使用Facebook会导致人们对于他们的生活感觉更糟。部分原因可能是因为在Facebook上人们大量发布他们在高档餐厅享用美食的照片，或宣布发生在他们身上的好事情，或者回顾一段美好的旧时光。而这可能会导致不利的社会比较，在这种情况下长期使用Facebook的人相信其他人过着更快乐的生活，而命运对他们十分不公平。

梅勒妮·格林（Melanie Green）和她的同

◎ **面对 Facebook**。在芝加哥工作的凯莉·黄（Kelly Huang），通过 Facebook 与她的老朋友——在纽约工作的蒂娜·李·纳罗（Tina Lee Naro）重新取得了联系。从得克萨斯的高中毕业后，她们 10 年没见面了。正如文中描述的，网上的沟通有利有弊。

事发现，人们被互联网上的交流吸引，因为它很简单，比与真实的陌生人交谈风险更低，可以获得即时的满足。但是从长期来看，提高实际交谈的“替代性社会交往”的使用比例会降低生活整体的满意度。然而，其他研究者发现使用 Facebook 同时也有一些好处。一项在线的 Facebook 研究表明，使用这种服务的个体确实增强了社会资源，并从中获益。对低自尊的个体尤其如此——他们不大可能会主动发起面对面的交谈。因此，就像其他技术的进步一样，现代的在线交流可能同时带来好处与代价。然而，这种与朋友的虚拟联系无法替代在同一间屋子里与朋友面对面的交谈，而且想通过互联网分享野猪（来自巴拉圭丛林野猪分配的故事）确实比较困难。

交互作用 交换关系在西方和非西方文化中有差别吗

艾里斯今年八岁，和父母及五个兄弟姐妹住在巴布亚新几内亚岛小村落的一座茅草小屋里。她的祖父母住在 10 英尺以外的房子里，她的叔叔们和他们的家人住在另外邻近的房子里。她称自己的同辈堂亲为哥哥（弟弟）和姐姐（妹妹），每天和他们一起玩。每天，家人都会与亲戚交换食物，更增强了他们之间的联系。作为游戏的一部分，艾里斯学着照看她的弟弟妹妹们。艾里斯知道当她长大之后，她会和住在附近村落里的一名远方亲戚结婚。

埃丽卡和自己的父母、年幼的弟弟一起住在瑞典的一座人口超过百万的城市郊区的公寓里。她们家住在这里仅仅两年的时间，虽然她在很多时候也交了几个朋友，但是小伙伴们接连搬家，因此失去了联系。埃丽卡每年会拜访她的外祖父母六次，其他亲戚两次。她现在是学校 90 名二年级学生中的一员。放学后，她会进城上音乐课，她在那里遇到的女孩都住得离她非常远。她打算长大后进入大学学医，可能会定居在另外的国家。

跨文化心理学家范斯理·蒙哈达（Fathali Moghaddam）、唐纳德·泰勒（Donald Taylor）和斯蒂芬·赖特（Stephen Wright）发现，艾里斯和埃丽卡就社会生活之间的差异说明了三个以下重要的特征。

1. 西方社会中的人际关系更倾向于自由选择；在更为传统的文化中，人际关系是非自愿的。正如谚语所说：“你可以选择朋友，但不能选择家人。”在从事农业的团体中或丛林里的村落中，确实没有太多的选择。你能认识的人仅限于你的家人、部落和宗教群体。扩大的家庭可能会限制相互的自由，但同样也会减缓成员的压力。
2. 在更为传统的文化（相对西方文化而言）中，人际关系更加持久和连续。在现代的城市环境中，你见过一次的人可能不会再见到，你的很多朋友会离开、被新的人取代，甚至你的婚姻都可能是暂时的。在小农业团体或丛林的村落中，你与其他团队成员的关系会持续一生。
3. 在西方的都市社会中，人际关系更具个人主义色彩；在更为传统的文化中，人际关系更具集体主义色彩。和见过一次面的熟人（比如在收银台与你交谈的人）、好朋友、恋人都是一对一的关系。这些关系的建立取决于人格、态度、信念和两个人的意愿。在小团体中，一个人与邻居和亲戚的关系由他们所属的群体决定。

传统社会的很多特点不利于发展自由的、暂时的、具有个人主义的人际关系。有些仅仅

◎ **扩大的家庭。**人际关系的研究者会笼统地强调自愿的、短期的关系，比如在大城市中的人际关系。但是跨文化研究者提出，在世界上绝大多数的乡村文化中，人们的人际关系是以非自愿的扩大的家庭关系为特征的。

是因为技术的关系。一个住在山区里的人可能“仅仅”与隔壁村庄的潜在朋友相隔20英里；但为了跨越这20英里，他必须沿着小路徒步穿过大山，并且仅单程就要花掉一整天的时间。在村民沿着山间小路徒步走20英里的相同时间内，无须费劲，一个在美国纽约居住的人就可以拜访在洛杉矶、西雅图甚至伦敦的朋友。电话、传真机、电子邮件使得现代城市的居民可以轻松地与全世界的人们取得联系。

这些人际关系差异的另一个来源是集体主义和个人主义不同的社会规范。就像我们在第2章讨论的，集体主义倾向的社会认为社会群体比个人需要更重要，认为依赖与独立是相互对立的。但是，像美国、加拿大这样的个人主义社会则更加强调个体的权利、自由、公平和人际独立。

像美国、加拿大这样的现代化大都市社会，带有较多个人主义色彩和较少集体主义色彩，可能与处于流动、高民主社会中的个体所建立起来的人际关系类型有关。与个体的人际关系网由亲密的家庭成员组成相比，个体的人际关系网大多由短期的、可替换的熟人组成使得资源以市场为基础进行分配更具有意义。

对人际关系跨文化差异的另一种观点认为，这是文化与广泛且普适的进化心理学的交互作用。现代城市的欧洲人和新几内亚的乡村居民并不存在那么多的差异，并且他们也并没有那么多凭空随意创造的文化；相反，每个地方的人在处理陌生人、熟人、朋友和亲戚的关系时都有不同的方式。现代文化与传统文化之所以有如此大的差异，可能是因为现代都市生活的结构已经大大改变了不同类型基本社会交往的频率。在下一章，我们将关注长期的爱情和家庭关系。我们会看到，这些关系几乎不遵循应用于商业关系的类似原则。

案例回顾

白人司机与黑人音乐家的友谊

在回顾了有关归属与友谊的研究之后，托尼与谢利博士之间跨越种族与阶级的友谊似乎少了一丝神秘。就像我们提到的，很容易理解托尼为何愿意为谢利博士工作并成为朋友，因为谢利博士的地位能够帮助他获得足够的物质财富。而全世界友谊的建立通常会受到物质交换或者想获得或维持地位的驱动。

虽然托尼无法帮助谢利博士进一步提高他的身份地位或是财富，然而与这位白人酒保建立友谊的黑人钢琴家可能有着其他的社会动机。举例来说，谢利博士作为一名杰出的黑人音乐家却处于白人精英社会和底层黑人群体之间，对于个人身份的困扰以及社会环境因素让他长久以来十分孤独。然而，与托尼同行的旅途中这个与他截然不同的白人司机却帮助他接触到了黑人主流文化，帮助他一次次化解危机，帮助他最终逐渐敞开心扉。

在本章中，我们再次看到了社会心理学与其他领域知识的联系。例如，有关社会拒绝和生理疼痛的脑活动的研究说明了与认知神经科学的联系；有关孤独和沮丧的研究说明了与临床心理学的联系；有关不同类型的社会交换和社会资源的研究说明了社会心理学与经济领域之间日益增强的联系；有关现代交流模式（如社会网络的网站）的研究，说明了社会心理学与工程学之间有趣的联系，证明了我们发明的东西会如何重新创造我们的社会生活。

友谊的研究说明了自私理智人的经济原则在解释亲密关系时还需要继续完善。举例来说，如果你想让其他人喜欢你，那么付出比得到看起来更好。如果你正在与完全不认识的陌生人进行商业谈判时，就以自私的交换准则来处理与对方的关系，并计算你提供给他的和他提供给你的价值是完全恰当的。但是，米尔斯和克拉克于 2001 年的研究表明，这种市场导向会使人们保持距离，熟人想要成为朋友需要一种共享倾向。有趣的是，在托尼与谢利博士成为朋友后，原本对黑人有着根深蒂固偏见的托尼家人也放下了歧视，在故事的最后黑人与白人一同迎接圣诞的到来。

人们从日常人际关系中获得的东西在很多方面超出了物质交换。朋友的情感支持在应对压力时是无价的，所以，借你的肩膀给需要的朋友确实会使你成为更有价值的朋友。愿意分享你的知识同样可以使你成为一个更好的朋友，尤其是你并非以无所不知的方式进行分享。无所不知的方式会让你的朋友觉得自己被轻视了。对男人来说，模仿女性友谊的模型（对朋友多一点赞美和关爱，少一点竞争性）是非常有用的（除非你的朋友是你的队友，可以分享你的荣耀）。最后，似乎仅仅与他人离得近就可以提高我们的吸引力，所以，尤其对内向的人而言，努力混入群体，与他人熟悉就能够提高自己的社会资源。因此，有关归属和友谊的社会心理学研究帮助我们更好地理解电影《绿皮书》中穷苦白人与黑人艺术家之间的友谊，以及那些我们身边和不那么遥远的地方，建立与保持友谊的方法。

第 8 章

爱情与浪漫关系

通过本章学习，我们能够：

◎ 概述斯滕伯格的爱的三个组成部分；

◎ 描述不同种类的爱；

◎ 概括浪漫关系的三个主要目标；

◎ 了解在使女性和男性具有性吸引力的特征、对待性的态度和影响性行为的激素三方面的性别差异；

◎ 了解有约束倾向和无约束倾向的个体存在哪些不同；

◎ 分辨有关性行为的文化规范中的两种差异；

◎ 明晰依恋关系的四种类型，解释它们后期对成人关系的影响；

◎ 解释外部威胁、强迫关系和正常的依恋过程之间的联系；

◎ 认识嫉妒中存在的性别差异及其可能的适应性功能；

◎ 了解男性和女性对于伴侣的偏好，以及男同性恋、女同性恋和异性恋在选择伴侣时有哪些相同和不同；

◎ 理解一妻多夫制和一夫多妻制如何与环境因素相联系；

◎ 描述影响支配地位是否具有吸引力的其他因素；

◎ 总结影响人们分手或待在一起的可能性的个人因素和情景因素；

◎ 了解快乐的夫妻与不快乐的夫妻的交流规则。

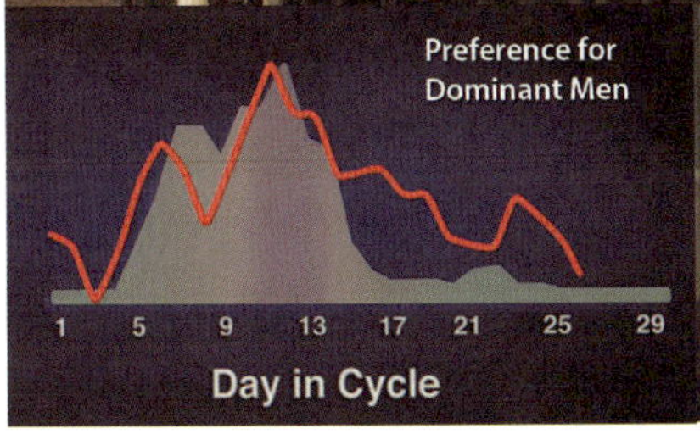

案例

“大象与鸽子”的风流韵事

当弗里达·卡罗嫁给迭戈·里维拉①时，她22岁，迭戈42岁。除了年龄的差距之外，他们的身材也存在绝大差异。因此，弗里达的父亲戏称他们为“大象与鸽子”。弗里达比迭戈漂亮得多。这种年龄和相貌上的差异并没有阻止迭戈多次出轨。弗里达虽然接受了迭戈与多名女性发生关系的丑恶行为，但是他与弗里达妹妹的婚外情最终使他们离婚。当时，她通过一幅描绘一位流血的女性被自己的丈夫谋杀的作品来表达自己内心的极度痛苦。弗里达曾遭遇严重的车祸，那次车祸使她整个余生都沉浸在痛苦之中。她也曾将与迭戈的关系和几乎致命的车祸进行了比较：“在我的生命里，有两次重大的意外遭遇。一次是车祸，另一次是迭戈。迭戈是最坏的遭遇。”因此，他们的离婚一点也不意外。但令人惊奇的是，在他们分开一年之后，弗里达再次嫁给了迭戈。

从弗里达·卡罗和迭戈·里维拉之间的关系中，可以提出几个关于两性关系的问题。爱情的特征是什么？是什么驱使人们与比自己年老或者年轻的人发生婚外恋？男性与女性在处理恋爱、家庭生活、性忠诚方面有哪些不同？关于这个问题存在一些争议：一些研究者认为，在浪漫关系中性别差异是很大且普遍的；而另一些研究者则认为，这种差异很小，由任意的当地规范所决定。在本章的最后，我们将讨论一个具有重大现实意义的问题：是什么因素导致一些夫妻继续幸福地生活，而另一些却以痛苦的分手告终？

① 迭戈·里维拉（1886—1957）是墨西哥著名画家，他的学生弗里达·卡罗是他的第三任妻子。——译者注

爱情与浪漫吸引的定义

爱情是什么？答案并非像回想第一次脸红那么简单。首先，爱情具有多面性，并不能以单一的特征来定义它。其次，爱情并非只有一种形式。

爱情特点的定义

当定义爱情特点的时候，你会想起什么？对加拿大不列颠哥伦比亚大学的学生来说，“关怀”居首位，被试的提名比例为44%。后续的研究发现，关怀、信任、亲密是大多数人对爱情定义的核心特征。但是，学生们也提出了爱情的很多其他特征，包括一些不太符合研究者初衷的特征，比如“心跳加速”“极度愉悦”和“性激情”。

那么，众多爱情的不同特征能否浓缩成一系列的感觉？罗伯特·斯滕伯格提出，爱情可以缩减为三个必要的因素（如图8–1所示）。

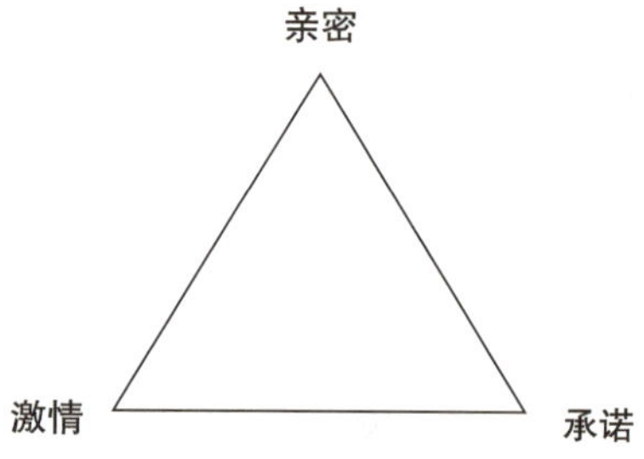

图8–1 斯滕伯格爱的三角形

注：根据此模型，爱情包含激情、亲密和承诺三个独立的成分。

- **激情**（passion）指生理唤起和渴望在一起（如“性激情”和“心跳加速”）。
- **亲密**（intimacy）指感情增进的心理感觉，包括相互分享和情感支持。
- **决定 / 承诺**（decision/commitment）指在短期内，决定说出你爱某个人；在长期内，承诺保持这份爱情。

我们怎么知道斯滕伯格的三因素理论是有效的呢，或者是否还应该存在爱情的六因素或者七因素甚至十因素模型呢？为了回答这个问题，斯滕伯格和其他研究者采用因素分析的方法，这是一种统计技术，可以将测验条目或者行为表现归类到概念相似的组中。如果你想描述你的老板具有宜人性，那么你可能会描述他很热心、很友好。因此，热心、友好和宜人性这些单词在描述他人时相互间存在相关。那么，因素分析会将它们归类到一个共同的分类中（或者因素中）。同样地，如果你想描述你的同辈表亲非常勤奋，你可能也会描述她非常有条理和不辞辛苦。所以，因素分析会将这些词语划分到另一个概念组中。

1996 年，当亚瑟 · 艾伦（Arthur Aron）和洛里 · 韦斯特贝（Lori Westbay）对 68 个爱情特征进行了因素分析，并把这些特征分为了以下三大类：

- 第一类包含例如信任、关怀、诚实、宽恕这样的条目；
- 第二类包含忠诚、奉献和牺牲；
- 第三类包含心猿意马、性激情、兴奋。

因此，艾伦和韦斯特贝的因素分析支持了斯滕伯格的理论：爱有三个核心组成部分，分别为亲密、决定 / 承诺、激情。一些研究者发现，描述亲密因素的个体的心理感受与描述其他两个因素的个体的心理感受有一点点重叠。也就是说，对其他人的深沉的亲密感通常与对其他人的激情和承诺紧密相关。

名词解释

激情 爱情量表中的一个因素，由测量浪漫吸引和性欲望的项目组成。

亲密 爱情量表中的一个因素，由测量与另一个人紧密关系的项目组成。

决定 / 承诺 爱情量表中的一个因素，由测量个体与他人相爱及彼此承诺决心的项目组成。

因素分析 一种统计技术，可以将测验条目或者行为表现归类到概念相似的组中。

是否存在不同类型的爱

对爱情因素的研究（如激情、亲密、承诺）提出了这样的问题：在一个人的一段恋爱关系中，不同的心理感受是怎样的？例如，相比姐姐布伦达和鲍勃的婚姻，艾丽西娅与阿尔弗雷多的婚姻承诺更多、激情更少？关于爱情类型的研究提出了一个不同的问题：在不同的两性关系中，不同的因素是如何组合在一起的？艾丽西娅对丈夫阿尔弗雷多的爱与她对姐姐布伦达的爱有何不同？

为了区分这一差异，想想你可能会用爱来描述的不同关系。这些关系并不是都包含同等的激情、亲密和承诺。如果你正迷恋你们班一个非常有吸引力的陌生人，你可能会感受到激情而没有亲密或者承诺；相反，你也可能向自己的姐姐承诺，但不会在她出现时感受到心跳加速。

在一项检验爱的类型的研究中，学生们首先得到有关不同椅子类型的例子，比如摇椅、躺椅和凳子，然后他们被要求列出尽可能多的种类的爱的类型。学生们提到了很多不同类型的爱，包括对宠物的爱、对生活的爱，但是绝大多数的爱都是对他人的爱。前十位包括友谊、性爱、父母的爱、兄弟般的爱、兄弟姐妹的爱、母亲的爱、激情之爱、浪漫的爱、家庭的爱和初恋。

这些类型的爱可以更进一步划分为两个大类：父母的爱、母亲的爱、家庭的爱、兄弟般的爱是一大类，被称为**伙伴之爱**（companionate love）；另一类则被称为**激情之爱**（passionate love），包括浪漫的爱、初恋。哈特菲尔德（Hatfield）和拉普森（Rapson）于 1996 年将激情之爱定义为“一种非常渴望与他人结合的状态”，将伙伴之爱定义为“对那些与我们的生活

◎ **建立家庭联系的目标**。父母与子女之间强烈的依恋关系确实使我们的祖先成功地生存了下来。

紧密相关的个体的喜爱和温柔之情”。有证据表明，激情之爱和伙伴之爱可能受不同生物系统的控制。在本章中，我们在讨论获得性满足的目标时会详细地讨论激情之爱，我们在讨论建立家庭联系的目标时会详细地讨论伙伴之爱。

虽然激情之爱和伙伴之爱之间的差异是核心差异，但是这种差异很可能会造成其他一些额外差异。例如，区分伙伴之爱（和朋友与长期伴侣）以及**抚育之爱**（nurturant love）十分重要，抚育之爱是一种激发人们照顾其子女的感情；在另一方面，还有**依恋之爱**（attachment love），它与他人关系和被保护的渴望相关。

名词解释

伙伴之爱 对那些与我们的生活紧密相关的个体的喜爱和温柔之情。

激情之爱 一种非常渴望与他人结合的状态。

抚育之爱 温柔和关心的感觉，是父母照顾孩子的核心。

依恋之爱 对来自另一个人的照顾和保护的渴望。

小调查

回想两个不同的人，你对这两个人有不同类型的爱。思考他们在斯滕伯格三因素模型中的位置。

浪漫关系的目标

恋爱和维持浪漫关系的目的是什么？这些关系与友谊有何不同？

浪漫关系与友谊一个重要的差异就是对性满足的渴望存在不同。激情因素是由生理吸引、浪漫和对性结合的渴望三者相互联系构成的。实际上，研究证明，激情之爱和性吸引存在很大程度的重合。因此，在本章中，我们考虑的第一个动机就是对性满足的渴望。

我们的祖先不仅仅需要性动机来确保他们后代的存活。人类幼儿的存活总是取决于相互联系、相互分享资源的父母。在十月怀胎之后，母亲会花很多年来照顾自己的孩子。与绝大多数哺乳动物类的雄性不同，丈夫通常会待在妻子身边帮助她照顾小孩。人类的幼崽还从祖父母的大量投资中获益。因此，浪漫关系的第二个重要的目标就是建立家庭联系。

我们在第7章讨论的有关朋友间社会交换的很多研究同样适用于浪漫关系中，恋人就像朋友一样，可以提供信息和社会支持。在本章中，我们会讨论在浪漫关系中获得资源和社会地位的几种特殊方式。正如我们将看到的，在恋爱关系中，资源和社会地位的作用存在着有趣的性别差异。

获得性满足

弗里达·卡罗与迭戈·里维拉都因他们的性欲而声名狼藉。弗里达与很多女性和男性传出绯闻，并且告诉一个朋友她对生活的态度就是“做爱，洗澡，再做爱”。弗里达和迭戈都沉浸在与各自性伴侣的激情之爱中，这并非巧合，因为在激情之爱中，性欲望通常被列为最重要的部分。

在日常生活中，性欲望经常被唤起。一般来说，大学男生或者女生每天都会有几次性幻想，但并非所有的人都受到同等的性动机的驱使。当艾尔弗雷德·金赛和他的同事们进行性活动的调查时，他们遇到一个在30年里只射精一次的男性和一个声称在30年里每周射精超过30次的男性。

我们从思考什么样的特征会使人们具有性吸引力开始。之后，我们会关注性别、性激素、人格差异、性取向对性动机的影响。接下来，我们会讨论性行为如何随着情境发生变化——从过山车般短暂的强烈兴奋感到广泛共享的文化规范。

个人 谁具有性吸引力

任何经历过青春期的个体都会不由自主地发现，生理外貌在决定谁性感和谁不性感中具有强大作用。面容姣好的个体会受到异性更热心的照顾，约会更频繁，性经历更多。

什么是我们认为具有吸引力的呢？从某种程度上说，答案会随着时间和地域发生变化。例如，女性以瘦为美的趋势在20世纪我们的文化和跨文化中都发生了变化。与其他的种族相比，非洲裔的美国男性更喜欢臀部较大、体重较重的女性。

同时，有些特征被普遍认为是具有吸引力的。尽管在20世纪关于胖瘦的喜好发生了变化，一般来说，相较正常体重却腰臀比高的女性而言，男性通常更喜欢具有较低腰臀比（大臀细腰）的女性。具有较低腰臀比的女性（大约为0.7）会更健康，生育能力更强，生的宝宝更健康。任何洗发水的广告都会告诉你，对女性而言，有光泽且发亮的头发是具有吸引力的，头发的长度和质量与活力和健康相关。对女性来说，大眼睛小鼻子同样是具有吸引力的；而对男性来说，中等尺寸的鼻子和较大的下巴更具吸引力。与吸引力相关的另一种性别类型的特征是音调。男性认为，具有较高音调的女性更具吸引力；而相较高音来说，女性则更喜欢具有中音音调的男性。在选择性伴侣时，女性还喜欢肌肉发达和运动型的男性。

在其他几项研究中，研究者使用电脑图形处理软件将几张面孔合成为一张“平均”的面孔。相较构成合成面孔的原来的单独面孔，人们通常认为合成的面孔更好看。为什么？主要是因为合成的面孔更加对称。身体的对称性或者说个体的身体左边与右边的相似程度对两性都是有吸引力的。心理学家斯蒂文·甘杰斯特（Steven Gangestad）和生物学家兰蒂·陶希尔（Randy Thornhill）于1997年测量了学生们的右脚、脚踝、手、手腕、肘和耳朵，并且与左边的测量结果进行了对比。身体的对称性对男性和女性的性行为有不同的影响。对称的男性比不对称的男性会更早出现性行为，有更多的性

◎ **美丽具有普遍性吗？** 虽然在不同的文化中，人们装饰自己的方式不同，但是有很多特征，比如对称性和健康，都被普遍认为是具有吸引力的。

伴侣，而这一效应在女性中并不存在。甘杰斯特和陶希尔认为，女性可能会选择对称的男性作为性伴侣，因为这些男性可以提供“良好的基因”，这些基因可以使后代更加健康。与该假设相一致，对称的面孔被认为更加健康。

积极的表情和行为同样可以提升吸引力，并且我们会被那些我们熟悉的人所吸引。所以，如果我们经常出现，尤其是如果我们常常微笑、表现友善的话，我们就会看起来更好。在回顾了有关吸引力的文献之后，莱斯利·赞伯威茨（Leslie Zebrowitz）和吉莲·罗兹（Gillian Rhodes）于2002年提出，对个体具有吸引力而言，对称性或具有典型的性别特征既非充分条件，也非必要条件。

个人 性行为中的性别差异

你能接受配偶的智商最低水平是多少？关于单身约会呢？如果仅仅是一夜情你不会再见到这个人，那么又是怎样呢？

当亚利桑那州立大学的学生被问到上述问题时，男性和女性通常会给出类似的标准。例如，对单身约会而言，男性和女性都要求对方至少具有一般人的智商。对结婚的伴侣而言，两性都要求对方具有高出常人的超高智商。但在性伴侣的选择标准上，男女两性出现了极大的不同（如图8–2所示）。男性愿意与没有达到他们约会最低标准的女性发生性关系。

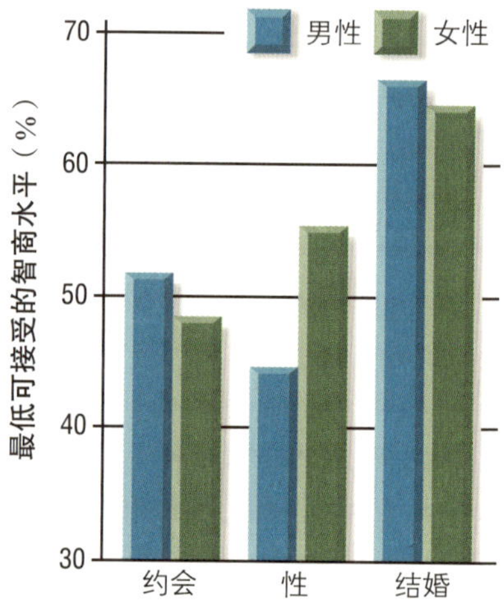

图8–2 对另一方的最低要求

注：当被问到对约会或者结婚对象可接受的最低智商水平时，男性和女性具有类似的标准。但是，男性则报告他们愿意与没有达到他们约会智商要求的女性发生性关系，而女性则对性伴侣非常挑剔。在这一点上存在明显的性别差异。

资料来源：Based on Kenrick，D. T.，Sadalla，E. K.，Groth，G.，& Trost，M. R.（1990）. Evolution，traits，and the stages of human courtship: Qualifyingthe parental investment model. *Journal of Personality,* 58，97–117.

在几个不同国家进行的很多研究都印证了这样的趋势，男性对偶然发生的性爱更感兴趣。实际上，当被问到生活中遗憾的事情时，男性更希望他们能与更多的女人上床，而女性则更希望她们能尽力避免与失败者扯上关系。对来自世界各地16 288名被试进行的调查显示，两性在渴望多样的性爱上存在差异是一种普遍现象。

当然，态度并非总能完美地预测实际的行为。有证据表明，在问卷调查中，女性比男性更可能低调处理她们的性行为。如果提供一个真实的一夜情的机会，两性的表现是否真的存在差异？在一项实验中，校园里的女大学生朝一名男子走去，然后对他说：“我总在校园里遇到你，我觉得你非常有魅力。”随后，她们问该男性如下三个问题中的一个：“你愿意今天晚上和我约会吗？”“你愿意去我的公寓吗？”或者“你愿意和我上床吗？”。

实验的另一部分为男性向女性走去并问同样的问题。你认为他们会怎样回应？如图8–3所示，有一半的男性和女性同意约会，但是对其他的请求则出现了明显的性别差异。实际上，没有一名女性同意上床。但是，相比约会，男性甚至更愿意发生性关系。后来在丹麦进行的一项类似的研究中发现，59%的单身男性会对来自陌生人的上床的请求说“好”，而没有一位单身女性会对这样的请求表示同意。而对于约会的邀请，丹麦男性则表现出更低的意愿（仅18%），而在被问到的23名女性中，只有一名表示同意。

对于为什么男性更愿意对来自陌生人的性请求说“是”的原因存在争论。也许女性更害怕一个男性在街头以露骨的性暗示接近她们，或者她们不希望和这样的男人享受性爱体验。

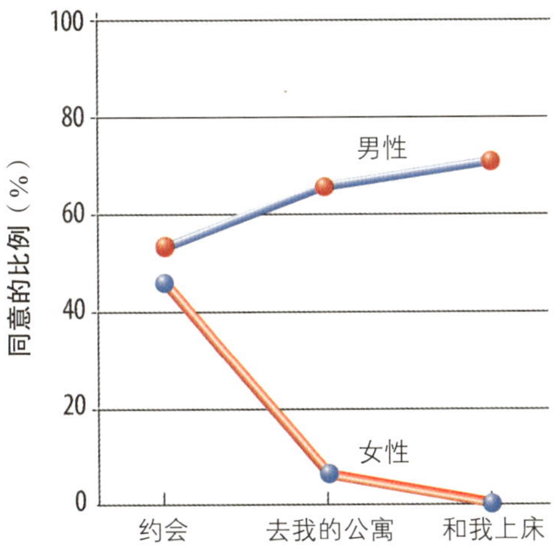

图 8–3 男性和女性对陌生人示好的反应

注：在佛罗里达州立大学的校园里，异性的同学会走近并邀请他们约会、去自己的公寓或者上床。男性和女性接受约会的反应比例相当，但是对带有性意味的示好的反应存在很大差异。

资料来源：Based on Clark，R. & Hatfield，E.（1987）. Gender Differences in Receptivity to Sexual Offers. *Journal of Psychology & Human Sexuality*, Vol. 2（1）1989.

这引出了一个问题：为什么男人更愿意同陌生女性做爱而不是与她约会。

仅仅是因为害怕怀孕才使得女性更喜欢不那么疯狂主动的性生活？对同性恋者的研究发现答案是否定的。虽然在同性性爱的行为中女性没有怀孕的风险，也不会遇到潜在的具有侵略性的男性，但相比异性恋的女性，女同性恋者更喜欢（实际上也是）主动性较少的性生活。

那么，在忠诚的关系之外的性行为中，男女两性存在的显著差异难以忽略。但当处于一段长期的关系中，两性更加相似。回想一下，虽然女性并没有兴趣与陌生人做爱，但她们和男性一样都对约会感兴趣（见图 8–3）。实际上，男女两性对长期伴侣的智力选择性也是完全一致的（见图 8–2）。虽然这些性别的相似性不太容易被发现，但是它们是同样重要的。我们在讨论建立家庭联系的动机时会再次说到它们。

性满足本身对男性和女性的意义略有不同。男性和女性在什么年纪会达到他们的“性高峰”？当问及此问题时，所有年龄段的男性都会说女性比男性要晚得多。但是，同样的研究还发现，人们定义男性的性高峰通常用性高潮的欲望和频率，但女性的性高峰通常用对性的满意度来定义。当被要求回忆他们最满意的性经历是在什么时候，男性和女性一致认为是在他们经历了性欲望的高潮之后。

小调查

我们讨论了男性和女性性行为处理方式的相似之处和差异之处。你还能否想出上面这部分未曾提到的一些相似或者差异？

个人 激素与性欲

研究者发现越来越多的证据表明，激素类（如睾丸素和雌激素）在性欲望、寻找有吸引力个体的行为，甚至在他们会觉得谁具有吸引力方面都发挥了重要的作用。很多研究发现，在男女两性中，性欲望与激素的分泌水平存在相关。与我们讨论的性行为中的性别差异相一致，男性比女性的睾丸素水平高很多倍。短期两性关系中的男性睾丸素水平较高，而已婚男性的水平较低。一般来说，随着男性进入一段关系中，睾丸素的水平会下降，但如果他还对和其他女性建立性爱关系感兴趣，那么睾丸素水平就不会下降。

后叶催产素是另外一种与性接受力、提高女性生殖器的润滑程度、两性的高潮相关的激素。神经心理学的证据表明，相比男性而言，女性较高的后叶催产素水平与女性将爱和性联系在一起存在相关。对人类来说，大部分的性行为是以亲密的爱恋关系为背景的。因此，后叶催产素通过提升恋人间的感情依恋促使强有力的家庭关系产生，这是人类交配关系中的一大特点。

当女性处于排卵期（很可能怀孕），她们会穿着更性感、更时尚的衣服，打扮得更闪亮，还会关注一些可以结识男性的社交聚会。在这些时候，她们觉得自己更性感，男性也觉得她们更有欲望。使用功能性核磁共振成像技术的神经心理学研究发现，排卵期前后，女性大脑中奖赏中枢的活动更频繁，说明渴望更多的即时满足。

在2007年的一项颇具创造性的研究中，杰弗里·米勒（Geoffrey Miller）、乔希·泰伯（Josh Tybur）、布伦特·约旦（Brent Jordan）恳请18名“在绅士俱乐部工作的专业脱衣舞女”协助实验，他们让舞女记录下她们的小费水平以及有关月经周期的信息。与其他阶段相比，她们处于排卵期时获得的小费会显著变多。为什么呢？其中的一个原因可能是她们处于排卵期时行为更具挑逗性，就像我们先前提到的。还有证据表明，在月经周期中的这个阶段，女性的面容、声音、身上的味道会更加吸引人。

在生育期时，女性除了会发出不同的信号外，还会在月经周期的不同阶段接受不同类型的男性。处于生育阶段时，女性更容易被肌肉强壮的对称男性所吸引。当生育力比较弱时，女性更愿意回应热心和忠实的男性。但这些效应在使用口服避孕药的女性中并没有出现，说明变化的喜好是激素水平变化的结果。确实，雌激素水平的提高（在排卵期最高）与女性被“良好基因”的特征所吸引存在相关关系，但孕激素在经期最高，它与女性被带有类似女性特点、愿意为后代投资的男性所吸引存在相关。

总之，最近使用多种方式的研究，包括激素类、脑活动、月经周期对女性行为影响的研究，表明我们的性行为受自身体内和他人体内生物事件的影响，并且很多事件都是在我们无意识的状态下发生的。

个人 社会性性行为倾向

在欧洲和北美，传统婚礼上的誓言都包括只爱对方、一世相守。虽然弗里达·卡罗与迭戈·里维拉激情热恋着对方，但是一夫一妻的承诺却没有成为他们关系中的一部分。在遇到迭戈之前，弗里达与高中男朋友的关系一度因她与美术老师及后来与另一位女性的性约会而变得非常紧张。在他们婚后，迭戈鼓励她与其他女性的性爱关系（有一些也是他的情人），虽然他会嫉妒她与其他男人发生关系，但是他没有资格要求对方保持性忠贞。

弗里达和迭戈在很多方面都非常前卫，他们的爱情生活肯定已经偏离北美社会的“完美标准”。但是研究者发现，虽然一夫一妻制存在于人类社会中，但是人类也不仅有一种交配策略。除了性行为的文化差异之外，还有证据表明，在任何社会中，不同人会采用不同的交配方式。

杰弗里·辛普森（Jeffry Simpson）和斯蒂夫·甘杰斯特（Steve Gangestad）开发了一个量表来测量**社会性性行为倾向**（sociosexual orientation）——偏爱无约束的性（无须以爱情作为前提），或者有约束的性（将性行为局限于长期的、相互爱慕的感情关系中）的趋势。该量表包含类似的问题：“你有多经常幻想与其他人做爱而非你目前约会的对象？”另外还有测量同意与否的题目：“在我觉得轻松且完全享受与他/她的性爱之前，我愿意与此人建立亲密的依恋关系（包括情感和心理上的）。”

与有约束倾向的个体相比，无约束倾向的个体在更小的年纪就对性产生了好奇，有更多的一夜情，更可能将异性朋友视为性伴侣。在任何既定的关系中，他们发生性关系更早，在同一时间更可能进行多段关系，对他们的约会对象的承诺和爱恋更少。另外，有约束倾向和无约束倾向的个体会寻求不同类型的对象。有约束倾向的个体更倾向于有良好教养的伴侣，比如责任感、热情和忠诚。无约束倾向的个体会选择善于交际和有吸引力的对象，并会将他们的注意力集中在那些有吸引力的异性身上。当考虑到可能的短期性关系时，无约束倾向的男性更倾向于炫耀性消费——以孔雀一样的华丽的方式炫耀自己的金钱。然而大部分人在性行为结束后都希望听到“我爱你”，无约束倾向的男性则更少对此进行积极的回应。研究人员推测，这是由于无约束倾向的男性希望从性关系中仅仅获得性利益而不用支付承诺。

名词解释

社会性性行为倾向 存在于倾向无约束的性（无须以爱情为前提）和倾向有约束的性（将性行为只局限于长期的、相互爱慕的感情关系中）

的趋势中的个体差异。

个人 同性吸引

在金赛及其同事于1948年的经典研究中，他们发现在其样本中，有超过33%的男性和13%的女性都经历过至少一次同性性爱的高潮。虽然对金赛的取样方法有很多批评，但后来的研究者也发现，有很大比例的被试报告他们会被同性吸引。比如，最近以澳大利亚近5000对双胞胎为被试的一项研究发现，虽然，仅有2.2%的男性和0.6%的女性为单纯的同性恋，但是有相当大比例的被试——13%的男性和11%的女性——至少与同性有过性经历或被同性吸引。

同性性行为提出了一个有趣的问题：自然选择的目的是为了促进成功繁殖，那么为什么如此大比例的被试会被同性吸引呢？一种可能是同性恋者在传统上可以帮助他们的亲属抚养后代。对传统社会（萨摩亚群岛）中的同性恋男子的研究支持了这种假设。这一解释与同性恋者更可能是大家庭中后出生的孩子的研究发现相一致。但是，在现代大都市背景中的研究并没有支持这种亲戚－支持的假设，或许因为在现代社会中，同性恋倾向于离开家庭成员。

另一种可能是任何预测同性性行为的基因都为其他异性恋亲戚带来了益处。有证据表明，与异性恋的亲属相比，同性恋的亲属有更多的性伴侣，更多后代。这一现象还未解决，然而

◎ **同性吸引**。本节提到的一项最近的研究发现，虽然1%的女性为同性恋，但是相当大比例的女性如弗里达·卡罗曾经与同性有过性经历或被同性吸引。

有证据表明，不同的解释可以适用于男女同性恋和像弗里达·卡罗那样的双性恋。

本章提到的很多研究主要集中于异性恋，这些人构成了人群中的绝大部分。但是，我们在本章随后的部分中会再次讨论同性恋者和异性恋者之间的相同和不同。我们还会讨论在其他社会中非常普遍的非一夫一妻制的交配关系。一条重要的启示是：人类性行为的类型比西方社会规范所能精确描述的要更多样。

情境 唤起情境

如果你想让新的约会对象产生浪漫激情，带这个人去看恐怖电影是否能达到目的？或许可以。有几个研究表明，任何唤起情境都能产生浪漫激情。比如，对电击的恐惧，坐过山车或者站在岩石峡谷中摇摆的吊桥上都被发现可以提升容貌出众的陌生人的浪漫吸引力。仅仅剧烈运动几分钟就能够增强男性对一名漂亮女性的好感。

恐怖电影或开合跳如何能增强对他人的浪漫激情呢？根据**双因素理论**（two-factor theory），爱情就像其他情绪一样，包括一般的生理唤起（如快速心跳、心猿意马）和一个标签（如爱、害怕或者兴奋、依据你经历的唤起情境）。双因素理论假设，当情境中的唤起被误以为是潜在的恋人所引发的，那么任何唤起情境都能在某种程度上提升激情反应。

根据双因素理论，你在任何情景中只要处于唤起状态，都可能会帮助某些你觉得有吸引力的人更有魅力，但前提是你必须认为那个人可能是你被唤起的原因。而另一项研究表明，学生对于他们认为有吸引力的人的好感会增加——即使他们清楚地知道他们的唤起不是由于那个人所引起的。在这项研究中，由剧烈运动而处于唤起状态的男性会认为有魅力的女性更加有魅力，即使他们被压脉带束缚起来，并且在评价对于女性的感觉前多次被提醒做了运动。这一研究结果表明，我们不需要通过认知错误来唤起我们的激情。就像一杯咖啡里的咖啡因会让跑者跑得更快、演讲者语速更快一样，任何生理刺激的唤起都能让你觉得一个已经对

◎ **罗密欧与朱丽叶效应**。恋爱中的阻碍会激发唤起状态，有时这种状态会扇动爱的火焰。莎士比亚依靠直觉对这一现象做出了解释，并且被几个世纪后的社会心理学研究加以证实。

你产生吸引的人更具魅力。

名词解释

爱情双因素理论 该理论认为，爱情包含两个因素：具有吸引力的他人出现所引起的一般性唤醒（因素一）和将此理解为爱情的标签（因素二）。

情境 性行为的文化规范

弗里达·卡罗与迭戈·里维拉非传统的性生活方式是否反映了文化的影响？他们的关系始于"疯狂的二十几岁"——欧洲和北美文化称其为性实验时期。弗里达与迭戈是激进派和自由思想者国际组织的成员，他们的目标是颠覆社会传统。

并非所有的人都在疯狂的二十几岁时经历了性实验时期，但是半个世纪后的20世纪六七十年代，欧洲和北美社会中的大部分人都在另一次"性解放"的浪潮中觉醒。这些影响仍在持续，关于婚前性行为的社会规范相比20世纪50年代更加开明。

除了历史因素以外，有关开始性行为的年龄以及对婚前和婚外性行为的接受程度都存在社会性的差异。例如，住在埃及锡华（Silwa）峡谷的居民对婚前性行为有强烈的禁忌，年轻人不能违反。相反，在太平洋曼加伊亚（Mangaia）岛屿，年轻的孩子可以公开练习性交，每个人在婚前都有多个性伴侣。北美人处于两者之间。美国人开始接吻的平均年龄在13岁左右，绝大多数人在16岁前具有某些性经验。

在被问到"你希望在今后30年里拥有多少个性伴侣？"这个问题时，澳大利亚女性平均为四个，而亚洲国家的女性平均少于两个。澳大利亚的男性同样与亚洲的男性存在差异，澳大利亚男性比亚洲男性希望拥有更多的性伴侣，然而这两个地区男性性伴侣的数目都是女性的两倍。

爱情、性、婚姻的组合规范在不同的社会中同样存在差异。当被问到他们是否会与其他方面都很出色，但自己对他/她并无爱意的人结婚时，大约50%的巴基斯坦人和印度人说可以，但低于5%的美国人或日本人会同意。

在一个国家内部，有关恰当性行为的规范同样存在文化差异。定期参加宗教服务的美国人对婚外性行为、色情作品、同性性行为和堕胎的态度更加消极。宗教团体通常会施加很强的社会压力，旨在推进一种高生育、一夫一妻的生活方式（持续繁衍，但是不要拥有多个伙伴）。对于结婚很早并开始养育子女的人来说，无约束的性行为是一种威胁，因为它可能会扰乱婚姻的稳定性。一项相关研究发现，对于毒品（如大麻）的反对也与对于性乱交的厌恶有关。而在比利时、荷兰和日本，对于性的态度和娱乐性毒品的使用之间存在相同的联系。

交互作用 男性女性对性情境的不同认识

在一项经典的研究中，男性和女性被试观看一段五分钟的男女间的对话，然后让对话者和观看者评价此次对话。相比女性而言，男性认为女性谈话者的表现更具挑逗性。随后的一项研究中也发现，在快速约会的情境中也存在同样的偏见：女性低估了男性的性兴趣，而男性则高估了女性的性兴趣。这种知觉差异可能会导致两性出现不愉快的误会。

后来的研究发现，相比女性而言，男性更容易将女性的赞美、礼物或者触摸视为性欲望的信号。相比男性而言，女性更难将男性的赞美、礼物或者触摸视为承诺的证明。作者用适

◎ **文化与性行为**。亚洲情侣推进爱意的速度远远低于北美情侣。

应性来解释这种相互解释的偏差。因为女性可能怀孕，所以她并不在意那些无法分辨的男性善良的意图。然而，因为女性对上床有所顾虑，所以，不错过任何可能的性欲望的信号是男性在意的。

在另一项研究中，被试需要识别出照片中的面孔是否表现出微妙的“压抑”潜在情感的信号。实际上，所有的面孔都经过仔细筛选，确保其为中性情绪。在观看了一段使他们的思想进入浪漫框架中的电影剪辑之后，男性会表现出对照片的性感受，但只针对那些漂亮的女性。但是，女性的浪漫感觉却并没有影响她们的判断。

所有这些都不应该解释为女性对性爱没兴趣。相反，当涉及生育兴趣时，女性和男性的表现会略有不同。正如我们之前提到的，当女性处于月经周期的排卵期时，游戏规则就会略有变化了。在那些时间里，女性对具有男子气概的男人更感兴趣，比如深沉的声音或者高大的身材。同样地，无约束倾向的更倾向建立短期性爱关系的女性个体，也喜欢有男子气概的男性。喜欢“坏小子”（英俊、自信及轻浮的男子）的女性与喜欢照片中眼睛里透露着性意味女性的男性类似。最后，当选择短期性爱关系的伴侣时，女性也像男性一样，会更多地考虑生理上的吸引力而非她们通常在寻求长期伴侣时在意的其他品质。因此，有些女性在有些时候会进行另外 种交配策略——寻找一个带有好基因标识的男性，即使那意味着必须忍耐这个男人在外面拈花惹草以及对子女的投入不够。

交互作用 文化规范与进化机制的交互作用

当谈到性吸引，人和情境的交互作用会在更广泛的水平上发挥作用。在一项自然情境的研究中，生活在以色列集体社区的孩子们都是在由来自不同家庭的孩子组成的群体中成长起来的。当他们长大之后，以前的群体成员会成为非常亲密的朋友但互相不会结婚。这与人们通常会与邻居结婚这一已有的经典结论直接矛盾。并且因为没有社会规范阻止群体成员之间的性吸引，才使这一现象更有趣。

到底发生了什么呢？沙斐（Shepher）于1971年提出，原因可能是文化环境中（与孩子们是否生活在一起无关）不寻常的因素和为了减少兄弟姐妹之间的性感受的内部机制之间的交互作用。在进化历史的演变过程中，会出现这样的问题：如果兄弟姐妹之间结合，那么有害的倒退基因就会更经常出现。一种避免亲属间性吸引的方法就是在同一屋檐下长大的人会自然地回避发生性爱关系——在过去，这些人通常为兄弟和姐妹。因此，集体社区的环境似乎孕育了一种在其他社会中潜藏的固有机制。

在东亚一些地区，未来新娘在童年时期会与未来新郎的家人住在一起。在这种情况下，当看到年幼的孩子正在吃妈妈的奶，年长的孩子会自动回避年幼的孩子。基于与年长的孩子在同一屋檐下生活的时间，年幼的孩子（显然不可能看到自己年长的哥哥或姐姐吃奶）也会发展出回避行为。这些结果提醒我们，如果要问性行为是基因进化机制的产物，或是社会规范的产物，还是后天习得的经验，那么这本身就是个错误的问题；相反，更有意义的问题是生物因素与文化的交互作用如何影响后天习得的经验并且这些过程如何影响我们的想法和动机？

建立家庭联系

来自非洲喀拉哈里（Kalahari）沙漠以狩猎与采集为生的昆族（the !Kung）部落的一位女性观察到，当两个人走到一起，他们热情如火，他们激情澎湃。过一会儿，火熄灭了。关系就是如此。在其他社会中进行的研究也发现，激情的性吸引通常在开始的时候非常炽热，但随着时间的流逝就会消失。与激情的感觉相同，性交也会随着时间而减少。在仅仅一年之后，丈夫和妻子之间的性交频率会降至最初频率的一半。

如果激情褪去，人们靠什么维持长期的关系呢？有时，已婚夫妻说他们待在一起是为了孩子。但是，绝大多数人的答案更为积极——我们的长期伴侣已经渗透在我们的日常生活中，当激情褪去后，亲密和承诺感会增加。虽然性感觉会带来爱情中的激情成分，在建立关系之初非常重要，但人们通常会将承诺和亲密感视作爱情定义中更为核心的部分。在最近的一项研究中，人们需要回想他们对恋爱对方的爱恋之情或性吸引。那些回想爱恋之情的被试在一项要求他们压抑对其他具有吸引力异性的想法的任务中表现良好。那些回想性吸引的被试则无法驾驭他们对其他具有吸引力的异性的想法。

配偶离婚或配偶死亡比其他任何生活事件对人心理和生理的伤害都要大。在一方配偶死亡后，活着一方的死亡概率会大大增加。相反，身边有伴侣陪伴可以帮助一个人抵御严重的疾病，包括癌症。即使与长期爱侣的短暂分离也可能导致痛苦的情绪。

相比其他关系，**为何**爱恋关系对一个人的生活有如此重大的影响，且一旦结束，痛苦会如此之深？在回顾了一系列有关关系类型的研究后，1995 年，罗伊·鲍迈斯特和马克·利里（Mark Leary）发现，所有人普遍都有**归属感的需求**（need to belong）。他们认为，对强健稳定的人际关系的需求可以起到几方面的作用。他们提到，这种维持浪漫情侣关系并抚育子女的心理感受同样维持了他们与孩子之间的依恋关

◎ **长期关系对你的健康有益**。研究发现，伴侣的陪伴与疾病抵抗力和长寿存在相关。

系。确实，有证据显示，相互承诺的恋人间的心理联系可能是以母亲与孩子间相同的心理联系机制为基础的。

名词解释

归属感的需求 人类需要建立并维持强健稳定的人际关系。

依恋的重要性

母亲与子女间强烈的心理联系是所有哺乳动物的特征，可以提高新生儿的存活概率。这种心理联系使年幼的孩子与母亲离得很近，当与母亲分开时会哇哇大哭。母亲的出现会降低孩子的压力并提供**安全基地**（secure base），使孩子可以安全地探索外部环境。成人间的爱恋关系同样可以提供一个探索外部环境并进行有效工作的安全基地。

对绝大多数的哺乳动物来说，成年雄性处于依恋循环之外，他们对子女的贡献仅限于提供精子。但人类的成年男性却不同，他们通常非常照顾自己的子女，丈夫甚至会出现与未来妻子类似的荷尔蒙变化。仅仅在生育之前，父亲的催乳激素会增加（其他动物中与抚养有关的荷尔蒙）。在生育之后，他们的睾丸素会下降（一种与支配和性行为相关的激素）。面对无助弱小的后代，父母之间的纽带会发生进化，家庭的联系促使双亲将他们的兴趣融入需要照顾的子女的兴趣中。

名词解释

安全基地 依恋对象提供的安全感，使个体更加自信地冒险，探索外部的环境。

安全型依恋 以信任为标志的依恋关系，即相信对方将持续地提供关爱与支持。

焦虑/矛盾型依恋 该类型的个体害怕被抛弃，常感到自己的需求没有得到满足。

回避型依恋 这种依恋类型以对另一方的离开心存戒备为标志。

依恋类型

像我们渴了想喝水或者冷了想穿暖一样，对深深的依恋关系的需求或许是人类社会的根本。但并非所有人都认为建立深深的依恋关系就像拿到一杯水或一件温暖的夹克一样容易。一些人逃离爱情，另一些人因为恋人太多太频繁的情感需求而与之分开，还有一些人以匆忙进入随意的性爱关系作为避免长期承诺的手段。

考虑如下自我陈述。

1. 我觉得与他人亲近很容易，我可以很放松地依靠他们，也让他们依靠我。我通常不担心被抛弃或者其他接近我的人。
2. 与他人亲近让我有一点不舒服；我觉得完全信任他们、让自己依靠他们很困难。当有人离得很近时，我会感到紧张。通常，恋人会要求我更亲密，而我会因此感到不舒服。
3. 我发现其他人并不愿意与我更亲密，我通常会担心对方并不真的爱我或者不愿意与我在一起。我想与另一个人完全地融合，有时候这种欲望会将人们吓跑。

1987年，辛迪·哈赞（Cindy Hazan）和菲利普·史威（Phillip Shaver）在研究浪漫爱情和依恋类型时使用了上述自我陈述。他们以先前有关母亲–幼儿关系的研究为基础，列出了三种分类。发展心理学的研究者发现，有些孩子是**安全型依恋**（secure attachment style）——容易向他们的母亲表达情感，并不担心被抛弃。还有一些孩子是**焦虑/矛盾型依恋**（anxious/ambivalent attachment style）——与母亲分离时会出现明显不适，担心可能被抛弃。最后，**回避型依恋**（avoidant attachment style）的孩子会对母亲的分离有所戒备，如果他们的母亲在短暂离开后再次出现，他们会表现出拒绝的情绪。

有些证据表明，早期的母亲–幼儿的经历可能会转化为不同类型的成人爱恋关系。比如，选择陈述1的成年人被划为安全型；选择陈述2的成年人被划为回避型，选择陈述3的成年人被划为焦虑/矛盾型。相比回避型和焦虑/矛盾型的人，安全型的人的爱恋关系更长久。安全依恋型的个体具有很多令人愉快的人格特质，如他们睿智、不自我拔高、擅于处理关系中的冲突。

回避型的恋人会采用不同的处理关系的方式：当身陷其中时，他们觉得亲密感并不令人愉快，很容易嫉妒。回避型的个体对可能有益于长期关系的分享水平会感到不舒服。在压力情境下，回避型个体会向对方提供较少的社会支持。并且，安全依恋的个体会关注他们与亲密朋友间的相似，而回避型个体则关注他们与亲密朋友间的不同。性交通常有助于增进感情，但回避型个体对此有更多的消极体验。

焦虑/矛盾型的恋人也会采用另外一种处理亲密感的方式。焦虑/矛盾型恋人的感受如同坐着情绪过山车，有更多的高潮和更多的低谷。他们的性动机水平相对比较高。焦虑的个体通常会对另一方表明的爱恋和承诺提出过分的要求，从而吓跑他们非常想与之保持关系的那个人。焦虑/矛盾型恋人往往认为他们的伴侣没有给予他们足够的照顾，而焦虑/矛盾型的女性如果认为丈夫没有给予足够的支持，很容易罹患产后抑郁症。

弗里达·卡罗与男性的关系则是典型的焦虑/矛盾型。在她写给高中男友的信件中充满了恳求，希望他能够更频繁地写信给她使她确认他的爱。几年之后，她写了类似的信给迭戈·里维拉："我所体验的怒火只是最终让我明白我爱你超过爱我自己的皮肤，而你可能并没有以相同的方式爱我，但你还是有一点爱我的。是这样吗？"

小调查

花一点时间来思考你自己的依恋关系。在三种不同的依恋类型中，哪种类型最能恰当地描述你？

个人 交换/共享倾向

在第7章中，我们讨论了陌生人关系中（在此关系中付出和获益会计算得很清楚）的交换倾向和亲密关系中（在此关系中根据对方的需要提供支持）的共享倾向。

具有高交换倾向的个体信奉类似的格言："如果我觉得一位朋友或者恋人在我们的关系中并没有履行自己的义务，我就会心怀不满。"考虑到人们普遍存在自我服务性的归因——从可能的最好的方面看待自己——因此，毫不意外，高交换倾向的个体会普遍对他们的关系更不满；相反，具有共享倾向的个体对他们的关系更满意。共享倾向的个体假设对方也和他们一样体贴和乐于助人，这种趋势会产生自我实现预言。因此，当处于恋爱关系中，相比算计自己的所得，给予更好。

人际关系的稳定性并非单纯是我们人格特质的结果。依恋的感觉会随着时光凝固而衰退，就像弗里达·卡罗与迭戈·里维拉一样。在情境中，是否存在某些因素与个体维持这些深层次的人际关系和心理联结的动机有关？

个人 威胁对依恋的放大效应

那些使我们感到恐惧、焦虑或者不安全的情境总是会让我们更想靠近我们与之存在依恋关系的个体。想象自己的死亡不仅会增强与你

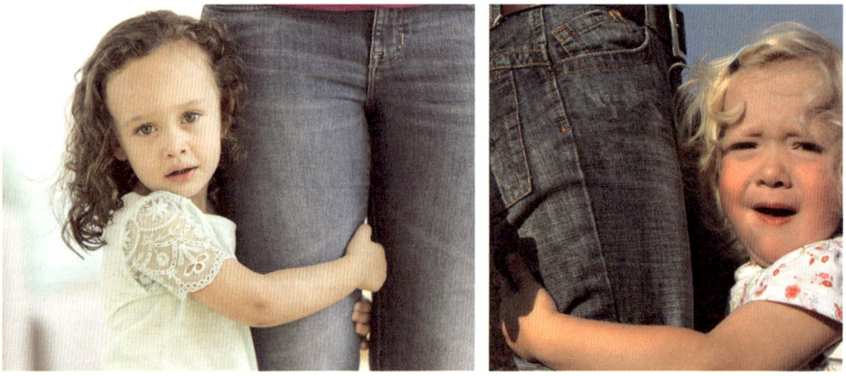

◎ **依恋与威胁**。无论是儿童还是成人，威胁会放大你接近你所爱的人的需求。

爱的人靠近的欲望，而且会提高生孩子的动机。

在功能更加完善的关系中，伴侣们更擅长提供安全基地以及面对压力期快速有效地进行相互回应。最近，一项神经心理学的研究发现，伴侣之间更经常的拥抱会导致她们的女性后叶催产素的水平升高，血压降低。

在刺激人们团聚的需求中，最重要的威胁可能是我们的人际关系本身所面临的危险。确实，分离的悲伤感受就像戒除毒瘾一样，同样受到体内类鸦片化学物质的影响。

这种促使与分手的伴侣重修旧好的激情可能具有普遍的适应性，可以帮助我们维持健康的人际关系。但在某些情境下也可能适得其反，就像我们下面看到的。

名词解释

钟情妄想症 一种精神障碍，个体拥有偏执的（但并不正确的）自己被另一人所爱的信念，即使面对有力的反面证据也依然坚持。

情境 嫉妒与同性竞争者

尽管弗里达·卡罗与迭戈·里维拉对一夫

联结：适应与障碍

偏执的关系和无回应的爱情

在曼哈顿，一位医学作家因不停地追求一名享有盛誉的外科手术医生被拘捕八次后终于被监禁。在追求的过程中，她将这段关系描述得很有激情、非常浪漫，而医生本人则认为这是一场噩梦。她会突然坐在他飞机航班的座位旁边，会突然半裸地出现在他的公寓，会给他的朋友写信。她甚至威胁要杀了他：“只要你活在这个世界上，我就不能活下去”。

当这种痴迷变得极端时，他们就被标志为**钟情妄想症**（erotomania）——一种精神障碍，以个体拥有偏执的妄想为特征，坚持认为自己被另一人所爱。钟情妄想的目标是典型的理想浪漫或精神联系而非性欲望。在1900年至2000年报告的246例临床钟情妄想症患者中，176例（接近70%）是女性。患此精神障碍的女性案例，一般为35岁左右的单身女性钟情于年纪较大、地位较高的男性；而患此精神障碍的男性案例，一般为接近30岁的男性钟情于一位年轻漂亮的女性。大约一半的男性及4%的女性会骚扰他们的既定目标，也就是涉嫌违法。

比临床的钟情妄想症更为普遍的是，前配偶或恋人会使用非暴力的手段使他们的前伴侣生活痛苦，从而持续不断地付出努力与之修好关系。确实，绝大多数的跟踪案例都是与关系的终止或者婚姻有关。

绝大多数人绝不会成为跟踪者，但是即使是人格非常健全的个体都会因无回应的爱情而体验到极大的痛苦。在一项研究中，93%的被试都至少能回想起一段被某人强烈吸引却无法吸引他们的爱恋经历。作为求爱者，他们觉得自尊受到了伤害，通常会认为是拒绝者在引导他们或者认为拒绝者对他们的感情要比嘴上说的深，并且拒绝者将这种感情隐藏了起来。

为什么人们会陷入这种无回应的爱恋关系中？部分是因为这些经历并不完全是负面的。被拒绝和拒绝的人之间后来都保持着良好的关系。但随后也会有一些不愉快的事情发生，因为一方对另一方的爱慕之情与日俱增，但另一方则逐渐消失。因为拒绝者并不总是将拒绝的信息说得很清楚，求爱者可能还抱有错误的幻想。最后，被拒绝的人通常会轻微地扭曲现实来保护自己的自尊。即使对我们自己而言，承认其他人认为我们不适合作为恋爱对象也是很困难的。

偏执的关系像其他社会功能失调一样，或许是其他适应性心理机制的副产品。对以前恋人的偏执可能是某种心理机制的错误启动造成的，该机制通常用于维持人们与各自伴侣间的依恋关系。电影和文献经常描写面对拒绝仍然坚持的人最终赢得了自己心爱的恋人。因为情爱关系通常会让人的心情跌宕起伏，无论在顺境还是逆境都坚守在一起的心理趋势可以维持父母间的关系。单恋的频率说明，很多人需要好好学习，从而更加明确在何时应该关闭他们的依恋机制。

一妻制的态度非常前卫，但是他们对对方与其他人的性行为仍然非常嫉妒。虽然迭戈容忍弗里达与其他女性的关系（其中一些同样与他有染），但是他曾经至少威胁要杀死一名弗里达的男性恋人。

试想，你曾经与之认真交往的人开始对其他人感兴趣。什么让你觉得更加痛苦或烦恼：

1. 想象你的伴侣陷入爱恋，并与其他人建立了亲密的情感依恋；
2. 想象你的恋人与其他人有性关系。

回答这个问题的男性中，大多数认为性出轨让他们更痛苦。但是，大约有 80% 的女性认为情感依恋让她们更烦恼。在韩国、日本、德国、荷兰和瑞典都发现了类似的性别差异。

为什么会存在性别差异呢？大卫·巴斯（David Buss）和他的同事认为，男性更关注性忠诚源于一个基本的生物事实：男性不可能 100% 地确信他妻子的孩子是不是他自己的。基因测验也同样发现，一定比例的新生儿不可能是记录在册的父亲的孩子。如果自己的伴侣与其他男人有性关系，一个男人可能会在无知的状态下将大量的资源投入到其他男人的孩子身上。即使男性更可能不忠，女性的性出轨更容易导致离婚。在世界范围内，因嫉妒而被谋杀的男性比女性多四倍。

为什么女性更关注情感依恋？巴斯认为原因在于，如果丈夫与其他女性坠入爱河，那么妻子就会失去丈夫对子女的资源贡献。

嫉妒会提高个体对具有吸引力的同性成员的关注程度。人们对自己的伴侣认为什么具有吸引力非常敏感：嫉妒的女性会更加关注潜在竞争者的手腕、臀部、头发，而男性则更加关注竞争者的肩膀。人们对这些潜在竞争者的吸引力有过高评价的趋势，比较没有男子气概的男性会嫉妒具有男子气概特征的男性，比较没有女性特质的女性更嫉妒那些具有较高女性特质的女性。

嫉妒中的性别差异是很有争议的。一些社会心理学家认为，这些差异可能是测量嫉妒的方法人为造成的。但另一些研究者发现，即使使用不同的方法，性别差异依然存在。在另一方面，克里斯汀·哈里斯（Christine Harris）认为，与嫉妒相关的杀人行为中的两性差异只不过是男性更加暴力的又一例证而已。通过报告跨文化的数据，她证明了虽然女性更不可能去杀人，但是 16% 的女性谋杀是由嫉妒引发的，而男性这一数字为 12%。

最近的一项神经心理学研究发现，在想到行为不忠时，男女两性的脑活动在不同的区域，男性的脑活动集中在杏仁核，与攻击行为密切相关。此外，无理性嫉妒和病态嫉妒的临床诊断发现性别差异同样被放大。被诊断出具有临床嫉妒的男性对对方的肉体不忠更焦虑，对假想竞争者的地位和资源更关注；而女性则更关注对方的精神不忠，更关注她们竞争者的年轻貌美。

处于争议中的绝大多数的社会心理学家都一致认为，嫉妒是一种强有力的情绪，它可能具有某些适应性的作用，但是嫉妒的出现是否存在特殊的性别差异并没有取得一致的意见。一种观点认为，两性都会因肉体不忠或精神不忠变得极其苦恼，因为古时候人类的幼崽能够存活下来需要父母双亲的亲密联系。引起嫉妒的情绪导致男性和女性都对生孩子产生更少的兴趣。

在回顾此类文献时，社会心理学家布莱德·萨格瑞（Brad Sagarin）认为，有很强的证据支持男女两性在何时以及如何变得嫉妒上存在差异。与文化和进化因素的交互作用会决定社会行为这一观点相一致，萨格瑞于 2005 年提出，进化机制和社会规范在几方面的交互作用导致了性嫉妒上的两性差异。

小调查

回想你熟悉的一个人，你同意这样的理论，认为两性会因不同的原因产生嫉妒，还是持不同观点，认为两性会因同样的原因以相同的方式体验到嫉妒情绪？

交互作用 关系改变我们的人格

我们的长期关系会最终改变我们的人格。李·柯克帕特里克（Lee Kirkpatrick）和辛迪·豪赞（Cindy Hazan）于1994年发现，在四年的时间里，有些人会从焦虑/矛盾型转变为回避型的依恋类型。向冷漠型转变可能是为了控制不愉快的纠缠于她是否喜欢我的念头。

新婚夫妇对各自伴侣人格特质的评价比伴侣本身对自己的评价更积极。两年之后，人们认为自己变得更具有宜人性和更加认真。不幸的是，对方的评价再次出现了明确的趋势，刚好与之前相反，两年之后变得更加消极。

从某种程度上说，我们与自己伴侣相处时过高估计了伴侣与我们的相似性。然而，在长期的关系中，伴侣同样会改变他们的态度、人格，以适应对方。态度达成一致的过程在相互适应得很好的夫妻中以及伴侣真正关心的事情上会得到最强的体现。如果与不相似的伴侣结婚，那么人们更可能改变自己的人格。然而，与具有相似人格特质的伴侣结婚，婚后生活会更幸福。因此，对配偶的选择是我们选择生活环境与我们自身人格相适应非常重要的手段之一。长期来看，这些选择还使我们更加喜欢自己。

获得资源和社会地位

当美国中部的夏天即将到来时，雄性靛青的白颊鸟开始换毛，从深蓝色变为湛蓝色。在飞越2000英里到达北美后，它马上与其他的雄性开始竞争最肥沃的繁殖区域。雌性白颊鸟几周之后才会到达，在雄性中进行选择。贫乏区域的雄性不会吸引到伴侣；肥沃区域的雄性会吸引到很多伴侣。为什么当还有其他的雄性个体没有伴侣时，一些雌性个体宁愿共享同一个雄性个体？因为资源丰富的区域可以保证幼崽的成活。在另外一些种族，当资源非常稀缺甚至具有决定性意义的时候，如果雄性无法提供足够的资源来哺育幼崽，游戏规则就会变化，一个雌性可能会有很多个雄性伴侣。一些相同的有关地位和资源经济的残酷规则以及在鸟类中发现的交配原则同样适用于人类。

个人 性别和性取向

一些证据表明，男性和女性的差异类似于雄性和雌性白颊鸟的差异。正如白颊鸟的例子，具有较多资源的男性更容易吸引女性。

女性对地位的偏好

迭戈·里维拉虽然样貌并不出众，但却能吸引到引人注目的漂亮和聪明的女性。为什么？因为迭戈名利兼备。

很多研究表明，与男性相比，女性更倾向于寻求具有高社会控制力和地位的男性。例如，在一项研究中，让学生们评价潜在伴侣的吸引

◎ **谁是更值得约会的对象？**向女性展示同一男性的两张照片，一张照片中男性着西装打领带，另一张照片中男性穿着快餐店职员的服装。女性认为前者更合心意。即使身着西装的男性长相并不出众，女性依然认为他更合心意。男性较少关注体现女性地位的服装，相比身着别致服装的不漂亮的女性，他们更喜欢长得漂亮的身着快餐店服装的女性。

力，这些潜在的伴侣要么穿高地位的服装（一身高级套装，包括一件蓝色的运动外衣和一块金色的劳力士手表），要么穿低地位的服装（一顶蓝色的棒球帽和一件波罗的短衫上面印有汉堡王雇员的标志）。有时这些人长相一般，有时样貌出众。男性喜欢那些漂亮的女性，而不考虑她们的社会阶层，但女性喜欢长相一般、穿着很好的男性及样貌英俊的汉堡快递员。在另一项研究中，相比靠运气赚钱的男性，女性更容易被在事业中赚钱的男性所吸引。这说明，女性更加看重获得未来资源的能力。

在征婚广告中，男性更可能写明地位或者财富，女性会寻求具有地位和拥有财富的男性。女性会更多地回复写明了收入和教育水平的男性，而男性在读女性的广告时则并不关注女性的地位。在全世界 37 种不同文化中均发现了相同的趋势。像美国的女性一样，日本、赞比亚、南斯拉夫的女性相比本国的男性而言，认为伴侣拥有良好的经济前景非常重要。生活在亚马孙丛林中小部落的女性更容易受到高地位男性的吸引，因为那代表他们是出色的猎人和勇士。

除了声望和财富之外，迭戈·里维拉的创造力更是为他的吸引力锦上添花。杰弗里·米勒（Geoffrey Miller）在回顾了一系列的证据后发现，在人类和其他动物中，创造性的特征也是“良好基因”的标志。考虑到女性比男性选择性更强，夸耀性的特征（比如孔雀的羽毛）是雄性个体向其他雄性个体展示他们优越性的一种方式。与此观点一致，当被启动考虑交配时，男性更可能展现自己的资源和创造力。

男性对生殖资源的偏好

当弗里达和迭戈结婚时，迭戈 42 岁，已经非常富有，驰名国际；弗里达是一个名不见经传的 22 岁女孩。但是她接近他非常直接，她冲他大喊，当时他正在壁画上工作：“喂，迭戈，下来到这儿！”什么给了 22 岁的女孩如此的自信去接近一个著名的有影响力的中年男人，就好像她和他平等似的？部分的答案是因为她的年轻貌美确实使她和他等同起来，至少在评价潜在伴侣时是这样的。

全世界的女性都倾向于寻找并与年纪有点大的男性结婚，这样的男性拥有较多的资源和社会地位。然而，男性则显出一种更为复杂的趋势：年纪较大的男性会被年轻的女性吸引，二十几岁的男性喜欢与自己年纪相当的女性，十几岁的男孩会被稍微有点老的女性吸引。既然拥有一个有资源的伴侣的益处如此明显，为什么男性对年纪较大的女性提供的潜在资源并不关注，反而关注那些二十几岁的女性呢？一部分原因来源于男性和女性为后代提供的资源具有不平等性。

纵览人类的发展历史，女性总是向后代提供直接的生理资源——在身体里孕育他们，照顾他们，在随后的几年里向他们提供基本的保障。因此，古代的男性寻求健康且有生育能力的配偶是非常有益的。年龄和容貌是一位女性健康和生育能力的标志。男性评价潜在的约会对象更强调外表的美丽。漂亮的女性更了解自己的市场价值，对她们可接受的男性选择性更高。

女性意识到她们的吸引力与她们在婚姻市场中的议价能力之间的联系。当经济不景气时，人们通常会停止消费，但女性会增加她们在美容产品上的支出。这种所谓的“口红效应”是

◎**年老的男人，年轻的女人**。为何年龄相差几十岁的两个人会结成浪漫关系？全世界的女性都会被有地位的年老的男性所吸引，非常年轻的男性会被稍微有点老的女性所吸引。这一事实与两性对后代贡献的差异相一致。

由女性利用资源吸引配偶的欲望所驱动的。

因为男性并不需要用身体孕育后代，生物理论学家指出，古代的女性会寻求能够提供资源、保护或者“良好基因”的高地位的男性。良好基因的标志是相比其他男性的生理上的优势，包括高大的身材和具有支配力的行为。确实，说一个男性具有生理吸引力相当于说他显示了社会支配力的标志，比如强壮的下巴、成熟的特征；一个具有生理吸引力的女性则没有显示支配力，而是显示出有活力和生育能力。男性和女性的年龄与他们能提供给后代的资源之间存在不同的联系。

同性恋与配偶偏好

因为同性恋会被与自己同性别的成员所吸引，因此他们为研究一些配偶选择理论提供了理想的控制人群。并非与异性恋刚好相反，在很多方面，同性恋的偏好与同性别的异性恋个体的偏好相同。类似于异性恋的男性，同性恋的男性相对较少关注伴侣的财富和社会地位，而更关注生理吸引力。与寻求年纪较大的男性不同，同性恋男性也存在年龄偏好，就像异性恋的男性一样。年纪较大的同性恋会被二十几岁的男性所吸引，尽管事实是较年轻的男性对他们并不感兴趣。像年纪较大的男性一样，年轻的同性恋男性会对年轻男性感兴趣。

这些研究结果表明，人类的交配行为，就像人类的视觉一样，并非一个简单的单向开关系统。虽然异性恋和同性恋男性身上性取向的启动机制有差异，但不论何种原因，同性恋男性所有的偏好模式说明，绝大多数其他的启动机制与异性恋男性的相同。然而，同性恋女性的偏好模式则是异性恋男性（比如对年轻伴侣的偏好）和异性恋女性（比如较少关注生理外貌，更多关注性忠诚）的复杂组合。同性恋吸引不单纯是异性恋的反转形式，而是一种复杂的模式，其中交配行为的某些方面发生了改变，而其他方面则没有。正如我们先前提到的，男性和女性同性恋行为的潜在机制并不相同。

女性获得了地位和资源会发生什么

在历史发展的绝大多数时候，女性获得的地位和资源比男性要少。虽然性别差异依然存在，一些现代女性（包括医生、律师、大学教授），比绝大多数男性都更富有、地位更高。当女性获得较高的社会地位时，她们会变得更有主见。她们会转变为传统男性对配偶的偏好吗？比如更加看重年轻貌美？

经过跨社会分析，一些在配偶偏好中的性别差异与女性在社会中的地位存在相关。本章通篇描述的巨大的性别差异都是在世界上绝大多数主张平等的社会中发现的（如荷兰、美国和加拿大）。在第三世界国家，性别差异只会更大。在美国的社会中，与无控制力的女性相比，富有和具有高社会地位的女性同样对年纪较大、地位较高的男性表现出兴趣。

对配偶偏好的性别差异程度还会因其他因

◎ **漂亮、富有、有才能的人喜欢什么样的伴侣呢？** 拥有全部优势的个体会要求自己的伴侣同样全都拥有（而且有可能还是会不满意）。绝大多数的其他人则需要取舍。本节中提到的研究说明，男性和女性在选择可接受的伴侣时会在不同方面进行取舍。

素发生变化。2002年诺姆·李（Norm Li）和他的同事们请等候在机场的一群成年人在两种实验条件中的一种条件下对配偶进行设想。一些被试拥有很高的“配偶预算”，可以保证配偶很多方面的特征都称心如意（漂亮、富有、善良等）。另一些被试的预算有限，所以只能在众多特征中选择一项（如富有）而牺牲其他项（如长相一般）。当男性和女性在设想配偶不存在限制时，性别差异非常小：男女两性都喜欢异常英俊的、令人惊艳的、富有的配偶。安吉丽娜·朱莉（Angelina Jolie）和布拉德·皮特在择偶时可以不必如此现实，毕竟他们拥有一切。但是，像我们这样的普通人通常会做一些取舍。在被迫需要做取舍时，男性和女性会做不同的选择。女性会首选社会地位，而放弃容貌要求；男性会首选外表容貌，而放弃财富要求。但在选择性行为的对象时，女性也会更像男性，转而首选外表容貌。

情境 文化、资源和多配偶制

据历史记载，在喜马拉雅山的高处，由于严寒缺雨，生存条件异常艰苦，一名女性可能会与几名男性结婚。这些男性会像一家人一样，向生活在同一个屋檐下的孩子提供资源并抚养他们。在他们南面几百公里之外的地方，情况则刚好相反。在印度北部的伯蒂亚拉州（Patiala），土邦主瑞金德（Rajinder Singh）娶了350名女性。

面对这些差异，20世纪早期的社会科学家认为，人类的婚姻制度会随着主观和随机因素发生变化。但是，最近的跨文化研究表明，这一结论的提出为时过早。婚姻制度与一个社会中的地位和资源分配相联系，因此也与该社会所处的更大的自然环境相关。当我们不再固执地关注于“他们”与“我们”存在何种奇特的差异，跨文化研究可以帮助我们看到将全人类视为同一种族的共同纽带。

在跨文化中，我们最先注意到的就是婚姻的配偶一点都不是随机的。**一夫一妻制**（monogamy）是一名女性和一名男性结婚；**多配偶制**（polygamy）包含一名女性与多名男性结婚的**一妻多夫制**（polyandry）和一名男性与多名女性结婚的**一夫多妻制**（polygyny）。绝大多数的社会都允许男性娶多名女子，但是只有大约0.5%的社会允许一名女性与多名男性结婚的一妻多夫制存在。无论一个社会是否允许多配偶制，在所有社会中，绝大多数个体都是一夫一妻。如果我们的种族普遍倾向于一夫一妻制，那么为什么有些社会和有些婚姻不是一夫一妻呢？

名词解释

一夫一妻制 一个男人娶一个女人的婚俗。

多配偶制 一种男人娶多个女人（一夫多妻制）或女人嫁多个男人（一妻多夫制）的婚俗。

一妻多夫制 一个妻子有多个丈夫的婚姻风俗。

一夫多妻制 一个丈夫有多个妻子的婚姻风俗。

让我们再来讨论一下多配偶制。一名传统的多配偶制女性不会选择与任意随机的一群男性结婚；相反，这些男性群体都是由兄弟组成的。为什么会这样呢？与环境资源相关。在喜马拉雅高山上恶劣的生存环境使一名女性和一名男性生存下来变得非常困难。即使在现代社会中，相比由兄弟一起贡献他们资源的家庭，在一夫一妻组成的家庭中生存下来的孩子更少。通过娶同一名女子当妻子，兄弟间共同保存了家庭财产，因为如果这些财产再分配给每个人，那么分得的财产甚至不够支持一个家庭。如果所有的孩子都是女孩，那么一妻多夫制就会转变为一夫多妻制。几个姐妹嫁给同一个男人，将家庭财产传给婚姻中的儿子。因此，一妻多夫制看来是一种以经济为基础的策略，通过该策略可以保证有限的资源沿着血缘关系流动。

经济资源同样在社会地位和一夫多妻制中起作用。在如下条件中，男性很有可能有多个妻子：

1. 崇高的社会地位；
2. 非常富有，所以一个家庭可以积累巨大的财富；
3. 突然发生了饥荒，穷人们可能会饿死。

在这样的条件下，一名女性加入富有的大

◎ **一个一夫多妻的家庭。**一名男性可能与多名女性结婚，只有当他能够积累较高水平的财富和地位时。

家庭中可以获益，即使她必须与其他女人共同拥有一个丈夫。虽然一个穷人可能给予她很多关注，但是一个富有的家庭可以帮她很好地抵御饥荒，并且可能在大多数时候给予她的孩子巨大的财富。有趣的是，同样的现象在鸟类中也存在（就像白颊鸟）。控制了资源特别丰富的繁殖区域的雄性可以吸引到不仅仅一只雌性白颊鸟。

因此，跨文化研究证明，婚姻、财富、地位之间的关系是由生存需要决定的。在任何一个特定社会中，这些关系有多强取决于社会和经济环境。

小调查

跨文化中，一夫一妻制和多配偶制的差异如何证明了古话"先天与后天"这种二分法的局限性？

情境 承诺关系中的社会交换

地位、资源、社会市场价值可能在选择配偶的初期发挥了重要的作用。人们最初会寻求与自己类似条件的配偶。但是随着亲密关系的建立，计算的过程可能会发生变化。一项让配偶们计算自己在浪漫关系中的得失的研究并没有发现这样的计算是预测幸福非常重要的因素。一旦我们坠入爱河，我们可能会关注配偶的获益，就像关注我们自己的一样。

玛格丽特·克拉克和凯瑟琳·克里斯曼（Kathleen Chrisman）于1994年提出，一旦进入共享关系中，只有粗暴破坏公平交换的规则才会引发配偶们计算自己的得与失。与这一推理相一致，米考（Mikual）和施温格（Schwinger）于1978年发现，计算规则取决于配偶间良好感觉的程度。当人们相互间的感觉为中性时，交换会遵循**公平规则**（equity rule）：你的获益以你的付出为基础。设想一对夫妻在冰箱里有各自的物品，并且只有当他们能够获得金钱回报时，才会为对方按摩背部。当人们相互间的感觉比较积极时，交换的规则稍微有点不同：每个人都平等共享。最后，当人们相互间的感觉非常积极时，就像在美满的婚姻中发现的那样，交换遵循**以需求为基础的规则**（need-based rule）：你毫不计较地为对方提供其所需。在这些夫妻中，如果妻子下班回家，感觉背疼，那么丈夫就会为她按摩背部，而不问他的回报是什么。因此，爱情的加深会减少谁为谁付出了多少的锱铢必较的算计。

确实，过分计较会有损亲密感。一个实验研究发现，仅仅让配偶们去想一下他们从对方那里得到了什么额外的好处都会导致亲密感的降低。因此，一旦你投入到某段关系中，不要太在意你从你的配偶那里获得了什么额外的好处看起来是比较明智的。

名词解释

公平规则 每个人在社会关系中的获益和成本应与他人的收益和成本相匹配。

以需求为基础的规则 社会关系中的个体会根据他人的需要，不计个人得失地为他人付出。

双性化 指个体的行为兼有男性化与女性化的特质。

交互作用 当支配力起作用时

像其他对社会行为产生影响的因素一样，社会支配力的重要作用体现为人与所在情境之间的交互作用。这里，我们提出两种有趣的交互作用的类型：首先，配偶的支配力是否具有吸引力，取决于该个体其他的人格特质；其次，我们对自己在某段关系中的地位感知取决于我们的性别和其他竞争者的特征之间的交互作用。

支配力本身并不足够

我们已经讨论过几个研究，发现女性会寻求具有社会支配力和具有竞争性的男性。这些特征是传统男性角色的一部分，强调了获得比别人更高的社会地位。与传统女性角色所强调的不同，女性角色更强调与他人的共享联系。但是，传统的竞争型男性和传统的共享型女性之间是如何建立关系的？

在观察了传统和非传统的男性和女性间的社会交往情况后，威廉姆·艾克斯（William Ickes）提出传统伴侣间存在一个进退两难的问题。虽然女性最初会被具有社会支配力和竞争性的男性所吸引，但是这样的传统男性并不适合生活在一起。在长期关系当中，女性对具有女性化或具有传统的男性化和女性化的特征的**双性化**（androgynous）特征的男性更满意。虽然具有支配力的男性可能对女性更具有吸引力，但他们可能不可爱、不善良、不体贴。事实上，在长期的恋爱关系中，强势阳刚的男人相对不那么具有吸引力。从另一方面看，当女性担心犯罪时，她们更有可能做出权衡与取舍，并将注意力转向能够保护她们的强势的、身体强壮的男性。

还有研究表明，女性并不会被具有纯男性化特征的男性所吸引，而是会被同时具有男子气概和女性的体贴特质的配偶所吸引。确实，女性会相对更多地被传统的男性化特征所吸引，但是如果因此就意味着和一个缺乏体贴或者不常表露情感的伴侣生活在一起的话，那么男女两性都会忽略对方的竞争性特征。而一段感情能否经受住时间的考验，更多地取决于男性的亲和力，而不是他的主导地位。

◎ **支配力和吸引力**。女性会被具有支配力的男性所吸引，但前提是他们还具有善良的品质并通情达理。

另外一系列的研究解释了男性化的支配力与体贴特质之间的交互联系。如果你作为被试阅读了一篇描述异性个体的文章，该个体具有四种支配力与宜人性组合中的一种组合特质。例如，你可能会阅读到某一个人同时具有支配力（自信的、勇敢的、健谈的）和宜人性（体贴的、合作的、具有同情心的）。或者你会阅读到某一个人具有支配力，但不具有宜人性（粗鲁的、自私的、不合作的），等等。随后，让你评价该个体作为约会对象的适宜程度。

当男性评价女性时，该女性个体是否具有支配力并不影响其评价。但是，相比不具有宜人性的女性而言，男性更喜欢具有宜人性的女性。女性喜欢具有支配力并同时具有宜人性的男性（如图 8–4 所示）。如果一名男性不具有宜人性，无论他的支配力如何，他都不是一个适宜的约会对象。这个研究也进一步解释了，为什么女性觉得迭戈·里维拉是约会的适宜对象。弗里达·卡罗的传记作家提到，除了富有、有控制力、有声望之外，他还温柔、敏感、有魅力、懂得欣赏女性："他很享受与女性的谈话：

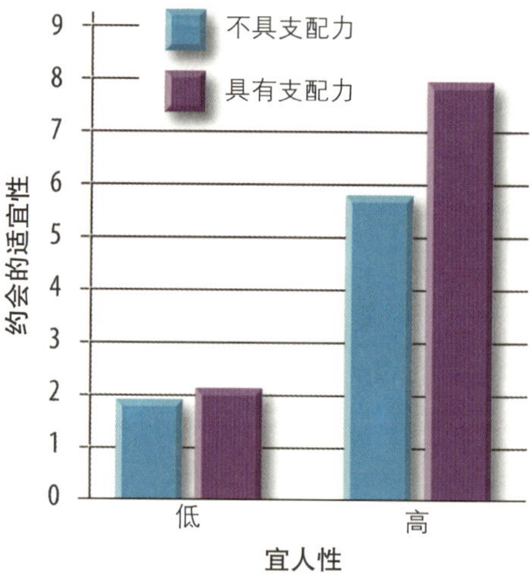

图 8–4　老好人终究是不适宜的

注：当男性不具有宜人性时，无论该男性是否具有支配力，女性学生对其的关注度都很低，当该男性具有宜人性时，只有支配力在起作用。

他看重她们的思想，对绝大多数墨西哥或其他地方的女性而言，这样的态度就像一盏明灯”。

谁最受青睐

我们能否吸引我们心仪的对象取决于竞争。在一系列的研究中，让男性和女性在头脑中形成配偶的类型——让他们设想与梦中情人进行一场完美的约会。通过设想配偶类型会使男性，而非女性，在几个方面变得突出。首先，在头脑中设想伴侣类型的男性会在很多创造力测验中给出非常有创造性和趣味性的答案。在另外一系列研究中，设想配偶类型的男性更容易忽视经济风险，购买昂贵的奢侈品，并表现得咄咄逼人。然而，设想配偶类型的女性则比控制组的女性更有可能展现出合作和无私的一面——“看我多善良多随和！”。

另一组社会心理学家将被试带入实验室，并让他们竞争伴侣。相比有约束性倾向和对称性较差的男性，具有无约束性倾向的对称男性更可能采用直接的竞争策略。这些性感的男性会用类似的表述来控制对手：“你和我在一起会比和其他男人在一起更有趣。”有约束性倾向的男性会采用更温柔的方式，更关注他们自己的正面特征并将自己展现为好人。

女性则更少尽力控制对手。但是女性并非对配偶争夺中的地位竞争毫无感觉，这表现在不同的方面。并以不同的方式表现出来。在一项研究中，被试会阅读到八名同性成员的资料，并且认为这八名成员参与了校园约会服务。在一些情况下，其他的学生都具有高社会支配力。比如，其中一个曾是大学新闻报的编辑，并且在《田径世界》（*Runner's World*）上发表过文章；另一个是年轻的商业精英。在另外一些情况下，同性成员的资料显示他们的社会支配力较低（如其中一人的最大成就仅是校园新闻报的编辑）。每名成员的资料中都附有照片。一半被试看到的是非常漂亮的同性学生（实际是当地某些机构的模特）。另一半被试看到的是长相一般的同性学生。当随后让被试评价自己作为婚姻伴侣的适宜性时，当其他同性成员具有高社会支配力时，男性被试会降低对自我的评价。然而，女性被试则会受其他女性外形容貌的影响。在看过漂亮的同性成员后，女性被试会降低她们对自己适宜性的评价。

通过使用眼动仪（准确记录个体在屏幕中注视点的仪器），乔恩·麦纳（Jon Maner）和他的同事于2003年发现，女性被试对漂亮的女性非常关注，而男性被试则对英俊的男性并不在意。女性还擅长记忆她们看到过的漂亮的女性，更可能过高估计周围漂亮女性的出现频率。这些研究结果表明，女性更关注外表有吸引力的竞争对手。

分手或在一起

目前为止，我们谈论最多的是何种因素会使人们相互吸引从而建立关系。但是，在一起并不总是意味着以后可以幸福地生活在一起。有一些关系在一次约会之后就会终止，另一些则在几个月之后终止。一些伴侣完成了恋爱结婚的所有过程，但是却在婚后离异。那么，是什么导致人们关系破裂？心理学家是否发现了一些可以帮助人们维持关系的规律，从而避免了由离异带来的巨大伤害呢？

个人 一些人更擅长与人相处

婚姻的稳定与终止部分取决于个体与其配偶的交流能力和动机。一项对3147名已婚夫妇进行的人格特质研究发现，维持长期关系时遇到的问题可能源自脾气秉性的基本差异。第一，处于不稳定的婚姻关系中的两个人可能不拘泥于传统且性格外向。不拘泥于传统且性格外向的人更可能具有无约束的性行为倾向，使他们的关系稳定性较差。迭戈·里维拉的不拘泥于传统且性格外向是众所周知的，同样，他的承诺反复无常也是众所周知的。第二，在不稳定的婚姻关系中的两个人更容易产生消极的心境。虽然郁郁寡欢的个体可能会寻求一段长期的关系，但是他们的坏脾气会使伴侣体验到更多的不满意。

有很多研究支持这样的观点，人格特质与维持两性关系的技巧之间有着错综复杂的关系。

◎**关系破裂**。2013 年，乔治·克鲁尼（George Clooney）和史黛西·姬伯乐（Stacy Keibler）结束了两年的关系。外向型和非传统型的人（比如很多从事表演艺术的人）比传统内向的人更倾向于改变他们的关系，而高度的吸引力无疑会增加其他诱惑的数量。

一项纵向研究对 30 年代订婚的 300 对夫妻进行了追踪。其中，22 对解除了婚约，50 对在 1935 年至 1980 年期间离异。对 20 世纪 30 年代的男女两性而言，情绪的稳定性都可以预测后半个世纪的稳定婚姻，而抑制冲动的能力较差则能够预测离异。其他研究发现，特别是从长远看高自控的个体能够更好地适应伴侣。而那些有安全感的人更有可能做出能改善他们关系的选择。

情境 一些情境使夫妻分开

广泛的社会规范所导致的即时性的压力源同样也可能导致两性关系的终结。比如，经济问题通常会使夫妻关系破裂。潜在配偶的可得性是摧毁两性关系的又一个环境因素。但是，这一效应的不同作用取决于是男性过多还是女性过多。玛西亚·古腾塔格（Marcia Gutentag）和保罗·赛考德（Paul Secord）于 1983 年发现，如果适婚的女性过多，男性就更少进行承诺，社会规范对性行为和推迟的婚姻更加宽容。相反，当适婚的男性比适婚的女性多时，社会规范更倾向于重视家庭、提倡早婚、限制性行为。古腾塔格和赛考德从经济学的角度对上述现象进行了分析：适婚男性增多使女性可以要求配偶更重视承诺和家庭。在这种情况下，女性更容易找到一个愿意结婚的男性。然而，适婚女性的增加则会激发女性为了获得男性的喜爱而相互竞争。

托马斯·波莱（Thomas Pollet）和丹尼尔·内特尔（Daniel Nettle）调查了世界不同地区的婚姻中的性别比例的经济后果。他们指出，在男性竞争者数量相对较高而女性较少的情况下，女性更不愿安定下来，除非追求者拥有金钱或财产。在现代亚洲，性别比例同样也改变了男女之间的经济关系。

近期的实验研究则改变了男性及女性对当地性别比例的看法所产生的影响，而结果被发现与人口水平数据相符。例如，当人们相信周围有大量单身男性，而单身女性数量越来越少时，男性和女性都认为男性应该在约会和订婚戒指上投入更多金钱。另一方面，当女性被引导相信周围还有大量具有魅力的其他女性且会导致她们很难找到一个好男人时，她们可能更倾向于一个高薪职业——选择一个公文包而非婴儿车。

交互作用 交流：使两人渐入佳境

使两性关系更加持久或者终结的很多因素包含人与人之间的交流和环境之间的交流。例如，如果一方处于低自尊或者安全感较差的状态，那么可能会影响两性关系的长期发展。低自尊个体会轻易得出这样的结论，他们的伴侣正在失去兴趣。随后，他们会变得冷酷和不热情，这会使他们的伴侣为这段关系付出得更多。从长期来看，他们的不安全感会破坏这段使他们自我感觉良好的支持性的关系。

另一个影响两性关系稳定性的人与情境的交互作用是我们对具有吸引力的潜在配偶的知觉变化。在一项针对此类现象的研究中，让学生们阅读《全球》（*Cosmopolitan*）、《绅士季刊》

（*Gentleman's Quarterly*）、《时代》（*Times*）等杂志上的征婚广告。这些杂志上还刊登了一些非常具有吸引力的异性的照片。那些已有固定约会对象的被试对模特容貌吸引力和性吸引力的评价都明显低于那些尚未有固定约会对象的被试。在另一项研究中，被试会看到一篇关于一名非常具有吸引力且尚未进入恋爱关系的异性简介。一半的被试被告知此人对他们很感兴趣。承诺性较差的被试更容易被吸引，但是当容貌出众的个体对承诺性较强的个体表示出兴趣时，他们则不容易被吸引。因此，恋爱关系会使认知产生防御式的变化——认为具有潜在威胁的个体适宜性更差。正如你可能预期到的那些并不关注潜在配偶的个体更在意他们现在的伴侣。

联结：理论与应用

健康交流对挽救婚姻作用的研究

想象你已经结婚，你的配偶心情沮丧地下班回家。为了使他/她心情振奋起来，你建议去你最喜爱的餐厅吃晚餐，但是却得到对方愤怒的反馈："我真的不想在这个月吃第五次中餐了，谢谢！"你是会生气地结束谈话，砰地关上门，独自去吃饭，还是会利用此次机会提出在你心中酝酿已久的关于你们两人关系中存在的问题，指出你的伴侣的行为与他/她最近离异的父母之间的相似性？虽然上述这些反馈并不好，但是在应对伴侣不愉快的心情时不用这种方式进行反击却很困难。然而，随着时间的推移，这种针锋相对的消极的沟通方式必然会破坏这段关系的本质结构。一组研究社会心理学和临床心理学交叉部分的心理学家仔细分析了幸福和不幸福夫妻的沟通方式，并利用他们的研究结果帮助陷入困境中的夫妻。

研究团队首先录下了夫妻讨论他们关系中存在的问题的情境。为了学习生活和谐的夫妻如何解决他们的差异，研究者也录下了生活幸福的夫妻讨论问题的情境。他们还在夫妻结婚10年时进行了追踪研究，希望找到生活在一起的夫妻与离异的夫妻之间的差异。在对上百对夫妻进行了研究之后，研究者发现了健康的与不健康的沟通方式之间的一些重要差异。随后，他们利用这些发现来干预陷入困境中的夫妻。

在这个干预项目中的夫妻首先要列出他们关系中潜在问题的领域，如酒精、职业、金钱、亲戚和性。接下来，他们开始讨论各自关系中的具体问题。不幸福的夫妻在处理冲突时更可能"击中对方的要害"——数落自己的伴侣，这通常会激起对方的抵抗行为。对亲密关系而言，具有讽刺意味的是，通常对陌生人和熟人非常有礼貌的个体往往对自己的亲密爱人非常粗鲁。因此，研究者设计出了一套夫妻间的礼貌准则，包括以下几条。

1. 当伴侣邀请你做某件事情时，说你能够做什么或者想做什么，而不是你不能做什么或者不想做什么。如果你的伴侣想去看电影，而你觉得非常累，你可以说"我想明天去看电影"而非"我觉得太累了。"

2. 当伴侣做家务时，不要只是关注某一方面没有达到你的标准。要说"谢谢你擦桌子"而非"你没有把桌子擦干净"。如果你一贯不喜欢你的伴侣做某件事情的方式，可以在某一个时间专门讨论这个问题。

3. 见面时总是热情地打招呼，离开时总是温柔地告别。

4. 避免做"精神害虫"，从有益的角度分析伴侣的行为。不要说类似于"你知道吗？你对厨房的卫生简直是吹毛求疵"这样的话。

5. 从自己的角度而非伴侣的角度说话。说"我真的很想参加野餐聚会"而非"我知道你一定会在野餐时玩得很愉快。"

6. 如果你有什么想法，说出来而非尝试让伴侣猜出来。说"我今天晚上特别特别想吃墨西哥餐"而非"你今天晚上想出去吃什么？"

7. 如果你没有什么好事要说，请尝试保持沉默。

后来发现，这些小技巧效果非常好，可以帮助维持婚姻关系。在一项纵向研究中，与对照组没有参与婚前有效沟通培训项目的夫妻相比，参与了该项目的夫妻离异的比例下降了50%。

对大多数人来说，为了保持健康幸福的两性关系，个体仍然需要为提高沟通技巧做出努力。考虑到稳定的两性关系对身心健康的重要影响，个体付出的努力也是值得的。

为伴侣做出牺牲可能产生好的或坏的后果，这取决于你为什么这么做。如果你或者你的伴侣做出牺牲是为了达到积极的目标——为了双方更加幸福或者为了增进双方的感情——这会使你们都感觉更好，从而改善了你们的关系。然而，如果你做出牺牲是为了避免冲突或者仅仅是出于义务，那么这会使你们都觉得很痛苦，对长期关系而言是非常不利的。

也许对夫妻中的一方而言，最重要的“环境因素”是另一方的行为。伴侣的玩笑、讽刺、言语、咆哮都会成为另一方的情境，最终也会成为他们自己的情境。例如，如果你对你的伴侣表示感谢，他或她可能会反过来更加感激你。

神经心理学的研究发现，两性关系中的冲突会导致短期激素的压力应对反应，扰乱免疫系统。在长期的关系中，婚姻冲突可能引发暴力行为以及对身心健康的巨大伤害。

其他的研究发现，不仅当出了问题时你如何应对会产生影响，而且当一切顺利时你如何反应也会产生影响。相比反应冷淡或者不感兴趣的行为，当人们热情地与伴侣分享好消息时，两个人都会感到更加幸福。

通过精确研究伴侣们激化矛盾或者缓解冲突的差异，一群心理学家发展出了一系列应对生活中不可避免的坎坷、使夫妻能够不离不弃的原则。

小调查

回想你认识的一对生活幸福的夫妻和一对生活不幸福的夫妻（或者已经离异的夫妻）。社会心理学家曾提出了与两性关系稳定性密切相关的人、情境及交互作用的因素。他们在这些因素上存在哪些差异？

案例回顾

“大象与鸽子”的风流韵事

我们通过开篇弗里达·卡罗与迭戈·里维拉之间著名的爱情故事提出了几个问题。为什么一名漂亮且天资聪颖的年轻女性会爱上一名年老很多且不英俊的男性？有关配偶选择的研究给出了一个简单的答案来回答上述一半的问题——迭戈富有、著名、有影响力的特点提升了他对女性的吸引力。因为全世界的男性都会随着年龄的增长变得更具有社会支配力、更富有，年老男性和年轻女性的爱恋关系在所有人类社会中都非常普遍。除了富有和具有社会地位之外，迭戈敏感、体贴的特点与具有社会支配力相结合，使他尤其吸引女性。

为什么迭戈有那么多婚外情呢？部分的原因与他的人格有关——他非常外向，不拘泥于传统。这两个特点与他的两性关系不稳定相关。另一个原因与他所处的社会情境有关——弗里达是众多年轻漂亮的自动送上门的女性之一。就像我们看到的，拥有众多漂亮的追求者就不利于保持忠贞（虽然有一些人能够经得起诱惑）。他们关系中的非传统性也使得弗里达和迭戈容易与他人产生婚外情。无论对男性还是女性而言，弗里达都非常具有吸引力。她自己也经常有外遇。

我们看到，即使在人类求偶过程中存在众多共同之处，但是同样也存在很多重要的文化差异。文化因素同样毫无疑问地影响了弗里达和迭戈之间独特的爱恋关系。弗里达和迭戈都是“非传统思考者”这一组织的成员。在该组织中，无约束的性行为是可以被接受的。在讨论世界上婚姻形式的多样化时，我们提到文化和进化因素通常会产生交互作用。两次革命使墨西哥的人口结构产生了巨大的变化，适婚年龄的女性比男性要多。正如我们提到的，当女性比男性多时，性行为规范会变得更倾向于无约束。

尽管他们的关系中存在问题，为什么弗里达和迭戈又走到一起，依旧亲密，直到她去世？正如我们看到的，两性的爱恋关系通常包含了困难和冲突。我们同样还看到，人们会学着克服他们的差异。虽然他们的关系并不符合西方社会的传统模式，但是却在某种程度上体现了人类的灵活性、多样性以及人类依恋关系的力量。尽管迭戈和弗里达对他人会产生性吸引，但他们都对彼此有着深深的积极的依恋。作为艺术家，他们相互鼓励，相互支持，重视对方对自己作品的意见，相互提供社会支持，一起分享生活的幸福，克服生活的风雨。确实，在这种不拘泥于传统的环境下，他们这种维持终生爱恋关系的能力体现了人类的积极趋向。

在本章中，我们再次看到了社会心理学和其他学科之间的联系。神经心理学的研究越来越多地发现生理因素在人类爱恋行为中的作用，包括我们何时被吸引以及被谁吸引都会受到荷尔蒙的影响。历史文化对两性关系的影响将爱情心理学与历史、政治和人类学领域相联系。在两性关系中，男女两性会从不同的角度做出有关伴侣和后代的决定，这一现象提出了很多有趣的经济心理学的问题。

第 9 章 亲社会行为

通过本章学习，我们能够：

- ◎ 定义纯粹的利他主义并描述它如何区别于其他类型的亲社会行为；
- ◎ 概述亲社会行为四个主要的服务目标；
- ◎ 通过探讨 W. D. 汉密尔顿（W. D. Hamilton）和罗伯特·特里弗斯（Robert Trivers）提出的两个见解，明晰为何给予可能提高给予者的遗传福利；
- ◎ 了解扩展帮助者对“我们”感知的两个情境因素；
- ◎ 描述社会责任规范要求人们做什么；
- ◎ 识别紧急事件中的旁观者影响助人决策的三种方式；
- ◎ 解释男女何时以及为何在助人行为中存在差异；
- ◎ 理解个人规范和宗教道德法则如何影响助人行为；
- ◎ 解释贴标签和自我聚焦如何提升我们的助人动机；
- ◎ 理解为何我们有时决定不提供帮助或接受他人的帮助；
- ◎ 根据唤醒 / 成本 – 奖赏模型，识别增加观察者帮助紧急事件受害者的可能性的三个因素；
- ◎ 根据消极状态减缓模型，了解悲伤何时以及为何导致助人行为；
- ◎ 根据共情 – 利他假设，了解纯粹的利他主义何时发生；
- ◎ 总结出支持与反对共情 – 利他假设的证据。

案例

杉原千亩的奇特案例

纳粹统治欧洲的年代展现了人性中最恶的一面。超过 11 000 000 的民众（包括犹太人、吉卜赛人、同性恋者及持不同政见者）被赶出家园、惨遭侮辱与虐待，最后丧命于惨绝人寰的大屠杀中。讽刺的是，这段岁月也让我们看到了人性的光辉：一些几乎不认识受害者的人，表现出了善良、英勇和自我牺牲等非凡的行为。然而，大屠杀期间发生的一件最为有效的助人行为却几乎不为人所知。

事情始于 1940 年夏天的一个黎明，200 名波兰犹太人聚集在立陶宛的日本领事馆外，祈求日本领事馆帮助他们逃离进击的纳粹。他们为何选择去寻求日本当局的帮助至今还是一个谜。在当时，纳粹德国政府与日本帝国联系非常紧密。这些被第三帝国憎恶的犹太人为何会将自己的性命寄希望于希特勒的国际同盟者呢？

要回答这个问题，我们需要回溯到 20 世纪 30 年代中期。在日本与希特勒的德国政府缔结战略性的联盟之前，日本已经开始允许逃亡的犹太人在其占领的上海自由定居，以便获得国际上犹太社会提供的一些经济资源和政治友好关系。一个矛盾的事实是，战前世界上大多数国家（包括美国）都拒绝了那些希特勒最终处决方案下绝望的牺牲者，而作为希特勒盟友的日本却为他们提供了避难所。

到了 1940 年 7 月，当 200 名这样的“牺牲者”聚集在立陶宛的日本领事馆门外时，他们知道里面的人是他们最佳、可能也是最后获得安全的机会。这个人是杉原千亩（Sempo Sugihara）。杉原先生怎么看都不太可能成为他们的救世主：他是一名处于职业生涯中期的外交官，出身于以在战争中忠诚、精技和凶猛而闻名的武士阶层的家庭。他还是一名政府官员的儿子，梦想有一天能成为日本驻苏联大使。他也是一个酷爱娱乐、聚会和音乐的人。因此从表面上看，几乎没有迹象表明这个寻求享乐的终身外交官会牺牲掉自己的事业、名誉和未来去拯救一群在早上 5：15 就把他从睡梦中吵醒的犹太人。然而，这正是他所做的，尽管完全清楚这么做对他本人及家庭可能造成的后果。

在与门外聚集的人群中的其中几个人交谈之后，杉原意识到他们所处的窘困境遇，于是立即发电报给东京以期得到为他们签发旅行签证的许可。他的请求遭到了草率的拒绝。他坚持向当局施压发了第二封和第三封加急申请状，但也全部被回绝了。在这个时刻，这名一向养尊处优、雄心勃勃的职业官员做了一件任何人都想不到的事情。他决定公然违抗命令，擅自签发了犹太人所需要的旅行文件。

这个决定毁掉了他的事业。不到一个月，他就从总领馆被调去了柏林的一个较低职位，忙到不可开交。最终，他因为违抗命令而被外交部开除。战争之后由于名誉受损，他不得不以贩卖白炽灯为生。但在立陶宛的领事馆不得不关闭前的那几周，他坚持自己的行动方向，夜以继日地面试申请者，签署帮助他们逃离的文书。即使在领事馆关闭后，他住在一家旅馆中，仍然坚持颁发签证。即使形势的压力使他日渐消瘦和倦怠，导致他的妻子无法照料他们的幼儿时，他仍然没有停止。甚至在去往柏林的火车站台上、在火车上，他仍然坚持将这些保障生命的文书交到那些想拼命抓住生命的人手中，

◎ **杉原的救命线**。一队人站在杉原千亩的办公室外面等待生存的机会，而另一队人在纳粹集中营里等待死亡。如果没有杉原千亩的帮助，前一队人也可能很快就会成为后一队人。

最终挽救了成千上万的无辜者。最后，当火车带着他离开时，他深深地鞠了一躬，向那些他没能帮上的人们道歉，祈求人们原谅他的离去。

要理解杉原千亩帮助犹太人逃到上海的决定，需要意识到**亲社会行为**（prosocial behavior）的一条基本原理：它很少来源于单一的因素，而是产生于多种动力的相互作用。在我们尝试找出这些动力，以理解杉原千亩此番行为之前，我们首先要清楚什么是亲社会行为。除此而外，我们应该认识到助人行为可以为助人者的目标服务：为别人提供帮助可以带来好处，可以是实实在在能感知到的，也可以是无形中难以知觉的。因此，在本章中我们首先对亲社会行为进行定义和阐述，继而我们将识别亲社会行为的主要目标，考察它们如何解释各种各样的帮助行为（如杉原千亩的例子）。

名词解释

亲社会行为 指有益于他人的行为。

纯粹的（或真正的）利他主义 仅仅出于为提高他人福祉的动机，使他人获益的行为。

亲社会行为的目标

亲社会行为有各种各样的形式和协助程度。一般来说，**亲社会行为**指任何有益于他人的行为。这种定义意味着助人者也可以成为获益的个体。举例来说，你为了给一个朋友留下好的印象而将20美元投入到救世军（The Salvation Army）[①]的水壶里，这也是一种亲社会行为。尽管你的动机可能不是特别值得称赞，但是你的行为依然会被认为是亲社会的。现在，假设你给救世军的水壶投20美元不是为了获得外部奖励或认同，而是打心里认可，所以匿名寄钱。这两种帮助行为的关键区别在于你是期望从外部还是从内心获得奖赏。心理学家对区分帮助行为的奖励来源于外部还是内部重视已久，并认为由内部奖赏驱动的亲社会行为更具道德价值。事实上，一些理论家将由内部动机驱动的帮助定义为利他行为。

而其他理论家希望将利他主义的概念留给一种更为局限的亲社会行为类型，我们可以将它标定为**纯粹的（或真正的）利他主义**（pure or true altruism）。纯粹的利他主义是指不出于其他原因而仅仅出于想要提高他人福祉的动机，而使他人获益的行为。在这类帮助行为中，助人者并不关心自己的外部或内部奖赏。帮助行为可能会带来奖赏，但是对于纯粹的利他行为，这些奖赏并不是助人者决定帮助别人的原因。因此，如果你将20美元寄给了救世军并因此对自己感觉更好了，你所做的仍然是纯粹的利他行为，这是因为你并非出于要使自己感觉更好或其他自我导向的原因而捐赠。目前，帮助行为的研究者面临的最大争议问题在于是否真的存在纯粹的、完全与自我利益无关的利他行为。在本章节的最后，我们将回顾对这个问题进行探索和回答的相关研究结果。

亲社会行为出现在各种人类社会中，而乐于助人也是可以通过基因进行传递的遗传特质。那么，助人行为很可能对社会及个人起到一些有价值的功能。而事实上，很多社会心理学的研究发现亲社会行为可以为很多目标服务。我们可以通过帮助他人来：（1）提高自己的基本福祉；（2）增加社会地位和认同；（3）管理自我形象；（4）管理心境和情绪。下面，我们首先来考虑帮助他人最根本的原因——帮助我们自己。

提高我们基本的福利：获得基因与物质的收益

在演化理论的观点中，人们为什么会帮助他人一直是一个棘手的问题。从表面上看，舍弃自己的资源去帮助他人对达尔文派的观点（即我们总是努力提高自身的生存）提出了质疑。看似与这个观点矛盾的地方在于，我们知

① 救世军是美国有名的一个以军官为核心的慈善机构，是由军官、工作人员、志愿者组成的近340万人的超大型组织，长期活跃在大量需要被帮助的社区内，赢得了无数危机救助的胜利。——译者注

道人们经常以多种多样的方式提供帮助，小到为别人扶门，大到从发生火灾的建筑物里救出小孩。除了令人印象深刻的助人行为外，在现代社会还存在很多不引人注意的助人行为。仅在美国，就有 80% 的成人会向慈善机构捐钱或进行志愿服务。当我们在解释行为的传统演化理论中加入两种新的见解时，前文所述的利他倾向的演化意义就更明确了。

深度理解帮助的演化

第一种帮助的演化观点由生物学家汉密尔顿于 1964 年提出。他认为从演化的观点来看，个体的行为与其说是用来确保个体生存，不如说是用来确保组成个体的基因的生存。

保护我们的亲属

汉密尔顿在**内含适应性**（inclusive fitness）的概念中阐述了个体生存与基因生存的区别。内含适应性是指个体的基因在自己的后代或其他亲属后代中被保留的可能性。区分个体生存与基因生存的意义在于它可以帮助理解和预测助人行为何时发生，因为它暗示了人们很有可能接受个人的风险和损失，如果这一过程能够提高其内含适应性，即增加自身基因的生存机会。因此，只要能够增加我们基因的复本在我们帮助的亲属中生存的可能性，我们甘愿承担献出自己生命的风险。

大量研究表明，个体更愿意帮助与自身存在基因联系的人。在很多动物中，对亲属的帮助（如喂养、防御和提供住宿）和亲属与自身基因的关联度直接相关：动物最愿意帮助那些更可能与自身共享祖先留下来的相同基因的个体。在很多文化下，我们人类也表现出相同的模式（如图 9–1 所示）。这种帮助基因相近亲属的倾向性发生在各种形式的助人行为中，如在美国捐肾或介入委内瑞拉丛林中的斧头战斗。

名词解释

内含适应性 个体基因在自己的后代及帮助过的亲属中的延续。

互惠帮助 为了报答之前获得的帮助而给予帮助。

互惠帮助

汉密尔顿内含适应性的观点为我们提供了一种理解亲属间自我牺牲的方式。但是，我们如何使用演化的逻辑来解释在动物和人类社会都经常上演的非亲属帮助的行为呢？现代演化理论的第二个重要视角是**互惠帮助**（reciprocal aid）。罗伯特·特里弗斯于 1971 年提出，帮助通常是相互的和合作的，以使得助人者可以获得别人帮助的回报。回想一下第 6 章你所学到的，所有人类社会都具有互惠规范，即人们有义务为所获得的收益而付出回报。特里弗斯发现互相帮助也经常发生在动物之间。具有鼓励这种相互行为的基因的个体也因此具有生存优势。

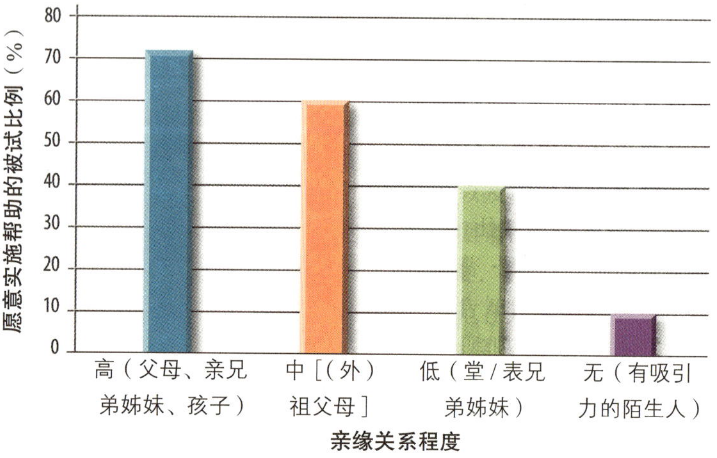

图 9–1 帮助亲属及非亲属

注：被试报告在一系列情境中他们是否愿意帮助特定的他人，他们帮助的意愿能够密切反映出他们自身与他人的基因联系。

资料来源：Adapted from the results of Cunningham, M. R., Jegerski, J., Gruder, C. L., & Barbee, A. P. (1995). Helping in different social relationships: Charity begins at home. Unpublished manuscript, University of Louisville, Department of Psychology, Louisville, KY.

联结：方法与证据

使用行为遗传学研究助人行为

关于人类行为在多大程度上可以由遗传或环境解释的争论在科学史上持续了很长的时间。为分离导致行为的这两种基本原因，行为遗传学家常常比较同卵双生子（共享所有基因）和异卵双生子（在相同的家庭环境中出生但仅共享一般的基因）。双生子的研究为助人倾向的产生提供了两方面的证据。

第一，不管对成人还是14个月大的婴儿，同卵双生子在助人模式上都比异卵双生子更相似。这些差异使遗传学家相信，助人倾向一半取决于遗传因素，一半取决于非遗传因素。

第二，另一些研究试图探讨为什么同卵双生子更可能互相表现出亲社会行为。南希·西格尔（Nancy Segal）在一个让被试赢取分数的任务中发现，同卵双生子比异卵双生子更努力地为对方赢分。而在进一步解决难题的任务中，94%的同卵双生子帮助了对方，而只有46%的异卵双生子这么做。最后，在讨价还价的任务中，同卵双生子比异卵双生子为使双方获益而表现出更多合作。当然，这些结果与内含适应性的概念以及个体会采取增加基因福利的行为（即使基因在他人的体内）的观点是一致的。

双生子的研究发现了遗传因素对助人倾向性具有较强的影响。同时，双生子之间的表现不完全相同，表明学习和环境也具有较强的影响——对那些希望能够向他人（尤其是儿童）灌输亲社会取向的人而言，这是一个乐观的结果。

◎ **双重责任。**同卵双生子在基因和其他方面的特殊联系使得他们更愿意互相帮助。

在没有亲缘关系的个体之间的互惠帮助中，合作者比非合作者所具有的物质优势也带来了生存优势。事实上，从长远来看合作者确实经常得益于这种优势，因为他们的互相帮助使得他们更有机会得到奖励和维持持续获益的关系。我们可以举欧洲科学家关于合作在长期的雇主－雇员关系中的影响的研究为例。他们发现当公司互惠地给那些对公司有贡献的雇员提供回报时，雇员会更努力地工作并且在工作中更少地偷懒。所有这些极大地提高了利润，确保了公司的生存和员工的工作。总结起来，互惠帮助的益处在于为那些有技巧地参与其中的人提供了资源优势，使得这些个体更可能健康地生长，并将自己的基因传递下去。

◎ **你为我抓虱子，我也为你抓。**互惠型帮助在动物之间经常以互相清洁的形式出现，这种合作会让参与其中的所有动物获益。

个人 学习助人

哪些特点可能会驱使个体为获得基因和资源的益处而去助人呢？两个凸显的特点是：灌输的信念及扩展的对“我们”的感知。

灌输的信念

如果帮助他人（即使是无关的他人）可以为助人者带来基因和物质的获益，那么那些强烈相信这种观点的人就应该最有可能提供帮助。这正是美国公司的一个调查发现的结果：那些拥有将自身利益看作投入慈善理由的管理者的公司更可能成为较大的捐助者。

这种将帮助行为视为提高自身利益的观点源自何处呢？一个来源就是学习过程。即使在个体发展的相对后期，人们也能够通过教育而相信亲社会行为对个人而言是否是划算的。以古典经济理论的训练为例，一个基本假设是人们会忽视或者剥削他人以最大化自己的利益。研究发现，经济专业的学生比其他学科（如心理学专业的学生）更遵循古典经济学理论的预期，他们在谈判或者资金分配中更可能要求一个偏向己方的回报。同时，在助人方面，随着接受经济学训练的增加，这些人捐款给慈善机构的意愿降低。另一方面，穷人能从与他人分享中获益更多，他们更可能形成平等主义和富有同情心的价值观，并慷慨地对待他人。

扩展的“我们”感知

个体习得的对世界的倾向性会通过另一种方式影响个体为了直接获益而表现出的亲社会行为。这种习得的倾向性——一种对“我们”的延伸理解——在家庭中养成，远远早于个体学习大学课程，同时，它更多意味着基因而非物质的获益。正如一般的理解一样，人们更愿意帮助那些在基因上与自己相关的人，以增加自身基因的存活率。尽管如此，在助人之前首先仔细分析他人并决定自己与被助者共享多少基因不太可能做到。因而，人们是通过依赖一些遗传相关性的线索（比如与亲缘关系相关的特征）来进行判断。这种线索之一是早期存在于家庭中的特定他人或特定类型的他人。人们和动物都会把在成长过程中出现的他人当成自己的亲属。尽管这种基因相关线索有时会误导我们，但通常它还是准确的，因为居住在同一个家庭里的人通常是真正的家庭成员，在家庭中每个人都被纳入“我们”的概念中。

按照这个逻辑能够推出一个有趣的结果，那些出生在父母接纳广泛人群（不同背景、习俗和外表的人们）的家庭的人，应该更可能去帮助陌生人。这是由于他们的“我们”的概念得到拓展，可以包含远远多于直系的或扩展的家庭成员。对他们来说，这种促进助人行为的“我们”感应该能更全面地扩展到整个人类家庭。

不同文化对于邀请他人（尤其仅仅是熟人而已）来家中有不同的规范，这为前面所述的观点提供了一个支持。在很多亚洲社会中，这种邀请很少见，因而获得邀请的人会感觉到极大的荣幸。然而在西方社会中，邀请熟人来家中聚会，如享用便餐、看电视转播的体育赛事等，远远要平常得多。与多样化的家庭环境会增加对陌生人的帮助行为的观点相一致，美国人会比日本人或中国人更愿意帮助外群体成员。但是日本人和中国人比美国人更愿意帮助内群体成员。

这些证据加深了杉原千亩案例的神秘色彩。作为以不愿接纳外人著称的日本社会中的一员，杉原为什么可以为了帮助犹太人难民而做出这样的牺牲？我们的第一个解释来自杉原千亩的

◎ **外来者。**这张照片是杉原千亩在立陶宛被免职几个月后，他的妻子、儿子和妻妹在纳粹统治区的合影。公园大门上的牌子上面写着“犹太人不得入内”。这张照片中的标志是有意还是无心拍下已经无从考证。然而，我们知道的是这是杉原自己拍下的照片，也是他安排家人站在公园的门边。你看了这张照片会怎么想？你认为这个标志是无意拍下的还是包含讽刺意味的有意为之呢？这里给你一个小小的提示，看你是否能够找到杉原妻妹右手的位置。

早年经历。杉原的父亲是一名税务官员，曾被派去韩国工作，举家搬迁并在那儿开办了一家旅馆。即使有些客人穷到无力支付费用，杉原的父母仍然愿意接待他们，照顾他们的需要，帮他们清洁头发和衣服上的虱子。父母的行为给杉原留下了很深的印象。这可能是杉原后来帮助欧洲的犹太人的一个原因，即在家庭中接触到各种各样的人扩展了他对于"我们"的理解。在这件事情过去45年后，杉原接受采访时提到，这些受害者的国籍和宗教对他来说不重要，最重要的是"他们是人类，并且他们需要帮助"。

当然，试图由一个事例推出一个广泛的结论并不能让人信服。但是，在这个例子中，我们知道杉原不是那个时代唯一的在早期家庭生活中接触过不同人的救助者。塞缪尔（Samuel）和珀尔·奥利纳（Pearl Oliner）于1988年的研究确实发现，那些曾经收留逃脱纳粹分子杀害的犹太人的欧洲异教徒更可能报告在童年时与不同社会阶层和宗教的人们有紧密的联结。并且，相比于非救助者，这些救助者感觉自己与更广泛、多样化的群体更为相似。这种延伸的"我们"感知不仅与他们在战争中决定救助与自己不同的人们相关，也持续到半个世纪之后，他们仍然在帮助各种各样的人们。这给那些希望自己子女养成仁爱品质的父母提供了一个建议：让孩子在家庭中积极地接触具有不同背景的人们。

◎ **家庭中的所有成员。**让相似他人获益的倾向性甚至也发生在家庭内部，彼此相似的家庭成员中更可能发生帮助行为。根据这些结果，在你决定向几个人中的哪一个求助时，如果其他条件同等，你最好选择那个在人格特征或外表上与你最相似的人。

情境 相似性与熟悉性

正如先前学习的历史可以影响个体有关"我们"的概念，即刻情境的特定特征也会产生影响。比如，根据帮助动机的演化理论解释，这些情境因素与"我们"的一个特别重要的类别（亲属）相联系，从而增加帮助行为。以往研究发现，相似性与熟悉性这两个因素与演化的观点相一致。

相似性

两个人估计彼此在基因上的联系程度的一种方式是评估相互间的相似性程度。这种相似不仅是指身体特征也包含特定的人格特质和态度。如果亲社会行为是由个体提升自己基因存活率的（无疑是无意识的）意愿驱动的，那么人们应该更会去帮助与自己在外表、人格与态度上相似的人。例如，人们报告他们会优先对那些与自己有共同政治态度的人实施挽救生命的药物治疗。人们也更可能帮助那些具有与自己相似身姿的人。

如果相似性确实能够导致帮助行为，那么我们就可以通过让他人确信我们是相似的来促使他人提供帮助。事实上，这种方法或许在第二次世界大战中的另一件令人费解的事件中挽救了许多生命。尽管日本军部与德国是盟军的关系，但他们不顾纳粹联盟的反对，仍然决定在整个战争期间为犹太人提供避难所，维持他们的生存。正如很多学者所认为的那样，围绕这个决定的事件为相似性与助人行为的关系提供了一个有力的证据，同时也展示了受害者如何通过将自己纳入帮助者的"我们"概念中以获取最大的个人利益。

熟悉性

因为个体通常会与亲属居住在一起或频繁接触，熟悉程度也可以作为判定遗传相似性的线索。例如，英语单词"familiar（熟悉的）"几乎与"familial（家庭的）"相同。兄弟姐妹在一起住得越久，他们越有可能以利他的方式对待

联结：理论与应用

调整助人者的“我们”的概念来获得帮助

杉原千亩为成千上万的犹太人颁发了出境的签证后，这些犹太人成了聚集在被日本占领的上海的犹太难民队伍中的一部分。但是在珍珠港袭击事件之后，所有出入上海的难民通过权立刻被停止，犹太人的境遇瞬时变得危险。在当时，日本毕竟是阿道夫·希特勒的战时同盟国，不得不避免那些可能威胁到与极端反犹太分子所形成联盟的稳固性的行为。尽管如此，日本政府仍然抵挡住了纳粹分子要求在 1942 年初消灭在上海的犹太人的压力，并且在纳粹的抗议中始终表现出了强硬的态度，一直持续到战争结束。它们何以如此?

根据东京的前首席犹太学者马文·杜基雅（Mavin Tokayer）的解释，这个问题的答案可能与发生在几个月前一些鲜为人知的事件有关。纳粹曾经派遣盖世太保上校约瑟夫·梅辛格（Josef Meisinger）到东京，试图鼓动一项对日本统治地的犹太人实施野蛮暴行的政策。为了听取多方意见，日本军部的高级成员要求犹太难民组织派出两名领导参加这个将决定他们命运的会议。犹太人选出的代表都是德高望重的宗教领袖，且在不同的领域受尊重。其中一位是以勤奋好学闻名的学者拉比（Rabbi）[①]摩西·沙兹科斯（Moses Shatzkes），他是战争之前欧洲最杰出的宗教学者之一。另一位是更加年长的类似于社会心理学家的拉比希蒙·卡利施（Shimon Kalisch），他以对基本人类工作方式的杰出理解闻名于世。

当这两位拉比踏进会议室之后，他们和翻译发现自己所面对的是日本大本营最有权势的几位成员，而这几位官员毫不迟疑地抛出了几个致命的问题：“为什么我们的盟国纳粹会如此憎恨你们”“为什么我们应该抵制他们对你们的制裁？”学者沙兹科斯拉比一语难发。但是深知人类本性的卡利施拉比仅仅用了一句话就完美地回答了两个问题，他平静地说：“因为我们是亚洲人，正如你们一样。”

① 拉比是犹太人中的一个特别阶层，意为“圣者”。——译者注

◎ **影响日本对犹太人政策的斗士。**纳粹政府未能成功说服日本最高指挥部按照他们期望的方式来对待日本占领区的犹太人。一个原因可能是在与犹太人领袖的关键会谈中意识到日本与犹太人有着共同的亚洲血统。犹太人领袖卡利施和沙兹科斯拉比（此照片上是他们与翻译在会议当天的合影）试图将犹太民族纳入日本官员的扩展的“我们”的概念中，并将纳粹排除在外。

尽管如此简短，这句回答却极富感染力，因为它通过重新塑造日本官员对“我们”的感知而使得两条支持帮助犹太人的论点变得突出。首先是一个试图解释古代犹太人与日本神道教特点上突出的相似性的理论，这个理论在日本争论已久。该理论认为以色列 10 个“消失部落”中的一些部落跨越亚洲到了日本，并与日本人通婚，实现信念与血统的融合。卡利施拉比的陈述希望强调的第二点是，纳粹宣称，德国大民族从基因上与低等的亚洲民族不同。依靠这一项极具洞察力的观察，他试图重塑官员的“我们”的概念——这下犹太人纳入了进来，而纳粹被排除在外（如同他们自我声称的那样）。

据见证了这场会议的人说，这位年老拉比的话语对日本官员产生了有力的影响。在长时间的沉默之后，最高军事长官站起来，给出了拉比期望为犹太社团带回去的保证：“回到你们的人民之中，告诉他们，我们将为他们提供安全与和平。”此后，日本也确实履行了这个承诺。

助人行为的演化观点同样预测到了帮助行为的复杂性。在不同条件下帮助近亲的倾向性并不

是相同的。例如，如果帮助关系亲近的他人是为了确保更多自身基因的生存，那么当生存出现威胁时帮助近亲的偏好会更强烈。为了检验这个假设，尤金·伯恩斯坦（Eugene Burnstein）、克里斯·克兰德（Chris Crandall）与北山忍（Shinobu Kitayama）于1994年的研究询问了美国和日本大学生的助人意愿，涉及的助人场景包括从着火的建筑物中救人或在商店帮人捎带东西。总的说来，亲属关系越近，帮助的意愿越高。但是在两种文化中，帮助近亲的倾向都在生命受威胁时更为突出。

彼此。当然，早期大量的互相接触并不能保证基因的重合。而做出帮助谁的决定也并非一定需要基因的重合。如果与某人的熟悉性与共享基因有着粗略的相关，那么按照演化心理学的逻辑，帮助那个人就可能有利于助人者基因的保存，帮助行为也容易发生。有两个方面的证据支持这个观点。

首先，无论在人类还是动物社会，个体间的亲缘关系越近，彼此的接触就越多。其次，人们更愿意帮助他们所熟悉的他人或者甚至是熟悉的他人类型。同样地，我们可以从塞缪尔与珀尔·奥利纳在第二次世界大战中对犹太人施助者的丰富数据中寻找支持的证据。与那些没有施助的人相比，施助者更可能在战争前的邻里间、工作中与交友中与犹太人有过接触。那些慈善筹款员也报告了一个相似的现象：人们更倾向于在那些有熟人牵涉其中的问题上提供帮助。正如托马斯·谢林（Thomas Schelling）曾经说过的那样，我们关心我们认识的人。与社会心理学家的发现一致，这可能是因为我们越了解彼此，就越认为彼此更相似。

熟悉程度与帮助的关系可以为杉原千亩的助人行为提供另一个解释。在他决定牺牲自己的事业来帮助犹太难民的几个月之前，杉原认识了一名11岁的犹太男孩苏尼·基诺（Solly Ganor），这名男孩的姨母在日本领事馆附近开了一家店铺。在那几个月，杉原如对待朋友一样对待苏尼，每次相遇都会给他一个硬币或者为男孩集邮的爱好帮了不少忙。在某次相遇的时候，杉原没有接受苏尼的感谢，告诉男孩把自己"当成一个叔叔"。苏尼回答说："既然你是我的叔叔，你应该周六来参加我们的光明节聚会，我们全家都会在。"在这个聚会上，杉原不仅看到了苏尼的直系家庭，还遇见了苏尼从波兰到来的远亲，他们描述了纳粹侵略者惨绝人寰的暴行并请求杉原帮助他们逃离欧洲。杉原告诉苏尼的家人，自己的职位不能提供所需的帮助，但是也许在将来可以提供帮助。这个可以拯救他的新朋友的机会在八个月后降临了：杉原签发的第一份签证就给了苏尼的家人。

小调查

思考下面这个令人头疼的两难问题：两个人在你眼前溺水，而你只能救出其中一人。第一个人是你一向喜欢并友好相处的亲密朋友，另一个是一个较近的亲戚（兄弟或姐妹），但你们的关系总是陷于困境和充满争执。你会选择救哪一个人？并请试着说出你的理由。

获得社会地位与认同

除了基因与物质上的获益外，施助者也可以获得一种更为间接的利益。因为在人类文化下助人为乐普遍被认为是一种积极的行为，那些帮助他人的人可以提升在他人眼中的形象。唐纳德·坎贝尔指出，为了鼓励在无法提供物质或基因奖励的情境中的助人行为，人类社会为那些助人的人提供社会性奖励。这些社会性奖励通常以增加喜爱和认可的方式出现。除此以外，亲社会行为还可以增强助人者在团体中的权力感及地位感。那些想要获得地位的人更可能为公共物品做出牺牲，例如选择环保产品或混合动力汽车，并且当他们认为自己的善举会为人所知时尤其会这样做。

通过付出来增加社会地位的策略并不是

◎波特拉奇权力（Potlatch）。在西北太平洋海岸的部落中，一些出身高贵的成员会通过分发巨大数量的礼物得到他们更需要的东西——确保他们的阶层和地位的合法性。此图显示在一个冬节上，堆积了大量的毯子以供分发。

在企业的文化中所独有的。法国人类学家马赛尔·莫斯（Marcel Mauss）在其名著《礼物》（*The Gift*）中详细地说明了人类社会组织中赠予礼物的重要性与普遍性。然而，尽管这种行为比较常见，其形式却可以极其多样的形式出现。其中最为壮观的仪式之一发生在印第安人的冬季赠礼节——一种部落的庆祝典礼，主人会向客人分发数量极其庞大的礼物，这个过程经常导致破产或负债。

我们如何来解释这种赠送礼物的极端形式？当前大多数人类学家认可的答案是这一习俗能够建立和确认社会中的地位。也就是说，任何可以积累和消费巨大财富的人都相当于合法地对外宣称了自己高贵的社会地位。事实上真正有价值的不是财富，而是通过分发财富来昭示合法化的社会地位。从这个角度来看，古老的部落首领与当今的商业领袖并没有什么差别，当今的商业领袖也是通过提供公司的捐赠来确保他们和他们的公司被认为比其竞争对手更有实力和更加成功的。

社会责任：帮助的规范

社会规范通常会有力地影响人们的行为。正如我们在第6章所讨论的那样，社会普遍存在描述性和命令性两种规范。描述性规范是指人们通常做什么，而命令性规范定义了哪些行为被认可和不被认可。这两种规范都会影响助人行为：人们在确信他人也会帮助或者他人赞同帮助的事情上更愿意施以援手。然而，与获得地位和社会认同的目标最为相关的是对亲社会行为的认可。波兰社会心理学家雅努什·雷科斯基（Janusz Reykowski）通过研究发现了预期的社会赞同的作用，他们以保加利亚大学的学生为被试，首先告诉他们在学校里利他主义者不受推崇的虚假信息。随后，当向这些被试请求帮助时，他们比那些没有被告知虚假信息的被试更不愿意给予帮助。

最为普遍的助人规范是**社会责任规范**（social responsibility norm）。这个规范较为宽泛地强调我们应该帮助那些需要我们帮助的人。正如我们了解的那样，一些因素会影响社会责任规范何时会指导个体做出帮助他人的决定。其中被广泛研究的因素之一是在面临助人机会时是否有他人（旁观者）在场，特别是在面临需要紧急施助的机会时。这些旁观者会影响社会责任规范是否起作用，并最终影响到是否施以援手的决定。这种影响主要通过三种路径来实现：他人作为帮助的来源；他人作为关于是否需要帮助的信息来源；他人作为赞同或不赞同帮助行为的来源（如图9–2所示）。

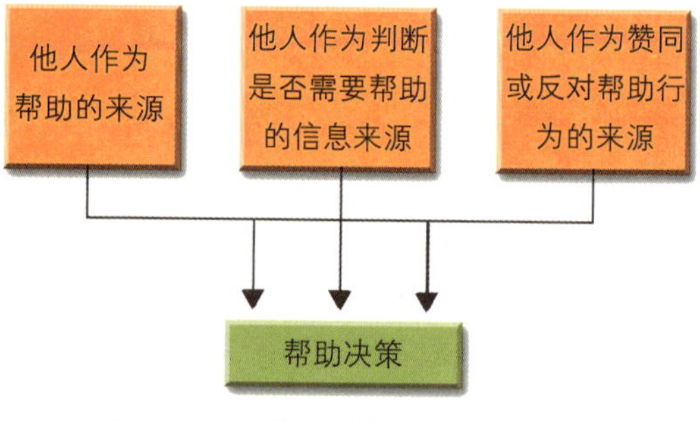

图9–2　旁观者对帮助决策的影响

注：他人可以以三种方式影响个体是否提供帮助的决策。

名词解释

社会责任规范　一种认为人们应该帮助那些需要帮助的人的社会规则。

旁观者作为帮助的来源

在实验社会心理学发展的早期，研究者对反社会行为（偏见、冲突、攻击）的关注超过对亲社会行为的关注。可能是由于第二次世界大战带来的恐惧还依然历历在目的原因，社会心理学家更加试图去了解和降低人类的恶行，而不是了解和增加人类的善行。然而在20世纪60年代中期，一个事件的发生导致这种趋势发生了决定性的变化。1964年3月13日凌晨3点，一位纽约名叫凯瑟琳·吉诺维斯（Catherine Genovese）的年轻女性在其公寓外的街道上被陌生男子用刀刺死。对这次谋杀事件的新闻报道引发了一场全国性的争论。

为什么这个事件会产生这样的影响？因为此次犯罪的过程持续了很长时间并且受到了广泛关注，吉诺维斯的38位邻居都被一阵骚动声吵醒，透过安全的公寓窗户目睹了整个犯罪过程。38人目睹了这场紧急事件，但是竟然没有一个人出去帮助吉诺维斯，甚至没有一人报警。

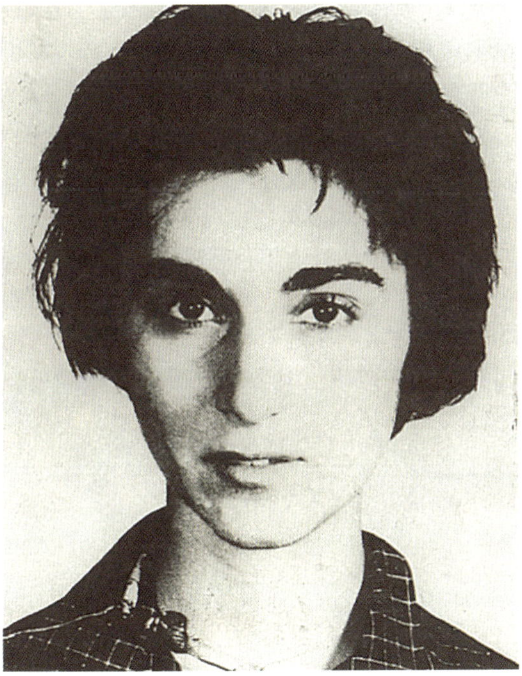

◎**凯瑟琳·吉诺维斯**。在黑暗的纽约街道上，凯瑟琳·吉诺维斯谋杀案发生之前，社会心理学家很少花费时间研究助人行为。但是她遇害的特殊情境——有38人目睹了长达35分钟的事件经过而无一人伸出援手——将一个新的研究问题凸显出来：哪些因素会增强或抑制助人行为的倾向？

后来有研究者对吉诺维斯案例的细节提出了质疑。无论这一案例被夸大与否，它都影响了社会心理学的领域，引起了对旁观者淡漠的一系列研究。在《纽约时报》的头版故事引发的舆论漩涡中，社会科学家也感受到来自教室的学生、采访的新闻媒体人员甚至是鸡尾酒会上的朋友对这个问题的追问："为什么有38人目击此事件，竟没有一个人施以援手？"在一次聚会之后，两位纽约市当地的社会心理学家比布·拉坦内（Bibb Latané）和约翰·达利（John Darley）着手解释这个奇怪的现象。在这个过程中，他们偶然提出了一个其他人忽略的解释：尽管先前的解释强调了有一些人目睹了事件现场但并未采取任何行动，拉坦内与达利提出没有人帮助恰恰就是因为现场有太多的目击者——他们将此现象定义为**旁观者效应**（bystander effect）。由于现场有如此多的目击者，每个人都很容易认为那些更有条件实施帮助的他人会提供帮助。根据拉坦内与达利的解释，帮助的责任分散到一群旁观者身上而变得很微弱——这个过程被称作**责任扩散**（diffusion of responsibility）——从而导致没有人感觉到自己有义务去行动，因此未采取行动。

为了检验他们的解释，拉坦内与达利设计了最初的一些实验来考察紧急事件中旁观者的数量对个体实施帮助行为可能性的影响。通过一个对讲系统，纽约的一些大学生听到另一个学生遭遇了癫痫的突然发作。随着其他可能实施帮助的人数增多，离开自己卧室去提供帮助的被试所占的百分比急剧下降。如果被试被告知只有自己一人听到癫痫求救，则85%的人都会施以救助，然而，如果他们知道还有其他一名被试听到求救，则帮助的行为就会降低到62%；如果得知有其他四名被试能通过对讲系统听到求救，实施帮助的行为则减少到31%。

那么，责任扩散与社会责任规范有何关系呢？回顾一下社会责任规范要求我们帮助那些依赖我们帮助的人。如果存在他人就分散了我们对求助者进行帮助的责任，这些受害者自然成为不依赖我们帮助的人，因此就削弱了规范

◎ **受害者**？在图示的这种情景中，当对紧急求助的需求不清楚时，即使真正的受害者也很可能得不到围观人群的帮助。想象一下，如果你是该情景中的下一个过路者，你会如何受到第一个过路者的影响，从而相信该受害者不需要帮助。

所规定的帮助义务。一些研究发现他人的存在不仅降低了帮助的倾向性，同时也降低了潜在帮助者对自身责任的知觉，为该观点提供了支持证据。

名词解释

旁观者效应 在紧急情况下，在知道有旁观者存在时，个体提供帮助的可能性降低的倾向。

责任扩散 每个群体成员倾向于通过将行动的责任分散给其他群体成员，以减轻个人所应承担的责任。

旁观者作为帮助信息的来源

除了责任扩散，拉坦内与达利提出旁观者降低紧急帮助的另一个理由：他们的不作为可能降低了一个真正的紧急事件被理解为紧急事件的机会。在很多场合，对观察者来说一个紧急事件是否发生难以清楚判定，而当人们不确定时，他们更不愿意行动。他们的替代行为则是四处寻找信息来帮助他们确认情境。在一个进行的紧急事件中，他人也成为旁观者信息的来源。每个人都观察他人来寻找如何行动的线索，但是这种观察非常迅速且微妙，常常是不经意的一瞥，以至于看起来不会表现出慌乱和惊吓。因此，每个人注意到他人都很平静地没有行动，从而得出结论认为实际没有发生什么紧急的事情。这个现象被拉坦内与达利称之为**多数无知**（pluralistic ignorance），指群体中的成员因为其他人不关心则认定没有什么危险。这种情况是否在表面上导致了现代社会中令人感到羞耻的旁观者“冷漠”呢？看起来是这样的。

在一个研究中，研究者让被试在实验室填写问卷，同时通过通风孔向实验室排放烟雾。结果发现，独自待在实验室的被试在75%的排放试次中报告了烟雾，而同时与其他两人共处的被试中只在38%的排放试次中报告了烟雾。但是，迄今为止，在一个真被试与两名约定实验者（被告知装作没有任何紧急事情发生）共同待在实验室的情境下，被试报告的威胁最少，只占排放次数的10%。真被试的行为尤其值得注意：即使团团烟雾填满了整屋的空气，他们仍然很尽责地填写问卷，他们不停咳嗽、揉眼睛、用手将脸前的烟雾挥开，但是仍然不会报告。当被询问他们为什么不报告这个情况时，他们的说法是他们确定烟雾并不预示着火灾，不代表真正的危机。相反地，他们用非紧急的术语来描述烟，包括蒸汽、烟雾、空调水汽，甚至还有人认为是一种“真相气体”，用以获得对问卷的诚实回答！

看起来较多的旁观者，特别当旁观者较被动时，会通过构建没有问题的错觉而降低紧急帮助的发生。对该结论提供支持的研究发现，当旁观者扮演惊讶而不是平静时会增加帮助行为的可能性。后来的研究也一致地发现，当明确知道受害者处于危险之中时，旁观者更可能提供帮助，即使这对旁观者而言意味着更多危险。

名词解释

多数无知 对部分群体成员进行观察而形成的错误印象——因为没有人在行为上表现出关心，所以认为没有危机事件发生。

旁观者作为赞同或不赞同的来源

他人影响社会责任规范的作用存在第三条路径：通过赞同或不赞同帮助的决定。那些遵循社会责任规范并帮助需要帮助的人通常会得到旁观者的赞同。这也是为什么在大多数场合，人们认为他们的帮助行为是社会所鼓励的。这也是为什么当人们在他人能识别自己和自己的帮助行为时更愿意施与帮助。但是，正如我们所看到的那样，一些情景的线索，如看见被动的旁观者，可能会使人们觉得施与帮助的行为不恰当。在这些情景中，帮助行为可能会减少，特别是当潜在的帮助者可以被旁观者识别出来的时候。因此，可识别既可以增加也可以降低帮助的倾向性，这取决于个体对情境中的他人是否支持帮助的判断。

在一种尤为令人不安的潜在紧急情境中，对社会赞同的恐惧经常会抑制帮助行为——男女之间的身体对抗。兰斯·肖特兰德（Lance Shotland）与玛格丽特·斯特劳（Margret Straw）猜测目击者不会去帮助，可能是因为他们认为干预“情人的争吵”是不受欢迎的。确实，这是凯瑟琳·吉诺维斯事件的一些目击者解释他们不提供帮助的原因。为了检验这个假设，肖特兰德与斯特劳让被试观看一个男人与一个女人之间不同阶段的争斗。当没有线索指向情侣关系时，大多数男性和女性被试（接近70%）假定他们处于恋爱关系中，而只有4%的人认为这两人是完全的陌生人。而在另一些有线索确定打斗者关系的实验中——女性叫喊“我不知道为什么我会嫁给你”或“我不认识你”——肖特兰德与斯特劳发现，在部分被试身上存在一个不好的反应。尽管明显能看出争斗很激烈，观察者更不愿意帮助已婚的妇女是因为他们认为这是私人的事情，而自己的帮助从各方面看来是不被期望的和令人尴尬的。

因此一位与陌生男性进行身体对抗的女性，如果仅仅凭借大声呼喊请对方放过是难以得到旁观者的帮助的。观察者可能会将这个事件认定为一次家庭争吵，而根据这个推断，进一步认定提供帮助在社交上可能是不适宜的。幸运的是，肖特兰德与斯特劳的数据也提出了一个克服这个问题的方法：通过大声指出她的袭击者是一个陌生人，比如喊“我不认识你”，女性可以大大增加获救的机会。

对所有需要紧急救助的人的一个更加普遍的建议是，回忆旁观者干预研究的基本原则：旁观者不提供帮助并不是因为他们不善良而是他们不确定。他们经常对帮助行为是否恰当不确定。而当他们判定是恰当时，他们通常也不确定他们是否对提供帮助负有责任。当他们确定他们负有责任时，他们又通常不确定如何去帮助。如果你发现自己遭遇危机事件而周围有很多旁观者，你最好的策略是消除他们的那些最基本的不确定。清晰地陈述你需要帮助，将主要的帮助责任分配给某个人，同时描述你所需要的特定的帮助类型：“我需要帮助！请穿蓝色夹克的那位先生帮忙叫一下救护车。”

◎ **想要获得帮助，你需要说恰当的话。**一对正在打斗的男女身旁的观察者通常会假定这两人处于浪漫关系之中，因而进行干预可能是不被期望或者不恰当的。为了纠正这种认识并获得帮助，女性需要喊出“我不认识你”。

个人 渴望认同

如果坎贝尔是对的，即人类社会如果给予利他主义者称赞和荣誉以增加亲社会行为，那么那些希望获得这种赞同的个体可能就更加愿意提供帮助。在一项研究中，大学生被试首先填写一份测量他们认同需求的人格问卷，然后获得一个向公益事业捐款的机会。总的来说，那些更渴望获得他人赞同的学生会捐出更多的钱。然而，也有一个例外：当这种捐赠是私下的行为时，那些更渴望认同的学生不再表现得更为慷慨。看起来对赞同有高需求的人们并非特别善良，而仅仅是更渴望获得与良好形象相伴的自尊。

情境 身边人的影响

尽管我们总说规范是与其所在的文化相适应的，但却并不总被人们记在心上。也就是说，个体更可能遵守一项刚刚被突出或强调的规范。一些研究表明帮助行为也是这样：人们越多被提醒社会责任规范，就越可能提供帮助。与此相符的是，当人们的自我意识提高时，如面对摄像机或使用名字，旁观者的在场实际上会增加帮助行为。

助人的榜样

看到他人按照社会责任规范行事——比如向救世军水壶里扔钱——可以以两种途径激发观察者的帮助行为。首先，对他人行为的观察是人们（特别是儿童）习得恰当行为最频繁的方式。例如，让儿童观看包含亲社会行为内容的电视节目，可以教导他们更加合作和慷慨。除了上述教导方法，一个亲社会的榜样同样可以作为一个提醒者，让那些除非遇上特例否则不考虑帮助他人的成人意识到规范。在詹姆斯·布赖恩（James Bryan）和玛丽·安·特斯特（Mary Ann Test）进行的经典研究中，那些洛杉矶的汽车乘客，如果在四分之一里路外目睹了其他乘客帮助司机，则更愿意停下来帮助出了汽车故障的司机。

人口密度

与农村地区相比，城市中的帮助行为更少发生——这是一个在全世界都普遍存在的事实。罗伯特·列文（Robert Levine）测量了36位美国城市居民的助人倾向性（详见表9–1）。他发现城市的人口密度而不是单纯的大小影响了人们的助人行为。人口分布越紧密，给陌生人的帮助就越少。这种状况的一个原因是，为了处理过密的人口带来的刺激超载和压力，城市居民通常会封闭自己而看不到周围人们的需求。因此，这种要求他们给需要的人提供帮助的规范并没能激发助人行为。

交互作用 性别与帮助

助人行为的发生受到个体与情境因素的交互影响，而这些因素与获得地位和赞同的目标相关。关于性别与帮助的研究演示了这一点。

很多人会认为，女性更愿意提供帮助：女性比男性更善良、更富有同情心，也更愿意为他人的福利奉献。在全世界范围内人们在这一点上都达成了共识。一项研究发现，超过90%的文化中，善良、软心肠和乐于助人的特质都与女性更为相关。而让人难以理解的是，有两方面的证据发现了相反的结论。

第一类证据来自社会上那些发扬英雄主义的助人者名单。例如，开始于20世纪早期的卡内基英雄基金委员会（the Carnegie Hero Fund Commission）定期会颁发奖牌给那些“挽救或者试图挽救同伴性命”的普通市民。尽管从一开始女性就有资格获得奖励，但是在超过7000

表9–1 不同美国城市的帮助行为

等级	最乐于助人的城市	等级	最不乐于助人的城市
1	纽约州的罗彻斯特	32	宾夕法尼亚州的费城
2	得克萨斯州的休斯敦	33	加利福尼亚州的弗雷斯诺
3	田纳西州的纳什维尔	34	加利福尼亚州的洛杉矶
4	田纳西州的孟菲斯	35	纽约州的纽约
5	田纳西州的诺克斯维尔	36	新泽西州的帕特森

注：罗伯特·列文测量了36位美国城市居民的助人倾向性并对六种助人行为的独立测量进行了排序——愿意：帮助一位盲人过马路；兑换25美分的零钱；捡起一只掉落的笔；邮寄一封捡到的信；捡起残疾人掉落的杂志；为联合会（美国慈善组织）捐助。结果发现，人口密度而非城市大小，与助人行为更加相关。人口密度越大，助人行为越少。该表显示了五座最乐于助人和五座最不乐于助人的城市。

资料来源：Levine，R. V.（2003）. The kindness of strangers. *American Scientist*，91，226-233.

名的卡内基奖牌获得者中，90% 以上都是男性。第二类证据来自社会心理学对助人行为的研究。大量研究发现男性更经常帮助别人的稳定趋势。那我们如何来解释人们所认为的与以上两方面证据所反映出的男性和女性在助人方面的差异的矛盾呢？

为了解决这一难题，我们首先要认识到，除了生理差异会影响助人行为的发生外，男性和女性在社会上的差异也有影响。从童年时期开始，男性和女性就会学习社会对其性别所期望和鼓励的不同行为，比如男性应该是英勇的和强壮的，而女性应该是体贴和温柔的。这些对男性化和女性化的期望构成了社会的性别角色，从而导致男性与女性在不同条件下帮助他人。例如，我们预期男性会更愿意从事典型的男性的行为，这也是男性更愿意在与汽车有关的问题上帮助他人的一个原因，即使这个帮助仅仅是拨打求助电话。相反地，我们预期女性会更愿意从事典型的女性行为。1993 年，约翰·多维蒂奥（John Dovidio）和他的学生提供了一个简单但足以演示这种性别差异的证据，当在一个自助洗衣店寻求运送或者折叠衣服的帮助时，女性更愿意帮忙折叠衣物而男性更愿意帮忙搬运衣物。

◎ **让我们按照角色行事。**男性更可能进行英雄式的帮助，这是与男性化的性别角色相一致的。

性别角色详细说明了哪些特质是属于男性化和女性化的，这些特质也会影响助人行为发生的时间和方式。根据艾丽斯·伊格利（Alice Eagly）和莫琳·克罗利（Maureen Crowley）的研究，男性化的帮助特质与女性化的帮助特质非常不同。与性别角色相适应的是，男性化的帮助应该是勇敢的、有力量的，直接指向应该得到帮助的人，包括陌生人；而另一方面，女性化的帮助应该是养育性的、支持性的，主要关注家庭或朋友等存在人际关系的同伴的需要。从这一点上，我们可以理解为什么更多的男性会被卡内基英雄基金会授予奖牌：英雄主义符合男性化的而非女性化的性别角色，英雄是有勇气的和大胆的，也愿意去拯救不知名的受害者。确实，基金会的规章制度特别排除了那些拯救家庭成员的个体——这看起来英雄色彩不够。

但是这种性别角色是否可以解释社会心理学实验所发现的男性比女性更愿意提供帮助的现象呢？伊格利和克罗利认为是可以的。他们指出，大多数关于助人行为的研究特别是那些早期的研究中，被试面对的紧急情境中的受害者与他们都不存在先前的人际关系。难怪伊格利和克罗利发现，在这些研究中，男性比女性更多地提供帮助：在这些条件下的帮助行为需要为了陌生人而采取大胆和直接的行动，这些主要与男性化的性别角色一致。

对这个分析的绝妙支持来自对与女性性别角色更适应的帮助类型的研究，比如提供情感支持和对个人问题的非正式的咨询。在这些研究中，女性比男性更愿意提供帮助。即使在紧急救助的研究中发现的一般趋势也是男性比女性更多帮助陌生人，当将帮助对象换为一个朋友或者当帮助涉及共情的倾向性时，这种趋势就会反转。然而，女性比男性提供紧急帮助的方式可能会更间接，而男性通常倾向于自己提供帮助。因此，“女性或男性谁可能帮助更多”这个问题的答案依赖于所需的帮助类型是否符合社会对男性或女性所认可的性别角色。

小调查

为什么你会认为性别角色与助人行为的性别差异有关呢？你认为这些差异是通过什么过程体现的？

自我形象管理

我们采取的任何有意义的行为都可能影响我们对自己的看法。亲社会行为也不例外。例如，尽管事件已经过去50年，伊丽莎白·米德拉斯基（Elizabeth Midlarsky）和罗宾·梅罗夫（Robin Nemeroff）对在纳粹大屠杀中曾经帮助犹太人的助人者进行的研究发现，这些助人者的自尊仍然因为他们曾经提供的帮助而获得提升。确实，特殊的或重复的帮助行为不仅使得助人者具有较高的自尊，还让他们从此以后会将自己看成一个更加利他的人。这一点或许有助于解释美国慈善组织在2005年底观察到的一个让人疑惑但又受到欢迎的形势变化。在2005年，一系列史无前例的灾难，包括在美国墨西哥湾沿岸发生的卡特里娜和丽塔飓风、在巴基斯坦发生的让人恐惧的地震、在东南亚发生的造成23 000人死亡的海啸和在苏丹发生的成千上万人无家可归的战争，激发了美国民众源源不断的帮助行为。引人注目的是，这种捐助没有产生慈善机构预期的“捐款疲劳”现象，即在一次成功的筹款之后会出现捐赠者在随后一段时间内不愿意再次捐款的现象；相反，2005年年末的感恩节捐赠仍然获得了巨大的成功。我们怎么来解释这个事件中未出现捐款疲劳的现象呢？颇具讽刺意味的是，一系列让美国人慷慨解囊的悲剧事件可能是关键所在。在长时间的捐赠之后，考虑进行节日捐款的美国人也许并没有去想“我已经捐过款”，而是想“我是一个捐赠者”。

因为亲社会行为可能影响我们看待自己的方式，我们可以使用它来管理自我形象（自我概念），这主要通过两种基本方式——我们可以使用它来增强和确认我们的自我定义。例如，如果你感到需要提升一下自我，你可能会决定为他人做些善事。就像那些在大屠杀中施与帮助的人，在这个过程中你可以提升自己的自我形象。或者，如果你的自我感觉已经包括利他的成分——我们也可以说你已经认为你自己是慈善的或慷慨的——你可能会帮助一个需要帮助的人来确认这种看法；这种行为的目标不是为了增强你的自我概念，而是为了确认它。贝丝·斯塔克（Beth Stark）和凯·杜克斯（Kay Deaux）在对囚犯康复项目的志愿工作者的研究中发现了对这种自我确认过程的支持。最能够预测工作者是否愿意在项目中继续的因素是他或她感觉志愿行为在多大程度上是“我是谁的一个重要反映”。在接下来的部分，我们会探讨一些帮助人们定义他们是谁并随之影响亲社会行为的因素。

个人 个人规范与宗教法则

乐于助人的个体经常会认为是个人信念与价值观激励了他们做出助人决策。一项在美国对慈善捐款和志愿行为的研究发现，87%的被调查者都列举他们做出捐助的一个理由是与他们的个人价值观一致；该因素被列举的频率超过其他任何因素的频率（如图9–3所示）。1992

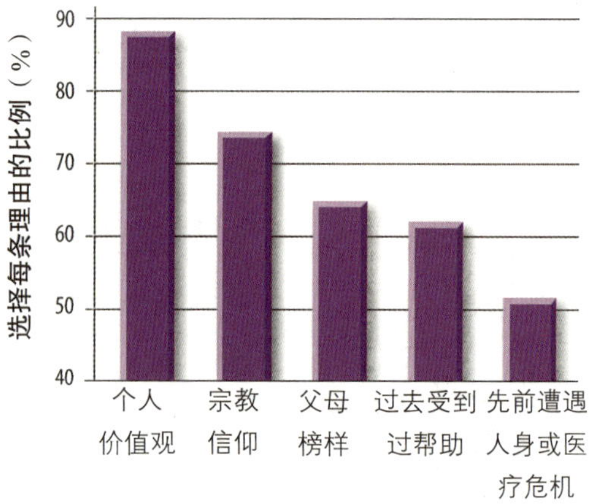

图9–3 捐款者列举的捐款理由

注：霍奇金森（Hodgkinson）和韦茨曼（Weitzman）让从事慈善行为的个体填写一份调查助人行为的个体背景原因列表，让他们选出所有与他们的助人行为相关的原因。

年，马克・施奈德和艾伦・大元（Allen Omoto）在调查艾滋病中心的116名志愿工作者决定助人的原因时也发现了相似的结果；大多数志愿者（87%）将他们的志愿工作与其个人价值观相联系。

如果形成个体自我形象的信念与价值观可以促使个体表现出亲社会行为，那么那些自我印象中具有最充分的内在亲社会信念和价值观的个体应该有最大的动力去帮助别人。为了寻找这方面的证据，让我们先来检验个人规范与宗教法则这两种内在信念与价值观对帮助行为的影响。

个人规范

沙洛姆・施瓦茨（Shalom Schwartz）的研究认为，内在的信念与价值观共同塑造了个体的**个人规范**（personal norms），它代表了个体对特定行为的内在标准。个人规范在两个主要方面与社会规范存在差异。首先，就个人规范而言，判断什么是适当的行为的标准来自个人的内心，而非外部的文化道德规则。其次，相关行为的赞同和不赞同也来自个体的内在而非外在标准；也就是说，"拍背鼓励"（对那些符合标准的行为）和"从轻处罚"（对那些违背标准的行为）都是自我管理的。因此，如果你助人行为的个人规范影响了你是否会给无家可归的人捐出上亿美元的行为，更可能是因为你首先叩问自己的内心而非向外寻求指导，随后，你的回报来自与你的自我规则相适应的行为，而非社会规则。一般来说，研究支持了施瓦茨的观点。那些具有与诸如献血、拼车或路边回收计划等行为相关的强烈个人规范的人们，更可能实施这些行为。

名词解释

个人规范 内化的信念与价值观共同形成个体内在的行为标准。

宗教和种族法则

自我形象有时也会受到我们所属群体特征的影响。某些群体具有鼓励亲社会行为的行为规范。例如，所有世界上较大的宗教都将关心和为他人牺牲作为主要的道德原则。因此，我们可能会预期更多的助人行为出现在那些有宗教信仰的人身上。调查中发现：那些承诺经常参与宗教服务的人比未经常参与的人更加关心慈善。

雷金纳德・丹尼（Reginald Denny）发人深省和振奋人心的故事，为宗教自我定义在助人决策中的作用提供了更为戏剧性的支持证据。1992年4月29日，洛杉矶的一个陪审团撤销了对四名白人警察官员的所有指控，这四名白人警察曾经涉嫌对一名黑人男子罗德尼・金（Rodney King）进行严重殴打，该事件引起了广泛的宣传且已被录像记录。陪审团的决定在洛杉矶南部地区的街道上引起轩然大波，引发了这个区域绝大多数少数群体居民长达72小时的骚乱，他们觉得公平被扭曲了。巡回团伙进行抢劫、焚烧和恐吓，其特定目标是白人居民或那些不明所以驶入这片暴力的、充斥着种族歧视环境中的汽车驾驶员。卡车司机雷金纳德・丹尼是其中的一名。他被一群年轻的黑人从18轮大卡车里拉出来，遭到残酷地踢打，最后躺在十字路口，失去意识。这一切都被一架在正上方盘旋的新闻直升机队记录下来，向成千上万的家庭发去了直播的画面。

距离那个十字路口10分钟车程远的地方，一名非裔美国妇女雷・尤乐（Lei Yuille）看到了电视新闻并迅速冲过去救助丹尼。在那里，又有两名同样是被新闻画面激发的非裔美国男子加入了救援。其中有一位叫泰特斯・墨菲（Titus Murphy）的身材魁梧的工程师，可以足够强壮地保护丹尼免遭随后的殴打。另一名是鲍比・格林（Bobby Green），也是一名卡车司机，他帮忙驾驶丹尼的18轮大卡车以接近55英里的时速载着丹尼驶往医院，墨菲紧贴着运行中的车后板扶住丹尼。如果我们可以部分解释墨菲和格林凭借他们的能力救助丹尼的决定，那么我们怎么来解释这位瘦弱的38岁营养学家雷・尤乐的行为呢？是什么让她在当天能够超越"我们"和"他们"的敌对状态而去帮助"他们"中的一员？当被询问原因时，她描述了一些关于她自己和她家人的事，她认为这些提

◎ **伤害与帮助不是一个非黑即白的选择。** 雷金纳德·丹尼在他的卡车外被殴打，与此同时一个直升机飞行员记录下了他的情况。雷·尤乐出现在随后的新闻发布会上，解释她施与帮助的决定来源于她信仰宗教的自我概念。

供了唯一的必然答案，她说："我们是基督徒。"

自我定义的促进力量也有助于深入理解杉原千亩对被纳粹迫害的犹太人施与的善行。如同雷·尤乐一样，杉原曾经在一个采访中解释了他的高尚行为，也是通过确定一个群体成员资格来定义自己。"你必须记住，"他对采访者说，"我来自一个日本武士家庭。"让人疑惑的是，日本的武士传统通常包含尚武的精神，与助人的动机不符合，于是访谈者进一步询问杉原。他承认了这一点，是的，武士阶层一向以战场上的破坏性愤怒攻击闻名，但是那些遭受迫害的犹太人在1940年7月出现在他门前的情形却不同于战场；相反，他们是手无寸铁的牺牲品。在武士阶层的行为准则武士道中有一个原则规定："当一只受伤的鸟儿飞进武士的外套里，他应该为保护它感到光荣，而不能将其扔给猫。"总的来说，我们的行为经常源自我们对自己是什么样的人或自己希望成为什么样的人的定位。当这些存在的或期望的自我概念要求乐于助人时，需要帮助的人就会经常获益。

情境 贴标签与自我聚焦

如果亲社会的自我印象可以激发人们的助人行为，那么任何可能令人们回忆或确信自己的亲社会品质的情境因素应该都能促进他们助人的动机。其中贴标签与自我聚焦这两个因素便以这种方式发挥着作用。

贴标签效应

社会理论家很久以来就认识到，决定我们内心是什么样的人的一种方式是观察他人对我们的反应。1922年，查尔斯·霍顿·库利（Charles Horton Cooley）提出"镜像自我"的概念，认为我们的自我印象很大程度受到他人如何看待我们的影响。社会学家使用这个观点解释负面的社会标签——把某人称作一个不正常的人或一个罪犯——如何导致后来的反社会行为。然而心理学家更有兴趣关注积极的社会标签对亲社会行为的影响。例如，琼·格鲁塞克（Joan Grusec）和她的同事们发现当给儿童贴上善良和乐于助人的标签，会促使这些儿童愿意将更多的实验奖励匿名捐赠给其他儿童；此外，三周以后，被贴上这类标签的儿童仍然更愿意帮助他人。亲社会标签对成人一样有用。当听到自己被描述为慷慨的和关心慈善的人之后的一到两个星期，康涅狄格州纽黑文市的居民更愿意向多发性硬化症协会捐款。

自我聚焦

因为大多数人都看重助人行为，理所当然地，那些影响我们对内在个人价值关注程度的情境因素可以增加我们帮助他人的努力。研究者设计了很多创造性的手段来使得个体关注他们自己，如填写一份自传体的问卷、摆姿势拍照片、在闭路电视中观看自己、照镜子，这些自我聚焦的个体将更多提供帮助。例如，克劳迪娅·胡佛（Claudia Hoover）、伊丽莎白·伍德（Elizabeth Wood）和埃里克·诺尔斯于1983年首先发现那些被叫住并请求摆姿势拍照片（作为学生拍照方案的一部分）的行人变得更加自我聚焦（根据随后的访谈中被试使用人称代词的数量测得的），且在摆造型拍照后，这些行人比未摆姿势拍照的行人更愿意帮忙捡起过路者留下的信封。

奇怪的是，一些研究却发现自我聚焦程序也可能减少帮助行为。我们如何来解释这看上去的矛盾结果呢？关键是认识到关注自我并不能保证当我们观察内心时对帮助的重视会突显出来。想象你刚刚在一个测试中失败了，并且有什么东西（比如说镜子的存在）使得你将注意力集中在自己身上。很有可能即使出现一个助人的机会，你对内部的聚焦并没有集中在你对帮助行为的个人价值上；更可能的是，注意力集中在你关心测验失败的挫折中。因此，我们预期当你面临一个个人问题时，自我聚焦可能会将你导向你自己的问题，而远离帮助的价值，从而减少助人行为。但是，当你自我聚焦时并没有主要的个人问题要处理，而你又面临一个明显的、合法的助人机会时，你会指向你内心的助人价值，使得帮助更可能发生。事实上，这确实是弗雷德里克·吉布森（Frederick Gibbons）和罗伯特·威克伦德（Robert Wicklund）于1982年在得克萨斯州立大学进行研究得到的结果。镜子的存在降低了那些认为自己在测验中分数很差的人的助人行为，而却增加了那些认为自己在测验中表现不错的人以及并没有将自我关注沉迷于分心事情上的人的助人行为。

总的来说，吉布森与威克伦德的研究说明，当自我聚焦与存在突显且合理的助人需求相结合时助人行为更加频繁，因为这种需求会将内部的关注指向个体的助人价值观。然而，当这种助人的需要不突显或不合理时，或者当个体沉迷于一些个人问题时，自我聚焦将不会促进助人行为，因为这种聚焦——尽管是指向内心的——将不会直接指向个体的助人价值观（如图 9–4 所示）。

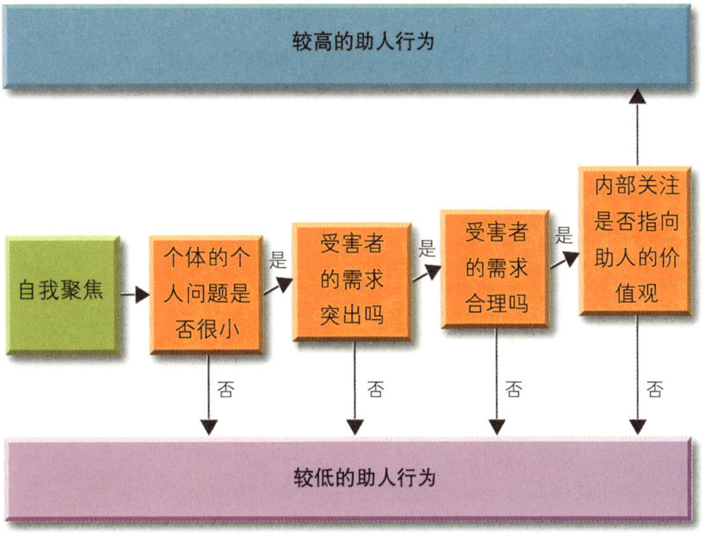

图 9–4 自我聚焦与助人的决定

注：当自我聚焦直接指向个人内在的助人价值观时，自我聚焦可能带来更大的助人行为。

交互作用 决定不帮助朋友或不寻求他们的帮助

通常，为了最好地通过助人来管理我们的自我形象，我们需要考虑我们要帮助的人的特征和我们所处的情境。亚伯拉罕·特塞尔和乔纳森·史密斯（Jonathan Smith）的研究对此进行了说明，研究假设只要朋友的成功不会破坏我们对自己的看法，我们就会尽力帮助我们的朋友获得成功。按照他们的解释，我们的自尊是通过将自己与相似的他人（朋友而非陌生人）进行比较而确定的。因此，尽管我们不介意我们的朋友在某些不重要的任务上表现好于我们，但我们并不希望他们在对自尊重要的维度上表现好于自己。

为了验证这个假说，特塞尔与史密斯首先刻意安排被试在一个言语技能任务中表现较差，继而告诉被试这个任务的成绩是“人们在学校

联结：适应与障碍

未能寻求所需帮助

思考下面这个奇怪的发现：在一项研究中，男性被试被给予在一个难以解决的机械任务中求助的机会，但是只有不超过10%的人会求助。在日本、瑞典和美国，从他人处获得资助的人们当被要求偿还时比不被要求偿还时更喜欢对方。得到国外援助的国家民众和政府不是表现出感激，而通常会对捐赠者表示出愤怒与敌意。

我们如何来理解这些奇怪的避免请求帮助、更喜欢那些要求对其的赠予给予回报以及冒着将来无法获得帮助的风险去批评当前帮助者的行为倾向性呢？尽管这个问题的答案比较复杂，但大多数答案蕴藏在法国人类学家马赛尔·莫斯的简单又富有教育性的评论中：施舍伤害了接受者。三位社会心理学家杰弗里·费舍尔（Jeffrey Fisher）、阿里·纳德勒（Arie Nadler）和贝拉·德保罗（Bella DePaulo）的工作细致分析了“伤害”的实质及定位——它是指向自我概念，更具体说是指向自尊的感觉。这些研究者强调了接受帮助，即使是非常需要的帮助，也不总是完全积极的。在缓解当前问题的过程中，在某些情况下帮助可能通过暗示接受者没有能力、能力不足或是依赖性而威胁到自尊。而在这些情况下，为了维持一个积极的自我概念，个体可能会拒绝所需的帮助或最小化那些帮助的价值。在什么情况下会这样呢？下面是纳德勒在1991年列举的一些影响因素。

性别

在很小的年龄，大多数情况下，男性比女性更不愿意请求帮助。很多观察者采用社会化而非生理的原因来解释这种差异。就是说，独立和控制与传统的男性化（而非女性化）性别角色更为一致。对自给自足的不同训练开始于很早的时候，比起对女儿哭泣的回应，母亲们明显地更不愿意回应儿子的哭泣。因此，孩子们在婴儿阶段就被传统性别角色的行为社会化，小男孩开始学习成为“小男人”。为了避免违背习得的男性化的概念，男性可能更加避免寻求帮助。对这个观点的支持来自研究发现，寻求帮助的性别差异在那些服从传统性别角色的男女身上更为强烈。

一些证据表明控制的欲望会使得男性更多知觉到他们并没有对获得帮助的真正需求；因此，他们看到更少的理由去寻求帮助。这一点可以帮助解释男性会不情愿在旅行中问路，但女性却对此感到惊愕的现象。女性定义此为一个需要帮助的问题：“我认为我们迷路了。我们把车停靠在路边找人问路吧。”而男性却不这么想：“迷路？我们没有迷路。我们根本没有迷路。”

年龄

寻求帮助的倾向性在我们的一生中有两次下降。第一次发生在相对较小的年龄，大概在七岁或八岁。根据丽塔·希尔（Rita Shell）和南希·艾森伯格（Nancy Eisenberg）于1992年的研究，这种转变的一个原因在于那个时期认知能力的发展使得持久的自我开始形成并受到威胁。直到七岁或八岁时，儿童拥有的心理能力可以使他们开始认识到接受帮助也许意味着降低自我价值。因此，到了七八岁，儿童开始通过抵制一些获得帮助的机会来保护自我价值。

第二次寻求帮助的倾向性下降发生在相对较晚的时候，大概60岁以后。这看起来有点奇怪，人们在进入一个可能更需要帮助的时期却更不愿意请求帮助。然而，我们可以再一次通过识别帮助行为可能对自尊产生的一些威胁来解决这个疑惑。老年人特别关注对个人控制和自足性的维持。而他们拒绝那些获得帮助的机会的意义在于，这种帮助可能会危害他们仍然拥有那些品质的信心。如果你希望帮助老人，现有的研究和对这个主题的思考建议你要以一种可以维持他们在该问题上保持独立与拥有选择权的方式进行，不要试图设想完全控制。相反，特别是当他们的能力仍然健全时，赋予老年个体一些责任和是否接受帮助的选择权。他们不仅会比那些没有控制感的老人更可能接受帮助，而且更可能因此而健康和快乐。

自尊

如果让你猜测，你认为高自尊与低自尊个体谁更不愿意请求帮助呢？你的第一个想法可能是那些低自尊个体为了保护仅有的较小的自尊更不情愿。但是研究表明恰恰相反。在学术任务、咨询群体、酒精治疗团体以及很多其他的需求中，高自尊个体更加避免寻求帮助。为什么呢？阿里·纳德勒用这些个体希望维持他们拥有较高能力的形象来解释这些发现。研究发现支持了这一解释，只有在获得帮助会威胁到有能力的自我形象的情境下才会降低高自尊个体寻求帮助的行为，例如当需要帮助暗示低智力的情境。

中的表现”的良好指标或是告知这个游戏“并不能告诉我们关于这个人的任何事情”。接下来被试得到一个线索去帮助一个朋友和一个陌生人完成言语技能的任务。与预期一致的是，当任务被描述为仅仅是一个游戏（与被试的自我概念没有关系），朋友比陌生人得到的线索更多。而恰恰相反的是，当他们认为任务是测量智力且与自尊相关时，朋友会得到较少的线索。因此我们并不总是通过更多的助人行为来支持一个积极的自我形象。依据我们所帮助的人是谁和我们希望怎么看待自己，我们也可能会通过较少帮助来尽力维持自尊。

接下来我们会看到的是，当考虑极端情况时，这种在帮助过程中维持自尊的愿望会导致自我伤害的决策。

管理我们的情绪与心境

帮助可以是奖赏性的，不仅仅是对接受帮助的人而言。我们已经看到，助人者可以使用帮助行为来产生物质或基因的收益，得到社会赞同，维持他们的自我形象。帮助还可以通过另外一条更为直接的路径有益于帮助者，即驱散因目击受害者的痛苦而唤起的不愉快的情绪。想象一下，当你偶遇一户被困的家庭从着火的建筑物窗户呼喊救命时，你内心的不安和惊慌。看见他们惊恐的表情，听到他们痛苦的祈求声不可避免地会引发你强烈的消极情绪反应。例如，一项脑成像研究发现，看到他人疼痛时所激活的脑区与个体自身体验疼痛时所激活的脑区相同。助人行为可能对你来说是最直接的减轻精神痛苦的途径，因为它可以消除其源头——受害者的困境。

管理紧急事件中的情绪唤起：唤起 / 成本 – 奖赏模型

简·皮列温（Jane Piliavin）及其同事为了解释紧急事件中的助人行为而提出了**唤起 / 成本 – 奖赏模型**（arousal/cost-reward model），其基础是认为助人行为的动机是为了降低当我们观察到他人的痛苦或需要时唤起的痛苦。该模型提出紧急事件中受害者困境的观察者会经历消极情绪的唤起，从而希望通过给予帮助来减轻这种个人痛苦。根据这个模型，助人行为更可能发生在以下一些情境中，而这些情境都得到了研究的证实（如图 9–5 所示）。

1. **当唤起强烈。**如果消极情绪促进了助人行为，紧急情境引起的观察者的消极情绪唤醒更强烈，产生的帮助行为也更多。一些对唤醒采用生理测量和言语测量的研究支持了这个预测。事实上，约翰·多维蒂奥在六个紧急帮助的研究中测量了唤

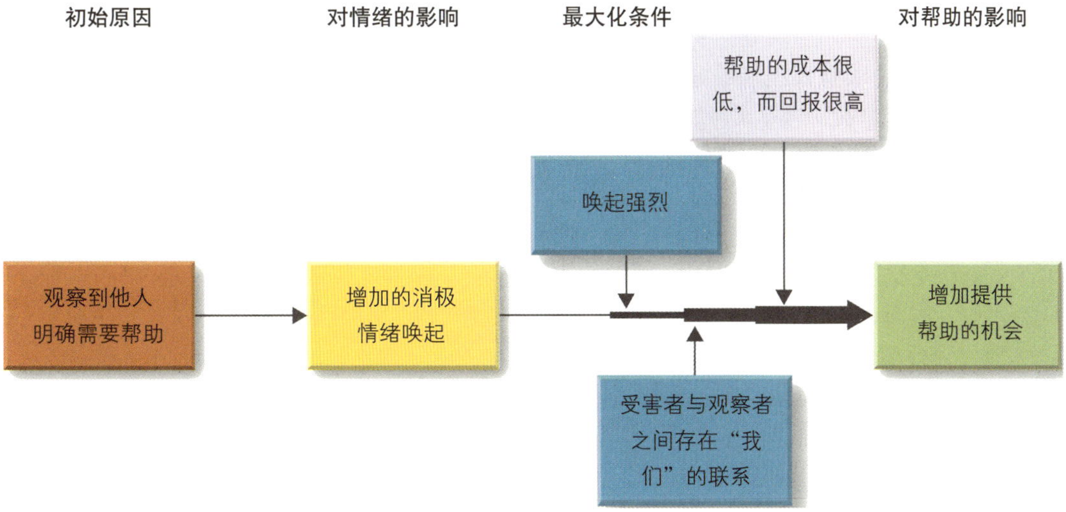

图 9–5 紧急助人的唤起 / 成本 - 奖赏模型

注：根据唤起 / 成本 – 奖赏模型，那些观察到他人明确需要紧急帮助的人将经历负性的情绪唤起，从而希望通过帮助来减轻个人痛苦。

醒程度，发现伴随着每个情境中负性唤醒的增加，旁观者也越倾向于立刻帮助受害者。

2. **当受害者与帮助者存在“我们”的联系**。人们更愿意帮助那些与他们享有相同身份或具有相似性的人（“我们”的概念），特别是在生死攸关或类似从着火的建筑物中决定救谁的紧急情境中。这种现象的一个原因在于与自己有联系的人的困境能引发观察者更多的情绪唤起。

3. **当通过低成本高回报的帮助能降低唤起**。因为消极情绪唤起是令人不愉快的，那些可以通过帮助来降低不愉快唤起的人更愿意去实施帮助。然而，根据这个模型，如果助人行为本身比精神痛苦更不愉快（高成本的）。例如，当帮助方式需要与受害者进行血液接触，则不一定能促进助人行为。总的来说，当助人行为是低成本－高收益的行为，则人们将会通过亲社会行为来减轻他们的消极情绪唤起。然而，随着帮助的净成本逐步增加，他们更可能采取其他方式来降低他们的精神痛苦（如离开现场）。

名词解释

唤起／成本－奖赏模型 此观点认为，见证他人遭受痛苦的个体会通过帮助行为来缓解自身痛苦。

管理非紧急事件中的心境：消极状态减缓模型

唤起／成本－奖赏模型能够成功地解释紧急情况中助人行为发生的方式与原因：强烈的情绪唤起是紧急事件的一个典型部分，因此帮助可以用来管理这种唤醒。在非紧急情境中，这种唤起并没有正常发生，个体仍然会使用帮助来管理低强度的情绪状态——他们的心境。人们有时采用帮助的策略来影响他们的心境被称为**心境管理假设**（mood management hypothesis），也是帮助的消极状态减缓模型的一部分，这个模型认为人们使用助人行为来管理一种特定的心境——暂时的悲伤。

根据消极状态减缓模型，人们通常会通过帮助他人来减缓自己的悲伤，因为帮助可以成为具有强化作用的、提升心境的体验。亲社会

◎ **消极状态的减缓**。在公共广播筹款活动中，最有效的策略是让观众感到悲伤，然后再提供给他们一个可以通过助人行为而感觉更好的方式。

行为可能具有强化作用的一个原因是它常常与过去的奖赏联系在一起。想想看，从幼年的时候开始，是不是当你与周围的人分享时会得到父母或老师的微笑示意、夸奖或赞同？而你所帮助的他人是不是也更愿意为你做一些好事作为回报呢？凭借调节的过程，这种重复地将亲社会行为与奖赏匹配起来的经历可能会促使你体验到助人行为本身的愉快及激励性。正如一个脑成像研究表明，当成人进行慈善捐赠时大脑的奖赏中心（与吃饭、性行为等愉快活动相关的区域）会激活。

提供帮助可以提升一个人的精神状态，这一观点得到了来自实验室研究和全国性调查的支持。研究发现实施助人行为可以提升助人者的心境，而全国性调查也表明慈善捐赠者在捐赠后感觉更好，那些在他人身上的花费超过在自己身上花费的人更为此高兴。确实，与提供帮助相关的积极情绪可能是帮助者常常能够保持长寿健康的一个原因。在下面的部分，我们将探讨影响人们使用帮助来消除自己悲伤情绪的因素。

名词解释

心境管理假设 该观点认为，人们会策略性地使用助人行为来管理他们的心境。

个人 展现悲伤

消极状态减缓模型的一个最基本的原则是，因为亲社会行为可以提升个人的心境，暂时悲

伤的个体可以使用助人行为来重新恢复较好的感觉。如果事实如此，那些对他人的困境感到悲伤的人会提供更多的帮助，研究发现的确如此。例如，对一个公共广播系统在四次捐款活动中的筹款呼吁有效性的研究发现，在4868个样本中，最成功的呼吁是那些激发了听众消极情绪后，再提供助人途径来减缓这种情绪的呼吁。与这种逻辑一致的是，研究表明那些暴露在能增加暂时悲伤情绪的实验操作中的人们，比如回忆不开心的事情，阅读一系列沉闷的陈述，在任务中经历失败，伤害他人或仅仅目击伤害他人，其助人行为会显著提升。

情境 帮助行为的成本 / 获益

理所当然的是，如果你希望通过帮助来减缓消极心境，你应该尝试找到最轻松的途径。毕竟，帮助会消耗一个人很多的时间、精力或资源，可能会让你感觉更差而不是更好。因此，那些以悲伤状态开始的人应该对助人机会的成本 / 获益方面更为敏感。

詹姆斯·维扬（James Weyant）使用了一个非常巧妙的实验程序检验了这个观点。首先，他让佛罗里达州立大学的学生被试处于高兴、中性或悲伤的心境中。然后，他给被试提供一个为非营利性组织志愿服务的机会，该组织或者是可以通过让他们感受到为一个重要的事业（美国癌症协会）提供了支持而产生一个相对较大的个人获益，或者只产生一个相对较小的个人获益（少年棒球联盟）。最后，一半的被试被告知如果他们决定提供帮助，他们将必须采用一种很费力的方式，挨家挨户地募捐；而另一半的被试被告知他们只需要采用一种不费力的方式，仅仅坐在捐款桌旁就可以募捐。尽管处于高兴心境的人比中性心境的人更愿意当志愿者，但这两类被试都未受到帮助机会的成本和获益的影响。然而，那些处于悲伤心境中的人却强烈地受到影响，当获益超过成本时帮助最多，而成本超过获益时帮助最少（如图9–6所示）。看起来处于悲伤心境中的人更挑剔地选择亲社会行为，更愿意实施那些可以减轻消极心境的行为，而避免那些可能加深消极心境的行为。

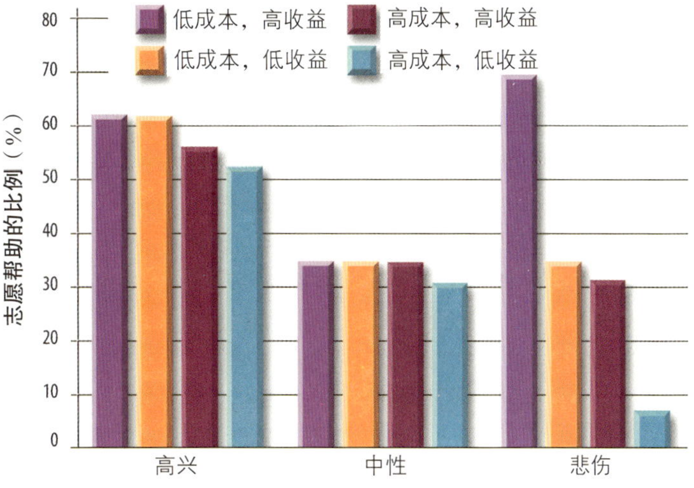

图 9–6 悲伤及选择

注：处于悲伤中的个体看起来采用一种区别对待的方式处理助人机会，在那些可能提供从高到低质量的体验中敏感地选择。

资料来源：From Weyant，J.（1978）. Effects of mood states，costs，and benefits on helping. *Journal of Personality and Social Psychology,* 10，1169–1176.

情境 助人行为影响心境的能力

对希望减轻悲伤的任何人来说，一个亲社会行为的吸引力取决于它能够改变心境的程度。然而，如果你感觉很低落以至于你认为任何事情都不能让你振奋起来，助人行为将不会发生，因为在这些情境下，你不能够使用它来管理你的心境。这也是那些深陷抑郁的人们不会相信令人愉悦的活动会让他们感觉更好，从而不愿意表现出较高水平的帮助行为的原因。

为了检验处于悲伤中的人们只是在他们认为心境可以得到改变的情况下提供更多帮助的观点，一个研究让被试处于悲伤、中性或高兴的心境中，然后提供给他们一种安慰剂药品（奎宁水）。一半的被试被告知这个药品将会“冻结”他们现在的心境，因而通常的活动都不能在接下来的30分钟里改变它。另外一半被试被告知他们现在的心境是可以变化的。最后，所有人都得到一个志愿用电话联系献血者的机会。尽管安慰剂药物的信息并没有影响那些处于中性或高兴心境中的被试的帮助决定，但对于处于悲伤中的被试来说，仅仅当认为他们的心境可以通过志愿活动得到改变时帮助行为才增加。

交互作用 美食家与贪吃者

英语中使用的一个法语单词同时包含了控制与放任、沉默与狂热、严格与激情、冷漠与热情的意味。这个单词是美食家，指的是对一个东西（通常是食物）依据其质量做出罕见的不屑反应或罕见的偏爱反应的人。如果它在某方面不吸引人或不够标准，比如煮过头的饭，一个美食家即使很饿，但多数时候仍然更可能闻一下气味然后离开。但是如果食物被证明是可口的，美食家则会充分地、热情地享用。很多证据表明，处于悲伤中的人面临帮助机会时也会采用美食家的方式：因为情绪管理是目标，他们会进行选择和仔细辨别，选出那些可以提供一个特别回报的机会，而避免那些不提供回报的帮助。

但是，这种通过利用最大个人回报的亲社会行为来管理情绪的倾向性并非在所有人身上都同样强烈。事实上，这与个人所处的心境状态（愉快或悲伤）相互作用。尽管暂时高兴的人们通常乐于助人，他们看起来并不采用暂时悲伤的人们的美食家方式来利用帮助行为管理情绪。他们采用贪吃者的方式来处理帮助情境，即一个人有好胃口和无辨别的口味，尽力享用环境中能提供的任何东西。因此，我们发现高兴的人们不论帮助行为是否可以获得回报都特别愿意去帮助。这也同样适用于高兴的消费者，他们倾向于选择他们最先遇到的物品而不是最有价值的物品。

积极的心境为什么可以增加个体在多种情境下的善意行为呢？答案看起来在于高兴的人们希望看到自己及所在环境处于异常美好状态的倾向性。他们比处于中性情绪中的人更喜欢和信任他人。除此而外，他们感觉更有能力以及对未来的财富更加乐观；在一项对26个国家股市进行的研究中发现，股票会在阳光灿烂的天气上涨，可能也是因为这个原因。最后，高兴的人们在他们考虑的任何事情上，更倾向于考虑和记住事物的积极而不是消极特征，包括助人情境。即当遇到帮助机会时，高兴的人尤其可能回忆起过去帮助情境中的积极方面及关注当前情境中的积极方面。如此乐观地看待帮助的回报与成本，高兴的人成为助人者丝毫也不奇怪。基于以上任何一条理由，我们便可以理解为什么高兴的人们愿意将自己的资源给予需要的他人。

纯粹的利他主义存在吗

由心理学家创造的英语单词是非常罕见的，共情就是其中一个。美国实验心理学的大人物爱德华·布拉德福德·铁钦纳（Edward Bradford

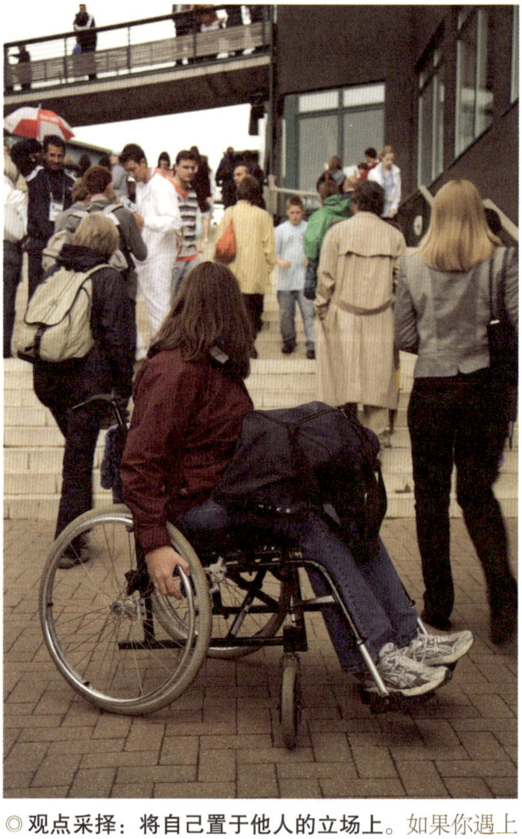

◎**观点采择：将自己置于他人的立场上。**如果你遇上这个情境，你施与帮助的概率有多大？如果你首先想象自己处于所需帮助者的境况下，你提供帮助的概率会显著增加。

Titchener）最早基于一个德国艺术术语创造了它并用来指代观察者将自己投射到所见事物的倾向性——我们可能在心理上将自己置于一幅图画的风景中或置于他人立场的方式。这种自己设身处地考虑他人的知觉过程被称为**观点采择**（perspective taking）。这是大多数研究者发现共情与亲社会行为之间强烈联系的一个原因，因为那些对需要帮助的他人的观点进行考虑的人更可能提供帮助。当你将自己置于受害者的立场上，你就更可能对他们施与帮助。

这一点看起来是正确的，即使在那些提供生存帮助的个体身上。在一个研究中，那些持有强烈的、自然的观点采择倾向的专业心理咨询师尤其愿意为一位年轻女性提供撰写关于心理咨询文章的帮助。尽管自从铁钦纳时代观点采择（一种认知活动）就成为共情的一个特征，现代理论家为其增加了第二个成分，一个包含分享他人感受的情绪成分。因此，共情最好被视为包含了设身处地的认知成分和体验他人感受的情绪成分两个方面。

名词解释

观点采择 将自己置于其他人的立场上进行思考的心理过程。

共情－利他假设 该假设认为，当个体对他人的困境产生共情时，个体会出于纯粹利他的原因而想要帮助他人。

共情式关怀 由于站在需要帮助的他人的立场上而产生的富有同情心的感受。

关于共情值得注意的一点是，当个体对受苦的他人产生共情时，一种特殊形式的帮助行为——纯粹的利他行为——将会产生，这一看法由丹尼尔·巴特森（Daniel Batson）及其合作者提出。正如本章前面所提到的那样，纯粹的（真正的）利他行为指的是仅仅由关心他人福祉的动机所驱动的亲社会行为。尽管巴特森承认帮助通常是为了个人的获益而设计的——为了获得一个良好印象、支撑自我概念、减轻痛苦或悲伤，等等，他也认为当共情纳入其中时，帮助的基本动机可以由自私变为无私。换言之，提升他人福祉的目标可以成为主导，抑制甚至替代提升个人自身福祉的目标。这种可能性被称为**共情－利他假设**（empathy-altruism hypothesis）。

共情－利他序列

什么事件序列可以将我们从自我中心（自私）转变为利他主义（无私）？巴特森与劳拉·肖（Laura Shaw）认为，它是按照如下的顺序进行的：我们尝试设身处地的观点采择的过程，可以首先被知觉到我们与他人的相似性，或通过我们对他人（亲人、朋友、熟人）发生依恋，或简单地由采择他人观点的提示所激发。接着，假若他人在某些方面有所需要或遭受痛苦，观点采择将导致我们体验到**共情式关怀**（empathic concern）——对他人的温暖、体贴和同情的感受。共情式关怀是巴特森模型的关键成分，因为不同于个体的痛苦及悲伤的情绪反应，共情式关怀被认为是将助人者导向远离关注个体自身福祉的方向，从而转向关注他人福祉。根据巴特森的观点，共情式关怀直接导致利他性动机——单纯地希望提升他人的福祉——因此带来纯粹利他行为（如图 9–7 所示）。

为了支持纯粹利他行为的观点，巴特森及其合作者进行了一系列的实验研究试图说明各种自我中心的动机并不能解释当人们感受到对他人的共情式关怀时的助人行为。比如，在一个研究中，他们希望说明体验对受害者——一位遭受电击的主试的同盟“伊莱恩（Elaine）”——共情式关怀的被试将采取一种特定的帮助方式，且这种方式不能简单由个体为了降低看到他人受苦而唤起的不愉快情绪的自私行为所解释。

共情式关怀是通过告知被试与伊莱恩在价值观与兴趣方面非常相似而被灌输给特定的被试。考虑到观察到他人受苦的人可以通过结束受害者的困境或离开现场降低情绪唤起，研究者让被试先观看伊莱恩遭受最初的两次电击且表现出难受的反应，接着给被试一个志愿实施剩下的八次电击任务的机会。一半的被试（难以逃脱）被告知如果他们决定不帮忙，他们仍然必须留下继续观看伊莱恩遭受剩下的电击；

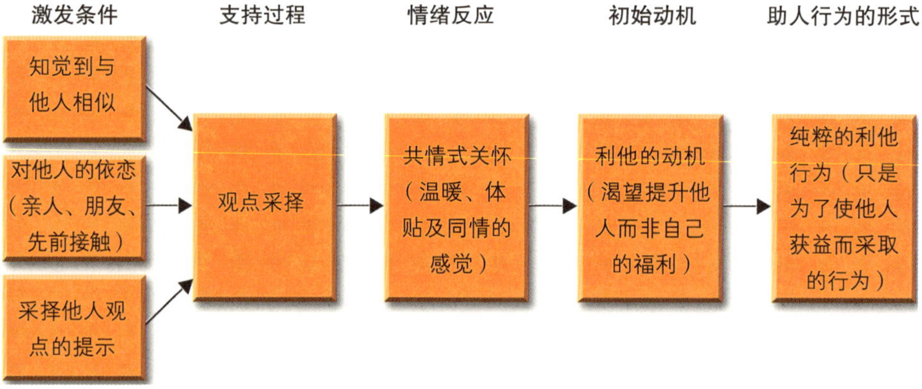

图 9–7　巴特森的共情 – 利他假设

注：根据巴特森的共情 – 利他模型，纯粹的利他行为需要特定的条件。

其余被试（容易逃脱）被告知如果他们决定不帮忙，他们可以立即离开。你可以想象那些最初想要无痛苦地降低他们不愉快唤起的被试们，在容易逃脱的条件下提供更少帮助，在这种条件下，他们可以很快离开唤起情绪的现场而不需要再忍受电击。事实确实是这样——除了当他们感受到对伊莱恩的共情式关怀。在这种条件下，对他们来说是否容易逃离都不重要，他们都会留下并且实施帮助。

巴森特以自我中心的动机来解释这些发现，比如希望降低不愉快的情绪唤起，可能会决定一个人是否会提供帮助，但是一旦个体感受到对受害者的共情式关怀，这些原因将不能够扮演决定性的角色。因为那时帮助行为的最重要动机不再是自私，而是真正的利他。使用相似的逻辑，他和他的合作者试图说明共情式关怀的影响（如获得社会赞同、支撑自我概念、降低悲伤以及使得自己感觉快乐）会超过其他助人行为的自私动机。通过检验当共情存在时各种自私动机的弱化影响，巴特森的研究挑衅性地增加了证明纯粹的利他行为存在的证据。

一种自私自利的解释

然而，你可能会注意到，亲社会行为的一个重要的自私理由在巴特森的研究中并没有被检验。这就是我们在本章考虑的第一个动机——确保自身基因的生存。此外，当我们回顾本章的这部分内容时，你可能会注意到巴特森所提到的那些能使一个人感觉到对他人的共情式关怀的理由，与那些可以表明自己与他人（相似的人、亲人、朋友和先前接触的熟人）共享基因的因素是相同的。那么，共情式关怀的感觉激发助人行为可能是因为他们提示了我们，关怀的接受者可能拥有与我们相同的基因并多于一般性比例。这就产生了一种极具讽刺的可能性，当我们对他人产生共情时，我们的乐于助人可能并非出于十分高尚的动机——纯粹的利他主义，而是出于最为原始的动机——基因优势。

共情式感觉如何与共享的遗传特征相联系？在人类行为方式最初发展的成千上万年中，人类生活在由基因上相似的个体组成的小群体中——巡回部落，以最基本的方式互相交流，包括由观点采择产生的情绪交流。因为这种共情式交流的方式最频繁发生在家庭或部落成员之间，对他人的共情体验与基因相似性相联系。那么，帮助那些容易让自己产生共情的人（亲人、朋友、相似或熟悉的人）的倾向性很容易得到进化，因为这些人可能是自己的亲属，这种帮助因此可能增加自身基因的生存。

当然，大多数人在决定帮助他们采择其观点的他人时不可能意识到这个过程，他们可能感觉到更多的对他人的认同或统一感。这或许可以解释，在一个研究中发现的那些被要求采择同伴观点的大学生可以在同伴身上看到更多自己影子的现象。此外，神经科学的研究发现，我们加工他人疼痛时涉及的神经回路与感受自身疼痛时相同。这种将我们自己沉浸在我们所同情的人身上的倾向性提出了一个质疑纯粹利他行为存在的重要问题：如果共情使得我们在他人身上看到自己，那决定帮助他人是否真正的无私呢？

尽管在这个问题上还存在争议，但毫无疑问的是，我们去理解他人的观点对帮助的影响是非常显著的。

小调查

你怎么认为？是否真的有纯粹的利他行为，即那种不出于任何对帮助者有利的方式发生的帮助行为呢？

案例回顾

杉原千亩的案例

我们在本章开始的时候解释了，杉原千亩在知道帮助立陶宛的犹太难民会毁掉对他无比重要的外交官生涯时为何仍然决定帮助他们。从表面上看这个决定让人难以理解，因为似乎没有任何关于杉原的事情可以预测他的这一行为。但是在表层底下，正如我们所判断的那样，一些杉原本人及其所处情境的特征（如一些未发现的线索）可以解释这个谜团。让我们回顾及总结这些特征，找出他的行为与帮助决定之间的联系。

首先，杉原在童年时期目睹了他父母的善行。尽管这种善行可能对他的亲社会品质产生了一般化的影响，但有些特殊的原因对他帮助犹太人的特定决定产生了影响：他父母帮助的人通常是外国人——陌生人和旅行者，给他们提供避难所和关怀。这种早期经历可能使得杉原将更为广泛的群体纳入到了“我们”的概念中，而将求助者纳入“我们”的概念中被发现可以增加帮助行为。确实，从他后来的评论看来，他将“我们”的边界从直系或延伸家庭扩展到了人类大家庭。

其次，杉原与一名11岁的犹太男孩之间保持了良好的关系，获得了与男孩家庭进行社会交往的机会。正如研究证据所表明的那样，如果依恋与接触使得他更容易对这些个体的困境表现出共情，那么这个男孩的家人得到杉原签发的第一份出国签证也不足为奇了。而一旦承诺做出拯救的努力，他以相同的方法帮助相似的其他人也不足为奇了（见第6章对最初承诺导致随后持续的行为的讨论）。

最后，杉原愿意牺牲自己来帮助手无寸铁的受害者，也与他的武士背景和自我形象一致。“将一只受伤的鸟儿扔给猫”的做法与他的自我定义中的核心行为准则相悖。同时，正如很多研究所表明的，个体会竭尽全力地去确保他们的行为与自己所偏爱或已存在的自我概念一致。

于是，当我们透过表层去观察，杉原千亩谜一样的行为也就不再让人难以理解了；相反，它看起来与扩展的“我们”的概念、早期与受害者的关系，以及与帮助相关的自我形象这三种联结因素非常一致，这些因素可以激发大多数人的亲社会行为。尽管很多人会问：“如果这样的话，那么这三种因素中的哪一种因素起了作用？哪一个因素使得他开始签发签证？”需要意识到，如同杉原千亩这样复杂的帮助行为（或者大多数帮助决定）不能归因于单一的原因，它们更可能是各种因素交互作用的结果，即可能是我们所描述的所有三个因素以及其他我们还未发现的其他因素共同促使了他的行为。

还有一个问题也值得考虑。既然我们认为我们知道了杉原先生做出自我牺牲的决定性原因，既然我们可以尝试从对亲社会行为普遍影响的角度来解释，那我们是否会认为它更不令人信服，或更不值得注意？一点也不会。通常，观察者会将人类奥秘的解决看成如同魔术的技巧被发现一样：一旦未知消除，惊奇就会消失，注意也会偏移，如同没有剩下任何东西值得回味。但是，这是一种肤浅的观点，因为未知消除以后留下的是已知，令人惊奇的系统的已知。可能杉原令人惊奇的决定中最令人信服的部分是它可以追溯到帮助的一系列可以确认且平常的动机——一致地与促使助人者帮助受害者密切相联系。

第 10 章
攻击行为

通过本章学习，我们能够：

- ◎ 了解心理学家定义攻击行为的三个标准；
- ◎ 区别直接攻击和间接攻击、工具性攻击和情绪性攻击；
- ◎ 描述攻击中的性别差异是如何基于个人定义的；
- ◎ 解释挫折 – 攻击假设和伦纳德 · 伯科威茨（Leonard Berkowitz）的修正假说；
- ◎ 比较兴奋 – 转移理论和认知新联结理论；
- ◎ 了解影响挫折 – 攻击的个体和情境因素；
- ◎ 解释社会学习理论关于攻击行为由攻击奖赏所引发的假设；
- ◎ 识别哪些人最容易从暴力行为中获得奖赏并解释原因；
- ◎ 了解媒体对于暴力行为的美化是如何影响我们的行为的；
- ◎ 解释不同的亲代投入和性选择如何与地位相关的攻击中的性别差异产生关联；
- ◎ 理解睾丸素对攻击和支配的作用；
- ◎ 解释年龄、性别和文化与地位驱动的攻击行为的关联；
- ◎ 识别人身上的哪两种特质能增加自我防御性攻击的倾向；
- ◎ 解释自我防御性攻击为何会增加危险；
- ◎ 描述父母如何利用奖赏来减少儿童的攻击行为；
- ◎ 理解认知是如何被用于减少愤怒情绪的唤起的；
- ◎ 掌握几种利用社会干预减少攻击行为的具体方法。

案例

一波无意义的暴力行为

◎ **苏珊·阿特金斯、帕特丽夏·克伦维克尔和莱斯利·范·豪敦**。三位年轻的女性卷入了文中这起臭名昭著的连环谋杀案中。

帕特丽夏·克伦维克尔（Patricia Krenwinkel）是一名营火少女团（Camp Fire Girl）①成员，同时，她还是教堂合唱队里的一名成员。帕特丽夏在一个舒适的中产阶级社区中长大，在这里，她被人们描述为一个“非常正常”并且“非常听话”的孩子。高中毕业以后，帕特丽夏进入了亚拉巴马州的一所天主教大学，其后，她搬到了加利福尼亚州和她的姐姐一起生活。然而，就在这里，她的生活发生了一个全新的转变。她加入了一个组织，在这个组织中，毒品和滥交作为一种在闲暇时间进行的娱乐活动，每时每刻都在发生，而传统社会中的一些规则在这个组织则受到人们的蔑视。在这样的环境下，这个过去的营火少女团女孩和她的新朋友们一起，参与了一些骇人听闻的事件，而这些事件即使是到了40年之后的今天，仍然会在一些讲述暴力和罪恶的电视剧中出现。

这些不为世人所知晓的事件发生在1969年8月一个炎热的夜晚。当时，克伦维克尔正和她的三个朋友一起闯进了位于洛杉矶富人区的一所房子里。在这所房子里住着五个她从未见过的人。然而，根据他们预先策划好的那项残忍的计划，克伦维克尔和她的朋友们就好像是完成某种仪式一般，残忍地杀害了这五个对于他们来说完全陌生的人。

克伦维克尔其中的一个同伴名叫查尔斯·华生（Charles Watson）。在高中的时候，查尔斯一直以来都是一个全优生，除此之外，他还是一名全能的运动明星。在他被捕之后，那些认识他的人都不愿意相信他是有罪的，他们将他描述为“一个邻家男孩”以及“一个不会生气的好小伙子”。然而，在那个8月的晚上，正是这样一个别人眼里的好孩子，对四个人进行了枪杀、刺伤和殴打。在被他杀害的人当中，还有一名孕妇，尽管这位孕妇曾恳求他放过她那尚未出生的孩子。

与没有前科的克伦维克尔和华生不同，苏珊·阿特金斯（Susan Atkins）则是麻烦缠身。她曾经从高中辍学，成为一名脱衣舞娘和妓女。在她上一次被捕之后，她的亲生父亲已经请求警方不要再让她重返社会了。在这场凶杀案之后，苏珊用受害者的血在墙上写下了“猪”的字样。此后，她还向别人吹嘘过这场凶杀事件，并且还声称自己对于这个过程感到很享受。

琳达·卡萨比安（Linda Kasabian）是参与这场凶杀案的第四个人。像苏珊·阿特金斯一样，她也是一个有过很多前科的人。然而，与阿特金斯所不同的是，她并不愿意参与到这场凶杀之中。因此，在案发当天，她选择了待在房子外面。当她听到从房子里传来的惨叫声的时候，琳达跑进房中请求她的朋友们住手，但是为时已晚。此外，她还遇见了一个蹒跚着从房子里逃出来的受害者，这位受害者已经受了伤，当时，她对这个人说道：“噢，上帝啊，我真是太抱歉了。”在请求她的同伴们收手未果之后，她跑回到了他们的车里。

就在案发之后的第二个晚上，还是同样的这群人，再一次一同驾车来到一个富裕的社区。在这里，他们再一次将两个素未谋面的人杀害在了他们自己的家中。并且这一次，他们的领导者——查尔斯·曼森（Charles Manson）及其“家族”中的其他两个成员也加入其中，查理斯的这个“家族”直到今日仍然臭名昭著。而琳达·卡萨比安也再一次拒绝了对任何人进行杀害。不久之后，卡萨比安就逃离了这个组织，并且最终成为这场诉讼案的主要目击者。在审讯中，卡萨比安是该组织中唯一一个对自己的行为表现出后悔的成员。

卡萨比安在事后报告中说，当其他“家族”成员兴高采烈地观看关于这场凶杀案的新闻时，“在我的脑海里，我不住地对自己说，‘他们为什么会做出这种事情？’”在事件发生几十年之后的今天，

① 美国营火少女团由七至八岁女孩组成，致力于对女孩子培养良好的价值观和品格。——译者注

人们仍然在问这个问题。那么，这些凶杀案的发生到底是完全随机并且是漫无目的的，还是出于该组织所具有的某种动机呢？如今每年都有数万人因为“日常的”暴力行为而死亡，是不是有这样的动机能够将上面的凶杀案与这些“日常的”暴力行为联系起来？

我们中的大多数人永远都不会让自己牵连进任何暴力事件中去，哪怕这些事件在暴力程度上远远不及曼森家族这场浩大的凶杀案来得严重。然而，在我们平时正常的生活轨迹中，也会遇到家庭暴力、篮球场上的故意推挤、激烈的争论，或者是一些几乎毫无掩饰的伤人侮辱。在一项针对青少年的研究中，平均每一位青少年被试报告自己在一天之中会遇到 1.5 起冲突事件。这些冲突事件小到朋友之间的言语性侮辱，大到与父母之间充满怒气的争吵，以及与自己的兄弟姐妹之间发生的互殴。是什么导致了这些敌意的爆发呢？为什么人们在应对此类冲突的倾向上会有所不同呢？有些人在自己的一生中都可以很巧妙地控制自己避免陷入任何暴力性事件中，而有些人则似乎总是想寻求一种途径来将自己的这种暴力倾向表现出来呢？

正如你即将在本章中所学到的那样，攻击和其他社会行为一样，都是从个体和情境之间的交互中产生的，而这种交互模式是可以解释的。此外，你还会看到，当你对攻击性行为（小到一场恶作剧性质的嘲弄，大到一场浩大的凶杀事件）背后的社会心理学动机有所了解的时候，这些行为就没那么难以理解了。

什么是攻击

在日常生活中，我们用**攻击**（aggression）这个词来指代一系列的行为，这些行为小到尖酸刻薄的评论，大到暴力性的凶杀事件。这个词有时候甚至还被用来描述果敢的行为，比如我们会提到“一番咄咄逼人的推销言辞”。然而，大多数社会心理学家则将攻击定义为意图对他人造成伤害的行为。这一定义包括了以下三个关键成分。

1. **攻击是一种行为**。但是，攻击不同于愤怒情绪，因为后者虽然经常，但并不总是与攻击联系在一起。人们有可能只是感觉到愤怒，但是却没有把这些感觉外显地表达出来。同时，人们也有可能在做出攻击性行为的同时并没有体验到愤怒的感觉。曼森的追随者后来在谈到他们肆意杀人的过程时，他们当中没有一个人表示自己曾经对于那些被自己所杀害的人感到过愤怒。
2. **这种行为是有意的，或者说是故意的**。你可能会在无意中对另一个人造成伤害，甚至是将其杀害。但是，这种情况还不足以构成攻击性行为。实际上，人们会以非常不一样的方式来应对自己所受到的伤害，这取决于他们相信别人是故意对他们造成伤害的还是在无意中对他们造成伤害的。例如，一个带有嘲笑性质的评论通常会让被评论者感到受伤，而这个戏弄者原本只是想开一个友好的玩笑而已。然而，如果这种伤害确实是在无意中造成的，那么就不能构成攻击。
3. **这种行为是以伤害另一个人为目的的**。社会心理学家将攻击和**果敢**（assertiveness）这两个概念进行了区分。后者指的是那些以表现支配性或自信心为目的的行为。同时，他们还将真正的攻击与玩闹性质的攻击进行了区分，因为只有前者才具有恶意性的企图。玩闹性质的打斗所涉及的范围从孩童之间的混战一直到情侣之间的互掐，这种形式的打斗可以通过经常性的微笑和笑声来与那些通常伴之以瞪眼、皱眉和露出牙齿的恶意性攻击相区别。

名词解释

攻击 意图伤害他人的行为。

果敢 意图表现支配性或自信心的行为。

攻击的不同类型

社会心理学家通常将攻击分为**间接攻击**（indirect aggression）和**直接攻击**（direct aggression）两种类型。间接攻击是指在没有明显的正面冲突情况下企图对另一个人造成伤害（如在背地里恶意地说别人闲话）。而直接攻击指的则是那种当着他人的面对他人造成伤害的行为，这种行为既可以是身体性的（如打、踢或推另一个人），也可以是言语性的（如对另一个人进行侮辱或威胁）。

另一种区分方式则涉及这种攻击是情绪性的还是工具性的。**情绪性攻击**（emotional aggression）指的是那些因为愤怒情绪失控而产生的伤害性行为。例如，在一股无名的怒火之下，一个人会将一把椅子朝着自己的一个同事扔过去。而**工具性攻击**（instrumental aggression）则是指那些为了达成某些其他目的而对另一个人造成伤害的行为。例如，一名足球选手会故意地将对方球队里的明星选手绊倒。这种区分方式并不总是界线分明，因为有很多在愤怒的情绪下而产生的攻击性行为都可以起到一种作用，即向别人对于自己的个人地位所形成的打击进行报复。另外，攻击性行为可以同时具有情绪性和工具性。表10–1为每一种不同类型的攻击性行为都提供了例子。

名词解释

间接攻击　意图以非正面方式对他人造成伤害的行为。

直接攻击　意图当面伤害某人的行为。

情绪性攻击　由愤怒情绪所导致的伤害性行为。

工具性攻击　为了实现其他一些（非攻击性的）目的而对他人进行伤害。

攻击的性别差异可能取决于你的定义

伊利诺·麦克白（Eleanor Maccoby）和卡罗尔·杰克琳（Carol Jacklin）在1974年回顾了那些大力支持男性比女性更具有攻击性这一常见假设的研究。20年之后，凯·布约克韦斯特（Kaj Bjorkqvist）提出了另外一种观点，他认为："这种关于男性比女性更具有攻击性的说法……似乎……是错误的，并且，这种错误是由于过去的研究中对攻击这个概念狭隘的定义和操作化而导致的"。此外，其他研究者还发现，实际上，女性在某些情境下比男性更具有攻击性。那么，到底是谁更具有攻击性呢？是男性还是女性？或者是在这两者之间根本无法进行比较？

有些研究者发现，自从20世纪60年代开始，已经有很多关于性别角色的刻板印象发生了改变。据此，他们预测，在攻击行为中所存在的传统的性别差异已经开始逐渐地消失。在20世纪60年代，只有15%的杀人案的凶手是女性。那么，1969年由三名女性和一名男性所犯下的第一件曼森家族凶杀案是否在某种程度上标志着暴力角色开始走向"平等时代"这样一个趋势？然而，事实却并不是这样的。根据司法局的统计数据显示（如图10–1所示），自从20世纪60年代以来，由女性所犯下的杀人案的比例一直有所下降。

如果从历史数据上所显示出的变化没有办法很好地解释为什么在攻击的性别差异这个问题上会存在不同的证据，那么，如何才能对这种现象做出解释呢？对于这个问题的答案似乎是，攻击的性别差异（或者是不存在差异）取决于你是如何对攻击进行定义和测量的。如果我们将关注点放在人身攻击或者凶杀事件上，那么，男性确实具有更大的攻击性。从幼儿园到养老院，和女性比起来，男性都更有可能做出踢、打、刺伤甚至开枪的行为。然而，和男性比起来，女性则更有可能使用间接的攻击，即通过说闲话、散播恶意的谣言，以及社会拒绝的方式来伤害他人。

然而，对于男性比女性更有可能使用直接身体攻击这一普遍的结论，还存在着一个例外的情况，即对于自己的爱情伴侣，女性比男性更有可能对其伴侣进行踢、打，或是以其他方

表10–1　不同类型的攻击性行为举例

	直接的	间接的
情绪性	一个愤怒的司机开始与一个尾随他的司机打架	在暮色的掩护下，一个被惹恼的房客将房东车胎里的气放掉
工具性	一个银行劫犯对着一个试图阻止他的人开枪	一个女人因为对某个男人有好感，就让自己的姐妹对这个男人说一些关于他现任女友不忠的恶毒谣言

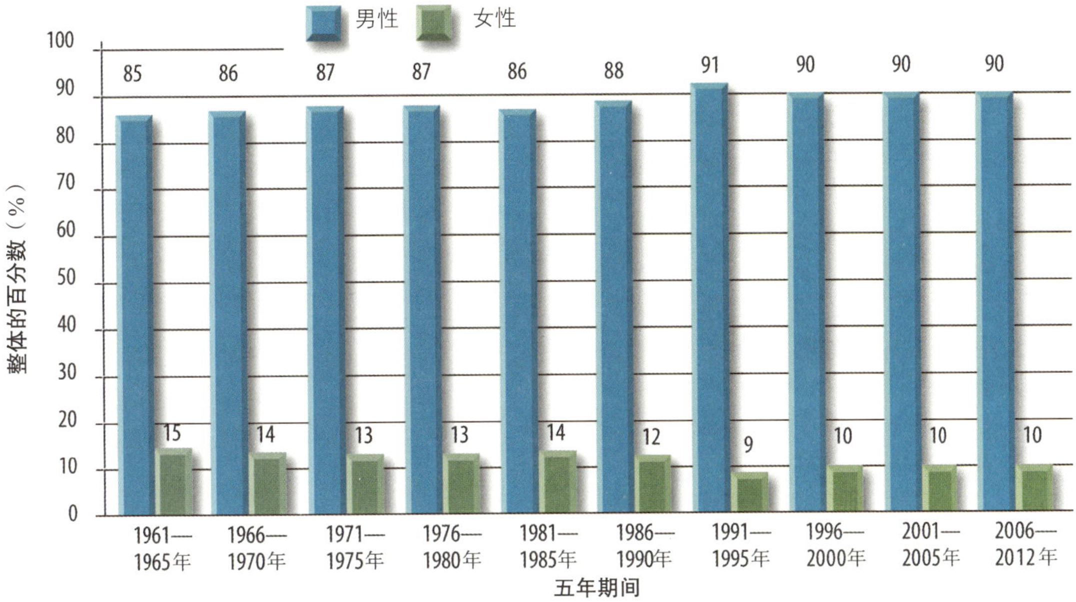

图 10–1 不同性别所犯下的杀人案比例（1962—2012 年）

注：就像在其他社会中一样，美国的大多数杀人案都是由男性犯下的。20 世纪 60 年代以来，性别角色规范所发生的变化并未使得美国的女性出现犯下更大比例的杀人案的趋势。

资料来源：Statistics based on Department of Justice，FBI Uniform Crime Reports.

式对其进行身体攻击。但是，如果这种情况属实，那么为什么我们会发现，在那些为受虐伴侣所建的收容所里，被收容的女性数量与男性相比，具有绝对的压倒性优势呢？那是因为，当一个 120 磅重的女人对一个 180 磅重的男人进行殴打的时候，这一行为所造成的身体伤害要远远地小于反过来的情况，所以女性打男性更不容易被法律定义为暴力行为。

因此，攻击行为中性别差异的产生取决于我们对攻击的不同定义。那么这是否意味着这种性别差异就是随机的或者是无意义的呢？并非如此，这种存在于身体暴力和间接攻击之间的差异是真实存在的，其真实性就如同被一根棒球球棒击中和被别人在背地里叫作垃圾之间所存在的差异一样。接下来，你会看到，男性和女性的攻击性之间所存在的差异通常是与不同的动机联系在一起的。

小调查

请想象这样一件事情：一位你所认识的女性有意做了一件对另一个人造成伤害的事情。现在，请再想象一件事情：一位你所认识的男性做了一件事情，结果这件事情对另一个人造成了伤害。这两个例子中的哪一个中包含了更多的直接攻击，哪一个有更多的间接攻击？

◎ **攻击的性别差异。**尽管从某种意义上来讲，女性更有可能对家中的伴侣进行殴打，但是，通常来说，当男性对自己的妻子或女朋友进行殴打的时候，会对她们造成更大的身体伤害。歌手克里斯·布朗（Chris Brown）一而再、再而三地殴打其当时的女友蕾哈娜（Rihanna），导致其女友流血并造成可见伤口。

攻击行为的目标

人们为什么会有攻击性呢？社会心理学的研究表明，攻击行为可能是为各种各样的动机所服务的，这些动机包括对他人施加影响的愿望、获得权力和统治他人的愿望、在别人的心目中建立一种坚实可靠的印象的愿望、获得金钱或社会认同的愿望，或者仅仅是一种为了使消极情绪得到释放的愿望。西格蒙德·弗洛伊德（Sigmund Freud）指出，可能攻击行为本身也是一种目的。

本能：通往死亡和毁灭的驱力

弗洛伊德关于人类动机的观点最初只包括了“生的本能”，即一种有利于个体生存和繁衍的自私的驱力。然而，在目睹了第一次世界大战的浩劫之后，他又将“死的本能”加入到了这一观点之中。“死的本能”所指的是一种人们想要结束自己生命的内在动力。弗洛伊德意识到，死的本能会与生的本能产生冲突。因此，他提出了这样一种假设：与其毁灭自己，倒不如将这种毁灭的本能从自己转向他人。

弗洛伊德关于死的本能的观点与生命科学领域中最具影响力的理论——达尔文的自然选择进化理论也有所契合。进化论流派的理论家发现，人们很难想象“死的本能”是如何通过进化而来的，因为只要是任何一只不具有自我毁灭行为倾向的动物，都会比那些具有自我毁灭行为倾向的动物生存得更为成功。然而，有些进化论流派的理论家提出了这样一种假设，即“攻击性本能”是可以通过自然选择进化而来的，它的出现取决于攻击为生存和繁衍带来的有益程度。那些愿意为了自己的领地、配偶或资源而进行斗争的动物，相比那些仅仅是掉头逃跑的动物，可以生存得更好。

康拉德·洛伦兹（Konrad Lorenz）在1996年提出，人类和其他动物一样，也具有一种内在的攻击性驱力，如同饥饿或性欲一样，这种攻击性驱力也会随着时间而逐渐累积，直到它们得到释放的那一刻为止。洛伦兹假设，所有动物都需要以某种方式来对其所具有的攻击性能量进行释放。而当这种能量以间接的方式得到释放的时候，这个过程就被称为**置换**（displacement）。例如，当一只鸟在与另一只鸟产生正面冲突的时候，它会用嘴整理自己的羽毛。攻击性冲动会在个体体内逐渐累积并且需要得到释放，这种观点是社会心理学理论中的一个重要部分，被称为宣泄－攻击理论。**宣泄**（catharsis）指的是释放那些受到压抑的情绪——这里就是指攻击性能量。这种宣泄的方式受到了人们广泛的喜爱，人们常常将自己的愤怒情绪通过击打吊袋、大声尖叫，或者其他表达方式释放出来。如果不考虑对他人所产生的负面后果，那么，当人们用愤怒而非用恐惧来应对刺激的时候，从生理水平上来看，人们的自我感觉会更加良好。娱乐产业从业人员通常会借用宣泄的观点来支持他们对于暴力性电视和影片永无止境的热爱。例如，伟大的导演阿尔弗雷德·希区柯克（Alfred Hitchcock）就曾经说过：“电视最伟大的贡献之一就是它将凶杀案送回到了它原来所属的那个地方。在电视上观看凶杀案可能是一种良好的疗法，因为它可以帮助一个人消除自己的敌意。”然而，与这种宣泄假设相反，观看这些攻击性行为实际上非但不可能减少，反而会增加人们在观看之后所表现出来的暴力行为。过去几十年来的研究都表明，观看电视或电影中的暴力行为，会增加而非减少观众所表现出来的暴力行为。

尽管洛伦兹关于攻击性驱力的进化模型和弗洛伊德关于“死的本能”的理论一样，都假定了一种内在的攻击性倾向的存在，但是，我们还是很难假定，这种驱力与环境事件之间是否存在交互作用。因为除非有某个外部事件（如威胁、攻击或挫折）引发了这种驱力，否则动物（包括人类）是不会出现攻击性行为倾向的。

名词解释

置换 以间接的方式来表达攻击性冲动，将攻击性冲动从引发冲动的人或动物身上转移出去。

宣泄 释放攻击冲动。

攻击与适应性目标

根据现代进化观点的分析，人类并不是

"生来"就具有盲目的攻击性。攻击性行为是一种生存和繁衍的策略，它只在某些情况下有用，而在大多数的其他情况下却毫无用处。研究发现，对于很多不同的物种，攻击都能够帮助它们实现一系列的目标。例如，攻击可以让动物们对它们的领土界线进行控制、对它们有限的资源进行分配，以及对它们的幼子进行保护。但是，由于攻击通常包含了受到报复的风险，并且还有导致伤亡的可能性，因此，在缺乏一个直接且有用的目标，而只是为了使自己的敌意得到宣泄的情况下，攻击极有可能会对动物生存和繁衍的机会造成影响。

这一分析表明，攻击行为本身永远不会是一个目的；相反，心理学家目前假定，攻击性行为是被用于一些其他用途的。另外，由于攻击性行为可能失败并且为犯罪者带来伤亡，因此，心理学家同时假定，人们通常只有在其他方式都不可行的情况下才会诉之于攻击。

那么，攻击的作用有哪些呢？本章中，我们主要关注应对愤怒的情绪、获得物质和社会奖赏、获得或保持社会地位，以及保护自己或自己群体中的成员这四点。

应对愤怒的情绪

在这场人尽皆知的浩大的凶杀事件发生之前，曼森家族生活在一个相对贫困的状态下，他们靠"在垃圾堆之间奔走"来养活自己，他们每天所做的就是从超市后面的垃圾堆里找寻食物。对于那些像克伦维克尔和华生这种出身于中产阶级家庭的人来说，对于困难的知觉势必得到了放大。另外，由于曼森和这个群体中的其他几个成员曾经一度住在布赖恩·威尔逊（Brian Wilson）——一位非常成功的沙滩男孩乐队组合队奢华的家中，在那个时候，他们生活优裕，并且可以整天开着威尔逊的劳斯莱斯到处去兜风。因此，这种前后生活状况的反差使得情况变得更加糟糕。

对于曾经在监狱和收容所里度过了自己生命中大部分时间的曼森来说，成为这种富裕生活中的一分子让他重新燃起了希望。渐渐地，他开始相信，威尔逊的朋友泰瑞·梅尔彻斯（Terry Melcher）——一名富裕的唱片制作人，会和他签署一份唱片合约。然而，结果却是，威尔逊将他们赶了出去，梅尔彻斯也轻蔑地拒绝了曼森，于是曼森家族便堕落到了靠垃圾为生的境地。这一细节是第一件可怕的恶性凶杀案的一条线索——曼森和他的家族成员们的作案地点并不是随机选择的，事实上，泰瑞·梅尔彻斯曾经是那栋房子的主人。

挫折攻击假设

约翰·多拉德（John Dollard）和他的同事们在1939年提出了**挫折攻击假设**（frustration-aggression hypothesis），即攻击是一种针对任何对人们的目标指向性行为产生阻碍作用的事件所进行的自动化反应。他们指出以下几点。

1. 每当你看到一个人产生攻击性行为的时候，你就可以假定，这个人在先前曾经受到过挫折。例如，如果某天你的老板在刚刚开工的时候就对着你大声叫嚷，那么，你就可以假定，他在上班的途中曾经遇到过某些不愉快的事情，而这些事情的发生使他产生了挫折感。
2. 每当一个人遭遇挫折的时候，必然会产生某种攻击性行为。例如，如果你在上班途中由于爆胎的缘故而迟到了一个小时，那么，你便需要通过对另一个人做出攻击性行为的方式——这个人也许就是另外一个无辜的司机，从而使得这个事件给自己带来的挫折感得以宣泄。

社会心理学家已经就这个最初的挫折攻击假设提出了很多反对的观点。其中有一种反对的观点认为，有些攻击性行为尤其是那些被我们在早期划归为工具性的攻击性行为，并不一定产生于任何一个特定的挫折事件。例如，在20世纪30年代和40年代之间，一个布鲁克林的黑手党团体曾经经营过一项叫作"联合谋杀"的事业，其雇员的工作就是对一些自己完全陌生的人进行暗杀，并由此获得丰厚的报酬。而被他们所暗杀的那些人丝毫也没有使他们产生过挫折感。另一种反对观点则从问题的另一个方面出发，提出了挫折并不总是会导致攻击的观点。例如，如果一个旅行社的代理人告诉你，所有去夏威夷的航班都已经被预订满了，并且你也相信这个代理人已经尽了她的全力来帮助你，你可能会产生挫折感，但是却不太可能对她感到愤怒。

为了解决最初的挫折攻击假设中所存在的这些问题，伦纳德·伯科威茨提出了**修订后的挫折攻击假设**（reformulated frustration-aggression hypothesis）。根据这种修订后的假说，挫折只与那些情绪性的（或者是由愤怒驱使的）攻击性行为有关，而与那些工具性的攻击性行为无关（即“联合谋杀”事业的成员所做出的那类行为）。另外，伯科威茨还提出，只有在挫折产生了消极情绪的情况下，才会导致人们产生攻击性行为。因此，只有当你认为那位旅行社代理人是在故意地阻挠你，而你对于一张飞往夏威夷的低价机票势在必得的时候，你才会产生很多消极情绪，并且因而更有可能对这位代理人产生突发的攻击性行为。伯科威茨的修正假说还具有另外一层重要的意义，即任何导致不愉快情绪的事件，其中包括疼痛、高温以及心理不适，都有可能导致攻击性行为。这种不愉快的情绪在本质上不一定是由挫折而导致的。最初的挫折攻击假设和修订后的挫折攻击假设如图 10–2 所示。

名词解释

挫折攻击假设（最初的） 该理论指出，攻击是一种针对任何对人们的目标指向性行为产生阻碍作用的事件所进行的自动化反应。

挫折攻击假设（修订后） 该理论指出，任何一种不愉快的刺激都会导致情绪性攻击，其强度取决于这种不愉快的刺激能够在多大程度上导致不愉快的情绪。

根据修订后的挫折攻击假设，不愉快的情绪是否会引发公开的攻击性行为取决于很多因素——这些因素既可以是来自个人的，也可以是来自情境的。现在，让我们考察一下这些因素。

个人 唤起与愤怒的情绪

当人们被激怒的时候，是哪些内在因素导致了人们产生暴力行为？研究者曾经对两组因素进行了考察，这两组因素分别与暂时性的唤起状态和长期性的愤怒状态有关。

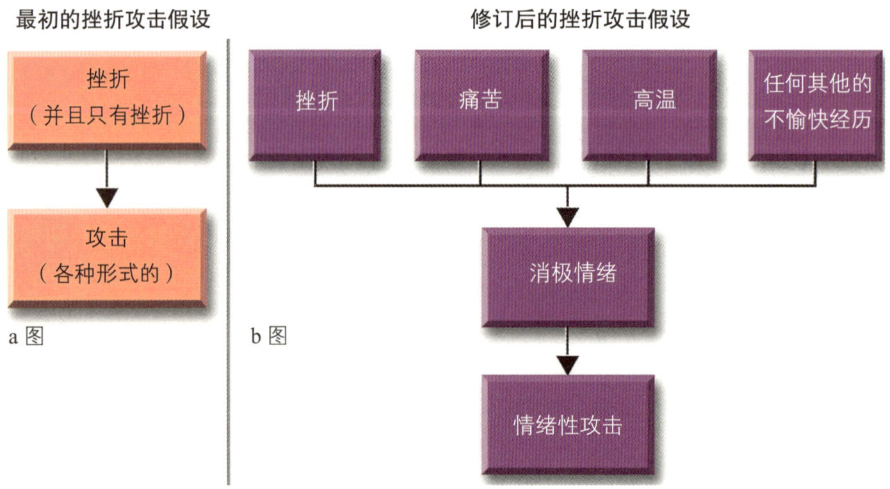

图 10–2 最初的和修订后的挫折攻击假设

注：根据最初的挫折攻击假设（a 图），挫折经常会导致攻击行为；反过来讲，在人们产生攻击性行为之前，经常是事先遭受过挫折。根据修订后的挫折攻击假设（b 图），挫折只是诸多的可能引起消极情绪及紧随其后的情绪性攻击的不愉快情境中的一种。

资料来源：Dollard，J.，Miller，N. E.，Doob，L. W.，Mowrer，O. H.，& Sears，R. R.（1939）. Frustration and aggression. New Haven，CT: Yale University Press.

总体唤起

根据伦纳德·伯科威茨修订后的挫折攻击假设，攻击性行为可以受到任何形式的不愉快唤起的激发，无论这种唤起是否是由于挫折所引起的。多尔夫·希尔曼（Dolf Zillmann）进一步提出，任何内在的唤起状态（可以是通过锻炼身体，甚至可以是通过观看色情影片而产生的）都可以引发攻击性行为。根据希尔曼的**兴奋迁移理论**（excitation-transfer theory），由愤怒的情绪反应所产生的症状与一个人在任何一个情绪唤起状态下所感受到的症状是一样的，如心跳加速、手掌发汗、血压升高。因此，当一个人在情绪上受到了唤起（无论是出于何种原因），而之后又被激怒了，或者先被激怒而后又产生了情绪唤起，残留的唤起都有可能会被误认为愤怒。

在一项关于兴奋迁移理论的研究中，首先，所有的女性被试都会受到另一位女性的激惹，接着，其中的一部分被试被要求观看一部非暴力性的色情影片。随后，所有被试都会得到一次机会，去对那个之前惹过她们的人进行报复。结果发现，那些观看过色情影片的女性与那些观看过中性影片的被试相比，表现出了更多的攻击性。因此，研究者认为，色情影片中的生理唤起通过迁移而转变为愤怒的情绪。

长期的易怒性与A型人格

你是否能在你所认识的人中找到这样一些人，当他们没有能在自己严格设定的最后期限内完成某件事情，或者是当餐馆门口排起了长队，或者是当他们遇到交通堵塞的时候，这些人会特别容易感到愤怒？**A型行为模式**（type A behavior pattern）是一组人格特征的集合，其中包括时间紧迫性和竞争性，并且这种人格特征会增加人们罹患心脏疾病的风险。具有A型行为模式的人通常是相对于具有B型行为模式的人而言的，因为后者是以一种更加懒散的态度来对待最后期限和竞争的。

由于他们人格中所具有的竞争性，具有A型行为模式的人通常在自己的工作中更加努力，并且能够在他们的职业生涯中获得更多的升迁机会。然而，有些时候，他们的敌意可能会对他们的工作造成阻碍。为了比较A型人格和B型人格的区别，罗伯特·拜伦曾对一家大型食品加工公司中的管理人员和技术工人进行了研究。他发现，具有A型行为模式的人与下属之间具有更多的矛盾冲突，并且，当这些人在与自己的同事发生冲突的时候，更有可能采取不友好的方式来解决问题。另一项研究也发现，当那些具有A型行为模式的公共汽车司机在印度拥挤的街道上行驶的时候，这些人会比其他不具有A型行为模式的司机更有可能产生攻击性的驾驶行为，如超车、急刹车和猛按喇叭。在一项面向11 965位法国司机的研究中发现，与其他司机相比，具有A型行为模式的司机驾驶速度更快、更有可能在驾车的时候使用手机，并且更有可能遭遇严重的道路交通事故。在一项相关研究中，司机被要求同时记录下自己的愤怒情绪以及愤怒行为（例如，对另一位司机做手势、喊叫或者尾随）。结果发现，那些具有高控制导向的人在驾车的时候报告出了更多的愤怒情绪、更大的压力，以及更多的自我防御行为。另一方面，社会能力很强的人不太容易被挫折情境触发敌意，他们会采用更有效的行动来应对。

名词解释

兴奋迁移理论 该理论认为，愤怒和其他情绪状态具有生理学意义上的相似性，任何形式的情绪性唤起都可能引发攻击性反应。

A型行为模式 一组人格特征的集合，其中包括时间紧迫性和竞争性，具有这种人格特征会增加人们罹患心脏疾病的风险。

情境 不愉快的情境

在一项研究中，近1000名瑞典青少年对于那些曾经让自己感到过愤怒的情境进行了描述。其结果显示，在这些导致愤怒的情境中，有很大一部分都与他人所造成的挫折和烦恼存在直接的相关（如“我的父母不允许我在夜间外出”）。与修订后的挫折攻击假设相一致的是，研究者发现，很多不愉快的情境因素都会引发敌意，无论这些因素是身体疼痛、令人不愉快的高温，还是长期的经济困境。

疼痛

在一系列的实验中，学生被试被指派担任“监督者”的角色，其任务是决定对一些在他们的监督之下工作的学生给予的电击和奖赏的数量。在实验过程中，这些监督者被要求将一只手放在一罐水中（其目的是为了考察不愉快的情境对于监督行为的影响）。在一部分条件下，壶中所盛的是让人疼痛难耐的冰水；而在另一部分条件下，壶中所盛的则是接近室温的温水。结果发现，当这些监督者感到疼痛的时候，他们会变得更加具有攻击性。其表现是，这些被试会建议实验人员对那些在他们的监督之下工作的学生进行更多的电击和更少的奖赏。这项研究支持了这样一种民间智慧，即当你的老板不走运的时候，你应当避免与他进行接触。

酷热

之前我们所描述的曼森家族凶杀案发生在一个热浪来袭的日子里。在案发的前夜，气温还保持在 90 ℉[①] 以上，而在案发的当天，气温一下子飙升到了超过 100 ℉。这种令人不愉快的天气状况是否可能对曼森家族成员的暴力倾向起到了助长作用呢？有足够的证据表明，对于这个问题的答案是肯定的，即在炎热的天气条件下，各种类型的暴力行为发生的可能性都更大。艾伦·雷夫曼（Alan Reifman）、理查德·来瑞克（Richard Larrick）和史蒂文·费恩（Steven Fein）曾对美国职业棒球联赛中投手直接投球击中击球手的次数进行过考察。有些时候，投手是故意将球击中击球手的，其目的可能是为了要恐吓他们。这种行为可能会导致十分危险的情况，因为专业的投手所投出的球可以达到 100 英里的时速。雷夫曼和他的同事们发现，当天气越热的时候，就会有越多的击球手被击中（如图 10–3 所示）。

那么，我们是否可以将这种击球手被击中的次数随气温的变化归因于攻击呢？也许仅仅是因为当气温升高的时候，投手的命中率变低了。为了排除这种可能的解释，雷夫曼及其同事们通过统计手段将一些与错误率相关的因素（如暴投、四坏球和失误）进行了控制，其结果发现，这些因素无法对气温和击球手被击中的次数之间的关系做出解释。因此，在酷热的天气条件下，投手并非漫无目的地将自己手中的球投出，而是将其瞄准了击球手，意欲对其进行致命的一击。并且，当天气越热的时候，击球手的处境就越危险。后来，一项研究对逾 50 000 场美国职业棒球联赛比赛进行了分析，发现了另外一个有趣的现象：如果先前一支队伍中的投手的队员曾被对方的投手击中的话，酷热特别容易致使这支队伍中的投手瞄准对方的击球手。

高温对于攻击性行为的影响不仅仅局限于棒球投手的行为表现上。当气温升高的时候，殴打配偶、强奸、谋杀，甚至是市区里的暴动事件的发生频率都会有所上升。之所以会出现

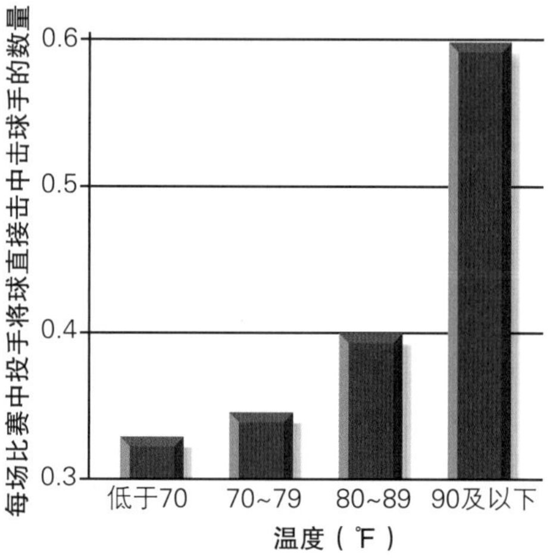

图 10–3　激烈的竞争

注：当气温超过 90 ℉的时候，投手击中击球手的次数是当气温低于 70 ℉的时候的两倍。分析表明，这种情况并非由高温所引发的失误或者其他混淆因素所导致，而是由于投手故意而为之。

资料来源：Based on Reifman，A.，Larrick，R. P.，& Fein，S.（1991）. Temper and temperature on the diamond: The heat-aggression relationship in major league baseball. *Personality and Social Psychology Bulletin*，17，580–585.

① 摄氏度（℃）与华氏度（℉）之间的换算关系为：摄氏度（℃）=［华氏度（℉）-32］÷1.8——译者注

这种情况，其中的一个可能原因是，当天气变热的时候，马路上的人变多了（其中包括了具有暴力倾向的犯罪者以及他们潜在的受害者），这就解释了为何当天气转冷的时候，犯罪率总是会降低。尽管人们确实发现寒冷的天气是令人不愉快的，但是绝大多数的人还是会留在家里，在家里那温暖的火炉旁取暖。因此，关于攻击性行为的发生频率是否会随着天气的变热而持续上升，或是保持恒定甚至可能在一些情况下有所下降，在这个问题上至今仍然存在着争议。但是，至少在某些情况下，攻击性犯罪事件会在高温天气时有所下降，因为攻击者及其潜在的受害者都倾向于留在室内，轻松惬意地享受从空调里面吹出来的凉风。然而，也有证据表明，令人不愉快的酷热天气会引发攻击性情绪，并且这种犯罪率上升的趋势与出门在外的人的数量多少无关。例如，即使是在同一座城市里，随着水银柱的上升，攻击性犯罪事件的增长率都要超过非攻击性犯罪事件的增长率。

贫困

在一项经典的研究中，卡尔·霍兰德（Karl Holland）和罗伯特·希尔斯（Robert Sears）于1940年对1882年至1930年期间美国南部的棉花价格与南部14个州对犯罪嫌疑人处以私刑的数量之间的相关性进行了考察。他们发现，这两者之间存在着负相关——随着棉花价格降低（意味着农业经济的衰退期），犯人被处以私刑的数量就越多。40年之后，约瑟夫·赫浦沃斯（Joseph Hepworth）和史蒂文·韦斯特（Steven West）于1988年用当时更为复杂的统计工具发现，当经济上升期之后紧随着一个经济衰退期的时候，私刑的发生率最高。赫浦沃斯和韦斯特用**相对剥夺**（relative deprivation）的概念对这种现象进行了解释。相对剥夺指的是一种感到自己比其他与自己相当的人拥有得更少的感觉。这种相对剥夺的感觉可能来自破灭了的希望，即良好的经济状况会鼓舞穷人们产生一种自己很快就将和那些生活富足的人过上同样的生活的期望。

名词解释

相对剥夺 一种感到自己比其他与自己相当的人拥有得更少的感觉。

当你的个人财务状况也随着经济的衰退而出现衰退的时候，这种情况是最令人不安的，就如同在2007到2009年的那场经济衰退中很多人所经历的那样。一项关于815名失业人员及其伴侣的研究显示，因失业而造成的财务状况紧张导致了一系列负面影响，这些负面影响相互作用，形成了一张相当复杂的网络。这些负面影响表现为，夫妻双方都会变得更加抑郁，更加容易感到愤怒，更有可能批评和侮辱对方。另一组研究人员在一年之中对14 500位被试进行了两次访谈，每一位被试都要对一些问题进行回答，其中包括，在访谈进行之前的两个星期内自己是否参与过打斗、使用过武器，以及殴打过自己的配偶或者孩子。结果发现，对于那些在这一年中失去工作的人而言，其暴力行为的发生率要比其他人高出足足六倍，即使是在那些没有既往暴力行为史的人身上也是如此。

交互作用 愤怒导致对情境知觉的变化

当人们感到愤怒的时候，就会改变自己的思维方式。根据**认知新联结理论**（cognitive-neoassociation theory），一个不愉快的情境会引发一连串复杂的内部事件（如图10–4所示）。

这个过程中的第一步是让消极情绪通过不愉快的事件得到释放。例如，当你在一个炎热、潮湿的停车场寻找你那辆丢失的车的时候，突然在一块煤渣砖上摔碎了胫骨，这时，你便会感到一阵消极情绪的涌来。当你处于消极情绪之下的时候，你的思维会转向其他那些你曾经经历过的负面事件。这种认知新联结模型将我们的记忆想象成存在于一个相互联系的网络之中，而这些网络是由一系列相互关联的思维、图像和感觉所组成的。因此，一种消极情绪或消极想法的出现便会引发出一系列与之相关联的消极记忆、情绪和行为。

名词解释

认知新联结理论 该理论认为，任何不愉快的

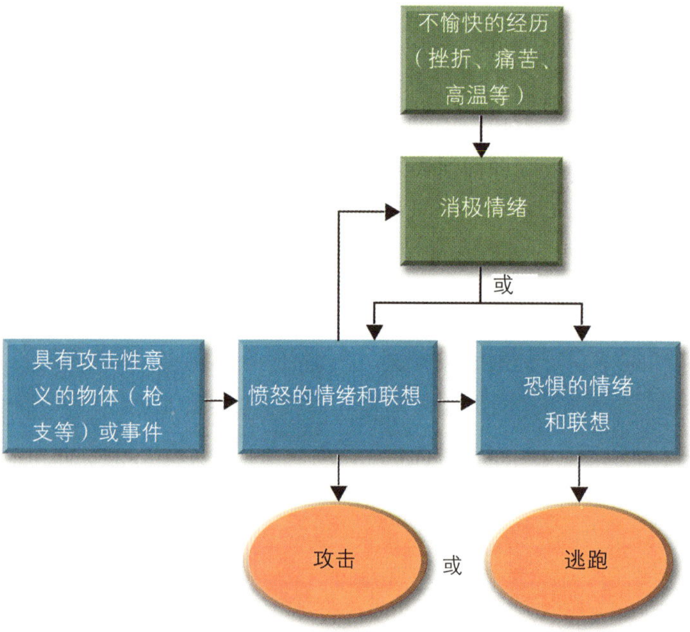

图 10–4　认知新联结理论

注：消极思维不仅会随着消极情绪而出现，而且它还有可能进而对消极情绪产生助长的作用。情境中的其他线索（如枪支的存在），可能会将这些消极思维扭曲成攻击性行为。

情境都会引发一连串复杂的内部事件，其中包括消极情绪和消极思维。根据情境中的其他线索（如武器），这些消极情绪会通过攻击或者逃避的方式得以表达。

武器效应　诸如枪支之类的武器所具有的使得攻击性思维和攻击性情绪得以增强的倾向。

这一连串的消极联结最终会导致攻击性行为还是逃避性行为，同样取决于个人因素和情境因素之间的交互作用。例如，如果你在一座大城市黑暗的马路上行走的时候感觉到了一阵消极情绪，那么，你就有可能对自己的安全产生担忧。然而，同样的情绪也有可能会让你感到愤怒。例如，当你在自家的院子里干活的时候，一个暴躁的邻居走过来向你抱怨你家的狗叫声太响的时候，你便会感觉到愤怒。在一项研究中，一位令人讨厌的实验者假装对参与实验的学生被试在一项猜字谜任务上的表现显露出厌恶的神情。之后，这些学生被试对一位正在应聘助研职位的女性做出评价。结果发现，只要这位应聘者犯了一些令人感到轻微有些愤怒的错误，那些受到过侮辱的被试就会对这位助理做出更为严格的评价。在这种情况下，他们似乎会将自己对那位令人讨厌的实验者的怨气发泄到这位应聘者的身上，即相对于其他没有受到过侮辱的被试而言，这些被试给予这位应聘者的评价更加消极。此外，还有研究表明，在某些情况下，这种从一个人身上到另一个人身上的敌意的置换特别容易发生。例如，当前者可以在后者的身上找到任何可以让自己的敌意得以释放的借口，或者当后者与前者在某些方面具有相似性的时候。

武器效应（weapons effect）指的是诸如枪支之类的武器所具有的使得攻击性思维和攻击性情绪得以增强的倾向。在一项对这一效应的经典研究中，男性学生被试被告知他们正在参加一项关于应对紧张的生理反应的研究。假设你是这个实验中的一名被试，实验者会向你解释道，下面你即将与另一个学生轮流对一些题目进行解答。你的题目是为一位负责宣传工作的经纪人列出一些可以用来提升一位流行歌手公众形象的想法，而与你同一组的另一个学生的题目则是想出一些可以使一位二手车销售员增加其销量的事情。

小调查

请你想出一个特别让你感到沮丧的情境。当时你是否对其他人产生过攻击性行为？你的行为或者你的不作为，是如何与如图 10–4 所示的认知新联结理论的假设相契合的？

当你写下了自己关于宣传大战的想法之后，你的同伴将对你所提供的这些建议提出反馈意见。愤怒就是从这个时候产生的——这种“反馈”是以电击的形式做出的，电击次数在 1~10 次之间。如果你运气好，你会处于一个并不愤怒的情境下——你的同伴仅会对你做出一次强度最小的电击（这表示你的解决办法“非常好”）。而如果你的运气不好，你的同伴就不会仅仅只对你做出一次、两次或者三次的电击，而是会对你进行七次电击（在伤害你的同时也对你的创造力做出了严厉的评判）。就如实验者所预料的那样，在这种情境下，被试更加容易变得愤怒。

然而，在此之后，你会得到一个实行报复的机会，实验者会让你在一张桌子旁边坐下，桌上有一个按钮可以对电击进行控制。在其中的一个控制条件下，桌上没有其他的东西；在另一个控制条件下，桌上放有两把羽毛球拍；在实验条件下，桌上放有一把 12 口径的散弹猎枪和一把 0.38 口径的左轮手枪。当桌上放有运动器材或武器的时候，实验者会向你解释道，这只是另一个实验中的一部分，并且会让你无视这些东西的存在。接下来，实验者会给你一张纸，并告诉你上面所写的是你的同伴关于他对于二手车销售的建议，而实际上，所有的被试所见到的都是由实验者在事先准备好的相同的建议。最后，实验者会要求你阅读这些建议，然后以 1~10 次电击的形式对你的同伴进行“反馈”。在这种情况下，你会怎样做呢？

如图 10–5 所示，如果一个人之前没有被激怒，枪支的存在不会使攻击性行为增加，事实上，之前没有愤怒的被试即使是在枪支存在的情境下，也只对自己的同伴做出了非常少量的电击，并且这些电击持续的时间都非常短暂。但是，如果被试受到了激惹，情况就完全地改变了。此时，枪支的存在使电击的次数和持续时间同时得到了增加。伦纳德·伯科威茨认为，这种仅仅是由于枪支的存在而使攻击性得到增强的现象与他的认知新联结理论相符，因为枪支的存在起到了“启动”攻击性联结的作用。在一个人已经感到愤怒的时候，这些联结就会增加其实行报复的可能性。

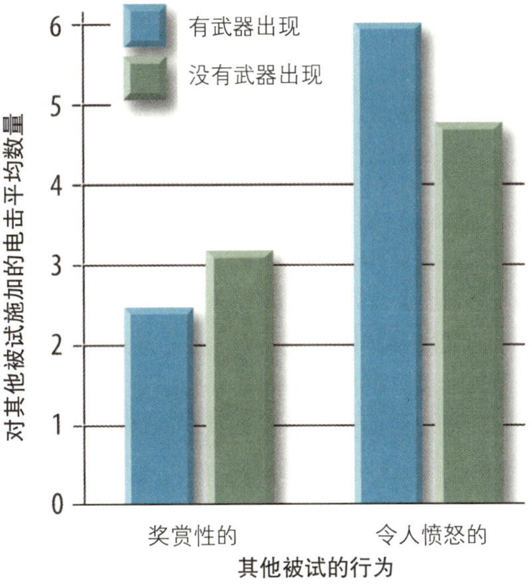

图 10–5 武器效应

注：在一项研究中，学生被试会被给予一次对另一个学生进行电击的机会，而另外那位学生或者是在先前以积极的态度对待过他们，或者是曾经将其激惹过。就如图的左边所显示的那样，当被试没有被惹怒的情况下，武器不会使攻击性行为得到增加。而从图的右边我们可以看到，受到过激惹的被试会在出现武器的情况下给予另一个学生更多的电击。

交互作用 有些人会主动地制造出烦恼的情境

当人们选择的一些情境与自己的个人特征相符时，另一种类型的交互作用便产生了。你会享受在证券交易所里的工作吗？在这种工作环境下，交易员需要时刻保持警觉，才能得到赢取（或者是避免失去）大量金钱的机会。或者，你会宁愿去经营一家卖滑雪板的商店吗？在这里，你会遇见一些具有闲情逸致的顾客，并且不会受到最后期限的约束。如果你是一个具有 A 型人格特征的人，那么选择一份时间压力小的工作可能更有利于你的健康。然而，有研究表明，具有 A 型人格特征的学生似乎会尽一切可能去选择那些能够使他们的竞争性和时间紧迫性得到发挥的工作环境。

同样地，那些容易产生暴力行为的人也有可能制造出一些能够使自己的挫折感得到增强的生活经历。这些生活经历将进而会引发更多的攻击。例如，从长期来看，脾气暴躁的男孩很容易与他们的老师疏远。由于这些孩子经常要往来于校长办公室和教室之间，他们丧失了学习基本的数学和写作技能的机会。其后果便是，他们在日后的生活中无法像其他人一样胜任自己的工作，并且，这部分人也更加容易遭遇失业。青少年时期的暴力史还可能导致其他一些无法逆转的后果，比如毁容和受到监禁。之所以会产生这种情况，有一部分取决于这些孩子身上持久的人格特质，还有一部分则取决于他们为自己所制造的不同环境。图 10–6 对这个循环进行了描绘。

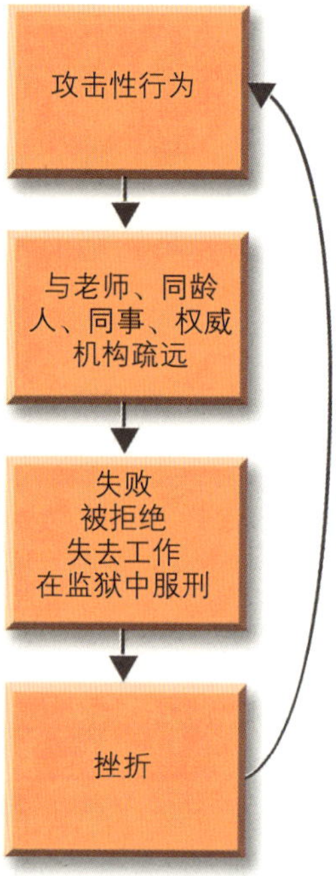

图 10–6　挫折和攻击的循环

注：具有攻击性的人会引发来自同龄人和权威人物的消极反应。其后果便是，他们会遭受更多的挫折，其中包括被学校开除和受到监禁。这些经历增加了他们在生活中所遭受的挫折，并且导致了更多的攻击。

获得物质和社会奖赏

海盗在乡村掠夺，帮派成员在都市操控暴利的毒品市场，恃强凌弱者在校园里抢夺孩子们吃午饭的钱——这些人的身上有一个共同点，即他们都从攻击性行为中获得了物质和社会奖赏。让我们来看一个关于美国最著名的黑帮成员的案例。

社会学习理论：对暴力行为进行奖赏

根据**社会学习理论**（social learning theory）模型，攻击性行为是由于对攻击的奖赏而引起的。就如同一位黑帮成员会为了维护一项暴利的毒品生意、酒精生意，或者赌博生意而产生暴力行为一样，校园中的恃强凌弱者也会为了获得某些奖赏（如来自同伴的一块糖或者其他奖励）而产生暴力行为。

攻击的奖赏是可以直接得到的。例如，当一名小男孩的父亲在他打了一场架之后给他买了一个冰淇淋，或者将一把枪作为圣诞礼物送给他。我们可以看到，照片中年幼的安德鲁·戈尔登（Andrew Golden）手握一把来复枪，摆出一副战斗的姿势。几年之后，11 岁的安德鲁和 13 岁的米歇尔·约翰逊（Michelle Johnson）有预谋地用枪将他们的四名同学和一名老师杀死。和安德鲁一样，米歇尔也从童年时代之初就已经在自己的父母和祖父母的鼓励下开始玩枪了。

奖赏也可以是通过观察他人而间接得到的。班杜拉认为，在一些电视节目或者影片之中，一些具有吸引力的角色对那些阻挠过他们的角色进行拳击、踢打和枪击的情节，孩子们通过观看这些节目或者影片便会学习到，暴力是一

◎**鼓励孩子做出攻击性行为的危害。**安德鲁·戈尔登，摄于他和米歇尔·约翰逊屠杀他们的一名老师和四名同学的若干年前。

名词解释

社会学习理论　该理论认为，攻击是通过直接奖赏或者通过观察到他人由于攻击而获得奖赏而学习到的。

种可以被接受的用来处理自己与他人之间的冲突的方法。就在约翰逊和戈尔登肆意杀人的行为发生的几个月之前，14岁的迈克尔·卡尼尔（Michael Carneal）也用相似的方法在肯塔基州的帕杜卡将他的八名同学枪杀。在这起枪杀案发生之前，卡尼尔刚刚观看了一部影片，在这部影片中，电影明星莱昂纳多·迪卡普里奥犯下了一起相似的故意伤害罪。

联结：适应与障碍

黑社会的暴力

◎ **阿尔·卡彭** 是一位使用暴力和反社会行为获取巨大物质利益的人。在他所处的文化之中，这条通往成功的道路具有一段很长的历史。

在历史上一段声名狼藉的暴力时代中，阿尔·卡彭（Al Capone）盛情地邀请了他手下的三个黑帮成员参加一个宴会。在用美酒和盛宴款待了这几个人之后，卡彭让他的追随者们将这些人捆绑在他们的座位上。接着，他亲自上前用一支棒球球棒将这三个人一个个地全都殴打至死。

尽管卡彭偶尔会表现出极端暴力的倾向，但是，在很多方面，他都是一个令人愉快的家伙，人们都愿意与之亲近。很多认识卡彭的人都把他当作一位热心并且乐善好施的朋友。那么，是什么原因促使一个在其他方面都十分友好的人做出这种极端的暴力行为呢？一种答案是，这是他的职责所在：在卡彭的文化中，他所选择的职业是一条最常见的通往物质和社会意义上的成功的道路，而他正是其中一个野心勃勃的成员。

阿尔·卡彭出生于20世纪之初，他在纽约布鲁克林区一个贫穷的移民家庭里长大。由于卡彭是一个强悍并且野心勃勃的孩子，他得到了当地一位名叫弗兰克·耶鲁（Frankie Yale）的黑帮成员的关注。当卡彭只有16岁的时候，耶鲁就已经让他开始工作了。卡彭的工作就是向当地做生意的人收取“保护”费。在杀害了一个对立团伙中的成员之后，卡彭不得不搬到了芝加哥。在那里，他开始努力地成为当地黑帮团伙的首领。在争夺暴利的酒精份额控制权的过程中，卡彭杀死了几个人。当他成了黑帮团体的首领之后，他便将大多数的凶杀都交由自己的手下去做。但是，他也会偶尔亲手杀掉几个人，以起到杀鸡儆猴的作用。卡彭之所以会用一支棒球球棒打死那三个人，是因为他事先知道了这些人正对他图谋不轨，想要取而代之。为了保住自己作为一个强大的黑帮老大的地位，卡彭只能用死亡来对这些不忠诚的人做出惩罚。

卡彭的攻击性行为获益颇丰。在29岁之前，他已经掌控了一家获利高达数亿美元的财团，拥有一套位于佛罗里达州的豪华房产，并且他手上所戴宝石的价值超过大多数人终其一生所能赚到的钱。

卡彭不是第一个，也不是最后一个扮演黑帮教父角色的人。事实上，意大利南部和西西里岛的黑帮成员们已经在过去的几个世纪里在当地获得了惊人的政治和经济力量。由于这些地区历来都受到来自外国军队从未间断过的占领和剥削，因此，当地的土著居民打心眼里不喜欢政府，并且不信任政府；相反，他们对于当地那些握有强权的人倒是十分忠诚，因为这些人会保护他们，为他们找到工作，当然与此同时，这些人会向他们收取保护费。

因此，尽管在局外人看来，这是一次社会结构的瓦解，然而实际上，这是一套清晰而又井然有序的社会结构和规范，这套社会结构和规范起源于一段特定的军事和政治历史。就如同国际争端一样，黑帮暴力中的很大部分都是为了掌握那些富裕和暴利的领地控制权。于是，我们再一次看到，社会性障碍的根源从另一个角度来说往往是一些适应过程。

在一系列经典的研究中，班杜拉和他的同事们对孩子们逐渐开始模仿这类电视、电影中所刻画的暴力行为的过程进行了考察。在其中的一项研究中，孩子们首先会观察到一个榜样对一个“波波玩偶”（一个大小和真人等同的红鼻子充气小丑，当人们用拳头对其进行猛击的时候，它会发出一种雁叫声）做出一系列异乎寻常的暴力行为。如果这些孩子们看到这位具有攻击性的人得到了奖赏，那么，当他们之后在与波波玩偶共处一室的时候，则更有可能自发地对这些攻击性行为进行模仿。然而，如果他们看到这个榜样受到了惩罚，那么这些孩子就不会对这个榜样的行为进行模仿。

同时，班杜拉还指出，一个人无须在非常愤怒或者沮丧的情况下才会产生这种由于奖赏而引发的攻击性行为。受到雇佣的杀手和经过训练的战士经常会在没有感到丝毫愤怒情绪的时候就做出攻击性行为。因此，社会学习理论对于工具性攻击尤其适用。

个人 哪些人从暴力行为中得到了奖赏

有些人是否比其他人更有可能为了个人利益的原因而产生攻击性行为？即使一个黑帮成员的位置摆在自己面前，也并非每一个在困苦中挣扎的移民都会像阿尔·卡彭一样冷血，任意地将那些妨碍他在生意上获得成功的人杀死；相反，对于一个对其他人几乎没有同情心、然而却感到自我价值膨胀的人而言，反而会更有可能为了个人的利益而伤害他人。同样，如果一个人对于惩罚的敏感性不高，那么，那些潜在的代价，即来自受害人或社会的报复就不能在很大程度上阻止暴力的发生。

精神变态

一名**精神变态者**（psychopath）具有以下特征：对他人缺乏同理心，自我价值膨胀，以及对于惩罚的敏感性不高。精神变态也被称为反社会性人格障碍或反社会。与精神变态者对于他人疼痛的漠不关心相伴的是其所表现出来的冲动性行为，以及一种否认自己对于自己所犯下的过错负有责任的倾向。在一项研究中，研究者对精神变态者和非精神变态者的犯罪性暴力行为进行了比较，其结果发现，与非精神变态者相比，精神变态者的暴力行为受到个人利益激发的概率是前者的三倍，而其暴力行为受到情绪激发的概率则只有前者的十分之一。所以，精神变态者所做出的暴力行为是冷静的并且是有所预谋的，其目的是为了得到个人奖赏。最新的神经心理学证据表明，精神变态者无法从惩罚中进行学习与杏仁核和眶额皮层在神经病理学上的缺陷有关。卡彭的身上表现出了很多精神变态者的典型特征，其中包括他在将别人殴打致死以及在将自己生意上的竞争者进行暗杀时所表现出来的冷漠。并且，和卡彭一样，社会上的很多人都会认为，很多精神变态者都是充满魅力的（除了那些妨碍到他们的人之外）。

名词解释

精神变态者 *以对他人缺乏同理心、自我价值膨胀，以及对于惩罚的敏感性不高为特征的人，这类人倾向于为了个人获益而做出暴力行为。*

共情

如果你和大多数人一样，当你看到另一个人处于疼痛中的时候，也会不由自主地感到沮丧，那么，你很有可能就无法从这种黑帮信徒的生活中得到快乐。共情的感觉——即与另一个人共同享有某些情绪，似乎会将攻击性行为变得毫无益处。共情能力非常高的人会设身处地地为他人着想，他们很容易在对他人造成伤害之后感到内心歉疚。然而，对于精神变态者而言，由于他们所感受到的情绪性唤起通常比正常人所感受到的更少，并且由于他们特别缺乏共情，因此，他们会更少地为自己在犯下罪行的过程中对他人所造成的伤害而感到良心上的谴责。

醉酒

尽管对于他人疼痛的共情可以让大多数非精神变态者避免使用暴力，但是，酒精却有可能对那些正常的共情情绪产生过程形成暂时性的阻碍作用。在一项研究中，实验者首先让一部分被试喝下一杯含酒精饮料，而让另一部分被试喝下一杯不含酒精的饮料。接着，实验者要求每一个被试对一件曾经发生在自己和自己的恋人之间的冲突事件进行回忆。结果发现，那些喝醉酒的人更加难以从自己恋人的角度来看待这个冲突，并且，他们对恋人的愤怒情绪也更加强烈。这一发现间接地对虐待配偶与酒精消耗之间所存在的强相关进行了解释。

看起来，酒精的作用之一就是消除了共情对于攻击性行为所具有的正常约束力，即人们对于那些由于对他人造成伤害而导致的惩罚性负面后果的担忧。在暴力性犯罪中，有50%的攻击者在他们犯下罪行的时候都是喝醉酒的。事实上，即使是对于那些非酒精成瘾的人而言，酒精也会引发他们产生攻击性行为，甚至在有些情况下，他们并未在产生攻击性行为之前受到过刺激。人们能够意识到酒精和攻击之间的联系，仅仅通过让被试观看酒精类的广告，便能够导致他们将一个陌生人评价为更加具有敌意。

较低的共情以及对后果缺乏担忧可以解释为何约会强奸通常会涉及酒精。安东尼娅·阿比（Antonia Abbey）和她的同事们于1996年对一些表明约会强奸可能因“酒精短视”而有所增加的研究进行了综述。“酒精短视”指的是将注意力的焦点集中在任何在当下看起来最为重要的东西上。在酒精的影响下，一个受到性唤起的男人可能将自己的注意力集中在使自己的性欲得到满足之上，并因此忽视或曲解自己的约会对象所做出的抵抗。

情境 媒体对于暴力行为的美化

曼森家族的一位成员为他们纵情于暴力的行为辩解道：“我们是在你们这些电视节目的影响之下成长起来的。”事实上，班杜拉的社会学习理论中有一个关键的假设便是，媒体可以教导我们，攻击性行为可以为我们带来奖赏。当你在黄金时段打开电视机，调到一个给孩子们看的卡通节目的时候，或者当你进入一家电影院的时候，无论是你，还是你那天真的小外甥或外甥女，都很有可能在很短的时间内就目睹到故意伤害罪的发生。在黄金时段放映的电视节目里，超过一半都包含了暴力性的成分，并且这种暴力行为经常是以一种看似富有魅力、微不足道，并且是相当纯粹的方式表现出来的。除此之外，孩子们还会接触到其他媒体（如电子游戏和歌词）中的暴力。研究者采取了多种方法对由多媒体带来的暴力行为所产生的影响进行了考察。

相关研究

相关研究想要考察的问题是，每天观看更多的暴力性场面与暴力行为之间是否存在相关。几项相关研究的结果表明，那些观看了很多攻击性电视节目的孩子会对其他孩子产生更多的攻击性行为，并且这种现象在男孩之中尤为明显。例如，一项纵向研究表明，那些观看了很多暴力性电视节目以及那些认同电视上的攻击性角色的孩子更有可能在成年早期产生攻击性

◎ **媒体暴力。**电影和电视节目让孩子们接触到了成千上万“合理化的”暴力行为，小到打架，大到谋杀。

行为。

当然，这些相关的结果并不能证明观看更多的暴力性场面与暴力行为之间存在因果关系。也许，出现这种相关仅仅是因为那些具有先天性暴力倾向的孩子会选择观看具有更多攻击性的电视节目。或者，也有可能是某种独立的第三方因素（如贫穷）同时导致了对于暴力行为以及那些“将他们杀死”的电视节目的偏爱。如果是这样，那么，即使是在不存在电视暴力影响的情况下，贫穷的人仍然会继续产生暴力行为。一位研究者对22种不同的“第三方因素”进行了考察，这些因素都有可能偶然地引起暴力行为和观看电视节目之间的相关。然而，即使当所有这些可能的原因都得到了测量，并且在统计学意义上都得到了排除之后，暴力行为和观看电视节目之间的相关仍然存在。

实验研究

在实验研究中，研究者将一些被试随机地分配到少量或较多暴力的媒体的条件下，并将他们与那些接触了等量非暴力性媒体的被试的反应进行比较。例如，在一项研究中，大学生一连四个晚上观看一些暴力性的影片。随后，他们会参与一项无关的实验，并且会获得一次伤害实验助手的机会。与那些观看了非暴力性影片的控制组被试相比，那些观看了暴力性影片的被试对实验助手表现出了更高的攻击性，无论之前这位实验助手是否激怒过他们。而其他实验研究也同样表明，观看的暴力性电视节目越多，就会导致孩子产生越多的攻击性行为。

名词解释

元分析 对关于同一个主题的不同研究结果进行统计上的合并与再分析。

就如你可以看到的那样，从元分析中所得出的关于媒体与攻击的结论支持了班杜拉关于攻击的社会学习理论。如果人们接触到的榜样在做出攻击性行为之后得到了奖赏，那么人们就会学会对这种攻击性行为进行模仿。然而，媒体暴力的影响不仅仅局限于黄金时段的电视节目。攻击性榜样既出现在孩子们的电子游戏中，也出现在“成人”影片中。

暴力性电子游戏

青少年艾瑞克·哈瑞斯（Eric Harris）和戴伦·克莱伯尔迪（Dylan Klebold）很喜欢玩一种叫作《最终审判日》（*Doom*）的带有暴力性画面的3D动作电子游戏。这一游戏已经得到了美国军方的许可，其目的是为了锻炼士兵有效地杀人。哈瑞斯在他的个人网站上有一个定制的版本——两个装配有额外武器和无限量弹药的射击者将毫无还手之力的对手打倒在地。在

联结：方法与证据

使用元分析的方法来考察媒体暴力的影响

并非所有关于媒体暴力的研究都得到了同样的结论。当出现相互矛盾的研究结果的时候，作为一个研究者，会做些什么呢？让我们回想一下在第1章中所用到的关于侦探的类比：当一群目击证人（在这些人之中，没有一个人的证词是可以完全信赖的）对一项他们所目击到的犯罪事件做出了不同版本的证词的时候，此时，作为一名侦探，会做些什么呢？一名优秀的侦探不会无视所有的证词，而是更有可能将所有的证词都放到一起，然后在其中寻找不断出现的主题，或者是在几个目击者的证词中所共同提及的故事成分。

元分析（meta-analysis）作为一项统计技术，其目的是为了发现存在于大量不同研究之间的共同点。就如同在一个单独的实验中，实验者为了考察一项测验是否具有统计上的显著性而将被试间的变异作为随机误差来源一样，对于同一个问题的各项实验研究之间的变异也可以通过元分析的方法对所有研究中的统计显著性进行检验。当一个研究者用到大量的研究，并且每一个研究中都包含了大量的被试的时候，那么，那些多种多样的随机效应就很有可能相互抵消，而那些来自特定实验变量的真实效应就会显现出来。

让我们来看一下如表 10–2 所示的想象中的研究结果。在两种实验情境下，被试在非暴力性的控制条件下平均做出七次电击，而在暴力性媒体的条件下平均做出 10 次电击。左侧的实验结果所示的是没有任何随机因素对结果造成影响的情况，而右侧的实验结果所示的则是充满了各种各样的误差来源的情况，因此更加像是在真实世界里所发生的。我们注意到，在两种实验情境下，结果的均值相等。如果你只看右侧的前两个数据比较，那么你就有可能得出错误的结论，即接触媒体暴力会减少攻击性行为。如果拿第四行的数据做比较，那么，你就会得到这两种情况不存在差异的结论。如果你用其他数据做比较，例如最后一行的数据，那么，媒体效应的大小则会被夸大。然而，当你对大量的研究进行比较的时候，随机误差的各种来源就容易相互抵消，因此我们便能够对媒体暴力对于被试所做出的电击数量的“真实”效应有一个更好的了解。实质上，这就是元分析的意义——将关于同一个问题的大量研究在统计上进行平均。

因为针对媒体暴力与攻击之间的关系已经存在大量的研究，所以研究者能够对这个问题进行多项元分析。例如，一批研究者对 28 项实验研究进行了考察。这些研究都是先让儿童或青少年观看一部攻击性的（或者一部非攻击性的）影片，并对其随后是否会产生自发的攻击性行为（如将另一个孩子打倒在地）进行记录。和预期相一致的是，那些来自单个研究中的数据由于受到各种各样随机因素的干扰而产生了混淆的结果。实际上，在大约三分之一的实验中，控制组被试比实验组被试具有更高的攻击性，然而这些相反的效应通常比较小。而更多的研究则发现，那些与媒体暴力进行过接触的被试产生了更高的攻击性，并且，在这些正面的结果中，大部分结果中的攻击效应都比较大。当研究者将所有研究中的数据进行平均后，发现总体上的统计结果足以让研究者非常肯定地做出这样一个结论，即“媒体暴力会增加儿童和青少年在与陌生人、同学和朋友进行交往的过程中所表现出来的攻击性”。

尽管元分析已经使得研究者对于接触暴力性媒体会产生伤害性效应的观点持有越来越肯定的态度，但是，由于新闻媒体是为那些从暴力性电视和影片中获利的人所拥有的，因此，新闻媒体已经利用那些混淆的结果来向公众讲述了一个不同的故事。然而，元分析的结果却表明，观看暴力性电视与其后所产生的攻击性行为之间所存在的相关大约在 0.30 左右——其相关性的大小相当于吸烟与癌症之间所存在的相关。当然，就像并非每一个吸烟的人都会患肺癌，也不是每一个患肺癌的人都吸烟一样，并非每一个观看暴力性电视的人都会在其后产生暴力行为。但是，就像你的吸烟行为会成为一个使你未来的健康遭受风险的因素一样，你邻居家的孩子若是观看了很多暴力性媒体，那么，对于社区中的其他孩子而言，这也会成为一个风险性因素。

表 10–2　一个假想中的例子：用 10 项研究对于接触到暴力性媒体的被试相对于接触到非暴力媒体的被试所做出的电击数量进行测量

不存在任何随机因素情况下的结果		更为典型的结果	
暴力性媒体	非暴力性媒体	暴力性媒体	非暴力性媒体
10	7	5	10
10	7	7	9
10	7	10	7
10	7	8	8
10	7	12	13
10	7	9	6
10	7	15	7
10	7	11	1
10	7	10	5
10	7	13	4
（均值）10	7	10	7

一个学校的项目中，他们表演了这个游戏，并将其制作为录像。在游戏中，他们身着战壕里穿的那种特制的大衣，假装对学校里的运动员进行射击。在1999年4月20日，哈瑞斯和克莱伯尔迪将他们血腥的想象变为了现实，他们杀死了他们在科隆比纳高级中学的13名同学，并致使其他23人受伤。那么，是不是他们在电脑屏幕上通过杀死对手而赢得分数的经历使他们认识到杀人可能是一件回报丰厚的事情呢？2000年，社会心理学家克雷格·安德森（Craig Anderson）和凯伦·蒂尔（Karen Dill）收集了一些数据，这些数据表明，这个问题的答案也许是肯定的。在一项相关研究中，安德森和蒂尔发现，模仿现实生活的电子游戏与攻击性和不良行为之间存在相关，这些行为包括损坏财物和与同学打架。一项神经心理学研究对被试在观看暴力性图像（如一名举着枪的男人将手里的枪放进另一个人嘴里的照片）时脑电波的活动模式进行了考察。其结果发现，与那些不玩暴力性电子游戏的学生相比，那些经常接触暴力性电子游戏的学生表现出了一种特定的脑电波活动模式，这种模式表明，他们已经对观看暴力性图像变得不敏感。

然而，就像所有的相关研究一样，这些发现并不意味着因果关系。也许，这些对于暴力性电子游戏的选择仅仅反映了产生不良行为的倾向，却并非导致这些倾向产生的原因。但是，与那些被随机分配去玩一个非暴力性电子游戏的控制组大学生相比，那些被分配去玩一个带有暴力性画面的电子游戏——《德军总部》（*Wolfenstein*）的大学生在随后产生了更多的攻击性想法和感觉。研究者总结道，暴力性电子游戏可以为年轻人提供一个平台，在这个平台上，他们可以学习和练习应对冲突的方法。在另一个实验中，学生在多种不同的情境下玩一个叫作《致命战斗：致命联盟》（*Mortal Kombat: Deadly Alliance*）的游戏。这些情境的血腥程度从无到最高。结果发现，游戏越血腥，玩家受到的唤起就越多，并且也会变得更加具有攻击性。根据一项对大量的关于电子游戏暴力的研究的元分析结果表明，电子游戏对于攻击性想法、感觉和行为具有一个可靠的效应，这一效应的强度与避孕套的使用对感染艾滋病病毒的效应相当。除了会引发更多的攻击性行为之外，在实验情境下接触暴力性电子游戏，会降低人们对于真实暴力的正常生理唤起。这一结果表明，那些玩过这类电子游戏的年轻人会对其他人所遭受的痛苦产生麻木。

◎ **实践暴力**。研究显示，暴力性电子游戏可以使得针对真人的暴力变得更加具有奖赏性，并且降低玩家对他人疼痛的敏感性。

暴力色情读物

色情影片和色情杂志通常会对一种特别令人不安的暴力形式——强奸进行美化。在这类影片之中，受害者被描绘成起初对强奸者进行抵抗，但是到后来却由于自己在此过程中得到了享受而对那个男人的胁迫进行回报，并且还想要更多的性。在观看了这类影片之后，即使是那些没有受到过激怒的男性被试也会对女性做出更多的电击。另一项研究则发现，在一连几个晚上观看了带有血腥暴力的影片之后，被试会对针对女性的暴力产生麻木，并且还会对法庭上一件强奸案的受害者表现出更少的同情。最近一项关于电子游戏的研究发现，在实验室情境中让男性被试接触带有性别刻板印象化角色的电子游戏会导致他们对性骚扰变得更加宽容。

在色情读物是否会对攻击产生影响的问题上，仍然存在着很多争议。有些研究者怀疑，目前还不能断定这两者之间是否存在任何确定的关系。其他研究者还指出，似乎并不是性欲，而是暴力导致了男性对女性产生了更多的攻击性行为。而事实上，早期的研究使用一些隐晦的非暴力色情书籍。例如《花花公子》

（*Playboy*）杂志的折叠插页，对攻击性行为进行了研究。其结果发现，在观看了这些色情书籍后，人们的攻击性行为减少了。2001 年，尼尔·玛拉姆斯（Neil Malamuth）及其同事塔玛拉·阿狄森（Tamara Addison）和玛丽·科斯（Mary Koss）提出，这是一个敏感的话题，因为人们（其中也包括研究者自身）通常在这个话题上持有强烈的价值观。保守主义者认为，色情会对家庭价值观造成损害。而自由主义者则认为，色情读物对家庭价值观所产生的影响是可以忽略不计的，甚至在有些时候这种影响还可以是积级的。并且，他们还指出，对于色情读物的审查制度是与美国宪法第一修正案相违背的。除此之外，很多女权主义者持有第三种价值观。她们认为，色情读物激励男性对女性持有贬低性和敌意性的态度，并且经常将强奸描绘成对于女性的良性经历。

在元分析和一些新数据的基础上，玛拉姆斯和他的同事们提出了几个结论。第一，相关数据和实验数据表明，在男性对于女性的敌意与其阅读色情读物之间存在着某种关系。这种关系在当这些色情读物是暴力性的（相对于非暴力性的）情况下表现得尤为明显。并且，在那些与暴力性色情读物有过密切接触，以及在那些具有多种针对女性的暴力倾向的人（例如，一个极度滥交的人）身上，这种关系也会表现得尤为明显。然而，现有的证据并不能将下面的这种可能性完全地排除，即男性的攻击性导致了他们阅读色情读物。但是，实验发现和相关发现的结合确实让研究者得出了这样一个结论，即当某些男性阅读了暴力性色情读物之后，可能对女性做出暴力行为这样的现象是有理可循的。

交互作用 媒体暴力对暴力倾向的放大作用

经过美化的暴力可能会使攻击看起来是更为有益的。然而，不可能每一个人都会受到同样的影响，因为并非每一个人都会认为与这类描绘暴力的东西进行接触是一件有益的事情。有很多人会竭尽所能，避免观看暴力影片或者充满血腥的拳击赛。而其他人则似乎对诸如此类的经历乐在其中。

蒙特利尔的研究者让电影爱好者在观看一部暴力性或非暴力性影片的前后填写一张简短的关于攻击的问卷。在暴力性影片中，包含了 61 个通过机械枪支、刺刀、小刀和爆炸而对死亡进行描绘的场景；而在非暴力性影片中，则不包含有任何暴力性死亡的场景。研究者发现，暴力性影片增加了观影者的攻击性倾向，而非暴力性影片则对观影者的攻击性倾向不产生影响。更为有趣的是，那些选择了攻击性影片的人在观看影片之前所表现出来的攻击性已经显著地高于其他人。其后的一系列实验也揭示出了同样的结果——即攻击性影片会使人们产生更多的暴力行为，但是，正是那些具有暴力倾向的人才会在一开始就选择观看这些攻击性影片。我们再一次地看到了一种存在于个人和情境之间的动态交互作用。有些人更容易感觉暴力是令人愉快的，因此他们会选择一些暴力得到美化的情境；其他人则感到暴力是令人不愉快的，因此他们便会选择避免与这类情境进行接触。通过一系列这样的选择之后，人与人之间起初所存在的微小差异可能会得到放大。

小调查

请在你认识的人当中想出一个人，此人喜欢观看暴力性的影片和电视节目，或者经常玩暴力性电子游戏。现在，再想出一个回避暴力性媒体的人。这两个人有没有在其他一些方面也有所不同，与我们所讨论的那些研究结果一样？

获得或维持社会地位

生活在乌干达北部的多多斯人（Dodoth），一名男子只有在证明自己是一名战士之后才可以结婚和生子。放眼全世界的社会，无论是巴西的雅诺马马人（Yanomamö）还是非洲东部的马赛人（Masai），都对那些具有“战士身份”的男性赋予极高的敬意，因为这种战士身份意味着能够从攻击性行为中得到快乐，并且时刻准备着为了个人的“荣誉”而战。

从一个层面上来看，为了获得地位而产生

的攻击性行为是为了获得物质和社会奖赏而产生的攻击性行为中的一种。阿尔·卡彭之所以会使用暴力，是为了维持自己作为黑帮领袖的地位，并且维护源源不断的走私利益。但是，获得和维持社会地位的目标与攻击性行为之间还存在着另外一种特殊的联系，即便当攻击不能为人们带来有形的物质奖赏的时候，人们仍然有可能为了争夺社会地位而战。事实上，有些人即使是在知道自己将会受到惩罚的情况下，仍然会为了获得社会地位而战。有些心理学家还认为，获得社会地位的目标对攻击性行为起到一个特殊的决定性作用，并且这种作用是与我们的进化史相联系的。

◎ **社会地位与攻击。**这两名美国高中男生正在为赢得州冠军而竞争。无论得到社会许可与否，攻击都是一种获取社会地位的途径。

攻击与性选择

攻击与社会地位之间的联系为何如此普遍，以至于无论是在巴西的丛林里还是在芝加哥和纽约的街道上都能看到这种现象？加拿大心理学家马丁·戴利和马戈·威尔逊将这种联系追溯到强大的进化原理——**不同的亲代投入**（differential parental investment）及性选择上面来。根据我们在第8章中所讨论的不同的亲代投入原理，女性在一项草率的配偶选择决策中所遭受的损失更大，因为她们可能会怀孕。因此，女性在选择配偶的时候会非常小心，故而她们会在择偶过程中对那些表现出良好基因特征的男性更为偏爱。

那么，女性的择偶选择性与攻击之间有什么关系呢？对于这个问题的答案在于**性选择**（sexual selection）——在这个过程中，任何有助于繁衍的特征都会得到代代相传。为了赢得挑剔的女性的关注，男性可以通过很多方式来表现自己。他们可以表现出自己积极的特征：孔雀所拥有的漂亮尾巴，或者是建造一个坚固巢穴或保卫一片富裕领地的能力。他们也可以直接从竞争中胜出——过关斩将登上当地统治阶级的领袖之位。无论这种竞赛是出于保卫领地的目的还是为了成为统治阶级的领导者，拥有更大的身躯以及更高的攻击性都是有益的。

名词解释

不同的亲代投入 该原则认为，对后代投入更多的动物（如雌性哺乳动物相对于雄性哺乳动物而言）在选择配偶的过程中也会更加慎重。

性选择 一种自然选择的形式，即那些帮助动物吸引配偶或有利于同性间争夺配偶的特征会得到自然的选择。

因此，进化论理论家假定，成功的繁衍和社会地位的竞争之间存在着一种内在的关联。在这个平衡中，攻击只是一个附带的产物。性选择理论中的几项假设在人类身上也同样适用。由于人类是哺乳动物，而哺乳动物中的雌性通常会在自己的后代身上花费大量的精力，因此，在通常情况下，哺乳动物中的雄性更有可能为了得到社会地位和领地而进行竞争。我们在前面提到过，在最近的几十年时间里，在美国所发生的大多数凶杀案都是由男性犯下的。与进化的观点相一致，这种性别差异在全世界的范围内都同样适用（如图10–7所示）。

如果雄性之间的攻击性竞争是出于择偶的目的，那么，这种行为就应当随着特定条件的变化而有所增加或减少。当雄性无法获取其他可以让异性被自己吸引的资源的时候，它们与其他雄性之间的竞争就会增加。同样当雄性进入繁衍竞争期的时候，其攻击性也会有所增加。但是，如果一个雄性已经吸引到了一个异性作为自己的长期伴侣，那么它就没有那么大的必要去和其他雄性发生冲突。下面，我们将来看一些支持这些预期进行的证据。除了这种在所有文化下都存在的基于繁衍的性别差异之外，我们还将单独地对与地位相关的攻击中的文化差异进行考察。

个人　性与睾丸激素

动物学家观察到，雄性对于暴力性竞争的倾向广泛地存在于各种哺乳动物的身上。你要找寻证据，无须千山万水地去研究乌干达的羚羊或是坦桑尼亚的黑猩猩，你可以到最近的农场去观察公牛和母牛之间，或是种马和母马之间所存在的差异，或者，你也可以在社区中观察公狗和母狗之间所存在的差异。

为了获得社会地位而进行竞争的生物性动机可能与我们久远的进化史有关，然而，这种激励机制至今仍然存在于我们的体内。睾丸激素是一种与男性的身体发育和行为相关的激素。这种激素在男性而非女性的血管里大量地流动着，并且，研究者已经发现，这种激素同时与攻击和社会支配之间存在相关。

社会心理学家詹姆斯·达比斯（James Dabbs）和他的同事们进行了一系列广泛的研究，其目的是为了考察睾丸激素与社会行为之间的联系。下面所列的是他们的一些发现。

- 对于年龄处于9至11岁之间的男孩而言，较高的睾丸激素水平与较多的攻击性行为之间存在相关。
- 具有较高睾丸激素水平的囚犯与监狱管理者之间存在着更多的冲突。此外，一般来说，在由这些睾丸激素水平较高的囚犯所犯下的罪行中，包含了更多的暴力成分。
- 在4462名军队老兵中间，那些具有较高睾丸激素水平的人更有可能扰乱法律、产生暴力行为，以及拥有为数惊人的性伴侣。

所有这些发现都是相关性的，因此，这便让研究者对于睾丸激素究竟是攻击性和反社会行为的原因还是结果感到难以确定。这一因果关系之所以会受到污染，是因为睾丸激素水平的升高可能是由于竞争或性行为所引起的。例如，在一项研究中，男性大学生被试受到另一个学生的侮辱和推搡。结果发现，被试的睾丸激素水平在这场对峙之后表现出了显著的升高。

然而，实验研究却表明，睾丸激素是竞争性行为增加的原因，而并非仅仅与后者之间存在相关关系。在一项研究中，一组男性被试在实验过程中所注射的睾丸激素的剂量逐渐增大，在实验进行的六周时间里，该剂量以每两周增加一倍的速度增长。在注射睾丸激素的这段时

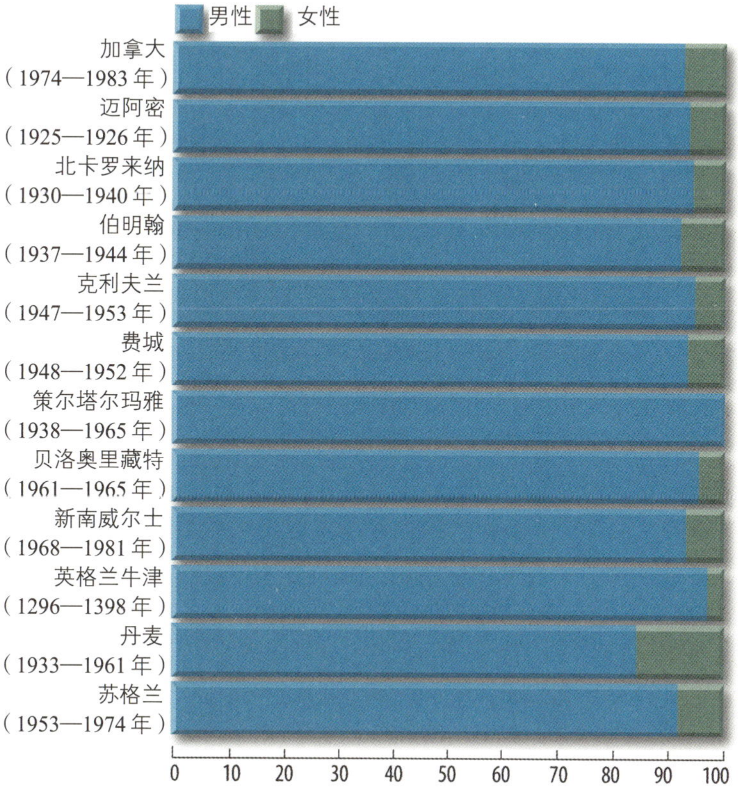

图10–7　不同文化和不同时期下同性凶杀案百分比

注：在不同文化和不同历史时期下，由同一性别的成年人所犯下的凶杀案（男人杀男人，女人杀女人）中的大多数都是由男性犯下的。

资料来源：Republished with permission of Transaction Publishers, from Homicide, Daly, M., & Wilson, M. 1988; permission conveyed through Copyright Clearance Center, Inc.

间里，每个被试与另一个被试同处于一间实验室里，并且他们都相信，对方每按一下按钮，就能通过减少他们最后所得的报酬来对他们进行惩罚。结果发现，那些注射了睾丸激素的被试与那些注射了惰性安慰剂的被试相比，更加容易产生报复行为。

荷兰心理学家进行了一系列激动人心的研究，其考察对象是50位正在经历变性手术的人。斯蒂芬妮·梵谷森（Stephanie Vangoozen）和她的同事们同时发现了两种变化方向。在这些变性人之中，有35位是女性，她们正在接受睾丸激素的注射，这是实现她们变成男性的愿望中的一部分。其余15位男性接受的则是一些抑制睾丸激素的药物，这是实现他们变成女性的愿望中的一部分。结果发现，那些注射了睾丸激素的女性变得更加具有攻击性，并且她们对于性唤起的易感性也得到了增强。而那些丧失了睾丸激素的男性则表现出截然相反的巨大变化：他们的攻击性和对于性唤起的易感性都得到了降低。

由于男性和女性的体内都会产生睾丸激素，因此，这种激素对男性和对女性所产生的影响是相似的。但是，在成年男性的体内所产生的睾丸激素是成年女性的七倍。尽管如此，对于男性而言，睾丸激素对攻击性行为所产生的影响并不是压倒性的，这就与观看暴力性媒体所产生的影响是相同的。有些时候，研究者需要对大量的被试进行考察，才能得出一个明确的结论。

由此看来，对于任何人而言，睾丸激素的增加几乎不可能自发地引起暴力性或反社会行为；相反，它与竞争性行为之间的关系可能更加紧密，这些竞争性行为中包括橄榄球、网球、象棋以及多米诺骨牌。艾伦·玛祖尔（Allan Mazur）和爱兰·布斯（Alan Booth）于1998年对这一领域的大量研究进行了综述。他们总结道，人类身上较高的睾丸激素水平会激发出“以支配为目标的行为，其目的是为了获得比别人更高的社会地位”。这种行为在有些时候是具有攻击性的，而在有些时候则不是。因此，睾丸激素水平可能只是通过增强对他人进行支配的动机而对攻击性行为产生间接的影响，而不是对后者产生直接的影响。

◎**具有较高睾丸激素水平的男性**。研究人员詹姆斯·达比斯发现，具有较高睾丸激素水平的男性更有可能拥有炫耀性的文身，并且这些人更有可能产生各种各样的反社会行为。在美国南方，那些具有不良行为记录的男性与一群大学生控制组被试相比，其睾丸激素的水平更高。

小调查

有一首老歌的歌名叫《女士们爱亡命之徒》（*Ladies Love Outlaws*）。你见到过一个女人被一个看起来很粗暴并且具有反社会倾向的男人所吸引的事例吗？诸如这样的例子是如何与那些关于睾丸激素和性选择的研究相契合的呢？

情境 侮辱与荣誉文化

和社会地位相关的攻击对于男性比对于女性更为重要。与这一假设相一致的是，在男性杀人犯中，由于在先前受到过侮辱或者“受到过贬低”而产生报复愿望的人的比例也更大。

让我们来看看在这章的开头所讨论到的残酷的曼森家族凶杀案。尽管犯罪的场景乍看起来是随机选择的，但是，随着调查的深入，所揭露出来的事实真相却是另外一回事。事实上，曼森在先前曾经受到过多次侮辱，而这些侮辱都来自一位与这栋作为案发地点的房子有关的人。在这起凶杀案发生的前不久，曼森还曾经到这栋房子里去找过特里·梅尔彻斯，也就是那位先前轻蔑地拒绝过他的好莱坞经纪人。然而，曼森却发现，该处地产已经被另外一位好莱坞经纪人所购买。而当曼森尝试接近此人的时候，他再一次地受到了冷落，并且这一次这个人的态度还相当粗鲁。

在大量关于攻击的实验室研究中都发现了针对个人的贬低对于攻击性行为强大的引发作用。和那些得到了恭敬待遇的被试相比，实验组的被试更容易对某个侮辱过他们的人进行电击或做出其他惩罚。在现实生活中，大学生关于杀人的幻想也通常会发生在当其他人以某种方式对自己进行了羞辱之后。

人们通常会出于对保全面子的考虑而走上极端。在一项对费城凶杀案的经典研究中，马文·沃尔夫冈（Marvin Wolfgang）将37%的案件的起因归类到“微不足道的口角”，即这些争论起初只是集中在一些相对琐碎的话题上，如一次侮辱事件或是一个人撞到了另一个人的身上。尽管这些事情被归类成“微不足道”的，但是，这些争论却是杀人最常见的动机。然而，似乎只有男性才会因为那些微不足道的争论而让自己陷于杀人的境地。这是为什么呢？在警方对凶杀案的记录进行了一番详尽的考察之后，威尔逊和戴利提出，那些处于危急关头的事情根本就不是微不足道的；相反，那些发生在男性之间的暴力性争论涉及的是一场日益升级的关于社会地位的战争。这场战争从一个人对另一个人进行当众羞辱的时候就已经开始了。

并非每个人都会通过拿起身边的枪来回应别人对自己所做出的贬损。像这类为了获得社会地位而产生的冲突是否会上升为暴力，还要取决于一个属于更加广阔的情境中的特征——即一个人成长的文化环境。根据理查德·尼兹本（Richard Nisbett）于1993年提出的观点，与那些居住在美国北部的人相比，那些居住在美国南部和西部的人更有可能通过社会化而融入一种**荣誉文化**（culture of honor）中去。在这种荣誉文化中包含了一套规范，其主要观点是，人们（尤其是男性）应当为了保卫自己的荣誉而做好诉诸武力的准备。

名词解释

荣誉文化 一系列的社会规范，其中心思想是，人们（尤其是男性）应当做好准备，在必要的时候用暴力性的报复手段来保卫自己的荣誉。

在过去的美国南方，如果受害人曾经侮辱过凶手，并且拒绝收回那些侮辱性的话语，那么，就很难为这个凶手进行定罪。现在，在美国南方的法律中仍然反映出这种文化。在美国南方各州，凶杀案案发率也相对较高，不过这里主要指的是与争论相关的那些关乎人的荣誉的凶杀案。一般而言，南方人并非具有更高的暴力性或者犯罪倾向，他们只是更加容易将杀人作为争论的一部分。一组社会心理学家已经通过一些数据证实，正是南方的暴力文化而非南方的酷热天气，可以解释像休斯敦这类城市中的凶杀高发的现象。

多弗·科恩（Dov Cohen）、布赖恩·鲍德勒（Brian Bowdle）和诺伯特·施沃兹（Norbert Schwarz）同尼兹本一起，开展了一系列激动人心、同时也存在着少量危险的研究。他们所考察的目标是生长在不同地域的人在攻击性上所存在的差异。实验的场景被设置为，被试必须经过一个很拥挤的地点，从一个正在档案柜边工作的学生身边挤过，把那个学生挤到一边，然后，被试又被要求再一次挤过那个学生，这个时候那个学生会将档案橱的抽屉砰的一声关住，然后用自己的肩膀推搡被试，并且还把被试叫作“混蛋”。接着，这个假扮学生的实验助手会迅速地退到一扇锁住的门的背后。事实证明，这是一个好主意，因为确实有一个被试追在这名实验助手的后面，并且还十分生气地试图打开这扇门。站在附近的另两名实验助手记录了被试对这一侮辱事件的反应。结果发现，

◎**南方的荣誉文化（和暴力）**。从坐着的那位威廉姆·安德森·哈特费尔迪（William Anderson Hatfield）开始，他的家族与瑞内尔·麦考尔（Ranel Mccoy）家族陷入了长期的纠纷。哈特费尔迪家族和麦考尔家族都是来自肯塔基州或弗吉尼亚州西部边境的农业家族。他们所表现出来的很多特征都和“南方的暴力文化”有关。

有 65% 的美国北方人会更多地以娱乐的而非愤怒的态度来对这一刺激做出反应，而美国南方人中则只有 15% 的比例，普遍的反应是愤怒多过幽默。

近期的研究发现，坚持荣誉文化的人更可能承担潜在的致命风险，并且倾向于采取更激进的反恐措施。

交互作用 什么时候地位会起到作用

看起来，睾丸激素会激发出男性的支配动机。如果这种动机可以通过除了诉诸暴力以外的方式得到满足，那么，这种情况就很有可能发生。从性选择理论的观点出发，男性之所以会具有争取获得支配地位的倾向，其最终的目的只是为了实现另外一个更为重要的目标。这一目标就是成功的繁衍。这种现象表明，在男性中，只有在那些危险性更小的获得社会地位的途径都受到了阻碍的情况下，与地位相关的攻击才会出现。同时，受社会地位驱使的攻击在很难吸引女性的情况下会有所增加，而在已经成功吸引了配偶的情况下则会有所减少。这些交互作用的预期都已经获得了一些研究的支持。

受到阻碍的成功之路

詹姆斯·达比斯和罗宾·莫里斯（Robbin Morris）以 4462 名美国军队中的老兵为样本，对社会地位的高低与较高睾丸激素水平之间不同程度的相关进行了考察。图 10–8 展示了他们的结果。尽管较高的睾丸激素水平不会使那些社会地位较高的男性产生更多的反社会行为，然而，它却会使那些社会地位较低的成年男性产生不良行为的风险得到显著的增加。

为什么会出现这种差异呢？达比斯和莫里斯通过获得社会地位的不同途径对这种差异进行了解释。无论是对于上层社会还是对于下层社会的男性而言，睾丸激素都极有可能激发他们产生同样的竞争性和支配性动机。但是，上层社会的男性无须通过将某个人打败的方式来将这种驱力进行释放，因为他们可以在网球场上、象棋赛上或者股票交易所里通过或激烈或危险的活动来将这种驱力释放出来。而对于下层社会的男性来说，由于他们可能遭遇失业或是去从事一些卑微的工作，故而他们无法通过这些方式来获得尊敬，因此，这些人更有可能通过和别人打架或者违反法律的方式，来让自己获得尊敬和社会地位。

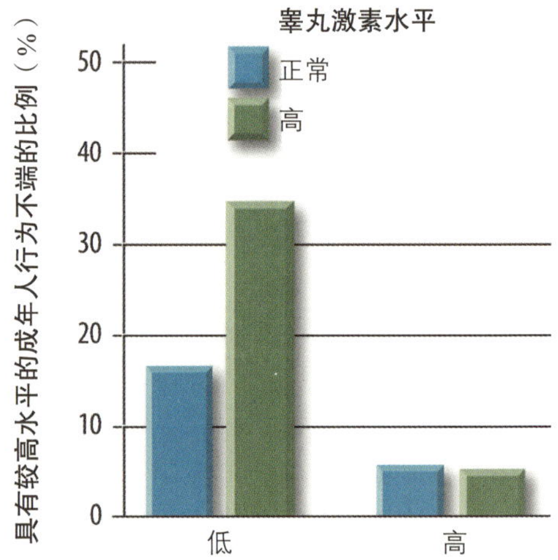

图 10–8　睾丸激素只会助长下层社会男性产生反社会行为的风险

注：对社会底层的男性来说，较高的睾丸激素水平与较高水平的风险之间存在相关，因为这些人用于获得社会支配地位的资源可能十分有限。

有一种流行的观点认为，低自尊会导致攻击性行为的产生。尽管大量的研究确实表明，受到拒绝的感觉可以使攻击得到增加，但是，那些在大多数情况下具有较高自尊心的人（尤其是男性）与那些长期处于低自尊的人相比，更有可能产生攻击性行为。尽管如此，我们最需要小心的不是那些对自己的现状感到很满意的人，也不是那些受到尊敬的人，而是那些自视过高、并且感到其他人没有给予自己足够尊敬的人，因为这些才是最危险的人。

为了争夺配偶而进行的竞争

多项证据表明，与地位相关的攻击会随着争夺配偶的竞争而有所增减。对于其他物种而言，雄性的攻击性会在交配季节前不久得到增加，因为在这个时候，雄性只有通过竞争才能得到领地和雌性。对于人类而言，男孩所表现出来的支配性会在青春期就有所增加，因为从那个时候开始，在竞争中获得成功（如成为一个明星运动员）会让男孩在异性之中受到欢迎。男性的青少年晚期和20多岁是他们最为危险的时候，因为他们的睾丸激素水平在这个时期处于最高水平，并且他们还会为了争夺配偶而进行最为激烈的竞争。同样地，结了婚的男性，尤其是那些忠于自己的妻子或者是那些已经有了孩子的男性，会比那些单身的男性具有更低的睾丸激素水平。

弗拉德·格里斯科维休斯（Vlad Griskevicius）和他的同事们进行了几项研究，对男性“为了给别人留下印象而攻击”的倾向以及这一倾向与交配和地位之间的关系进行考察。研究者通过让被试想象自己第一天开始从事一项位高权重的工作（地位竞争动机），或者与一个自己觉得非常有吸引力的人处于一场浪漫的约会之中（交配动机）。接下来，被试需要对一个问题进行回答，即当他们在一个聚会上遇到一个与自己相识的人粗鲁地将一杯饮料泼到自己的身上，并且没有为这种行为道歉的时候，他们会如何做。与控制组相比，那些受到社会地位启动的男性更有可能回答说，他们会做出一些具有直接攻击性的事情；而女性则更有可能对那位使她们愤怒的人进行间接的报复，因为这种方式不会对这个人的面子造成伤害。但是，当交配动机受到激发的时候，男性会根据观众的不同而产生非常迥异的行为。如果观众被描述为是其他男性，那么男性被试便会再次倾向于做出具有直接攻击性的行为；而如果观众是女性，那么男性被试便会更加倾向于将自己的暴力性倾向进行压抑（如图10–9所示）。与这些发现相一致的是，男性会意识到，尽管暴力本身并不会对女性产生吸引力，但是暴力会和他们在其他男性中的地位相联系，而较高的社会地位恰恰可以增加他们对女性的吸引力。

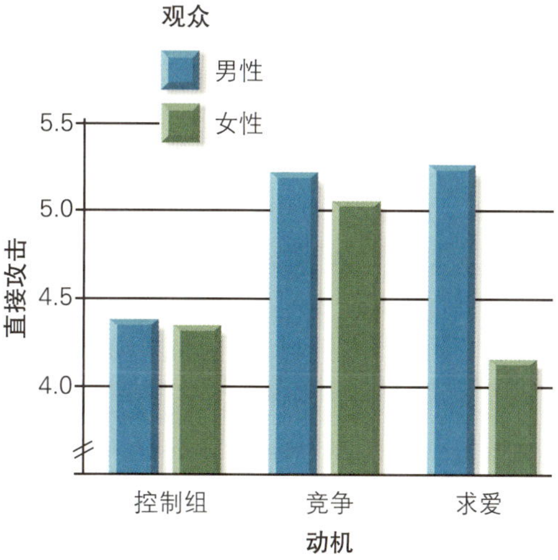

图10–9 为了给别人留下深刻的印象而产生攻击性行为

注：男性是否会倾向于以直接攻击的方式来对一个想象中的侮辱做出反应，取决于其当前的动机状态以及这种攻击性行为的潜在观众。求爱的动机会增加其产生攻击性行为的倾向，但是这种情况仅仅发生在观众中有其他男性存在的情况下。

保护自己或他人

对一个出于对炎热天气的愤怒、或是为了满足自己获得黑帮成员尊重的愿望而杀人的人，陪审团不可能产生同情。但是，我们最后来看另一种攻击的动机，这种动机可以作为一种合理的借口，甚至对于凶杀案也同样适用。马丁·拉米瑞斯（Martin Ramirez）于1993年对西班牙、芬兰和波兰人进行了一项调查，该项调查的目的是为了考察在哪些情况下攻击有可能被认为是合理的。这三个国家中的人们都将“自我防卫”和“保护他人”列在合理的攻击理由的首位。从进化的观点来看，人类和其他动物一样，都会在必要时出于保卫自己或近亲的目的而产生攻击性倾向。因此，这种说法是具有一定道理的。

当然，并非每一个人都会通过攻击性行为来保护自己免受暴力的侵害。正如我们下面所要讨论到的那样，有些人特别容易产生自我防卫性的攻击行为，而在某些情境下，防卫性的感觉也更加容易转变成自我保护性的暴力。

个人 自我防卫者

当汉斯·托克（Hans Toch）开始着手将暴力性罪犯进行分类的时候，他将其中一种杀人犯的类型称为“自卫者”。这类人“对待别人就好像别人会对自己的人身安全造成威胁一样。让这类人害怕的是，如果自己在刚开始的时候不进行反击，那么，他们自己就将成为受害者”。

有两个关于个人的特征可能会导致人们产生自我防卫性攻击的倾向。其中的一种特征与归因风格有关，另一种特征与一个人的相对身材大小和力量有关。

防御型归因风格

其实，大多数具有攻击性的儿童并不是无情的精神变态者，他们反而很害怕受到攻击。这些年幼的攻击者身上通常具有两种重要特征：（1）过度情绪化的倾向；（2）认为他人总是在威胁自己的倾向。根据他们关于校园攻击的研究，肯尼思·多吉（Kenneth Dodge）和他的同事们提出了一个关于儿童攻击性行为的社会信息加工模型（详见表10–3）。

情绪化的儿童通常具有**防御型归因风格**（defensive attributional style）——一种容易对威胁产生注意，并且将其他儿童的行为解释成故意想对自己造成伤害的倾向。由于这些具有防御型归因风格的儿童害怕自己受到伤害，因此对于一些其他孩子不会在意的情境，他们更有可能考虑并选择攻击性的反应。那些年龄稍大一些的由于暴力行为而被关禁闭的儿童和青少年也通常会表现出同样的防御型模式。这些孩子之所以产生攻击性行为，并不仅仅是出于好玩的原因而将别人打倒，而是为了应对自己从别人身上所知觉到的威胁。事实上，将模棱两可的事件解释为具有敌意性的，以及对那些自

表10–3　防御型儿童和非防御型儿童在社会信息加工上的差异

			反应	
			非防御型儿童	**防御型儿童**
第1步	寻找情境中可能的威胁	是否有人以任何形式对我产生威胁	比较不容易注意到另一个孩子在一个游戏中撞到他的身上	更容易注意到另一个孩子撞到他的身上
第2步	解释线索	那个孩子为什么撞到我的身上	更有可能将原因不明的撞击解释成一场意外	更有可能将这一撞击解释成试图将他推来推去
第3步	思考可能的应答方式	我应该如何对付那个总是撞到我身上的孩子	更有可能想出一个和平的解决方法，如讲一个笑话	更有可能想出一个具有攻击性的解决方法，如换一种方法对另一个孩子进行打击或报复
第4步	选择一种应对	哪种可能的方案能够使问题得到最好的解决	更有可能排除攻击性的应对方式，即使当他考虑到此	更有可能排除和平的应对方式
第5步	执行	我该如何执行自己已经决定了的事情	更擅长执行和平的选项	更擅长执行攻击性的选项

己所知觉到的威胁进行反复思考的倾向会导致愤怒性情绪的产生，并且还会导致各个年龄的人产生应对性的攻击性行为。

名词解释

防御型归因风格 一种容易对威胁产生注意，并且将其他人的行为解释成故意想对自己造成伤害的倾向。

效果/危险比率 人们对于攻击性行为潜在的有益效果及其潜在危险进行权衡之后所做出的评估。

效果/危险比率与虐待关系

由于女性的身材相对较小，因此她们更有可能在其与男性的关系中处于受欺辱的地位。一项对等候在医生办公室之外的女性所进行的调查揭示出了一个令人震惊的事实：在这些女性之中，有超过40%的人曾经受到过来自丈夫或者男友的肢体虐待，并且有将近20%的人目前正处于一种虐待关系中。事实上，在美国，半数以上被杀害的女性都是被她们自己的伴侣所杀害的。

女性也会杀害自己的伴侣，但其背后的动机却非常不同。男性可能会将杀害自己的伴侣部分地看作一种骚扰方式，或者是出于试图对女性进行控制的目的而产生这种行为。而女性则更有可能是出于自我防卫的原因而将自己的伴侣杀害。因此，女性通常只在极端的情况下，即当她们受到了反复的威胁和虐待的情况下才会诉诸暴力。

既然女性感到愤怒的频率与男性相当，那么，为什么女性要在更加极端的情况下才会产生严重的肢体暴力行为呢？这个问题的答案也许与**效果/危险比率**（effct/danger ratio）有关。效果/危险比率指的是，人们对于攻击性行为潜在的有益效果与其潜在的危险进行权衡之后所做出的评估。如果你确实对另一个人感到了愤怒，那么，此时你一拳打在此人的脸上所产生的效果可能要比你对其进行口头侮辱所产生的效果更令你满意。但是，这种做法也会存在危险——因为这一拳也更有可能引发别人同样地产生肢体暴力。所以，如果你的对手比你重60磅，并且其上肢力量是你的两倍的话，那么，你便很有可能在将肢体暴力作为一种说服性手段之前三思而后行。具有讽刺意义的是，对于那些长期处于一个身体比自己更大的男性虐待的威胁之下的女性而言，将这个男性直接杀死的危险性反而不如一个较为温和的反击中所包含的危险性更高，因为后者可能会激发这位男性产生更多的暴力。

情境 知觉到的威胁

当一位研究者向青少年问道，是什么东西导致了他们在日常生活中所产生的愤怒情绪，最常见的回答便是，有人故意地对他们做出了无理的行为，如侮辱他们、嘲笑他们，或是对他们进行肢体骚扰。当大学生被问及是否产生过杀人妄想的时候，大多数人至少可以回忆起一次，并且这种妄想是由于自己或者是一个为自己所珍视的人遭受到了威胁而引发的。

对于一些美国的青少年而言，仅仅是出现在学校就可以成为一段险恶的经历。而那些非裔美国人中的青少年则尤其容易受到危险的困扰。与那些超过20岁的人相比，青少年成为暴力犯罪事件受害者的可能性是前者的2.5倍。而与白人相比，黑人被谋杀的可能性远远更高。事实上，谋杀是非裔美国人中的青少年男性最为常见的死因。

正如我们在对效果/危险比率进行分析时所讨论到的那样，女性可能会因为害怕攻击性的反击而避免做出攻击性行为。那么，当报复的危险被消除之后，会发生些什么呢？詹妮弗·莱特戴尔（Jennifer Lightdale）和德博拉·普伦蒂斯对此进行了两项研究：男性和女性被试在匿名或非匿名的情境下分别玩一个攻击性的电子游戏。结果发现，当被试的身份不受到保密的情况下，女性比男性表现出了更少的攻击。而当这个游戏是匿名进行的时候，即当被试可以在不被认出的情况下做出攻击性行为的时候，这种性别差异消失了。尽管这些实验中所包含的攻击具有相对较少的敌意性，即在一个电脑游戏中对另一个人进行攻击，但是，曼森家族中的女性成员的行为表现表明，在有些情境下，女性也有可能失去自我控制，甚至可能对陌生人产生极端暴力性的行为。

交互作用 自我保护性攻击可能会使危险增加

正如我们在之前所指出的那样，那些以敌意的眼光来看待这个世界的孩子更有可能先发制人地产生攻击性行为。然而，当一个孩子对一个即使是想象中的威胁都会先发制人地产生攻击性行为的时候，那么，这个世界实际上就变得更加危险了，因为这个孩子的先行攻击性行为可能会引发报复。在这种情况下，信念便会成为一种自我实现预言。事实上，当这个孩子认为这个世界所具有的攻击性越高，那么他就会以自己的行动创造出一个更加具有攻击性的世界。

由于城市市中心学校里的青少年认为，攻击会对他们自身的安全造成真实的威胁，因此，他们对于攻击感到十分恐惧，有些人甚至随身携带武器以保护自己。实际上，一项调查发现，在美国的高中生中，有十分之一的学生报告自己在过去30天中曾经将武器携带到学校中去过。不幸的是，随着越来越多的人开始携带危险的武器，发生严重暴力事件的可能性也上升了；并且，在这种恶性循环的影响下，人们也愈发感觉到，确实是有携带武器的必要了。

就像受到了惊吓的青少年一样，成年人通常也会出于自我防卫的目的而购买武器。不幸的是，那些枪支更有可能被使用到朋友或者熟人的身上，而非真正的罪犯身上。事实上，与不携带枪支的人相比，那些购买了枪支的人非但没有减少，反而增加了他们自己遭到杀害的可能性。如果一个人的家里拥有一把枪，那么，这便极大地提高了这个人遭到杀害的可能性。具有讽刺意义的是，这一危险的增加是因为其他人现在就可以用携有枪支的人身上的那把枪来对付这个人。

为了自我保护在家中持有枪支的另一个隐性的成本在于：枪支所导致的自杀比他杀更多（平均每天有46个美国人借助枪械进行自杀，而平均每天受到他人枪杀的人数则在27人左右）。绝大多数尝试自杀的人都是在事先不到一小时的时间内想到此事的（在一次暂时性的挫折，如分手或失业之后）。如果他们当时没有借助枪支，而是用了除此以外的方法进行自杀，那么，大多数人就会存活下来，并且不再会继续想要自杀。最让人震惊的是，一项统计表明，那些家里拥有枪支的青少年儿童的自杀率是那些家里没有枪支的孩子的四倍，并且这一现象在那些没有将枪支上锁、并将枪支上膛的家庭里表现得尤为突出。因此，尽管拥有一把手枪可以让一个人感到具有安全感，并且在某些情况下，这把手枪也可以起到保护自身的作用，但是，我们必须对这些潜在的益处与枪支本身为家庭成员所带来的更高的危险进行权衡。

减少暴力行为

我们已对这些导致攻击性动机的环境刺激以及它们与个人内部因素之间的联系有所了解，那么，我们是否能够为减少暴力做些什么呢？很多心理学家都认为，答案是肯定的。有一些心理学家还就他们的构想制定出了一些旨在减少和预防暴力行为的方案。其中的一个心理学方案成功地减少了小学生中的霸凌行为。而另一个方案则减少了具有暴力倾向的青少年发生打斗以及受到警方拘留的次数。那么，这些使攻击性行为得以减少的方案是如何进行的呢？这些方案采取了几种不同的方法，而每一种方法都将关注点集中在攻击的不同动机上。有些方案教人们通过其他方法来获得奖赏，而有些方案则教人们如何应对愤怒和不愉快的唤起；有些方案提倡对攻击性行为进行惩罚，而另外一些方案则提议，要通过减少枪支的威胁来预防攻击性行为的产生。

除了攻击以外的替代性奖赏方案

杰拉德·帕特森（Gerald Patterson）和他的同事们专门针对具有攻击性的儿童发明了一套程序，这套程序基于的假设是，攻击性行为的目标通常是为了获得奖赏。根据他们所持有的社会学习观点，如果敌对行为出现之后奖赏消失，并且同时存在其他获得奖赏的途径时，攻击性行为就可能得到减少。这一程序的关键部分在于，要让父母通过训练而认识到自己是如何对自己孩子的攻击性行为进行奖赏的，并且鼓励他们开始对那些更加可取的替代性行为进行奖赏。

作为这个程序的一部分，父母和他们的孩子需要制定一项协议。根据这项协定，孩子会因行为得当而赢得分数，但是，每当他产生攻击性行为的时候，就会失去分数。如果一个孩子在规定的一天之内赢得了足够的分数，那么，他就会获得一个奖励。这个奖励是根据这个孩子所认为的最具有吸引力的东西而定的，它可以是多看会儿电视晚点睡觉，可以是一份特制的甜品，亦可以是要求妈妈在睡觉之前为自己讲故事。帕特森的小组对这个程序进行了严格的考察，他们总结道，这种简单的对非攻击性行为进行奖赏的方法对于大多数儿童都是有效的。

另外一种减少攻击性行为的方法旨在改变人们的认知，它试图教会人们对那些会引发自己产生愤怒情绪的想法进行控制。下面，我们将对这种方法进行讨论。

联结：理论与应用

用认知来管理愤怒情绪的唤起

之前，我们对多尔夫·希尔曼的认知加工理论和攻击性情绪进行了讨论。1994 年，希尔曼将他的理论进行了扩展，他开始考虑愤怒的情绪与思维在敌意不断加剧的过程中所产生的相互影响。希尔曼对于这些相互影响所建立的模型如表 10–4 所示。

根据这一模型，人们在变得愈来愈愤怒的过程中经历了三个阶段。在每一个阶段，都存在一个思维、情绪和行为之间的交互作用。让我们想象一下这样的场景，一位女性与她楼上那位热爱硬摇滚的邻居对音乐的音量进行讨论。在第一阶段，这位女性并没有产生非常高的情绪唤起，她的思维过程既缜密又平衡，而她的行为也表现出了谨慎而又果断的特征（“不好意思，打扰你了。但是由于现在已经过了午夜，我想你是否可以将你的《黑色大凶杀》（*Black Mega Homicide*）专辑的音量调低几个分贝。我开始变得有些紧张了，因为我头顶天花板上的风扇正摇摇欲坠，这看起来很危险。”）。如果这位邻居开玩笑似地回答道：“嗨，我们正在举行一个‘感谢上帝今天是星期三派对’。试着让自己放轻松一点！”那么，这位女性就有可能进入第二阶段。在这个阶段中，她的唤起会有所增加，她的思维过程会变得更具有选择性并且更加关注自身，而她的行为也会变得更加强硬以及更具有敌意性（“把这该死的东西关轻点，否则我就要去叫警察了，让他们来将你和你的这些毒鬼朋友们赶出这个地方！”）由于这种敌意性的行为通常会引来报复，因此，楼上的那位邻居可能只是当着她的面将门重重地关上，并且将音乐的音量调得更高。在这个时候，这位女性很有可能进入第三个阶段。在这个阶段中，她的唤起水平变得非常高，她的认知过程仅仅关注在充满恶意的反击上面。而与此同时，她的共情能力却消失了，因此她无法对邻居对于她那些让人感到不愉快的侮辱所做出的反应产生共情。另外，她也更加倾向于选择做出草率而又暴躁的行为（也许是手里拿着一根棒球球棒回到她邻居的面前）。在这个循环之中，随着情绪性唤起的增强，进行清晰思考的能力也愈发地受到损害。只有当冷静的理性思维被高度需求时，它才会显露端倪。

一个旨在减少攻击性行为的方案成功地训练了人们将这一不断升级的过程进行抑制。这个方案是通过认知的方法来对这种失控了的负性唤起进行抑制。雷蒙德·诺瓦克（Raymond Novaco）所提出的认知方法将重点放在让人们通过事先精心安排好的“自我陈述”的训练来对自己的思维和情绪进行修正。

实验者教导被试在想象那些使自己感到尤为愤怒的情境的时候（不出声地）对着自己说话，这些自我陈述与以下愤怒的四个阶段有关。

1. **为愤怒做好准备**。当被试发现自己处于一些可能使自己产生愤怒情绪的情境中时，他们要

表 10–4 希尔曼关于认知和情绪刺激使攻击性行为升级的相互依存性模型

	阶段 1	阶段 2	阶段 3
认知	判断是平衡的	判断开始偏向于对自身更加关注，并且对他人的状态产生更少的共情	判断非常具有偏见——过度自我关注和不会受到伤害的错觉
	个人对情境做出谨慎而又详细的评估	对于情境的评估更加具有选择性	对他人的共情消失了，恶意的想法占据主导地位
情绪（刺激）	生理唤起水平较低或者中等	唤起水平处于中等阶段	唤起水平较高
行为	谨慎而又果断的	不让步的，并且具有敌意性的	冲动的、暴躁的、不负责任的、鲁莽的、暴力的

资料来源：Based on Zillmann，D.（1994）. Cognition–excitation interdependencies in the escalation of anger and angry aggression. In M. Potegal & J. F. Knutson（Eds.），Dynamics of aggression: Biological and social processes in dyads and groups（pp. 45–71）. Hillsdale，NJ: Erlbaum.

反复练习诸如此类的句子：“我可以对这个情境进行掌控。我知道如何管理自己的愤怒情绪。”

2. **面对愤怒**。当被试面对一个令人不安的事件时，他们要反复练习诸如此类的句子：“你不必证明你自己。”或者是“这个人应该为自己现在的这种行事方式感到羞耻。”

3. **对唤起和愤怒进行处理**。如果被试发现他们自己变得不安的时候，就训练自己反复练习诸如此类的句子：“现在是时候放松一下了，让我们放慢速度来做事情。”

4. **对自己的愤怒进行反思**。当被试经历了一个使他们感到愤怒的情境之后，在那段人们通常会继续生气的时间里，他们学会说一些诸如此类的句子：“这些情境很艰难，因此他们需要一些时间来使问题得到解决。”以及“情况原本可以变得更糟。”

这种治疗方法被用于那些无法对自己的愤怒情绪进行控制的人身上。这种认知方法的控制条件有两组：一组被试接受的是深度肌肉休息术的训练，而另一组被试则被指导只对他们自己的愤怒体验进行关注。通过对这几组被试的愤怒情绪和生理指标（如血压）进行比较，诺瓦克发现，休息和认知疗法都分别表现出了积极的效应。因此，这两种方法的结合，即同时教会人们对自己的思维进行控制以及对自己的身体进行放松，是最为有效的治疗方法。

到目前为止，我们所讨论的认知行为疗法已经在减少个体层面的攻击性行为上取得了一些成功。但是，一些心理学家认为，要使攻击性行为真正得以减少，还需要社会层面上进行预防。因此，一些研究者对各种合法的惩罚对攻击性行为所产生的影响进行了考察。

合法的惩罚

惩罚不可能总是能够有效地训练人们变得不具有攻击性。对孩子们进行惩罚通常会增加他们的愤怒和挫折情绪，而体罚则有可能教会一个孩子，当自己的手中握有权力的时候，做出攻击性行为是正当的。此外，如我们在之前所看到的那样，那些暴力性罪犯中为数众多的精神变态者似乎不会从惩罚的威胁中进行学习。然而，如果这种惩罚是近在眼前的、强烈的，并且是始终如一的，那么，它就有可能对一些攻击性行为进行抑制。

不幸的是，对于警方和法庭而言，不可能将每一次攻击性行为都抓捕在案，并且迅速地对其做出惩罚。到目前为止，研究者还未发现任何关于死刑对凶杀案的案发率具有显著影响的证据。例如，那些具有死刑规定的州和那些不具有死刑规定的州，在凶杀案的案发率上不存在显著的差异。另外，将不同国家进行比较的结果发现，那些具有死刑规定的州的凶杀案案发率实际上还略高于那些不具有死刑规定的州。大卫·菲利普斯（David Phillips）对英国在1858年到1921年期间对于那些举世闻名的死刑案的新闻覆盖率进行了考察。其结果发现，当一个死刑案受到新闻媒体的大力关注的时候，伦敦的凶杀案案发率就会出现一个暂时性的下降。然而，不幸的是，在这些暂时性的下降出现的两个星期之后，凶杀案的案发率又会出现上升。因此，其结果便是，死刑似乎对于总体上的凶杀案案发率并不存在很大的影响。

通过移除威胁来进行预防

如果威慑并不是一种减少暴力性犯罪的有效策略，那么，它是否能够对暴力犯罪产生预防作用呢？根据联邦调查局的报告，在1980年到2007年期间，美国总共发生了450 369起凶杀案。这些惨案让社会付出了惨重的代价，它们不仅对受害者产生了侵袭，同时也对亲戚和朋友造成了侵袭，从而把我们的社会变成了一个可怕的居住之地。然而，与那些在为了抓获暴力罪犯以及在伤害既成事实之后而对其进行惩罚的过程中所付出的金钱和资源相比，我们的社会几乎没有在暴力事件发生之前尝试对其进行预防的过程中进行过任何投入。

有一种预防的方法是对年幼的闹事者施行宵禁，从而让他们在晚上远离马路，因为暴力冲突最有可能发生在晚上。另一种可能的预防方法是，一旦当那些尚属年幼的孩子开始显露出威胁性或者对其他孩子进行欺辱的迹象的时候，立即将他们与其他孩子进行区别，并且立即从个体、家庭、学校和社区这几个层面同时对他们进行预防。在这个多系统的方法中，心理学家进入家庭和学校的环境中，他们的工作对象不只是那些年幼的罪犯，而且还包括了他们的家长、同龄人以及老师。由于很多具有暴力倾向的年轻人都会与其他闹事者厮混在一起，因此，一个重要的目标就是将这个由不良少年所组成的人际关系网络替换成一个更多地参与亲社会活动的朋友网络。因此，如果具有攻击性的儿童拥有音乐家或者运动员的天赋，他就有可能被鼓励参加校乐队或者是一个在放学以后进行的运动计划。同时，父母也要学习一些对这些亲社会活动进行鼓励的方法。另外，研究者还会说服父母增加与自己的孩子共处的时间，并在其他的时间对孩子的所在之处进行掌控。一项长期的追踪研究发现，在那些爱闹事的青少年之中，参与了这个多系统疗法的人与那些接受了其他常规疗法的人相比，更不容易受到拘捕，或者是在其后的15年时间里被关进监狱。

另一种预防的方法是对枪支进行控制。而反对者则认为，不是枪支杀死了人们，而是人们自己杀死了自己。这种观点听上去似乎有理，但当我们对联邦调查局的一份犯罪报告进行调查之后就会看到，在美国罪犯是怎样将他人杀死的。在10起凶杀案中，有六起是使用手枪将他人杀害的。1980年至2007年期间，在美国所发生的450 369起凶杀案中，有288 821起（占64%）是借助枪支完成的，并且其中的大多数是手枪。

反对者对于枪支控制所提出的另一个担忧便是，带有武装的犯罪形式会对那些非武装的公民形成恐吓："如果法律不对个人持有枪支进行保护，那么，只有那些不法之徒才会拥有枪支。"然而，当那些守法的人购买了枪支之后，他们非但不能增加保护自己免受那些坏家伙侵害的可能性，反而会极大地增加自己或自己的家庭成员遭到杀害的可能性。

没有一个发达国家的公民能像美国公民这样，受到手枪和自动化武器"如此好的"保护。然而，这是否让美国人变得更加安全了呢？不幸的是，事实并不是这样的。美国的凶杀案案发率比任何一个其他主要发达国家都要高出数倍。若是将西雅图和华盛顿的犯罪率和附近的温哥华和英属哥伦比亚（在这些地方手枪非常罕见）相比，你便会发现，在这两个城市中，除了凶杀案案发率以外，绝大多数关于犯罪的统计数字都是相似的，只是温哥华的凶杀案案发率要比其他地方低几倍。因此，那些将不拥有枪支的家庭与拥有枪支的家庭，或者将具有枪支限制令以及不具有枪支限制令的国家进行比较的研究表明，对枪支进行严格控制的预防方式可以使这种最为可怕的暴力形式得到极大的减少。事实上，当华盛顿的官员们通过了一项对手枪进行限制的法案之后，那些与枪支无关的谋杀案和自杀案的案发率并未发生变化，而那些与枪支有关的致死率却降低了25%。

案例回顾

无意义的暴力行为

40多年之后，曼森家族的杀人犯仍然让美国的公众为之着迷。只要你上网就能找到一个查理斯·曼森的网站，里面充满了曼森的照片、曼森的绘画、曼森自创音乐的录音，以及近期对于曼森及其家族成员的假释听审会的最新情况。在曼森第九次假释听审会的记录中，他继续表现得毫无悔意，并且还声称自己才是受害者、自己是无辜的，不应该为这些坏事负责——因为从法学的观点来看，他从来没有亲自用自己的双手杀死过任何人。到2012年，曼森77岁时在监狱里还曾犯下35件暴力罪行。曼森一生的自我中心化的剥削方式与精神变态者的症状非常相符，因为精神变态者几乎无法感受到悔改之意或者共情之心，并且他们通常会将暴力或者其他反社会行为作为一种工具性的方式来达到自己的某个目的。

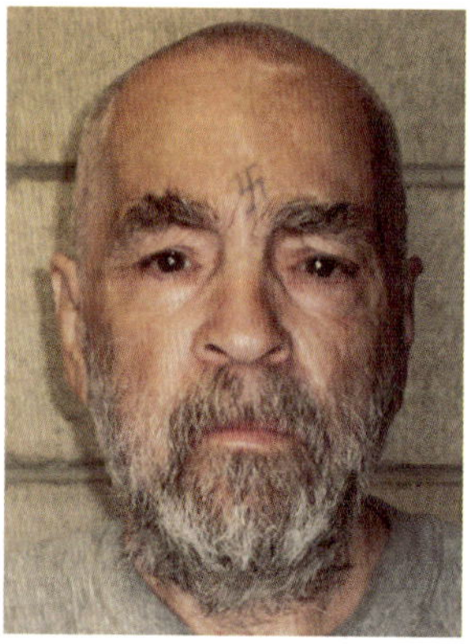

◎ **查理斯·曼森，在30年之后仍未悔改。**曼森的攻击性行为和他的追随者不同，他的行为似乎更多地来源于其自身所拥有的根深蒂固的人格特征，而非来源于暂时性的情境因素。

就如我们在基于地位的攻击中所讨论到的那样，曼森对于攻击、社会支配和性欲的强烈倾向与一个具有较高睾丸激素水平的男性具有相同的特征。此外，由于曼森来自一个受到贫穷困扰、并且很少受到机会青睐的家庭背景：他的亲生母亲遗弃了他；他从来都不知道自己的父亲是谁；并且，当其他孩子正在享受正规教育的时候，他却要时常出入少改所。这种格局与之前的研究发现相符，即很少的社会机会和很高的睾丸激素水平若是结合到了一起，那便是最为致命的。

然而，当这位自小就十分守规矩的营火少女团成员帕特丽夏·克伦维克尔在监狱中服刑的时候，她明显地回到了自己以前的生活方式。现在，她已经到了65岁的高龄。据说，她已经变成了一个安静、隐遁的人，并且她还为自己在之前几十年的时间里所犯下的罪行感到悔恨。人们将她描述为“模范犯人”。来自得克萨斯州的查尔斯·华生曾经是一名高中生运动员，并且还是一位全面发展的“好小伙子”。他在服刑期间进行了更进一步的悔改，不仅对宗教进行了深入研究，而且还被任命为牧师。现在，他的工作是对他各位狱友的灵魂进行拯救。2009年，苏珊·阿特金斯在监狱里去世，享年61岁。她也为她过去充满血腥的生活方式感到悔恨，曾在一个基督教的网页上写下了自己对于耶稣的热爱。

人们很容易认为，曼森之所以会犯下如此可怕的罪行，是因为他在自己过去的一生中一直缺乏机会，并且还曾经有过反社会的生活经历。但是，对于其他家族成员（如克伦维克尔和华生）而言，由于他们在那段时期的前后都没有产生过暴力行为，因此我们必须和琳达·卡萨比安一起问一个问题，这个问题就是：“他们为什么会做出这样的一件事情？”关于攻击的研究文献为这个问题的答案提供了一些线索，它们使得这些凶杀案看起来不再是那么任意而为的。如我们先前所注意到的那样，攻击性行为会随着令人不愉快的情境，如高温和贫穷的出现而有所上升。这些可怕的凶杀案发生在热浪来袭之时，并且在事发之前的几个月时间里，在曼森的追随者中已经有很多来自中产阶级背景的人堕落到了要在垃圾桶里寻找食物的地步。

在对自我保护的动机进行讨论的时候，我们对人们的归因风格会如何激发其攻击性行为进行了考察，即使这些归因风格是错误的。如果一个人将另一个人知觉为潜在的威胁或者自己不愉快经历的来源，那么，这个人接下来便会产生攻击性行为。显然，曼森正是利用了这种时代精神，从而制造出了“我们与他们处于对立面”这种处于战争态势的心理状态。这种心理状态会在那些如我们在第 6 章中所讨论到的祭拜仪式中看到。在 20 世纪 60 年代后期，美国社会被清晰地划分为两个处于战争态势的阵营。这两个阵营走向了两个极端，其中的一个极端是以长发、尝试毒品以及热爱自由的嬉皮士为特征的（如曼森和他的团体）。而另一个极端则是以传统的并且让人在财务上感到舒适的“秩序”为其典型特征的。在这些凶杀案发生之前的那一年里，越来越多的年轻人在一场在很多人看来都是不义的战争中死去，警察与抗议战争的大学生之间发生了激烈的冲突，两位公开表示反对战争的反文化的英雄（马丁・路德・金和罗伯特・肯尼迪）都遭到了暗杀。很多年轻人公开地讨论要对一个被认为是物质主义、资本主义和帝国主义，并且充满了昭然若揭的罪恶的社会进行改造。同很多具有个人魅力的领导者一样，曼森巧妙地对他的那些年轻的嬉皮士追随者所感受到的这种群体威胁感和个人正义感进行了操纵。

这一章节给我们带来的最为重要的启示便是：大多数攻击性行为都是“无意义的”，因为它们都是对其他人的利用；另外，这种行为还很有可能引发其他人对攻击性行为进行抵抗。但是，即使是对诸如一场浩大的凶杀这类看似无意义的行为，也可以通过分析个人因素与情境因素之间是如何通过交互作用而引发出基本的社会性动机，从而使其神秘性得到消除。

第 11 章

偏见、刻板印象和歧视

通过本章学习，我们能够：

- ◎ 明晰偏见、刻板印象及歧视的概念，并区分它们之间的不同；
- ◎ 理解什么是刻板印象威胁，并掌握人们应对刻板印象威胁所使用的策略的收益和成本；
- ◎ 定义现实群体冲突理论、社会支配倾向及最小化群体间范式；
- ◎ 了解罗伯斯山洞州立公园实验及实验中蕴含的消极偏见、刻板印象和歧视的原因；
- ◎ 描述群体间竞争的自我实现升级；
- ◎ 了解不同形式的宗教信仰是如何与偏见和歧视联系在一起的；
- ◎ 描述哪些人有可能表达他们群体偏见的相关规范，以及在什么类型的情境下这种倾向性更可能发生；
- ◎ 认清保持良好的个体和社会身份的愿望是如何促使个体成为替罪羊的；
- ◎ 描述权威性人格以及权威性人格与消极偏见之间的关系；
- ◎ 解释自我形象的失败和威胁是如何增加偏见的；
- ◎ 描述射击者偏见，并解释它如何反映了刻板印象的过程；
- ◎ 了解关于感知到外群体的同质性的研究；
- ◎ 描述可以增加刻板印象可能性的环境；
- ◎ 掌握四种减少偏见、刻板印象、歧视的策略；
- ◎ 明晰拼图教室是如何体现有效接触的六个原则的。

案例

安·奥特沃特和埃利斯的不可能道路

1971年，美国北卡罗来纳州的达拉谟，紧张的形势正在不断升级。非裔美国人占领了街道，抵制那些不愿雇用他们的商家。他们在那些拒绝招待他们的餐馆里进行静坐示威。为了抗议不公正的住宅供给程序，他们还组织了游行示威。他们的这些做法都是为了挑战这一横跨了好几个世纪的种族歧视制度。这些抗议使得达拉谟白人群体中的很多人都感到十分恼怒，因为一直以来，他们都将自己的城市看作一个有着良好的种族关系和公正待遇的典范。而事实上，双方的示威者已经在多个场合发生了暴力冲突。

在这种双方力量发生正面交锋的情况下，官方人员组织了一场公众会议来试图解决学校种族隔离政策的废除问题，这也许是所有问题中最有争议性的。17年前，最高法院就已经规定，将黑人儿童和白人儿童隔离在不同公立学校的做法是有违美国宪法的，而直到如今，达拉谟的学校体制依旧呈现出这种几乎将两者完全隔离的状态。

这场会议在安静中开始，然而这种安静的状态并没有持续很久。克莱伯恩·保罗·埃利斯（Claiborne Paul Ellis）和安·奥特沃特（Ann Atwater）再度以迅雷不及掩耳之势成为对方的眼中钉、肉中刺。“如果我们的学校里没有黑人，我们就不会存在任何问题。现在导致我们这里存在问题的就是那些黑人！”那位白人（埃利斯）大声地叫道。那位黑人女性（安·奥特沃特）随即跳起来说：“实际上，我们所面临的问题是，在达拉谟居然存在着像埃利斯这样愚蠢的疯子！”

上面这两位在公众面前的摊牌已经不是什么新鲜事了。埃利斯是美国3K党中的独眼巨人。他经常参加城市参议会和其他公共性会议，并且经常召集那些跟他同属一个阵营的成员去和那些呼吁公民权的游行示威者进行对抗。另外，他还在街道上散发带有种族歧视色彩的文学作品，并且还时常对黑人进行辱骂。就在马丁·路德·金遭到暗杀的当天，他临时起意，举办了一场庆祝聚会，来庆祝这件事。埃利斯还曾经枪杀过一个黑人青年。

而作为一名社区工作的积极分子，安·奥特沃特总是发现自己所为之抗争的每一件事情都是埃利斯所反对的。行政制度的专业知识使她成为一名反对政府歧视的强大斗士。她的说服能力和强大人格使她成了一名活跃的草根领袖。就算只看她强大的气场——安·奥特沃特是一个高大的女人，并且她不介意在必要的时刻动用武力来解决问题——便能够使得“暴乱安妮”成为一个不可被忽视的人。

由于他们强硬的个性和迥异的目标，埃利斯和奥特沃特之间经常发生冲突。实际上，在一次城市参议会上，埃利斯那些带有种族歧视色彩的粗言秽语激得奥特沃特想要把他杀了：只见奥特沃特从她的钱包里掏出小刀，越过几排椅子，来到她确定无疑的目标人物跟前。然而，对于这两个人来说都算十分幸运的是，奥特沃特的这一行为在中途被她的几个朋友阻止了。他们冷静地替她解除了武装，从而避免了事故的发生。意料之中的是，埃利斯也针锋相对——他说自己很“讨厌她的野蛮”。

看起来，埃利斯和奥特沃特之间的斗争永远没有尽头。因此，在第一次废除学校种族隔离政策会议之后所发生的事情出乎所有人的意料。仅仅在他们这场激烈的争执发生之后的几周时间内，埃利斯和奥特沃特就开始变得相互尊敬对方，并且在之后的几个月时间里，这两个人成了真正的朋友。这一关系的转变同时使黑人和白人两个群体感到了震惊。几十年后，这位3K党前领袖以及通过武力的方式获得公民权的激进分子仍然与他的黑人朋友保持着这样一段特殊的情感联结。安·奥特沃特说：“我无法想象到，这个世界上有什么东西可以阻碍我们之间的这种朋友关系……我们从来不握手，我们每次见面都是拥抱。”对此，埃利斯也有同样的感觉。也许，更让人惊讶的是，这位曾经激动地庆祝了马丁·路德·金的暗杀事件的前3K党人如今却宣称，他在促使第一次达拉谟联合合约的签署过程中所起到的作用是他最伟大的一项成就。在这一合约中就包括了将马丁·路德·金的生日规定为带薪假期。

我们应当怎样解释这两个人从一开始的敌对关系到后来发展成朋友关系这一激动人心的转变过程呢？为什么他们的生活都曾一度受到强大的种族偏见和刻板印象的侵蚀？另外，是什么使他们长久的仇恨转变成了真正的尊敬和友谊？在这一章节里，我们将对下面这些问题进行探讨：消极偏见、刻板印象和歧视的后果；它们之所以能够如此顽固存在的原因；使这三者产生作用的条件；以及我们可以做些什么来消除它们可能带来的后果。

地球上的偏见

当你翻开报纸或者收听晚间新闻的时候，你便不难发现一些类似于那些曾经使埃利斯和安·奥特沃特的关系一度陷入紧张状态的敌对事件。一对跨种族夫妇的住处被燃烧弹点燃。在一所声望很高的大学里，穆斯林做祈祷的地方遭到了随意的破坏。一名男性走进了一家同性恋酒吧，要了两杯饮料，然后用短柄斧和手枪袭击了这家店的老顾客。这样的事情接连不断地发生。

当然，这一现象并不是美国所特有的。偏见及其隐含的意义是普遍存在的。在欧洲，“本土的”欧洲人和那些从非洲、亚洲等地过来的移民之间存在着强烈的敌对情绪。即使是在像悉尼这样通常被认为具有较大包容性的城市，澳大利亚的英国侨民中的一些暴徒也经常会与一些年轻的黎巴嫩侨民之间发生冲突。在日本，对于外国人的种族偏见是十分常见的现象。在印度，家长更有可能在发现自己或自己的妻子所怀的是女性胎儿之后进行堕胎。从一个更大的范围来看，在具有不同种族身份和宗教信仰的人群之间所发生的冲突广泛地分布在世界的每一个角落，如中东的犹太人和阿拉伯人、土耳其的土耳其人和库尔德人、印度尼西亚的基督徒和穆斯林、印度的穆斯林和印度教信徒等。

◎ **地球上的偏见**。在如今以及过往的各个方面，消极偏见、刻板印象和歧视一直在我们身边以及全世界范围内存在。

我们中的很多人都愿意相信，由于仇视型犯罪是一种对于群体间相互尊重和相互宽容的社会规范的偏移，其发生频率并不会很高。我们宁愿相信，消极偏见只存在于那些可以被非常容易地辨认出来的“乡下佬”和“极端主义者”的身上，并且这种存在于种族之间的冲突只会在其他一些“文明程度”相对较低的地方才会发生。不幸的是，正如本章所介绍的研究显示的那样，几乎所有人都至少持有一些消极偏见和刻板印象。而这些感觉和信念的存在经常会导致我们对他人产生歧视行为。

你也许会问：“但是，情况难道不是正在变得更好吗？”这个问题提得很好，尤其是在贝拉克·奥巴马2008年竞选美国总统和2012年再度竞选美国总统的背景下。奥巴马是一个由外国黑人父亲和美国白人母亲生下的孩子。确实，与美国历史上的大多数时间相比，美国如今的社会氛围与其以往的社会氛围相比，已经变得更加宽容——至少对某些群体而言。如今，不仅大多数基于群体身份的歧视类型都是不合法的，并且很少有人会像过去几代人所常有的那样，公开地表达出一些简单而又老掉牙的观点，如“黑人天生就比白人懒惰”“是基因决定了女性不如男性聪明”等。相反，如今人们对其他群体的反应比过去的几十年更加复杂。例如，白人在持有种族偏见的同时经常会伴随着负罪感，这种负罪感来自他们觉得黑人受到了不公正的待遇。

这一项破除旧观念的运动部分地反映出了人们正在真正变得更加宽容了。但是，这一运动同样也反映出了一种当代社会规范，即反对表达出偏执的观点。正是由于这个原因，人们才会较少地表现他们的偏见，尤其是在陌生人面前。事实上，偏执的观点经常是以一种微妙的方式，甚至是建立在非偏见的理由之上而得以表达的。人们可以说："这并不意味着我是一个性别歧视者。我只是认为，反歧视行动反过来也是一种歧视。"由于人们可以提出意识形态上的、不带偏见的论点，来反对诸如反歧视行动的政策，偏执的个体可能利用这些问题来掩盖他们的负面刻板印象和偏见。

如今，人们普遍认为，明目张胆地表达反对非裔美国人和女性的观点是不恰当的。让我们通过表 11–1 来看一下过去和现在的人们分别是怎样将这些观点进行表达的。

此外，对某些特定群体持有负面观点的个体，在有些时候会以一些看似积极的方式来表达自己的意见。例如，性别歧视的本质可以是出于善意的（如"女人应该受到男人的珍爱和保护"），也可以具有更多的敌意性特征（如"女人通过对男人取得控制权来获得权力"）。然而，即使是在善意的性别歧视中也可能隐含了某些负面的含义，而这也许比带有敌意的性别歧视更糟糕。在一组实验中，接受善意性性别歧视的女性被试与接受敌意性性别歧视的女性被试相比，前者在一项问题解决任务上的表现更差。这一差异产生的原因是，与自我怀疑相关的想法尤其容易进入意识，从而对人们解决问题的效率造成干扰。

总之，偏执的感觉、信念和行为如今仍然存在于我们的整个社会以及全世界的每一个角落里，这一事实是显而易见的。然而，它们中的大多数与以往相比，已经变得更加复杂，并且人们在表达的时候也变得更加微妙。

偏见和刻板印象

偏见（prejudice）指的是我们对于一个特定群体成员所持有的普遍性的态度，也就是我们对于他们的感觉。你可以回忆一下，当你第一次见到一名同性恋者或者是美洲土著人时的感受。如果你最初的反应可以被归为不喜欢，那么这就意味着你已经对那个群体怀有消极偏见了。不同的消极偏见在强度上是有所差别的：你可能对某些群体感到非常厌恶，但是对于其他群体，你只是感到有一些轻微的不喜欢。不同的消极偏见在"质"上也会有所差别：当你想到一些群体的时候，你可能会感到非常愤怒，或是害怕；然而，在想到另外一些群体的时候，你也许会感到恶心、为他们感到可惜，或者是感到沮丧。不同的消极偏见是被不同的情绪所调控的。

1922 年，沃尔特·李普曼（Walter Lippman）用**刻板印象**（stereotype）这一术语来指代我们对于群体所持有的普遍信念——这些信念反映出我们对于某一特定群体中的成员持有怎样的看法。例如，美国人通常所持有的刻板印象包括欧洲裔美国人是成就导向的、自我中心主义的、具有种族偏见的；非裔美国人是吵闹的、

表 11–1　过去和现在对于种族偏见和性别歧视的表达方式：是新瓶装旧酒吗

种族偏见	性别歧视
过去的观点： ■黑人普遍没有白人聪明 ■黑人和白人之间通婚不是一个好主意	过去的观点： ■女性在逻辑思维能力上不如男性 ■鼓励男孩进行体育锻炼比鼓励女孩进行体育锻炼更重要
现在的观点： ■在美国，对于黑人的歧视已经不再是一个问题 ■在过去几年中，黑人已经比他们所应得的富裕多了	现在的观点： ■当今社会，女性和男性的成功机会已经均等了 ■普遍来说，当今社会中的人对丈夫和妻子已是平等相待

懒惰的、充满敌意的；亚洲裔美国人是害羞的、修养良好的、聪明的；墨西哥裔美国人则是以家庭为中心的、处于社会下层的、工作努力的。不仅刻板印象有积极和消极之分，人们也可以同时对自己持有消极偏见的群体产生积极的刻板印象。例如，有些人虽然不喜欢亚洲人，但是，他们却一致认为，亚洲人是聪明的和修养良好的。

名词解释

偏见　对于一个特定群体的成员所持有的普遍性的态度。

刻板印象　对于社会群体中的成员所持有的普遍信念。

歧视　基于他人的群体身份而对其产生的行为。

社会心理学家通常会对外显的和内隐的刻板印象以及偏见进行区分。例如，如果你扪心自问对于X这个群体的感觉是怎样的，这种你所意识到的自己的态度就是你对于这个群体的外显偏见。你可以直接将这种偏见表达出来，正如研究者用调查和问卷的方式所测量到的那样。但是，你也可以对X群体持有内隐的态度，即这种偏见是你所不能意识到的，也无法被直接报告出来。内隐偏见和刻板印象只能被间接地测量到。研究者通常通过记录被试在做某些特定判断任务时的反应来对它们进行测量。

内隐联想测验是研究者用来间接测量偏见的一项技术。当你看到自己得分的时候，心里要清楚，目前对于任何一个个体的特定得分在内隐偏见的绝对水平上所表示的确切含义还存在争议。但是，可以确定的是，那些在种族内隐偏见测试上得分偏高的人比那些得分相对偏低的人对白人具有更强烈的内隐偏好。

歧视

歧视（discrimination）指的是由于他人的群体身份而产生的直接针对他人的行为。比方说，如果我们对待两个除了性取向外其他方面完全相同的人的方式有所不同，那么别人就完全可以将我们的这种行为指控为基于性取向的歧视。例如，我们可以来看一下这个实验：这是一个在得克萨斯州的某个购物中心进行的实验。经过训练的学生研究人员走进商场中，从表面上来看，这些人是前来求职的。每一个研究人员都将一个装有磁带的录音机放在口袋里，并且，在这些人的头上，分别戴着下面两顶软帽中的一顶：其中的一顶在帽子的前沿印有“同性恋者，以此为傲”几个字；另一顶帽子完全相同，只是在帽子的前沿印上了“得克萨斯人，以此为傲”几个字。通过一些巧妙的场景管理，这些学生研究人员无法知道戴在他们头上的软帽上印着什么字。当他们进入商场之后，便根据事先编排好的剧本开始行动。然而，有非常明显的证据表明，歧视现象确实存在：当未来的雇主在与表现出同性恋倾向的求职者进行交流的时候，这些雇主所说的话更少，并且会给人留下比较不愿意提供帮助和不感兴趣的印象。由于这些学生在其他方面完全相同，因此商场管理者在看到不同帽子时所表现出来的不同行为可以被视为一种歧视。

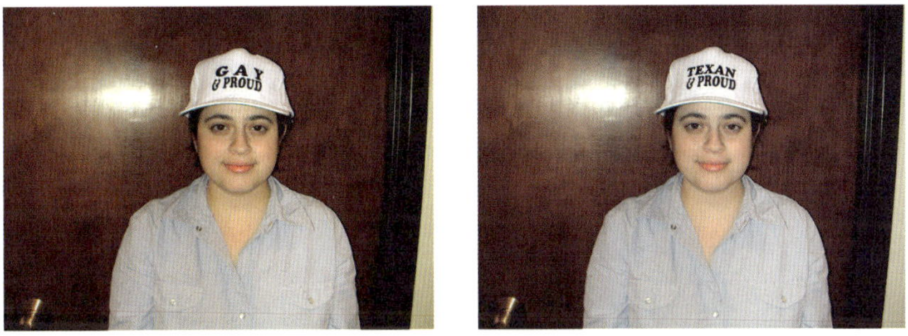

◎ **在得克萨斯州进行的歧视偏好的实验。**当研究者进入零售商店里进行求职的时候，他们所得到的反馈取决于他们表现出来的性取向：与那些戴着印有“得克萨斯人，以此为傲”字样帽子的求职者相比，那些戴着印有“同性恋者，以此为傲”字样帽子的求职者更不容易受到商场管理人员的礼遇。

性骚扰和性别歧视

在一个全国性的样本中，有大约 80% 的高中生，其中包括男生和女生，都报告自己曾经受到过同伴的性骚扰。根据其他估测数据显示，高达 50% 的美国女性在她们的学业和工作生涯中受到过性骚扰，而在那些曾经参过军的女性之中，大约有 70% 的人报告自己曾经受到过性骚扰。性骚扰是歧视行为的一种常见形式。

从法律的角度来看，性骚扰具有两种形式。一种是“一物换一物”性质的骚扰，这种形式的性骚扰指的是那些长期以此为业的人用性这件事来尝试交换一些有价值的东西，如通过别人对自己的性好感来换取工作和好成绩。另一种是敌对情况下的性骚扰，这种形式的性骚扰指的是创造一种专业化的场景，在这种场景具有性别侵犯性、恐吓性或敌对性。如果要在法律上将性骚扰认定为歧视，那么这种性骚扰必须是只针对其中一个性别中的成员的。

当然，具有骚扰性的行为不一定都会被认定为不合法。和其他形式的歧视一样，在某些更加模糊的情境里，一项行为是否会被认定为“性别歧视”通常取决于表现出这一行为的个体、该行为所指向的目标个体，以及认定者本身。例如，当一个拥有权势的人（如老板）做出此类行为时，人们通常更容易将其认定为性骚扰。然而，如果是一个具有吸引力且单身的人做出相同的行为，人们便会认为这种行为不那么具有骚扰性了。而当诸如调情和凝视这类行为的目标是针对女性而非男性的时候，通常被认为更加具有骚扰性。并且，尽管男性和女性都倾向于认为暗中要求发生性关系的提议和强迫性质的性行为是骚扰性的，但是女性（尤其是较为年长的女性）与男性相比，更加容易将那些她们所不希望遇到的带有贬低性质的约会和进行身体接触的请求和行为看作具有骚扰性的。

此外，情境因素也可以影响人们对于性骚扰的解释。在一个实验中，男性学生被试中的一部分人看到的是从带有暴力性质的电子游戏中截取的性别刻板印象化的图像，而另一部分人看到的则是关于职业男性和职业女性的非刻板印象化的图像。结果发现，那些看到刻板印象化图像的被试更加不容易将一个教授和研究生之间模棱两可的交往情境解释成性骚扰。

与其他男性相比，有些男性是否更加容易产生骚扰性行为？答案是肯定的。那些将自己视为“极度具有男子气概的”，以及那些认为权力和性是紧密联系的男性更加容易具有性骚扰的倾向。然而，这些人是否会真正做出性骚扰的行为还要取决于情境。如图 11–1 所显示的那样，如果男性认为权力和性之间存在紧密的联系，并且他们所处的环境对性骚扰表示宽容且有机可乘，他们就更容易做出性骚扰的行为。

制度化的歧视

我们已经讨论了由个体所表现出来的歧视性行为。然而，有些歧视性行为不是通过个体，而是通过社会制度体现出来的。制度化的歧视是指来自某一文化下的法律、政治、经济和社

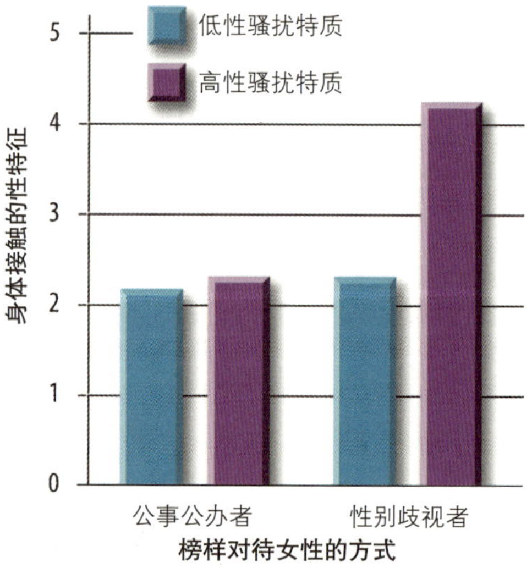

图 11–1　哪些人在哪些时候会发生性骚扰的行为

注：性骚扰行为通常是由人格特质与显著的社会规范之间的交互作用所引发。在一项实验中，本身对性骚扰有所倾向的男性被试更有可能以带有性的方式来与一位女性实验助手进行身体接触，但前提是他们之前看到一个男性实验者对这位女性有过类似的行为。

资料来源：Data from Pryor，LaVite，& Stoller（1993）. A social psychological analysis of sexual harassment: The person/situation interaction. *Journal of Vocational Behavior*, 42，68-83. Figure 1.

会制度的歧视。这种类型的歧视可以是直接性或敌对性的，就像在有些法律中所规定的，禁止某些群体中的人们居住在某些特定的社区或者是不能从事某些特定的工作那样。显而易见，美国在关于直接性的制度化歧视方面的历史由来已久（如在支持奴隶制的法律和实践过程中可以看到的，以及在歧视女性等的法律中所体现出来的那样）。尽管人们通常认为，直接性的制度化歧视是非法的，但是，这种现象至今仍以某些形式有所残留。例如，在美国大多数州，同性恋者都不能建立合法的婚姻关系。

但是，制度化的歧视不总是显而易见的，有时候它甚至不是有意的。让我们来看这样一个例子：在通常情况下，处于劣势的少数群体中的成员在求职过程中所遇到的困难可能更大，因为他们的教育背景比其他人的更差。尽管这种为富裕的白人学生提供高质量教育机会的社会体系其本意并非要让黑人或西班牙人求职者的生活变得更艰难，但是这些情形却是这种体系造成的诸多后果之一。因此，不仅个体会对其他群体的成员进行歧视，社会制度也是如此。

总之，偏见、刻板印象和歧视指的是我们关于某个群体的感觉、思考和行为。在通常情况下，消极偏见、刻板印象和歧视的倾向会交织在一起，由此产生了那些为人们所熟知的诸如种族歧视、性别歧视、反犹太主义、异性恋主义，以及年龄歧视等现象。

偏见、刻板印象和歧视的成本

消极偏见的对象通常会背负很大的物质和心理负担。下面，我们仅对其中一些情况进行讨论。

物质成本

女性音乐家在交响乐音乐会上的地位受到极大的忽视历来是一种传统。对于这一现象的解释包括针对女性的所谓“不适宜性情”“技术太差”以及诸如此类的信念。然而这样一个简单的针对女性的偏见会在多大程度上发挥作用呢？一项研究通过11家主要乐队的雇佣记录对这个问题进行了探讨。研究者想要考察的是这些乐队的雇佣记录是否会随着应聘者试演方式的不同而发生变化。在试演的时候，有些演奏者坐在评委面前，从而暴露了自己的性别，而另一些演奏者则隐藏在屏幕后面进行试演，从而使得自己的性别得到了掩饰。与性别歧视的假设相一致的是，女性演奏家在评委不知道她们性别的时候表现得更成功：在隐藏身份的试演条件下，女性演奏者从初轮试演进入后一轮的概率上升了大约50%。此外，她们最终获得成功录取的概率也提高将近一倍。而当评委知道她们的性别的时候，这些女性演奏者得到这份有声望的工作的可能性就会变得更低。

以上只是众多表明了歧视的可见成本的例子中的一个。让我们再来看一些其他的例子。

- 根据美国联邦调查局的报道，在2012年，美国一共发生了超过6700起仇视型犯罪案件。大约一半的案件被鉴定为由种族偏见引起的，有20%是由性取向偏见而引起的，有19%是由宗教偏见引起的，有12%是由种族/民族起源偏见引起的，另外还有1.5%是由于对残疾人的偏见所引起的。另一个由司法部进行的研究则对仇视型犯罪案件的实际发生数量进行了估计。根据该部门的估计，该类案件的实际发生率要比官方数据显示的高出19～31倍。
- 一般而言，女性和少数群体中的成员在同样的工作上所获得的报酬更低。即使在对工作类型、教育背景，以及其他相关的因素进行控制之后，这一现象仍然存在。
- 相比于较瘦的女性，超重的女性从她们的父母那里获得的大学经济资助更少；而超重的男性就没有遇到过类似的歧视。此外，即使在一些相关的因素（如受教育程度、智商、从事目前工作的年数）都得到了控制的情况下，严重超重的白人女性与那些比她们更瘦的女性相比，其所得到的薪酬要比后者少7%左右。而这种偏见并没有出现在超重的西班牙人、黑人女性或是超重男性身上。
- 一项对于汽车行业的统计结果显示，白人男性在买车时所获得的优惠比白人女性更多（后者要比前者多支付109美元），而黑人女性和黑人男性则分别需要比白人男性多支付318美元和935美元。即使是在所有人都采取了相同的谈判策略的时候，这一结果仍然存在。

歧视的受害者所付出的代价可能是巨大的。

心理成本

消极偏见、刻板印象和歧视的对象，同样会付出十分惨重的心理成本。我们可以想象一下，当我们知道其他人对我们自己所处的这个群体持有消极偏见或者刻板印象的时候，我们自己的心理感受。例如，作为一个群体中的“标志”（比方说，当某位女性单独处于一个其他成员都是男性的群体中），通常就会担心其他成员会对自己产生刻板印象。这种自我意识的增强便导致了他们更加难以将精力集中在自己的任务上，因此，其表现也会变得更不尽如人意。

克劳德·斯蒂尔（Claude Steele）和乔舒亚·阿伦森（Joshua Aronson）于1995年提出了**刻板印象威胁**（stereotype threat）的假设，即由于担心自己证实所属群体的消极刻板印象所产生的恐惧感，同时也会使得人们更加难以表现出自己的潜在水平，并且，这一现象在一些较为困难的任务上表现得尤为明显。后来的研究者进行了一系列的研究来对这个假设进行探讨。在这些研究中，本科生被试被要求对一些从GRE的词汇部分中所选取出来的难度比较高的问题进行作答。结果发现，黑人学生的表现低于他们的实际水平——但是，只有当种族信息被明显地表达出来，并且只有当这些黑人学生被试相信，如果他们在这些任务上表现得较差，则会使黑人不如白人聪明这一文化刻板印象得到确认的时候，这种现象才会出现（如图11–2所示）。

名词解释

刻板印象威胁 由于担心自己证实他人对所属群体的消极刻板印象而产生的恐惧感。

确实，我们可以从很多研究的结果中看到，很多个体会对确认他人对于自己群体所持有的消极刻板印象而感到恐惧，而当这一恐惧心理存在的时候，这些群体中的个体的实际表现往往会低于他们的潜在水平。例如：

- 当性别信息被强调的时候，女性在数学测验上的表现比起当性别信息没有被强调的时候更差；
- 当拉丁美洲人相信某项测验可以对他们的智力水平做出评估的时候，他们在一项智力测验上的表现比起当他们相信这一测验与他们的智力水平无关的时候更差；
- 当白人男性认为某项运动任务是与他们的“天生能力”相关的时候，他们在这一任务上的表现比起当他们认为这两者之间不存在相关的时候更差，而当黑人男性认为某项运动任务与他们的“运动智力”相关的时候，他们的表现比起当他们认为这两者之间不存在相关的时候更差；
- 当女性亚裔美国人的性别信息被强调之后，她们在一项数学测验上的表现会变得更差。而当她们的亚洲人身份被强调的时候，她们在相同测验上

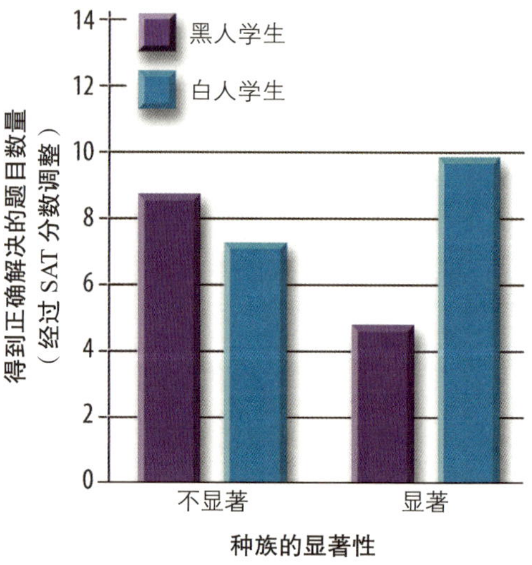

图 11–2 消极刻板印象扰乱心神

注：在一项研究中，黑人和白人学生在一项难度很高的测验中（与他们自身的能力相比）都表现得非常好（根据SAT分数）。而当实验者要求他们在测验前报告自己的种族时，情况就发生了变化，黑人学生的表现不如白人学生。

资料来源：Adapted from C. M. Steele and J. Aronson（1995）. Stereotype threat and the intellectual test performance of African Americans. *Journal of Personality and Social Psychology*, 69, 797-811. Reprinted by permission of Claude M. Steele.

的表现变得更好；

- 当白人男性认为自己在被别人与亚洲男性进行比较的时候，他们在一项数学测验上的表现比起当他们没有这种想法的时候更差。

当我们对于自己所处群体的消极刻板印象得到公开的时候，我们通常更加难以表现出自己的潜在水平。刻板印象威胁之所以可以产生这些效果，其原因在于，它会使唤醒水平、心理负担、沮丧情绪以及消极想法得到增强，同时，它还会降低人们的努力程度和工作记忆的容量。

那么，人们是怎样来应对这些由消极偏见、刻板印象和歧视所带来的威胁的呢？有些应对策略可能在短期内有用，但是从长期来看，这些应对策略却会导致某些代价的产生。例如，当人们面临刻板印象威胁的时候，有时候会妨碍自己的表现。也就是说，人们会在追求成功表现的道路上为自己制造障碍（见第4章）。然而，尽管采取这种策略可以为他们差劲的表现提供借口，并以此来降低由于真正地确认了消极刻板印象而导致的焦虑情绪（这样的借口可以是“毕竟我连试都没有试过”），但是这种做法同时也会增加他们在一件自己很看重的事情上表现不佳的风险。

另外举一个例子，有时候刻板印象威胁会导致人们对那些在社会期望中他们注定会失败的领域进行**去认同化**（disidentify）。他们会将这些领域认定为某些与他们的自我概念和自尊无关的东西。例如，由于害怕确认他们的群体是不聪明的刻板印象，非裔的美国学生可能会逐渐地将他们在学业上的表现从他们的自我形象中剥离出来；女性可能因为害怕自己在数学上的能力较差的刻板印象得到证实，从而不再认为数学能力与她们的个体身份有关。这样的例子还有很多。与此相一致的是，从一项研究中得到的结果显示：在十年级的时候，黑人学生的自尊与其学业表现之间的相关性不如在八年级的时候高，而这种变化模式在白人学生的身上则没有被发现。从短期来看，将学业表现剥离在自己的身份认同之外可能是具有适应性的，因为这可以帮助那些孩子在面临来自社会的消极刻板印象的时候仍然对自己保持积极的态度。但是，从长期来看，这种将自己的学业发展和自身脱离开来的做法只会导致这些孩子在这样一个知识和学习能力并重的社会中很难做好成为一个成功竞争者的准备。

当然，除此之外，还有其他一些应对策略，这些策略不仅在短期有益，从长期来看亦是如此。例如，当对于数学能力的消极刻板印象被强调之后，那些用幽默的方式来作为自己的应对策略的女性不容易在一项难度较大的数学测验上产生更差的表现。这是因为，这种幽默的应对方式明显降低了她们在测验中所体验到的焦虑情绪。在另一个实验中，研究者通过向女性被试列举一些在建筑、医药以及相关领域中成功女性的例子，从而消除了对数学能力的消极刻板印象对女性在数学测验上的表现所产生的威胁。当这些女性得到提示说消极刻板印象不是对每个人都适用的时候，她们的表现更有可能达到自己的潜在水平。在另一项研究中，大学生被试被安排参加一个学习计划，该计划的设计增强了这些被试认为智力水平是可以得到提高的信念，也就是说，智力就像肌肉一样，可以通过努力锻炼得以成长。在学期即将结束的时候，参加这个学习计划的黑人学生与那些被随机分配到控制条件下的学生相比，对于学习的过程更加喜爱、对于学校具有更强的认同感，并且他们所获得的成绩也比后者更好。当一个人产生了自己的能力可以通过额外的努力锻炼而得到提高的信念时，就能使由于刻板印象威胁而带来的灾难性后果得到显著的减轻。实际上，甚至仅仅是在当人们进行一项难度较大的测验之前告诉他们一些关于刻板印象威胁的知识，就可以减轻由刻板印象带来的后果。

名词解释

去认同化 在心理上降低一个特定领域（如学业成就）与个体自尊之间的关联性。

但是，即使是在这样的努力之下，消极偏见、刻板印象和歧视还是有可能会导致严重的物质和心理成本的产生。并且这些成本可能还会波及直接受害者以外的人。例如，不同种族间的交流会使遭遇偏见的个体在认知资源上有更大的负担，从而对其在很多任务上的表现造成负面的影响。没有偏见的个体可能遭人厌恶，只因为他们拥有属于偏见目标人群的朋友。当这种偏见发展到攻击性行为的地步时，它给人类带来的灾难性后果可能是令人震惊的。这样的例子可以在当前整个世界范围内所发生的不同种族之间和不同宗教之间的冲突和恐怖主义袭击事件中得到证实。

偏见、刻板印象和歧视的目的

鉴于消极刻板印象、偏见和歧视会造成巨大的破坏性后果，你可能会很自然地想知道为什么人们会以这些方式来进行思考、感觉和行事。毕竟，用罗德尼·金（在1991年那次众所周知的汽车追尾事件之后受到白人警官教训的洛杉矶黑人摩托手）的话来说，只要我们相安无事，不是会过得更好吗？

如果对于这个问题的回答是肯定的，那这也绝对不会是一个简单的肯定回答。偏见性的感觉、刻板印象化的思考方式以及歧视性的行为都是为一些重要目的服务的。它们可以支持和保护每个人自身所属的那个群体，它们可以提供社会支持，它们可以增强对于个体身份和社会身份的认同感，另外，它们还可以帮助我们节省在探索复杂并且充满信息的社会环境时所需要动用的心理资源。接下来，我们将逐个对上面所列举的这些可能性进行探讨。

小调查

请想象一下，你正在参加一个你非常想要得到的工作的面试。你的面试官是某个群体（如种族、性别、性取向）中的一名成员，并且众所周知，这个群体不喜欢你所属群体中的成员。那么，当你在进行面试的时候，你的脑海中可能会出现怎样的想法呢？这些想法会怎样影响你在面试中的表现呢？

支持和保护自己的群体

安·奥特沃特希望得到属于她自己的“那一块蛋糕”。她与黑人群体中的其他成员一样，都希望可以一同分享美国梦。她想要得到一份薪酬丰厚的工作，住在一个干净并且安全的社区里；此外，她还希望可以把自己的孩子们送进好学校读书。然而，处于白人统治下的美国法律和措施都剥夺了她享有这些机会。

埃利斯也对他自己的家庭有着同样的期望。尽管他是一名白人，但是他和安·奥特沃特一样都属于贫穷阶层。在埃利斯看来，黑人想要得到更多机会的要求其实是对一场经济战争的宣战。所以他认为，既然蛋糕只有这么大，如果被那些黑人分去了一块，那么原本就很小的属于他的那一块蛋糕，就会像和他一样的白人那样变得更小。

埃利斯的这种想法和很多其他人一样，都认为黑人和白人是在对有限的经济资源进行竞争。当然，从逻辑上来讲，埃利斯可能是由于同时受到来自白人竞争者和黑人竞争者的阻碍而无法获得一份薪酬丰厚的工作。于是，读者可能要感到奇怪了，为什么对于他来说，会如此轻易地将黑人而非白人视为自己的竞争者？为什么埃利斯对于那些同他一起竞争的白人就没有感到同等程度的仇恨和敌意呢？为什么他会和其他白人联合在一起，以阻挠黑人在争取自己的机会时所取得的进展呢？

创造和维持群体内优势

请想象一下你自己处于这样的一个实验场景中：

你和其他学生坐在一起，研究者在房间的前方将一系列排列不同的点投射到屏幕上。每一张幻灯片都只呈现很短的一段时间，而你的任务是估计每张幻灯片上的点数，然后自己独立作答。当幻灯片放映结束的时候，会有一个研究者过来带领你走进一个独立的小隔间，然后你会被告知，根据你刚才的猜测，你是一个“高估者”，而其他被试则被告知是“低估者”。但是，实际上，你被告知是高估者还是低估者是通过研究者抛硬币的结果进行随机分配的。当然，你不会对高估者或低估者所代表的意义有一个事先的概念，因为研究者会告诉你，在这两个类型之间没有高低之分。

对于接下来的一个任务你会感到更加有趣。在做这个任务的时候，你仍然会处于那间独立小隔间里。你的任务是将金钱奖励和惩罚分配给和你处于同一轮中的其他被试。这些被试的身份将以两种方式进行区分：一种是通过数字编号，以此来隐藏每个被试的身份；另外一种则是通过每个被试被分配到的组，将他们贴上高估者或低估者的标签。你的分配决定将是完全保密的，并且你与其他被试之间不会进行任何接触。在这种情况下，你会怎样对这些钱进行分配呢？

1971 年，亨利·塔夫尔（Henri Tajfel）和他的同事们招募了一批英国青少年来完成这个情境下的实验。他们将这种范式称为**最小化群体间范式**（minimal intergroup paradigm）。这一范式名称的由来是因为实验中的群体（高估者或低估者）是随机分配、人为造成、短期存在的，并且在所有成员之间不会进行任何接触。那么，被试是否会把更多的钱分配给他们自己这个群体中（即群体内）的成员，而非其他群体中（即群体外）的成员呢？答案是肯定的。实际上，即使当群体是在最小化的程度上定义的，人们通常还是会表现出一种**内群体偏见**（ingroup bias），即人们会将更多的好处给予自己这个群体中的成员，而非群体外的成员。

群体生活的本质和群体间冲突

内群体偏见的根源可能在于我们的进化历史。群体生活在我们祖先的生活中是必不可少的。在小群体中，人类会互相合作，并且发展出互惠的规范来使这种群体关系得到进一步的增强。另外，由于这些群体中大部分人是由生物学意义上的亲属组成的，所以那些可以使群体获益的行为通常也可以使该群体中每一个体成员的基因获益，由此增加了其中每一个体及其亲属在未来生存和繁殖的可能性。这样一来，无论人们是站在群体的立场上来考虑问题还是将重点置于自己所属的群体，都会产生有益的效果。与此相一致的是，当人们对于自己的群体具有忠诚感、并且对其产生很强烈的认同感的时候，就会表现出更大的内群体偏见。事实上，内群体偏见似乎是一种存在于人类社会生活中的具有跨文化性质的现象。并且，这种对于自己所属群体产生偏好的倾向甚至可以是自发地产生的。

但是，仅仅凭借这一点还不能解释人们为什么会如此经常性地厌恶其他群体中的成员。例如，为什么美国人在移民问题上会经常表现出如此强烈的反对意见？根据**现实群体冲突理论**（realistic group conflict theory），群体间冲突是在当几个群体发现他们在为同一种物质资源进行竞争的时候发生的。这种冲突不仅会让人们强化自己所属群体团结一心的积极感受，而且还会导致人们对其他群体产生强烈的厌恶。毕竟，“他们”是在尝试剥夺“我们”赖以生存和繁衍的资源。于是，其结果便是群体成员会以有利于自己群体、但是却有损于其他群体利益的方式行事。

名词解释

最小化群体间范式 一种为了探索偏见、刻板印象和歧视产生原因的实验程序。在这个范式之中，被试被短期、随机并且人为地进行分组。

内群体偏见 使自己群体的成员比其他群体的成员获益更多的倾向。

现实群体冲突理论 该理论认为，群际冲突和消极偏见以及刻板印象一样，都是在群体之间为获取理想资源而发生实际竞争时所出现的。

为了理解偏见，研究者在近期创造出了一些新的研究方法，这些方法所关注的是，作为一个社会性的物种，人类是如何在长期的进化过程中对各种威胁进行应对的。这些威胁包括，从生活在自己所属的群体或者与自己有较近亲缘关系的群体中的其他人那里遭遇身体暴力的可能性，被其他人身上的传染性疾病感染的可能性，以及让他人从群体中获取比他们所贡献的更多收益的可能性等。正如我们在第 2 章中所学到的那样，不同类别的威胁所引发的情绪也是不同的。例如，对于身体伤害的威胁会引发出恐惧的情绪，而对于遭受抢劫的恐惧则会引发愤怒的情绪。这种心理机制虽然部分是从应对群体内部威胁的目的演化而来，但是它也同样适用于应对那些来自群体外部的威胁。从这一现象中所引申出来的一个意义就在于，人们对于不同群体所带来的威胁有着不同的认知，针对这些群体的偏见也会有不同的情绪成分，事实上也的确如此。

有趣的是，那些受到刻板印象和偏见威胁的个体对他们被看待的不同方式的理解，有着细微的差别，他们似乎也会做出相应的反应。例如，丽贝卡·奈尔和她的同事发现，年轻的黑人男性知道别人惧怕他们，肥胖的人知道别人厌恶他们。因此，当他们想要给别人创造良好的第一印象时，年轻黑人男性被试报告说更有可能展示微笑（其降低人们对危险的知觉），而肥胖的人报告说更有可能穿干净的衣服（其减少人们对脏的知觉）。

这种基于威胁的分析角度也同时说明，当人们感到自己对于那些与某一群体相关的威胁特别没有抵抗力的时候，他们对这个群体的偏见应该会变得更显著。一项研究发现，当美国白人学生刚刚看完一段从一部恐怖电影中截取的片段的时候，特别容易将年轻黑人男性的面部表情感知为愤怒的（即具有威胁性的），而这一结果也与如今的美国人所持有的刻板印象表明的情况相一致。在一个跟踪研究中发现，恐惧的白人被试在看到黑人男性的照片时，会更快地做出回避的动作。在另一项研究中发现，在一间漆黑的、故而可以认为更能引起恐惧情绪的房间里，加拿大白人中那些对世界没有安全感的人就特别容易将黑人男性（而不是白人男性）评定为具有敌对性的。从本质上来看，人们的刻板印象和偏见都是受到自己当前所关心的东西、恐惧情绪，以及那些自认为是由其他群体中的成员所带来的特定威胁的影响。

为群体优势找到正当的理由

尽管现实群体冲突理论的支持者们提出，消极偏见和刻板印象是由于群体间经济利益上的冲突而自然产生的，但是其他人却认为，在某些时候，强大的个人和组织会在战略上对刻板印象和偏见进行操纵，以此来使自己处于有利的位置。例如，有些人认为，欧洲白人之所以会创造出黑人种族劣等性的概念是为了给他们对非洲所进行的掠夺性侵略找到一个正当的理由。而埃利斯到最后终于相信，是达拉谟的商人支持并赞助了3K党的种族主义活动，而他们这么做的目的只是为了让贫穷的白人和贫穷的黑人之间保持一种争斗的状态，因为这样一来，任何一方都无法注意到这个小城镇的领导们所聚敛的巨额财富。

那么，诸如此类的具有系统性的、由经济利益促动的，并且以创造或增强消极刻板印象和偏见为目的的尝试是很平常的，还是强有力的呢？由于这些尝试通常被认为在暗中谋划和进行，因此，这个问题的答案很难被人们所知晓。但是，从现有的研究来看，我们之中的大多数人都希望相信这个世界是公正的，也就是善有善报，恶有恶报。根据这种思路，那么成功的个体希望相信，他们在经济上所获得的成功是自己应得的，即他们是以"公正并且正当的"方式来获得他们在自己的生活中所处的地位也就变得十分合理了。所以，人们确实有可能使用刻板印象和偏见来为既有的社会和经济不平等找到正当的理由来做出解释。例如，通过将非裔美国人赋予不聪明和懒惰的刻板印象，

◎ **我们的资源是属于我们自己的，还是属于他们的？**

群体间对于经济资源的竞争可能会导致消极偏见及歧视，或者使这两者的效应得到强化。在过去的10年中，美国、加拿大和西欧的公民已经在遏制新移民的过程中进行了很多斗争，也尽量寻求削减或者剔除在那些已经落户的移民身上所花费的开支，并且这些国家的公民已经将那些会对他们自己所珍视的生活方式产生威胁的潜在竞争者，以刻板印象化的方式视之为下等人。

美国白人可以为他们自己的群体所拥有的相对较高的经济地位找到正当的理由。

总之，这种支持和保护自己所属群体的愿望会起到制造和保持群体间冲突的作用。接下来，我们就来看一下，个人和情境中的哪些特征会使这些愿望得到增强，并且由此导致消极刻板印象和偏见的产生。

个人 社会支配倾向

“某些群体中的人就是与其他一些人不相等。”“有些时候，出于让自己在生活中得到晋升的目的而将别人踩在脚下是必要的。”“有些人就是比其他人更有价值。”上述这些便是那些在社会支配倾向上处于较高水平的个体所持有的言论。**社会支配倾向**（social dominance orientation）描述了个体希望他自己所属的群体对其他群体进行支配，或是比其他群体处于更优地位的程度。而与那些认为所有的人都应当受到公正待遇的人所不同的是，拥有强烈的社会支配倾向的个体会更加青睐所有群体都因其自身所具有的不同价值而被赋予不同地位的社会制度。后者认为，那些处于更优地位的群体（通常是指这些人自己所属的群体）应当更加富裕并且更加强大。

名词解释

社会支配倾向 个体希望自己的群体能够支配其他群体并在社会地位和物质方面占据优势的程度。

具有强烈的社会支配倾向的人特别容易对那些地位较低的群体持有消极刻板印象和偏见。例如，具有强烈的社会支配倾向的美国白人对于黑人会产生更多的偏见；他们在为群体分配资源的时候，会将更多的资源分配给白人组织而非黑人组织；他们对于种族间通婚和同性恋者权利的反对意见更多，他们中间具有性别偏见的人也更多；另外，这些人也更加支持那些允许美国可以对其他国家进行支配的政府政策。当然，这种由偏见引起的社会支配倾向的影响力不仅仅限于美国。费利西亚·普拉托（Felicia Pratto）和她的同事们分别在加拿大、以色列等国对人们的社会支配倾向进行了测量。另外，她们还向这些国家的公民询问了他们对于女性以及那些在他们的国家中社会地位较低的群体的看法。该研究结果发现，不同国家之间存在着惊人的共性。在所有这些国家中，那些具有较高水平的社会支配倾向的个体都表现出了更加强烈的性别偏见，并且在大多数情况下，社会支配倾向与较强的偏见之间存在着相关关系。

那么，这些较高水平的社会支配倾向是从何而来的呢？当你相信自己所属的群体正在受到威胁，尤其是当你对自己所属的群体具有很高程度的认同感的时候，你的社会支配倾向就会得到增强。另外，甚至当支配群体中的一名成员或者只是被临时分配到一个可以对其他人进行支配的时候，也会产生出那些更富裕的人就应当比那些更贫穷的人获得更多的信念，或是对这一信念的接受度有所增强。正如我们在上面所讨论的那样，这种想法可以帮助一个人为自己所处的享有特权的地位进行正当的解释。而这种正当理由的存在，便能使人们更加容易对那些不如自己富裕的人持有消极偏见、刻板印象以及歧视。

情境 群体间竞争

当经济形势紧张的时候，为自己的群体获取资源就显得尤为紧迫。因此，当人们认为自己的群体在与其他群体为土地、住房、工作之类的东西进行竞争的时候，我们应当可以预期到强烈的群体内偏好和群体间的敌对情绪。

在一项经典的研究中，卡尔·霍夫兰德（Carl Hovland）和罗伯特·希尔斯收集了从1882年到1930年间美国南部的数据，他们发现，在经济状况和对黑人处以私刑（即对黑人非法处以绞刑）的数量之间存在相关。正如我们在第10章中所看到的那样，经济压力与群体间的敌对情绪之间存在着非常明显的相关：当经济形势变得紧张的时候，美国南方的白人会对更多的黑人处以私刑，并且这一行为倾向不仅仅局限于美国南方。在美国北部的城市中，当经济形势变得紧张的时候，同样也会导致更多的白人对黑人，以及对来自中国的移民表现出暴力行为。

为了进一步探讨群体间竞争的作用，穆扎费尔·谢里夫和他的同事们设计了一个在现实场景中进行的有趣实验。

首先，他们挑选了22名适应良好的五年级白人男孩。这些孩子在智力上高于平均水平，在学校里的学业表现处于中等或以上，并且其家庭背景都为双亲家庭、中产阶级和清教徒。这些男孩全部来自俄克拉荷马州的不同学校，因此，他们在这个研究进行前相互之间都不认识对方。接着，研究者将这些男孩分成性质相同的两个小组，并将他们送进位于俄克拉荷马州郊区的罗伯斯山洞州立公园中进行露营。

在该项研究进行的第一天里，每一个小组的成员都要参加一些典型的露营活动，如运动、登高、游泳等。但是，每个小组都不知道在这个公园的另一头还有另外一个小组的存在。很快，这两个由陌生人组成的小组就成了真正的群体。每个群体中都有自己的领导、规范、最喜欢的活动，甚至连名字都取好了——两个小组分别被取名为响尾蛇队和老鹰队。自此，实验的准备工作就已经完成。

接下来，研究者便启动了为期四天的锦标赛。比赛项目包括棒球赛、拔河、触身式橄榄球、帐篷投球、夺宝奇兵以及房间卫生检查。获胜的小组将会获得一个奖杯，除此之外，获胜小组中的每个人都可以获得一枚奖牌，以及极具吸引力的营地餐刀。对于失败的小组，则什么东西都不能得到。该研究的结果与现实群体冲突理论的假设相一致。在第一场棒球赛中，群体间的敌对情绪得到了迅速的增长，并且，这种敌对情绪在整个比赛的过程中得到了剧烈的升级。老鹰队将响尾蛇队的旗子烧了，而响尾蛇队则袭击了老鹰队的大本营，他们将大本营里的床掀翻，并且将其中的物品扔得到处都是。此外，污蔑性的称呼在频率上和剧烈程度上也愈发升级，甚至还有几场拳战的发生。当老鹰队最终获得了锦标赛的胜利，即将要离开营地去为自己庆功的时候，响尾蛇队再次袭击了他们的大本营，并且窃取了他们辛辛苦苦赢来的营地餐刀。老鹰队的成员与响尾蛇队进行了当面对质，于是这两个群体之间又开始发生冲突。后来，研究者不得不通过武力来将这些男孩分开，从而避免了大规模打斗事件的发生。

两天之后，经过了一个将这两个群体进行隔离从而使营地中的氛围得到冷却的时期，研究者要求这些男孩对每一个小组的特征进行评定。评定的结果证实了研究者的观察结果。营员们一方面将自己群体中的成员看作勇敢的、坚强的和友好的，另一方面却将其他群体中的成员看作卑鄙的、自作聪明的臭鬼！当我们回想起这些男孩当初是由于他们之间的相似性而被挑选出来进行此项研究的时候，这些数据就让人感到非常震惊了。

实际上，无论是从英国人对于西部的印度人、荷兰人对于土耳其人和苏里南人，还是法国人对于北部非洲人所具有的嫌恶中，都可以

◎ **在罗伯斯山洞州立公园中发生的竞争和敌意。**拔河以及其他的竞争性事件在老鹰队和响尾蛇队之间制造出了强烈的敌对情绪，这种敌对情绪在近期发生的争斗中达到了高潮。

看到的是，消极偏见和刻板印象通常是“以竞争为指向”的：人们会将自己的敌对情绪指向那些他们认为正在与自己进行竞争的群体。除此之外，竞争可能会增加群体差异的显著性，正如最近一系列研究所表明的那样：与控制组相比，那些曾经对经济困难和债务担心的白人被试更有可能将一张混血面孔归为黑人。

交互作用 群体间竞争的自我实现升级

当诸如安·奥特沃特这样的黑人占领了达拉谟的街道，以便对那些将他们限制在不充足的住宅供给、收入低下的工作以及肮脏的学校里的歧视行为进行抗议的时候，埃利斯和与他一样贫穷的白人所担心的是，无论这些黑人得到什么东西，都会危及他们自身的利益。当黑人对于机会平等的要求总是被白人否决的时候，黑人进行抗议的频率和强度都得到了提升。如此一来，很多达拉谟的白人公民对黑人的看法就变得更加强硬，甚至比以前更加确定。冲突由此而得到了螺旋式的上升。安·奥特沃特从一个受人尊敬的家庭主妇转变成了“暴乱安妮”，而作为一个以暴力的方式来要求得到公民权的激进分子，埃利斯从一个安安静静养家糊口的男人转变为了一个反动的3K党领导人。

竞争和敌对会使更多的竞争和敌对得以滋生。当人们把别人看作竞争者的时候，他们自己也开始加入竞争，并且在无意中导致或者进一步扩大了他们在一开始所恐惧的竞争（如图11–3所示）。这种自我实现的预言（见第3章）可以迅速地升级为逐渐加剧的竞争形式，因为那些身陷其中的人们会变得越来越确信别人对自己存有恶意的居心。这一过程在群体层面上显得尤为突出，因为相对于个体而言，群体会对资源进行更为激烈的竞争。

小调查

美国的“9·11”恐怖袭击事件在哪些方面改变了你作为一个“美国人”的感觉？为什么？这些改变是如何影响你对美国这个国家中的不同群体所具有的感觉和信念的？

在这种群体间竞争的自我实现升级中，我们看到两种存在于个人和情境之间的交互作用的基本形式：在第一种形式下，竞争性情境制造出了一批互相之间几乎不存在信任感的个人和群体，这也再一次说明了情境可以在很多重要的方面改变人。在第二种形式下，竞争性很高而信任感很低的个人和群体制造出了比以往更多的竞争和敌对的情境，这个例子说明了人们是如何对自己所处的情境做出改变的。我们很容易看出诸如此类的竞争升级是如何制造出顽固的群体间仇恨，例如那些发生在中东地区的以色列人和巴勒斯坦人之间相互仇恨导致的流血冲突。

寻求社会支持

我们中的大多数人都可以回想起这样的一个对话场景：某人做出了一个带有偏见色彩的评论或者讲了一个带有偏见意味的笑话，对于这样的评论或笑话，我们在私下里都会觉得具有冒犯性。那么，在这个时候，你会做些什么

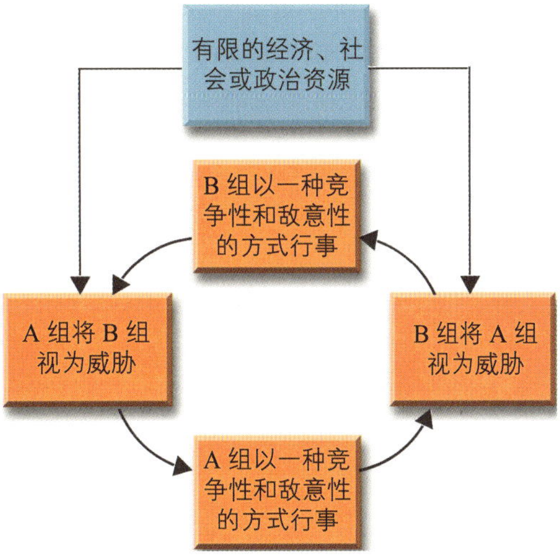

图11–3 竞争螺旋

注：由于群体之间会互相将别人看作为了争夺同一资源的竞争对手，因此，他们一开始便会以一些可能导致或夸大他们所恐惧的竞争的方式来回应。这种自我实现的升级会迅速增长，制造出顽固、紧张的群际间的敌意。

呢？你会公开地表达出自己的反对意见吗？或许你会当这件事没有发生过一样让它过去，或许你还会强装出一个小小的笑容吗？如果是这样的话，你并不是一个个例。例如，在一项研究中，不具有性别歧视观点的女性会在公开的情况下同意其他三个被试的性别歧视观点。这就表明，即使是不存有偏见心理的人也有可能表达出偏见性的观点。但是，这是为什么呢？

我们猜想，你会对社会拒绝感到害怕。如我们在第 4 章和第 6 章中所看到的那样，人们都会有得到别人认同的愿望。为了实现这一愿望，人们会对自己的观点和行为进行调整，使之与其他人的观点和行为相匹配。如果那些我们所重视的人对于一个特定群体持有消极的观点，那么我们就会同意这些观点，因为我们希望使自己“适应”并且获得他们的认同。由于社会认同的益处（以及社会拒绝的代价）如此显著，即使是那些经常被激励不要对他人进行歧视的个体也会产生某种形式的歧视。例如，在一系列的实验中，发现黑人男性会对来自美洲印第安的求职者进行歧视，但是这种情况只有在当他们认为自己的行为会被那些将会对他们做出评价的人看见，并且当他们自己本身就对美洲印第安人怀有偏见的时候才会发生。

社会规范和社会期望的作用可能不仅仅局限于引导我们假装出一副自己持有某种刻板印象或偏见的样子。一个怀有偏见的社会环境也有可能成为一张使我们将自己已经持有的偏见进行公开表达的通行证。在一项研究中，研究者发现，当被试在听过一系列带有性别歧视意味的笑话之后，会对性别歧视事件所具有的侮辱性评价较低，但是产生这一效应的前提是他们已经存有了性别歧视的观念。此外，由于社会规范的影响已经深深地渗透到了我们的日常生活中，并且由于我们在那些自己意欲寻求认同的人身上已经花费了如此多的时间，因此，我们也可以把这些信息内化后将它们视为己出。就像对于埃利斯来说，从公民权尚未受到重视的美国南部接收到关于种族主义的信息肯定是非常容易的一样，对于今天的我们来说，将那些我们在家庭、社区、工作，以及媒体中所获取的刻板印象化以及带有歧视性的信息进行内化也是相当容易的一件事。

个人 笃信宗教与偏见

这个世界上的许多主流信仰都源自这样的一条原则：人们应当无条件地接受其他人，无论他们的人种或种族是什么。因此，我们才会对那些自我报告信奉宗教的人反倒比那些自我报告不信奉宗教的人更容易产生偏见的现象而感到难以理解。那么，其背后可能存在的原因是什么呢？

一项长期研究对这样一种可能性进行了探讨：通过对人们信奉宗教的不同方式的理解，我们可能对笃信宗教与偏见之间的关系产生一个更为深刻的认识。有些人所持有的是一种外在的宗教信仰，也就是说，他们会将宗教信仰看作结交朋友、获取地位，或者是在困难时期寻求支持的机会。从这个角度来看，宗教是被用来获取一些其他东西的手段。因此，宗教仅仅作为一种为了达成某些其他目的的手段。在这种情况下，它所传达的信息不是作为生活准则而被采纳的。对于这些具有外在宗教信仰的人的研究表明，与那些不信奉宗教的人相比，这些人会更多地对种族外群体以及同性恋者产生消极偏见。

此外，人们也可以坚守一种内在的宗教信仰，并且他们期望能够在自己的日常生活中践行这一信仰并且将它的教义内化。从这个角度来看，笃信宗教并不是为了达成一些其他的目的而采取的手段——其本身就是一种目的。由于大多数有组织的宗教都会教人宽容，并且由于信奉宗教的人都会将他们的宗教信条结合到他们自己的个体身份及行为中去，因此我们可以预期，拥有内在宗教信仰的人会有更少的偏见。事实上也确实如此。根据自我报告的数据显示，拥有内在宗教信仰的人似乎不那么偏见。然而，根据另外一些研究对更加微妙的行为层面的测量结果显示，那些拥有内在宗教信仰的人可能更关注自己是否能从表现宽容中得到社会认同，因为这往往比真正宽容更容易达到目的。

宗教信仰的第三种形式被称为原教旨主义，

其特征是确信自己的宗教信仰为绝对真理。在原教旨主义量表上得分较高的个体比起那些不信奉宗教的个体来说，更倾向于对种族及宗教外群体、男女同性恋者，以及女性持有更多的负面观点。

最后，宗教信仰的第四种形式被称为探求性的宗教信仰。从这个角度来看，宗教是一段个人对真理进行永无止境的追寻的旅途。那些主要是以探求问题为导向的人对于精神世界的东西一般都会比较开明，并且他们不会期望在那些复杂的精神和道德问题上找到一些简单的答案。以问题为导向的个体对于其他事情也同样开明，这也许可以对他们无论是在自我报告中还是在自己的行为中都几乎从来不会表现出偏见的现象做出解释。

除了那些把宗教作为一种追求的人，似乎宗教的虔诚倾向于增加消极偏见。显然，我们可以很快并且很方便地在全世界的范围内观察到那些似乎是具有宗教根源的冲突。例如，那些在印度的印度教徒和穆斯林、在中东的犹太教徒和穆斯林、在北爱尔兰的清教徒和天主教徒之间所发生的冲突。这些冲突都与上面的这个结论相符。但是，由吉瑞米·金吉斯（Jeremy Ginges）和他的同事们在2009年进行的一系列研究则提供了另外一种可能的解释。

让研究者感兴趣的问题是，宗教信仰是否会影响人们对于针对其他群体的自杀性袭击的拥护程度。但是他们认为，有必要对宗教信仰的两个方面进行区分。这两个方面分别为：其一，对于宗教信仰的投入程度（通过一些条目，如做祷告的频率来进行测量）；其二，对于自己所属的宗教群体的承诺（通过一些对出席正式宗教仪式的频率进行估计的条目来进行测量）。这些区分方式与前面刚刚提及的对于外在的和内在的宗教信仰的区分存在某些异曲同工之处。或许，对于宗教信仰的投入程度是内在的宗教信仰的一个方面，而对自己所属的宗教群体的承诺则可能是外在的宗教信仰的一个方面。

让我们来看一下这些研究者的推理过程：如果宗教信仰在本质上会增强人们对于其他群体的偏见，那么在宗教信仰上更加投入的个体就应当更有可能赞成以其他群体中的成员为目标的自杀性袭击。这种效应即使是在将他们对所属宗教群体的承诺控制之后，仍然存在。然而，如果对自己所属宗教群体的承诺，和与之相关联的个体对自己被视为一个优秀群体成员的希冀程度，均会增强偏见，那么对于自己所属宗教群体的承诺性更高的人就更有可能赞成那些以其他群体中的成员为目标的自杀性袭击。这种效应即使是在将他们对宗教投入程度控制之后仍然存在。

为了对其他可能的假设进行探索，研究者们对一个大范围的群体进行了调查。这些群体包括巴勒斯坦的穆斯林、以色列的犹太教徒、印度的印度教徒、俄罗斯的东正教徒、印度尼

◎ **为上天代言？**在全球范围内，已经有成千上万的人受到了恐怖分子的迫害。在那些策划和执行这些袭击事件的人中，有很多人都认为他们是在为正当的宗教信仰准则进行服务的。奥萨马·本·拉登（Osama bin Laden）就是这样的人，他策划了2001年9月11日对纽约和华盛顿的恐怖袭击。像阿尔-凯达基地组织这类群体愤世嫉俗地建构出宗教信仰的虚伪外表，其目的是为了替一个如果不是这么做就会备受谴责的杀人的政治意识形态进行辩护，还是这些群体确实相信他们正在为正义而战？这些抱有强烈的宗教信仰的人竟然可以对其他群体产生如此强烈的仇视，这种现象看上去确实很令人费解。

西亚的穆斯林、英国的清教徒，以及墨西哥的天主教徒。这项调查结果很清楚地显示，对于自己所属的宗教群体的承诺（由宗教仪式的出席率进行测量）可以显著地预测一个人对其他群体中的成员进行杀戮的支持程度。而对宗教的投入程度（通过做祷告的频率进行测量）则没有出现这一显著的预测效应。与以上结果相一致的是，一个关于冲突的全球性研究发现，那些宗教信仰笃定的群体（他们的宗教活动是日常群体生活中的重要组成部分）更容易对其他群体产生偏见和暴力攻击，即使其他群体的力量更强大。这些发现都表明，很有可能是宗教信仰与社会过程之间的相关程度，即对于自己所属群体能够做出良好表现的承诺，以及对于自己能够受到其他的群体内成员赞许的愿望等，都可以用来解释宗教信仰和消极偏见以及歧视之间的关系。而这些发现与有关内在宗教信仰的多项研究结果也是一致的。

情境 随时间变化的偏见规范

由于人们都有寻求社会支持的需要，因此他们愿意采纳一个群体的偏见规范。然而，这些是会随着时间而发生变化的。随着这些变化的发生，人们对于刻板印象和偏见的表达也会发生相应的转变。

在过去的50年时间里，美国白人在那些诸如种族融合、种族间通婚以及黑人竞选总统这类问题上所报告的观点呈现出愈发赞成的趋势。然而，从诸如此类的发现中反映出来的到底是人们在偏见和刻板印象上所产生的真正改变，还是仅仅揭示出人们以符合社会期望的方式来对这些调查进行作答？我们已经看到的是，如果人们认为其他人是赞同偏见的，他们这种寻求社会支持的愿望就会导致他们采纳消极偏见。同样，这一愿望也会导致人们在认为宽容是社会规范的时候，采纳宽容的观点。例如，在北卡罗来纳州的高中生中，当白人学生相信他们的朋友和父母赞成种族间友谊的时候，他们对黑人也会产生更多的好感。

如果诸如此类的发现所代表的不是实际态度的转变，那么，它们所反映出来的就是在一个文化中禁止性和描述性规范的改变。就如我们在前几章中讨论到的那样，禁止性规范告诉我们自己应当做什么和感觉什么。如今，美国的法律和政策的变化向我们传达的是这样一种信息，即基于种族、性别、人种、宗教以及年龄对他人进行歧视是不合适的，并且这些做法是与美国人的信条相悖的。而描述性规范告诉我们的则是人们实际上做了什么且感觉到了什么。由于新法律的强制力已经减少了人们可以观察到的歧视事件的数量，这可能会给人们留下自己的同龄人已经变得不如过去那么固执己见了的印象。那么，在全美范围内，禁止性规范随时间改变而发生的变化很有可能与描述性规范的改变带来的变化相似。因此，和过去相比，人们不仅更加不愿意公开地表达出自己那些固执己见的观点，而且也确实有可能比以往更少地持有这些观点，就如在贝拉克·奥巴马最终真的在2008年当选美国总统以及2012年再次当选总统这一事件中所显示出来的那样。

交互作用 知觉到的社会地位与偏见的表达

回想一下当你是一个新来的人，如街区中的新孩子、单位里的新员工，或者是宿舍里的新成员。作为这个群体中的一个边缘成员，你一定非常想融入这个群体，并且展示出你对于其他人的价值。其结果便是，你会比其他人更有可能遵守这个群体的规范。

杰弗里·诺埃尔（Jeffrey Noel）、丹尼尔·沃恩（Daniel Wann）和尼拉·布兰斯科姆（Nyla Branscombe）于1995年提供了一个很好的例子，来说明对社会认同的渴望是如何导致群体中的边缘成员变得对群体外成员尤为敌对的。他们的被试是来自兄弟会和妇女联谊会的成员以及申请者（即“正在受训中”的成员）。如图11–4所示，那些资深的成员不管自己的意见是会被保密还是会被公开，他们对群体外成员表现出来的偏见程度没有发生变化；反之，那些申请者只有在自己的评价向自己所在的兄弟会或妇女联谊会中的兄弟们或姐妹们公开的时候，才会对其他的兄弟会和妇女联谊会进行贬低。为了尝试获得社会认同，申请入会者坚决地遵从了贬低其他兄弟会和妇女联谊会的规范。这些

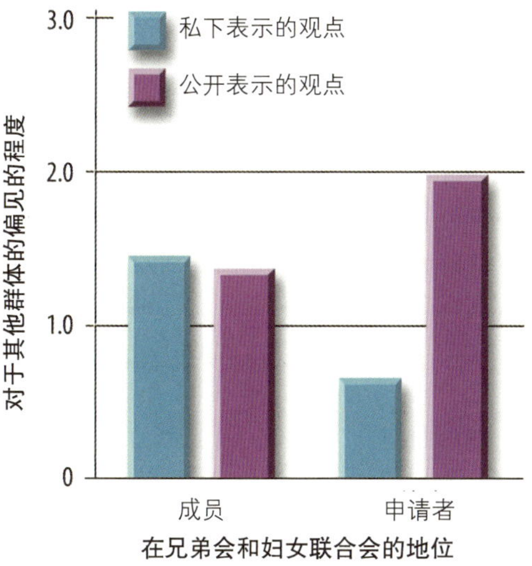

图 11–4 公开发誓自己讨厌其他群体

注：堪萨斯大学兄弟会和妇女联谊会的申请者对于其他的兄弟会和妇女联谊会表现得尤为轻蔑。但是，这一现象只有在当他们相信自己群体中的成员将会看到自己的意见时才会发生。群体中的边缘成员，就像这些申请者一样，都希望自己能够被接纳，所以即使这个群体要他们大胆地宣称自己对于外部群体持有偏见也在所不惜。

资料来源：Data from Noel，J. G.，Wann，D. L.，& Branscombe，N. R.（1995）. Peripheral ingroup membership status and public negativity toward outgroups. *Journal of Personality and Social Psychology*，68，127-137 Figure 3.

发现显示出了一个社会认同过程中的重要特征，即那些寻求认同的人会在当他们的行为将会被潜在的赞同者看到的时候，才会表现出明显的对群体规范的遵从。这些发现也显示出我们之前所看到过的一种个人 – 情境交互作用的形式，即某些特定的人（在这个例子中，是申请者而非既有的成员）会以某种特定的方式来行事（公开表达自己的偏见）。但是，这种现象只有在特定的情境下才会发生（当那些意见被公开表达的时候）。

小调查

请想象一个你觉得自己受到偏见的侵犯性事件，当这一事件发生的时候，你或者对其进行嘲笑，或者“让它去”。如果你将来再次遇到一个相似的事件，你会如何应对呢？为什么？

总之，因为人们会寻求社会支持，所以他们可能会在偏见是一种规范的时候采纳并且表达出自己的消极偏见，在宽容是一种规范的时候，采纳并表现出宽容。由于在 1971 年的达拉谟，宽容并不是时代的主流，因此，埃利斯所具有的 3K 党成员的身份为他提供了大量的来自白人群体的社会认同和尊敬。故而，他与安·奥特沃特的友谊就给他带来了惨重的代价，因为当埃利斯停止了对黑人的仇恨时，他的朋友们也开始对他产生了仇恨。他的社会认同网络的丧失，以及由于这种丧失而导致的孤独感是难以忍受的——埃利斯曾经企图自杀。甚至在 30 年之后他还说道：“有很多人恨我……我打赌我可以马上径直走到那个角落，那里不会有两个人开口对我说话。这一代价所持续的时间是如此漫长……我希望我拥有过更多的朋友。”确实，这种想要获得社会认同的愿望非常强烈。

自我形象管理

当埃利斯八岁的时候，曾经有一次和他的白人邻居们与一队来自铁轨另一头的黑人孩子们踢足球。那次比赛的结果是黑人队获胜。于是，在这些白人孩子们一路徘徊回家的路上，埃利斯所在球队里的一名队友出于由这场失利而带来的挫败感，对那些正要离开的胜利者们大声叫道：“你们这些黑鬼给我从铁道那边回来！”对于幼小的埃利斯来说，这句话唤醒了他心中的某种意识。尽管他意识到自己是贫穷的，而且他的家庭也被很多人看不起，但是，在那一刻，他却突然发现，他永远也不可能成为一个“黑鬼”。这也就意味着，总会有人处于比他更低的社会阶层。因此，他所感觉到的这种安全感源自相信自己比另一个人更好。

25 年之后，当埃利斯受到 3K 党的欢迎并且投入他们的怀抱的时候，他找到了第二种与安全感有关的感觉。当他不再是一个局外人的时候，他感到现在的自己处于一种非常重要的兄弟关系中。在他的 3K 党入党仪式进行之前，埃利斯可以从知道自己不是一个“黑鬼”中寻求安慰；而在这之后，他也可以从知道自己是一个 3K 党人中得到快乐和自豪。

个体身份和社会身份

社会行为经常被想要获得更好的自我感觉这一愿望所激发。为了实现这一个目标，人们所采取的方式是非常具有创造性的（参见第 3 章）。例如，在面对个人失败的时候，我们会尝试**委过于人**（scapegoating），也就是将自己的不足归咎于其他群体，使后者成为自己的替罪羔羊，以此来维系一种良好的自我形象。那些被选择成为替罪羔羊的对象通常是那些很容易被定义的群体，对于这些群体，已经存在着一些为社会所接受的偏见。对于埃利斯来说，将自己在经济上的失败归咎于黑人是一件非常容易的事情。就像他在几年后所说的那样："在那个时候，我不得不憎恨某个人。但是，憎恨美国是难以做到的，因为你看不见它，因此无法憎恨它。你需要有一些可以看得见的东西，并以这些东西来作为憎恨的对象。对于我来说，我会自然而然地将黑人作为我的憎恨对象，因为在我之前，我的父亲就是 3K 党的成员。"通过将我们自己的不幸和挫败归咎于其他群体，我们能更好地打消自我怀疑，并且更容易产生良好的自我感觉。

此外，通过将我们自己和其他成功的人联系在一起，通过与那些不成功的人划清界限，即通过沾亲带故以及明哲保身，我们可以对自我形象进行提升。这些策略表明，自我形象不仅仅受到个体的感觉所影响，它还受到**社会身份**（social identity）的影响，即我们对于自己认同的群体的看法和感觉都会对我们的自我形象产生影响。当埃利斯对 3K 党及其白人的基督教传统进行拥护时，他的自我形象得到了提升。相类似地，在我们当中，很多人的自我形象也是通过对自己的群体以及自己的种族背景所具有的自豪感而得到提升的。

名词解释

委过于人 将自己的挫败和失误归咎于其他群体的过程。

社会身份 我们认为自己归属于某个群体的信念和感觉。

社会身份会有助于提升自尊的这一发现形成了社会身份理论的基础。就如同个体会将自己与其他个体进行比较，以此来对自己的个体身份进行管理一样，人们也会通过将自己所属的群体与其他群体进行比较，以此来对自己的群体身份进行管理。特别地，通过将自己的群体与其他群体以一种有利于自己的方式区分开来，即进行一种下行社会比较，将自己的群体看作比"他们"好，这样一来，你就可以创造出一种正面的社会身份，而这也会进一步增强你的自我价值感。为了创造出这种积极差异，你可以直接通过积极刻板印象的方式来将你自己所属的群体进行提升。例如，埃利斯就是通过将 3K 党的荣誉道德准则、侠义精神以及保卫基督教这些美国人的愿望视作为一个独一无二的存在，以此来提升自己的社会身份。另外，

◎ **种族自豪感**。我们看待自己所属的社会群体的方式会影响到我们对自己的看法。出于这个原因，我们会希望对自己的社会身份进行颂扬。然而不幸的是，正面社会身份的产生有时候会以其他群体为代价，因为我们是通过将其他群体进行贬低的方式，从而来使我们自己的群体在这种比较之下看起来显得更好的。

你也可以通过主动对其他群体进行贬低，以此来使自己所属群体的形象在这种对比之下显得较为积极。例如，通过对自己的文化观念中关于黑人愚蠢而又懒惰的消极刻板印象进行热衷的支持，埃利斯更有可能将自己群体中的成员看作聪明和勤奋的。同时，你也可以通过剥夺其他群体的机会来对他们进行歧视，以此来使自己的群体获得一个真正的优势。当然，你可以将所有这些事情同时进行。埃利斯就是这样的一个例子。通过夸大3K党的良好品质，通过将黑人打上强大的消极刻板印象的标签，通过有效地斗争以阻止黑人获得经济和教育机会，埃利斯使自己的社会身份得到了提升，从而使更广泛意义上的自我形象得到了提升。

个人 群体内身份认同

埃利斯投身于3K党的活动中，并且很快地建立起了一个精力充沛并且卓有成效的工作者的形象。埃利斯从这个组织的成立之初就一直效力于它，但是，随着他在这个群体中的地位的迅速攀升——先是成为教士，然后又成为"高尊独眼"（即达拉谟的3K党分部中的最高职位），他对于这个组织的认同感也变得越来越强烈。随着他作为一个3K党人的身份认同逐渐变成他的自我形象中的一个重要组成部分，他想要将自己的种族偏见付诸行动的愿望也变得越来越强烈。当人们对自己所属的群体产生了一种强烈的认同感的时候，他们便会从自己所属群体所拥有的良好地位中获得更多的益处，而一旦他们所在群体的地位被削弱了，他们所失去的也更多。

一些研究的结果也确实证明了那些对于自己的群体具有较高认同感的人特别容易将自己的群体置于比其他群体占优势的地位上。例如，在一个实验中，加拿大法语区一所大学的学生要进行一项通过匿名的方式将额外的课程学分分配给自己的同学的任务。在有可能得到这些额外学分的学生中，有些是这些学生自己群体中的成员，有些则不是。结果发现，那些对于自己所属的群体不具有强烈的身份认同感的学生将这些学分平均地分配给了这两个群体。而与实验的预期相一致的是，那些对于自己所属的群体具有较高身份认同感的学生则会给自己所在的群体分配更多的学分。这一结果表明，群体内身份认同会导致更多的歧视。

情境 权威主义与偏见

很多人都认为，消极偏见是由"病态的"大脑所产生的。毕竟，只有那些有心理疾病的个体才有可能对他人产生负面的感觉，并且以恶劣的方式来对待他们。而他们这么做仅仅是因为那些人看起来跟自己不一样或是属于另外一个群体。那么，事实是否如此呢？

群体间敌对是由具有心理缺陷的人格所引起的这个观点，曾经一度成了偏见研究领域中的前沿观点。接下来，我们就会对这个假设进行更深入的探讨。我们将重点讨论**权威主义**（authoritarianism）这种人格特征，具有这种人格特征的人会屈服于那些具有较多权威的人，而诋毁那些具有较少权威的人。

名词解释

权威主义 *屈服于权威较高者而诋毁权威较低者的一种倾向。*

情境 失败与自我形象威胁

埃利斯做送货员的那家面包房要歇业了，所以他现在需要一份工作。于是，对他来说，一家当地的汽油站待售的消息便成了他意外的好运。另外，更幸运的是，一家相邻的店铺主人表示，愿意同他一起签署这项贷款。埃利斯对这次机会感到欣喜若狂，因为他将这件事情看作是一次创造一个更好生活的大好机会，因此，埃利斯将他的全身心都投入到了这件事情上。然而，尽管他在汽车修理方面掌握了很全面的技术，但令人遗憾的是，他那三流的教育背景使得他无法具备经营一项生意的能力。带着极大的失望和沮丧之情，他仍将在以后每个月的月末发现，当自己把账单全部付清之后，还是会像以前一样贫穷。就是在这段时间，埃利斯参加了他的第一次3K党集会，并且仅仅在数周之后，他就成了其中的一员。这是一个巧合吗？很可能不是。

联结：适应与障碍

权威型人格

当世界各地的人们听说曾经有上百万条生命在纳粹集中营里遭到杀害，他们会面临这样一些令人困扰的问题：如此强烈的偏见是从何而来的呢？哪些类型的人会参与到这样的屠杀中来呢？还有哪些类型的人会袖手旁观？

从这些问题中便产生了权威型人格这样一个观点。具有权威型人格的个体容易屈从于权威，而对那些被他们知觉为社会地位比自己更低的人则会产生攻击性。也就是说，这些人对那些社会地位比自己高的人会“奉承拍马”，而对那些社会地位比自己低的人则会“落井下石”。对这些人来说，采纳并遵守社会规范是一件极为容易的事情。他们对待那些挑战社会规范的人所采取的态度往往很强硬。他们会以一种简单化的非黑即白的方式来看待这个世界，并且会对那些灰色地带表现得十分厌恶。此外，与该项研究目的有关的最重要的一点是，假设具有权威型人格特征的人会对少数群体中的成员表现出强烈的偏见。

根据西奥多·阿朵诺（Theodor Adorno）及其同事的观点，如果家长在他们年幼的孩子犯了一些小错之后就对其进行严厉的惩罚和羞辱的话，就会培养孩子产生权威型人格。形成这一人格特征的后果便是，这些孩子会对自己的父母以及其他权威个体产生敌对的情绪。然而，其实他们并不想表现出，或者甚至是承认他们具有这种敌对情绪。这是因为，如果他们一旦这样做了，就会（1）导致更多的惩罚，同时（2）造成一种强烈的内部冲突，即在一方面憎恨自己那惩罚成性的父母，而在另一方面则认为自己应当尊重自己的父母。由此，研究者认为，形成这一人格特征之后的结果便是，这些孩子学会了压制他们对自己父母以及其他权威者的敌对情绪，同时将自己的这些攻击性冲动转置到比自己更弱的社会成员的身上。偏见便是从这些内部心理冲突中诞生的。

这种关于偏见的观点很快变得流行起来。其可能的原因是，它似乎可以解释为什么那些被认为井然有序、遵守纪律和尊重权威的德国人不但允许了阿道夫·希特勒这样的独裁者上台，而且还对他要将犹太人以及一些其他人种进行灭绝的计划表示赞成。但是，其他研究者发现，在阿朵诺及其同事所提供的解释中也存在着缺陷。例如，人们也可以通过其他方式产生权威型人格。而根据另外一种观点，青少年仅仅通过观察他们具有权威型人格特征的父母，就可以学会具有权威主义。此外，还有一种解释表明，对于权威主义的倾向是通过基因得到延续的。事实上，这三种观点均得到了一些实证研究的支持。

尽管如此，研究的结果仍然发现，阿朵诺和他的同事们关于权威主义和消极偏见的观点是相当正确的。那些会透过权威主义的眼镜来看待这个世界的人，与那些不会用这种方式来看待这个世界的人相比，会对群体外成员持有更多的消极偏见。这一结果在美国、加拿大、英国、南非、俄罗斯，以及许多其他国家中那些具有权威型人格的人身上都得到了证实。

如果我们相信偏见主要存在于那些明显出现功能障碍、明显具有权威主义的个体身上，那么我们会在心理上感到一些安慰。毕竟，因为我们不是那样的，我们就不需要逼着自己承认我们也是有偏见的。但是，我们还是不要欺骗自己了。我们中很多人所具有的权威主义倾向都要比我们自己所愿意承认的高。例如，我们已经看到，对普通人来说，服从他人的命令是多么容易的一件事情，即使当这种命令是走向极端化的（见第6章）。另外，有大量表明权威主义与偏见之间存在相关的研究都是用大学生作为被试的。最后，当我们经历令人沮丧的负面事件或者具有威胁性的事件的时候，权威主义的倾向会得到增强。例如，在2001年9月11日恐怖分子对美国进行袭击之后，美国人比以往更愿意牺牲一些个人自由来换取更多的政府力量，并且对那些公开反对总统和政府官方政策的人也出现了越来越多的批评。由于诸如此类情况的发生会激发几乎每一个人的权威主义的态度和目标，所以我们中绝大多数人都拥有对处于更低社会地位的群体造成实质性伤害的能力。

我们之所以应当避免持有这样一种自我服务的信念，即强烈的消极偏见只存在于那些具有异常人格的个体的头脑中，其中还有另外一个原因，那便是“这并不是真的”。事实上，就如我们在整个章节中已经看到的，以及在以后的章节中也会继续看到的那样，我们每一个人都持有某种类型的消极偏见，我们每一个人都对某些群体持有消极刻板印象，并且，我们每一个人都会时不时对他人进行歧视。是的，有些类型的人（如权威主义者）会比其他人持有更多的偏见，但是对于那些由我们自己的消极偏见、刻板印象以及歧视行为所带来的结果，“其余的我们”也难辞其咎。

小调查

之前我们注意到，当大多数美国白人的经济状况变差的时候，他们对非裔美国人和中国移民所产生的攻击性行为会有所增加。当时我们是以支持和保护自己所属群体的目标来对这些发现进行解释的。但是，如果我们想从管理自我形象的角度出发，该如何对这种现象进行解释呢？

当我们的自我形象遭遇挫折、失败或其他威胁的时候，我们便更有可能对那些污名化的群体中的成员进行贬低。让我们来看一个对密歇根大学的学生进行的实验。在这个实验中，被试首先会进行一项智力测验，接着，他们会得到一个关于自己在测验中表现的反馈信息，即他们或者被告知自己在之前的测验上表现得很好，或者被告知自己在之前的测验上表现不佳。随后，他们进行了第二项研究。在这项研究中，被试要对一位应聘者的人格及其职位的要求进行评价。有些被试获知这位女性应聘者是一名犹太人，由此启动了他们对于“犹太裔美国公民”的刻板印象。相应地，其他被试将会获知这位应聘者是一名意大利人，因此对于这个群体来说，则没有受到消极刻板印象的启动。结果发现，那些认为自己在智力测验上表现良好的学生对两种应聘者的评价之间没有存在显著的差异。对于那些认为自己在智力测验上表现较差的学生来说，他们对那位犹太裔应聘者所做出的评价显著地低于他们对那位意大利籍应聘者所做出的评价。有趣的是，那些学生在贬低犹太裔应聘者之后，在自尊上表现出了增长。这就表明，有些时候，人们可以通过对消极刻板印象化的群体中的成员进行贬低的方式，来使自己受到威胁的自尊得到重塑。

交互作用 自尊与威胁

如果提升群体内部成员或贬低群体外部成员可以帮助一个人重塑自己受到威胁的自尊，那么一个时常遭受较低自尊威胁的人就应该欣然地采取这种策略。事实也的确如此。研究发现，那些具有较低自尊的个体容易对群体外成员持有消极偏见，而对群体内成员则表现出一贯的偏好。然而，你可能会感到奇怪的是，为什么那些具有高自尊的人同样会对自己的群体产生偏好，并且这种偏好的程度相对于那些具有低自尊的人来说更为强烈。另外，当这些具有高自尊的个体受到失败威胁的时候，其身上所表现出来的这种群体内偏好可能会变得尤为明显。

让我们通过下面的这个例子来对这个问题做进一步的阐释。当一位具有较高自尊的女性最终只加入了一个地位较低的妇女联谊会时，会发生些什么情况呢？詹妮弗·克罗克尔（Jennifer Crocker）和她的同事们猜想，因为这些女性所属的妇女联谊会声望不高，所以她们的自尊会受到威胁。毕竟，她们可能会认为，自己理应获得一个更好的地位。研究者认为，如果这种推理正确的话，那么这些女性就应当特别容易对其他妇女联谊会中的成员进行贬低。为了对这种假设进行进一步的探讨，克罗克尔和她的同事们招募了一批来自西北大学妇女联谊会中的女性，并对她们关于大学校园中的妇女联谊会的意见进行了测量。正如图 11–5 所显示的，大多数妇女联谊会中的女性对那些来自其他妇女联谊会中的成员所做出的评价都比对自己群体中的成员所做出的评价更加偏向于消极。对于那些具有较低自尊的女性而言，其评价结果不受她们所属的妇女联谊会的地位的影响，因为无论其所属群体地位的高低，她们都会对其他妇女联谊会中的成员进行贬低；相反地，对于那些具有高自尊的女性而言，她们的评价结果会根据妇女联谊会声望的高低而产生很大的不同。那些属于声望较高的妇女联谊会中的女性对于其他妇女联谊会中的成员几乎没有表现出偏见，而那些属于声望较低的妇女联谊会中的女性则会对其他妇女联谊会中的成员进行强烈的贬损。显而易见，从属于一个声望较低的妇女联谊会会对这些高自尊女性的正面自我形象造成威胁。综上所述，内群体偏好是由自尊感的高低以及社会性威胁的存在与否这两个因素交互作用的结果所决定的。对那些具有高自尊的个体而言，对他们自我形象的挑战尤其具有威胁性。因此，在这类人的身上有可能表现出更为强烈的内群体偏好。

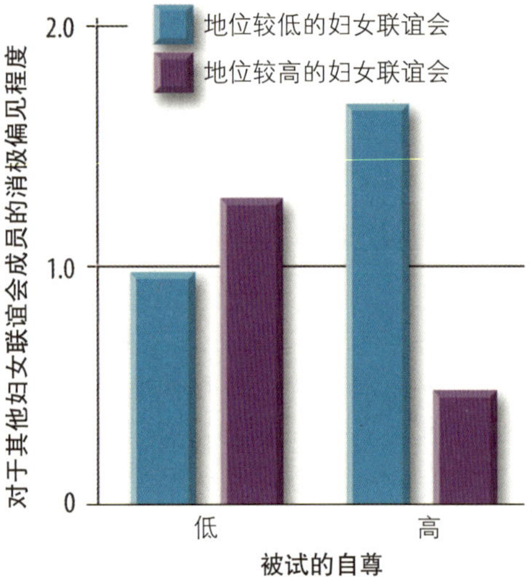

图 11–5　自尊与妇女联谊会地位的威胁

注：在一项对于西北大学妇女联谊会女性的研究中，那些具有低自尊的女性对于其他妇女联谊会中的成员进行了贬低。但是，具有高自尊的女性所持有的观点取决于她们自己所属组织的声望：那些处于一个具有声望的妇女联谊会中的女性对于其他妇女联谊会几乎没有表现出偏见，然而，那些处于一个地位较低的妇女联谊会中的女性表现出了最大的偏见。很显然，属于一个"配不上她们"的妇女联谊会是相当具有威胁性的，这会导致这些女性对其他联谊会中的成员进行贬低，其目的是为了重建她们受到损害的自我形象。

资料来源：Data from Crocker，J.，Thompson，L. L.，McGraw，K. M.，& Ingerman，C.（1987）. Downward comparison，prejudice，and evaluations of others: Effects of self-esteem and threat. *Journal of personality and Social Psychology,* 52，907-916. Table 2，p. 913.

寻求心理效率

在将近午夜的时候，纽约市的便衣警察们开着一辆不起眼的小车在街道上进行巡查。他们希望抓住那个已经威胁了这个地区两年的连环强奸犯。突然，他们发现一个身着黑衣的男子正在一座房子的前面来回踱步，显得十分坐立不安。他们认为这位男子具有犯罪嫌疑，因此，这些警察将车停下，想要过去盘查他。然而，当警员靠近他的时候，这位名叫阿曼多·迪埃罗（Amadou Diallo）的男子或者是故意忽视了，或者是没有听到警员的指示，而是走进了这座房子光线幽暗的入口。突然，他转身朝向这些警员，并且迅速地从口袋里掏出一个黑色的物体。"枪！他有一把枪。"其中的一个警员大声叫道。于是，数秒钟之内，就有 41 发子弹射向这位男子，其中有 19 发直接射穿了他的身体。当警员们靠近这具尸体想要对其进行检查的时候，他们发现自己犯下了一个可怕的错误：在这位死者的身旁放着的不是一把枪，而是一个钱包。也就是说，他们刚刚杀死了一个手无寸铁的人。

评论家和检察官指出，这些警员之所以会靠近迪埃罗并对其开枪，是因为他是一个黑人。所以，迪埃罗的死不是一次意外，而是一场故意杀人。而这些警员则辩称，他们之所以犯下了这个可怕的错误，是因为他们认为自己当时正处于致命的危险之中。所以，这个错误尽管很可怕，却是可以理解的。于是，陪审团的艰巨任务就是判定哪一种解释才是正确的。这些审判员们很有可能会这么问自己："如果我身为这些警员的话，我当时会做出怎样的反应？我会把这个钱包误认作一把枪吗？我又会不会开枪呢？"

安东尼·格林沃德、马克·奥克斯（Mark Oakes）和亨特·霍夫曼（Hunter Hoffman）于 2003 年为大学生们提供了一个机会，让他们得以对一个模拟当晚那些警员所遇到的情境（当然，不会像上述的情境那么激烈）进行了体验。在一个类似电子游戏的任务中，被试会被告知，自己所操纵的玩家扮演一个便衣警察的角色。他们会在屏幕上看到一些从一个垃圾桶后面不时冒出来的人，对每一个人他们都会有一秒钟的时间来对其做出反应。有时候，从垃圾桶后面出现的人是一个穿着随意的便衣警察。在这种情况下，被试应当快速地按下键盘上的空格键，以此来模拟一个安全的信号。而有些时候，从垃圾桶后面会出现一个穿着随意的平民，并且在这位平民的身上不携带有任何具有危害性的物件。在这种情况下，被试不需要做出任何反应。而在另外一些时候，则会出现一个穿着随意的持枪罪犯。在这种情况下，被试需要将电脑鼠标移至那个人的身上，然后对他进行点击，以此来模拟一个用自己的武器来进行射击的情况。在这些不时冒出来的人之中，有些是黑人，有些是白人。而研究者所关注的是，种族这个因素是如何对被试做出正确判断的能力产生影响的。

他们的发现是令人不安的：与白人相比，黑人更加容易遭到错误射击，即使当他们是以便衣警察的身份出现的时候。为什么会产生这种现象呢？第一，当枪支和不具有杀伤性的物品是由一个黑人所持有的时候，被试更加难以将这两者进行迅速地区分；第二，被试似乎做好了更为充足的心理准备，来将一件黑人身上所带有的物品当成枪，并且对他进行“射击”。其他研究也同样证实了这些发现，并且对这些发现进行了拓展。例如，某项研究发现，当存在时间压力的时候，诸如此类刻板印象化的偏见都是在无意识的状况下发生的，即它们的产生无须有意识的注意参与。它们既存在于那些自身受到歧视的人身上，同时也发生在那些自身没有受到歧视的人身上。它们同时存在于白人和黑人中。并且，即使当人们主动尝试避免自己受到种族因素影响的时候，这些刻板印象依然存在。实际上，仅仅是对于文化刻板印象有所了解，即仅仅是当我们了解到，在我们的文化中，是将黑人视为危险的——似乎就足以制造出这些认知上的偏差，以及更大的倾向性去“射击”那些没有武装的黑人，而不是对那些同样也不具有武装的白人去进行射击。

乔舒亚·柯瑞尔（Joshua Correll）、基沃夫瑞·厄尔兰德（Geoffrey Urland）和蒂芙妮·埃托（Tiffany Ito）检验了“射击者偏见”与大脑活动之间的关系。事件相关脑电位（event-related brain potentials，ERPs）是指大脑的电活动对于特定事件做出反应时所产生的波动。幸运的是，对于那些有兴趣对射击者偏见进行了解的研究者来说，不同的 ERP 成分可以对威胁探测过程和认知控制加工的过程进行区分。例如，像生气的面孔这类具有威胁性的图像会使一个叫作 P200 的 ERP 成分得到激活，而想要对最初所产生的倾向进行控制的意图则会使一个叫作 N200 的 ERP 成分得到激活。

根据这些思路，柯瑞尔和他的同事们提出了以下的这些假设：如果黑人确实被认为特别具有威胁性，那么他们的 P200（表示对危险的知觉，可以促使人们做出射击的决定）就应该得到更大的激活，并且他们的 N200（表示一个相对较小的控制自己倾向于做出射击决定的意向）就应该得到更小的激活。这些研究者们让被试玩一个“射击 / 不射击”的游戏，与此同时，被试会被要求戴上一个带有弹性的帽子，在这个帽子上装有电极，用来记录被试的大脑活动。这些研究者发现了怎样的结果呢？首先，

◎ **你从刻板印象中看到了什么？** 在下面这两个人中，哪一个人的手里拿着一把枪？哪一个人的手里拿着手机？在存在时间压力的时候，美国大学生，无论黑人还是白人，顽固的还是不顽固的，都有可能将一个不具有危害性的物体看作一件武器。并且，当这个物体被握在一个黑人手中的时候，比起当这个物体被握在一个白人手中的时候，这种情况更有可能发生。因此，仅仅是对于这种将黑人与攻击性联系在一起的文化刻板印象有所了解就足以导致错误的发生，并且在有些情况下，这种错误的判断甚至有可能致命。

与之前的发现相同，在决定要对身负武装的目标做出射击反应的时候，被试对黑人目标做出射击反应的速度要比他们对白人目标做出射击反应的速度更快。另外，即使在他们决定不对那些身上没有武装的目标做出射击反应的时候，他们对那些白人目标所做出的反应速度也比对那些黑人目标所做出的反应速度快。其次，这两个过程似乎都对这种射击者偏见的发生起到了作用。其中，P200 的激活表明，被试确实能够非常迅速地将黑人知觉为具有威胁性的——他们仅仅在 0.25 秒之内就做出了反应！而 N200 的激活则表明，被试会更慢地对那些可能会使他们做出“射击”决定的意图进行抑制，并且，即使是在有证据表明射击是错误的决定的时候（即当黑人目标的身上没有武器的时候），这种情况依然存在。

诸如此类的发现表明了**刻板印象化**（stereotyping）的一个隐含意义，即先将一个个体归类到一个特定群体中去使之成为其中的一员，然后推断他拥有这个群体中成员所普遍拥有的特征的过程。刻板印象化是一种持续存在的对于他人进行理解的方式，因为这种理解方式对认知资源的要求很低。通过假定人们与其所在群体中的其他成员具有相似性，我们避免了将他们作为个体来进行了解这个费时又费力的过程。并且，由于刻板印象是人们对于群体成员进行的丰富而又形象的预期，因此，只要我们对一个人所属的群体进行了识别，我们便会感觉到，自己好像已经对那个人有了很多的了解。刻板印象为模棱两可的行为提供了既有的解释，由此导致了那些警员假定迪埃罗从口袋里掏出来的是枪，而不是钱包。刻板印象为在某个特定时间发生某件事情提供了既有的解释，因此，当一个男孩在一项数学测验上得到低分，人们会假设，之所以会出现这种结果是因为他的运气不好或者是他的努力程度不够，如果同样的事情发生在一个女孩身上，人们则会认为，同样的结果所反映出的是这个女孩缺乏能力。另外，刻板印象还为评价不同群体中的成员提供了不同的标准。这就导致了我们很少会在意一名亚裔美国学生稳定优异的学业表现，而当一名美国本土学生在其学业上也有了类似表现的时候，我们便会认为，这个学生非常具有天赋。刻板印象化以很少的努力，为我们提供了大量的信息。

名词解释

刻板印象化 将一个个体归为一个特定群体中的一员，并且推断他拥有这个群体中的成员所普遍拥有的特征的过程。

那么，阿曼达·迪埃罗之所以会被杀死，是因为这些警员对黑人所持有的偏见吗？当然，这种情况的可能性是肯定存在的。但是，迪埃罗之死同样也有可能是一个真正的悲剧性错误，因为这一错误是由这种再“人之常情”不过的倾向所引起的——人们先入为主地获得了“黑人是危险的”这样的文化信念，并且迅速地用这样的刻板印象来对他人做出判断。不幸的是，我们很有可能永远都不会知道这件发生在阿曼达·迪埃罗身上的令人心碎的事件的真相。然而，我们知道的是，刻板印象化是人类认知活动中的基本过程，并且它的结果可能十分严重。

有效率的刻板印象的特征

从长期来看，刻板印象作为一种简化工具，当它们的准确性处于一个合理的水平，即当它们可以成功地对一个群体中的成员的特征进行描述的时候，那么，这种工具还是能够发挥一些有益的作用。尽管很多刻板印象都是非常不准确的，如看起来女性似乎比男性说的话更少，但是，在其他的一些刻板印象中，还是包含了一些实质性的真实成分的。例如，1994 年，珍妮特·思维姆（Janet Swim）将真实的性别差异以及大学生对于同样的性别差异所做出的评估进行了比较。结果发现，尽管有时候，学生们的刻板印象会对这些性别差异产生过低的估计，而有时候则会对这些性别差异产生过高的估计。但是，从大体上来看，这些评估的准确性还是处于一个合理的水平上的。最具有说服力的证据是，这些学生极少将性别差异的方向弄错。例如，他们几乎从来不会错误地认为女性通常要比男性更具有攻击性。

具有讽刺意义的是，我们往往会发现，那

些准确性非常高的刻板印象，也就是完全反映真实社会群体的复杂性的那些刻板印象，却又太过复杂，以至于无法让我们节省很多的时间和精力。其结果是，刻板印象通常会通过“激化”，即用夸张的方式将存在于不同群体之间的实际差异进行夸大，而对于那些群体内的差异，则会采用“柔化”的方式，从而使之得以减少。我们可以在图11–6中看到这种趋势。这一“柔化”的过程会导致人们将其他群体中的成员视为过度同质化，也就是与他人太过相似。例如，尽管就平均而言，女性比男性所产生的身体攻击行为更少，但是有些女性会特别具有攻击性，而另外一些女性则特别热爱和平。然而，男性特别容易低估这种差异，而认为大多数女性没什么攻击性。

这种“在我看来他们都一样”的现象是**知觉到的外群体同质性**（perceived outgroup homogeneity）效应的一种表现形式。这种效应指的是对其他群体中成员之间的相似程度进行过高估计的倾向。由于我们通常习惯于将外群体成员进行归类，而不是将他们作为一个个独立的个体来看待，所以我们无法欣赏到其他种族群体成员的面部特征的多样性，故而我们并不擅长准确地辨认他们。例如，我们来看一个在利奈尔·杰特（Lenell Geter）这名黑人身上发生的例子。杰特是一名年轻的工程师，他在达拉斯地区的一家研究中心工作。突然有一天，他被别人从一张照片中指认为一家快餐店的武装抢劫者。尽管没有任何实际的证据将杰特与这起案件联系起来——他没有前科，他的同事们也可以作证在盗窃案发生的时候，他正在50英里外的地方工作。但是，由全体白人成员组成的陪审团仍然对由白人和西班牙裔目击者提供的自信证词感到深信不疑，因此，他们决定判处杰特与这件涉及615美元的抢劫案有关，并且将他宣判入狱。直到全美有色人种促进会让这个案件引起当地以及全国性媒体的注意，以及在杰特的同事们锲而不舍的努力下，这一案件才获得了重审。但是，仅仅是当警方逮捕了与此案有关的另外一个人——这个人涉嫌参与一系列类似的劫案，而指认杰特的目击者同样指认了他，达拉斯的检察机构才对杰特进行了无罪释放的宣判。也就是说，在经历了16个月的铁窗生涯之后，杰特才恢复了自由身。

名词解释

知觉到的外群体同质性 对其他群体中成员之间的相似程度进行过高估计的现象。

这种对于其他群体成员的一致性进行过高估计的倾向起到了一个十分有益的作用：它使得我们更容易对他人进行刻板印象化的评价。例如，如果一位女性认为，所有的男性都是不折不扣的运动迷，那么她就可以十分自然地假定，她下一次将要遇到的那个人也会是一个富有运动细胞的人。然而，如果她认为男性在这个方面的个体差异很大，那么她就不会对自己下一次将要遇到的那个人是否会是一个富有运动细胞的人如此确信了。这便迫使她采取一种比较费力的方式，即根据此人的个体特征来形成对其的印象。

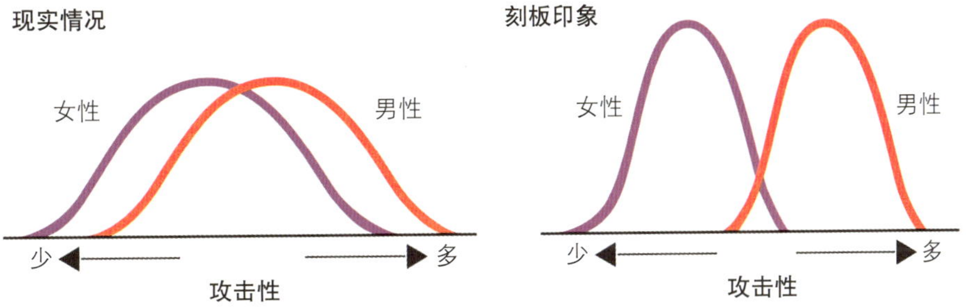

图11–6 为创造高效率的社会类别而激化或柔化

注：为了让我们自己节省时间以及减少认知上的努力，我们通常会激化群体间的差异，并且柔化群体内的差异。例如，尽管男性和女性确实在他们的攻击性上具有差异，但是我们还是会倾向于在自己的头脑中将这种差异夸大。

由此，我们可以看到，形成并且使用简单而又具有一致性的刻板印象是十分具有认知效率的，尤其是当这些刻板印象的准确性处于一个较为合理的水平上时。通过这种方式，我们就能够把我们有限的认知资源分配到其他地方去。由于刻板印象很容易进入我们的思维中，因此，它们的效率得到了进一步提升。这也就意味着，只要你将一个群体外成员进行了归类，你就会很快地开始以你看待那个群体中的成员的普遍方式来看待他。

个人 结构需求

有些人喜欢他们的生活相对简单一点、有序一点，而不喜欢突然的扰动以及意料之外的事情。这些个体具有一种较高的结构需求，并且，如我们在第 3 章中所学到的那样，这些人会争取用简单的方式来看待这个世界。由于刻板印象是一种对这个世界进行简单化看待的方式，因此这些人便更可能用他们既有的刻板印象来理解他人，同时，这些人也更可能对新的群体形成刻板印象。

个人 心境和情绪

感觉会影响动机以及对问题进行全面思考的能力。同时，它们也会影响哪些想法会进入到人们的思维中。因此，我们的心境和情绪可以强烈地影响我们是否以及怎样对他人进行刻板印象化的理解。

首先，让我们回忆在第 3 章中所讲到的，当人们处于良好的情绪状态时，会比较缺乏对事情进行全面思考的动力。某些消极情绪（如沮丧）预示我们需要对自己身边的人予以更为密切的关注。而积极情绪则预示我们可以对自己即将着手做的事情报以相对较少的忧虑，或者不用太担心我们会在不远的将来遇到麻烦。因此，处于积极情绪状态之下的人应该更不会关注于成为一个精确无比的人，同时也应该更愿意寻求诸如刻板印象这类简化了的认知捷径。事实上，积极情绪确实能够使刻板印象得到加强。例如，一些被给予良好反馈的澳大利亚学生，即当这些学生被告知自己在前一个任务上表现良好的时候，由于他们被置于了一种积极情绪状态之下，因此，与那些处于中性情绪状态之下的学生相比，前者更容易对那些戴有穆斯林头饰的目标人物表现出射击者偏见。

其次，那些正在被唤起的情感（诸如愤怒、恐惧和愉悦感），会减少我们可以得到的认知资源，从而限制了我们对他人进行全面思考的能力，并由此使刻板印象更有可能出现。例如，愤怒和焦虑会导致人们特别容易对他人产生刻板印象化的理解。事实上，即使当心理唤起与感觉无关，即当这种唤起是发生在练习之后，人们仍然会更有可能出现刻板印象。

心境和情绪同样也能影响到人们理解他人所使用的社会类别。我们中的大多数人都会同时属于无数个类别之中，而我们是如何被他人归类的则取决于他人当时是怎样感觉的。例如，此书作者之一是一位犹太裔的大学教授。对于那些喜欢大学教授但是不喜欢犹太人的人，如果他们是在情绪处于良好状态的情况下去见这名作者，那么，他们便更有可能将他视为一名大学教授。然而，如果他们当时的情绪不佳，便会更有可能将这名作者归到犹太人的类别中。

由此可见，当一个人想要避免对他人进行刻板印象化的理解，或者当这个人想要避免对他人进行负面评价的时候，积极情绪和消极情绪这两者都有可能带来问题（如图 11–7 所示）。尽管处于消极情绪状态下的人具有更强的动机超越自己的刻板印象来看待他人，但是他们通常会以较为苛刻的方式来看待他人。而那些处于积极情绪状态下的人便会以一种更为赞许的方式来看待他人，但是他们同时也更容易在认知上产生惰性，并且会使用他们的刻板印象来看待他人。最后，当唤起水平很高的时候，无论这种唤起是积极的还是消极的，人们都有可能无法拥有足够的认知资源来使自己超越自己的刻板印象。

情境 认知负载情境

某些特定的情境会限制我们可以用来对他人形成印象的注意资源，由此加重了我们对于诸如刻板印象这类简单而又高效的思维过程的

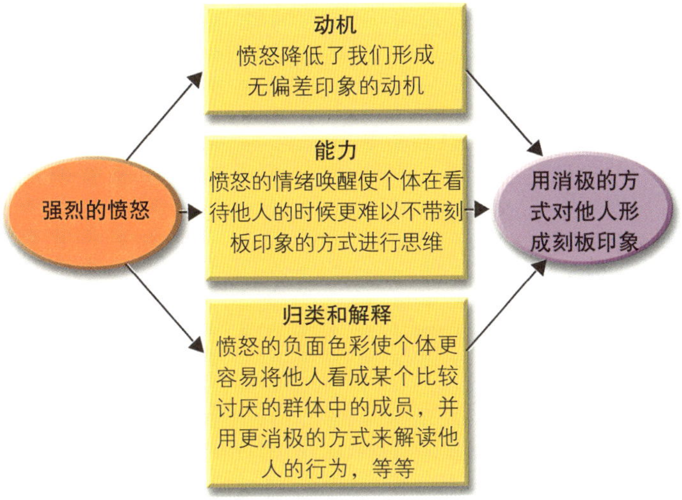

图 11–7 情绪和刻板印象

注：我们的心境和情绪会影响我们对他人的看法：它们会改变（1）我们想要克服刻板印象和偏见的意愿程度；（2）我们克服刻板印象和偏见的能力；以及（3）我们对所获得的信息进行归类和解释的方式。举例来说，当我们感受到强烈的愤怒时，我们会用消极刻板印象来看待他人，因为愤怒使得我们的公正动机和仔细思考的能力都降低了，也会使我们更容易获得那些不利的社会归类和解释信息。

依赖。当情境变得复杂的时候，即当很多事情同时发生的时候，会使我们更加容易产生刻板印象。当情境要求我们同时进行其他任务的时候，也会使我们更加容易产生刻板印象。在一项研究中，被试被要求对一位年长的女人形成一个印象。然而，即使当他们受到对“希尔达”形成一个准确印象的启动时，那些同时需要记住一个八位数字的被试仍然无法避免使用他们对这位年长者所形成的刻板印象。最后，有时候，我们需要在处于时间压力的情况下对他人形成印象。例如，当一名面试官获知，对于30名应聘者中的每一个人，她只有15分钟的时间来对其进行面试。由于时间压力减少了一个人可以用来对他人进行理解的注意资源的数量，因此，它增加了对于刻板印象的使用。

总而言之，当情境对我们的注意容量造成负担的时候，如由于情境非常复杂、情境会要求我们同时进行多项任务，或者由于情境将我们置于时间压力之下，无论是通过哪种形式我们都会更加依赖于刻板印象。这可以帮助我们解释为什么纽约城的警员会将阿曼达·迪埃罗的钱包误认为一把手枪：由于在认知上受到了情境复杂性的影响，并且由于受到了在深夜里接近一个看似无视了命令的不明身份男子的相关唤起，因此，这些警员可能没有能够超越这种将黑人视为危险人物的刻板印象，它很容易受到激发，并且很容易在文化中进行传播。

交互作用 无意中听到种族诽谤

我们时常可以从开过去的小车里听到从中传来的带有种族偏见性质的大声诽谤，我们可以在正在进行施工的墙上看到这些以涂鸦的形式呈现的种族诽谤，或者我们也可以在一个其他方面都很寻常的谈话中听见这些声音——这些事情都是以一种十分令人不安的频率发生的。其后果是什么呢？例如，你认为当白人在无意中听到某个人将非裔美国人称为“黑鬼”后，他们将会怎样看待一个黑人呢？

在一项由琳达·西蒙（Linda Simon）和杰夫·格林伯格于1996年进行的研究中，一群在偏见上存在差异的被试参加了这项关于“群体过程”的研究。当白人被试进入实验室后，会首先与一个黑人实验助理一起单独解决一个问题，然后再将他们的解决方案传递给其他那些在不同的小隔间里解决问题的被试。然而，为这些被试所不知的是，实验人员将这些解决方案替换成了其他事先准备好的解决方案，并在写有解决方案的纸上进行了如下三种选择：（1）附带了“我无法相信他们让我们和这个黑人挤在一起！”的评论；（2）附带了“我无法相信他们让我们和这个黑鬼挤在一起！”的评论；（3）没有附带任何评论。随后，被试会对互相之间的人格特征进行评分。

如图11–8所显示的，种族诽谤在对黑人群体成员的评价上具有一个负面的效应。但是，这种情况只会出现在那些本身就具有强烈的消极偏见的被试身上。而那些具有强烈的亲近黑人态度的被试则不会受到种族诽谤的影响。而最有趣的结果或许是，那些对黑人持有微妙感觉的被试，即那些对黑人同时持有很强的积极观点及很强的消极观点的被试，会在听到这种种族诽谤之后以更积极的方式对他们团体中的黑人成员做出评价。对于这些态度不明朗的被试来说，这种针对一个没有做错过任何事情的团体成员的诽谤可能让他们想起了那些他们自己所拥有的更具敌意性的观点，而这些观点与他们平等主义的自我形象是不相符合的。或许是出于为了保护自己免受不良的自我形象威胁的目的，这些态度不明朗的被试便会“竭尽全力地取悦于自己团体中的成员”，从而对他们的团体成员做出了积极的评价。

这些发现表明，不是所有的人都会同等程度地受到无意中听到的种族诽谤的影响。特别是相对于那些不具有消极偏见的人，种族诽谤更加容易导致那些具有消极偏见的人使用消极

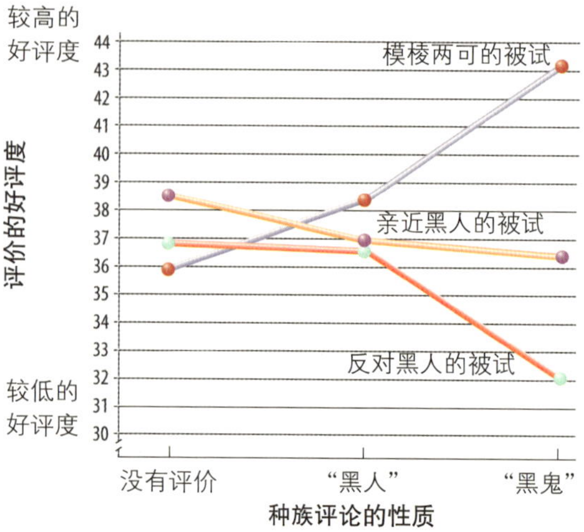

图 11–8　无意中听到种族诽谤

注：听到或看到种族诽谤是如何影响我们对那些深受其害者所进行的判断的？如这个研究的结果所显示的，对这个问题的答案取决于我们对于这个受害群体最初持有的态度。

资料来源：Data from Simon，L.，& Greenberg，J.（1996）. Further progress in understanding the effects of derogatory ethnic labels: The role of preexisting attitudes toward the targeted group. *Personality and Social Psychology Bulletin,* 22，119-1204. Table 1.

刻板印象。于是，我们再一次地看到了个体与情境之间所存在的交互作用。

到目前为止，我们已经看到了刻板印象、偏见以及歧视所能够起到的多种作用。因此，我们并不难想象到，要想消除这些观点是非常困难的。接下来，我们就来对这个话题进行探讨。

减少偏见、刻板印象与歧视

对于安·奥特沃特和埃利斯来说，种族敌对是他们日常生活中的一部分。因此，这件事情就显得非常神奇——仅仅是他们在那一次的学校会议上出现敌对性冲突之后的几个星期里，他们就开始变得尊重对方，并且，在仅仅几个月的时间里，他们就建立起了一段真正的友谊。我们该如何来解释这一喜剧化的转变呢？在本章的最后一部分，我们将在已经学习到的知识基础上来对那些可以有效地减少偏见、刻板印象以及歧视的方法进行探讨。

基于忽视假设的干预

如果你在马路上向路过的人询问他们会对偏见和刻板印象的存在做出怎样的解释，有很大一部分人会如此提议：“那仅仅是因为人们对那些人不够了解。”我们可以将这种回答称之为忽视假设，即如果人们对于其他群体中的成员有了一个真正的了解，他们便不会对其产生刻板印象、偏见或者歧视。这种观点表明，仅仅将来自不同群体的人聚集在一起，或者仅仅是教他们对于其他群体中的成员产生一个真正的了解之后，他们便会抛弃自己原先具有的刻板印象和偏见。

实际上，还是有一些理由让我们相信，通过简单的接触和教育就可以帮助减少群体间的敌对。接触和教育两者都可以教会人们，其实他们和其他群体中的成员是具有相似性的。这就应当能够使得群体外成员更加受到人们的喜爱，使群体内 – 群体外差别的有用性得以减少，并且还能够降低人们在有些时候所感受到的与群体外部成员进行交流时所产生的焦虑。同时，

人们还可能了解到，其他群体中的成员并非全部都是一个样子的，这便对宽泛而又简单的刻板印象的有用性进行了限制。

然而，不幸的是，根据一些研究显示，仅仅是将个体和与之进行接触的敌对群体进行分离并不能减少这两者之间的敌对。类似地，仅仅是简单地告诉人们其他群体应该是什么样子的也不能有效地消除群体间的敌对。仅仅是进行简单的接触和基于事实的教育都是不够的，其原因有如下两个。

首先，这两种方法所假定的是：偏见和冲突都是从对群体外部成员的特征进行直接的逻辑评价中产生的。尽管人们有时候会以这种方式进行推理，但是，一般说来，群体间敌对与我们对其他群体的“事实”的了解之间所存在的联系不如我们对于这些群体的情绪性反应那么强烈。其次，这些方法假定，人们很可能会接受那些证明他们自己的刻板印象不成立的信息。然而，这一假定并没有反映出大多数人为了避免改变自己的刻板印象所做出的努力。

那么，通过假定偏见和冲突是产生于一个对于群体外部成员所具有的特征的直接逻辑评价，并且人们确实想要让自己摆脱错误的刻板印象，忽视假设未能对刻板印象、偏见以及歧视的重要作用给予应有的赞誉。正是由于这个原因，简单的接触和基于事实的教育只能对减少群体间冲突起到有限的作用。

基于目标的方法

相对于忽视假设而言，有一种基于目标的策略在减少偏见、刻板印象以及歧视的问题上可能有效得多。这种方法将两个现有的观点结合了起来：第一，偏见、刻板印象和歧视都为人们实现重要的目标起到了作用。例如，对于其他群体中的成员的歧视可以帮助我们为自己的群体获取经济资源。第二，关于个体和情境的特定特征会将这些目标置于突出的地位。例如，对于某些人来说（如那些在社会支配倾向上处于较高水平的人），以及就某些情况而言（如为了争夺有限的经济资源而产生的群体间竞争），这种使自己的群体内部成员获益的愿望会表现得更加强烈。

这种用来理解偏见、刻板印象和歧视的方法表明了我们在试图减少它们的时候可能需要用到的几个逻辑步骤。

1. 我们可以尝试对那个人的特征进行改变。例如，由于焦虑的人特别容易对他人产生刻板印象，因此，我们可以尝试在他们遇到那些来自很容易被刻板印象化的群体的成员之前降低他们的焦虑情绪。
2. 我们更加容易形成和表达偏见的时候，一个充满了群体间冲突的社会就有可能将它的能量全部集中在创造和宣传其反对偏见，以及支持群体间相互容忍和相互欣赏的社会规范上。
3. 我们可以为人们提供其他方式来实现他们的目标。例如，我们已经知道，人们有时候会对其他群体中的成员进行贬低，其目的是为了提升他们自己的自尊。史蒂文·费恩和史蒂文·斯潘瑟（Steven Spencer）于1997年提出了如下这个假设：如果人们拥有其他用来使自己感觉良好的方法，他们便会更少有理由去对他人进行贬低。在他们的这项研究中，被试需要对一个女性求职者进行评价。这位女性求职者或者是以犹太裔美国人的身份出现的，或者是以加拿大裔美国人的身份出现的。在这个特定的学生群体中，只有犹太女性才是不受到赞许的刻板印象的目标。然而，在对这个人做出评价之前，有些被试会被要求写下一些对他们自己来说非常重要的事情，由此，他们得到了一个对自己的自我价值进行确认的机会。其他被试则没有被给予这个机会。这些研究者的发现支持了他们的预期：只有那些没有被给予对其自我价值进行确认机会的被试，才会将这位犹太裔求职者评价为比那位在其他方面都与之相同的加拿大裔求职者差。诸如此类的发现都表明了，那些以通过为人们提供其他多种方式以满足其需求为目标的干预方式，可能会对消除消极偏见及刻板印象有效。
4. 我们可以尝试激发一些与偏见、刻板印象和歧视不相容的目标。例如，我们在第3章中了解到，那些受到激励保证准确性的人们通常会超越他们自己的刻板印象及偏见，而对他人形成更为个人化的印象。在这里，我们将关注点放在这两个目标上——对于公平性的目标，以及对于其他群体中的成员产生共情的目标，而这两者都具有消除由我们的刻板印象和偏见所带来的影响的可能性。

平等主义价值观和对于消极偏见的压抑

我们已经看到，消极刻板印象和偏见可以自发地进入我们的思维中，并且导致我们对他人进行歧视。然而，有很多人都相信，公平与平等，即平等地对待所有群体中的成员是十分重要的。当这样的个体注意到，在他们对于公平的理想与他们偏见化的感觉、思想和行为之间存在差异的时候，他们便会更加容易感到内疚。这种内疚可能会激励他们对于自己的存有偏见的倾向进行压抑、抑制或者是摒弃。

米尔顿·洛克伊区（Milton Rokeach）曾经让一部分密西根州立大学里的白人大学新生面对一种他们的偏见和他们的平等主义价值观之间存在着不一致的情境。这种干预方式的结果表现出了惊人的成功：那些处于自我面对情境下的学生对黑人应当取得平等权利的观点表现出了更大的支持。同时，当这些学生在几个月之后受到邀请的时候也更有可能加入全美有色人种促进会，这些人甚至更有可能选择种族关系作为自己的专业。当平等的价值变得更加明显的时候，人们也会对他人变得更加宽容，并且更少地对他人产生偏见。

不幸的是，要摒弃一个人的消极偏见不是一件容易的事情。偏见通常会以微妙的方式“泄露”出来，例如，在我们的面部表情和肢体语言中，我们都有可能将偏见泄露出来。而如果我们没有意识到这些表情，我们就无法对它们进行有意识的控制。另外，由于控制思想与情感通常需要集中注意，因此，那些处于复杂情境下的、急着想要赶去做某事的，或者是在其他方面具有认知负担的人，就更加无法将那些并非为他们自己所愿的偏见和刻板印象进行抑制。同时，我们也可以从第2章中回想起，当我们试图抑制自己的想法的时候，有时候这种尝试只会导致这些想法“再度复活”。其结果便是，在有些时候，这种对于抑制刻板印象化的尝试只会导致这些想法在不久之后又重新地回到个体的思维中，并且，当它们再度出现的时候，会比之前更加强大。最后，对于那些没有将平等主义规范内生化，但是继而又感到不得不对一个特定群体的消极偏见进行控制的人来说，他们可能在此后表现出一种对于那个群体的强烈反对，即表现出比他们之前所表现出来的更为强烈的偏见，并且他们还会将更多的歧视永远地保留下来。

事实上，无论在哪种情况之下，对于平等的价值观的激发并不足以使大多数人杜绝由自己的消极偏见以及刻板印象而带来的所有影响。但是，根据最近的研究显示，那些具有极其显著的平等主义价值观的人能够更为有效地杜绝由自己的消极偏见以及刻板印象所带来的影响，即当一个人的平等主义目标越集中，他持有的偏见就会越少。

从其他人的角度来考虑问题

当人们尝试从其他群体的角度来看待这个世界的时候，就会变得对其他群体更加宽容。例如，丹尼尔·巴特森和他的同事们发现，那些受到指示从一个特定的艾滋病患者的角度来考虑问题的人，会在随后以更为赞许的眼光来看待艾滋病患者这一个群体。

当我们采取那些属于下层群体中的成员的角度来考虑问题的时候，我们会更有可能辨认出导致其行为产生的情境因素，并且会认为这些群体受到了不公正的对待，从而会对他们产生共情。这些新的信念和感觉可能是某些角色扮演的干预方式取得成功的原因。例如，在简·伊利伊特（Jane Elliot）那项著名的用以减少种族偏见的“蓝色眼睛－棕色眼睛”实验中，有些被试会因为他们眼睛的颜色而成为受歧视和受羞辱的目标。在之后紧张的几个小时时间里，他们都要作为歧视的受害者，而在此之后，这些被试都同时地表现出了更少的偏见以及在种族间问题上更大的敏感性。当情境导致我们从那些被不公平地置于不利地位上的群体的角度来看待事物的时候，我们更有可能对自己的刻板印象和偏见进行挑战。

总而言之，基于目标的方法表明，从广义上来看，存在改变个体、改变情境、为个体提供可以用来实现其目标的其他方式，以及改变目标这四种类型的干预策略（如图 11–9 所示）。接下来，我们来看一下这些可以使群体间接触的有效性得到提高的情境，是如何部分地至少从这四个策略中的一个受益的。

什么时候接触会起到作用

在这件具有标志性的布朗诉教育委员会关于公民权案子中，最高法院听闻了各种支持与反对将托皮卡、堪萨斯的公立学校去种族隔离化的争论。这个国家中的很多享有盛名的社会科学家提出，只要某些情况得到了满足，那么将黑人儿童和白人儿童放在同一个地方进行学校教育就会减少其产生的种族偏见和敌对。通过将黑人和白人放置在一个可以使之相互间进行日常接触的环境里，其思路是，这两个群体可能会逐渐地以一种更加赞许的方式来看待对方，并且可以因此而形成更好的相处关系。然而，不幸的是，这些条件很少得到人们的关注，并且有很多早期的去种族隔离化的尝试实际上反而加剧了种族间的紧张气氛。

在此之前，我们了解到，人们的偏见有时候是建立在他们对于其他群体中的成员在某些方面具有威胁性的信念基础上的。例如，那些相信黑人是可以对他人造成实质性的人身威胁的，或者是那些认为黑人所得到的比他们应得的更多以及诸如此类的刻板印象的白人，可能会在与黑人的交流中感觉到少许的焦虑。然而，即使是那些不持有此类刻板印象的白人，以及那些实际上可能不具有偏见的白人，还是可能会在他们所经历的种族间冲突中感觉到紧张。这可能是由于他们想要以某些方式行事的愿望，以及想让别人觉得自己是在以一些不具有偏见的方式行事的愿望所形成的。此外，面对这些来自白人的偏见，黑人往往发现，自己很难对

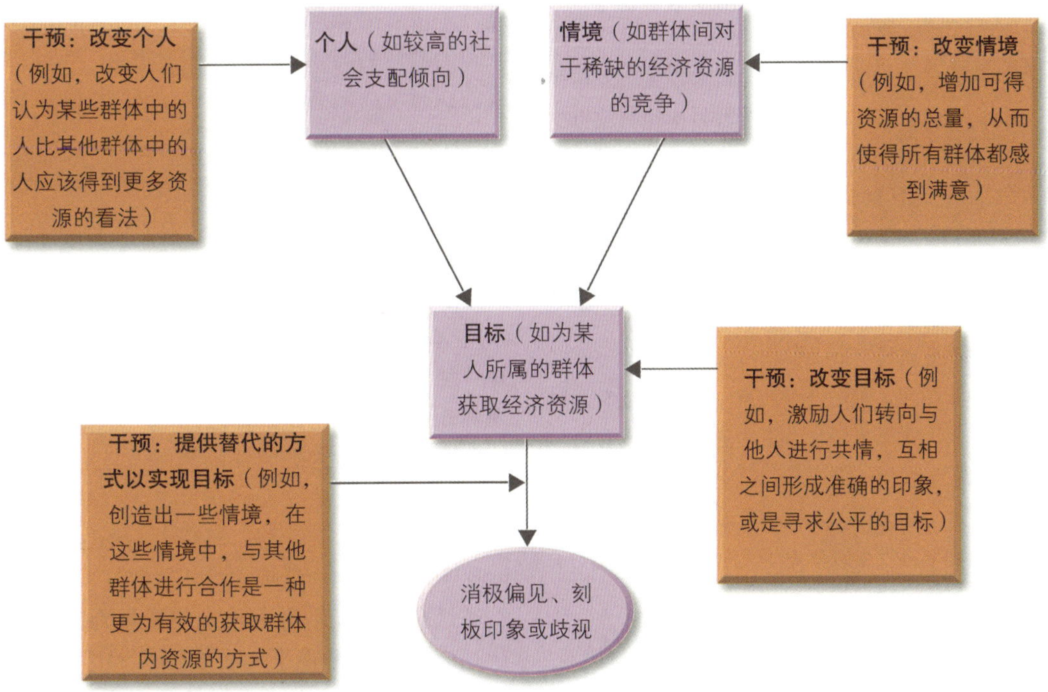

图 11–9 为了减少消极偏见、刻板印象和歧视而采取的基于目标的策略

注：个人和情境的特征会使一些目标得到激发，而这些目标可以通过偏见、刻板印象和歧视得以实现。因此，绝大多数具有效力的干预至少都会包括以下策略中的一个：（1）改变个人的特征；（2）改变情境的特征；（3）为人们提供备选的方式来实现他们的目标；（4）为人们提供与偏见、刻板印象和歧视不相兼容的目标。

一个白人的友好举动进行断定，即他们无法断定这种友好的举动到底是由真正的感觉和信念推动的呢，还是仅仅受到为了避免自己被列为一个种族主义者的愿望所驱使的呢？在所有的这些想法之上，很多黑人都对白人持有消极刻板印象，并且他们也知道，很多白人都对他们具有偏见。那么，无论是对于白人还是对于黑人而言，种族间的交流都可能会变得非常复杂、具有多重性，以及难以掌控。这种情况对于那些没有经历过种族间交流的人来说尤甚。

幸运的是，我们已经可以从过去的研究中得知，群体间接触（无论是种族间的还是其他的）在哪些时候可能会起到减少群体间冲突的作用。

- 群体外部成员必然拥有那些可以向他们自己所属群体的消极刻板印象发起挑战的特质和能力。例如，当诸如学校去种族隔离化和公平的雇佣项目这类以减少偏见为目标的干预方式将白人男性和来自少数群体中有优异表现的女性放在一起让他们进行接触的时候，其所获得的效果最好。
- 由于当人们相信，宽容是这个社会所公认的合理的行为方式时，他们会对其他群体产生更大的包容性，因此，群体间接触应当受到本地权威机构和社会规范的支持。例如，当学区主动地雇用了更多来自少数群体中的教师，并且当这些教师之间形成了良好的种族间友谊的时候，学生们会更有可能把与来自其他群体中的学生所进行的接触看作正当的。
- 这些群体应当具有同等的地位，至少是对于他们之间进行相互接触的情境而言。如果一位老师对白人学生比对黑人学生有更大的优待，或者当一家公司只会在那些处于较低社会地位的职位上才雇用女性，那么诸如此类的种族间接触要想使刻板印象和偏见发生改变是不太可能的。
- 这种群体间接触应当发生在个体的水平，即这种接触是存在于个人与个人之间的。因为只有这样，才能让人们注意到，他们在一些重要的方面与其他群体中的成员存在着相似性，即意识到他们并非在所有方面都是不尽相同的。例如，同那些在个人层面上没有与任何伊斯兰教信仰者接触过的人相比，那些至少与一名穆斯林相识的美国青少年更有可能相信，大多数穆斯林都希望和平，并且会包容那些具有其他宗教信仰的人。个人与个人之间所进行的接触同样也使得友谊的形成成为可能：那些拥有来自其他群体中朋友的人更加容易对那些群体产生良好的感觉，同时也会对他们更加信任。如果在个体层面缺乏接触——例如，当那些废除了种族隔离制度的学校中的学生，在午餐时间以及其他空余时间根据他们的种族分成小组的时候，就会使得消极刻板印象和偏见的减少变得更加困难。
- 这种群体间接触应当是具有丰厚回报的。例如，如果男性和女性共同为了一个项目工作，然而这个项目到后来却失败了，那么无论是对于男性群体还是女性群体而言，都不可能改变他们对于对方群体的消极刻板印象。
- 最后，与那些来自不同群体但却为了同一个目标的实现而共同努力的成员进行接触，特别容易促进群体之间实现相互宽容。

我们在本章之前所讨论到的俄克拉荷马州的童子营中那些敌对营员的经历对于最后一点进行了极好的阐释。当我们上一次访问响尾蛇队和老鹰队的时候，这两个群体正处于即将交战的状态。而随着这两个群体之间所进行的接触越来越多，从而也带来了愈演愈烈的各种带有辱骂性质的绰号、为了夺取食物而发生的打斗，以及身体上的冲突。在成功地制造了这种激烈的敌对群体之后，穆扎费尔·谢里夫和他的同事们将他们的关注点转向了寻找出一种可以使这种敌意得以消除的方法。他们所采取的是一种设计精巧而又直截了当的方法：他们推理到，如果敌意是由群体之间的竞争制造出来的，那么消除这种竞争性的倾向，并用一种合作性的倾向来代替它就应当可以起到减少敌意的作用。根据这种思路，研究者们将这两个群体置于一些特定的情境之下，这些情境要求他们通过合作来获取那些他们想要得到的东西。在其中的一种情境下，运送营员的卡车引擎“熄火了”。于是，这些营员终于意识到，只有在他们的同心协作之下，才能够将这辆卡车推动而使之得以重新启动。通过诸如此类的合作性质的活动，这两个群体开始抛却他们的敌意，并且在这个营地项目的最后，他们将自己的钱拿出来放在一起，然后通过投票的方式决定了在他们返程的途中共同乘坐同一辆公车（如图11–10 所示）。通过将一个竞争性的倾向换成一个合作性的倾向，谢里夫和他的同事们使存在于两个群体之间的敌意得以减少。

不同群体成员之间所进行的合作之所以能够有效地减少群体间的敌意，存在着如下的几个原因。首先，这种合作将竞争替换成了一种获取经济和社会资源的方式。其次，它激励人们对于群体外部成员进行更加准确的理解，由此降低了互相竞争的群体之间以简单化的方式来看待对方的倾向。当我们与其他群体的成员合作相处时，这会使我们以低同质化的眼光来看待这些群体，即这些群体成员彼此不同时，这使我们不太可能将我们的刻板印象和偏见应用到他们身上。而当我们与他人进行合作时，

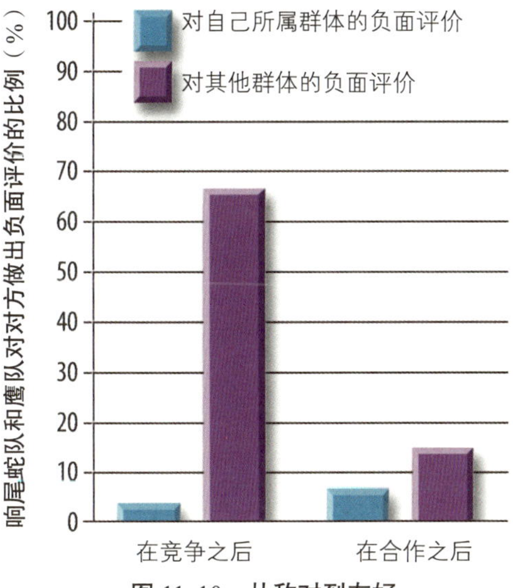

图 11–10　从敌对到友好

注：当响尾蛇队和老鹰队停止了竞争并且开始了与对方进行合作之后，原本存在于这两个队伍之间的敌对最终转变为了友好与接纳。

资料来源：Data from Sherif，M.，Harvey，C. W.（1961/1988）. The Robbers Cave experiment: Intergroup conflict and cooperation. Middletown，CT: Wesleyan University Press. Tables 7.5 and 7.6，pp. 194-195.

我们更有可能将他们纳入在我们自己理解之下的“我们”的范畴中，也就是将他们看作我们的一部分。如我们在第 9 章中所讨论的那样，有时候，人们会将许多他人也纳入“我们”的这个概念中，由此扩大了他们对于“我们”这个概念的理解；而有时候，人们则会缩小“我们”这个概念的范畴，使之仅仅包括一小部分的人。然而，不管人们将这条分界线划在哪里，比之这条分界线以外的人，人们都更加倾向于对这条分界线以内的人产生偏爱。所以，当我们在与其他群体中的成员一起进行合作，即让我们产生出一种“我们在这件事情上是在一起的”这种心理状态的时候，我们便会开始用看待自己的方式来看待其他人，从而打破了群体间的偏见和刻板印象。

但是，除了对这些由合作而产生的有利效应进行利用，谢里夫的干预方法还具有其他的作用。它同时还运用到了有效接触中的其他五项原则。由于所有的男孩都是根据他们之间的高度相似性而被挑选出来的，因此，由这两个群体所持有的错误的刻板印象是相对比较容易受到人们的驳斥的。此外，在这两个群体之间所进行的合作是受到营地权威机构的支持和认可的。这两个群体也是被营地里的工作人员赋予了同等地位的。另外，这些合作性任务要求两个群体中的成员在个体层面上进行相互交流。最后，他们的合作是成功的，因此使得他们的这次接触成了一次有益的经历。通过精心的设计和对于情境的正确设置，谢里夫和他的同事们成功地将群体间敌对转化成了相互之间的接纳和友谊。

小调查

在你的第一项“真正的”工作中，你发现自己正在管理的办公室中存在着常见而且广泛的种族间和性别间的冲突。从你已经学习到的减少偏见、刻板印象和歧视的方法出发，你可以怎样着手使这种情境得以改善呢？为什么？

联结：理论与应用

课堂中的合作

在很多早期的对于废除学校种族隔离的尝试中，都几乎没有包括减少消极偏见和刻板印象的措施。面对这一失败，几个团队的研究者和教育人员从诸如谢里夫所进行的研究中吸取了教训，并且开始着手重新构建课堂情境。

例如，让我们来看一个由伊利伊特·阿伦森（Elliot Aronson）及其同事设计的拼图课堂。这种课堂情境最早是在得克萨斯州的奥斯丁学区中施行的。在这一情境中，每个学生都被分配到一个由六名左右不同种族和不同性别的学生所组成的团队中。同时，这节课也被刻意分成了六个部分（如林肯的童年、林肯的律师生涯、林肯被选举为总统等）。每名学生都会首先被分配到这节课的一部分，然后与一名由来自其他团队的学生所组成的，并且被分配到同一任务（如林肯的童年）中的“专家”小组见面。接着，学生们会回到自己原先的团队中，并将他们所获得的新知识传达给团队中的其他成员。由于每名学生的信息都只是拼图之中的一块，因此他需要依靠自己团队中的其他五名成员来对整节课进行学习。

诸如此类的课堂结构利用了有效接触的六个原则。第一，通过这种划分专家小组的方式，所有的学生都对将自己所学的部分知识有效地教给自己团队里的成员做好了更充足的准备。这就帮助了那些来自少数群体中的学生打消了认为自己自身能力不足的刻板印象。第二，由于是老师将这些学生分配到不同的团队中去的，因此，这种不同种族以及不同性别之间的接触便有了来自一个重要权威的支持和首肯。第三，这些学生在这节课堂中被赋予了同等的地位，即他们并没有因种族或者性别的不同而被隔离起来，并且所有学生都被赋予了相同的责任。第四，这种接触是在个体的层面上进行的，从而使得这些学生可以互相看到对方身上的良好品质，并且消除了他们对于群体外部成员所具有同一性的错觉。第五，这些学生之所以会进行相互合作，是为了实现对当天的那节课进行学习的共同目标。第六，由于学生们的表现通常会在这样的课堂结构中得到提高，尤其是对于那些之前表现较差的学生而言。因此，如果评分规则被设计成可以从每一个团队成员的进步中获益的话，那么这种接触就有可能会使得所有的学生都获益。

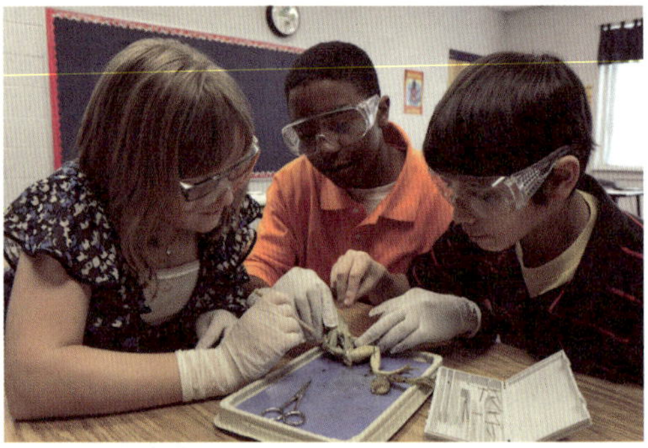

◎ **共同将拼图拼完整**。通过让不同种族和不同性别的学生以协调和合作的方式共同工作和学习——就像在“拼图课堂”中一样——学校可以增进同学之间的关系，并且提高学生的学业成绩。

实际上，那些在合作性课堂中进行学习的学生更有可能形成亲密的种族间友谊，即使与那些在他们课堂之外的学生之间也是如此。此外，在这样的课堂中，学生们的表现都得到了提高。鉴于这些被记录下来的研究结果，即降低了的群体间敌对情绪和更好的总体学业表现，合作性课堂可能是一种对付消极偏见、刻板印象和歧视的重要武器。

案例回顾

安·奥特沃特和埃利斯的不可能道路

安·奥特沃特和埃利斯之间的冲突曾经一度非常激烈并且毫不动摇。他们互相蔑视，并且他们两个人都很高兴地看到对方死去。那么，我们所探讨过的那些研究是如何帮助我们对两者之间相互仇恨的白热化状态以及导致这种仇恨发生发展的偏见做出解释呢？

首先，让我们来回想一下这两个人的经济状

况，即他们都是贫穷的。他们中间无论哪个都需要更多的物质资源来使自己的家庭实现美国梦。因此，当公民权利运动取得了很大进展的时候，诸如埃利斯这样的贫穷白人所具有的担忧和偏见也得到了升级：他们的想法是，黑人的所得可能是出自贫穷白人的口袋，而这种信念也得到了那些真正掌握财富和权力的人的强化。于是，存在于奥特沃特和埃利斯之间的冲突的核心就在于，他们都具有为自己的群体获得经济和社会资源的共同愿望。

但是这只是使他们之间的这种敌对状况得以形成的部分原因，因为偏见和刻板印象同时也会起到其他重要作用。根据当时的社会规范，奥特沃特和埃利斯都因为公开表达他们的偏见而获得了社会支持。尤其是由于埃利斯的父亲是3K党的成员，因此，他的早期生活经历就已经受到了过去在南部所存在的种族主义规范的影响。此外，消极偏见和刻板印象都帮助奥特沃特和埃利斯保持了良好的自我形象。通过将白人看作不道德的，安·奥特沃特可以更有立场声称自己拥有优秀品质。而通过贬低黑人的方式来对自己所遭受的挫折和失败进行应对，埃利斯得以将自己视为更具有价值的。此外，通过加入3K党，他还可以将自己与那些在他看来是为了保存白人的基督教文化而进行的英勇而又侠义的尝试联系起来。最后，由于奥特沃特和埃利斯的生活中充斥着无穷无尽的工作和焦虑，刻板印象将事物进行简化的特性对于他们来说，无疑都是具有价值的。

他们的偏见就像这样不断地加深。当他们发现自己与对方的冲突正在升级的时候，埃利斯开始将奥特沃特视为所有一切针对白人的邪恶力量的代表，而奥特沃特也开始将埃利斯视为一切针对黑人的低俗并且具有威胁性的力量的代表。于是，读者们也许会感到很奇怪，为什么仅仅在第一次学校废除种族隔离化会议结束后的数周时间内，这两个人就开始变得互相尊重，并且没过多久就成了真正的好朋友？我们应当怎样来解释这一戏剧化的转变呢？

这一转变的发生始于那次会议的组织者天才般的灵机一动，当然也有可能只是出于好运气——组织者说服了奥特沃特和埃利斯来共同领导这个群体寻找对种族隔离问题的解决方案。如果要说这两个人一开始是不愿意成为合作者的，那么，这也有点言过其实了。但是，他们却答应了一起进行努力，或者更确切地说，他们都想要监视对方的心理。不管是出于什么原因，这已经成了他们之间走向和解的非常关键的第一步。这是因为他们身上所承担的新责任要求他们进行合作。上面这步是在双方自愿的情况下发生的。然而他们之间走出的第二步却不是这样的。黑人群体中的成员窃窃私语道："她怎么可以答应与3K党合作？"同时，埃利斯的追随者们也争论道："我们的领导者怎么居然会考虑与那个女人进行合作？"对于埃利斯来说，他所遭遇到的阻抗力量是具有灾难性的：他只不过是想要保护贫穷的白人群体的利益，然而他没有想到自己的结局竟然会变成这个群体再也不能接受他作为其中的一分子了。就这样，埃利斯和奥特沃特在受到那些希望将他们两个分隔开来的极端分子的推动下，反而变得和对方的距离更加接近了。

当他们开始更加深入地对对方进行评价的时候，并且这一次他们将关注点放在评价的准确性上，这两个人开始注意到，在他们身上其实存在着很多共同点。他们都是努力工作但却穷困潦倒的，他们都有着热切的愿望，想要为自己的孩子创造更好的机会，他们在个人风格上都是属于那种心直口快的类型，并且他们都是有原则的人。让奥特沃特感到很惊奇的是，埃利斯居然说他害怕走进黑人的社区，这正如她自己也很害怕走进白人的社区一样。埃利斯注意到，黑人的学校正处于可怕的状况之下，然而，其原因不是如他之前曾经想到过的那样，因为黑人不在乎是否将这些学校维持在一个良好的状态之下。其真正的原因是，就如同他自己的孩子所上的学校一样，由于学校的经费非常有限，因此，这两个人是非常容易对对方产生共情的。于是，他们开始想道："或许我们之间并不是敌人的关系。"或许，他们之间存在着一个共同的敌人，即那些想要否决穷人（无论这些穷人是黑人还是白人）拥有一个正当的"安身之所"的权利。埃利斯和奥特沃特开始将对方纳入"我们"这个概念的范畴中，因而使得"我们"这个概念所能涵盖的范围更广了。

他们之间再也不会回到和过去一样的关系。随着会议的继续，他们之间的关系也变得更加紧密，直到埃利斯在2005年去世之前，他们之间都是一直以"朋友"相称的。在埃利斯的葬礼上，安·奥特沃特回忆了当年在那些学校废除种族隔离的会议上，在两人之间同时存在于种族关系和个人关系上的紧张状况，以及他们在后来所发展出的持续一生的友谊。"在最后的10天里，他和我坠入爱河，并且，自此之后，我们一直保持着对对方的这种爱，直到他在星期四闭上了他的眼睛"。尽管安·奥特沃特和埃利斯之间的故事从某种意义上来看是异乎寻常的，但是，从另一个意义上来看，这个故事也只是稀松平常的。这不仅仅是因为那些导致他们对对方产生仇恨的社会力量同时也正是我们自己身上偏见和刻板印象的根源，而且还因为那些鼓舞他们克服自己的敌对情绪的力量同时也可以帮助我们实现同样的目标。

在研究奥特沃特和埃利斯这两个人错综复杂的生活的时候，我们看到了社会心理学对于偏见、刻板印象和歧视的分析方法是如何架起生活中各个领域之间的桥梁的。例如，我们谈到过宪法条例和公共政策、军队中的性骚扰、教育中的种族歧视，以及消费者在购物中心里所受到的待遇。我们看到，由于受到消极刻板印象和偏见的影响，人们没有机会得到自己想要的工作，这便使得他们很难发挥出自己的潜力，并且还导致了他们被误认作为罪犯。在智力拼图游戏课堂中，我们也看到了一个对于社会心理学基本理论的理解是如何使偏见得以减少，并且使容忍度得以提升的。

同时，我们也看到了社会心理学对于偏见的分析方法是如何起到将一个很大范围内的学科联系起来的作用的。这些学科的涵盖范围从神经科学到教育，从认知科学到文化人类学。作为社会性的动物，人们理应从群体成员身份的角度来看待他人。因此，我们也不会对偏见、刻板印象和歧视都是由这个深至大脑并且广及各种文化的交互系统所形成的现象感到奇怪了。

第 12 章

群体

通过本章学习，我们能够：

- ◎ 描述“真正”群体的特点；
- ◎ 定义社会助长、去个体化和动态系统的概念；
- ◎ 明晰在何种情境中更可能出现社会懈怠，以及我们可以采取哪些行动来减少社会懈怠；
- ◎ 理解身处个人主义社会中的人为何倾向归属于很多群体；
- ◎ 描述在绩效群体中最需要哪种类型的人，并理解群体任务性质造成的影响；
- ◎ 定义交互记忆，并掌握其与有效的群体决策之间的关系；
- ◎ 描述可以促进群体极化、少数人的影响和群体盲思的情境；
- ◎ 了解决定谁想做领导、谁会成为领导以及谁能成为有效的领导的关键因素有哪些；
- ◎ 分辨性别差异是如何影响个体是否寻求成为领导、谁会成为领导及领导的有效性的。

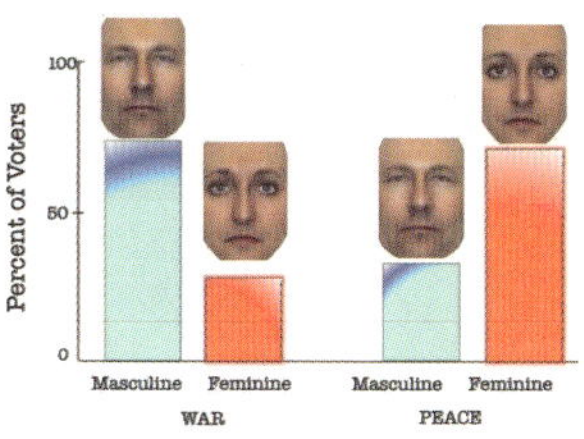

案例

揭露隐藏的群体病变

想象一下在2001年“9·11”恐怖袭击后的那些天里，当科琳·罗利（Coleen Rowley）听到美国联邦调查局局长反复向公众表示他们并没有得到关于可能发生这次袭击的预警时，她是多么地意外与震惊。局长难道不知道她所在的明尼阿波利斯外地情报站反复多次请求总部允许其搜索扎卡利亚·穆萨维（Zacarias Moussaoui）的电脑？这名来自摩洛哥的游客因违反移民法而被拘禁。他难道不知道穆萨维是多么可疑吗？法国情报机构认为他与一个已知的恐怖组织有关联，且被一家飞行学校录取去学习如何驾驶大型喷气机。他难道不知道美国联邦情报局总部不仅拒绝提供他们深入调查穆萨维的许可，还主动干预妨碍他们的调查吗？可以想象这个混乱的沟通多么可怕，科琳及她的同事将通过多种途径得到的信息经由多层官僚机构，最后才能送到局长的手中。

然而几周过去后，积累的证据表明穆萨维可能是“失踪”的第二十名劫机者，明尼阿波利斯的机构继续试图澄清事实，可来自美国联邦情报局总部的口径依然如旧：“我们什么都不知道。”科琳·罗利不情愿地屈服于她后来定义的“可悲的现实”——世界上首屈一指的执法机构领导层已决定“严阵以待……以保护美国联邦调查局及相关机构避免陷入尴尬境地及受到审查”。对于一位致力于实干的女人来说，这个现实非常令人震惊，她不停地思考着这个问题：“如果被允许深入地调查，这场悲剧是否能够避免，或者至少部分被避免？”

罗利不知道这个问题的答案。然而她知道，她的办公室一再要求进一步调查的请求被认为不重要而被忽略，而美国联邦调查局局长正公开发表一些她认为不是事实的言论。即便这样，她在写给美国联邦调查局局长的内部备忘录体现出作为一个忠实的情报机构的行为，意在帮助美国联邦调查局修复其组织问题。她从未想过这些会透露给公众或她将会成为国会听证会上的明星证人。她也未曾想过她试图改善美国联邦调查局的努力会导致很多组织内部的人将她视为叛徒。

莎朗·沃特金斯（Sherron Watkins）与辛西娅·库珀（Cynthia Cooper）并没有为美国联邦调查局工作，而是为20世纪90年代美国两家顶级的公司工作。在其发展顶峰的2000年，安然（Enron）公司成为美国第七大公司；在1999年，世界通信（WorldCom）公司市值1150亿美元，在全世界范围内拥有雇员八万余人。这两家公司都以其创新改革与把握各自领域最前沿的潮流而著名。安然公司将自己由一家天然气管道公司成功转型为一家经营从天然气与电力到互联网带宽等多种贸易的大集团。世界通信也从一家经营本地电话服务的公司成长为占有美国大部分地区的电话、互联网及无线通信网络市场的公司。这两家公司都拥有富有魅力的“有远见”的领导者——华尔街专家所指的那些将美国商业带入21世纪新道路的领袖。它们的雇员都非常勤勉地工作——受到高期望的挑战，同时被他们得到的作为部分报酬的公司股票期权所带来的价值增长激励着。大多数人认为它们都是成功的大企业。

因此，当莎朗·沃特金斯就主要会计违规向安然公司首席执行官寻求帮助时，辛西娅·库珀在世界通信公司也开始了类似的调查，但她们的同事和老板的反应大大超出她们的预期。事实上，沃特金斯现在也承认她天真地认为自己递交给首席执行官一个“展现领导力的时刻”、一个表明她的诚信与品格的机会。实际上，这两家公司管理层的反应都是轻视的还略带威胁：“没有什么大不了的事情”“事情不是表面看起来的那样”“你没有其他你应该做的事情了吗？”但是，因为怀疑事情已经变得非常糟糕，这两位女性不顾来自上级的要求“放弃”的压力，而是更进一步进行了调查。她们的怀

◎**告密者**。为了与他们各自所在组织的问题做斗争而有益于美国民众，科琳·罗利、莎朗·沃特金斯与辛西娅·库珀被美国《时代》杂志提名为2002年度人物。

疑被证明是有充分依据的：这两家公司的高级职员使用了非法的会计伎俩制造了盈利的假象，从而夸大了公司在股票市场的表面价值——这样也增加了他们自己所持有的股票期权的价值和他们年末的红利。当沃特金斯与库珀的发现被外界获知后，这两家公司的股价迅速跌向其实际价值，那些先前热情高涨的投资者损失了数百亿美元。公司被迫破产，成千上万的人失去了工作，很多人失去了退休储备金。

科琳·罗利、莎朗·沃特金斯与辛西娅·库珀，美国联邦调查局、安然公司与世界通信公司，他们的故事交织在一起告诉我们很多群体能够运行的方式——以及有时无法运行的方式。是什么导致这三个备受尊敬的、拥有如此多有才能与有经验的员工的组织，竟做出了如此糟糕的决定？这些群体的哪些本质使得罗利、沃特金斯与库珀的想法没有得到公平和充分的倾听？这些组织中的领导阶层如何造成了他们的失败？而我们从这些惨重的失败中可以学到哪些关于决策与领导更具普遍性的教训？

我们从本书中可以看到人都是“群体动物”，我们出生在家庭中，与朋友玩耍，与同学一起学习，在体育赛场上与陌生人一起欢呼，与同事一起辛苦工作以谋生，加入军队与战友并肩打击共同的敌人。从家庭活动室到校园，从体育场到工作场所再到军事基地，我们都过着群居生活。

在这一章中，我们将考察群体如何影响个体以及个体如何影响群体。我们将看到人群通常会带来人性的最坏或最好的倾向——攻击与同情、冷漠与帮助、懒惰与团队精神；我们将看到偶然聚集的人们如何合并成一个统一的群体；我们将看到群体有时会令人吃惊地高效而有时又会让人惊诧其无能。我们同样要探索领导者及其追随者之间的动态关系，去发现领导者如何被选择，什么使得他们有效以及什么使得他们失败。总的来说，我们将仔细观察影响你每天生活的群体过程。

群体的实质

按照广泛的定义，一个**群体**（group）包含两个或以上互相影响的个体。当然，这是一个比较低层次的定义，既包含了仅仅在相同时间、相同地点偶遇的人们的集合（如在一个城市巴士站台等车的人们），也包含了高度结构化的组织，其成员共享相同的目标和身份（如妇女联谊会与兄弟会）。尽管一群等待跨城快车的陌生人看起来不如妇女联谊会更像一个“真正”的群体，但其中的每一个人都可以影响我们的行为。我们首先来探索“群体形成”（个体的聚集），然后再将我们的注意转向“真正”群体的特点与运作。

仅仅他人在场与社会助长

诺曼·特里普利特（Norman Triplett）是一位自行车竞赛的爱好者，他同时也是一位心理学家。因此，当他看到自行车手在与其他自行车手竞争时比单独与时间赛跑时表现出更快的速度，他带领他的实验室进行了一个在社会心理学领域中的最初研究。特里普利特要求实验中的儿童尽可能快地缠绕渔轮线。如同自行车选手，儿童在有他人在场时比单独工作时完成得更快。

特里普利特将这个现象归因于他人激发了个体的竞争本能。然而，特里普利特不知道的是，即使在场的他人不是竞争者，或他们仅仅是碰巧在附近转转，也可以提高任务表现。为什么他人仅仅在场就能提高表现？这是因为他人在旁能引起一种生理上的唤醒；他人的存在会增加我们的心率，加快我们的呼吸，等等。此外，被唤醒的人们更可能表现出优势反应——熟悉的、良好习得的行为。将这些结合起来，他人在场，通过简单地唤醒我们，就会导致我们表现出优势反应。

如果这种逻辑是正确的，他人在旁有时会促进表现而有时会降低表现。当一个优势反应能够促进任务时，他人在场可以提高表现。例如，一位有经验的流水线汽车工人负责安装左前边的防护板，这个工作要求该工人调整防护板的位置，然后将其使劲地推进恰当的位置。对这位汽车工人来说，安装防护板是一个非常熟练和简单的任务，意味着这是个优势反应——首先对准，然后推进——使得这个工人能够成功地完成这个工作。因此，当他人在工作间来回走动增强了该工人的唤醒状态，他可能会比平时更加多产。

名词解释

群体 群体最少包含两个或多个互相影响的个体。当群体成员相互依赖、具有共同的身份、形成组织结构时，个体的聚集就会逐渐“像群体一样”。

但是如果一个设计改变要求一种不同的安装程序——先对准防护板，然后将其钩住相应的地方——会发生什么呢？他人的存在是否依然能够提高工人的表现？扎伊翁茨（Zajonc）认为可能不会，因为工人的优势反应将不再有利于这项任务。当更多的人在汽车工人旁边来回走动时，这种主导性反应——使劲地推动使防护板快速进入，可能会干扰将防护板轻轻钩住扣件的能力。当我们非常熟练的优势反应并不能促进这项任务（如全新的未掌握的任务），他人在场可能会降低表现。

很多研究支持**社会助长**（social facilitation）的理论：他人在场确实促进了人们在非常熟练的简单任务中的表现，但是抑制了人们在未掌握的复杂任务中的表现（如图 12–1 所示）。以詹姆斯·迈克尔（James Michaels）及其同事于1982 年的研究为例。他们调查了弗吉尼亚理工学院的落袋台球选手并评估了他们的击球能力，四名研究者的帮手在四周溜达观察这些选手。正如社会助长理论的预期，优秀的选手（台球对他们来说是相对熟练的游戏）在被观察时成绩更好，击球率从 71% 提高到 80%；相反，那些不优秀的选手（尚未掌握这个游戏）在被观察时表现更差，击球率从 36% 下降至 25%。最近的研究将这一发现带入了电子游戏领域，研究中发现，只有当电子游戏简单时，玩家的表现才会有所提高。

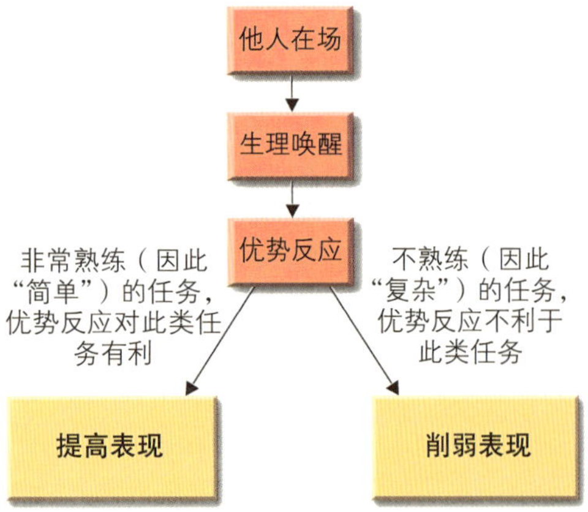

图 12–1 他人在场时的表现

注：其他人在旁可以令人振奋；并且当我们被唤醒时，更可能表现出良好习得的熟悉的行为。这些优势反应有益于非常熟悉的“简单”任务。因此，当他人在场时我们会在熟悉任务上表现更好；相反，优势反应不利于不熟练的复杂任务，因此当他人在场时我们会在不精通的任务中表现更差。

他人仅仅在场看起来就足以促进优势反应。事实上，即使一个“虚拟的”他人显示在附近的电脑屏幕上也会促进优势反应，在人类身上，这些效应在特定情境下通常会被强化。当人们相信观察者在明确地评价自己的表现时，他们更加容易被唤醒，这种唤醒就会进一步促进他们的优势反应。比如当有人在观察时，汽车工人的优势反应很可能会增强，除非观察者被蒙住眼睛，因此无法判断。

引发分心的事物看起来同样会强化社会助长。任何一个在拥挤的宿舍起居室里复习备考的人都有很深的体会，他人在场会让人分心，使得人们需要付出更多努力才能将注意力集中在手头的任务上。想象一下我们的汽车工人，在他们试图去忽视一大群在工作场所走来走去的嘈杂的人的同时，还需要抑制现在已经过时的优势反应时所体验到的唤醒状态。人们容易分心的本质，以及倾向于认为他人经常评价自己，共同增加了我们的唤醒，因此促进了我们的优势反应。

名词解释

社会助长 他人在场增加优势反应的过程，会导致熟练任务的绩效提高以及不熟练任务的绩效降低。

总结起来，仅仅在他人身边，就使得人们更可能表现出他们最熟悉的行为。随后我们可以看到，随机形成的群体也会以其他方式影响人们。

人群与去个体化

“成为其他的人”，这是一款流行的在线游戏《模拟人生》(*Sims Online*)提出的挑战，正如广告中所宣传的模拟网上社区，成千上万的用户在网上模拟生活、工作以及扮演他们所选择的角色。在一个叫阿尔法城的社区，社会氛围一般是友好与合作的，但是情况并不总是如此。成群结队的“苦难者”有时会在网络领域闲逛，突然袭击无辜的玩家，甚至不惜破坏自己经过数日数月的努力而赢得的良好名声。你认为你自己会对他人做这样的事情吗？如果你认为不会，你可能需要再想一下。那些极少发生在单个人身上的行为更可能发生在融合到某个群体中的个体身上。为什么呢？

在群体中，人们可能会失去个体身份感，因此会放松他们对不符合普遍价值观的行为的约束——这个过程称之为**去个体化**(deindividuation)。例如，在足球比赛中集体唱歌助威的球迷，在比赛结束后会变得更有攻击性。

群体通过两种方式使得其成员去个体化。首先，人群有时会掩盖他们个体成员的身份，使得他们变得可以匿名和更少为其行为负责。回顾一下第1章中简要描述的那个经典的巧妙的现场实验的结果。西雅图的一个万圣节的夜晚，成千上万的装扮一新的孩子们在街上徘徊寻找糖果和其他乐事(可能是一些玩恶作剧的淘气鬼)，研究者分散在城市里的27所房子里等待他们到达。在每所房子的门厅里，放着一张桌子和两个碗——一个装着糖果，另一个装着硬币。在迎接这些小朋友后，研究者告诉孩子们只能取走一个糖果，然后研究者离开了房间，只留下孩子们和一个躲在彩色屏幕后面的观察者。57%的随群到来的淘气鬼们偷走了多余的糖果或钱，而只有21%独自到来的孩子这么做。与假设一致的是，群体提供的匿名性明显地促使偷窃行为的增加：当在群体中的孩子们被研究者询问他们的姓名和地址时(消除了他们的匿名性)，他们的越界行为就降到了21%。

群体还会通过分散成员对个人自我和个人价值观的注意力来实现去个体化。在另一项万圣节研究中，阿瑟·比曼(Arthur Beaman)及其同事发现被询问了姓名及住址的较大的儿童(九岁或以上)当面对糖果碗后面冒出来的一面镜子时，偷拿糖果的可能性更小。显然，从镜子里看到自己使得这些儿童客观地自我觉察，因此更不可能将他们不耻偷窃的个人价值观置之不理。

◎**在人群中，你失去的不仅是你的钱包。**他人在场可能会掩盖人们的身份从而放松自我约束，导致人们忘掉自我价值观，去做一些从未在其他情况下考虑去做的事情。

名词解释

去个体化 失去自我身份感，从而导致个体不按照自身价值规范行事的过程。

这些研究揭示了处于人群中的一个潜在的有疑问的结果：人们会变得去个体化。这些研究同样也告诉我们关于“真正的”群体如何由人们的简单聚集而开始形成。在每个研究中，第一个群体成员的行为对追随者的行为有较大的影响：如果第一个孩子偷拿了糖果，其他人更可能实施偷窃；如果第一个孩子只拿了被允许的一个糖果，其他的孩子也更可能学习这个榜样。这些发现支持了对60个去个体化的研究综述所得出的结论。根据汤姆·普斯特茅斯（Tom Postmes）和罗素·斯皮尔斯（Russell Spears）的研究，群体中的人们变得对即时环境中他人的行为更为敏感。这样一来，当规则开始出现时，就将人群变为真正的群体。

确实，即使一个单一个体的行为也可以为最初随意选择的陌生人群提供一种架构。正如一个反社会个体在平静的网络社区可以成为令人厌恶的暴徒的种子，而一个亲社会个体可以成为孕育关心社会之花的种子。这种群体的影响方式比较复杂，而这将是我们的下一个主题。

小调查

回想一个时期，当你处于某个群体中并且表现出与你单独行动时很不一样的行为。在群体中的哪些因素会导致你以那种方式行动呢？如果你再次回到相同的情境中，你还会表现出类似的行为吗？为什么？

作为动态系统的群体：规范的出现

想象你住在一个大约有 100 个房间的大学新生宿舍楼里。一天，你收到了一个邮件传单，通知你在两周后开会决定如何使用宿舍的社交预算。可能大家会有很广泛的初始选择：一些学生可能想把钱花在一个或两个较大的派对上，其他学生可能会想在一年中举办很多场小型的聚会，而其他有些人可能不会在意任何一种方式。然而，不论你的初始选择的倾向如何，你们中的大多数人都至少会对理性、有说服力的论点持开放态度。因此，当你与其他学生讨论这个问题时，你可能发现自己的想法有些许改变。当然，你的邻居也一样，他们可能也受到彼此的影响。总之，这 100 名学生中的每一个都与一些朋友及宿舍里的熟人有了互动，而整个宿舍楼的意见将很可能以无数的看似混乱的方式发生改变。

在这样的条件下，你认为你可以预测你所在宿舍楼的最终决定或偏好模式的出现吗？尽管社会心理学家对决定较大群体中相互影响的一般因素了解很多，并且构建了理论来揭示群体过程的复杂性，可类似这样的情况还是非常复杂，要想追踪每一件事情尤其困难：有太多相互联系的人，他们有太多的观点，在太长的时间内影响了太多其他人。但是当你对此无可奈何时，你应该了解一些相当简单的研究这种类似复杂的群体互动的工具，就如同身边的笔记本电脑一样的工具。我们面对的复杂问题不仅仅是社会心理学家试图理解的组织影响，也包括气象学家试图预测的全球气候类型，经济学家试图通过全球经济来理解的资金流动，动物生物学家希望理解的非洲大草原上捕食者与被捕食者的联系。然而，随着高速计算机的到来，这些曾经无法解决的问题变得容易了。科学家不仅开发了类似于**动态系统**（dynamical systems）——包含很多互相联系的成分且随着时间改变与发展的系统——的更为复杂的模型，同时发现了一些未曾预期的特点：看似杂乱的事物中包含着秩序。

为了说明这一点，我们回溯到个人计算机刚出现的年代。第二次世界大战结束时，美国士兵回到美国开始或继续他们的大学教育。为了接纳涌入的新生，麻省理工学院很快创立了西门（Westgate），这是第一个旨在帮助已婚退伍军人学生及其家人的大学住宅计划。对社会心理学家来说，这是一个可以探索真正的群体如何建立与发展的难得的机会。因此，在 1946 年的夏天，麻省理工学院群体动态性研究中心的利昂·费斯汀格、斯坦利·沙克特和库尔特·巴克（Kurt Back）开始了一个后来成为群体心理学经典的研究。

这个研究有一个突出的发现：随着时间的流逝，相邻而住的居民们对他们的社区委员持有相似的态度。西门的 100 个独户家庭被安排在九个庭院中，每个庭院中的大多数房子都是面对面的。因为麻省理工学院随机地给家庭分配屋子，这样就可以很充分地确保对住房协会的态度最初在整个社区是随意分布的。然而随着时间的流逝，这些分散的观点开始慢慢趋同——不是因为人们搬迁到更靠近那些持有类似信念的人的地方，而是因为人们受到了居住在他们附近的人的影响。由于居民与同一个庭院的人交流更加频繁，庭院开始变成一个独特的群体，拥有他们自己对西门委员会的态度以及他们自己或支持它或反对它的规范。于是，混乱中诞生了组织。

没有必要的工具，费斯汀格及他的同事不可能深度考察类似的群体态度聚集是如何发生的。但是在现代计算机以及一个简单的电子表格的帮助下，我们就可以观察结构如何从混乱中出现。在图 12–2 中的 A 部分上，我们仿照了西门的设计，同时将对社区委员会这个问题的观点在全镇随机分配。然后我们根据费斯汀格及同事的发现，让这些计算机“假定”这 100 名“居民”主要与他们自己所在庭院的居民交流。我们同样会增加第二个简单假设——居民会受到他们交谈的大多数邻居的观点的影响。最后，计算机让居民在两周内“每周”与暂时的邻居沟通两次。尽管要预测在我们模拟的社区中的居民如何在每天的互相影响即使对一名国际象棋特级大师来说也过于复杂，但让一台电脑完成这种计算就比较简单了。

在图 12–2 中的 B 部分，我们看到仅仅凭借计算机模拟的几个回合，对西门委员会的态度聚集就很明显了，托尔曼庭院和理查德庭院现在一般是支持委员会的，而卡森、哈维和梅因三个庭院则一般是反对的。尽管在多数庭院中的一些个体与主流观点不符合，但居住在庭院中的居民一般还是会互相认同的。最初那些持有同等分散观点的人们聚集成的群体形成了一致的规范。

这样的计算机模拟是非常有价值的，不仅仅是因为它们可以帮助我们解释已有的发现，还因为它们可以帮助我们产生新奇的预期。例如，如果一些持有反对观点的居民被替代地安排到每个庭院会发生什么情况？我们可以通过改变输入计算机的初始值来检验。结果发现：即使很小的改变也会发生很大的效应，一些庭院中的规范发生了戏剧性的转变。

名词解释

动态系统 由许多互动元素（如人）构成的一个系统（如一个群体），会随时间变化和演化。

计算机模拟从一开始就被证明对理解群体动态及心理学的其他领域具有很大的用处。当研究者“整个周期”地模拟检验相对于实际人类行为的新预期时，这些模拟更加有效。因此，

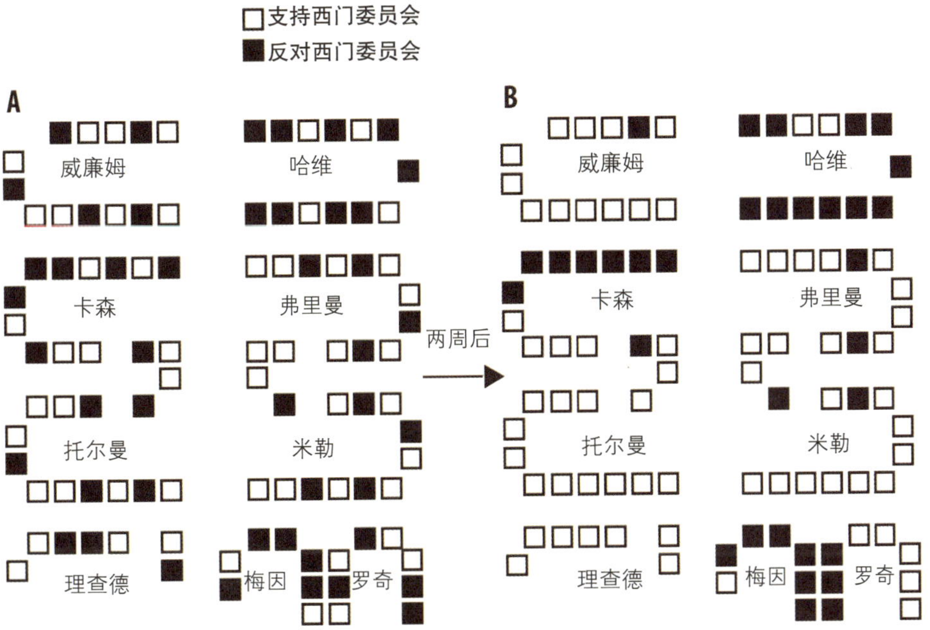

图 12–2　西门出现的群体规范

注：在我们对西门的电脑模拟中，我们开始时将对西门委员会的不同态度分散在这整个社区（A 部分），之后看见了大多数庭院很快采纳了共同的规范（B 部分）

正如计算机模拟可以帮助气候学家预测全欧洲的天气类型，可以帮助经济学家理解华尔街股票的涨跌，它们同样可以协助社会心理学家确认发生在群体中的个体之间的这种引人好奇而又复杂的互动过程。

“真正的”群体

在一台音乐会上跳舞的一群陌生人，与在一条繁忙的街道上擦身而过的一群陌生人是不同的。去音乐会的人会互相影响，因此会表现出群体形成的第一个信号。然而，互相影响只是“群体”的一个特征。事实上，当我们将公司、社交俱乐部、社区协会和家庭做对比，很明显这些群体也具有一些其他重要特征。特别是，真正的群体可能拥有一些相互依存和分享共同身份的成员，它们同样可能具有稳定的结构。

互相依存

“真正的”群体成员倾向于互相依存：他们需要彼此以实现共同的目标。我们认为群体成员互相依存的含义超过了仅仅是拥有同一个目标的含义。例如，尽管上百万的美国市民申请成为民主党或共和党的成员，期望达成选出代表来促使自己所偏好的政策得以落实的目标，这些政党成员可以在不与他人互动的情况下独立地做自己的事——投票。相反地，每个政党中选出的国会议员则是互相依存的，即他们需要每天共同工作来增加他们政党的政策落实为法律的可能性。民主党和共和党在国会的核心小组比起登记的民主党和共和党的选民来说更像是一个真正的群体。

群体认同

你所在大学里的学生是否组成了一个真正的群体呢？答案部分取决于你是否完全将自己看作一个群体的成员。在学期中平常的一天中，当校园里的学生往返于课堂时，可能很少的人意识到你们在共享一个相同的身份。然而，在一年一度的州际足球比赛当天，这种身份就凸显出来了，学生之间的互动使得他们看起来更加像群体。尽管有一些群体身份以这种方式表现得时强时弱，但是也有其他一些身份在每天的生活中都表现得很明显。例如，妇女联谊会的成员们在一起居住、吃饭和聚会，在大多数的日子里可能都能意识到她们的群体，她们经常到尽可能远的地方，身着印着巨大希腊字母的衣服自豪地为自己的群体宣传。

那些强烈认同某个群体的人通常会为了群体而更加努力地工作。例如，强烈的认同者往往是非常忠诚的：他们不太可能在有外围组织成员在场的公开场合谈论组织的问题，并且相对而言也更不可能为了他人而抛弃自己的群体，即便离开群体对自己是有利可图的。

◎ **妇女联谊会是“真正”的群体。**妇女联谊会具有我们通常理解的真正的群体的所有特征。她们具有以角色（主席、出纳员）以及禁止性规范（不准与摩托车组织成员约会）形式存在的结构。当她们希望去为社区行使社会功能及主持慈善会议时，她们的成员依赖于彼此而达到共同的目标。同时她们的成员共享相同的群体身份——她们将自己看作群体的一员。

群体结构

很多群体建立了稳定的结构。他们可能制定了禁止性规范——对于群体成员为了获得社会认可及避免不认可所应该具有的行为的共同期望（见第 2 章和第 6 章）。一个特定的妇女联谊会的成员可能会期待彼此穿着更为保守，远离戴鼻环的男性，获得好的成绩。群体可能会为其成员设定**角色**（role）。鉴于禁令性规范描述了所有成员所应该具有的行为，角色则是对特定的群体成员应该如何去做的共同期望。妇女联谊会的会长可能被期望能为分会会议制定日程，与其他组织定期协商，而出纳员则可能被期望收取会费及平衡联谊会的银行账户。角色的行使通常使得群体更加有效，因为很难期望群体中的每位成员以相同的方式做出贡献。例如，仅仅想象一下如果联谊会中的每个姐妹都试图来主持每周的例会或收取会费，那会是怎样混乱的一个场面啊！

一个群体可能还具有**地位层级**（status hierarchy），群体成员会依据社会权力和他们对其他成员的影响力被分出等级。例如，在一个妇女联谊会中，主席比其他会员有更高的职务等级，而其他某些会员又比一般会员拥有更高的职务等级。一个结构化的群体通常也具有比较稳定的**沟通网络**（communication network），信息通过这个网络传递给其成员。例如，在高度中心化的网络结构中，信息主要由一个成员（通常是领导）同时传递给所有其他成员，比如妇女联谊会的主席在一次全员大会上发出通知。在分散型的网络结构中，信息在成员之间传递而不必通过一个特定的人。在很多商业机构中，上级员工下达的指示通常通过经理层链状地传播，直到下达给工厂的工人。看起来，美国联邦调查局这种严格的地位层级和沟通网络，使得它对科琳·罗利所在的明尼阿波利斯外地办事处请求调查卡利亚·穆萨维及其电脑的请求缺乏及时反应。

名词解释

角色 群体对特定位置的成员的行为表现的期望。

地位层级 根据群体成员的权力及对其他成员的影响力而设定的群体成员的等级。

沟通网络 群体内信息流通的形式。

凝聚力 群体成员间联结的强度。

群体结构的最后一个特征是**凝聚力**（cohesiveness），或者说群体成员间联结的强度。群体是凝聚的或紧密结合的，因为他们的成员喜欢彼此在一起（人际间的凝聚力）或者因为他们投入群体的任务中（任务凝聚力）。当一个工作需要沟通与协调时，有凝聚力的群体会完成得非常好。但是凝聚力不是一直都能发挥积极的作用。具有人际间凝聚力的团队有时很难持续将注意力集中在任务上，且更容易受到特定决策错误的影响，这一部分我们将在后面予以阐述。

总的来说，稳定的群体通常由禁止性规范、角色、地位层级、稳定的沟通网络及凝聚力组成。群体结构的特征，如相互依赖和共同的身份，将“真正的”的群体与仅仅存在相互影响关系的群体区分开来。然而，这种区分是模糊的。例如，真正的群体可以脱离明确界定的结构而存在，如足球比赛上欢呼的球迷。因此，我们最好将群体看作一个连续体（如图 12–3 所示），即具有结构的群体，其成员具有共同的身份，并且相互依赖以实现共同目标，这比具有较少这些特征的群体更具有“群体性”。在本章的其余部分中，我们主要关注这些更具有“群体性”的群体。

为什么人们要归属于群体

人们看上去都具有一个基本的归属需求，群体生存是人类生活的一个普遍特征。正如我们在第 7 章所看到的，被一个群体排斥是一种非常不舒服，甚至痛苦的体验，人们会在很大程度上希望被他人接受。但是为什么群体如此重要，以至于我们要在其中花费如此多的时间呢？群体究竟为我们带来了什么？

人们出于各种各样的原因寻求加入群体。我们可能加入允许我们公开表达自己价值观的群体，如同死刑反对者在计划处决的夜晚一起在烛光守夜中祈祷一样。我们可能会加入那些帮助我们定义自己的群体——帮助我们“了解我们是谁”。其他时候，我们会加入那些为我们提供情感支持的群体，如癌症病人参加支持性群体。本章将关注其他两种归属于群体的主要原因：为了完成他们在其他情况下无法完成的

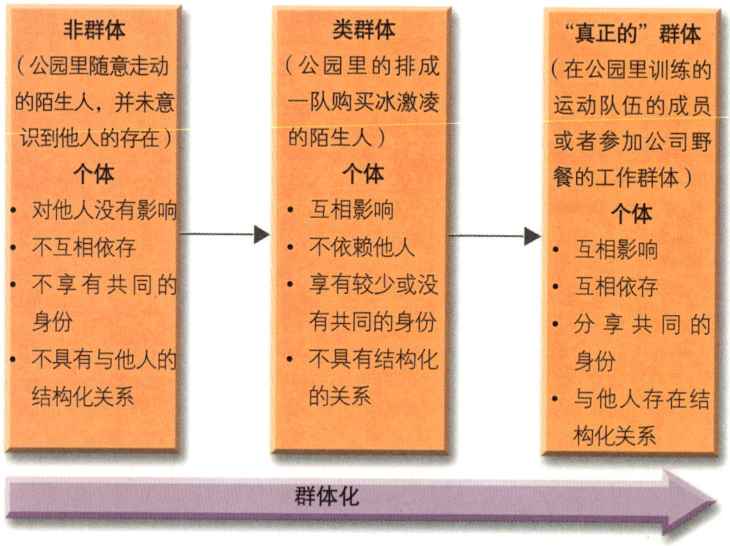

图 12–3　群体的连续体

注：最小的群体包含两个或更多的互相影响的人们。然而，当群体成员互相依存，享有共同的身份，以及当他们形成结构（禁止性规范、角色、地位等级、沟通网络、凝聚力）时，个体的聚集开始增长为“类群体”。

任务，以及以特别有效的方式获得或共享信息。我们也将探索一个更为次要的目标，即获得成为领导的物质和社会利益。尽管很少有人会为了成为领导而加入群体，但许多人开始寻求成为领导，因为他们已经意识到其回报。

任务完成

尽管这些群体——你的家庭、美国联邦调查局、卡帕·卡帕·伽马（Kappa Kappa Gamma）妇女联谊会与西门社区理事会、高级中学国际象棋俱乐部、美国、环境组织塞拉俱乐部，以及安然公司在很多方面不同，它们却有一个共同的地方，即它们帮助其成员完成独立进行会存在很大困难的任务。

减轻负担与分配工作

我们的祖先在很久以前就发现，当与他人群居时会极大地增加个体生存的机会。在群体中，他们更有能力进行狩猎、采集和耕作来获取食物；他们也更有能力去修建住所和保卫自己；同时，他们也会在生病时得到他人的照顾。哲学家巴鲁克·史宾诺沙（Baruch Spinoza）注意到，“因为孤立的个体没有足够的力量保护自

◎ **共同工作**。人们通常会在工作量大到单个个体或家庭难以独自承受的时候，采取共享劳动力的方法去完成任务，比如他们试图抵御上涨的洪水。

己和获得生活的必需品，因此人的天性倾向于社会组织”的论断是非常正确的。

当然，群体也可以延伸到不太重要的任务。国际象棋俱乐部会为其成员提供练习棋艺的同伴以及比赛的机会，政党和社会行为群体帮助人们影响公共政策。甚至群体本身也会看到团结在一起可以更好完成任务的优势：家庭与其他家庭一起创建的小社区，这些社区结合在一起形成州，之后形成国家，然后形成联盟甚至更大的组织，比如联合国。

群体表现比个体表现更有效率，主要有两个原因。一是，“人多好干活”：在群体中，个体可以分担共同的负担。例如，在很多农业社会，家庭之间通常互相帮忙收种植物、将牲畜成群地赶向市场以及修建新的谷仓。尽管一个单独的家庭能够修建谷仓，但是乐于帮助的邻居会使得任务更加容易。二是，群体中的成员可以分工：一个工作有很多人做，就可以让不同的人承担不同的任务。因此，个体可以实现专业化—— 一些人成为建筑师，其他人可以是木匠，或者是检测员和庭院设计师。而由于专家比普通人在某些方面更加精通，群体通常可以比任何个体更好更快地完成任务。

但是，这不等于说群体总是可以比个体更好地完成任务。而且，群体成员很少充分发挥其潜力。颇具讽刺意味的是，对高效群体表现的主要威胁恰恰与人们想要加入群体的重要理由有关——他们希望减轻个人的负担。

名词解释

社会懈怠 当个体处于群体中时倾向于降低个人努力。

联结：适应与障碍

社会懈怠的社会疾病

新英格兰的泡菜工厂陷入混乱之中。他们的泡菜包装工人（负责将泡菜装坛的工人）变得有些粗心大意。本应只将正确大小的泡菜放入罐子，有些人却开始将很小的泡菜也倒入坛中。短小的泡菜毫无吸引力地在盐水中晃动，质量控制检查员（泡菜警察）不得不拒绝一坛坛已经包装好的泡菜。泡菜包装产品出产效率很低。

但是你可能会问，为什么要讲一个泡菜包装的故事？要回答这个问题，先让我们回到 19 世纪末期，回到法国农业工程师马克斯·林格曼（Max Ringelmann）的实验室中。林格曼对农业产品进行了研究，观察到额外的工人很难如预期的一样增加产出。在一个实验中，林格曼让一些男性被试单独或者在群体中使出全力拖手推车。他发现一些很奇怪的现象：随着在一起工作的男性被试数量的增加，每个人所使出的力气会降低。在两个人的团队里，平均每个人只使出单独工作时的 93% 的力气；在四个人的团体中，每个人只是付出 77% 的力气；在八个人的团队中，每个人只使出了 49% 的力气。

林格曼将这种无效的成分归因于协调人手的困难，要使得他们同时出力的困难。然而，在其他的一些研究中也曾经认为协调性的降低是群体失效的唯一原因。值得注意的是，正如林格曼自己所怀疑的那样，作为群体的个体成员通常会表现出**社会懈怠**（social loafing）：当群体增大时，他们倾向于降低个人努力。

在一些任务中，社会懈怠不是太大的问题：如果五个人可以将一辆车从沟里推出来，那么让 10 个人的团队使出全力也没有太大意义。毕竟，目标不是要出汗而只是让车重新开动。然而对其他一些任务，社会懈怠可能会是一个大问题。例如，泡菜公司的目标不仅仅是每天生产出一些最低数量的泡菜罐，相反他们希望能够尽可能多地包装泡菜。然而，经理可能没有考虑到，通过雇用许多泡菜包装工来提高整体生产率的同时，也增加了每个包装工搭便车的倾向——自己偷懒，依靠同事的努力。他们可能也没有意识到一旦雇员看到健全的同事开始搭便车，他们就会降低自己的努力，以免被“蒙骗”，不公平地为他人承担责任。泡菜公司付给员工他们并不应该得到的报酬，而消费者也需要为工厂的无效买单。正如比布·拉坦内和他的同事提出的那样，社会懈怠可能会成为社会疾病。

群体成员在个人贡献无法评估的时候更可能懈怠。例如，社会懈怠可能会发生在当群体成员的贡献不能够衡量时——他们自己与他人不能够明确说出哪些贡献是谁的。泡菜包装流水线的配置使得传送带将包装好的泡菜坛堆积到同样的检查员面前。检查员因此不能够确认哪些泡菜包装员应该为违规包装的泡菜坛负责。对于那些不按规则包装泡菜的人需要付出的直接成本几乎没有。

然而，一名泡菜检查员能够促进产量吗？当承担一个群体项目时，你怎么做才能够控制社会懈怠？基于对将近80个研究进行的元分析，史蒂文·卡劳（Steven Karau）和吉卜林·威廉姆斯（Kipling Williams）提供了以下一些建议。

- 明确每个群体成员的贡献。足球队教练通常会拍摄每个球员的表现，并给每个球员打分。当其他组员能够评估我们的贡献时，我们就不太可能游手好闲了，因为我们通常不想把自己或被别人视为懒虫。
- 使任务对个人来说是有意义的、有挑战性的或重要的。例如在一项研究中，当工人相信泡泡糖会被放进寄往海外的美国士兵的护理包中时，他们在包装泡泡糖时不太可能会懈怠（如图12–4所示）。
- 向群体成员明确他们个人的努力会带来更好的群体绩效。当奥运会游泳运动员的表现被视为对团队胜利有重要作用的情况下，他们在接力赛中游泳的速度比个人赛要快。此外，当人们相信他们能够对群体目标做出特殊贡献时更不可能懈怠；如果每名群体成员都承担不同的工作，他们不可能轻易地假定他人的工作会隐藏自己的懒惰。
- 尽力增强你的群体人际间凝聚力。例如，当人们与朋友一起工作时会比与陌生人工作时更少懈怠。当然，你不可能总是能与朋友在一个群体中。然而，你可以尽力增强你所在群体成员对彼此的感觉。例如，尊重群体中的同伴会增加他们的群体认同感，及其为了群体而努力工作的意愿。
- 招募那些在人际取向上更倾向于集体主义的成员。那些更加集体主义取向的人（如妇女以及日本等东方国家的居民）相比那些个人主义取向的人（如男性或美国等西方国家的居民）更不可能懈怠。

尽管人们在群体中工作时有很强的懈怠动机，群体行为的优势也能使很多任务比个体单独工作时更有效率地完成。并且在一些任务中，人们甚至在群体中会比单独工作时更努力。例如，当群体成员相信任务足够重要，他们通常更加努力工作来弥补他人所欠缺的努力。并且，当群体成员认为他们只花一半心思的努力可能会阻碍群体时，他们可能会增加自己的贡献。总之，很少人希望被看作（或者把自己看作）“最弱的一环”——阻碍群体完成任务的人。

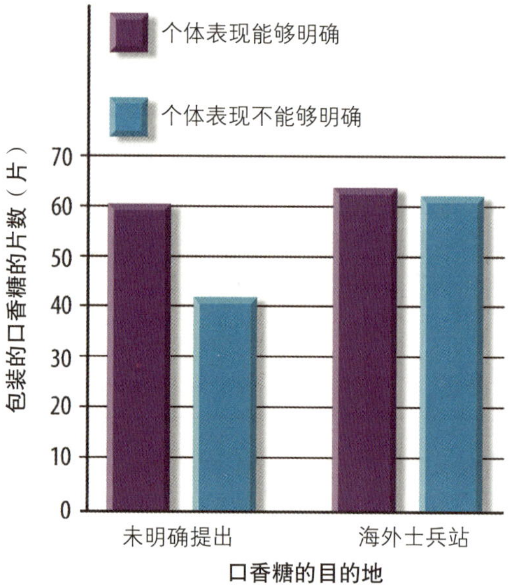

图12–4　因为有意义而不会懈怠

注：在一项研究中，被试需要包口香糖10分钟——一个十分乏味的任务！左边的两个柱状图表现出非常典型的社会懈怠效应：当被试认为他们的表现不能被评估（即他们认为没有人会了解他们所做的工作）时会包更少的口香糖。然而，当这些任务被赋予额外的意义——当被试被告知这些口香糖会在小心地包装之后送至海外服役的士兵手中时，社会懈怠便消失了：即使被试知道他们个人的成果不可能被评估时，他们也会包足够多的口香糖。通过强调任务对群体成员更有意义和更重要时，我们可以降低社会懈怠的概率。

资料来源：Data from Shepperd, J. A. (2001). The desire to help and behavior in social dilemmas: Exploring responses to catastrophes. *Group Dynamics,* 5, 304–314. Table 1.

个人　个体失败与群体成功的预期

你是否加入过某个学习小组？为什么？我们猜想你决定加入或者不加入主要有两种直接的考虑：（1）如果你独自学习时，你可以在考试中取得什么样的成绩；（2）如果你与其他人一起学习时，你可以在考试中取得什么样的成绩。当你相信你与他人在一起时会比你独自学习时能够取得更好的成绩，你就更可能组织或者参加一个群体。

当人们担心个人可能会失败时就更可能加入一个群体。例如，1989年杰弗里·温哥华（Jeffrey Vancouver）和丹尼尔·伊尔根（Daniel Ilgen）让密歇根州立大学的男女学生被试选择独立承担或者与其他学生一起承担六项任务。一些任务是典型的“男性”任务，比如为汽车换机油或设计一个工具棚。其他一些任务是典型的“女性”任务，比如设计一个商店橱窗或进行一个关于花的测验。温哥华与伊尔根假定男性会对完成女性任务的能力缺少信心，而女性也会对完成男性任务缺少信心。因此，他们假设这些学生会在具有性别优势的任务中更偏好独自工作，而在不具有性别优势的任务中更愿意与他人一起工作。他们的研究结果也证实其假设。当学生对个人成功的预期降低时，他们更愿意与他人一起工作。

我们假定这些态度不确定的学生偏好与他人一起工作是因为他们认为自己的同伴更擅长这些任务，或者至少“两个头脑甚于一个”。这就将我们带入另外一部分规则：当人们认为群体能够更有效地朝向目标时会更愿意加入群体。在特拉华大学的一项研究中，埃德加·汤森（Edgar Townsend）发现，当人们认为组织是达到个人和社群目标的有效途径时更可能加入校外的志愿群体。毫无疑问的是，那些曾经在过去的群体中获得成功的人在将来更愿意在群体中工作。

情境 当前的需求，个人主义社会

在一些情境中，加入一个群体是完成任务更具吸引力的策略。有的时候别无选择，如工人必须加入工会才能在当地工厂找到工作。然而，更常见的情况是，当目前的环境使人们很难独自取得成功时，人们会加入绩效群体。例如，正如工人们会组成工会来增加对自己薪水及工作条件的控制感，美国市民也会成立诸如全美有色人种促进会以及美国全国步枪协会以推进他们喜欢的社会事业。当人际或社会情境变得令人不快，使得人们很难达到目标，个体可能会更愿意共同工作来改善他们的境遇。

一些社会比其他社会看起来更能“培育”绩效群体。哪种人会参加更多的绩效群体呢？是个人主义社会成员还是集体主义社会的成员呢？你可能会认为是集体主义社会的人。毕竟，我们看到集体主义更加重视群体——重视与他人互相依赖，个人需求让位给群体需求，强调忠诚与承诺。有意思的是，结果刚好相反，集体主义社会中的人们参加更少的绩效群体：集体主义社会的人们对已加入的群体的承诺太高，以至于他们不会去寻找他们所需要的其他群体来帮助他们完成任务。另外，想象一下典型的个人主义者们。因为他们与所属群体的联系不紧密，他们就能很自由地四处寻找符合即时需求的群体。在个人主义社会，人们很快速加入一些群体，尽管他们对这些群体的承诺通常会

◎ **保护环境**。有些需求很大，有些任务很多，这样就只能通过很多人的共同努力才可能成功。全世界数百万的人们认为，对地球的自然生态系统的威胁创造出这样一种需求，他们也就组成了成千上万个群体来清洁公园与河流，减缓热带雨林的砍伐，降低机动车辆与工厂的污染排放物，鼓励循环利用。

很短暂。

个人主义社会的民众也会出于其他原因加入多种绩效群体。个人主义社会通常会比集体主义社会更加富裕，文化程度更高，且有更多的城市，这些因素使得他们可以加入多种群体。城市生活将陌生人聚集在同一个地方，比如为了共同的目标在一起工作的一大群人。而且，高度文明的社会居住者有很多与他人联系的机会——通过报纸、杂志、布告栏和网络。而文明程度不高的社会的居住者只能通过个体接触、电视与广播，或者口口相传而了解到可能有用的群体。

交互作用 什么时候群体最多产

有效群体的特征有哪些？具有特定人格类型的群体成员是否比其他成员更有价值呢？由相同的人组成的群体是否比背景、经历或技能迥异的人组成的群体更有效呢？

对这些问题以及类似问题的回答通常都一样：视情况而定。具体来说，这取决于群体希望完成的任务类型。不同的任务需要不同的技能。将一辆巴士从沟壑里拉出来所需的技能不同于维护一个国家的安全所需的技能。在这一部分，我们将探讨群体的特征如何与任务的需求交互影响群体的产出。

谁应该在群体中

为特定的工作找到合适的人是所有管理者面临的挑战，这些管理者来自主要的政府机构以及世界500强企业，或者是个体经营快餐店：什么类型的人们在一起工作会对什么样的任务最好？罗伯特·霍根（Robert Hogan）及其同事于1989年提出一个框架来探讨这个问题。他们依据成功所需要的技能对任务进行区分，并根据基本的人格特征对工人进行区分，随后就做出对不同工作最适宜人群的假设。例如，那些谨慎的和顺从的小组成员擅长诸如会计类的传统常规任务，但是不适合那些需要创造力、不循规蹈矩以及冒险的艺术类工作。相反，由具有良好社交技能的个体组成的群体会擅长教育类的任务，但是不擅长传统的任务，他们的社交欲望会干扰他们仔细遵守常规和密切关注细节的需要。沿着类似的逻辑，那些解决问题的群体需要至少一名成就动机很强且精力充沛的成员（否则小组不能做任何工作）、一名富有想象力以及充满好奇心的成员（否则群体不会产生好的想法），以及一名令人愉快的及宽容的成员（否则小组成员不能友好相处）。而且，拥有太多非常善于交往成员的群体通常会在完成任务时存在困难，而拥有太少善于交往成员的群体无法发展出自由产生新想法所需的融洽关系。总的经验大致如下：最高产的群体更可能拥有可以互相弥补，以及具有与群体任务的需求紧密匹配的人格特征的成员。

多样化有价值吗

想象两支男子篮球队，其首发队员平均身高均为6英尺8英寸[①]。其中队伍A，所有五位首发队员都是6英尺8英寸，使得这支队伍所有人的身高都相同。而队伍B，其中一位首发队员为7英尺1英寸，第二位为6英尺10英寸，第三位为6英尺9英寸，第四位为6英尺6英寸，第五位为6英尺2英寸，这支队伍更多样化，或者说在身高上异质化。当其他条件相同时，你更愿意执教哪支队伍呢？

我们猜想你会选择B队，因为身高上的较大不同使得你更容易将不同的人安排到场上的不同位置——为每个工作找到合适的人。更加异质化的队伍B能够更好地满足篮球比赛的不同需求。事实上，不仅仅在运动项目上异质化的团队更有价值，在其他领域异质化的群体比同质化的群体也更有优势。

正如不同人格的价值一样，群体多样化的价值在很大程度上取决于任务性质。群体异质化会有利于完成只需要一个成员得到正确答案的任务。更普遍的是，异质的群体会在需要新方法、灵活性以及快速适应变化的情境任务中表现最好。例如，科学家的工作需要创新和创造性，当他们的合作者跨越更广泛的科学学科时，他们的表现会更好。同样地，当管理团队的成

① 1英寸=2.54厘米。——译者注

员拥有不同专业知识和教育背景时更有创新力。

这并不是说多样化是没有成本的。经验的多样性往往会损害群体在某些任务上的表现，而在这些任务中，群体只有在每个成员都能很好地履行自己的角色的情况下才能取得成功。并且，商业团队在人格、价值观或背景上的差异通常会导致较高的人员流动率，同时高度差异群体的内部沟通发生的频率较低且更加正式化。异质化群体的优势与劣势需要好好权衡。

文化多样性与群体表现

群体异质性的问题对如今美国越来越多样性的工作场所有重要的启示。截至 2013 年，47% 的美国雇员为女性，32% 的雇员来自少数民族。并且，少数民族为劳动市场的增长做出了很大贡献。既然现在的商业更加文化多样性并更可能进行全球的合作，那么理解文化多样性如何影响商业活动的产出十分重要。

正如其他多样性一样，文化多样性对群体的产出有利有弊。就有利方面而言，研究发现当白人学生加入种族多样化的群体时，会以更加复杂以及全面的方式来思考跟种族有关的问题以及社会政策问题。并且，文化多样性的群体可能会产生更多解决问题的方法，特别当这种多样性与任务相关时。

然而，正如我们之前看到的那样，多样性也需要付出成本。当多样性涉及种族或民族时，这种成本尤其大。人们往往会对其他种族和民族的群体存在偏见，通常不能很好地理解对方。因此，种族以及民族多样化的工作场所经常存在沟通问题以及缺少凝聚力。

事实可能也并非这样。1993 年，沃伦·沃森（Warren Watson）、卡姆莱什·库马尔（Kamalesh Kumar）以及拉里·迈克尔森（Larry Michaelsen）创建了很多由四名或五名学生组成的工作团体作为一个高级管理课程中的一部分。其中一半的团体是同质的，只包含美国白人。其他的团体都是文化多样性团体，包括一位美国白人、一位非裔美国人、一位西班牙裔美国人以及一位来自亚洲国家的外籍人士（五人团体还包括另一位西班牙裔美国人或者一位外籍人）。这些团体面临的挑战是要在一学期的课程中解决四个不同的商业问题。如图 12–5 所示，多样性的群体最初面临的困难是：他们的表现比那些同质化的群体差并且很难很好地相处。然而，随着学期的进行，这些多样性群体的成员学会了如何在一起工作，到最后与同质化群体的成员的相处一样好。更重要的是，他们的总体表现在最后一次作业中也与同质化群体同样好。

这些发现表明，如果有足够的动机和机会，文化多样化的群体可以克服他们最初的困难，变得更有效率。如果管理者能够找到改善团队沟通、协调、承诺和凝聚力的方法，那么文化多样性的好处是巨大的。

小调查

想象一个你最近工作过的“绩效群体”。在哪种模式下它最有效或者最无效？假设你现在已经知道了群体的产量，下一次你会采取什么行动来增加群体的有效性？

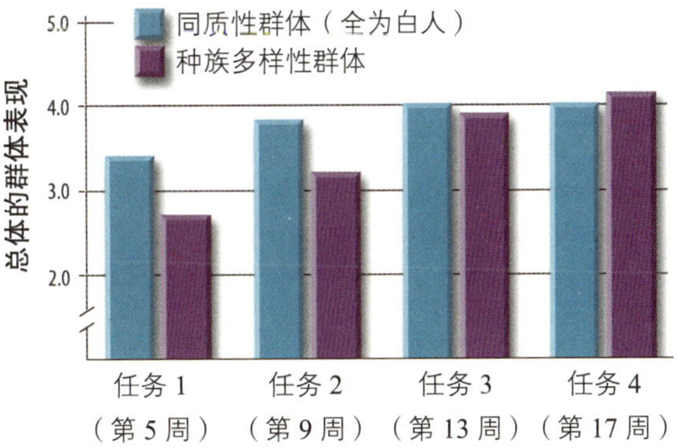

图 12–5　克服文化多样性的潜在困难

注：在该项研究中，研究者将管理课程的学生分配到同种族的群体中（所有人都是白人）或种族不同的群体中共同工作，结果发现多样性的群体最初存在相处上的问题并且表现相对较差。但是在学期末时，这些问题消失了，表现也随之提高。

资料来源：Data from Watson, W. E., Kumar, K., & Michaelsen, L. K. (1993). Cultural diversity's impact on interaction process and performance: Comparing homogeneous and diverse task groups. *Academy of Management Journal,* 36, 590–602. Table 2.

做出正确的决策

群体通常拥有大量有用的信息，即使那种很小的、随意的朋友圈也富含信息。群体中的人们可以向大家推荐好的比萨饼店、有意思的心理学课程或者有利的投资机会，他们也会告诉你，你的政治观点是否基于错误的信息，或者你是否如同你所认为的那样有吸引力、聪明及有创造力。

正如与他人一起工作可以帮助你完成体力任务一样，与他人合作可以帮助你完成认知以及决策任务。随着任务对于单个决策者的困难加大且群体成员可以互相自由地共享信息，认知上的合作优势会更加明显。想象一下，在任何一家公司的高层管理者中，一位可能精通制造加工，另一位熟知市场，其余的分别擅长财务、销售或法律。正因为如此，首席执行官——总负责的老板——就不需要精通每一个方面的知识，而他们只是需要寻找到那些精通某个方面相关业务知识且愿意共享的人。在社会心理学术语里，一家稳定的运行良好的公司拥有**交互记忆**（transactive memory）：存储在个体成员头脑中的知识以及通过沟通而传播的路径。很多群体都拥有交互记忆，作为群体所拥有的知识比任何一个成员所拥有的知识更多。

因为交互记忆提供了如此丰富的信息，群体的决策可以比个体决策更加准确。拉里·迈克尔森、沃伦·沃森与罗伯特·布莱克（Robert Black）于1989年的研究很好地证明了这一点。组织行为学课堂上，25名学生被分配到小组里，要求在一学期里完成解决多个问题的任务。除此以外，这些学生还要参加六次测验，首先是学生自己作答，继而当他们上交答卷后，再以小组的方式参加测验。学生个人测验及小组测验的分数都将构成该学生最后的课程分数。结果发现群体的分数不仅比每个个体成员的平均分数高，同时也高于成员中的最高分数。仅在三个小组中（共有222个小组）最优秀的成员分数超过了群体的分数。那么，在这样的条件下，所有成员都会从群体知识中获益。

当然，群体并不总能带领其成员做出更好的决策，因有些时候群体会拥有不正确的信息。此外，即使群体成员拥有有用的信息，这些信息也并不总是能被有效地分享。最后，即使知识在群体中得到了有效的分享，这些信息可能仍然会以一种存在偏差的、不令人满意的方式得到加工。例如，如同个体独自思考，群体也会支持那些能够证明自己最初观点的信息。随后，我们将探讨处在群体之中如何影响人们做决策。然而，首先我们将思考导致人们使用群体作为信息来源以及决策辅助的个体以及情境因素。

名词解释

交互记忆　是指由群体成员各自掌握的知识及成员间进行知识共享的沟通网络两部分组成的群体记忆系统。

个人　了解的需要

个人对知识的渴望常常在群体中得到满足。事实上，成千上万个群体及组织致力于提供信息。有共同兴趣的人们聚集在学习小组共同准备即将到来的测验，聚集在投资俱乐部共享金融分析，聚集在天文学俱乐部共享关于宇宙的发现。计算机革命创造了聊天室、博客及聚友网站（如MySpace.com）等。回想欧洲的“咖啡社会”，有共同兴趣的人们会聚在一起讨论艺术、哲学、文学、每天的重要事件，如今的网络群体聚集在互联网上讨论一些共同感兴趣的主题。有“了解的需要”的人们通常会在群体中寻找答案。

这种了解的需要可能远远超过智力上的好奇心。例如，面临终生疾病的人可能会求助于一个自助性的支持团体以获得信息。虽然这些小组可以提供其他功能，如提供情感支持或友谊，但这些人加入这些小组主要是为了获得信息。例如，一项对患有艾滋病的男性同性恋群体的研究发现，当群体不再提供新的信息时，相当多的成员会停止参加聚会。

情境　不确定的情境

不确定的情境激发大多数人了解的需要。你可能会很容易想象自己处于下面的情境中：

当你的约谈接近尾声，你的医生重新进入

检查室，看起来有些担忧地说道："我们得到一个不好的消息。你脑里长了肿瘤，需要进行神经外科手术。"在震惊中，你问了几个问题，但是在随后的日子里，新的问题持续不断地在你的脑海中呈现。你想知道这个手术是什么样的手术，以及在术后自己会感觉怎样。你也想知道你的担忧是否合理或者你是否反应过度。面对这些不确定，你需要信息。

斯坦利·沙克特进行了一系列经典的研究，来探讨不确定的情境是否会增加人们与他人联系的意愿。研究的被试要参与"非常痛苦"的电击（高恐惧条件）或者"丝毫不痛苦"的电击（低恐惧条件）。当仪器表面上准备好之后，被试被允许选择独自等待还是与他人一起等待。高恐惧组的被试通常更偏好与他人一起等待，只要他人在同一条船上——即是说，只要他人同样也在等待被电击。正如沙克特所提出的那样："痛苦不爱其他任何类型的同伴，只爱同样苦难的同伴。"他提出这种偏好是在为研究中被试的信息性目标服务：与潜在的"受苦"他人待在一起，以及观察他人的行为，恐惧的被试可以评估自己的恐惧是否合理。不确定的情境促使人们从他人那里寻求信息——进行着我们在本书的很多章节里所探究的社会比较过程。

正如我们在第 7 章中所讨论的，面对不确定性的人想知道即将到来的事件将会是什么样子。因此，人们不仅喜欢与那些在同一条船上的人组队，更喜欢与那些已经完成了旅程——那些已经经历过整个事件的人，并能向他们揭示未来的人进行组队。

交互作用 讨论与决策

我们看到群体可以提供给个体有用的信息以做出重要的决定。然而，对很多决策来说，仅有信息是不够的。幸运的是，群体可以提供第二种形式的帮助——提供讨论可用信息及信息使用方法的机会。大量交互因素会影响群体讨论以各种方式影响个体的决策。

多数人的影响与群体极化

"同性婚姻"（同性恋是否在法律上被允许结婚）的问题是人们谈话中一个有争议的主题。让我们假定当你与 10 个朋友或者舍友坐在一起谈论这个话题时，你还未形成一个非常强烈的意见。同样让我们假定与你交谈的其他人中的七个人认为同性恋伴侣应该被法律允许结婚或建立法律所承认的民事结合，而另外三个人认为同性恋不应该被允许结婚或建立被法律承认的结合（据 2014 年哥伦比亚广播公司的调查数据，这是年龄在 18~29 岁的支持者与反对者的真实比率）。我们在第 5 章曾讨论过我们渴望正确以及得到社会支持的想法如何使得我们的信念与态度趋向多数人的观点。这种可能性很有

◎ 从咖啡社会到互联网。正如 19 世纪巴黎的作家与艺术家聚集在一起分享、讨论及评论他们的艺术，随着时间的流逝，如今学生们聚集在"网络空间"分享、讨论及评论现时感兴趣的领域。

意义，随后你的个人意见就会至少部分地转向支持同性婚姻的一方。

你不愿意独自一人。你朋友的意见可能会使得你更加偏向支持同性婚姻的一方，导致社会心理学家所定义的**群体极化**（group polarization）的出现：经过对一个问题的讨论，群体成员的平均判断会比讨论之前更加极端。因此，你设想的小组成员，在讨论之前平均持有较为温和的支持同性婚姻的看法，则在讨论之后他们更可能变得强烈支持同性婚姻（如图12–6所示）。

早期的研究者观察到，讨论使得群体成员做出比个体更加冒险的决策，他们将这个现象称为冒险转移。然而，随后的研究发现，这种朝向冒险决策的转移只发生在最初便倾向于冒险的群体中；当最初的倾向支持谨慎，则讨论会导致更加谨慎的决策。群体讨论极化了风险决策。例如，相对怀有偏见的个体组成的群体在讨论种族问题后会加剧这种偏见，温和女权主义的女性组成的群体在讨论过后更加女权主义，等等。讨论夸大和强化了群体讨论前的观点。

名词解释

群体极化 群体讨论导致成员在群体偏好的方向上做出更加极端的决策。

为什么会出现这种情况呢？

首先，群体成员可能会听到更多支持群体偏好而非反对群体偏好的论点。如果在你的群体中大多数人都支持同性婚姻，你可能会听到大量支持它的论据。其中一些论据可能对你来说是有说服力且新奇的，因此将你也推向支持同性婚姻的方向。当然，群体中的其他人也会听到支持同性婚姻的新的论据，因此他们也可能更加偏向这个观点。这种说服性争辩的结果就是，群体的总体观点会比讨论前更加极端。

其次，讨论同样会阐明群体规范。以你设想的朋友群体为例，你可能会在很早的时候就发现群体的规范略微支持同性婚姻。如果你喜欢群体成员且有动力去赢得他们积极的尊重，你可能会倾向于让你的判断与他们一致。而且，当人们与他人做有利的比较时，往往对自己感觉更好，群体讨论则提供了一个绝佳的机会可以通过表明一种强烈地支持同性婚姻的方式来提升自己的社会尊重。毕竟如果群体支持同性恋婚姻，当你更加支持的时候你会成为群体中更重要的一员。如果大多数群体成员的动机相似，随着每个成员都尽力去取得更加支持同性婚姻的位置，群体的整体观点会迅速变得极度支持同性婚姻。经过社会比较过程，群体的意见也就在讨论之后变得更加极化。

大多数人影响观点的力量可以用来解释最终导致安然公司极端冒险的生意决策以及会计操作。安然公司雇用了那些相信自己挣钱"新方法"的人，当雇员了解到他人的观点后，他们创造出的规范变得极化，这种有利的比较动机越强，带来的交易越冒险以及会计操作越"创新"。

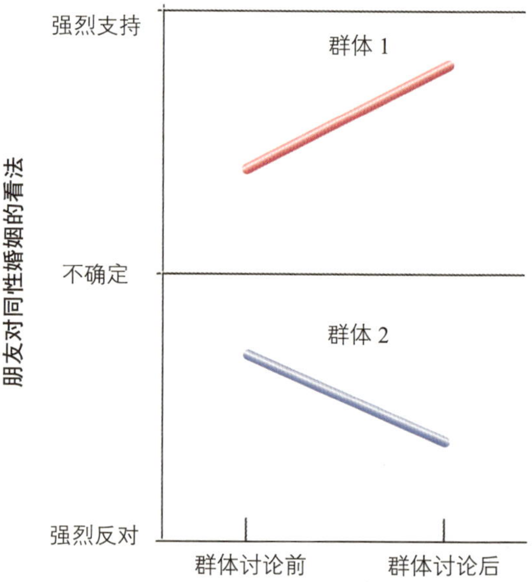

图 12–6 群体讨论的极化现象

注：如果一个朋友群体平均的基本态度认为同性婚姻应该被合法化，在群体讨论之后他们可能会更加强烈地支持同性婚姻；相反，如果朋友组成的第二个群体平均认为同性婚姻应该是非法的，那么在经过讨论后他们对同性婚姻的热情更低。

◎ **与意见相似的他人讨论同性婚姻。**你对同性婚姻的看法是什么？如果你发现你处在一个意见一致的群体中时，你的意见会如何改变吗？对群体极化的研究发现，与持有相同观点的人讨论问题通常会使得个体的观点比谈话前更加极端。

少数人的影响

正如我们刚刚看到的以及在本书其他章节中看到的，多数人的信念与态度对少数人的判断有非常强烈的影响。但是那些少数人的不同观点会怎么样呢？有时他们不也是可以影响他人吗？那些认为安然公司和世界通信公司的商业运作可能会极大危害公司员工的观点有影响力吗？或者说那些认为美国联邦调查局需要全面调查扎卡利亚·穆萨维信息的人们呢？这些个体有影响力吗？

少数人的影响（minority influence）很难实现，原因有两点。一是，少数人的意见通常不能够对他人施加社会压力。因为只有很少的人，少数人不能如同多数人一样提供足够的社会接受度以及足够的社会隔离的威胁。实际上，在安然公司，那些反对主流观点的人们通常被忽视或者被调去那些能避免他们制造麻烦的部门。二是，正如我们在第6章所讨论的，大多数人表达的意见具有更高的可信度与有效性。一位安然公司的雇员可能会这么想："如果大多数同事都认为这是一个运作21世纪商业的方法，可能它真的是我们应该去采用的方式。"

名词解释

少数人的影响 观点少数方用其观点说服其他多数人。

由于缺乏人群对自己意见的支持，少数个体若要希望他人相信自己的意见，必须提供高质量的论据以及展示很高的可信度。与此一致的是，少数人的意见在以下一些情形中最具说服力。

- 他们坚定地捍卫自己的观点。通过坚定地信奉自己的意见，少数人会证明这些观点可以很清晰地使自己信服，也同样可以使别人确信。提出少数观点的人们在尽管已经厌倦了去说服却仍然坚信自己的观点时，其论点特别具有说服力。
- 他们曾经站在大多数人的立场。毕竟，人们可能会想："如果他确信大多数人的观点错了，那可能是真的有问题"。
- 他们愿意做出一点妥协。即使非常坚定地捍卫自己的观点，愿意谈判的少数人会给人留下通情达理的以及不苛刻的印象。因为没有任何观点是完美的，我们会发现那些固守自己信念的人更不可信，因此也更不容易被其说服。
- 他们至少获得了他人的一些支持。一些持有少数意见的人比孤独的异议者的声音更具影响力，部分是因为一些异议者而不是一个异议者，更不容易因为被看作"脱离接触"而被轻易忽略。
- 他们陈述他们的观点与大多人的观点相吻合，仅仅是有一些超前。通过指出自己的观点与群体中大多数人的观点有共同的地方，持有少数意见者可以使他人更容易改变观点。
- 听众需要做出正确的决策。这是指听众会十分注意两方呈现的论据的质量。

然而，即使少数人具有说服力，他们的影响也可能很间接或者被隐藏。例如，即使人们私下偏向少数人的意见，他们仍然会公开与大多数人的意见一致。为什么呢？通过隐藏他们偏向少数人的观点，个体可以避免社会指责。除此以外，偏向少数人的观点不总是以一种戏剧化、全或无的转变形式发生。然而，尽管少数人的观点被较好地阐述，但还是不能立即让人确信，但他们却能够让人们重新评价自己的观点，更加努力且更有创造性地思考当前的问题。随着时间的流逝，这种再评价可能就使得人们改变自己的观点，并且观点一旦改变，受到少数人的影响而产生的观点看上去更能抵制随后的改变。

我们可以看到很多群体讨论中的交互因素都会影响群体成员的决策。多数人的观点具有很强的影响力，当人们担忧社会认同、当多数人的群体规模很大或者当人们的决策与观点相关而非与事实相关时尤其突出。相反，因为持有少数意见的人们更不可能依靠社会奖励或惩罚的力量，他们面临艰难的抗争：他们必须提出强有力的证据，同时以可信的方式呈现论据，并且要激励听众去发现最好的答案。

群体盲思及有缺陷的讨论

陪审团系统的出现是因为人们相信通过讨论，个体组成的群体可以更好地筛选证据来找到真相和公正。公司以及政府机构组成管理团体是因为他们相信通过讨论，这些群体可以创造出更为有效的商业策略。人们与朋友群体讨论重要的问题是因为他们相信这样做可以形成更好的个人决策。

不幸的是，群体并不总是可以比个体做出更好的决策。这种情况部分是因为讨论并非我们喜欢认为的那种讨论—— 一种开放的、充分的信息与观点的分享。欧文·贾尼斯总结了总统们的决策败笔，包括美国前总统约翰·肯尼迪发动注定失败的对古巴猪猡湾进行攻击的决策，以及理查德·尼克松搞砸了的掩盖水门事件的决策。贾尼斯认为这些和其他灾难性的决策都包含一定的共同特征。最基本的是，这些决策的特征可以被定义为**群体盲思**（groupthink）——更多由成员和谐相处的愿望所驱动而非由现实地评估所有潜在方法的动机所驱动的一种群体决策风格。当群体成员感觉有很大的压力需要去认同他人的时候——为了达成一致——他们通常不能够让彼此参与有效的讨论，因而可能导致无法避免的错误。

图 12–7 描述了群体及情境的这些特点如何导致成员将自己的注意力转向互相认同和维持群体的共同决策，从而导致错误的决策。例如，当有权势的领导在讨论之初表达了自己的观点后，群体成员就更不可能参与到甄别错误观点所需要的批判性讨论中了。我们在这里讨论的每个案例——安然公司、世界通信公司及美国联邦调查局——看起来都受到这个问题的危害：领导的偏好众人所知，他们看起来扼杀掉了低层经理及代理商之间进行的辩论，最后带来灾难性的结果。

名词解释

群体盲思 一种群体决策的风格，其特点是群体成员渴望友好相处并相互同意对方的观点，而非提出并批判性地评价其他的观点和立场。

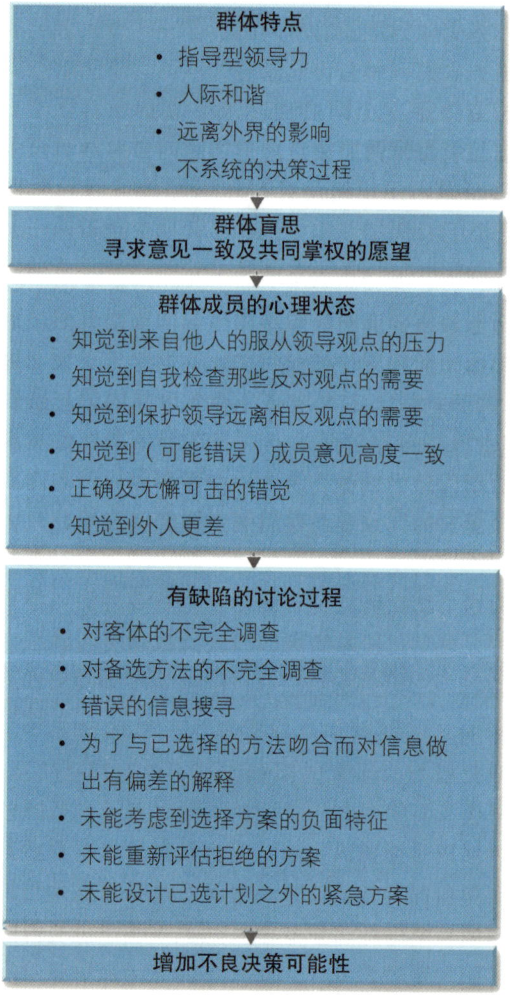

图 12–7 当群体讨论被好的决策干扰

注：受到贾尼斯对“群体盲思”经典研究的启发，社会和决策科学家对从群体认同的需要到形成不利于良好决策的讨论过程的经过有了更深的理解。

资料来源：Adapted from Janis, I. L., & Mann, L. (1977). Decision making: A psychological analysis of conflict, choice, and commitment. New York: Free Press.

联结：理论与应用

陪审团中多数人与少数人的影响

想象一个你作为一名检察官将要对一个12人的陪审团宣读你的结案陈词的时刻。为了进行定罪，你需要一个无异议的裁定。那么你需要多少陪审员确信你的陈词呢？

如果你回答12，你肯定是正确的，因为“无异议”意味着“每个人都同意”，而这里有12名陪审员。然而事实上，检察官的案件没有那么复杂。尽管这种估计会发生变化，一个检察官只要能使得12名陪审员中的8名确信自己的陈词，就有90%的可能性成功定罪。这是怎么做到的？

你需要记住的是陪审团是一个群体——一个在做出裁决之前需要商讨的群体。尽管陪审员在30%的案件中能够快速达成一致，剩下的70%的案件仍然需要商谈以及辩论。并且，如同其他决策群体的成员一样，陪审员试图互相说服。因此即使检察官只说服了八名陪审员，他们也可以有足够的信心认为他们的立场在陪审团里得到了很好的呈现。毕竟，大多数人的意见更有力量：基于数量上的优势，他们拥有的不仅仅是更多的说服力论据，还拥有社会压力的力量。

当然，大多数人的观点并不总是能够胜出。随着少数人群体的相对规模增加，他们也更能抵御多数人意见的影响，从而增加对持有多数意见的陪审员的影响力。并且由于陪审员容易表现出仁慈的偏向——更愿意赦免被告而非给他们定罪，如果小部分审判员持有“无罪”的立场，会比他们支持有罪立场更容易说服多数人的观点。虽然如此，少数陪审员的影响力仍然不大，并且两种法律趋势会更进一步削弱这种影响力。一是，在很多司法权中，陪审团的规模变小——下降到六名成员，这就使得持有少数意见的陪审员往往是独自一人，而我们知道孤独的陪审员更难坚守自己的立场。二是，一些法庭不再要求陪审团达成无异议的判决，取而代之的是达到3/4或2/3以上的陪审员同意的裁决。在这些情况下，持有多数意见的陪审员更没有理由去仔细考虑少数人的立场了。因此，持有少数意见的陪审员的前景不容乐观。

◎ **近乎虚构的孤独但极有说服力的坚持者。**文化下的神话故事以及畅销小说给我们塑造了这种理性的、有非常强烈主见的异议者，能够经受住多数人的争论以及压力并说服他们相信真理，如同在《十二怒汉》（*Twelve Angry Men*）中亨利·方达（Henry Fonda）扮演的角色。然而事实上，这种坚定的人非常少见。只在十分有限的情况下，持有少数意见的单独个体成功地改变了多数成员的看法。

我们理想化的观点认为陪审团的裁决会经过群体讨论后做出，但我们看到的是他们通常在商讨开始之前就已经决定。当一个很小的多数陪审员群体最初共享一个偏好的裁决时，群体的最后裁决很可能就会无异议地向这个方向发展。而个别的持有不同意见的陪审员希望说服其余的陪审员认同自己观点的可能性变得微乎其微。在一部经典的影片《十二怒汉》中，亨利·方达扮演了一名能言善辩的陪审员，成功地说服了其余11名陪审员认同了自己作为少数者的观点。在北美文化中，我们可以认为一个孤独的、理性的陪审员可能同样会坚持反对错误的同事，甚至最后能够促使他们接受真相。毕竟，陪审员是正义的守护者。可惜的是，这样的人更可能出现在电影屏幕上而并非真实的法庭上。

此外，当群体中的人进行共同决策时，与单独决策相比，他们更倾向于忽略来自群体之外的信息。随着群体成员变得过度自信及开始相信（可能是错误的）每个人都同意适当的行动方针，他们的讨论就会陷入有不同缺陷的过程。他们未能全面地考虑他们的客体，未能研究各种可选的方案，未能检验与所偏好的选择相关的风险，或者并没有为他们方案错误的可能性做出适当的计划。因此，他们更可能做出错误的决策。

我们可以看到，群体讨论并没有使得个体做出更好的决策。而很多因素交互影响何时群体讨论会产生较优决策以及何时群体讨论会导致不良决策。当群体成员关注任务而非社会和谐，领导鼓励成员开放交流不同的观点，以及当群体拥有程序来确保每个成员批判性评估所有的提案并收集了外部的反馈时，决策结果更好。这些特点增加了群体成员对最好的可用知识的分享以及倾听异议的少数成员的机会。在这些情况下，群体的信息价值确实很大。

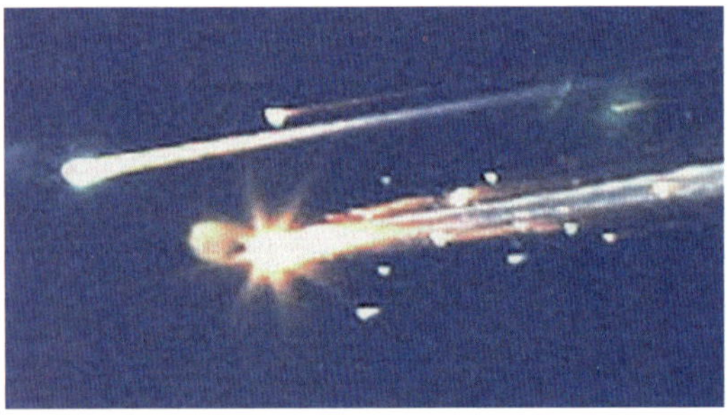

◎ **致命的决策**？哥伦比亚号航天飞机的机翼严重损坏后，它刚刚进入地球大气层就立即分解，导致机上的七名宇航员全部身亡。事后对灾难的调查不仅关注了制造航天飞机的技术失误，也关注了美国宇航局决策文化的失误。有效的决策需要对各种观点进行认真的考虑。依据这一点，让我们来思考一下调查者对太空行动管理团队女主席的一个访谈——这位管理者驳回了一位怀疑航天飞机起飞时机翼受损的低级别工程师要求对机翼拍摄卫星照片的请求。

调查者：作为一名管理者，你如何获取不同的意见？

管理者：当我接到他们的消息……

调查者：基于他们的身份，你可能并不会去接受他们的消息……你是用什么技术去获得它们？

她说不出话来。

检查出损坏是否能够成功挽救宇航员的生命呢？这个问题仍然有待争议。而没有争议的是，没有了那些可能发现机翼损害的照片，宇航员失去了任何生存的机会。

计算机中介的决策

人们比以往任何时候都更经常地与他人通过计算机交流——通过电子邮件、在线聊天室以及即时消息。然而，计算机作为中介的沟通并不局限在从朋友那里获取最新的八卦消息、与远方的家庭成员保持联系或者制订周六晚上的计划，很多组织也每天使用它将群体成员“聚集”在一起做出重要的决策。以计算机为中介的沟通好处看起来非常明显：通过网络联系在不同办公室、城市甚至国家工作的决策者，可以为商务活动节省将所有人聚集在同一个房间所需的时间和经费。事实上，这也是公司会花费数亿美元构建以及升级他们的计算机系统的原因。

这些费用是否花得值当呢？如果你考虑它会节省飞机票、宾馆房间、会议津贴、汽车租赁费用，那么你的答案是肯定的。但是如果你考虑群体成员所做出的决策质量，你可能会给出否定的答案。一个元分析的综述发现，当群体通过计算机沟通会比当面沟通所做出的决策更差。事实上，计算机中介的讨论只有在群体有充足的时间来讨论这个问题以及愿意匿名的讨论时才与面对面的讨论效果一样好。当然，因为群体经常不得不在一个有限的时间范围内做出决策，也很少匿名地讨论重要的问题，因而这种少见的有效例外可能很难对所需花费提供支持。

那么这些公司是否应该放弃它们的计算机网络，让它们的决策者回到原来的状态？也不需要这样！沟通技术在以一个快速的方式发展着，对计算机为中介的沟通的研究仍然处于初期的尝试。虽然如此，这样一种技术是否可以如它所宣称的可以带来比面对面讨论更好的决策目前尚不清楚。

小调查

想象一下你最近参加的一个决策群体。它以何种方式最有效或者最无效？考虑一下你现在已经知道的群体决策过程，你下一次会采用什么方法来增加群体决策的质量？

获得领导地位

群体希望甚至需要领导的原因是显而易见的。随着群体规模的增大，群体会变得难以控制及无组织化。为了克服这个问题，群体选择特定的个体来领导——协调群体的多个任务，引导相关信息的恰当流动，鼓励成员实现群体的目标，等等。事实上，领导是如此重要，以至于所有著名的社会团体都会拥有领导作为它们社会组织的一部分。

而人们希望成为领导的原因却可能不那么清晰。领导必须花费自己大量的时间，为群体的结果负责，有时甚至以个人的安全与生命为代价。近些年来首相、总统以及主教们常常成为暗杀的目标。即使他们没有受到致命的伤害，也仍然会遭遇接二连三的批评、抱怨以及个人侵犯。既然领导的代价如此高，那么为什么每个人都希望成为领导呢？最简单的回答是领导的回报通常也较高。当群体比较成功时，他们的领导会因高质量的工作而获得极大的个人满足感。而且，群体也会将很多资源赋予领导，回报他们的不仅是认可及高社会地位，同样也有较高的薪水、特别的商业机会等物质回报。让我们来看一下甲骨文公司的首席执行官劳伦斯·埃里森（Lawrence Ellison），他在2012年的薪酬高达9600万美元（详见表12–1），其他处于同样地位的人也获得了很高的报酬；事实上，2004年首席执行官的平均薪水约为普通员工的430倍。即使处于小领导岗位的人们——快餐店的助理经理，妇女联谊会的主席——也比处于更低群体地位层级的人们获得更多的社会或金钱上的收益。正如美国有名的银行抢匪威利·萨顿（Willie Sutton）在被问到为什么要去抢银行时，他直言不讳地回答："因为那里是放钱的地方。"为什么人们希望成为领导？在很大程度上答案是一样的：因为它是金钱与社会地位之所系。

对某些人来说，获得领导地位是归属于某个群体的一个主要因素：他们加入（或创建）群体，因此他们就拥有可领导的追随者及可获得的资源。然而，对于其他人来讲，获得领导的收益只是群体成员的一个次级目标：人们可能首先加入群体来更好地完成任务，获得有用的信息，或者获得情感支持，但是当他们进入之后可能看到领导所得到的利益，因而自己会去追逐领导地位。

在这里我们主要探讨两个主要问题：

1. 谁会成为领导，为什么？即什么样的个体及情境

表12–1　美国大型公司领导2012年的薪酬前十位排行表

单位：百万美元

1. 劳伦斯·埃里森 甲骨文公司	96.2	6. 理查德·布拉肯 美国医院集团公司	38.6
2. 罗伯特·科蒂克 动视暴雪公司	64.9	7. 罗伯特·艾格 迪士尼公司	37.1
3. 莱斯利·穆恩维斯 哥伦比亚广播公司	60.3	8. 保罗·里奇 纽昂斯通信公司	37.1
4. 大卫·扎斯拉夫 探索传媒公司	49.9	9. 玛丽莎·梅耶尔 雅虎公司	36.6
5. 詹姆斯·克罗 Level3通信公司	40.7	10. 马克·帕克 耐克公司	35.2

资料来源：Executive Pay by the Numbers, *The New York Times*, 6/29/13.

因素会激发个体寻求领导地位的欲望，以及什么因素会促使群体接受某个个体成为领导？

2. 什么时候领导最有效？什么时候他们能够激发群体成员追随他们的方向以及表现良好？

个人 谁想做领导

领导的付出和获益同样明显，同时很显然并非每个人都想当领导。那么什么样的人当领导的动机最强呢？

领导提供了权力与地位，促进目标的实现，也是成就的一个标志。从逻辑上来讲，那些有雄心的人们应该更想当领导，即他们有很强的对他人行使权力的欲望，或者他们有很强的做大事的欲望。权力需求是一种获得名誉、地位以及对他人施加影响的欲望。例如，根据他们公开的陈述以及传记作家的判断，美国前总统哈里·杜鲁门以及约翰·肯尼迪在权力需求上评分尤其高，这样的总统也更可能将国家置于战争冲突之中。相反，在第4章所提到的成就动机，是一种仅仅为了干得出色的愿望。吉米·卡特与赫伯特·胡佛被评价为有很高的成就需求，而成就取向的总统更愿意制定新的立法以及尝试革新的领导方法。不论领导是由权力动机还是成就动机驱动，有一点是共同的，那就是他们总是有较高的志向。

然而，仅有雄心壮志对于领导来说也是不够的。事实上，我们都认识一些虽然有非常崇高的志向，但是却没有获得领导地位的人。除了雄心壮志，领导通常也是精力非常充沛的，这使得他们能够将雄心变为现实。白手起家的千万富翁安德鲁·卡内基（Andrew Carnegie）经营着钢铁厂并成了美国伟大的慈善家。当谈到努力的重要性时他指出，一般人“只将25%的精力与能力投入工作中”，而这个世界“只有那些寥寥可数的愿意付出100%灵魂的人可以高高在上”。在很多不同的领域对领导的系统研究都证实了雄心壮志与努力工作的能力和意愿这两方面同样重要。

最后，一般来说，男性看起来比女性更有兴趣成为领导。例如，1980年霍夫斯泰德在对IBM公司在40多个分公司职员的跨文化研究

◎ **一位杰出的领导。**作为在线拍卖公司eBay的首席执行官，梅格·惠特曼（Meg Whitman）带领她的公司赢得了雄厚的金融资本以及巨大的声望。同时，她还以另外一种方式证明了自己的杰出：与托马斯·卡莱尔（Thomas Carlyle）的断言“世界的历史是一部伟大男性的传记”相违背的是，惠特曼冲破了这层“玻璃天花板”进入了以男性为主的高层商业领导层。如同我们即将了解到的事实一样，女性领导相对较少并不意味着她们不能成为有效的领导。

中发现，全球的男性员工对权力、领导以及自我实现的关注更高，而女性员工则更强调生活的质量以及人际关系。男性对领导的偏好无疑受到男性与女性社会化过程的影响。例如，尽管具有支配性人格的男性比类似有支配性人格的女性更愿意寻求领导地位，但如果这些女性看到其他女性领导时，也更可能寻求领导地位。然而，这种男性偏好也可能与更基本的性别差异有关：正如我们在第10章所看到的，男性体内分泌更多的睾丸激素，能够激发地位竞争。当然，男性平均拥有更高的欲望并不能说明男性与女性作为领导的效率大小，这是我们接下来要探讨的问题。

情境 当机会来敲门

哪些情境因素会激发个体希望获得领导角色的愿望？有两个情境因素看起来尤其重要。

第一个因素我们称之为“上层的空缺”。当现任领导去世或者离开群体时成为领导的大门就为你敞开了。同样，当群体规模扩大时也会增加机会。随着更多的人试图一起工作，协调、管理以及沟通的问题就会增加，群体成员就会寻找领导来组织他们，并将事情处理好。此外，

当群体成员面临危机会比事情平静时更渴望一个领导。海军上将威廉姆·哈尔西（William Halsey）在提到第二次世界大战的军事领导时指出："没有伟大的人，只有普通的人在环境的逼迫下不得不迎接巨大的挑战"。重要的困难促使群体寻找领导，这种需求更可能激发有雄心壮志以及负责任的个体。

第二个因素是，人们有时候碰巧符合领导职位的要求——他们在合适的时候出现在合适的地方。例如，凭借处于沟通网络的中心或坐在桌子的首席位，一些个体与他人有更多的联系，因此也就更可能被提名为领导。与更多类别个体的联系也很重要。确实，很多人认为"不是你知道什么，而是你认识谁"决定了你是否能够走在世界的前列。无论是安然公司首席执行官肯尼斯·雷（Kenneth Lay）的儿子可以在他父亲的公司谋取一份舒适的工作，还是美国前总统乔治·布什和老参议员艾伯特·戈尔（Albert Gore Sr.）的儿子有机会在2000年作为对手竞选总统，关系最重要。

交互作用 谁会成为领导

在成为美国总统之前，贝拉克·奥巴马有一个关于应该如何统治美国的愿景。很多其他人也有如此的愿景，但是大多数人的政治抱负却仅限于在晚餐时分与伴侣讨论时事新闻。不是每一个有能量的个体都有如此高的成就需求想成为总统、公司首席执行官甚至是地方曲棍球队队长。群体也不会将机会均等地呈现给每一个希望成为领导的人；相反，他们会尽力选择那些拥有与群体需求最匹配特征的个体。

人们通常会对好领导是什么样的人形成印象及看法，并尽力去寻找那些符合自己印象的人。第一，好的领导通常会被认为拥有相关技能。那些被认为有较高智慧或者专业知识水平很高的人更可能被选作领导，这不足为奇。第二，好领导被期望能够全心全意投入群体中，这可能也是为什么那些在群体会议时发言较多以及参与性强的人更可能被选为领导，即使他们参与的质量不高。第三，群体成员选择那些具有与当前情境相匹配"风格"的个体作为领导。例如，在一个研究中，让被试想到死亡会增加其对有魅力、有梦想的政治候选人的偏好，这种类型的领导可以为其追随者创造更大的意义感。

最后，在人们的头脑中，领导也有一种特定的"长相"。例如，人们希望领导具有生理上成熟的脸部特征——狭窄的眼睛、广阔的下巴、有棱角的脸；而那种"娃娃脸"（大眼睛、小下巴、圆脸）看起来更加顺从和可爱，因此不太符合特定类型的领导形象。在美国社会中，恰当的长相也意味着高个子。例如，美国历史上最伟大的五位总统依次为林肯（6英尺4英寸）、华盛顿、杰斐逊、富兰克林·罗斯福（均为6英尺2英寸），以及安德鲁·杰克逊（他是其中最矮的一位，身高也为6英尺1英寸），而过去28届美国总统大选中有23届胜出的总统都是个头高的候选人。

◎ **尝试"看上去很像"？**在美国与伊拉克作战期间，乔治·布什总统穿上海军飞行服，在海上的航空母舰上高调接受了电视访问。理解到外表的重要性，或许是意识到自身缺乏军事经验，布什可能知道看上去很像会增强他成为一名战场领导的能力。

这种依据我们对好领导的刻板印象而对潜在领导做出评价的倾向可能会带来不幸的后果，因为我们的想象可能比较肤浅而且只是部分符合能够真正实现有效领导的特征。例如，其他一些不符合我们印象但却非常有资格的个体很可能就与重要的领导岗位失之交臂。这可以部分可以解释为什么女性会更容易被排除在领导岗位之外。正如我们在之前所讨论的那样，不仅仅是男性比女性有更强的动机去寻求领导地位那么简单。女性甚至仅仅因为看起来不符合刻板印象中的领导形象就更不可能被选为领导。事实上，即使有资格的女性成为候选人，一般情况男性也更可能胜出。然而，正如我们接下来要看到的，这种对男性和女性领导的刻板印象可能是一种误解。

什么时候领导最有效

一个个体成为领导并不意味着他就是一位有效的领导。事实上，国家、公司以及运动团队（事实上几乎所有的群体）在其历史上，都曾因为糟糕领导的破坏而变得杂乱。那么，哪些因素会影响一位领导成功带领群体实现其目标呢？这个问题取决于领导的个人特征如何与群体成员的动机相符合。正如拥有特定人格特质的人会更适合某些任务而不适合另一些任务，一些领导风格在某些群体中会比在其他群体中更为有效。领导的成功因此也取决于群体的需要。例如，在常规职业（如会计）中员工更响应任务取向以及权威型领导，而在研究职位上（如大学教授）则更偏好自我管理。

并且，随着群体环境的变化，如果希望继续保持领导的有效，领导风格通常也必须改变。新员工更喜欢那些会给他们分配明确的结构化任务的领导，而有更多经验的员工则不喜欢命令式领导。最后，一种特定的领导风格是否有效可能取决于该领导掌握的其他资源。在库尔特·勒温、雷纳·利比特（Ronald Lippitt）以及拉尔夫·怀特（Ralph White）早期的一项经典研究中，孩子们在采用独裁型领导风格或民主型领导风格的成人带领下，以小组的形式从事业余休闲活动。独裁型领导者被指示独断地决定这个群体将要做什么以及如何去做。而民主型领导则被告知要鼓励群体成员自己做决定。当领导站在旁边监视时，独裁型领导者带领的群体会比民主型领导者带领的群体工作时间更长。这个结果是否意味着独裁型领导风格比民主型更加有效呢？也不尽然。当领导不在身边时，独裁型领导者带领的群体会降低他们的努力，而民主型领导者带领的群体则不会这样。独裁型领导者的作用只在领导近距离地监督群体时更加有效（如图 12–8 所示）。领导的有效性应取决于任务的本质。

名词解释

变革型领导风格 改变追随者的动机、风貌和行为，从而促使团队更好地达成目标的领导风格。

变革型领导

当领导的风格与群体需要匹配时领导的作

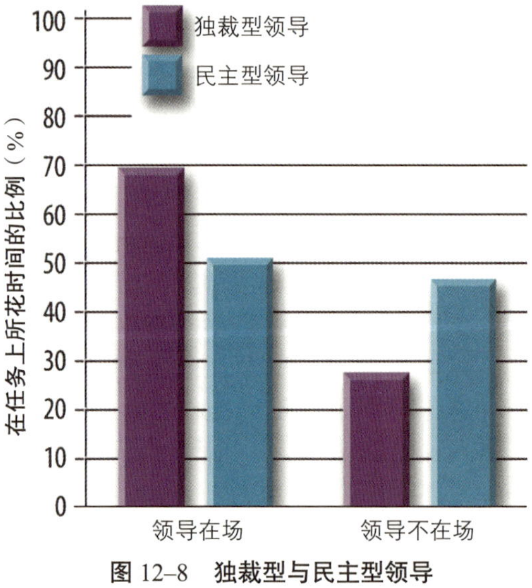

图 12–8　独裁型与民主型领导

注：发展业余爱好的孩子们分别被独裁型或民主型成人所指导。被分配到独裁型领导带领的孩子比民主型领导带领的孩子会花更多的时间工作，但是仅仅发生在领导在场监督他们的活动时。当他们的领导不在场时，他们迅速地降低努力，独裁型领导可能只在密切监督群体成员时有效。

资料来源：Data from White, R. K., & Lippitt, R. (1960). Autocracy and democracy: An experimental inquiry. New York: Harper & Brothers. p. 65.

用会很明显。但是这个规则也有一些例外：有些领导的有效不是因为他们改变了自己而是因为他们改变了群体。你是否曾经遇到过一位老师、一位教练或者一位老板，他们激发了你提升日常的个人关注，为了你的群体甚至你所在的整个社会而尽最大的努力？纽约州立大学领导力研究中心的伯纳德·巴斯（Bernard Bass）和布鲁斯·阿沃利奥（Bruce Avolio）通过对南非的商业执行官和美国军队上校提出同样的问题进行了一个广泛的研究项目。从被试的回答出发，他们建立了多因素领导力量表（multifactor leadership questionnaire，MLQ）并在随后的几年里在世界无数的群体中进行测量，测量对象包括新西兰、印度以及日本的管理者；世界500强企业的中高层管理者；加拿大及德国的军事官员们。基于这些研究，他们总结出一些可以激发下属满意感和促进高产出的领导特质。他们将拥有这些特质的个体称为**变革型领导**（transformational leaders），正如同约翰·肯尼迪和马丁·路德·金，这些领导们都显著地改变了追随者的动机、观点以及行为。变革型领导是富有魅力的，可以影响追随者的愿望和自我概念，从而使得群体的成功变为追随者的个人成功，领导的使命也成为他们自己的使命。这些领导很聪明地激发了他们的追随者，促使他们去检验自己生活的价值和方式，促使他们感受到个体的重要性及其所做出的重要贡献（详见表12–2）。变革型领导帮助具有不同技能的群体成员更好地发掘他们的潜力。当群体面临有挑战性的任务、不确定的未来或改变的压力时，变革型领导也特别有效。通过创造一个心理安全的环境，他们鼓励人们不要人云亦云，而是要提出创新建议。例如，正如我们在第2章所看到的那样，非裔美国人在寻求他们的民主权利时所面临的挑战不仅仅是需要一名像马丁·路德·金一样的变革型领导，同样也需要一个背景使得这种领导风格最为有效。

我们已经看到领导在两种方式下有效，即他们的风格符合群体当前的需求，或者他们可以激励群体朝向自己的目标。

性别与领导力

在历史上的大部分时期，劳动的性别区分都很清晰：女性养育孩子，男性外出工作。这种状况从第二次世界大战开始发生变化，而如今在美国的工作人群中，女性占了50%。尽管处于世界领导及高级管理者位置的女性屈指可

表12–2 变革型领导的特征

特征	领导如何表现
理想化的影响或“超凡魅力”	• 在追随者中传达一种“联合使命”的感觉 • 表达对他或她的追随者的热爱 • 激发追随者的希望与梦想 • 愿意牺牲他或她的自我利益而成全群体的利益
才智激发	• 建立对新思维方式的开放性 • 构建“全局图”来联系问题的不同观点 • 愿意去思考那些看起来甚至有些愚蠢的想法
鼓舞性激励	• 让追随者确信他们有能力完成比先前认为能完成的更多的事情 • 为他人树立一个奋斗的榜样 • 呈现一个乐观的未来愿景
人性化关怀	• 识别个体的强项及弱项 • 表现出对他人健康的关注 • 支持员工在工作上做得更好

资料来源：This article was published in Leardership theory and research: Perspectives and directions, M. M. Chemers & R. Ayman, Transformational leardership: A response to critiques, 49-80,Copyright Academic Press (1983).

数，但越来越多的女性开始领导她们的群体，而且这种趋势还在继续。女性如何才能获得领导地位呢？这个问题很有实际意义。如果女性与男性在领导角色上都同样有效，但是却因为他们不符合人们对领导的印象就被挡在领导的位置之外，那么组织会失去一个宝贵的人才库，女性也会受到不公平的对待。

我们知道领导会在他们的领导风格与群体任务相匹配时更为有效。为了验证这个现象，艾丽斯·伊格利、史蒂文·卡劳、莫纳·马可贾尼（Mona Makhijani）搜集了74个组织和22个实验室的研究来比较男性与女性领导的有效性。使用元分析技术来综合这些结果，他们发现领导的平均性别差异为零——男性与女性在领导有效性方面没有显著差异。然而，对数据做进一步分析，依据每种职业与男性和女性的性别角色适应性来进行评价后可以看到，诸如小学校长类的职位被编码为“女性”职位，而军事训练军官的职位被编码为“男性”职位，他们同样对职位是否需要与他人建立联系和是否需要控制影响他人进行了评价。结合这两种补充的因素，数据表现出了性别差异：女性在那些被认为是女性化的或需要人际技能的工作中更有效；而男性在被认为是男性化的或需要坚定的任务取向的工作中更有效。

艾丽斯·伊格利及他的同事用社会角色理论解释了他们的结果。根据这个观点，我们都会依据文化所定义的性别角色去表现自己的行为。因为对男性来说，与文化相适应的行为是控制和命令，男性领导更易于在需要有人去督促成员努力工作的群体任务中更有效；相反，对女性来说与文化相适应的行为是人际取向，女性领导更易于在需要有人去关心成员的需求与感受的群体任务中更有效。英国的一组研究人员发现，当群体成员专注于与其他群体（英国其他大学）竞争时，他们会选择男性领导。另一方面，当他们专注于群体内部的竞争与合作时，他们绝大多数选择女性领导。

然而，我们已经了解领导可以改变追随者的梦想与需要，因此也可以改变群体朝向成功的路径。尽管这种差别很小，女性领导者比男性领导者表现出更多的变革型领导风格。基于变革型领导有效性的体现，看起来认为女性领导无效的刻板印象会错误地缩小群体挑选领导的人才选择范围。

总的来说，当考虑到领导情境时，我们可以看到典型的男性领导会在某些任务中更有效，而典型的女性领导则在另一些任务中更有效。然而，因为女性易于表现出变革型领导风格，使得她们在某种程度上更容易实现有效的领导。因此在最后一行中，我们会说，最有效的领导——男性与女性——是那些能够在情境的许可范围内调整自己策略的人。如同领导的出现一样，我们看到领导的有效性应由个体（潜在的领导者）与情境（群体）交互决定。

小调查

在之前，你回想了曾经参加过的“任务”和“决策”群体。谁最后成了这些群体的领导？为什么是他们而不是其他人成了领导？他们以何种方式领导最有效？根据你所学到的内容，你会给他们（或你自己）什么建议以便在将来实现更有效的领导。

案例回顾

在美国联邦调查局、安然公司以及世界通信公司发现的病变

安然公司与世界通信公司曾经居于世界企业的领先位置，而美国联邦调查局凭借其先进的侦察技术受到全球同行的尊重。是什么导致这些组织犯下如此可怕的错误？我们如何解释最终导致这两家公司倒闭，以及使美国联邦调查局的名誉严重受损的行为呢？

美国前总统哈里·杜鲁门在他的书桌上写了一句警句——“责无旁贷”，这传达出一个很直接的意思：“作为领导，我对在我管辖内的所有行为负有最终的责任。”那么接下来，我们可以开始我们的分析。毕竟，领导有这个能力去向他们的追随者灌输他们的目标和愿景、制定群体的规范以及塑造群体进行决策的文化。

肯尼斯·雷和杰弗里·斯基林（Jeffrey Skilling）共同将安然公司发展壮大。雷是一名“表演家”，在政界广有人脉，为出色的组织培养了一群强大的人才，并是一位有名的慈善家。他的工作是为安然公司培育一个神奇的光环，而斯基林则要在内部运行公司。对于没有耐心的斯基林来说，每个问题都有一个解决方法，如果一个人足够有创造力、足够勇敢就能实现每一个目标。他的急躁和竞争风格也赋予了公司这样的特点。如果一名员工在冒险上比较犹豫或者不愿意去做一些必要的事情来完成任务，那么他在公司便时日无多了。“失败者”将会离开安然公司的快车道，到其他地方去追求一个相对慢节奏的工作和生活。

斯基林的方法有一些可取之处，特别是它鼓励创新。他及徒弟们的一些创造性想法对能源工业带来了极大的收益。但是这种方法也有一些弊端：由于他强调冒险地工作，以及创造出一些前人未曾使用的方式，最终可能导致不可避免的失败。对商业的一个合理预期是，偶尔的失败是可以控制的。但是安然公司希望成为“世界顶级公司”，且斯基林不能忍受任何失败。因此当经济开始下滑，而其对手的竞争力提高时，安然公司开始斗争。非常不幸的是，在那个时候一位聪明的财务管理者创造了一种新的方法（毕竟，每位优秀的安然员工都知道，每个问题都有解决的方法）。他开始创造复杂的“合伙经营”来掩盖安然公司的亏损，使得公司

◎ **安然公司的肯尼斯·雷。**基于雷在安然公司丑闻中所担任的角色，陪审团将要就 10 项欺诈罪名对雷进行指控。由于每项罪名都被建议处以 5~10 年的刑期，这些有罪判决很可能使得他将在监狱里度过余生。然而，雷在判决之前因心脏病而猝死。

的资产负债表体现出丰厚的利润。

一些人质疑这种会计伎俩的适宜性。然而，安然公司培育出来的这种冒险的恃强凌弱的规范，结合安然员工认为自己比其他地方的人都聪明的信念，干扰了这个组织准确评估风险并做出合理决策的能力。而群体压力的机制——“其他每个人都认为没有问题”“如果我指出它的不恰当性，我就将被标记为失败者”——使得少数人的影响不可能实现。安然公司很快成为一栋由太多的商业冒险所建造的不稳定的大厦，且仅仅依靠会计伎俩带来的数字增长维持着。因此，当莎朗·沃特金斯写给肯尼斯·雷的内部备忘录曝光后，安然大厦轰然倒塌。正如马丁·路德·金一类的魅力型领导告诉我们的，变革型领导者的力量能够创造出伟大的事情，但是这种力量也可以导致群体步入危险的路径。

世界通信公司也是由一位魅力型领导——柏纳德·埃贝斯（Bernard Ebbers）掌舵，他相信通信领域的增长方式在于购买相关的公司并将其组合为一个更大的网络。确实，这种策略在一段时间内非常有效，使得世界通信公司很快成为国际巨头。然而，埃贝斯更重视业务扩展而非公司的实际运作和

提供更好的客户服务，这种态度也随着管理层往下渗透。那些有其他想法的人得不到任何支持，很多人离开了公司。因此当没有更大的生意可做的时候，世界通信公司的无效运作以及不满意的客户基础使它很难满足不断增加的投资者对盈利与增长的期望。如同安然公司一样，世界通信公司也采取了受到质疑的会计操作来掩盖亏损。同样，类似安然公司，当辛西娅·库珀带着她的疑问走进世界通信公司的董事会，这个曾经强大的公司，现在也像一座卡片大厦轰然倒塌。我们再一次看到一个不欣赏异议者以及不认真考虑少数人意见的组织是如何失去他们的目标的。

美国联邦调查局的领导力问题可能不太像一个受高层变革型领导误导的例子，而更像是一种对所管辖的办事处缺乏控制的例子。美国联邦调查局是一个高度结构化、层级化的组织——通过预先设定的锁定程序推进信息的流动和授权。每一个情报员都害怕得罪自己的上级，而上级也害怕得罪更高的上级。正如科琳·罗利在她的国会证词中所陈述的一样，这些考虑到职业生涯而犹豫的情报员，做出了后来饱受责难的决定，这个决定阻碍了他们采取直接而快速的行动。我们看到太多这样的模式：当群体成员考虑融入、友好相处、被接受或者维持自己的地位时，群体利用其优势——成员之间可以潜在地分享所有的信息与智慧——的能力就会被削弱。因此，正如安然公司与世界通信公司阻止异议者的决策文化带来了它们的毁灭，美国联邦调查局总部的决策迟疑文化压制了罗利所在的明尼阿波利斯外地情报站进一步调查扎卡利亚·穆萨维的请求。

什么时候美国联邦调查局、安然以及世界通信的组织文化中的问题特征会显露出来，而它们获得高报酬的领导是否会采取杜鲁门总统的原则来要求自己，是否会为他们的群体失败承担责任？他们会采取下一步行动来医治困扰他们所在组织的病症吗？看上去他们会说："他人责无旁贷。"

确实是他人为此负了责任。这次错误在科琳·罗利、莎朗·沃特金斯与辛西娅·库珀以及其他类似的人面前中止，他们尝试去修补他们看到的组织中出现的问题。而他们的领导赞赏他们的努力吗？一点也不。甚至他们的同事也把他们看成背叛者而非英雄。毕竟，对所在群体忠诚难道不是一个有助于维持良好工作凝聚力的基本价值观吗？在某种程度上，它确实是。当然，这些女性认为，她们正在以一种真正的最基本的方式忠诚于她们的组织。想一下科琳·罗利：美国联邦调查局的目的是要保护美国公民，这比维持机构的名誉要重要得多。再想一下莎朗·沃特金斯与辛西娅·库珀：公司最根本的使命是要为它们的股东负责，因此根除这些欺骗股东的问题比维持一个正面的公司形象更重要。她们都相信她们的行为是最终为组织的长远利益服务的。为了指出组织中存在的问题而不惜牺牲自己的事业，她们重申了什么是对组织更正确的行为，揭示出真正有勇气的领导即使在最困难的时刻也会出现。

我们在这一章中看到社会心理学与组织科学的联系——对大型公司和联邦官僚机构，对社区和朋友网络，对社交俱乐部和刑事陪审团的研究。作为群居动物，我们日常生活的大多数时间都在群体中度过，因此很多社会心理学的发现与理论都会关注提高管理实践、陪审团的决策过程、社区的渗透与参与、团队表现等方面的内容。在下一章中，我们将会看到社会心理学不仅有助于理解个体与他人之间的联系，同时也有助于理解更大的群体以及整个社会。

第 13 章

社会困境：合作还是冲突

通过本章学习，我们能够：

◎ 定义社会困境，并解释它与囚徒困境和公地悲剧的联系；

◎ 分辨公共物品困境与可再生资源困境的差异；

◎ 定义社会陷阱，并解释其中的隐藏成本；

◎ 描述四种典型的社会价值取向，并解释它们如何与一般性的利己与亲社会差异相对应；

◎ 描画一些可以改变社会困境中利己结果的技术手段；

◎ 了解威慑论与冲突螺旋升级论；

◎ 明晰不同类型的威胁如何影响种族主义和民族主义；

◎ 掌握合作与冲突的互惠性动力学与以牙还牙策略、美元游戏、知觉困境和 GRIT 策略之间的联系。

案例

两种截然不同的未来世界

早在 1971 年，意大利和孟加拉国均是人口稠密的国家。意大利约有 5400 万人口，是国土面积相近的新墨西哥人口数量的 50 倍。而孟加拉国则更是人多地少，其人口总量高达 6600 万，而国土面积还不足意大利的一半。

截至 2014 年，孟加拉国的人口已经是 1971 年的 2.5 倍。目前，这片捉襟见肘的土地上生活着 1.66 亿人口。尽管孟加拉国的土地肥沃富饶，但有限的农田实在难以养活这么多人，人民的生活每况愈下。事实上，根据 CIA 的数据，该国在饥饿儿童比例这一项的世界排名上几乎垫底，超过三分之一的孟加拉国的儿童处于体重偏低状态。文盲率居高不下更加剧了孟加拉国的落后，只有 57% 的成年人口具有读写能力（而在美国，该比例为 99%）。

为了摆脱孟加拉国这种惨淡的局面，大批孟加拉人潜入毗邻的印度，即便印度向来不欢迎孟加拉人。1983 年，印度一个村庄的居民对附近居住的孟加拉人发起进攻，1700 名孟加拉人在五小时内遭受屠杀。直至今天，印度仍试图阻止孟加拉人入境，两国就此问题争论不休。

与此相反，意大利则走上了一条截然不同的道路。在过去的 45 年间，意大利人口仅增长了 13%，而且在近年内趋近于零增长。不仅如此，意大利还从第三世界阵营逐步发展成为世界上最富裕的国家之一。意大利的识字率高达 99%，与美国水平相当。

同时，意大利与欧洲其他国家建立了友好的合作关系，完全颠覆了 20 世纪初期冲突不断的局面。事实上，意大利与这些曾经的敌国联合，结成欧盟。欧盟是与美国实力相当的欧洲联合体，通用的护照和统一的货币正将传统的国家边界逐渐消融。与意大利相同，其他西欧国家也呈现出人口增长放缓、经济加速繁荣的良好局面。欧洲各国在环境保护方面也做出了积极的贡献，处于世界领先地位。

印度和欧洲次大陆为未来世界描绘出了两幅对照鲜明的图景。如果孟加拉国和印度这些第三世界国家的人口继续保持加速增长的态势，地球上的森林、海洋、河流等资源将被耗竭，更多物种将走向灭绝，国际间的争端也将继续升级。然而，如果发生在意大利和欧洲其他国家的变革能够在全球范围内得以实践，人口爆炸以及人口压力为脆弱的地球生态系统带来的沉重损失将大大缓解，甚至完全扭转。

其实，一些经济学理论研究者早已构想出一场即将到来的变革。变革后的车辆以水蒸气为燃料，既安静又高效，工业垃圾几乎不再排放，失业问题也完全解决，节能型房屋能够自行生产能量以供使用，消失的森林重新生长出来，煤矿、核反应堆和石油所产生的废弃物被完全清除。

那么，为什么整个世界并没有选择欧洲的发展路径？既然人口过度增长、环境恶化和国际冲突使得孟加拉国、印度和巴基斯坦蒙受着沉痛的代价，但它们为什么不采取任何行动呢？

无限制的人口增长、地球环境资源的破坏以及国际冲突可能是当今人类社会所面临的最重要的问题。在本章中，我们将一起来探讨这些问题，主要出于以下两方面相互关联的原因。首先，这些群体层面的社会现象帮助我们从个体心理学的探讨过渡到更加复杂的人与环境的互动过程中。其次，这些全球性的社会困境生动地展示了人们各自独立产生的思想和感受将如何在群体层面上共同导致意想不到的结果。事实上，只有在相当大的群体层面才会出现人口过剩、环境恶化和国际冲突等问题。

我们首先定义什么是社会困境，寻找这三种社会问题存在哪些相同之处。然后，我们再分析这些巨大困境背后的努力方向，并考察个人和情境中有哪些因素有助于解决这些困境。

定义社会困境

人口过剩、环境破坏和国际冲突等现代问题皆是基于自我服务性心理机制而出现的。这种心理机制原本是为小群体中的成员服务的，但不幸的是，在全球层面上它们却导致灾难性的后果。实际上，每个全球性问题都将具有自我服务、自我欺骗倾向的个体与更大范围的群体利益相互对立起来。这样，每个问题都构成一种**社会困境**（social dilemma）——在这种情境下，个体通常会通过自私行为获益（除非所有人都选择自私选项），从而导致整个群体的利益蒙受损失。

名词解释

社会困境 一种个体通过实施自私行为获益（除非所有人都选择自私选项）的情境，这时整个群体的利益将遭受损失。

社会困境方面的研究起源于一种非常简单的游戏，名叫囚徒困境。假想你是一名职业小偷，你和你的同伙由于涉嫌最近的一起盗窃案而被逮捕入狱。你的辩护律师向你解释了目前面临的两难困境（如图 13–1 所示）。你该怎么办呢？实验室研究中，让学生来参加这个游戏的各种变式，如果参加者 A 选择背叛同伙（认罪）而参加者 B 选择合作（保持沉默），则结果对 A 而言是最好的，对 B 则是最不利的。如果两人都选择背叛对方（即两名盗贼都同意为对方的罪行提供证据），则双方均获得轻微的消极结果。最后，如果两人都选择合作（即两名盗贼一致保持沉默），则双方均获得中等程度的好结果。

国际冲突也时常带有囚徒困境中的这种一对一的特征，因为两个相互对峙的国家领导人都试图压倒对方。然而，国际问题更多地涉及群体层面的困境——在这种局面中，个体的直接利益与更大范围的群体利益相对立。这些群体层面的困境每时每刻都在困扰着世界亿万人口；这些困境也正是人口过剩和环境破坏等问题的根源所在。这些深层次社会困境的原型就是“公地悲剧”，我们将在下文中深入探讨。

在公地悲剧这样的社会困境中，任何个体均可从有限的公有池中取用一些资源。在这里，

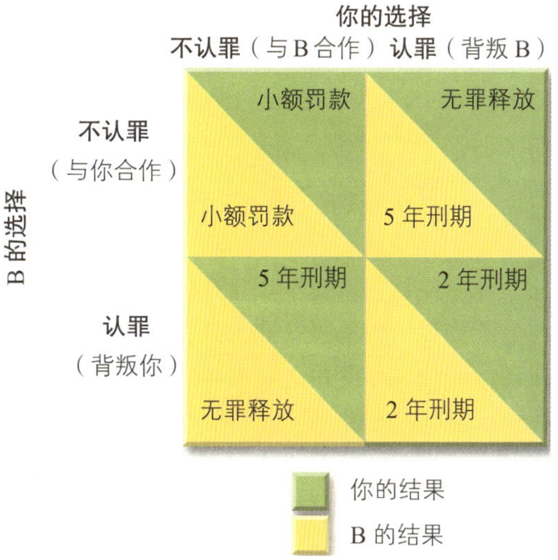

图 13–1 囚徒困境

注：假想你和你的同伙是两名盗贼，在非法闯入作案现场准备盗窃时被逮捕。由于涉嫌近期发生的一系列盗窃事件，你们被警方拘留了。你现在有两种选择：保持沉默（也就是与另一位同伙合作，共同逃过起诉）或者向地方检察官认罪（也就是背叛你与同伙“保持沉默”的约定）。如果两人中只有一位认罪，即向地方检察官提供同伙犯罪的确凿证据，那么他便可获得释放。若将你们两人作为一个整体来看，你们两人都保持沉默将获得最好的结果。但是，这种决策意味着一个两难困境：如果你保持沉默，但另一位同伙选择认罪，你将陷于极其不利的境地。

有必要把这种类型的困境区别于**公共物品困境**（public goods dilemma）。公共物品困境是指一种情境，如果某些个体为公共物品贡献出一些资源，整个群体将因此而获益；如果有足够多其他成员做出贡献，个体可从“搭便车”中获益。例如，公共广播站正在募集捐款：如果捐款的听众达到最低数目要求，广播站将拿出一笔经费来制作广播节目，供所有听众收听；但如果愿意捐款的听众太少，这项公共物品便无法筹建了。困境的根源就在于，没有哪一个听众必须为公共物品做出贡献。从纯经济学的角度出发，最有利于自己的策略是对筹款的号召视而不见，寄希望于别人承担起社会责任。这样，个体可同样享受到公共福利，而无须花费任何成本。

那些重要的全球性问题无一不是规模宏大的社会困境。我们将在本章中详细阐明，每个

联结：适应与障碍

公地悲剧

在环境保护问题上，个体的自私自利可能为所在群体带来严重的破坏性后果。为了阐释这种现象，1968年，生态学家加勒特·哈丁（Garrett Hardin）描述了新英格兰的公共草场过度放牧的现象。那些草场属于公有区域，放牧者可以免费地放养他们的牲畜。放牧者在私人草场上放牧时，会按照草场能够承载的牲畜数量进行放养，因为他们担心过度放牧将会破坏草皮，致使整个羊群挨饿。然而，在公有区域上，放牧者则不受这样的约束。结果，公地经常因为过度放牧而遭到破坏。

是什么因素造成了公地悲剧呢？多放养一头牲畜能够为放牧者个人带来直接的利益。然而，这头牲畜所耗费的成本则是由公地的所有使用者共同承担。因此，短期内个体所能够采取的对自己最为有利的行动就是增加放牧的数量。如果大量放牧者都依照这种短视的策略行事，整个群体所面临的长期成本就是放牧区域的破坏。

公地困境是**可再生资源管理困境**（replenishing resource management dilemma）的一个例子。在这种社会困境中，群体成员共同拥有一种可再生资源，只要群体成员不过度使用，这种资源便能持续性地提供利益。试分析阿拉斯加帝王蟹的案例。在1980至1984年间，尽管出海捕蟹的渔船越来越多，设备也越来越先进，阿拉斯加帝王蟹的年产量却下滑了92%。如图13–2所示，如果所有渔民都试图在某一年中将自己的利润最大化，那么剩下的为数不多的螃蟹则无法支持整个种群的再生，而且会很快地死掉。同样的困境也导致许多鱼类物种濒临灭绝，包括红鲷、大西洋鳕鱼和蓝鳍金枪鱼。

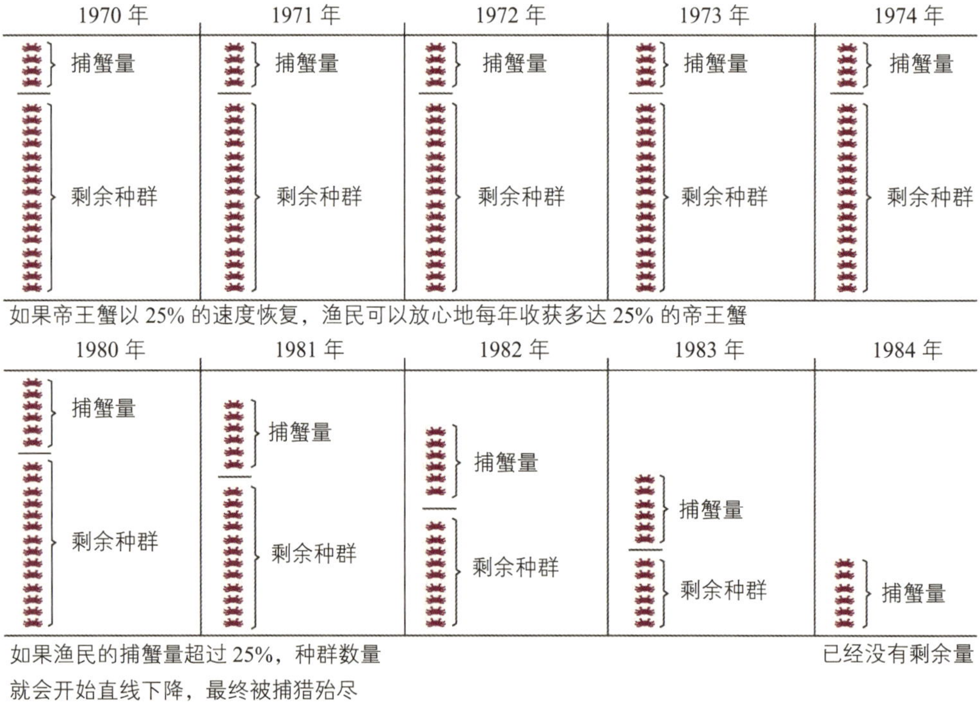

图13–2　贪之毫厘，失之千里

注：如果渔人以较慢的速度捕蟹，种群得以持续地自我恢复，渔人得以获得持续性的未来收益。尽管保守捕捞合乎行业的整体利益，但捕蟹的渔民还是被个体获得的直接利益所诱使，尽可能多地去捕捞帝王蟹。但如果所有渔民都这样做，繁殖种群则被大量破坏，正如20世纪80年代所发生的悲剧一样。这是可再生资源管理困境的一个例证。

1977 年，社会心理学家凯文·布雷克纳（Kevin Brechner）在实验室中模拟了这种公地困境。他让三名学生为一组参加游戏，并为他们提供机会，只要能够在游戏中成功地赢得 150 分，便可仅用半小时时间挣得一学期的实验学分（通常要三个小时）。要赢得分数，学生们只需按下按钮，从公有账户中扣减一分加到自己的个人账户中。公有账户中原有 24 分，分数在一块装有 24 盏灯的牌子上显示出来。当任何参加者从公有账户中拿走一分，则显示牌上的一盏灯熄灭。像生长在公有牧场上的草地和阿拉斯加帝王蟹的繁殖种群一样，公有账户中的分数也能够自我恢复。当公有账户接近满分时，账户能够迅速恢复满分——每两秒钟恢复一次。如果公有账户中的分数低于四分之三，则恢复速率减慢——每四秒钟才能恢复一次。若账户中的分数低于二分之一，恢复速率则下降到每六秒钟一次。如果账户遭遇“过度放牧”，分数降至原先的四分之一，则每八秒钟才能恢复一次。一旦账户中最后几分也被“吃掉”，则宣判游戏结束，公有账户完全失去自我恢复能力（如图 13–3 所示）。

要成功地赢得高分，参加游戏的学生必须相互合作，以确保公共账户的分数维持在较高水平上，这样才能以较快的速率进行自我恢复。学生在不允许相互交流的条件下，获得的成绩往往很差。事实上，大多数不能交流的小组在不到一分钟内就用完了公有账户中的所有分数。这些学生平均每人仅挣得 14 分。当学生之间可以相互交流时，尽管他们通常还是达不到最佳水平，但成绩已然有所改观，平均每人能挣得 70 分。正像帝王蟹大幅减产的现实案例那样，严格操控的实验室研究也证明了人们往往很难维护好公有资源。尽管个体成员约束自身的行为，避免过多、过快地占用资源，能够使整个群体因此而获益，但个体的利己倾向常常导致整个群体的损失。

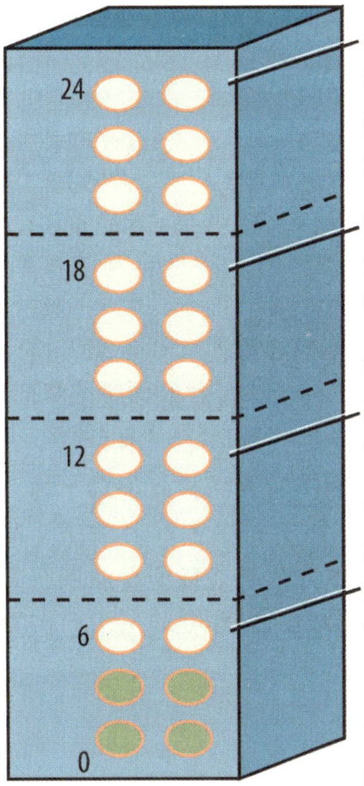

图 13–3 实验室中的社会陷阱

注：凯文·布雷克纳实验中的群体所共有的资源像帝王蟹种群一样，如果慢慢取用，则会很快恢复原状。由于个体的利己倾向，公有账户的分数很快被用光，尤其是在群体成员间无法相互沟通的情况下。

困境实质上都是简单的维护自身利益的个体机制与全球社会共同的福祉相互对立的结果。这些全球性问题之间存在着相互关联。

名词解释

可再生资源管理困境 群体成员共同拥有一种可再生资源，只要群体成员不过度使用，这种资源便能持续性地提供利益，但对任意个体成员而言，尽可能多地使用这种资源能使他们获益。

公共物品困境 一种情境下，如果某些个体为公共物品贡献出一些资源，整个群体将因此而获益，但如果有足够多其他成员做出贡献，个体可从“搭便车”中获益。

紧扣问题和解决方案

究竟是什么原因导致印度阿萨姆的村民对 1700 名孟加拉国移民进行了长达五小时的暴力袭击和屠杀呢？30 名研究者组成了研究小组，对这次暴力事件以及世界上其他类似的现象进行分析。研究者们发现了一个共同的规律：在许多国家，人口过剩导致自然资源日趋匮乏，从而对该国的经济发展构成了严重的制约。这些经济问题的短期解决方案（如过度砍伐热带雨林牟取短期暴利）在长期看来，无疑使问题进一步恶化。

毋庸置疑，世界人口正以惊人的速度持续增长（如图 13–4 所示），研究小组由此推论，环境破坏和国际冲突问题将日益升级。譬如，孟加拉国、中美洲和非洲等地区的人口增长已经严重地破坏了当地环境和食物资源，迫使本地居民背井离乡，寻找更适宜他们居住的地方。这些移民潮进而引发国际争端，因为整个人类都在为稀缺的土地和资源而相互争夺不休。孟加拉人所遭遇的这些残忍的暴行并非历史的偶然。近年来，这类种族屠杀行为在非洲、中美洲和中东地区变得越来越常见。

全球社会困境背后的目标

人们为什么会陷入这些逐步升级的社会困境中呢？几乎没有人每天早晨一觉醒来就刻意蓄谋如何加剧人口过剩、环境破坏或国际冲突问题。事实上，大多数人都是在无意间导致了

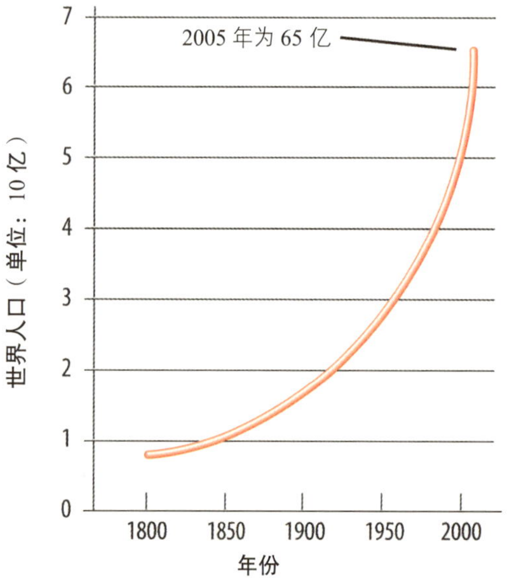

图 13–4　人口爆炸

注：全球人口曾一度在 100 万年间维持在较低水平上（1000 万人以下）。然而，在过去的 200 年中，世界人口出现了惊人的增长。在未来几十年内，世界人口预计达到 100 亿人。人口增长对环境构成了严重的破坏，进而引发更多的国际冲突。

这些问题的恶化。我们生活中所奉行的目标看起来一贯都是对人类有利的。全球性问题之所以成为“困境”，很大程度上是因为我们的动机，这些动机对小群体生活的人类祖先而言非常有益，但如今，同样的动机却成为问题的根源所在。

我们在本书中探讨过的许多动机都在个体决策过程中发挥着作用，进而加总成为全球性社会问题。例如，在第 8 章中讨论过的繁殖目标，是人口问题的根源所在。而在第 2 章和第 3 章中谈到的将复杂信息简单化的一般目标，往往导致人们一味坚持用简单化的手段解决政治或经济问题，而不去仔细分析这种解决方式在复杂的真实环境中效果如何。不过，我们在讨论全球性社会问题时将重点关注两种目标，这两种目标在大群体中将会呈现出不一样的特征——获得立即满足的愿望以及保护自己及重要他人的愿望。

以获得立即满足的愿望为例能够很好地说明，服务于个体需求的目标会引发群体层面的问题。我们的祖先不会在风雪中无助地踌躇，也不会寻求最困难的方法来捕鱼或砍伐树木。他们之所以能够繁衍到今天，是因为他们留心为自己谋求特殊的生存优势：冬天取暖，夏天乘凉；尽可能保证充足的水果、鱼类和肉类的供给；发明各种技术以节省时间和体能。但让人感到讽刺的是，我们的祖先用以“征服”环境的技能却导致了子孙后代对环境的破坏。

幸运的是，人类的另一项特征就是能够（至少有时能够）延迟短期的满足以获得长期的利益。不仅如此，人们为了维持生存，会与其他群体成员展开合作，许多人甚至甘愿牺牲自己来成就群体的利益。人们在怎样的情境下会违反长期的群体利益而寻求短期的利己回报呢？理解这个问题将为解决当今这些重大困境提供些许思路。

影响人们自私倾向和合作程度的一个变量是我们与亲戚之间联系的紧密程度。我们的祖先大多数时间都是和具有家庭血亲和长期合作关系的他人一起生活的。而现代社会中，人们每天交往的是成百上千没有血缘关系的人，许

多甚至完全是陌生人。正如前面章节中探讨过的源于基因的利己和助人行为（见第9章），不少实验证据表明，与毫不相干的陌生人相比，人们更愿意与自己的亲属，或相貌与亲属相近的人进行合作。

现代生活方式的另一个特征同样阻碍了人们相互合作。人类普遍持有的一个内在目标与国际冲突具有密切联系，即人们都希望保护自己以及对他们重要的他人。这其中同样有两股相反的力量在相互较量，要维护我们的特殊利益，就要求这两股力量之间实现妥善的平衡。正如我们在第11章中谈到，群体间时常为了争夺稀缺资源而相互竞争，这种竞争会因为资源日趋紧俏而进一步升级。因此，国家之间，以及国家内部的不同群族之间会存在内在的利益冲突。如果这种竞争最终导致公开的战争，竞争者自身以及他们所重视的其他群体更是被置身于危难境地，尤其是当今世界充斥着大量危险的武器。

基于此，我们将围绕这两个基本目标深入地探讨全球性社会问题：在便利和资源上获得立即满足的目标，以及保护自己及重要他人的目标。

获得立即满足

20世纪60年代，“只要感觉好，就去做吧！”这句话盛行一时。事实上，生理心理学家在哺乳动物脑部发现一块脑区，似乎专门负责控制“感觉良好”。奥尔兹（Olds）和米尔纳（Milner）在下丘脑的某区域中植入电极，该区域后来被称为“愉悦中心”。为了让这个脑区获得一次震动刺激，动物愿意连续几小时压动杠杆。自那时以来，对人类大脑的神经心理学研究表明，人类像其他哺乳动物一样，也有特定的脑区以及一整套相互联系的神经化学和激素系统，任何时候只要我们感觉到愉悦，该脑区连同整套系统都会被激活。这些机制似乎是大脑以其独特的方式向身体传达着信号：“不管你刚才做了什么，再来一次！”然而，这种寻求短期满足的愿望有时会将我们置于困境，我们将在下文中探讨。

社会陷阱

几十年前，行为心理学家约翰·普拉特（John Platt）精辟地阐释了人类寻求立即满足的驱力何以导致社会困境。普拉特认为，寻求即刻满足的愿望会导致**社会陷阱**（social traps）——在这种情境下，个体或群体会被即时的回报所引诱，即使这些利益后来被证明会产生不愉快的甚至极其严重的后果。普拉特强调指出，社会陷阱根本不是什么神秘的现象，其背后的机制非常简单，即强化原理：人们会重复那些能够获得即时奖励的行为。不幸的是，一旦这些当前能带来立即强化的行为背后隐藏着成本，我们便置身于陷阱中了。而这些成本出于多种原因，隐藏在我们无法发现的地方。

短期和长期后果的区别

有时候，我们的行为所获得的短期效果是积极的，但长期来看却是消极的。如果你单独驾车上班，或是不计户外环境而将车内温度维持在75 ℉，你将立即获得直接的个体满足。尽管能源耗竭的代价会在若干年后显现出来，但我们大多数人在寻求舒适的捷径时根本不会想到这些问题。与此相反，在公交车上多耽误半小时时间，在室内还要穿毛衣，或在炎炎夏日中全身冒汗，这种种的代价同样是个体立即要承受的。尽管这些行为最终将有助于保护能源和改善空气质量，但这些好处遥不可及，几乎可忽略不计。

忽视长期后果

汽车排放可能诱发癌症、心血管疾病、高血压以及智力迟钝。内燃机的最初发明者不会料想到这样的后果，也可能更加难以想象人们纷纷驾驶着运动型多功能车（SUV）出行，却在八车道的高速公路上遭遇塞车的景象。由此可见，人们之所以有时会踏入某些行为的陷阱，是因为这些行为将在短期内带来巨大的回报，但其成本却在相当长时间以后才会暴露出来。

贬值强化物

贬值强化物（Sliding reinforcer）是一种刺

激物，小剂量使用时将带来奖励，当大剂量使用时则导致惩罚。洛杉矶曾一度在美国空气污染最严重的大城市中位列前几名甚至第一名。污染有相当一部分来自汽车尾气。然而，当第一辆汽车引入洛杉矶地区时，汽车所带来的只有舒适便利，对空气质量几乎不构成任何影响。假如只有少数一些车辆在洛杉矶的马路上行驶，这座城市至今仍不会出现大气污染问题。不幸的是，当几百万辆汽车同时涌入街道，城市晴朗的天空被这些发动机罩上了一片污浊的烟雾。

名词解释

社会陷阱 个体或群体被即时的回报所引诱，即使这些利益后来被证明会产生不愉快的甚至极其严重的后果。

贬值强化物 一种刺激物，小剂量使用时带来奖励，大剂量使用时则导致惩罚。

由此可见，在一些条件下，社会陷阱是基于适应性原则而出现的。困于陷阱中的个体，其行为并非病态或异常。事实上，每个人都在进行理性的决策——寻求即时的自身利益！当这些个体结合成一个群体时，个人的利己需求与整个群体的利益相左，问题便出现了。社会陷阱这个概念不仅能够帮助我们理解环境破坏问题，还能解释人口过剩和国际冲突等问题。个体或群体寻求短期的、利己的回报，导致的长期损失却由群体共同承担，正因为如此，这些问题才变得日趋严重。

哪些因素会影响个体寻求即时的个人满足而牺牲群体的长期利益呢？满足某些条件的人格和情境因素均可能与这种倾向相关，即这些因素能够：

1. 提升利己的自我中心倾向；
2. 使个体关注立即满足，而相对忽视长期的、延迟的利益；
3. 降低社会责任感或相互依赖感；
4. 加剧竞争而非促进合作。下面我们介绍探讨这些因素的一些研究。

◎ **贬值为雾都。**洛杉矶多年来以烟雾污染严重著称。当只有少数洛杉矶人驾车出行时，汽车纯粹是一种便捷的交通工具，几乎不会造成任何空气质量问题。然而，如今有几百万机动车辆在街道上行驶，它们所带来的回报在减少，甚至导致更严重的负面惩罚，包括大规模交通阻塞和持续性的烟雾。

个人 利己取向和亲社会取向

个体的哪些因素可能导致他努力追求“第一名”，而不顾及群体的长期利益呢？近年来，大量研究致力于区分人们在寻求自身利益和他人利益方面所持有的不同价值观。

区别不同的价值取向

假想你正在玩一场游戏，你和其他参加者都有机会赢得真钱。以下四种结果你更喜欢哪一个？

1. 你牺牲自己的回报，帮助小组中的其他人挣更多的钱；
2. 你与其他参加者共同合作，虽然谁也没能挣得最高的回报，但你们获得的钱数都比自己单独参加要略微好一些；
3. 在有利于自身利益的情况下，你采取合作策略，一旦发现了获得更多利润的途径，你将转而与其他人竞争；
4. 为了获胜你坚持竞争，只要能超过其他对手，你宁愿牺牲一些自己可赢得的收益。

社会心理学家向不同国家的被试呈现一系列标准化问题，让他们在自己和所在群体间进行利益分配，结果发现，人们对这些问题采取的策略总能大致归为以下四类：

1. 利他主义者（altruist）将群体利益至上，哪怕需要做出个人牺牲；
2. 合作者（cooperators）注重合作，以达成自己和群体共同利益的最大化；
3. 个人主义者（individualist）致力于将个人的获益最大化，不考虑群体中其他人的得失；
4. 竞争者（competitor）力争使自己的相对结果好于他人——只要能够“获胜”，他们不考虑自己利益的绝对水平是高还是低。

大多数人被归为合作者和个人主义者两类，属于利他主义者和竞争者类型的相对较少。为方便起见，一些研究者将利他主义者和合作者归为“亲社会”类型，将个人主义者和竞争者归为“利己”类型（详见表13–1）。

名词解释

利他主义者　以帮助群体获益为导向，甚至甘愿做出个人牺牲的一类人。

合作者　以合作并最大化自己和群体的共同利益为导向的一类人。

个人主义者　以个人获益最大化为导向的一类人，不考虑群体中其他人的得失。

竞争者　以相对结果好于他人为导向的一类人，不考虑个人利益的绝对水平高低。

一项实验邀请学生参加一个有关“能源保护”的游戏。七名学生结成一组，共同拥有100美元的起始资金池。在五轮游戏中，每位参加者从资金池中取出的钱数即为自己挣得的钱数，只要所有参加者取出的总钱数不超过池中剩余的数目。一旦池中的资金少于零，则游戏结束。被试每次从池中取出的金额应在1.5美元至9美元之间，以1.5美元为增量。考虑到五轮游戏有七位同学共同参与，每位同学每次必须只取用很小的金额（1.5美元和3美元通常是最安全的方案），才能保证整个团队最后获得成功。

第一次取钱时，只有利他主义者的做法最为接近群体利益的要求，为自己取出了3美元多。合作者取用的金额约为4美元，个人主义者约为5美元，而竞争者则大于5美元。随着游戏的进行，所有参加者都逐渐意识到钱可能会被取完，因而取用的金额呈现出减少的趋势。然而，个人主义者和竞争者尽管也充分意识到自己在第一轮中取钱太多，但在以后几轮取钱时并没有任何减少，他们仍然尽可能多地取钱以满足固有的利己倾向。甚至在最后一轮，当公有资源几乎消耗殆尽，竞争者取走的钱数仍然略微高于其他几类人。

与上述结果相一致，其他研究也发现具有利己取向的人比具有亲社会取向的人表现出更少的合作行为。还有一系列研究与此相关，其中一个实验比较了自恋与非自恋的学生在社会困境中的表现。自恋学生倾向于高看自己，认为自己比其他人价值更高，对“如果我能统治世界，世界将变得更加美好”这类问题给予更加正面的评分。在游戏中，参加者共同管理一片森林，在每一轮砍伐之后，剩余的森林以10%的速率生长（假设每一轮代表一年）。起初，自恋的参加者表现好于不自恋的人，他们在开始几轮中砍伐得更多。然而，长期来看，他们自我中心的行为拖累了整个团队的成绩，由于自恋者比重较高的团队过度消耗了公有资源，提前结束游戏的可能性更高。自我服务行为所导致的另一个适得其反的后果就是：群体中的成员们总是小心提防不合作的个体，并对自私的个体采取惩罚措施。

表13–1　社会价值取向

一般取向	具体的策略	描述
亲社会	利他主义者 合作者	以帮助他人为目的，即使牺牲自己的利益 以最大化自己和群体成员的共同利益为目的
利己	个人主义者 竞争者	以自我收益最大化为目的，不考虑他人的损失或利益 以相对结果好于其他人为目的，甚至不惜付出更多代价

亲社会取向和利己取向的发展

为什么人们会存在社会价值取向上的差异？保罗·万·兰格（Paul Van Lange）和他的同事提出，这种差异可能要追溯到个体与他人相互依赖的经历，这种经历从童年开始累积，并在成年期和老年期的互动中进一步形成。研究者通过不同的方法来验证上述假说。在一项研究中，研究者调查了631名德国男性和女性的家庭情况：有多少兄弟姐妹？在家中排行第几？与利己的个体（个人主义者和竞争者）相比，亲社会的个体（利他主义者和合作者）有更多的兄弟姐妹。尤其是，亲社会的个体有更多的兄长或姐姐。万·兰格及其同事对该结果进行了解释，在有兄弟姐妹的家庭中成长要求人们形成相互分享的习惯，年长的孩子能更好地遵照分享原则做出表率，并强化这种行为。研究者们的发现为合作行为的发展心理学研究指明了积极的方向：人们的亲社会取向通常会随着年龄的增长而提高。

研究者还考察了亲社会取向和依恋风格（如第8章所述）之间的关系。研究发现，具有亲社会取向的个体在恋爱关系中更可能表现出安全型依恋风格。也就是说，与利己者相比，亲社会的个体较少地担心在恋爱关系中被对方抛弃，在与他人的亲密关系中感到舒适。相关研究还表明，个体在信任方面的差异也在社会困境中发挥着重要作用。在社会困境的实验室研究中，通常较为信任他人的个体更容易与群体中的其他成员合作。

小调查

按照表13–1中的定义，你的社会价值取向应归为哪一类？结合你家兄弟姐妹的个数，你的社会价值取向在多大程度上符合上文讲到的学说？

情境 改变短视的自私自利所造成的后果

社会情境中有哪些因素能扭转人们为寻求即刻的自我满足而忽略群体长期利益的倾向呢？普拉特指出，选取合适的时机对自私行为和群体导向行为予以奖励或惩罚，是至关重要的一环。另有研究表明，激活社会规范也起着非常关键的作用。

◎ **手足之情与亲社会取向。**荷兰研究者发现，在兄弟姐妹众多的家庭中长大的个体往往具有较强的合作取向，尤其当个体有年长的姐姐时，其合作取向更强。

择时进行奖励和惩罚

约翰·普拉特指明了若干种方法来克服寻求个人回报的自私倾向，从而走出社会陷阱。

1. 采用多样化的技术手段来改变长期的负面后果。本田公司2014年推出的动力思域混合动力汽车达到了高速路上每加仑油耗行驶47英里的低能耗；丰田公司的普锐斯更胜一筹，达到了每加仑51英里。而更加奢华的特斯拉，则是一款完完全全无需燃油的电动力汽车，两次充电期间可行驶超过250英里。购买一辆崭新的、超级节能的轿车只是你实现享受现代生活与减少环境破坏一举两得的办法之一。太阳能电池板既能吸收富余的太阳能，也能为你带来低能耗的舒适享受。将房屋进行隔热处理也是一项不错的方案。尽管房屋隔热听起来不像太阳能电池板和电动轿车那样新潮，但它的确是帮助人们减少能源浪费的一项重要措施。事实上，利用太阳能电池板、隔热装置、窗帘、回转热风炉可节省加热房屋耗能的75%。科技革新通常是非常有效的手段，因为这种变革只要一次性投入便可完成——例如，购置一辆节能型轿车在未来若干年中都能做到节省能源。
2. 将未来的负面结果转移到当下。在八月的第一周，如果你将空调调到冰冷的68华氏度，同时又将后门敞开留给猫咪进出，你不必立刻为这种低效的决策付出代价，直到九月份的第二周，你收到八月份的电费账单。另一种方法是，屋内的温度调节器上安装着显眼的数码显示器，时刻提醒各位家庭成员消耗的电量和金额。这样，屋门紧闭、白天用窗帘遮好窗户，便能看到立竿见影的切实效益，而打开空调则立即产生切实可见的惩罚。事实上，研究支持了普拉特的理论：对能量消耗提供即时的反馈能够有效地促进能源保护。

3. 对不适宜的行为立即予以惩罚。如果你因为随地乱扔垃圾而遭遇罚款，公司由于污染环境而受到处罚，这些破坏环境的行为所带来的即时愉悦恐怕就不复存在了。在恰当的条件下实施惩罚可以鞭策人们为集体利益而行动。如果惩罚力度足够大，人们预计自己可能被抓住，便会采取避免惩罚的措施，从而减少对环境的破坏行为。更广义地看，环境心理学家认为，只要责令那些制造污染的生产商自己掏钱来清理他们所排放的毒气和有害废弃物，禁止污染物直接排放到空气和河流中，便可获得意想不到的收效。而目前普遍的现象是，大多数制造污染的生产商都是先造成了环境的破坏，再把烂摊子抛给公众社会来清理。事实上，目前工业生产所带来的污染远远多于所有私人居民的总和；美国等一些科技发达的国家所造成的污染最为严重。而在丹麦等国家，一些行业领先者正致力于模仿自然界生态系统中普遍存在的回收循环，从而极大程度地降低成本并提高利润。

4. 对有益的选项进行强化。对希望出现的行为予以奖励很奏效，且不会引发不良情绪反应。北美的许多城市都在推广回收计划，人们可以方便地将杯子、塑料袋和废纸丢入路旁的回收箱，等待回收。另一项相似的计划是对那些乘坐公共交通工具或节约能源的行为提供奖励（如赠送彩票）。研究表明，尽管这些举措可能意味着不少开销，但不失为成功的方法。

除了上述这些针对个体的自私动机采取的措施之外，帕特还建议利用社会压力的作用。这些基于社会性因素的解决方法通常需要激活人们有关正确行为的社会规范。

◎ **利用新技术保护环境。**正如这辆特斯拉纯电动汽车，新技术能够减轻那些原先由寻求个人回报的行为所导致的长期负面结果。一个障碍是，许多技术（如房屋隔热和太阳能电池板）并不像购置新车那样风光无限，必须说服人们乐意采纳这些新技术。

激活社会规范

我们已经注意到，规范可分为描述性和禁止性两类。正如第6章中的定义，描述性规范就是在某种情境下大多数人的做法，没有对与错的内在含义。例如，大多数生活在新墨西哥的墨西哥裔美国人相对于生活在北达科他州的瑞典裔美国人食用更多的辛辣食品。不论是瑞典裔美国人食用辛辣食品，还是墨西哥裔美国人喜欢吃口味清淡的土豆泥而不吃沙拉，都完全不存在道德问题；相反，禁止性规范则表达了人们在某种情境下应当做什么的一种社会期望。将垃圾扔进垃圾箱而不是随手扔出车窗被认为是正确的、合适的行为，不管周围有多少人做到了或没有做到。描述性行为规范和禁止性行为规范都能在社会困境中对人产生影响，促使人们愿意做出更加无私的举动。

描述性规范——“人人皆如此”

人们会调整自己的合作性与群体中的其他成员保持一致，这说明了描述性规范的重要性。例如，在一项社会困境的研究中，小组中为公共物品做出贡献的成员比例越高，被试对公共物品的贡献则越多。不仅如此，处于社会困境中的个体还会预期相同情境下的他人会如何行事，这种预期也将影响自己的合作行为。譬如，由经济学家组成的小组比其他各组表现得更为自私，因为他们素来假设人类行为就是为了贪婪地满足个体利益。如果你预期其他所有人都会按照自私的方式决策，那么你自然有充分的理由选择自私。反之，在荷兰和美国进行的研究让学生相信，参加社会困境游戏的其他成员都具有很高的道德水准，学生们因而更加愿意合作。与此相似，参加者之间相互沟通有利于在社会困境中增加合作，尤其是对那些通常不愿轻易信任他人的参加者更是如此。

禁止性规范——“做正确的事”

以下几种禁止性规范都能影响人们在社会困境中的表现，增加或减少自私行为，它们包括：承诺规范、互惠规范、公平性规范，以及社会责任规范。举例说明，根据承诺规范，如果你许诺别人要做一件事，正确的做法就是要坚持完成这件事情。实际上，人们确实会坚守自己的承诺而为团队利益努力，即便有时可能对个人造成相当的损失。

如果禁止性规范能够遏制社会困境中人性的贪婪，那么在身份可被识别的条件下，人们会表现出更有责任感的一面。事实上，当人们认为其他成员能够观察到自己的个体决策时，他们会表现得更加合作。这些研究成果都是基于美国大学生群体获得的，这说明即使在个人主义和资本主义社会环境中，人们也充分意识到“时刻追求第一”并不被社会所赞许。然而，界定正确行为的社会规范的确存在文化差异。克雷格·帕克思（Craig Parks）和安·胡（Anh Vu）发现，与美国人相比，越南人在社会困境中更愿意合作，作者将这种差异归因于越南社会的集体主义规范和美国社会的个人主义规范之间的反差。同时，近期还有一项研究比较了美国人和15个小型传统社会成员（如生活在秘鲁森林中的玛奇古恩嘎人）在社会困境中的慷慨程度。研究揭示了两个鼓舞人心的发现：首先，在所有这些社会中，人们的慷慨程度都要高于标准经济学模型的预测水平。其次，美国人通常要比那些生活在传统社会中的人表现得更为慷慨。

最近，有关社会困境的一个研究表明，如果群体中的某些成员一直坚持为公共物品做贡献，社会规范将被改变，那些原本自私的成员也开始做贡献。另有研究发现，群体成员通常很乐意对那些为群体利益做出贡献的人予以特殊奖励。由此可见，合作是可以“传染”的。

还有一些研究发现，一些情境线索能在社会困境中彻底转变人们对于什么是正确行为的思想观念。例如，在一项研究中，不同小组的学生依照完全相同的规则进行困境游戏，只是游戏的名称有所不同。当游戏取名为《社区游戏》（*Community Game*）时，学生们表现出的慷慨和合作程度要高于取名为《华尔街游戏》（*Wall Street Game*）的条件。另一项研究用更为微妙的手段操控社会规范，实验者对一半学生启动互依（用“群体”“友谊”或“一起”等词语组成完整的句子），对另一半学生启动独立（用“独立”“个体”或“自给自足”等词语组成完整的句子）。接受了“互依”启动的学生在后续进行的公共物品困境中表现得更加合作，也更加信任他人。

交互作用 干预措施和动机的匹配

通过社会干预措施来避免大规模的自私行为对环境造成破坏，必须考虑一个非常重要的问题，即不同的个体动机如何与各种干预措施产生交互作用？某种干预措施有助于促进一类人群的合作行为，而对另一类人群而言，可能恰恰降低了他们的合作性。表13–2将环境干预措施归纳为三类。

◎**社会责任规范。**一条强有力的禁止性社会规范约束着社会中的个体，即人们有责任为解决世界问题出力。绿色和平组织（Greenpeace）和自然保育协会（Nature Conservancy）等组织正是致力于履行这种社会责任。

表 13–2 各种环境干预政策与不同个体动机的交互作用

干预的类型	唤起的动机	举例
指令和控制政策	恐惧	• 对超量生产大油耗轿车的厂家加以罚款 • 对超生的家庭剥夺教育福利
基于市场的政策	贪婪	• 对购买太阳能加热板的消费者提供退税 • 对自愿节育的家庭发放奖金（如印度）
志愿政策	社会责任	• 塞拉俱乐部号召会员们联名向国会写信，要求对新的野生区域加以保护 • 计划生育组织呼吁志愿者为欠发达国家普及节育措施而努力

指令和控制政策（command-and-control policies）是硬性规定的法律规范，借助行政力量对违反者加以惩罚。例如，美国国家环境保护局（U.S. Environmental Protection Agency，EPA）责令汽车生产厂商，如果它们生产的低油耗汽车达不到规定的数量，将被处以罚款；与之相反，**基于市场的政策**（market-based policies）则是对那些减少环境破坏行为的个人予以奖励（如对安装太阳能电池板的用户给予部分返金）。最后，**志愿政策**（voluntarist policies）既不使用强制性威胁，也不采用经济奖励，而是直接唤起人们内心的社会责任感。不是所有人都认为自己有义务为公共利益尽一份力。例如，在荷兰，公交设施非常完备，但有些人还是喜欢自己开车出门。经常使用公共交通工具的人群普遍具有以下两种特征：

1. 认为私家车污染环境；
2. 对长远未来比较关注。

名词解释

指令和控制政策 硬性规定的法律规范，借助行政力量对违反者加以惩罚。

基于市场的政策 奖励那些自觉减少具有社会性危害行为的个人。

志愿政策 呼吁个体内在的社会责任感。

这些作用于不同动机的政策所带来的社会影响不尽相同。例如，指令和控制政策有可能诱发抵制行为。每一项政策干预出台，汽车生产厂商和石油公司都会联合反抗，对惩罚性条款加以抵制。基于市场的政策（如对节能措施予以退税）代价非常高昂，但这种措施不会产生抵制，也无须借助行政手段（人们一旦从自己的行为中获得好处，便乐意坚持自己的做法）。志愿政策也无须施行强制性的政府规定，也不要求行政管理和政府机构的介入。事实上，人们并不完全符合经济学模型中的自私自利假设，而是经常自发地做出合作、助人的行为。例如，许多人匿名为世界另一端的饥民寄送食物，还有些人不管其他人如何做，都一直坚持将物品回收利用，因为他们相信这才是“正确的行为”。

小调查

你的任务：拯救地球，至少要保护你周边的环境。利用这一节中讲到的各种研究成果，想出合理的方法来帮助你所在城市或州的官员促进市民的环保行为。

维护自己及重要他人

到目前为止，我们一直在探讨急于追求积极满足的本能性动机如何在大范围内引致不良后果。此外，还有另一方面尚待讨论：人们总试图防御外群体成员的剥削和侵害，这种本能性动机也会造成严重的社会问题。

外群体偏见和国际冲突

1913 年，一位人类学家描述了他在澳大利亚土著部落中观察到的一种奇特的习俗。

在进入村落之前，这位人类学家的土著翻译会一直在村落外围等候，直到村中的长者们向他走过来。长者会询问他的父辈以及祖辈的信息，然后花上几分钟时间谈论他的家系。如果他们能找到一位共同的亲戚，翻译便可以进入村落。不过有一次，翻译的确没能找到任何一点亲缘联系。他被这样的局面吓坏了，当晚只能睡在离村子很远的地方。翻译解释说，他是塔莱基人（Talainji），而来自卡瑞拉（Karieria）部落的这些人与他没有任何亲缘关系。翻译继续向迷惑的人类学家解释道："在这片土地上，其他人要么是你的亲戚，要么就是你的敌人。如果他是我的敌人，我必须抢占先机杀掉他，否则他日后便会杀掉我。"

不幸的是，这种偏向自己群体的成员而不喜欢外人的倾向是普遍存在的。实验研究发现，人们认为外群体成员不如自己群体中的成员那么有人情味，对"他们"的情绪推测比较简单化，而在推测"我们"的情绪时，则演绎出一系列复杂的人性化的情感。讽刺的是，如果提醒被试注意到自己的群体曾不公正地对待过外群体（如提醒英国人他们曾对原住民进行过大规模屠杀，或提醒美国白人他们曾对美洲原住民进行过大规模屠杀），这种倾向反而会加剧。

第 11 章中，我们分析了现代社会中外群体偏见如何引发地方性问题，如加利福尼亚北部的公民权活动家与三 K 党成员之间的冲突。当

◎ **对外群体的仇恨和不信任。**纵观世界，人们常常不信任其他群体，并且认为他们不如自己。图中这些阿拉伯抗议者正在烧毁美国国旗，在他们看来，这是邪恶的象征。另一方面，许多美国人却认为阿拉伯人及阿拉伯文化远远不及美国。

外群体成员由与本国存在竞争关系的外国人组成时，该群体则尤其被认为是格格不入、充满威胁的。例如冷战时期，美国总统罗纳德·里根将苏联称之为"邪恶的帝国"；反过来，苏联当时也认为美国是邪恶而贪婪的帝国主义者，是利用自身的势力在全世界扶植独裁者的力量。

第 11 章中谈到的关于种族群体偏见的所有因素都同时适用于国际间的外群体。例如，不同国家常常因领土和自然资源等实质性利益发生争执，此时对外国人的蔑视是助长群体自尊的途径之一。在本节中，我们将探讨更重大的政治冲突，但仍旧是基于对心理过程的分析来理解人格和情境因素究竟如何诱发人们维护自己和重要他人的动机。

个人 有些个体比一般人的防御性更强

哪些个体内部的因素会导致他们倾向于对国际外群体的威胁保持警惕？这是个非常重要的问题，主要有两方面原因。首先，了解哪些个体对这类威胁尤其敏感，有助于帮助领导者个人之间更好地相处，并能更好地量身设计谈判的策略以避免外群体敌意所造成的危险感受。其次，考察这种个体差异有助于理解那些势力较强的公民以及相对弱势的群体是如何决策的，正是他们通过"舆论"对国际政策构成间接影响。

社会支配倾向

正如第 11 章中所述，社会支配倾向是指人们希望自己的群体能够支配其他群体的愿望。社会支配倾向不仅与某个社会内部的群体间偏见有关，还影响着人们对军事力量及国际冲突所持有的态度。

社会支配取向得分较高的人倾向于支持增加军事投资，赞成以激进的方式处理国际冲突。1990 年，伊拉克总统萨达姆·侯赛因对邻国科威特发动侵略战争。美国组织了一场大规模的军事反击，导致上万伊拉克人丧生。在这场战争进行的同时，费利西亚·普拉托和她的同事测量了斯坦福大学本科生的社会支配取向，并调查这些学生认为应当如何处理伊拉克问题。

◎ **性别与社会支配倾向。**跨群体来看，男性的社会支配动机水平普遍高于女性。从图中这位男士的 T 恤衫可以看出，他相信他所在的群体——基督徒、美国人、异性恋者、保守主义者——优于其他群体。

与社会支配取向得分较低的学生相比，得分较高的学生表示他们愿意为这场战争做出更多的个人牺牲，更加支持发展军事力量和限制公民自由（如媒体言论自由）以支持这场战争。

种族中心主义和军国主义的性别差异

如果更多女性担任领袖，国际争端是否会减少呢？部分研究证据表明，答案可能是肯定的。编制出社会支配取向量表的研究者发现，这种取向与性别存在重要联系。在包括瑞典、印度、英国和美国在内的许多国家中，男性比女性具有更强的军国主义倾向、保守主义的政治倾向和种族中心主义倾向，同时还更加严厉、更具有惩罚性。

在一项研究中，吉姆·西丹尼尔斯（Jim Sidanius）、费利西亚·普拉托和劳伦斯·鲍伯（Lawrence Bobo）在美国洛杉矶随机抽取样本，对 1897 名男性和女性的社会支配取向进行调查。由于洛杉矶是一座多元文化的城市，该样本中包含了不同种族、宗教和籍贯的人群。研究者分析发现，在所有的社会类别中，男性都比女性更倾向于社会支配。不论年轻还是年长，富有还是贫穷，教育程度高低，共和党派还是民主党派，亚裔、欧裔还是拉丁裔，男性的社会

◎ **性别化的文化角色。**在不同文化中，强调社会支配的社会角色更容易受到男性青睐，如军人或武士等身份。根据生物文化交互理论的观点，古老的倾向与当今社会所产生的角色和规范存在交互影响（这些角色与规范也正是围绕着古老倾向的中心而建立的）。

支配取向的得分都要高于女性。另一项更大样本的研究调查了六个不同国家的 7000 名被试，结果同样印证了上述性别差异。

哪些因素造成了社会支配取向的性别差异呢？西丹尼尔斯和普拉托认为，单纯考虑生物因素或社会文化因素都无法给出完整的解释。他们提倡采用一种生物文化交互主义视角来阐释这个问题。普拉托发现，将自然因素和文化因素区分开来完全是伪命题，因为人类在进化过程中一直处于社会群体之中。根据生物文化交互主义，在人类的所有文化中，男性总倾向于被“等级”显赫的地位所吸引（如首领、贵族以及当今社会中的政府官员），并热衷于与外群体竞争的角色（如武士或现代社会中的军人）。

研究者认为，社会支配取向的差异在不同文化中普遍存在，因为在远古先民的所有社群中，男性社会地位的高低与他们的繁殖成功率都存在明确的关联性。因为正如第 8 章中讲到的，女性会更多地挑选自己的配偶，男性之间必须相互竞争以争取女性的注意。纵观历史上所有的人类群族，但凡那些成功地战胜了其他群族并保护了自己群族的武士，都获得了直接或间接的回报。

西丹尼尔斯和普拉托提出生物文化交互理论来阐释社会支配取向，突破了“全部源于我们的基因”的假设。相反，他们关注男性的竞争性倾向如何影响他们对职业和政治群体的选择。例如，有 84% 的警察是男性，而军队中也有 80% 为男性。这类职业中层级最高的人群表

现出更为显著的性别差异——美国国防部（U.S. Department of Defense）级别最高的官员绝大多数为男性。这种差异一部分原因是男性和女性乐于选择的职业不同，而另一部分原因则是文化中的许多方面都在鼓励这种既有的性别差异继续延续下去。在许多国家，女性仍然不允许参军，女性警官也是凤毛麟角。人类学、生物学和社会心理学等领域的交叉研究洞悉了一条重要的规律：人类的固有倾向和我们围绕这些倾向所构建出的复杂文化环境之间存在着持续性的交互影响。

权威主义和威胁感

正如第 11 章所述，权威主义反映了对权力的尊敬、遵从权威，并严格按照社会习俗行事的倾向。在国际争端中，权威主义者通常更加赞成扩充军事力量，对别国抱有更为敌对的态度。针对 1990 年的海湾战争，权威主义得分较高的学生更希望美国利用武力打击伊拉克，甚至支持使用核武器。战争结束后，他们对伊拉克百姓死难的后悔程度较低，而对美国在战争中获胜感到更多的得意。

提摩西・麦克维（Timothy McVeigh）制造了 1995 年俄克拉荷马城联邦办公大楼爆炸案，导致 168 人丧生，并因此被判处死刑。此人就表现出权威主义人格的若干特征。据报道，他具有极强的种族主义情节，并相信“新世界秩序”正逐步使美国政府土崩瓦解。他坚持相信，这场大爆炸作为对美国政府侵犯行为的报复，在道义上完全是合理的。他中途退出美国全国步枪协会，因为觉得他们太“软弱”。他最喜爱的文学作品是在远东地区非常流行的一本反犹太的种族主义著作。麦克维的个人特征恰好符合玛丽娜・阿芭拉柯娜・帕普（Marina Abalakina-Paap）及同事沃尔特・史蒂芬（Walter Stephen）、翠茜・克雷（Traci Craig）和拉里・格里高里（Larry Gregory）于 1999 年的一项研究。这些研究者希望寻找出那些接受阴谋论的人们有哪些独特的人格特征。结果发现，相信阴谋论的人通常都具有较高的权威主义倾向，有较强的报复心、无力感和敌意。

另一些研究也表明，权威主义者较容易感受到威胁。因此，他们对新鲜经验的开放性通常较低，并且认为旁观者都是充满防备且带有偏见的。对 1600 名南非人进行的一项有趣研究确证了上述论点，即认为自己不像别人那么容易产生偏见；但该研究同时发现，那些明显好于其他人的个体也具有很强的偏见。一种可能的解释是，处于弱势可能启动了权威主义的防御机制，而处于相对优势则使个体感受到社会支配。

尽管社会支配取向和权威主义均与国家主义和对外国的偏见有关，但两者却存在着重要的差异。权威主义强的个体通常倾向于顺服，希望跟从一位强大的领导者；相反，社会支配取向较强的人则通常希望自己来领导别人。此外，社会支配取向通常缺乏与权威主义相联系的严格的道德准则。一位研究者对加拿大的一个权威主义和社会支配取向双高群体进行了调查。结果发现，这群人虔诚而刻板地信奉宗教（这正是权威主义者的特征），同时却比典型的权威主义者更渴望权力，喜欢操控权术，且更反对平等。研究者指出，这类人群对社会构成潜在的威胁，那些激进的武力组织领袖很可能就在他们的行列中诞生。

国际冲突的简单化观点

政治心理学家菲利普・泰特洛克分析了国际冲突当中的决策制定者发表的言论。他注意到，国家领导人在制定重要决策时常常依赖于他们对世界过度简单化的理解。例如，在美国和苏联冷战期间，关于这场冲突主要存在着两种简单化的观点。其中一种观点是**威慑论**（deterrence view），即认为一旦表现出任何示弱都会为对手所利用，领导人必须表示出使用武力的决心。从威慑论的视角来看，展现出攻击性是一种必要的防御手段，它能有效防止自己的群体遭受对方的攻击。持威慑论观点的人（即相信暴露弱点必将被对手利用的人）支持核裁军的可能性较低。另一种盛行的观点是**冲突螺旋升级论**（conflict spiral view），这种观点认为，国际威胁的每一次升级都使对方国家的领导者感到更大的威胁，因此领导者需要表达出我方寻求和平的意向，以减轻对手的防御性敌意。

泰特洛克指出，上述每种观点在一些特定环境中都是正确的，但在另一些条件下则是错误的。面对希特勒这样的对手，威慑论的观点可能比主张和解的论调更有效。另一方面，国际政治专家认为，美国入侵伊拉克尽管被美国当时的总统乔治·布什称为“反恐”战争中的核心行动，似乎反而加速了“基地”组织 Al-Qaeda（2001 年制造“9·11”恐怖袭击的恐怖组织）规模的扩张。

小调查

请翻阅最近的报纸和杂志，或上网查找国际冲突中的当事人（如巴勒斯坦或以色列的国家首脑、军事领袖，或政治活动家）所发表的一至两条言论。他们的言论是否暗含着威慑论或冲突螺旋升级论的观点？

名词解释

威慑论 这种观点认为，示弱会令对手得寸进尺，因此领导者需要表露自己采取武力措施的决心。

冲突螺旋升级论 这种观点认为，国际威胁的升级常使对手感受到更多的威胁，因此领导者应该表达出我方寻求和平的意向，从而减少对手的防御性敌意。

情境 竞争和威胁

20 世纪的前半个世纪，意大利、德国、法国和英国的民众曾两次陷入大规模杀戮的世界大战中。同样是这些国家，如今却结为合作联盟。参与结盟的不仅包括这些曾在两次世界大战中相互敌对的国家，最近，欧盟还在进一步扩张，将苏联阵营的若干成员国（如捷克斯洛伐克、立陶宛和波兰）也接纳进来。国际合作何以取代了相互威胁和敌对的局面？一些情境因素能够激发人们保护自己所在群体的动机，考察这些情境因素将帮助我们找到部分答案。

在本节中，我们探讨两个相互关联的因素——资源竞争和威胁，二者均与外群体敌意的升级和弱化存在相关。在第 11 章中，我们分析了这些因素与群体间偏见存在怎样的联系；现在，我们来探讨这些因素如何超越地方性偏见的范畴，在国际冲突中发挥作用。

群体对资源的竞争

在本章的开篇，我们描述了孟加拉国移民和印度阿萨姆本地居民的流血冲突。这一冲突事件可以归因为对稀缺资源的争夺——在人口高速增长的地区，肥沃的土地无疑是竞争关系问题。这也向我们展示了现实的群体冲突理论如何被直接应用于国际关系。

尽管国际冲突时常是直接由现实冲突引起的，但冲突当事人常常无法清晰地认识到其中的经济动机。事实上，当我们与另一个群体的成员竞争时，我们对这个群体的知觉和印象会向负面方向转变，我们对该群体产生气愤的阈限也会降低。正如我们在第 11 章中所述，在罗伯斯山洞州立公园夏令营中，响尾蛇队和老鹰队的男孩们在争夺了稀缺的奖励之后，对外群体的印象都变得更差。而当两个小组重新联合在一起为相同的目标共同奋斗时，先前敌对的两组对对方群体的看法逐渐变得积极。

在更广泛的社会范围内，当经济出现衰退，人们面临失业和饥饿威胁时，军国主义和惩罚性的权威主义倾向更易于出现。例如，一项研究将 1978 年至 1982 年（在此期间，失业率上升，利率上升，民众对经济局面不满）与 1983 年至 1987 年（在此期间，个人收入增长，利率下降，经济增长前景良好）这两段时期进行了对比。结果发现，经济困难时期存在着更强的种族偏见，并且更为强调权威和刚性（如对攻击犬予以更严格的管制）。

不少研究者发现，只需将个体置于群体之中，就能增强其竞争性，尽管竞争可能导致所有人的损失。例如，一项研究让学生记录下自己的日常互动，并将其分为群体活动和个体活动两类。大多数由群体参与的活动都是竞争性的，尤其有男性参与时更是如此（如图 13–5 所示）。这种一般性规律也得到了其他研究的支持，处于群体中的人们在处理令人气恼的事物

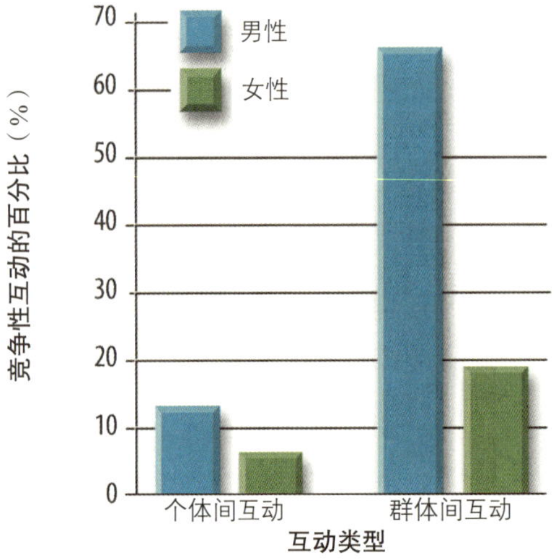

图 13–5 日常生活中的群体竞争

注：米歇尔·彭伯顿（Micheal Pemberton）、贾斯特·因斯科（Chester Insko）和约翰·修普勒（John Schopler）让学生记录他们的日常互动情况并进行分类。在学生记录下来的竞争性互动中，产生于群体间的互动多于个体间互动。此规律对男性和女性均成立，但女性即便在群体之间发生竞争性互动的可能性也较低，而男性在群体中的大多数互动均为竞争性的。

时更可能由温和的抱怨激化为威胁和肢体骚扰。

为什么群体互动的竞争性更强呢？一部分问题在于，个体假设大群体会促使人表现出最坏的一面，因此估计其他群体中的成员的行为将更具竞争性，从而使双方同时提高竞争性并形成了持续的恶性循环。研究者对群体成员内部讨论的内容进行了分析，发现竞争性与对另一方意图的不信任感存在正相关。

那么群体之间怎样才能由不信任转变为相互信任呢？首先，鼓励两群体相互合作的个体经验有助于减轻外群体偏见。如果 A 群体中的个体获得一次机会与 B 群体中的个体进行一对一谈判，而且两人最终达成了满意的解决方案，谈判结束后，这两人对对方群体的整体印象都会更加积极。这些积极的一对一交流的经历使群体成员明白对方群体中的个人与“我方”成员具有相似的动机。简单地提醒人们两个群体在某些方面是相互关联的，同样有助于化解“我们和他们”的敌对心态。例如，当美国奥林匹克国家队与其他国家竞技时，选手们会摒弃原先在密歇根、内布拉斯加和加利福尼亚州代表队时相互竞争的关系。

赫伯特·凯尔曼（Herbert Kelman）和他的同事运用群体竞争与合作领域的许多研究成果来促进国际冲突的解决。在官方谈判中，双方面临的压力加剧了竞争。例如，双方都需要在谈判中争取有利于本方的条款，还需要考虑到那些愤怒的选民即将从报纸中获悉谈判结果，必须尽量满足他们的诉求，等等。凯尔曼将一些具有影响力的以色列人和巴勒斯坦人聚集起来，参加非竞争性的、互动性问题解决工作坊。参加工作坊的包括两国的政治领袖、议会成员、有影响的记者、前军官以及政府官员。参加者聚集在一起并不是为了谈判，而只是为了相互了解对方的观点，并就未来正式谈判中可能遇到的问题探讨可能的解决方案。在这种非竞争性的群体环境中，参加者得以关注到对方更为丰富的形象。这有助于他们克服由偏见引起的过度简化。这种在群体环境中消除敌意的方式还有利于产生解决问题的新思路。最终，参加者跨越了冲突的边界，形成新的联盟。

威胁

印度前总理比哈里·瓦杰帕伊（Behari Vajpayee）公然认为，核武器能够防止印度与邻国发生战争。世界舆论对 1998 年 5 月印度频繁进行地下核武器试验表示强烈声讨，瓦杰帕伊对此发表声明，印度制造武器纯粹是为了维护和平共处，并不准备攻击巴基斯坦。不幸的是，巴基斯坦将此视为威胁，于是开始研发自己的核武器以达到相互制衡。这种局面并不令人惊讶，已有研究表明，威胁将会增加而非减少冲突的发生。

在一项经典的研究中，主试告知学生：

> 你们其中的两位将要参加一个游戏，你们既可能赢钱，也可能输钱。我希望你们尽可能多地赢钱，不用考虑另一位赢了多少。这些钱都是真的，你挣得的钱全部归你所有。

这项游戏包含若干轮。每一轮中参加者可从合作、攻击和防御等策略中选择一种进行游戏。

真正的被试并不知道，他们的对手其实是主试安排的实验助理。实验助理尝试各种不同的策略来诱导被试的合作行为。其中一种策略叫作惩罚性威胁策略，实验助理在第一轮中采用合作性的回报策略，如果被试不合作，则对其进行攻击。另一种策略叫作非惩罚性威胁策略。在这种情况下，实验助理对被试的攻击采取防御策略，其他情况下都采用合作策略。最后，还有些实验助理采用的是甘于容忍策略。在这种策略下，实验助理一开始就采取合作策略，而且始终坚持合作。如果被对方攻击，他反而会变得更加合作。

实验结果如图 13–6 所示。不难注意到，最成功的策略当属非惩罚性威胁策略，而最不成功的策略则是完全合作的甘于容忍策略。惩罚性威胁策略在开始阶段比较成功，但随着对手被逐渐激怒，并开始进行反击，该策略的有效性呈现下降趋势。

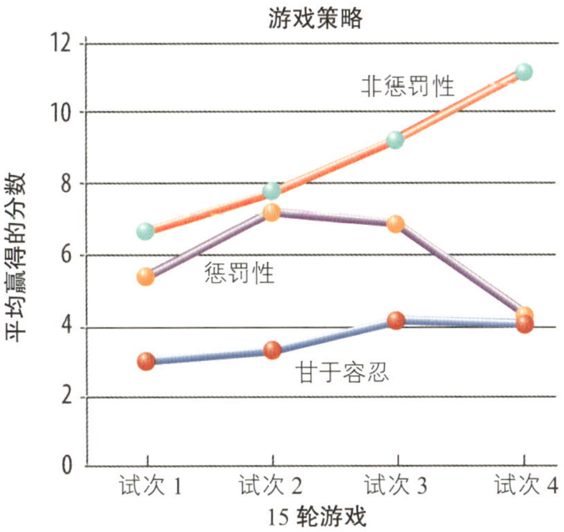

图 13–6 成功和失败的策略

注：在默顿·德驰（Morton Deutsch）进行的实验室困境研究中，主试的实验助理在实验室困境中以三种策略中的一种来应对被试。惩罚性威胁策略的有效性随着时间推移而递减，常常引发愤怒的报复行为。甘于容忍策略将招致对手的欺负。非惩罚性威胁策略在整个游戏过程中赢得的分数最多。

资料来源：Deutsch，M（1986）.Strategies for inducing cooperation. In R. K. White (Ed.), Psychology and the prevention of nuclear war (pp. 162–170). New York: New York University Press.

研究者认为，这项实验室研究所揭示出的冲突与合作规律在国际互动中同样适用。如果一个国家对别国使用武力威胁，如美国对伊拉克发动战争，很可能引起对方的愤怒和反击；相反，如果某国家对其他国家的进攻一贯坚持隐忍，譬如第二次世界大战中希特勒率先开始侵略邻国时，同盟国却对希特勒采取“绥靖”策略则会导致更严重的剥削。一个国家的最佳策略是通常选择合作，但受到攻击时则除外。

这些经典的实验室研究与近期的一些研究结果相吻合。这些研究发现，某些类型的威胁能多方面助长国家主义和军国主义情绪。例如，一系列研究发现，思考自己的死亡或回忆 2001 年“9·11”恐怖袭击事件都会增加美国学生对乔治·布什的支持。其他的实验室实验表明，当与其他群体竞争时，人们会更倾向于增加自群体内的合作，且这一趋势在男性中表现更为明显。对这一现象的跨文化研究表明，美国学生想到死亡或丧失资源等问题时，就会表现出更强的爱国主义亲美倾向以应对这些威胁。而哥斯达黎加人在死亡的想法面前更为泰然自若，但当他们想到自己被其他人孤立时，则表现出更强的爱国主义和支持哥斯达黎加的倾向。另一项研究分析了盖洛普公司（Gallup）对美国前总统乔治·布什的民意调查得分，结果发现，美国政府每次发布恐怖警报，都会在接下来一周内导致民众对布什的支持率显著提升。

国家主义和种族中心主义仇恨情绪不仅来自外敌入侵或恐怖主义的威胁。杰·福克纳（Jay Faulkner）、马克·沙勒、贾斯汀·帕克（Justin Park）和莱斯利·邓肯（Leslie Duncan）发现，对疾病的担忧（如看到某人面露病容所引起的担心）使加拿大人对来自第三世界国家（如斯里兰卡）的外国人持有更深的偏见，而且更加支持反移民法禁止外国人进入加拿大境内。可能的原因是，来自第三世界国家的人更可能被视为危险病原的携带者。

还有一系列结合了心理学和政治学之间的交叉研究也很精彩，探讨的是国际威胁对国家领导人及选民决策过程的影响。在 1993 年的一项研究中，加拿大心理学家彼特·聚德费尔

◎ **萨达姆·侯赛因**。1990年，这位伊拉克前总统领导了对科威特的战争，致使美国进行了一场耗资巨大的反击。对包括萨达姆·侯赛因和美国前总统乔治·布什在内的领导者发表的言论进行分析发现，在激烈的冲突时期反映出更多的简单化思维。彼特·聚德费尔德和他的同事指出，焦虑情绪使认知资源受到局限，因而导致简单化的启发式思维。

德（Peter Suedfeld）、米歇尔·华莱士（Michael Wallace）和金伯利·沙查克（Kimberly Thachuk）分析了1990年海湾战争之前、之中和之后国家领导人发表的1200条言论。聚德费尔德和他的同事考察了这些领导人公开言论的"**整合复杂性**"（integrative complexity）。"整合复杂性"是指领导者所发布的言论在多大程度上反映出简单化的"非黑即白"类别化思维，而未能充分考虑到冲突的各个方面。例如，一个简单的言论可能反复强调伊拉克邪恶的所作所为，并描述伊拉克前总统萨达姆·侯赛因的恶行。一个复杂的言论也会表示对伊拉克的反对，但同时会讨论此次冲突的多方面历史原因，包括科威特拒绝与伊拉克就海湾安全问题举行会谈，科威特违反石油输出国家组织（OPEC）价格管制协议。研究者发现，直接卷入冲突当中的国家领导者（如美国前总统乔治·布什和伊拉克前总统萨达姆·侯赛因）发表的复杂言论少于那些较少参与冲突的国家领袖。进一步地，随着趋势日趋升温，言论也变得越来越简单化。

当不同国家的成员不了解对方国家对世界的看法时，简单化思维将造成更加严重的问题。下一节我们将继续探讨这个话题。

名词解释

整合复杂性 个体表现出简单化的"非黑即白"类别化思维，而未能充分考虑到问题各个方面的程度。

交互作用 文化间的误解和国际冲突

1991年，美国时任总统乔治·布什在一开始还拒绝相信萨达姆会对科威特实施武力威胁。但武力威胁果然发生了。稍后不久，一条新闻报道称萨达姆认为布什"不撤离科威特就对伊拉克实施武力打击"的说辞也不过是虚张声势。而仅仅数日，布什就挥师50万大军，对伊拉克发动了大规模武力打击。根据社会心理学家保罗·基梅尔（Paul Kimmel）的理论，由于国际间存在沟通障碍，乔治·布什和萨达姆·侯赛因双方都错误地理解了对方发起的威胁。在萨达姆·侯赛因入侵科威特以前，他曾会见过美国大使阿普里尔·格拉斯皮（April Glaspie）并阐明了自己入侵科威特的意图。在与美国大使交流互动的基础上，他相信即便他入侵，华盛顿也不会介入。后来，他显然不相信美国真的会发起反击；相反，他认为美国的军事准备都是在虚张声势。

这些误解造成了巨大的损失，最终导致几千名伊拉克人和几百名美国人身亡，甚至为2003年美国再次挑起伊拉克战争埋下隐患。是哪些因素导致这些沟通失误呢？部分问题在于，西方人和阿拉伯人在沟通中常常让对方感到困惑。战争期间，当地一位西方国家的外交官表示："中东地区所有人都在说谎。如果你说了真话，人们将认为你无比幼稚甚至是危险的，因为人们发现在所有说法中，真话是最难理解的。"

当美国军队被派往沙特阿拉伯时，他们拿到了一本培训手册，用来帮助他们尽量避免与当地阿拉伯人发生冲突。其中包括这样的忠告："阿拉伯人讲话向来具有双重用意——任何美国人不注意到这一点，都会犯下愚蠢的错误。”

阿拉伯人在与其他国家交流时显然也遭遇过重重困难。侯赛因的谈判代表曾表露过自己的感受，他认为美国人并没有严肃地进行谈判，而是在侮辱他们。在谈判之后，谈判代表甚至拒绝接受布什写给侯赛因的信，他们指出信中包含“与国家首脑身份不符的言辞”。一位伊拉克谈判代表说：“我从未料想到你们美国人居然如此狂妄自大。你们是如此自由和开放的国家，却连我们的观点都拒绝接受。”

基于与国际谈判代表共事的经验，基梅尔建议他们在谈判过程中加入“跨文化探索”这个环节。跨文化探索环节要求各方明确各自文化的基本假设，并在双方共同寻找解决方案之前要进行清晰的沟通。例如，他指出美国和伊拉克谈判代表所持有的假设存在几点基本差异。美国人是任务导向的，人情味淡薄，指令清晰明确，且习惯于快节奏。而伊拉克人喜欢节奏缓慢的个人化的谈判，以便双方相互了解。另一点重要的差别在于，美国人倾向于关注未来，而阿拉伯人则强调应当更多地考虑历史因素。一位埃及外交官观察道：“你必须记住，你所在的这个地方人们还在谈论着好几个世纪前的事，仿佛那是昨天发生的事。”

基梅尔将跨文化意识分为若干层次，包括：

- 文化沙文主义，指完全不能意识到其他文化的存在，从而导致谈判代表认为对方傲慢无礼、动机不良；
- 种族中心主义，指意识到种族、宗教、民族或国家的差异，但同时坚信自己的方式才是“正确”的；
- 容忍，指意识到并能充分尊重差异，但同时觉得自己的文化更为有效且符合现实，从而促使谈判代表试图“教育”或“发展”与他们不同的人；
- 最小化，指意识到文化的差异，但较多地关注所有人类文化的共性，从而导致在谈判的关键时刻忽略了重要的差异；
- 理解，指认识到自己的行为方式只是许多方式中的一种，其他方式绝对不是反常的。

基梅尔注意到，大多数谈判代表很难持续保持在“理解”水平上。部分原因在于，谈判代表更习惯于他们本群体所熟悉的规范，而另一部分原因在于，如果他们与对手国家表现得过于亲密，国内的选民们将不再信任他们。尽管如此，谈判如果能建立在充分认识文化假设的重要差异的基础之上，将会进行得更加顺利。

根据基梅尔的观点，作为谈判代表，培养跨文化意识的关键目标之一是从关注“我们”与“他们”的对抗转变为关注“我们”双方。当两个群体开始关注他们的共同目标时，欺骗和威胁就不再那么重要了。

合作与冲突的互惠性动力学

谈判困境是一个动态的互动过程——以彼此关联的方式随时间变化。回顾图13–6，我们可以发现惩罚性威胁策略所产生的效果随着时间推移变得越来越糟，而非惩罚性威胁策略的效果则有所提升。对手们在实验室困境中往往“锁定”合作性模式或竞争性模式。在真实世界中，这样的案例层出不穷，如以色列和巴勒斯坦长期冲突的升级。现在，我们将梳理这些互动过程所涉及的几个研究领域，并思考这些研究成果对缓和日趋激烈的冲突有哪些借鉴意义。

以牙还牙策略

互惠谈判中最为“稳定”的策略被称作**“以牙还牙策略”**（tit-for-tat strategies）。如果对手合作，采用以牙还牙策略的参与者也会以合作来回应。如果对手竞争，则参与者也回应以竞争策略，但随后重新转为合作策略，来“诱使”对手回归到双方互利的合作模式上。根据社会心理学家塞缪尔·小森田（Samuel Komorita）及其同事于1991年的研究，以牙还牙策略的效果极大程度上依赖于强有力的互惠规范（在第9章中有详细论述）。该策略以合作回报合作，以竞争报复竞争。因而，它将“投桃报李”的互惠行为和“以牙还牙，以眼还眼”的报复行为结合于一体。事实上，与采用以牙还牙策略的对手共同参加游戏能使竞争性个体感受到互惠的信号，从而转向合作。

名词解释

以牙还牙策略 *以竞争策略回应竞争策略，以合作策略回应合作策略的一种谈判技巧。*

美元游戏

以色列和巴勒斯坦、印度和巴基斯坦，以及美国和伊拉克间的争端诠释出社会陷阱的一种特殊类型。这些不断升级的竞争中所蕴含的"陷阱"通过一种困境游戏全面地展现出来，这种困境叫作"美元游戏"。

你能否想象，一群平时机智聪颖的大学生正在以好几美元的价格竞拍一个价值1美元的奖品？本书的每位作者都曾在课堂上组织过这个游戏，并目睹了这种场景一次又一次发生。游戏开始时宣布，对出价最高的竞拍者给予1美元奖励。游戏的初始阶段唤起了贪婪的欲望。如果最高出价为4美分，便可用4美分赢得1美元，出价者将盈利96美分。然而，其他学生看到某人几乎要免费赢得1美元，便竞相给出更高的价格。该游戏之所以成为社会陷阱是基于以下特征：出价第二高的竞拍者也需按其出价支付。因此，如果一名学生出价4美分，而另一名学生出价10美分，出价最高的这位赢得了90美分，而第二高的出价者则损失了4美分。由于这个特征，没有人愿意成为第二名。因此，如果你先前的出价是第二高的（如说90美分），而你的对手也已经出价到全额的1美元时，此时，你给出高于1美元的价格实际上更有利于你。随着游戏的进行，对损失的恐惧已逐渐取代了初始阶段的贪婪动机。我们经常在课堂中看到学生在此过程中陷入这个陷阱中，曾有一次出价甚至超过20美元。这种过高的出价在小群体的美元游戏实验中也多次反复出现。这种社会困境的特征时常反映在国际冲突中，初衷是希望获得一个看似理想的结果（赢得1美元或把潜在的敌国吓跑），但最终却演变为害怕丢面子，并为此投入越来越多的资源。

知觉困境

尽管大量证据表明，敌对行为会导致对方也采用敌对行为予以报复，以攻击性胁迫作为谈判技巧的失败尝试却在历史上一再重演。例如，纳粹党人在伦敦市民区制造爆炸案的本意是要强迫英国投降。但结果适得其反，此举反而增强了英国军民抗争的决心。尽管如此，当美国与英国联合对抗德国，历史又一次重演。他们轰炸了德国的市民区，希望以此唤起德国人的悔改。再一次地，爆炸丝毫没有削弱德国人抵抗的意志。既然威慑和胁迫频频以失败告终，为什么人们还愿意屡次尝试呢？社会心理学家麦隆·罗特巴特（Myron Rothbart）和威廉姆·霍尔马克（William Hallmark）指出，部分原因与"内群体赞同"和"外群体偏差"这些简单化的认知倾向有关。

罗特巴特和霍尔马克在两个实验中让学生进行角色扮演，担任两个虚拟国家塔科尼亚（Takonia）或纳维利亚（Navalia）的国防部部长，两国同在一座岛屿上，历史上冲突不断。国防部部长的任务是判断若干条对付邻国的策略有效性如何。这些策略从合作（如单方面将潜艇的产量削减20%，以期对方国家对炮兵部队进行裁军）到威慑（建造更多的潜艇，并威胁对方如果不削减远程炮兵力量便使用潜艇袭击）。虽然塔科尼亚和纳维利亚国防部长观察到同样的冲突，他们对策略有效性的理解却互为镜像。扮演塔科尼亚国防部长的学生认为本国对合作策略予以回应，但对待纳维利亚必须采用胁迫手段。而纳维利亚则认为本国对合作的姿态将积极配合，但对待塔科尼亚则需要以胁迫的方式逼迫其就范。

因为扮演纳维利亚和塔科尼亚外交部部长的学生不可能感受到引发北越南和德国爆炸事件的那种强烈的怒火，罗特巴特和霍尔马克指出，他们的研究结果仅仅是"微群体"（第11章探讨偏见时进行的探讨）中获得结论的延伸。将人们分派到两个群体中会使他们以正面的词汇判定自己的群体（如"合作的"），以负面的词汇描述对方的群体（如"固执"和"不服从"）。

学生在实验室模拟情境下扮演塔科尼亚和纳维利亚国防部长所表现出的内群体偏见并不构成真正的危害。然而，类似的内群体偏见同样发生在真实世界中，并很可能造成灾难性后果。斯科特·普劳斯（Scott Plous）获得的证据表明，冷战期间，美国和苏联领导人都希望双方裁减军备，但同时认为对方希望在核武器方面占据优势。普劳斯指出，双方都陷入了**知觉困境**（perceptual dillemma）之中——社会困境和外群体偏差的悲惨组合。在知觉困境中，冲突中的各方均相信双方共同合作能产生最佳结果，但同时相信另一方会乐于榨取利益，而不会主动做出合作的姿态。

名词解释

知觉困境 社会困境和外群体偏见的结合，即冲突双方都认为合作是最好的策略，但同时也都认为另一方更倾向于“我们”合作、“他们”背叛。

缓解紧张的渐进与互惠策略 一种通过公开强制对手同步进行冲突降级来打破冲突螺旋升级的局面的策略。

为了证明苏联和美国领导人在20世纪80年代均处于知觉困境中，普劳斯对美国参议员进行问卷调查。他让参议员判断，在苏联增加或削减武装力量的情况下，美国持续增加或削减武装力量的做法是否合适。问卷还问这些参议员认为苏联更可能倾向于增加还是削弱武装力量。结果显示（如图13–7所示），美国参议员认为双方同时削减军事力量对美国最为有利。他们对双方持续增加武力表示坚决反对，同时也强烈不赞成美国在苏联增加武器装备的情况下削减武装力量。不幸的是，美国参议员认为苏联领导者持有截然不同的观点。尽管他们认为苏联也希望双方同时削减武力，但他们觉得苏联还是更倾向于自己继续增强武力，而美国单方面削减军事力量。在此状况下，美国人只有一种选择，即继续扩充军事力量。然而，对苏联领导人的调查显示，苏联人的想法正好相反。苏联人本身认为军备控制非常必要，但同时坚决相信美国人总是喜欢扩充自己的武装力量。

小调查

假设你被任命为国务卿，你的任务是仔细研读本章的材料，并提出两项积极的措施以帮助本国政府或同盟国缓和目前紧张的世界局势，并指出两项需要预防的负面后果。你将如何抉择？

这些结果表明，无论是苏联人还是美国人，其扩充核武器装备的本意都不是单纯地攻击对方；相反，他们主要是试图向另一方传达潜在的威胁信号。不幸的是，当双方都用强硬的威胁手段来应对敌手时，这种威胁便无可遏制地逐步升级。一项研究对99场严重的国际争端进行分析（包括部队调动、港口封锁、撤回大使等），结果发现，如果争端前没有进行过军备竞

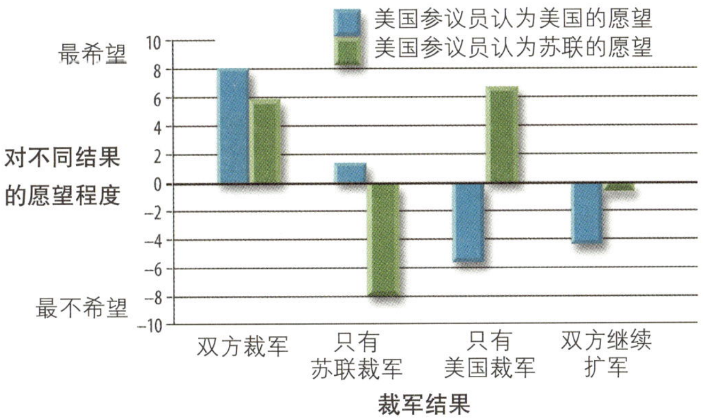

图13–7 知觉困境

注：在冷战期间接受调查的美国参议员认为双方都不愿意削减武装力量，对方还继续扩充武力。但是，他们认为自己的“内群体”（美国）非常希望双方削减武装力量，而“外群体”（苏联）却相对倾向于在美国削减军备的同时暗自继续筹备核战争。对苏联领导人的调查结果显示，苏联希望削减军事力量，但认为美国很可能在苏联力量有所削弱的情况下继续扩充核武器。

赛，只有 4% 的争端演化为战争。而那些进行过军备竞赛的争端则有 82% 导致战争爆发。

虽然冷战早已结束，苏联也以解体告终，但苏联和美国制造的大部分核武器还在。这些武器为数不少，因此爆发核战争的危险依然存在。社会科学的进步能否帮助我们解决自然科学进步在军事科技领域埋下的隐患呢？

联结：理论与应用

运用 GRIT 策略增进群体间合作

我们探讨了国际合作的若干种障碍。人们很自然地将人群分为内群体和外群体，并且偏袒内群体、鄙视外群体。冲突一旦开始，便倾向于进一步升级。国家之间的军备竞赛常常引发战争。然而幸运的是，冲突的螺旋升级并非不可避免：这种局面完全是可以扭转的。

在第 11 章中，我们关注过罗伯斯山洞州立公园夏令营中相互竞争的营员们。当所有营员被强制性地联合在一起为共同的目标而努力时，响尾蛇组和老鹰组克服了敌对心态，甚至开始喜欢对方的成员。这些结果说明，冲突中的国家不妨为双方共赢的目标而共同努力（如共同寻找癌症和艾滋病的治愈方法），并以此为手段促进和平。然而，用国际合作来取代竞争并非想象中的那么简单。当双方被困于冲突之中，各方都不能信任对手的意图，担心自己受欺负。同时，正如前文中提到的，实验证据表明，无条件合作的确常常被对手利用。

要么进一步威慑对方，要么采用绥靖策略被对方利用，面对这种非此即彼的困境，心理学家查尔斯·奥斯古德（Charles Osgood）提出**缓解紧张的渐进与互惠策略**（graduated and reciprocated initiatives in tension reduction, GRIT），即公开强制对手同步进行冲突降级，以打破冲突螺旋升级的局面。奥斯古德指出，要停止冲突螺旋升级，冲突一方必须率先开始采取和平行动。为了避免这次和解行为在表面或实质上削弱自身的力量，奥斯古德建议第一步的幅度一定要小。在这次微小的和平性让步之后，采用 GRIT 倡议和平的一方将发表公开声明，如果对方能配合我方进行同步的和平行动，我方将进一步采取更大幅度的冲突降级行动。采用双方互惠性渐进削减武装力量的做法，双方均能避免陷于明显不利的境地。GRIT 策略的妙处在于，冲突双方不再以相互威胁的方式加剧竞争，而是在相互制衡中逐步走向合作。

◎ **GRIT 与冷战的结束**。前苏共总书记戈尔巴乔夫采用了 GRIT 策略的变式，旨在平息核武器制造所引发的冲突螺旋升级。由于他的不懈努力，他获得了诺贝尔和平奖。照片中是他与美国前总统里根进行会晤。

GRIT 策略在实验室冲突模拟情境中获得了较好的效果。还有一种非常类似的策略被演化经济学家称为“提高赌注”，它同样宣告了鼓舞人心的消息。在真实世界的国际关系中，这些策略能够发挥作用吗？20 世纪 80 年代，前苏共总书记米哈伊尔·戈尔巴乔夫采用类似的策略将美国前总统罗纳德·里根引向了和平谈判的进程。戈尔巴乔夫率先公布了苏联计划禁止武器试验，并且提出如果美国愿意做出同样的公告，苏联将继续停止武器试验。当时，美国并没有予以配合，于是戈尔巴乔夫重新开始武器试验以示报复。然而，他的第一个动作毕竟使美国对苏联的态度有所回暖，因此，戈尔巴乔夫于次年再次尝试这项策略，他邀请美国检察员监督苏联削减武器装备。这次，他成功了，里根同意两国达成协定，双方均按规定数量削减核武器。事实上，戈尔巴乔夫采用的互惠性让步策略最终获得了完满的结局，并且成为结束冷战的关键因素之一。

GRIT 策略与以牙还牙策略和惩罚性威胁策略相似，都将竞争对手置于动态的互动模式中。然而，GRIT 策略与其他两种策略存在着显著的差别。它既不会激化冲突，也不只是用来稳定既已形成的和平局势，而是促进和平调解的逐步升级。

案例回顾

展望未来

在本章开篇，我们为未来世界描绘出两条截然不同的发展道路。一条道路伸向印度次大陆，在20世纪的多数时间里，孟加拉国、印度和巴基斯坦的人口持续激增，邻国间冲突不断恶化。而另一种道路则指向西欧，那里的人口增长逐步放缓以致停止增长，人们的环保意识取得了丰硕成果，先前的敌对国家如今结成了联盟。如果沿着第一条道路发展下去，人们将继续破坏地球的资源，为了仅剩的一点资源相互争斗，对海洋、大气以及其他物种造成不可逆转的危害。如果沿着另一条道路发展，人类终将生活在一个更加宁静、和谐、绿意盎然的环境中，从而真正拯救这个星球。

我们在本章中看到，人口过剩、环境破坏和国际冲突都与社会陷阱现象存在概念上的联系——在这种情境下，即刻的自私行为在长期来看将导致群体性灾难。以人口过剩为例，个体的行为是出于最基本的利己动机——希望将自己的基因繁衍下去。由于人口增长需要越来越多的食物，那些以海洋和森林资源为生的人每天置身于经典的社会困境之中：尽管增加今天的食物长期来看将导致灾难性后果，但从个体渔民或伐木工的私人利益出发，他们眼前要做的就是尽可能多地取用资源。与此类似，国际冲突通常表现出另一类社会陷阱的特征，正如“美元游戏”所诠释的一样。在这类陷阱中，人们的初衷是希望获得一个看似理想的结果（赢得一美元或把潜在的敌国吓跑），但最终却演变为害怕丢面子，并为此投入越来越多的资源。我们再一次看到社会心理学与其他学科之间的纽带。经济学家、生物学家、政治学家都在深入地研究社会困境，因为不同领域的研究者都意识到，研究社会困境过程对解决最为棘手的国际问题有着深远的意义。

尽管人口过剩和国际冲突的局面有时看起来势不可挡，意大利和西欧的范例启示我们，这种潮流是可以逆转的。人口统计学家提出一条简单的解决途径——广泛宣传计划生育知识和技术手段。计划生育技术能够妥善地将问题解决，因为它无须说服亿万人禁欲，而是让自然生殖系统短路，并同时唤起了另一种人类普遍存在的动机——在人口密度增加时控制家庭的规模。剩余的问题则不再是技术问题，而成为社会性问题：人们需要用已有的知识和技术来控制生育数量，并更加明智地利用地球资源。

社会陷阱在智力层面极具吸引力，因为它诠释了秩序如何产生于复杂的系统中。个体动机导致人们被“锁定”在循环模式中，若干位国际领导人、成千上万捕蟹的渔民，或几十亿正在考虑是否计划生育或回收利用的个体都是如此。这种复杂系统的一个最具吸引力的特征就是，只需施加小小的外力，系统就被推向完全不同的方向。譬如区区几个威胁就能导致模式锁定于冲突状态，而在GRIT策略中做出几个令人信任的举动，将使两国锁定于合作模式中。

我们从复杂的全球性问题背后揭示出社会陷阱的简单动力学，进而期待一种乐观的前景。心理学家、生物学家和经济学家将共同致力于解决那些单靠新技术无法解决的难题。这些重大问题的根源在于行为、情感和认知，解决这些问题将可能孕育出21世纪最为重要、也最为激动人心的科学发现。

第 14 章

整合社会心理学

通过本章学习，我们能够：

- ◎ 解释为什么我们对社会心理学研究的讨论始于社会认知，终于社会困境；
- ◎ 在“发现和理论”清单里确认至少两项研究并发现之间的理论联系；
- ◎ 描述近端－终端连续体，并解释每个理论视角在连续体中的位置；
- ◎ 明晰进化、社会文化、社会学习、社会认知各理论视角间的联系；
- ◎ 分别从文化、学习和认知的角度解释社会行为中的性别差异；
- ◎ 了解社会行为的五大基本动机，并将每个动机与至少一两个社会心理学话题联系起来；
- ◎ 认清异常社会行为与正常行为之间的关系；
- ◎ 描述个人和环境之间各种类型的相互作用；
- ◎ 解释为什么研究方法十分重要；
- ◎ 了解本文中关于研究方法的四个重要信息；
- ◎ 描述社会心理学与心理学其他领域、其他基础科学以及其他应用科学（如商业、医疗、法律）的三条关联。

案例

公共场面、隐藏的阴谋和多重动机

2009年1月20日，贝拉克·奥巴马面向上百万人发表了他的就职演讲。在演讲中，他明确指出了美国当下发展的程度——一个毫无背景的人能被选举为总统，甚至这个人的父亲都没有进过餐馆。作为一名来自中等收入家庭的非裔美国人，奥巴马的选举之路可谓艰辛坎坷。然而他却有一个优势：他的父母都接受过高等教育。他的父亲是一位出生在肯尼亚农村地区的黑人，获得了哈佛大学经济学的研究生学历；而他的母亲是一位出生在堪萨斯州的白人女性，获得了人类学的博士学位。贝拉克自己在学校也很出色，他以优异的成绩毕业于哈佛法学院。毕业之后，他放弃了那些在待遇优厚的律师事务所工作的机会，而选择到芝加哥备受歧视的城区中担任民权律师。后来奥巴马进入政坛，他能够与各种不同的团体（从城市贫民区的非裔美国儿童到农村地区保守的中年白人）进行恰当而有效的沟通，这种能力使得观察家们大为惊奇。具有黑人文化和白人文化双重根基的奥巴马，本身就是种族融合的鲜明例证，甚至是完美典型。尽管贝拉克·奥巴马拥有众多的才能和品质，但如果没有大约50年前在华盛顿特区几乎是相同地点发表的另一场鼓舞人心的演说，他绝不可能有机会来发表他的就职演讲。

◎奥巴马在总统就职典礼上发表就职演讲

1963年，在8月里酷热的一天，多达20万的美国人聚集在林肯纪念碑前抗议种族歧视。在那个时候，整个南部的公立学校仍然存在着种族隔离，黑人们一直都没有选举权，民权工作者也总是被警犬袭击。

◎马丁·路德·金在华盛顿游行集会上演讲

当备受尊敬的马丁·路德·金先生走上讲坛、发表历史上最伟大的一次演讲时，成千上万的人站在那里聆听着。他以提及亚伯拉罕·林肯开场："100年前，一位伟大的美国人签署了《解放宣言》。今天，我们就站在他象征性的身影下。"马丁·路德·金指出，当时"带来如硕大灯塔般希望之光"的承诺，就像《美国联邦宪法》以及《美国独立宣言》，但当美国黑人试图争取他们自由的保障时，承诺却变成空头支票。他预言道：

> 反抗的旋风将继续震撼我们国家的基石，直至光辉灿烂的正义之日来临，只要我们的孩子被"仅供白人"的牌子剥夺个性、损毁尊严，我们就决不会满意。

在演讲即将结束的一段话中，他继续说道：

> 我梦想有一天，在佐治亚州的红色山岗上，昔日奴隶的儿子能够与昔日奴隶主的儿子同席而坐，亲如手足……我梦想有一天，我的四个孩子将在一个不是以他们的肤色，而是以他们的品格优劣来评价他们的国度里生活。
>
> 那时上帝的所有儿女——黑人和白人、犹太教徒和非犹太教徒、基督教徒和天主教徒都将手携手，合唱一首古老的黑人灵歌："终于自由啦！终

于自由啦！感谢全能的上帝，我们终于自由啦！”

马丁·路德·金带着这样的期望，结束了自己的演说。

在这些重大的统一事件背后，马丁·路德·金的个人世界却被扰乱至四分五裂。就在那次游行之前，约翰·肯尼迪总统和他的兄弟司法部长罗伯特·肯尼迪，说服他断绝和斯坦利·莱文森（Stanley Levison）以及杰克·奥戴尔（Jack O'Dell）的友谊，这两人是在民权运动中非常杰出的白人。为什么尽管肯尼迪兄弟越来越多地承诺解决种族问题，却试图分裂这些运动领导人的关系呢？这牵涉另一个著名人物——美国时任联邦调查局局长埃德加·胡佛（Edgar Hoover）。胡佛告知肯尼迪兄弟莱文森和奥戴尔与共产党有来往。

在另一项旨在暗中破坏伟大的民权运动的行动中，胡佛和他的特工们也颇具策略地泄露了游行组织者贝亚德·拉斯廷（Bayard Rustin）曾经因为同性恋行为被捕的信息。并且就在那次游行之前，在和马丁·路德·金友好会面期间，罗伯特·肯尼迪秘密地批准了联邦调查局对他的窃听行动。电子窃听发现了马丁·路德·金对他婚外性行为“业绩”的吹嘘，这无意间给胡佛提供了可乘之机，去实施反对“黑人传道士”的恶意行动。

为什么联邦调查局局长策划了对马丁·路德·金如此猛烈的个人攻击呢？为什么肯尼迪兄弟要对胡佛的密谋采取合作呢？为什么马丁·路德·金屈服于胡佛分裂他和他亲密朋友的阴谋呢？并且，巨大的社会变革是怎样从这场阴谋所涉及的每个人（从许多伟大的领导人物到成千上万的在“改革的旋风”和种族间和平的梦想之间无所适从的游行者）的自我中心的个人动机中产生的呢？

华盛顿这场颇具历史意义的游行中的社会互动，阐释了社会生活的许多神秘之处。在这一章，我们将尝试着把本书中对这个谜题的不同讨论整合起来。我们将可以看到，许多分离的线索的确可以结合起来产生一些重要的经验，如关于性别、文化、异常的社会性行为，以及怎样把社会心理学中的发现和理论应用到日常生活中。在把这些部分整合到一起的过程中，我们将再一次思考引发社会性行为的基础动机以及人和社会环境之间的重要的交互。

我们已经走了多远

我们在这本书的开始将社会心理学定义为：研究人们的想法、感受和行为如何受到他人影响的学科。首先，我们考虑了个人的动机、感受和思维过程，以及动机、感受和思维是怎样和人们所处的情境匹配一致的。在第2章中讨论个体和环境时，我们引用了马丁·路德·金的例子。在华盛顿游行时期，我们可以看到当他面临一种艰难的状况——在个人友谊和民权运动的利益之间抉择时，马丁·路德·金的不同动机再一次出现激烈的冲突。在第3章中，我们考察了社会认知——人们在理解别人和自己时的心理过程。例如人们对参议员希拉里·罗达姆·克林顿持有迥然不同的观点。同样地，马丁·路德·金在被一些人看成英雄的同时却也被另外一些人看作无赖。对于当时的美国联邦调查局局长胡佛来说，马丁·路德·金是一个危险的麻烦制造者。

我们继续思考人们怎样向他人展示自己，考虑一下最伟大的骗子费迪南德·德马拉这个例子，我们所有人都会通过管理自我呈现来帮助达到重要的个人目标。在华盛顿游行时期，约翰和罗伯特·肯尼迪就处在一个复杂的自我呈现困境中。他们的目标之一是让美国公

◎ **自我呈现和公共生活。**约翰·肯尼迪和罗伯特·肯尼迪处在一个自我呈现的困境中，这个困境涉及马丁·路德·金和埃德加·胡佛（他当时正在针对马丁·路德·金进行凶恶的仇杀）。

众认为他们在推动民权运动，这促使他们和马丁·路德·金交好，而他们的另一个目标，即希望被视为对共产主义者严厉，却激发他们在胡佛对马丁·路德·金的袭击中选择合作，两种不同的自我呈现目标激发了相反的动机和行为。

在第 5 章和第 6 章中，我们考察了人们怎样说服他人和互相影响。马丁·路德·金在华盛顿对游行者们发表的 15 分钟的演说无疑是具有历史性社会影响的最杰出的演讲之一。借助于亚伯拉罕·林肯和《美国联邦宪法》的信誉，他呈现出自由和正义的形象，这些形象最终使得数百万的人去重新思考他们对种族关系的态度。

接下来我们讨论了归属和友谊。有了来自社会各方面的支持，人们才能够登上珠穆朗玛峰或是登上月球。没有这些支持，我们在生活中将寸步难行。即便是具有雄才大略，马丁·路德·金也不可能把成千上万的人带到华盛顿。他需要有实权的政治家和一大批的民权运动者的支持才可能做到这些。

我们从友谊继续讨论到爱情和浪漫关系，它们是有潜在力量改变历史进程的社会互动，就像马丁·路德·金的婚外情造成的结果一样。我们注意到，提升对方的幸福感使人们对自己与爱人、与家庭成员的关系更为满意。第 9 章依然继续了这个主题，在这一章中，我们讨论了诸如杉原千亩在纳粹德国为犹太人所做出的伟大的个人牺牲这样的亲社会行为，这与马丁·路德·金对民权事业的奉献是相似的。

在第 10 章，我们讨论了人类社会生活中令人烦恼的一面——攻击性。我们可以看到残暴的行为是怎样在正常人身上产生的，也可以看到，推动华盛顿游行的积极的群体动机也能引发暴力。诸如此类的一些主题在第 11 章再次出现，在这一章中我们讨论了刻板印象、偏见和歧视，引用了三 K 党徒和民权工作者的例子来证明正常的认知和动机过程是怎样导致痛苦的偏见或是愉快的和谐。

最终，以美国联邦调查局、美国安然公司和华盛顿游行者群体为例，我们超越个体水平来讨论群体现象。在群体活动中，这么多人的交互，伴随着众多的个人动机，看起来似乎会导致事情呈现出无法预测和混乱的状态，但是却经常出现更规律化的动态的自我组织模式。我们讨论了这些自我组织模式中的一种——社会陷阱，探讨其怎样构成了诸如人口过剩、环境破坏以及国际冲突这样的全球性社会问题的基础，这些现象同时出现在印度阿萨姆居民对 1700 位孟加拉人长达五小时的屠杀中。

正如上面所回顾的，我们从探究个体头脑中的内容开始探索。然后一步一步地向外探究逐渐复杂的交互形式——人们向他人呈现自己、与社会影响、爱与恨交织，并最终在组织、群体和国家中。

发现和理论

在我们对社会心理学广泛的调查中，我们遇到了关于不同领域话题的大量有趣的研究结果。下面仅列出一部分来自最近的社会心理学研究的例子：

- 给予能使你更快乐并且更健康；
- 遭受群体排斥能够激活和生理疼痛相同的神经环路；
- 女性是否倾向于不忠，以及她认为男性身上什么特征具有吸引力是和她的激素水平相关的；
- 消除对种族外群体成员的恐惧感是很难的，但是只有当外群体成员是男性的时候才会这样；
- 当他们赢了或是输了一场比赛时，先天失明的运动员和正常视力的运动员会有相同的表情；
- 人们的政治态度和他们的求偶策略以及宗教信仰相关，但是这些关联会因为是白人还是黑人而发生变化；
- 当女性认为男性是因为她的外貌而拒绝她的话，她的自尊会降低，而当男性认为自己被拒绝是因为地位不够时，他的自尊会降低；
- 对于亚裔美国人来说，爱更可能是消极和积极兼有的混合情绪体验，而欧裔美国人则更可能以绝对积极的方式体验爱。

社会心理学家已经发现了许多其他研究“事实”，但是正如朱尔·亨利·庞加莱在 1905

年观察到的那样："很多事实的合集并不是科学，正如一堆石头并不是房子一样。"在社会心理学的学习告一段落时，你应该形成一套相互联系的理论原则。这些理论原则能够为理解你在工作中、学习上、邻里之间或者是旅行期间的社会互动打下基础，而不是带着一堆各种各样的无价值的东西结束对社会心理学的学习。

社会心理学的主要理论视角

在第 1 章，我们讲述了四种具有历史性重要意义的理论视角。让我们回顾一下这些观点，看看它们是怎样贯穿于社会心理学领域的。更重要的是，我们来探索一下它们之间的联系。

不同的视角并不是互不相容的，相反，他们是同一种社会现象相互联系的观点。理解这些联系的一种方式就是在一个从**近端解释**（proximate explanation）到**终端解释**（ultimate explanation）的连续体上来考察这些观点（如图 14–1 所示）。近端解释关注当下和当时的原因（对马丁·路德·金与共产主义信仰者有来往的指控导致罗伯特·肯尼迪支持联邦调查局对马丁·路德·金的窃听行动）；相反，一个相对更远端的解释，则关注背景或历史性的原因（共产主义信仰者曾秘密参与美国几十年来的许多主要社会性运动）。近端和终端的解释并不是相互替代的选择；相反，它们密切地交织在一起——比如说，历史性的背景因素会影响对当前情境的知觉（对与共产主义信仰者有来往的担忧，只有结合历史背景来思考的时候才有意义）。

正如图 14–1 指出的那样，相对近端的问题关注的范围很窄（为什么大众媒体这么关注那些我们大多数人从来不会见面的人的爱情生活——比如说布拉德·皮特和安吉丽娜·朱莉），并且它们嵌套于更广泛、更根本性的问题中（为什么人们总是对他人的婚姻如此关心）。现在，我们来看看这些不同解释水平之间的联系吧！

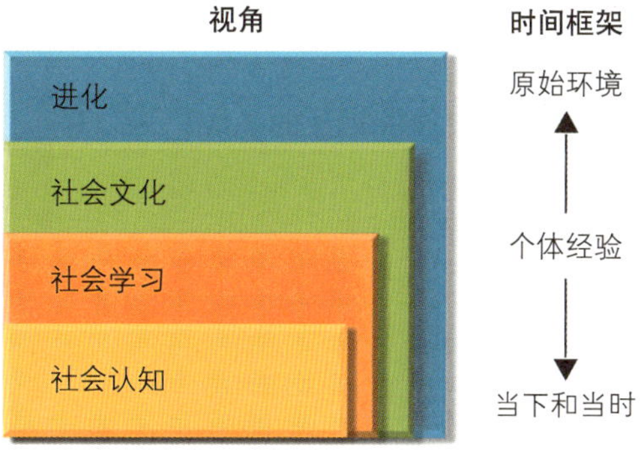

图 14–1 理论视角之间是相互联系的

注：不同的理论视角并不是不兼容的，而相反它们为同一种社会现象提供了不同的解释。认知视角倾向于对行为采用近端的观点，考察即时的原因，但同时将正在进行的事情与长时记忆以及过去个体受到奖励和惩罚的经历相联系。社会文化和进化论视角考虑更广泛的文化背景因素和进化的历史是怎样影响学习和正在进行的思维和知觉的。

社会文化视角

在第 1 章，你认识了罗斯，他把社会心理学看作对时尚、狂热、暴乱和其他一些群体现象的研究。在全面审视社会心理学时，你已经看到许多只出现在群体中的社会过程。一个例子就是少数人的影响，即群体内的观点少数方用其观点说服其他多数人的过程。民权运动就是一个好的例子：最开始的一小帮人最终把成千上万来自"佐治亚州的红色山岗上……新罕布什尔州的巍峨峰巅……密西西比州的每一座山峰、每一个土丘"的其他人聚集到一起（马丁·路德·金）。这些努力最终改变了美国社会的规范，使来自堪萨斯州白人妇女和来自肯尼亚的黑人的儿子能够成为美国总统。

暴乱群体中的几百名群众，或庞大社会中的几十万个体之间如何相互影响，似乎一直是个复杂的问题，很难科学地进行研究。然而最近几年，从生态学到经济学各个领域的科学家已经开始发展出强有力的新的数学和概念工具来研究复杂的动态系统，例如人群和社会性运动这样涉及许多相互影响的元素的系统。为什么不同的群体之间，发型和态度会呈现出一种集中的趋势，而不是随机分布呢？例如，你一般不可能在共和党人的妇女午宴上看到有多种文身和紫色头发的人，正如你不可能看到一个穿着职业装的有修养的人在麦加帝斯音乐会上跳舞一样。新的概念工具正逐渐允许研究者研究态度和行为怎样在大群体中传播和汇集。

名词解释

近端解释 关注于相对即时的原因。
终端解释 对背景或历史性原因的关注。

◎ **文化对身体装饰的影响。**在不同的文化中，在历史的不同时代，对男性和女性的身体穿孔装饰的得体性和布局规范有很大的差异。

社会文化视角的一个核心传统就是对社会规范（某个社会之内及不同社会之间对恰当行为的社会预期）的关注。在20世纪90年代后期，商业组织和他们的员工有时会因对身体穿孔装饰的不同规范而出现冲突（一名加拿大妇女曾经因为在舌头上戴了一个小杠铃而被星巴克公司解雇）。在现在的北美社会的法人商业亚文化群中，只有耳垂上的穿孔装饰才被认为是合适的。在其他亚文化群中（如艺术取向的年轻人），在耳朵、鼻子、眉毛、舌头、乳头甚至是生殖器上穿戴多种金属都被认为很有吸引力。而在其他一些社会，人们则会纵容更极端的身体损毁形式，他们会在嘴唇和耳朵上放置巨大的物体，把脖子拉伸到正常长度的两倍，并且非常紧地包裹他们的脚骨以至于使自己变跛。这些广泛的差异表明了规范对社会行为具有强有力的影响。

在这本书的每一章，我们都已经讨论了文化的影响，如北美社会的个人主义规范和亚洲或拉丁美洲国家的集体主义规范，采用跨文化的视角帮助我们注意到一些可能比较难以理解的情况。例如，为什么和美国人相比，日本人在答录机前这么不自在。美国式的交流更多地注重将信息讲清楚，而日式的对话则更关注做到礼貌和得体。因此，为了社会礼仪，日本人认为应该在对着电话答录机讲话时花足够的时间，而在美国人看来则完全没有必要。文化差异并不仅限于不同的国家之间，它同时也能够帮我们理解一个国家之内由于种族、宗教信仰或是地域不同而出现的有趣的差异。将在波士顿的意大利天主教家庭长大的美国人、在纽约犹太教家庭长大的美国人、亚拉巴马州南部浸礼教徒相对比，会发现他们各自认可的得体行为规范是非常不同的。

进化论视角

进化论视角透过达尔文自然选择进化理论的镜头来看待社会行为。其基本假设是：在继承直立姿势和用两条腿行走的能力的同时，我们同样继承了祖辈的头脑，其功能之一就是帮

◎ **普遍性和特殊性。**对婚姻的特殊规范在不同的文化之间有所不同，但是双亲之间的长期关系却是一个普遍性的特征，在全人类社会都存在。

助我们处理人类在群体社会生活中的问题。研究者开始采用这种视角来考察社会心理学中的许多问题，包括利他主义、爱、家庭关系、友谊、攻击性和偏见。

与社会文化理论家一样，进化心理学家关注文化间的差别，但是他们更多地探索人类的共性而非人与人之间的差异。对不同文化的探索不仅揭示了有趣的差异，也发现了全人类之间基本的相似之处。

通过众多的社会差异来看我们的共性

我们已经讨论了许多不同文化间社会规则的差异。带来甜点或是礼貌地拒绝其他人给你夹菜可能在西班牙的托莱多（Toledo）是得体的方式，但是在日本东京却是粗鲁的举止。了解这些文化差异可以减少我们的民族优越感，让我们知道除了我们从小习得的方式以外，还有很多其他的社会性方式存在。并且更进一步观察其他文化能够教给我们另外一个道理：在所有的文化差异之下，存在着一个基本的共性联系着我们每一个人。

在浏览本书的过程中，我们已经遇到了许多诸如此类的共同点。回忆一下，例如，尽管各个社会在杀人率和对于暴力的文化规范上有显著差异，但在每个社会中的杀人犯里80%以上都是男性。此外，这些杀人犯犯罪通常是因为相似的理由，比如男性对地位或是求偶机会的竞争。类似地，尽管世界上的婚姻模式千差万别，包括一夫多妻和一妻多夫，我们也能够从这些差异中看到与之相伴的一些潜在的普遍性。所有的人类文化都有特定的婚姻形式，甚至是在允许多个配偶的社会里，大多数人仍然坚持一夫一妻。

同样地，我们也看到了在送礼物的规矩上的跨文化差异，同时也看到了全世界通用的礼尚往来的原则；我们看到了个人主义的跨文化差异，同时也看到了家庭群体中普遍的集体主义倾向；如此等等。因此如果我们遇到来自和我们所在的社会差异较大的社会或是亚文化中的其他人时，我们应该预料到这些人的举止行为规范有时可能会跟我们的规范非常不同。但是我们也应该能够发现，在这些有时令人目眩的差异之下，每个地方的人都有着和我们一样基本的目标和关注点。

文化和进化的相互影响

尽管进化心理学家和社会文化理论家对普遍性和差异性的侧重点不同，但是要说社会文化理论家忽视了普遍性，进化心理学家忽视了差异性就过于简单化了。事实上，这两种理论视角是看到了同一个问题的两个侧面，而试图在文化和进化之间画出一条清晰界限的想法并不可取。在过去很长一段时间，心理学家把头脑概念化为一块“白板”。我们认为一个更好的比喻应该是一本彩色的书。例如，人类的头脑被用来学习一种语言以及一系列文化规范；反过来，正如人类的语言被人类的头脑塑造一样，人类的文化也是由头脑来塑造的。也就是说，文化在被人类进化程度所设定的潜力和局限内逐渐发展，人类的进化也在文化所设定的潜力和局限内逐渐发展（如图14–2所示）。

除了观察不同文化之间的相似性，进化研究者也探索不同物种之间在社会行为上的相似处。例如，一般来说，与雄性很少参与后代抚养的物种（如狒狒）相比，在雄性帮忙照看后代的物种内（如大部分鸟类和人类），雄性和雌性的行为更相似。关注不同文化和物种之间在情感、攻击性和利他行为上的相似性，能够帮助我们从更广的角度来看待我们自己的社会行为。

采用进化视角的社会心理学家并不会戴着太阳帽去非洲挖掘原始人类的骨头或者是和大猩猩一起生活。这些研究虽然和人类进化相关，但是它们却属于人类学和动物学的领域范围。相反，社会心理学家用进化的原则来追溯那些能够通过实验室、现场实验、调查或行为档案等进行验证的社会互动的理论起源。例如，我们在第8章讨论过，研究者是怎样利用进化的模型，对在看到更具魅力或地位显著的异性后，男性或女性会怎样评价他们的浪漫关系并做出不同的预测。心理学家寻找的“化石”不是埋在地下的骨头，而是我们继承下来的心理

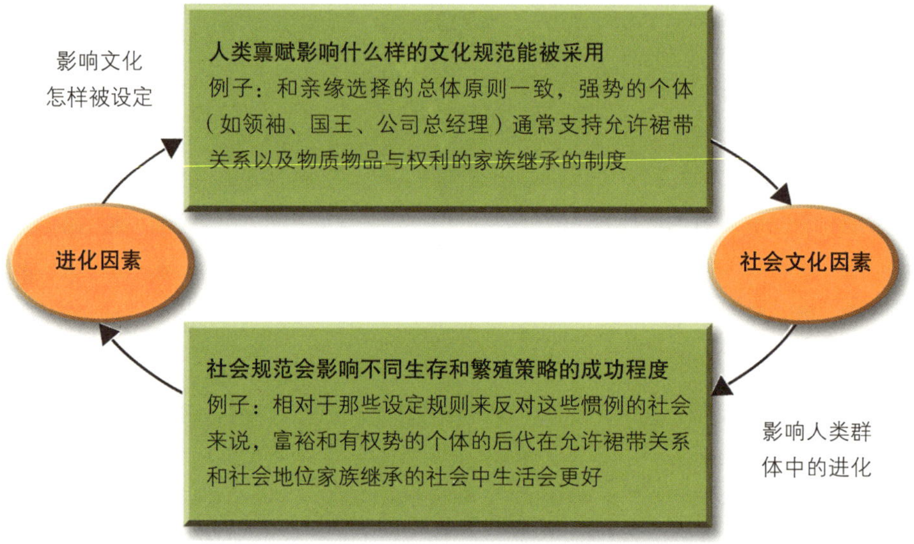

图 14–2 进化和社会文化因素并不是相互独立的

注：人类一直都生活在文化群体中，群体的规范已经影响了我们物种的进化；反过来说，文化规范也在因其与人类本质的匹配成功程度而不断地被采用或是更改。这个过程是生物和文化因素的连续的环路。

机制，它们至今留存于我们的头脑中，并继续发挥作用。

社会学习视角

社会学习视角把我们从社会和进化历史的宽泛水平上带到了更小的维度上——个体对其所处环境中奖励或惩罚的反应。例如，我们看到，如果当人们第一次见到一个人或者一个群体时，自己的情绪因为一些事情比较高涨（甚至是因为吃了比较美味的东西这样简单的事情），那么他们就会对这个人或者这个群体有比较积极的观点。马丁·路德·金在华盛顿游行的演讲非常成功地运用了联结的原则：把他的事业和强烈的爱国主义象征以及幸福的小孩子的形象联系在一起。贝拉克·奥巴马不仅受益于马丁·路德·金改变美国人同非裔美国人关系的能力，而且还从其他一些有助于他个人成功的关键的学习经历中获益颇深，包括拥有受过良好教育的双亲。在第 10 章，研究结果发现影像游戏能够促进暴力思维和冲动，并使个体对看到其他人经受痛苦这一正常神经心理反应去敏感化，我们从这个结果中看到了社会学习经历的一个负面效应。

在社会学习和社会文化视角之间存在一个直接的关联。实际上，我们从多年的条件化和模仿性经历中了解到了不同的文化规范（如对吃牛肉、马肉或狗肉是否感觉舒服）。我们也探讨过一些证据，说明社会学习有时会按照我们种群的进化历史所铺下的轨迹发展。例如，在一个以色列集体农场一起长大的孩子会互相喜欢，但他们并不会彼此结婚。显然，导致邻里之间的人们相互吸引的正常过程会被在同一个屋檐下成长的经历所抑制。这说明了存在着这样一种进化的机制，可以防止兄弟姐妹感受到相互之间强烈的吸引。在这种情况下，一种独特的文化学习环境可能掩盖了这种机制。

小调查

想一个旨在控制与生俱来的利己主义的社会规范，以及一个对利己主义更宽容的社会规范。是违反第一个还是违反第二个社会规范的社会惩罚更严厉呢？为什么？

社会认知视角

社会学习视角关注客观世界的事件，如一位家长吓唬一个不听话的孩子说要拿走他的点心。但是，如果这个吵闹的孩子不听家长的吓唬，或是根本就不相信家长的话将会怎么样呢？我们对社会性世界的反应取决于注意、解释、判断和记忆的心理过程——这些过程都是社会认知观点所关注的。社会认知观点很可能是当今社会心理学领域最具影响力的视角。

社会认知视角能够帮助我们理解一个美国联邦调查局的特工对马丁·路德·金在华盛顿游行上讲话的反应。这个特工指出这个“强大的有煽动性的演讲”让他相信“马丁·路德·金已经受到了共产党的影响”，并且“从共产主义和国家安全的立场来看，我们必须把他当成最危险的黑人”。一个全面参照《美国联邦宪法》和《共和国战歌》(*The Battle Hymn of the Republic*)的演说怎么会得到这样的诠释呢？美国联邦调查局关于共产主义信仰者和民权运动可能联系的调查，胡佛局长对共产主义信仰者阴谋的几乎强迫性的关注，使得一些认知线索变得非常突出，而这些认知线索正是社会认知视角所关注的。

作为相互作用模型的重要组成部分，社会认知的观点已经贯穿于本书的各个章节中。例如，“自动化”和“需要努力”的认知加工过程在对说服和态度改变的研究中处于非常核心的地位。社会归因的过程（如判断一个褒扬到底是真诚的还是有目的的）在我们对友谊、爱情、亲社会行为、攻击性和刻板印象的讨论中也具有非常重要的意义。实际上，以寻求社会性信息为目标是很多社会互动的基础。

社会认知视角和其他理论视角之间有重要的联系。没有即时的认知加工，就没有学习；并且没有过去的学习或者是不具备处理复杂的社会性信息的大脑，就不会有因果归因、社会图式、启发式判断或群体刻板印象。文化环境中的因素也会对个体注意环境中什么事物、以及怎样解释他看到的事物产生重要影响。图14–3通过强调社会认知和社会学习之间的一些联系，描述了一个诸如此类的联结。

在这些视角之间都有类似的双向联系（正如之前社会文化和进化视角之间的关系一样）。多角度考虑问题的重要性在我们对性别的探讨中也可见一斑。

小调查

回顾一个这个学期你记住的社会心理学的研究结论。是什么使得这个结论在你的记忆里如此突出。将这个结论与社会规范、进化的利己主义或社会奖赏和惩罚相联系。

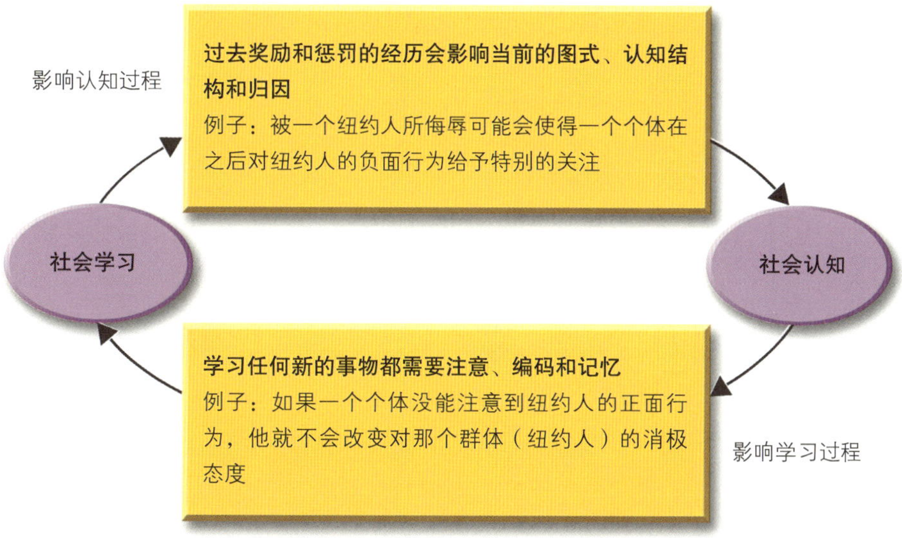

图14–3 认知和学习之间的相互影响

注：为了学着喜欢或是不喜欢另一个群体，我们必须注意那个群体并且在我们的长时记忆中登记和他们相关的经验。一旦我们学会了一种对他人的习惯的反应方式，它就会影响我们之后注意和记忆他们的趋势。这是一个学习和认知如何密切相关的一个例子。

性别差异存在于我们基因、我们的文化学习经验还是我们所有人的思想中

如果你不能从一个人的口音中判断这个人是来自波士顿还是纽约，那你可能并不太在意。而如果你不能立即辨别出这个人是男是女，这种不确定感就会引起你的注意和兴趣。

为什么人们对这些罕见的性别不确定性如此着迷呢？社会心理学家苏珊和黑兹尔·马库斯（Hazel Markus）于1993年指出，这是因为性别是一个非常生动形象的社会类别。在许多日常情境中，一个人是男还是女瞬间可视同时也是很有意义的。采取认知视角的研究者认为性别刻板印象有像其他类别（如种族刻板印象）一样的功能。一旦我们把个体归入一个简单的类别中，我们就不需要花费额外的认知努力来理解或和他/她交流了。

与这个观点一致，当年轻的儿童看到一些人做出与他们心中的性别刻板印象不一致的行为时，他们会在心理上“曲解”这些行为以使之落入正常范围内。例如，看到一个女孩锯木头图片的五六岁的儿童会错误地将图片记忆成一个男孩正在锯木头。成人也会使他们的认知符合性别角色图式。在一项研究中，研究者让成人判断当一个玩偶盒突然打开、一个奇异的小人跳出的时候婴儿的反应。那么这个婴儿是害怕得哭还是会愤怒呢？把这个婴儿看作女孩的观察者会更倾向于认为是前者；那些认为婴儿是男孩的观察者则会更多地认为是愤怒。当人们对中性面孔旁的愤怒面孔快速扫视判断时，更可能认为愤怒面孔是男性（即使其实是女性面孔），而愤怒面孔是男性时，则不会把它判断为女性。

诸如此类的研究结果说明了社会判断领域内存在的性别偏见。但这些能够说明性别特征仅仅是凭头脑想象出来的吗？卡罗尔·马丁（Carol Martin）指出性别刻板印象，像其他一些刻板印象一样，至少是基于部分事实的。加拿大被试报告：典型的“北美男性”和典型的“北美女性”之间有很大的性别差异。男性被认为有明显更高的支配欲、攻击性和做决定的意愿；女性则被认为更温柔、体贴，更具有同情心同时也更热情。人们在相同维度上的自评也报告出相同的刻板印象差异，但是差异程度却小一些。他们认为一个典型的男性是具有高攻击性、高进取心也更冷漠的。但是男性却认为自己仅仅具有中度攻击性，不是那么有进取心，也不是那么冷漠。如此看来，认知偏见会使我们放大实际的性别差异。

艾丽斯·伊格利回顾了大量的实际性别差异以及关于这些差异的刻板印象的研究，他总结到，一般人能够非常准确地判断出不同性别的个体，在哪些方面差异大（如身体攻击和对婚外性行为的态度），在哪些方面差异小（如愤怒的感觉和对长期关系的态度）。为什么尽管存在认知偏差，人们仍然能够对性别差异的程度有很好的判断呢？艾丽斯·伊格利指出这是因为性别是一个非常显著的认知类别——人们对男性和女性之间的相似性和差异性给予了大量的关注。

为什么男性和女性的举止行为符合性别刻板印象？这仍然是一个颇具争议的问题，需要通过研究来解决。毫无疑问，年轻的儿童学习到某些行为更适合男性、某些行为更适合女性。性别角色规范的某些部分在不同文化间是相似的，而其他部分在文化之间却又不同。例如，在俄罗斯从事医学工作的女性比男性多，而在美国情况却正好相反。但这两个国家的女性中

◎ **性别图式**。与研究结论一致，我们的注意很容易被那些难以被归类为男性或女性的人吸引，这表明性别图式是强有力的、基本的心理类别。

犯杀人罪的比例均较少，用来照顾孩子的时间则更多。了解这些差异和相似之处无疑会有助于儿童的性别角色图式的发展，并且能够让男孩或女孩知道他们应该有怎样行为举止。

在另一个水平上，我们可以探究社会性差异和相似性的最初起源。从一个进化的视角来看，一些类型的劳动分工可能自然地起源于生殖生物学上的差异，另外一些则可能是更随意的。我们的女性祖先生育和抚养孩子的事实能够帮助我们解释为什么女性普遍在照顾孩子上花费更多时间和精力，也能够解释为什么她们一般来说对随意的性机会热情较低。因此，基本的生理差异能够帮助儿童学习到社会角色方面的性别差异。然而，我们的繁殖历史和许多当今时代随意分配给一种性别或另一种性别的角色并不相关，如医疗实践、会计或是社会工作。简而言之，探讨性别差异究竟是存在于我们的基因或我们的文化学习经验中，还是我们所有人的思想中这样的问题或许本身就是个错误。所有的这些影响因素共同作用而产生社会性行为。

正如我们对性别的讨论所阐释的那样，不同的视角能够帮助我们理解社会性行为，并且综合不同的视角能更清晰地了解整体情况（如图 14–4 所示）。我们用相互联系的框架来组织这本书，就是对各种具有重要历史意义的视角进行整合。在下一部分，我们来重述一下我们框架的主要观点。

整合不同的视角

在第 1 章中，我们从不同的具有重要历史意义的视角中推理出两个主要原则：

1. 社会行为是目标取向的；
2. 社会行为表征了个体和环境之间连续的交互作用。

既然我们已经回顾了社会心理学领域，让我们回到这两个主要原则以及已有的与之相关的结论上。

社会行为是目标取向的

对于社会心理学领域的每一个主题，我们都可以问这样一个简单的问题："产生这种特定行为的目标或动机是什么？"为什么杉原千亩—— 一名日本公务员，在这数百名立陶宛的犹太人的邻居都不愿伸出援助之手的情况下，甘愿冒着职业风险去帮助他们逃离纳粹的魔掌？是什么使得像阿尔·卡彭或是查尔斯·曼森这些人变得如此凶恶残暴？我们能从这些特殊的个案中得出关于日常动机的什么线索呢？

带着对"为什么像杉原千亩这样的人会去帮助别人"这类问题的思考，我们考虑了四种一般性的目标：获得遗传的和物质的利益、获得社会地位和支持、保持自己形象，以及管理情绪和心境。我们根据四种可能的目标讨论了为什么阿尔·卡彭和查尔斯·曼森如此残暴的问题：应对恼怒的感觉、得到物质或者社会性的奖励、获得或保持社会地位，以及保护自己和他人。我们也按照这四种

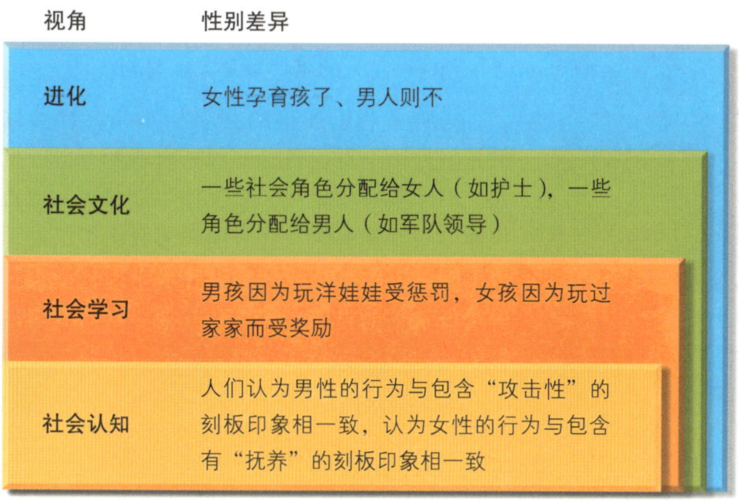

图 14–4 不同的视角对性别的观点

注：可以从不同的视角思考男性和女性之间的相似性和差异性，并且这样做能够帮助我们理解这些不同视角之间的联系。

目标思考了为什么像电影《绿皮书》中穷苦白人与黑人艺术家之间能建立与保持友谊的问题：获得社会性的支持、得到信息、获得地位，以及交换物质利益。

回头看看这些不同的目标，我们可以看到相同的目标有时能够构成不同的社会行为的基础。例如，我们讨论了提升或保持地位的目标是怎样影响到自我呈现、友谊、助人行为、爱、攻击性和偏见的。伴随着我们对这些广泛的社会行为的讨论，我们应该思考这些不同的社会行为背后的目标有哪些共同之处。我们能否发现一些基础性的动机？以及当它们组合在一起的时候，能够解释大多数社会互动吗？

在第 1 章，我们讨论了一些社会行为的主要动机：（1）建立社会联结；（2）理解我们自己和他人；（3）获得和保持地位；（4）保护我们自己和我们所重视的人；（5）吸引和保持伴侣。我们出于某些原因选择这些特定的动机。在纵览了社会心理学这个广泛的领域之后，我们总结发现这些动机中的一个或多个与我们这本书中讨论的几乎所有行为都有直接或间接的相关。某种意义上，这些重要的动机给予我们许多，有关我们和他人、对他人和为他人所做的事情的根本性作用的暗示。

◎ **只有能建立起良好联结的个体才能生存。**流行的电视系列节目《生存者》的参与者会被安置在世界上某个孤立的地区，与此同时还有其他一两组陌生人也被安排在相同的地方。这些组之间为了食物、住所以及其他必需物而相互竞争，失败的一组将被迫选出一名组员离开孤岛。最终只能有一个个体在岛上生存下来，然后这个胜利者将会赢得 100 万美元的奖励。与现实生活相同的是，在这个游戏中胜出的人都是那些能够建立起较强的合作同盟的人。

鉴于以下两个问题，让我们再一次思考一下这些基本的动机：这些重要的动机是如何解释社会行为的功能的，包括从利他主义到陌生恐怖症这些广泛的行为？以及这些重要的动机是怎样同人际交往中的目标相联系的呢？

建立社会纽带

社会性行为的一个主要目的就是与他人建立和保持友好的关系。有了他人的支持，我们能够完成一些我们靠自己从来都不可能完成的任务，正如贝拉克・奥巴马，有成千上万的人为他的总统竞选奉献时间、金钱及劳动力，成为他的力量源泉；相反，若有人反对我们，最简单的任务也可能变成一个“噩梦”。在回顾的过程中，我们可以看到建立社会联系的动机本身就呈现出不同的形式：在第 4 章，我们讨论了表现得招人喜欢的目标；在第 5 章、第 6 章、第 9 章和第 11 章中，我们探讨的许多不同的社会性行为背后的目标都是获得社会支持；实际上，整个第 7 章都是在讨论归属和友谊。在第 7 章，我们所讨论的获得社会支持和信息、提升个人的社会地位以及交换物质利益告诉我们关于社会行为不同目标的一些重要信息。它们之间通常是相互联系的。特别是当你和其他人建立联系的时候，你也同时开启了满足其他社会性目标的大门。为了理解我们自己和其他人，为了获得和保持地位，为了吸引和维持同伴关系，为了保护我们自己以及我们所重视的人，寻找和保持他人的陪伴是至关重要的。

马克・利里和他的同事们指出，社会联系是另外一个重要目标即保持自尊的基础。例如，当学生被排除在一个工作小组之外，或者当他们想着要去做一些可能导致社会拒绝的事情（造成一次事故或者考试作弊）时，就会报告较低水平的自尊。利里和其他一些研究者所做的一些研究支持了自尊是一种社会标尺（一个衡量我们是否感觉被他人包容或者排除的指标）的假设。

理解我们自己和他人

马丁・路德・金真的是像胡佛所说的那样，

是一个被共产党影响、蛊惑民心的伪君子吗？你真的就像你最好的朋友所说的，是一个有魅力且令人喜爱的人吗？你真的像与异性初次约会时所表现出的那样不善交际吗？人们在社会互动的过程中很难不去思考一些问题，如其中的参与者是谁、他们为什么会做他们所做的事情以及他们怎么看待你、对你有什么样的期望等。因此，理解我们自己和他人的动机这个主题反复地出现在这本书中。这是第3章的核心，同时对其他一些章节来说也是非常重要的。例如，我们在对态度、友谊、偏见和群体的讨论中涉及了与得到和组织社会信息相关联的目标，并且我们在关于态度、自我呈现、社会影响、亲社会行为和偏见的章节中探讨了以一种或另一种方式发展和管理自我概念的目标。

我们在第3章中的讨论凸显了关于重要社会动机的另一个要点：他们能够被分解为一些子目标。有的时候我们搜寻信息来简化这个世界，有些时候搜寻信息是为了保护我们对自我的观念，有的时候搜寻信息则是为了获得一个对自己和他人详细的、准确的描述。哪一种信息目标被激活则取决于环境中的其他因素。有些时候用一种认知快捷方式就足够了，就像我们会期望下一个开着有顶灯的黄色轿车的人顺道搭载我们去机场一样。有些时候我们则需要更深入地搜索准确的信息，正如我们以为某人并不聪明，却在下棋时输给了对方。有时候我们需要保护我们的自尊心，就像我们拒绝之前的恋人打来的电话，避免他们指责我们的诸多缺点。

获得和保持地位

就像我们之前提到的那样，获得和保持地位的目标对很多主题来说都是很重要的，包括自我呈现、归属和友谊、爱和浪漫关系、攻击性、偏见和群体动态。自尊不仅仅和我们是否被别人喜爱相联系，而且和我们是否被他人尊重相关。当他人尊重我们的时候，我们的自我感觉很好。就像我们在第3章提到的，北美人和欧洲人更倾向于认为自己和他人相比更有竞争力、更有智慧，或者是更值得尊重。类似的，在第11章中，有时候人们会为了使自己感觉更好而去关注那些地位低于自己的个体或群体。

◎ 与有荣焉。奥巴马的支持者们在其赢得总统选举的那天夜里展示出他们个人的胜利感。

地位不仅仅具有直接获得奖励的益处，正如我们在第8章讨论的那样，它也带来了吸引同伴和提升我们后代生存水平的间接利益。我们在第7章讨论到，全世界的人们都从两个主要的维度思考自己和他人——宜人性和社会支配。我们不仅想要知道其他人是否足够好，我们也需要知道他在地位等级上是高于我们还是低于我们。

心理学家罗伯特和乔伊丝·霍根（Joyce Hogan）曾注意到受欢迎和获得地位这两种基本动机有时会发生冲突。如果你急于在社会地位等级上超越他人，有可能在宜人性维度上失分。与此同时，如果其他人喜欢你，信任你，感觉像是你的家庭或团队的一部分，他们不仅会帮助你成功，同时也会分享你的光荣。比如在奥巴马赢得总统竞选的那天夜里，全美的支持者都在为他的胜利欢呼庆祝。

保护我们自己和我们所重视的人

就如我们在第10章、第11章和第13章所看到的，暴力和偏见经常由保护自己或群体成员的目标引发。我们已经了解到由思考死亡或者疾病或者甚至是处于黑暗中所带来的担忧是怎样导致人们不喜欢或不信任外人的。然而，相同的动机也能引发亲社会行为，因为自己冒险去救另外一个人通常意味着为他而拼搏。因为马丁·路德·金能够想象到那些愤怒的、没有得到满足的黑人的状况，也能感受到黑人儿童因偏见而受到的伤害。所以他相信，他的探索在一定意义上是一场为他自己孩子的未来而进行的斗争。

最近一项基于司法的攻击性的研究表明，社会心理学、行为经济学和神经生物学三者之间有另一个非常有意思的联系。萝丝·麦克德莫特（Rose McDermott）和她的同事们发现，单胺氧化酶A基因（MAOA也被称为“战士基因”）与人们宁愿花费自己的钱财来惩罚他们认为有不公平行为的游戏玩家的意愿有关。

在这一章的开始，我们讨论了埃德加·胡佛对马丁·路德·金的宿怨。在进一步的探讨中，胡佛对马丁·路德·金及民权运动的敌对同其被放大的自我与群体保护的目标相关。在下一个部分，我们将要讨论偏执性怀疑、正常社会性怀疑和自我保护之间的细微区别。

联结：适应与障碍

一线之差的正常与异常的社会性功能

肯尼迪总统的前特别助理、历史学家阿瑟·施莱辛格（Arthur Schlesinger）曾描述说，埃德加·胡佛患有“早期妄想症”。类似地，胡佛的另一部传记在书的封面上也说他有“妄想症”。这个统治了美国联邦调查局将近50年的人真的有妄想症吗？

胡佛当然没有偏执型精神分裂症的幻想症状或紊乱的言语模式。然而他的确有别人认为是幻觉的信念，并且他也符合轻微的偏执型人格障碍的各项标准。偏执型人格障碍的症状包括无端地怀疑别人欺骗你；对于朋友或同事的忠诚毫无根据地怀疑；怀恨别人的倾向；对被他人轻视的过度敏感；对性伴侣不忠的妄想；以及对知觉到的轻视或侵犯进行反击的倾向。

胡佛拥有许多个人的敌人，马丁·路德·金则是其中非常突出的一个。马丁·路德·金因为曾经说过反对联邦调查局的话而得罪了胡佛。马丁·路德·金的怠慢仅仅是由于他曾经提到过自己赞同《纽约时报》上一篇文章的观点，而这篇文章批评联邦调查局对某起民权事件的处理方式。胡佛对他的对手的性生活了如指掌，在任何他感觉到某个人对他存在威胁的时候，他就会把这些信息透露给新闻界。与胡佛在政策上有观点分歧的前特工们会被定为“叛徒”。胡佛的某前助理说道：“如果他不喜欢你，他就会毁了你。”当1950年一本批评联邦调查局的书出版的时候，胡佛在反美活动委员会审议会之前就找过出版商的麻烦并且诽谤说他和共产党有联系。

胡佛毫无疑问是一个自我保护的、多疑的、怀有敌意的人，但是他是疯狂了吗？事实上，他的行为显示了正常和异常的社会行为之间某些时候的细微差别。考虑一下其他一些事实，大多数观察者，包括司法部部长罗伯特·肯尼迪和联邦调查局的许多其他成员，都相信其实民权运动和共产党并没有多少联系。美国的共产党党员数量几十年来都呈减少趋势并且在斯大林执政后几乎消失了；然而在大萧条时期共产党却非常普遍。社会主义者和共产党在劳动联盟的成长过程中非常活跃，而且他们也帮助推动了减少贫困政策，如失业保险的施行。马丁·路德·金的一些盟友，包括杰克·奥戴尔、斯坦利·莱文森和贝亚德·拉斯廷实际上都是那个时候的共产党员或是社会主义者。胡佛发现了许多这样的联盟，并且出版了一本书叫《欺诈大师》（*Masters of Deceit*），书中讨论了共产党是怎么慢慢渗透这些社会活动

◎**埃德加·胡佛和克莱德·托尔森**（Clyde Tolson）。据说胡佛和他的助手克莱德·托尔森曾经有过同性恋关系。这张图片显示的是他们共度一年两次的假期。胡佛搜集他人性生活方面信息的倾向可能部分是被他了解如果自己的私人生活信息被揭露时会对他本人产生的影响所激发的。

群体的。

胡佛把模糊的联系理解成与共产主义阴谋相联系的倾向，证明了先前章节中讨论的正常的认知偏差。例如，可得性启发法（过高估计容易进入头脑中事件的概率）和确证性偏差（寻找能够验证我们自己的理论的事实而不考虑其他的可能性）。这些类型的认知偏差困扰我们每个人，所以对一个花费了他一生大部分的时间搜寻隐秘阴谋的人来说，对于任何人们之间值得怀疑的细微联系都高度警惕是说得通的。因为胡佛把共产党看作美国所面临的一种严重的威胁，他对待任何与共产党相关的事情过度防备的态度是内群体保护倾向的一种自然产物。

当考虑到另一个推测——胡佛是同性恋——的报道时，胡佛搜集其敌人的性生活方面毁灭性的证据的特殊癖好就会更合理了。在那个时候，如果美国公众被告知与罪犯斗争的美国价值观的捍卫者是一个同性恋，他的强权高位（依靠某些竞选政客的连续任命而获得的）就会受到严重的威胁。通过掌握有影响力的人们的性生活方面的大量情报，包括参议员、国会议员、总统和他们的妻子；并且由于他显示出利用这些信息的一种意愿，胡佛成功地保住了自己在联邦调查局50多年的领导地位。

胡佛的例子贯穿这本书的始终，证明了联系正常功能和机能异常这一专栏的主要内容。紊乱的社会行为常常使得正常的心理机制显得更加明晰；反过来说，理解正常的心理机制常常能够帮助我们理解看起来紊乱的行为功能。

吸引和保持同伴

从一个进化的角度来看，所有动物包括人类的社会性行为，最终都服务于一种重要动机，即成功繁殖，这种机制广泛地影响着社会行为。就像我们在第8章对爱和浪漫关系的讨论中所提到的那样，虽说动物为繁殖而生但并不意味着他们所做的所有事情最终都是为了性行为的发生。繁殖不仅仅关乎交配的过程。所有的哺乳动物，尤其是人类，只有较少的后代，他们在这些后代上倾注了大量的心血。某些种类的鱼在每一个季节都能产生成百上千的后代，相对而言，在人类社会，当孩子多于五个的时候就会被看作一个大家庭。所以，和许多其他物种相比，人类显示出很强的“家庭价值”，并且在照料孩子上投入了大量的资源。

人类在另一个重要的方面和大多数哺乳动物不同。好的教养不仅是女性的目标，同样也是男性的目标。为人父母所要提供给后代的，不仅仅是食物和容身之处，还有多年的心理支持和社会生存能力的培养。在许多情况下，当孩子成年时，父母甚至为他们的孩子安排好了工作和婚姻。正如我们在第8章所讨论的那样，在每一种人类文化中，男性和女性共同承担抚养孩子的责任。这种亲代联结是我们生物性传承的一部分，但这些联结像语言一样具有可塑性且对环境变化敏感。

吸引和保持同伴的目标也验证了另外两个要点：第一，目标不一定非要被明确意识到；第二，目标涉及并不完美的调节机制。生物学家指出，当今世界上的所有动物，包括现代人类，之所以存在是因为他们的祖先比他们的竞争者繁殖效率更高。但是生物学家却并不认为，蚂蚁、鹅或是人类的祖先能清醒地意识到其复制自己基因的目的，这些祖先在做出什么是最具适应性的选择时也未必是一贯正确的。蚂蚁有的时候也会做出无知的自伤行为，如袭击一个手里拿着杀虫剂的人类；由人类饲养的鹅通常会错误地和其他物种交配。在这种情况下，这些动物只是执行在其他大多数情况下帮助其祖先生存和繁殖的程序。对于人类来说，我们可以觉察到，我们对配偶的选择很多情况下并不是被一种有意识地繁殖动力所驱使，也不为其他任何明显的“理性的”策略所驱动。例如，人们回避与自己在同一个集聚家庭中长大，却毫无血缘关系的异性，并不是基于一种有意识的适应性选择；相反，这似乎反映了一种帮助我们祖先避免近亲繁殖有害影响的机制。

有其他解释社会行为的基本动机吗

我们相信在这本书中讨论的大多数特定目

标都可以和组成联盟、搜集社会信息、获得地位、保护自己和自己的群体以及获得配偶这五个基本的社会动机中的某一种联系起来。很多时候，某种特定的社会行为能够服务于多个动机，如加入一个群体会带来社会支持、社会信息、地位的提升以及得到自我保护；找到一个配偶也同样如此，除了建立起一个家庭的直接目标外，还可以促进其他许多目标的实现。

事实上，我们并非时时刻刻都能清醒地意识到这些广泛的根本性动机并受它们驱使；相反，我们的生活更多的是实现短期的、较直接的目标。当马丁·路德·金和埃德加·胡佛最终相遇，两人之间的友善程度不相上下。马丁·路德·金之所以这样，其目的或许很简单，即想要给这个潜在的危险人物形成一个较好的印象，而不是使自己的孩子受益或是推进民族平等。同样地，我们所讨论的每一个基础动机都可以被分成几个更直接的目标。吸引配偶、建立关系、回应一个竞争者对自己的伴侣的调戏，以及分担照料孩子的责任等都是成功繁殖这个根本目标的一部分，但是我们需要采取不同的行动来达成这些多样的子目标。

在一些案例里，我们讨论的行为并不是服务于社会目标，而是服务于更为普遍的动机——寻求奖励或者回避不愉快体验。有些时候，心理学家试图将所有的行为简化到一个或两个更宽泛的动机上，如“寻求奖励”。然而，许多心理学家现在正在寻找旨在解决特定的问题的更具体的目标。毫无疑问，某些领域的资源相对来说更具激励性，如地位的上升或者是食物的获得。但是特定的社会情境也会有重要的作用，一块 M&M 巧克力、一次握手、一则绯闻、一个吻、一些成就或是一次胜利，究竟是强化、惩罚还是中性的，关键取决于其发生的社会背景以及在当时被激活的目标。例如，来自我们想要成为配偶的人的一次握手、来自我们视为敌人的人的亲吻、和我们孩子下棋时一次绝妙的胜利，等等，可能更多的是惩罚而不是奖励。因此，当我们试图理解社会行为的根本原因时，从某个特定的水平考虑目标以及思考这些目标是如何与个体所处的环境产生交互则会更有收获，正如我们在下一部分所要讨论的那样。

小调查

列举你最近在思考的你和他人关系中的两个问题，它们和我们刚才讨论的动机是怎么联系起来的？

人和情境之间的交互作用

正如我们所了解到的，人们在对社会支持、社会信息、地位、性和个人安全感方面的需求不同。在其他影响社会关系的方面，如信念、归因方式、自尊及其他方面也存在差异。一些人（如胡佛）更多的时候是保卫性的敌意，而另一些人则像马丁·路德·金一样，更经常的是自我牺牲的利他主义。对个体间的这些差别，研究者已从各种不同的理论视角进行了探究（如图 14–5 所示）。

我们也看到，不同的情境能够激发不同的动机。一些情境（例如个人侮辱，或他人和自己的爱人调情）能够引发我们大多数人的防卫感。其他情境（比如看到一个饥饿的孩子）则能够引发我们大多数人的利他主义倾向。这些情境因素变化范围很大，从社会环境的瞬时改变到童年经历，再到对广泛的适当行为的文化规范。

最后，我们也看到在个人内部因素和社会情境因素之间存在连续的交互作用。个人和环境因素交互的许多方式可以被总结为以下六个基本的原则。

不同的个体对相同环境的反应不同

两个人可能关注相同环境的相同细节却对其产生不同的反应。例如，当自我价值感受到威胁时，高自尊的人会寻求他人的陪伴，然而低自尊的人则回避其他人。对我们生命的威胁可能会使我们大多数人停止我们所坚持的大多数行为过程，但是对于马丁·路德·金，这位将自己的生命建立在牺牲的烈士（如耶稣、圣雄甘地）的教义上的人，这样的威胁却似乎能使他更加坚强地战斗。同样地，我们可以看到，

视角	个体	情境
进化	• 遗传特质 • 人类本质	• 我们祖先环境中与生存和繁殖相联系的特征
社会文化	• 内部社会标准	• 社会规范
社会学习	• 习惯 • 条件性偏好	• 奖励 • 惩罚
社会认知	• 图式 • 记忆的情节 • 归因策略	• 捕获注意的社会环境特征

图 14–5 关于个体和环境的不同视角

注：对于个体内部和环境中的因素，每一种理论视角都采用了一种稍微有所不同（但却兼容的）的观点。

人们对有说服力的论证、对权威的命令、对敌意的侮辱、对有吸引力的异性个体怎样反应会因他们的人格差异而产生不同。

环境选择个体

其他人也有能力领导蒙哥马利的公交抵制活动，但是马丁·路德·金却被他的同伴选拔出来担任此任务；其他人也想领导联邦调查局，但是胡佛却被任命为局长；其他人也可能梦想成为美国 2009 年的总统，但是贝拉克·奥巴马却是那个被选中的人。很显然，并不是每个人都能进入他想进入的每一个环境。我们有时候被潜在的约会对象、潜在的朋友、潜在的运动队、潜在的大学、潜在的工作所选择，有时候却被忽视、被拒绝。这些选择本身就是我们稳定的特征和自我表征的一个函数，包括他人怎样评价我们的受欢迎程度、我们的能力以及我们的社会优势等。从根本上说，社会环境和个体相互之间不可分离，所以探究一个方面从哪儿开始另一个方面在哪儿结束是没有意义的。事实上，我们的人格和我们的环境可以说是互相影响。

◎ **环境选择个体**。有些人像茱儿·芭莉摩（Drew Barrymore），本身也很有天赋、漂亮而有魅力，从许多著名演员中被挑选出来进入一些其他人无法进入的情境（如舞会、约会和演出工作）。

个体选择环境

我们大多数人都很清楚环境的力量。父母告诫他们的孩子不要结交品行不端的朋友，以免受其不良影响，高中校园咨询师建议学生选择合适的大学，宗教领袖劝告我们避免去那些能产生诱惑的地方。尽管我们并不总是听从这些劝告，但我们大多数人的确会回避特定的情境而追寻其他的情境。例如，我们知道，男性化的男性个体会主动去看一些色情电影，而女性化的男性个体则不会。类似的，暴力倾向的人更可能去选择看暴力的电影，然而性情温和的人则不会这样。在这方面，个体和环境之间的关系就被放大了——少年犯选择和其他流氓在一起；而行为端正的青少年则选择教会群体；脑力运用者则选择科学俱乐部。因此，他们各自不良的、行为端正的和文化高深的趋势会进一步被加强。

◎ **不同的环境激活自我的不同方面。**和我们其他人一样，即使公众人物像贝拉克·奥巴马总统也会根据被不同环境激活的目标来显示出他们自己的不同侧面。

不同的环境启动个体的不同部分

有时候，我们希望别人喜欢我们，有的时候我们希望别人尊重我们，而有的时候我们希望别人害怕我们。在某些情况下，我们希望另一个人坦诚地对待我们；在另外的情况下，我们希望这个人是礼貌而老成的。这些动机很少是凭空产生的——它们更多的是被我们所处的环境所激发出来的。例如，当其他人拒绝我们时，我们会试图避免更多的伤害，于是我们会回避社会接触。然而当其他人忽视我们的时候，我们会避免更多地展示自己并试图重新和他人建立联系。

个体改变环境

在我们对群体的讨论中，我们看到单一的个体可以改变整个群体的方向，或者是从上而下，恰如联邦调查局局长胡佛的例子；或者是从下向上，恰如少数人的影响。担任局长期间，胡佛把联邦调查局转变成一个比之前任何时候都更强大、更偏执的组织。这些改变不仅仅影响了几届的总统行政，也同样影响了成千上万的美国民众，包括马丁·路德·金。

环境改变个体

尽管我们会尽最大的努力选择跟自己个体特质相匹配的环境，但是我们不可能总是得到完全符合预期的环境。一位矜持的女性可能会选择某个文科学院，因为她想回避大城市里综合性大学的大量人群，却发现一种不符合传统的社会氛围。在大学毕业时，其政治观念更可能变得开明。一些这样的改变会发生得很快。例如，日本人总的来说比美国人更倾向于关注个体所处的环境，而美国人更可能忽略背景而把个体放在中心位置。然而，如果美国人只能看到远比美国复杂的日本街头情景，美国人就会转变思维方式，更为接近日本人。

个体和情境的交互常常会有多重的发展方向。例如，情绪化的人最开始相对来说更不可能变成父母，但是如果他们有了孩子，他们会变得更情绪化。这些交互也会随着时间逐渐融合。例如，试图参加运动队的年幼的孩子，如果他们刚好在生日分割点之前出生，他们就处于劣势。如果这个分割点是1月1日，那么出生于12月在“试练”期间的孩子则比同年1月出生的孩子小11个月（当只有六岁的时候，11个月可以在成熟度、协调性及经验上产生很大的差距）。因此，年龄较大的孩子更可能被正式选入运动队，获得更多的训练和更高水平的指导，并且之后在更高年级时会再次被选进运动队。那么久而久之，最初很小的差异就会被扩大化了。几年之后，出生日期的偶然性则转变成现实中技能和自信的差异，造成职业运动队中不平衡的分布。

为什么要如此深入地探究个体和环境之间的交互作用？难道不能阐述得简单一点吗？答案是过分简单化的解释通常是不正确的。尽管我们之中的认知吝啬者经常满足于简单的非黑即白的答案，但现实通常却需要更深入的思考，就像带有灰色阴影的各种方格和曲线的混合体。在这些复杂性之中仔细地探索能够帮助我们避免把过多责任归咎于某个人，或是犯相反的错误，即把个体当作环境的被动棋子。查尔斯·曼森被一个行为不端的母亲忽视，而成长在一个成功的浸礼教徒的牧师家中的马丁·路德·金则有一个幸福的童年，这二者的不同足以在许多重要方面塑造出两人的差异。但是并不是每个被忽视的孩子都会成为一个残忍的杀人犯，也不是每个幸福的宗教家庭的孩子都会成为伟大的社会改革者。

小调查

将你所在大学里的专业、以及/或者一种重要的关系与我们刚才讨论的不同类型的交互作用联系起来。

为什么研究方法很重要

如果这个社会的世界简单点，我们就可以只凭眼睛和耳朵来解释为什么人们有那样的行为表现。但是自我呈现及社会认知的研究告诉我们，我们的眼睛和耳朵所得到的信息并不全面。不仅其他人试图用不同的技巧隐藏他们的动机，我们自己的头脑也会歪曲，过分简化或是否认我们看到的和听到的。如果我们能在认知和动机上消除所有偏差，我们有限的知觉容量和现实的限制也仍然会增加混乱。即使是显微镜也没法让我们了解清楚不同基因之间的交互作用、以及基因和先前生活经验的交互作用是怎样影响不同的个体对日常生活状况的反应的。就像我们刚才讨论的那样，个体和环境之间以高度复杂和相互影响的方式交互作用，这样的方式使得仅靠头脑对因果关系的探索变得很困难。

为社会行为寻找科学的解释需要一种非常特别的探查性工作，研究方法就是使得这项工作能够完成的工具。因此，理解研究方法不仅对社会科学家重要，而且对我们所有人都很有意义。毕竟，我们所有人都是社会科学信息的使用者。我们能够完全相信某杂志上的文章或是一部电视纪录片中给出的关于团伙暴力或是青少年怀孕或是种族冲突发生原因的结论吗？一名善于辞令且有魅力的新闻评论者满怀信心发表的结论并不一定是正确的。如果没有研究来支持他的结论，专家的观点也同样会受制于社会知觉和社会认知中的偏差，正如你自己、你的父亲或祖母曾经犯过的错误一样。

这些研究方法能够帮助克服许多问题，包括人们在报告他们自己的社会行为时的偏见和限制。作为社会科学信息的使用者，我们在结交朋友、感化爱人、消除潜在敌人以及培养出幸福的孩子方面应当小心谨慎，避免轻易接受无确凿证据支持的专家意见。

名词解释

三角测量法 *以不同研究方法考察同一个问题的技术，每种研究方法各自存在偏差。*

社会心理学是怎样嵌入知识网络的

在第1章中，我们看到了社会心理学和心理学其他领域之间的许多联系。在之后的章节中，我们看到了它和发展心理学之间的诸多联系。例如，观察成人的攻击、利他和爱是怎样

联结：方法与证据

对于社会科学信息使用者的一些结论

在整本书中，我们已经讨论了一些心理学家用来克服他们自己知觉和认知限制的探查性工具。这些工具包括通用的工具，如元分析和隐蔽测量，以及特异性的工具，如面部动作编码和对出生后分开两地的双胞胎的行为遗传学研究。社会心理学家正在继续开发具有创造性的新研究方法来研究社会行为。例如，一组社会心理学家正在使用现代计算机技术的发展成果来研究虚拟现实中的社会互动。正如我们在本书中所看到的，现代神经科学方法正在被使用以帮助我们理解大脑中的过程同社会经历的联系，这些社会经历包括从拒绝到爱到偏见等。

总观这些方法所产生的一些普遍性结论，对于业余爱好者和职业社会心理学家的探查性工作都同样适用。

寻找恰当的描述来补充解释

在考虑一项犯罪动机时，一名侦探需要对犯罪现场发生的事情有一个精确的了解。实验帮助揭示因果关系但是并不能描绘出现实世界的全部信息。描述性的方法（如调查和档案法）能够帮助我们更加全面地了解情况。理想情况下，研究项目在实验（用于阐明因果机制）和现场研究（用于帮助研究者追溯在外部世界中真正有意义的现象）之间充分循环。

好的观察不仅仅要求使用裸眼。正如望远镜对天文学家的意义一样，一些技术能够帮助心理学家探究其他情况下看不见的社会现象。例如，因素分析运用计算机的容量来帮助研究者洞察态度、情感、行为之间的统计模式，比如大五人格或爱的三因素。并不是所有的方法都要求独特的技术。对情绪表情的分析则采用简单、慢动作的录像技术；列出想法技术则只需要让人们将他人的个人思考过程公开出来。

不是人们所说的每一件事情都要相信

大管家可能以一副诚挚的面孔表现出自己是清白的，但是陪审团仍然要重新仔细研究证据。就像我们所提到的，人们的报告可能是偏颇的或是完全错误的。例如，你可能不愿意或者无法说出你的愤怒爆发是否受不安全感的影响，或者是否你对一个饥饿孩子的同情心是基于一种广泛的人类养育后代的倾向。一些技术，包括隐蔽测量和行为遗传学方法，是用来帮助我们了解超越人们有限见解之外的情况。

作为一名信息使用者，你不必成为一名方法学专家，但是当你听到和你有关的研究的时候，你应该问一问这些结论是否基于人们对于他们不能，或者不愿精确描述的事情的报告。再者，正如一名优秀的侦探那样，你必须考察全部的情况。当调查对象承认一些行为，如自慰、杀人幻想等时，我们可以猜测，如果的确有这些行为的话，他们会做出过低的估计。但是如果他们以比较理想的方式来描述他们自己的话，如他们没有持有种族偏见，则最好寻找隐蔽的方法来确认他们的情况。

意识到混淆因素的存在

仅仅因为大管家当时在犯罪现场并且有枪并不表明他犯了罪。在实验中，混淆变量是那些随着自变量变化而偶然变化的因素，就像一个正在看攻击性电影的孩子遇到一个有大片文身、长相凶恶的实验者，而控制组的孩子却遇到一位长相和蔼、祖母般慈祥的实验者。在这个设计不够理想的假想研究中，祖母般的人可能压抑了孩子敌意的表达，或者这个文身的男人激起了他们的敌意，或者不是。如果两种实验条件下实验者并不相同，我们就不能分辨出究竟是电影还是实验者的行为对孩子的攻击性产生了效应。

混淆因素也经常困扰描述性研究，就像一位研究者发现财产犯罪和种族背景之间相关却忘了考虑社会阶层这个因素。社会阶层是一个潜在的混淆因素，因为它和种族以及财产犯罪都有系统性的关联（有钱人更没必要盗窃）。如果不测量社会阶层，我们不能判别出（或者说不混淆）它的效应。

我们在第 9 章讨论的行为遗传学方法，综合了几种技术来分离出混淆因素。儿童在社会行为上，包括从利他主义到暴力，会模仿他们的家长和兄弟姐妹。这些相似性可以被归因为共享的家庭环境或者是共享的基因。如果没有特别的方法，我们无法分辨出二者的各自影响。通过研究收养的兄弟姐妹（共享一个环境但是没有共享的基因）或者是在出生时就分开的同卵双胞胎（共享基因却没有共同的环境），我们可以将这些通常情况下产生混淆的因素分离出来。

寻找趋同的证据

正如一名侦探不能不调查其他情况就相信单个目击者一样，我们不能太过于相信单个的研究结论。偶然因素或无意识的错误可能就会导致不正确的结论。一种解决这种问题的方法是元分析。例如，在第10章提到过的很多研究都考察了暴力性媒体节目对观看者攻击性的影响。一些人发现了正面的结果，一些人则发现了负面的结果，而有的人什么结果都没得到。这些不同的结果是源于随机误差、自变量和因变量的变异，等等。元分析综合不同研究来减少来源于这些偶然因素的统计风险，从而能够得到更令人信服的结论。

元分析无法排除不同研究间的系统性偏差。例如，如果有100项考察大学生在实验室中对其他学生施加电击的研究，我们不能确定是否这些结果能够应用于实验室之外的攻击性情境下。为了解决这个问题——研究者使用**三角测量法**（triangulation）——用不同的研究方法考察相同的问题，每种研究方法各自存在偏差。表明观看更多暴力性电视节目的儿童更具攻击性的现场研究并不能分出因果，因为暴力倾向的儿童会选择暴力的电视节目。实验室实验中，儿童被随机安排观看暴力或非暴力的节目解决了这个问题，但是却引发了现场研究所不具有的缺乏真实性的问题。对父母的调查可以了解到更多自然情况下的日常攻击性，但是却会因家长的记忆而有偏差。不过如果这些研究都旨在关注相同的方面，尽管各自具有不同的优缺点，但通过它们，我们能够得到更令人信服的结论。就像在第1章所讨论的那样，这样的情境就像是一名侦探面临着不同的不够完美的目击者一样：一个目击者喜欢这个管家但耳朵却有点聋，一个讨厌这个管家却没有戴他的眼镜，而另外一个人有完整的视力和听力却不够了解这个管家以至于无法做出正确的鉴定。然而如果他们都同意是管家做了这件事，那么这个侦探也可以对管家的罪行有更可信的结论。

从基本的特质和早期的学习中发展起来的（详见表14–1）。和人格心理学的联系在每一章中都有所体现，因为我们会考虑个体内在的特质是怎样持续地和社会环境产生交互。和环境心理学的联系出现在我们对愤怒和攻击性、过度拥挤和环境破坏的讨论中。在每一个章节，我们在“联结：适应与障碍”专栏中讨论中度强迫、偏执行为等主题，从中不难看到社会心理学和临床心理学的联系。类似地，在每一章中，当我们探索注意、知觉、记忆和决策这些心理过程是如何同个体–环境的交互交织在一起的时候，我们都能得到它和认知心理学的联系。神经科学关于激素对性行为和攻击性行为影响的讨论是至关重要的，同时对于与不同的社会反应（如爱恋的感觉或者试图记住外群体成员的面孔）相对应的脑活动分区的讨论也非常必要。根据一些认知心理学家的观点，许多人类大脑独有的特征涉及社会群体中生活问题的解决，这样就能够理解人类在处理和他人的交往方面会花费很多心智。社会心理学就这样与脑科学及行为科学的所有其他领域紧密联系着。

在广泛的层面上，社会心理学与心理学以外的学科也有联系。在最基础的层面上，对利他主义、攻击性和爱的研究与遗传学及生物化学紧密相联。在一个更广泛的水平上，对群体、组织和社会团体的研究将社会心理学与社会科学，如社会学、人类学、经济学和政治科学交

表14–1 社会心理学与心理学其他领域的联系

心理学领域	交叉问题的举例
发展	早期母婴之间的依恋是否对后来的恋爱关系有影响
人格	什么样的个体差异能够预测攻击性行为
环境	什么样的社会条件使人们进行废物利用
临床	偏执症是怎样和正常群体的防卫相联系的
认知	人类有限的注意广度是如何影响刻板印象的
神经科学	睾丸激素怎样影响人类的关系

织在一起。在这个水平上，社会心理学也和动物行为学、生态学这些领域中对于动物群体同它们的自然环境之间的复杂关系的生物学研究相联系。表 14–2 列举了社会心理学与其他基础科学之间的联系。

小调查

想出至少一个其他的联系社会心理学和其他学科的问题（表 14–2 和表 14–3 所列出来的除外）。

表 14–2　社会心理学与其他基础科学之间的联系

研究领域	领域问题的举例
遗传学	利他主义和家族中共享的基因之间是否有联系
生物化学	睾丸激素对男性和女性的行为有相似的影响吗
社会学	群体成员怎样选择领导
人类学	人类的婚姻是否有普遍的模式
经济学	是否存在这样的情境：享有共同资源（如森林或是海洋）的人们会控制自己过度消耗的自利倾向
政治科学	群体过程怎样影响国际冲突情境中的政策决定
动物行为学	孔雀的求偶模式是否揭示了人类的求婚行为
生态学	森林中捕食者和被捕食者之间的动态平衡与在实验室玩囚徒困境游戏的学生行为之间有着怎样的联系

联结：理论与应用

社会心理学对商业、医学和法律的益处

进行研究的其中一个目标就是满足我们的求知欲。人类的头脑渴望了解有关人类的爱、自我牺牲的利他主义、偏见和暴力的原因及目的的知识，我们想知道是什么使得我们自己和其他人相区别。基础科学总是和应用相互联系：古代专注于观察星星的天文学家的发现使得探索者和创业家能够环球航行并且回到最初出发的地点；早期生物学家对于人体以及对于在显微镜下移动的微小生物的好奇心最终促成了现代医学的发展；对引力和运动抽象原则感兴趣的物理学家们的发现最后使得人类登上月球成为可能。实际上，引发基础科学研究的哲学问题通常能够激起我们的兴趣，因为它们是在处理复杂的实证性问题。我们越能够理解爱、友谊或者内群体偏向，我们就越有可能去阻止离婚或孤独或是破坏性的偏见。

在本书的每一个章节，我们都阐释了社会心理学和应用科学之间的联系。例如，我们看到了和商业的一些联系，正如第 2 章关于工作场所中个体－环境匹配专栏里所提到的那样。工作中不愉快的关系会使我们的日子充满痛苦，损害我们的身体，甚至会影响到我们的家庭生活。胡佛不是唯一一个使其下属长期生活于恐惧之下的老板。

社会关系不仅仅是我们工作生活的“糖衣”，它们本身就是那块“蛋糕”。绝大多数工作都需要一定程度的协调、说服、指导、训练、建议和与其他人的合作。因此，社会心理学和商业领域（诸如组织行为、市场营销和管理等）之间有着内在的紧密联系。通过对这些领域相关的教科书的大致浏览，我们都会发现和本书的话题交叉的地方。学习过社会心理学的学生经常会从事商业领域中的职业，相反地，学习商业的学生通常也会将社会心理学的学习作为他们培训的一部分。

社会心理学家也和医学及其他健康科学之间建立了联系。健康心理学干预在这本书的许多地方都被讨论过。医生、护士和公共健康官员通常会发现他们的说服力很难使病人停止吸烟、改变不健康的饮食习惯、加强锻炼或是采取避孕手段，或者甚至是仅仅服用指定的药物。据一些专家估计，公众健康可能更多地受益于行为的简单改变，而不是重大的医疗发现。设想一下，如果所有未婚的性伴侣都能够被说服使用避孕套，那对性传

播疾病有怎样的影响，或者是整个时代的年轻人都能被说服不去吸烟，这对肺癌有怎样的影响。不需要医学技术上的任何进步，西方社会所关注的这两大主要健康问题就有可能消失。正是因为这个理由，越来越多的社会心理学家正在进行关于预防性医学的研究。

第三个社会心理学被广泛应用的领域是法律。我们可以思考一下社会心理学在诸如谎言探测、错误坦白以及减少整个社会的暴力技术方面的应用。社会心理学家同样也在进行陪审团决策和目击者证词等方面的研究。很明显，律师辩护和陪审团决策涉及归因、说服及群体互动——这些社会心理学家已经研究了几十年的过程。社会心理学的学生正在越来越多地获得组织心理学、健康心理学和法律心理学领域更高的学位。

除了商业、医学和法律，社会心理学和教育（涉及我们在本书中讨论的许多过程）甚至是和工程学（当代社会交流变得越来越依赖于科技）都有很明显的联系。尽管社会心理学的研究通常关注于基本的理论问题，这些理论发现也会有大量的实际应用。正如社会心理学的先驱库尔特·勒温曾经说到过的："没有任何事物能像一个好的理论那样具有实际意义。"如果他能看到自己曾经做出颇具影响力的理论贡献的领域有如此广泛的实际应用，那他应该会非常高兴（详见表 14–3）。

社会心理学的未来

一个非常受欢迎的科普作家最近指出，科学家可能很快就没有问题可问了。那个作家显然不了解社会心理学这个领域。研究者才刚刚开始理解个体和环境之间的复杂交互，而且这些交互于我们对利他主义、种族偏见、攻击性和群体行为的观点和感情具有重要意义。实际上，这个领域就像一块大陆一样广阔，并且迄今为止，研究者仅成功地绘制出海岸线上断断续续的一些点。当社会心理学家探索这些问题时，他们越来越多地联合新的综合性学科（如认知科学、进化心理学和动态系统理论）的力量：认知科学联系了社会认知领域和其他对于人类大脑的研究；进化理论让我们能够洞察社会行为的根本目标；动态系统理论研究使我们有可能理解个体的思想和动机是怎样合成群体水平的，甚至是像民权运动游行、国际冲突这样浩大的群体行为。因为我们人类的祖先一直是在群体中生活，各种各样的行为和脑科学的综合最终会涉及社会心理学问题。相应地，对社会心理过程的研究也让我们从新的角度理解人类大脑中单一机制的进化是如何促成人类文化出现的。

将心理和社会行为整合为一个综合性学科不仅仅有哲学意义，同样也有着巨大的实际应用的潜能。一方面，对积极社会心理学的重视日益增加，从而使我们开始洞察怎样使人们对他们的社会关系满意，哪些因素有助于英雄主义、善行和爱的出现。另一方面，对消极社会行为如攻击性、偏见和自私等动机的真正的科学理解，可能为解决当今世界一些至关重要的问题提供思路。我们已经能和地球另一端的人聊天，能在一个下午从纽约飞到伦敦，能拍摄到其他星球距离近的照片，人类的这些创新、

表 14–3 社会心理学和应用科学之间的联系

应用领域	交叉问题的举例
法律	陪审团的社会压力是怎样影响单个陪审团成员的决策的
医学	医生和护士能否与病人以促进顺从医疗建议的方式互动
商业	是否存在减少员工不诚实行为的管理方式
教育	教室中教师的期望是怎样影响儿童的表现的
工程学	计算机网络应该怎样设计才能够促进员工之间的电子化的交流

智慧和技能同样能解决人口过剩、国际冲突和地球毁灭等重大社会问题。

尽管这样的希望可能现在看起来不现实，但是值得记住的是，从胡佛担心共产党和华盛顿游行群众有联系开始的几十年以来，苏联和美国之间的冷战已经结束，人口激增已经减缓。当马丁·路德·金开始为民权做斗争的时候，种族歧视从美国法律文本中消失仍然看起来像是一个梦，并且很少有人相信在夏威夷的一名两岁的黑人男孩会在未来的某一天成为美国的总统。然而，一批笃实的人共同努力使得这个梦想的实现成为可能。或许 21 世纪将会见证社会行为科学的进步，而这些进步将会使不同肤色的男孩和女孩在同一个既没有种族偏见也没有对于人口过多、污染和战争的恐惧的世界中共同行走成为可能。或许你们这一代的科学探索将迎来这一天，让所有人欢呼“我们终于自由了”。

◎ **从个体心理学到社会**。单一个体的决策有可能会交互产生出群体水平复杂，且有时无法预期的现象。民权运动为个体和环境双向的交互提供了一个很好的例子。

北京阅想时代文化发展有限责任公司为中国人民大学出版社有限公司下属的商业新知事业部，致力于经管类优秀出版物（外版书为主）的策划及出版，主要涉及经济管理、金融、投资理财、心理学、成功励志、生活等出版领域，下设“阅想·商业”“阅想·财富”“阅想·新知”“阅想·心理”“阅想·生活”以及“阅想·人文”等多条产品线。致力于为国内商业人士提供涵盖先进、前沿的管理理念和思想的专业类图书和趋势类图书，同时也为满足商业人士的内心诉求，打造一系列提倡心理和生活健康的心理学图书和生活管理类图书。

《心理学经典入门（第 3 版）》

- 一本位居美国排行榜前列的全彩心理学经典入门通俗读物。
- 帮助读者深入浅出地了解心理学全貌，体验心理学的妙趣。
- 南京大学社会学院心理学系主任周仁来领衔翻译。

《社会学经典入门（第 14 版）》

- 一本高达 14 版次，帮助人们理解自己在今天的社会和明天的世界中的位置的社会学通俗读物。
- 被美国大学广泛采用的全彩社会学入门书。
- 北京大学社会学博士、南京大学社会学院教授风笑天领衔翻译。

《人格心理学：人格与自我成长》

- 一部自 1974 年问世以来不断更新再版、畅销 40 余年的心理学经典著作。
- 完整梳理现代人格理论的发展脉络，讲述心理学各大流派对人格理论的构建及贡献。
- 以跨文化的全球性知识体系帮助你深入了解人类的本性，以便你可以用来更好地了解自己、了解他人。

《为什么我们会上瘾：操纵人类大脑成瘾的元凶》

- 一本关于诱惑、异乎寻常的快乐，以及头脑中那个虚幻又真实的世界的书。
- 所谓成瘾，不关乎道德，而是大脑在作祟。
- 世界知名神经科学家、艾迪终身成就奖获得者用科学为你解开成瘾之谜。

《极简个性心理学：破解人格基因》

- 诺贝尔生理学或医学奖获得者埃里克·坎德尔、美国精神病学会主席约翰·奥德汉姆、哈佛大学神经生物学教授史蒂文·海曼联袂推荐。
- 深入浅出的识人科学体系，发现人内心深处最真实的一面，在人群中找到更适合自己的存在方式与相处方式。

《戒瘾：战胜致命性成瘾》

- 美国著名成瘾治疗医学专家为成瘾者开出的独具开创性的戒瘾良方。
- 一本各类成瘾者不容错过的、脱离欲望苦海的戒瘾书。

《干掉失眠：让你睡个好觉的心理疗法》

- 一本写给被失眠折磨到崩溃、熬夜到发指、天天都觉得好困的你的科学睡眠管理书。
- 基于心理学行为认知疗法，通过科学系统的睡眠管理方法与个性化治疗相结合，有效地帮助有各种失眠症状的人。

《非暴力亲子沟通》

- 本书是马歇尔·卢森堡博士经典非暴力沟通理论与中国传统亲子文化完美结合之作。
- 本书作者依据20多年儿童心理辅导、咨询和治疗经验，结合各种亲子沟通的鲜活案例，总结出了有针对性的具象化的亲子沟通技巧。
- 读者依照随书的《非暴力亲子沟通八周训练手册》完成每周训练内容，从而开启非暴力亲子沟通之旅。

《逆商：我们该如何应对坏事件》

- 北大徐凯文博士作序推荐，樊登老师倾情解读，武志红等多位心理学大咖在其论著中屡屡提及。逆商理论纳入哈佛商学院、麻省理工MBA课程。
- 众多世界500强企业关注员工“耐挫力”培养，本书成为提升员工抗压内训首选。

《原生家庭：影响人一生的心理动力》

- 全面解析原生家庭的种种问题及其背后的成因，帮助读者学到更多“与自己和解”的智慧。
- 让我们自己和下一代能够拥有一个更加完美幸福的人生。
- 清华大学学生心理发展指导中心副主任刘丹、中国心理卫生协会家庭治疗学组组长陈向一、中国心理卫生协会精神分析专业委员会副主任委员曾奇峰、上海市精神卫生中心临床心理科主任医师陈珏联袂推荐。

《母爱向左，焦虑向右：母性矛盾心理解析》

- 一本帮助女性正确看待生育、怀孕和分娩，释放焦虑情绪，改善亲子关系经典之作。
- 本书颠覆了关于母爱的世俗观念，揭示出母爱不为人知的另一面。
- 作者深刻剖析了女性成为母亲的心路历程以及母性概念，是一本对母性心理发展具有深刻影响的作品。